法学核心课程系列辅助教材

宪法学

核心知识点精解

主　编　张　翔

撰稿人（以撰写章节先后为序）

张　翔　胡　超　刘　晗　柳建龙
屠振宇　翟国强　朱学磊　于文豪
姚国建　常　安　黄明涛　秦小建
张　震　王　锴　陈　征　李海平
林　彦　杜强强　王建学　杨晓楠
郑　磊

中国人民大学出版社
·北京·

主编简介

张翔，1976 年 7 月生，甘肃张掖人。北京大学法学院教授、博士研究生导师，北京大学宪法实施研究中心主任。兼任中国法学会宪法学研究会副会长兼秘书长、全国人大常委会法制工作委员会备案审查专家委员会委员。荣获第八届“全国十大杰出青年法学家”、北京市高等学校青年教学名师奖、高等学校科学研究优秀成果奖、霍英东教育基金会高等院校青年教师基金基础性研究奖、钱端升法学研究成果奖等。长期致力于宪法学基础理论、基本权利、国家机构、宪法与部门法关系、法学方法论的研究。在《中国社会科学》《法学研究》《中国法学》等期刊发表论文 80 余篇，著有《具体法治中的宪法与部门法》《基本权利的规范建构》《宪法释义学：原理 · 技术 · 实践》。

编写说明

2021 年 10 月 29 日，教育部办公厅印发了《普通高等学校宪法学教学重点指南》（以下简称《指南》）。《指南》要求，相关单位和高校要加强宪法学理论研究和教材建设研究，切实做好教材统一使用，依据《指南》及附录《普通高等学校宪法学教学知识体系》，及时组织修订自编的宪法学讲义等教学辅助材料。本书是以马克思主义理论研究和建设工程重点教材《宪法学》（第二版）的框架体系为基础，以《指南》为依据编写的高校法学专业宪法学教学的辅助教材。

《指南》所要求的“坚持正确的政治方向、价值取向和学术导向，体现鲜明的时代特色和中国特色”是本书的目标，故在知识点选取上，本书充分对照参考马克思主义理论研究和建设工程重点教材《宪法学》（第二版）和《普通高等学校宪法学教学知识体系》，尽可能完整展现中国宪法学的知识体系，准确解析中国宪法学知识点。在编写体例上，本书各章由“本章知识点速览”、“本章核心知识要点解析”与“文献拓展与案例研习”三部分构成。“本章知识点速览”旨在通过结构图的形式帮助学生建立各章知识框架体系。“本章核心知识要点解析”是各章主干内容，由“基本理论与概念”、“重点解析与前沿”以及“延伸阅读”构成。“基本理论与概念”是对知识点的核心术语、核心结论的简要概括。在“重点解析与前沿”部分，一方面提炼重要知识点的权威论述和学界通说，另一方面展示近年来宪法学术的新发展；一方面充分继承中国宪法学经典教材的学术传统，另一方面积极吸收中国宪法学近年来知识体系、学术体系、话语体系方面的最新研究成果。在“延伸阅读”部分，摘录或提炼与知识点相关的重要文献的核心观点或论证，以期深化学生对该知识点的理解。在各章最后的“文献拓展与案例研习”部分，进一步为拓展型、研究型的学习提供文献指引，并通过案例引导学生的实践导向思考。在案例选取时强调对中国当下宪法实践的回应，选择若干标杆性的合宪性审查、备案审查案例，并给出解析案例的要点提示。

本书由多位宪法学界的中青年学者共同编写，具体分工如下：

张翔（北京大学教授）、胡超（江苏大学讲师）：导论；

刘晗（清华大学教授）：第一章第一、二、五、六节；

柳建龙（中国社会科学院大学教授）：第一章第三、四节；

屠振宇（南开大学教授）：第二章；

翟国强（中国社会科学院研究员）、朱学磊（中国社会科学院助理研究员）：第三章第一节；

于文豪（中央财经大学教授）：第三章第二节；

姚国建（中国政法大学教授）：第四章第一节；

常安（西北政法大学教授）：第四章第二节、第五章第二节之三、第七章第七节；

黄明涛（武汉大学教授）：第五章第一节，第五章第二节之一、二；

秦小建（中南财经政法大学教授）：第五章第二节之四，第五章第三节之一、二；

张震（西南政法大学教授）：第五章第三节之三、第七章第八节；

王锴（北京航空航天大学教授）、陈征（中国政法大学教授）、李海平（吉林大学教授）：第六章；

林彦（上海交通大学教授）：第七章第一、二节；

杜强强（首都师范大学教授）：第七章第三、四、五节；

王建学（天津大学教授）：第七章第六、九节；

杨晓楠（中山大学教授）：第八章；

郑磊（浙江大学教授）：第九章。

张翔、胡超负责统稿。

本书的编写一定还存在很多不足，特别是在经典文献、权威通说和创新成果的梳理引介上，一定会存在编者的水平和注意力方面的原因导致的疏漏和错谬，还请广大宪法学者、教师和同学们不吝指正。

编者

2024 年 5 月

目 录

导 论 …… 1

第一部分 本章知识点速览 …… 1

第二部分 本章核心知识要点解析 …… 2

第一节 宪法学的研究对象和研究方法 …… 2

第二节 宪法学在中国的产生和发展 …… 6

第三节 宪法学的分类、特征、学习意义与基本要求 …… 11

第三部分 文献拓展与案例研习 …… 16

第一节 拓展文献目录 …… 16

第二节 本章案例研习 …… 17

第一章 宪法总论 …… 19

第一部分 本章知识点速览 …… 19

第二部分 本章核心知识要点解析 …… 20

第一节 宪法的概念和本质 …… 20

第二节 宪法的分类和渊源 …… 25

第三节 宪法的制定、解释和修改 …… 30

第四节 宪法关系和宪法规范 …… 36

第五节 宪法的效力 …… 39

第六节 宪法的功能/作用 …… 42

第三部分 文献拓展与案例研习 …… 44

第一节 拓展文献目录 …… 44

第二节 本章案例研习 …… 44

第二章　宪法的历史发展 …… 48

第一部分　本章知识点速览 …… 48
第二部分　本章核心知识要点解析 …… 49
　第一节　宪法的产生和发展 …… 49
　第二节　中国宪法史 …… 54
第三部分　文献拓展与案例研习 …… 63
　第一节　拓展文献目录 …… 63
　第二节　本章案例研习 …… 64

第三章　宪法的指导思想和基本原则 …… 66

第一部分　本章知识点速览 …… 66
第二部分　本章核心知识要点解析 …… 67
　第一节　宪法的指导思想 …… 67
　第二节　宪法的基本原则 …… 71
第三部分　文献拓展与案例研习 …… 82
　第一节　拓展文献目录 …… 82
　第二节　本章案例研习 …… 83

第四章　国家性质和国家形式 …… 85

第一部分　本章知识点速览 …… 85
第二部分　本章核心知识要点解析 …… 87
　第一节　国家性质 …… 87
　第二节　国家形式 …… 94
第三部分　文献拓展与案例研习 …… 107
　第一节　拓展文献目录 …… 107
　第二节　本章案例研习 …… 107

第五章　国家基本制度 …… 111

第一部分　本章知识点速览 …… 111
第二部分　本章核心知识要点解析 …… 112
　第一节　经济制度 …… 112
　第二节　政治制度 …… 120
　第三节　文化制度、社会制度与生态文明制度 …… 133

第三部分　文献拓展与案例研习 …… 146
第一节　拓展文献目录 …… 146
第二节　本章案例研习 …… 147

第六章　公民的基本权利和义务 …… 152

第一部分　本章知识点速览 …… 152
第二部分　本章核心知识要点解析 …… 153
第一节　公民基本权利的一般原理 …… 153
第二节　公民的基本权利和基本义务 …… 186
第三部分　文献拓展与案例研习 …… 218
第一节　拓展文献目录 …… 218
第二节　本章案例研习 …… 220

第七章　国家机构 …… 229

第一部分　本章知识点速览 …… 229
第二部分　本章核心知识要点解析 …… 231
第一节　国家机构的基本原理 …… 231
第二节　全国人民代表大会及其常务委员会 …… 235
第三节　国家主席 …… 243
第四节　国务院 …… 249
第五节　中央军事委员会 …… 257
第六节　地方各级人民代表大会和地方各级人民政府 …… 260
第七节　民族自治地方的自治机关 …… 268
第八节　监察委员会 …… 272
第九节　人民法院和人民检察院 …… 282
第三部分　文献拓展与案例研习 …… 288
第一节　拓展文献目录 …… 288
第二节　本章案例研习 …… 289

第八章　“一国两制”与特别行政区制度 …… 294

第一部分　本章知识点速览 …… 294
第二部分　本章核心知识要点解析 …… 295
第一节　宪法和基本法确立的特别行政区制度 …… 295
第二节　中央和特别行政区的关系 …… 302
第三节　特别行政区的政治体制 …… 313

第三部分　文献拓展与案例研习 …… 320
第一节　拓展文献目录 …… 320
第二节　本章案例研习 …… 320

第九章　宪法实施和监督 …… 323

第一部分　本章知识点速览 …… 323
第二部分　本章核心知识要点解析 …… 324
第一节　宪法实施 …… 324
第二节　宪法监督制度 …… 330
第三节　我国的宪法监督制度 …… 334
第三部分　文献拓展与案例研习 …… 341
第一节　拓展文献目录 …… 341
第二节　本章案例研习 …… 341

导　论

第一部分　本章知识点速览

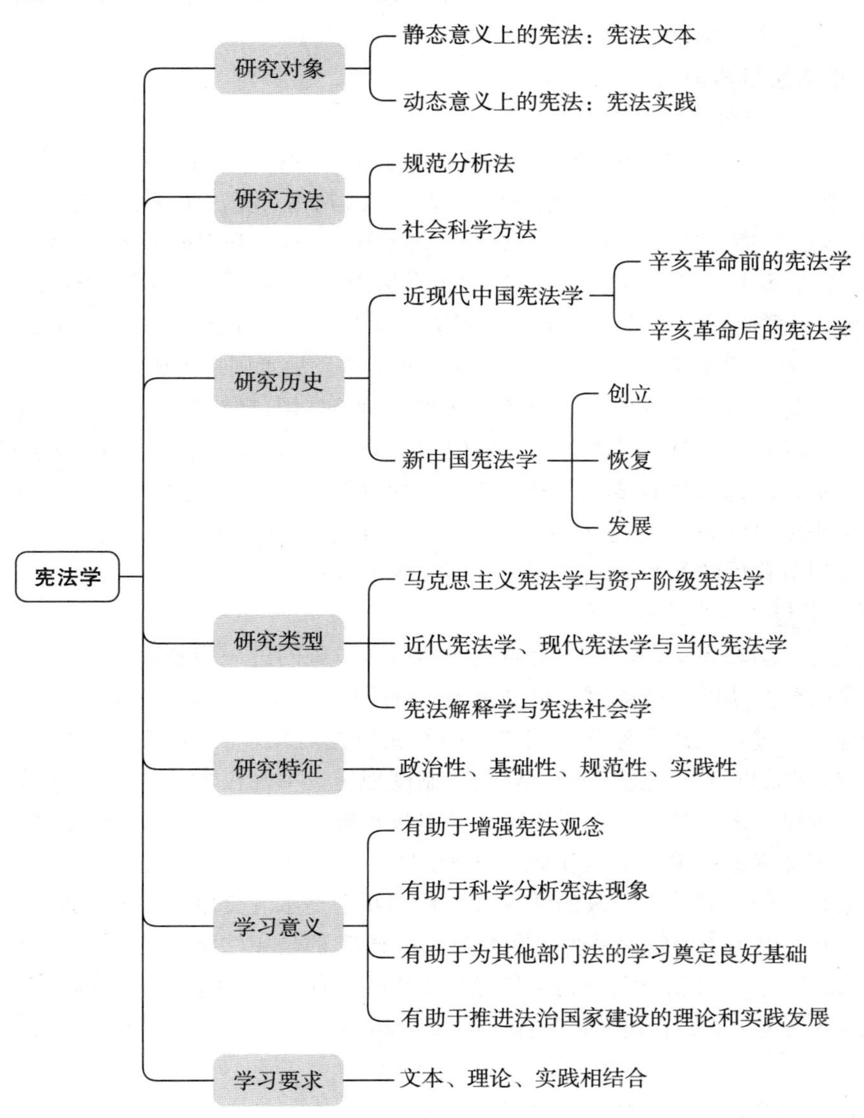

第二部分　本章核心知识要点解析

第一节　宪法学的研究对象和研究方法

一、宪法学的概念和研究对象

（一）基本理论与概念

1. 宪法学是法学的一个分支学科，具有法学的基本性质。

2. 法学的研究对象是法律现象，作为法学基本分支学科的宪法学的研究对象则是宪法这一特定的法律现象。

（二）重点解析与前沿

1. 静态宪法与动态宪法

关于宪法学的研究对象是什么，我国宪法学界众说纷纭，存在着 20 多种不同的观点，概括起来主要包括宪法、宪法典、宪法性法律、宪法判例、宪法惯例、国家基本制度、公民基本权利义务、宪法规范、宪法制度、宪法现象等。[①] 这些观点或位于不同思考层次，或侧重点不同。事实上，以上内容都是宪法学的研究对象。我们可以将宪法学研究对象宽泛地界定为宪法，并将其分为静态意义上的宪法（以下简称“静态宪法”）与动态意义上的宪法，（以下简称“动态宪法”）前者指的是宪法文本，后者则指宪法实践。

首先，作为一门“规范科学”，宪法学的主要研究对象自然是宪法文本，包括整体的宪法典与具体的宪法规范。其次，作为一门“实践科学”，宪法学也关注宪法在现实世界中的运行。不过，宪法学的核心任务在于探究宪法规范，而考量那些围绕着这一核心展开的其他宪法现象则只是为完成上述任务服务的次阶任务。换言之，它的“终极关怀”不在于考量规范背后的那些现象，而在于探究规范本身。[②]

2. 宪法学与“对宪法的研究”

静态宪法与动态宪法是从形式上对宪法学研究对象的进一步划分，若考察实质内容，宪法学主要研究宪法的一般原理，宪法所规定的国家制度、国家机构以及公民的基本权利和义务等。不过，上述内容并非宪法学的专属研究对象。例如，宪法学与政治学之间便有着非常复杂的联系：宪法上的一切具体制度规定，举凡权力分立、联邦制、代议制、地方自治、人民代表大会制、选举制度、基本权利等等，莫不能从政治原理中找到依据；而对一切的宪法现象，也莫不能作政治学上的分析与评价。所以，从政治学的视角研究宪法是非常自然的，宪法学与政治学在某些领域几乎是水乳交融、不分彼此的。

因此，并非以宪法现象和宪法问题为对象的研究都是宪法学。有必要区分“宪法学”和“对宪法的研究”。宪法学与其他学科对宪法的研究有着不同的任务，从而其问题视角也不相同。这些决定了它们在研究的方法上也不尽相同。宪法学是在法律系统内的、规范导

---

① 参见杨海坤：《宪法学基本论》，中国人事出版社 2002 年版，第 1 页。

② 参见林来梵：《从宪法规范到规范宪法——规范宪法学的一种前言》，商务印书馆 2017 年版，第 4 页。

向的、直接或间接为宪法解释服务的研究，是法律系统的“自我观察”。而其他学科对宪法的研究是法律系统之外的“异观察”，其问题视角和基本任务与核心意义上的宪法学（宪法解释学）是不同的。尽管这些研究构成宪法学的知识背景，但不是严格意义上的宪法学。

宪法社会学、宪法史学、宪法哲学、宪法伦理学属于广义上的宪法学，是以法学以外的其他学科的视角和方法对宪法进行研究而形成的交叉学科，与传统的法教义学或法解释学意义上的宪法学有较大的差异。我们可以大致地对这些学科以及政治学的问题视角和基本任务进行以下概括。

宪法社会学：宪法社会学是把宪法作为一个社会现象来研究，考察宪法在社会发展过程中的实际作用、宪法的产生与发挥作用的社会条件，以及宪法在特定的社会条件下是否具有真正的实效性。

宪法史学：宪法史学考察宪法的历史演进、历史事件和历史事实对宪法的影响。这种考察有助于我们理解当前宪法的实际情况。

宪法哲学、宪法伦理学：宪法哲学或者宪法伦理学则主要关注对宪法规范的价值评判问题。以阐释和建构宪法规范为任务的宪法解释学，并不能对宪法规范本身是否合乎正义、道德、善、公平等等问题作出评价，或者说宪法学的主要任务不是进行这些评价，此种任务是由宪法哲学或者宪法伦理学所承担的。

政治学：政治学的目标在于研究人类的政治现象和政治发展规律，从中探究政治逻辑。政治学只是将宪法作为一种政治现象进行研究，其最终的目标还在于探究政治的发展规律和政治逻辑。

政治学和以上这些广义宪法学的组成部分与狭义的宪法学（宪法解释学）是相互关联的，我们在解释宪法文本和建构宪法规范的时候，当然要考虑到宪法制定当时的社会状况、宪法在当前适用的社会条件，考察宪法规范的实际效力。同时，价值判断也经常进入对宪法文本的阐释。因此，从外部对法体系、法效果、法历史以及法律的相关社会现实的描述、阐释与分析，有助于加强从内部对法规范的内涵的解释的合理性。

（三）延伸阅读

宪法学有着其他同样研究宪法的学科所不具备的“法学品格”。这种“法学品格”体现为两个方面：（一）宪法学对于宪法文本的从属性以及以宪法文本研究为核心的法学研究方法；（二）宪法学必须直接面对宪法裁判（宪法解释）的需要，为法官的判决做准备。我们可以将这两个方面称为宪法学的规范性。在宪法学的“法学品格”的两个方面中，后一个方面是决定前一个方面的。法学就其本质而言，是为司法实践服务的，立法、制定规范的任务并非法学的主要任务。而制定和修改宪法的问题更应该主要是个政治问题。宪法学的任务也应该主要是去解释宪法，使宪法被应用和服从。正因为宪法学的主要任务在于解释和应用宪法，从而宪法学就天然地从属于宪法文本，这是宪法学与以宪法为对象的其他学科研究根本性的差异所在。在社会学、史学、哲学和政治学那里，宪法文本只是被描述和评价的社会现象、历史现象或者政治现象。而在宪法学那里，宪法文本却是一个必须被依从的权威。

（张翔：《宪法学为什么要以宪法文本为中心》，载《浙江学刊》2006 年第 3 期，第 20 页。）

二、宪法学的研究方法

（一）基本理论与概念

1. 宪法学的研究方法，是指研究宪法及宪法现象、宪法规律的途径、步骤和手段。

2. 宪法学的研究方法主要包括阶级分析法、历史分析法、比较分析法、规范分析法以及理论联系实际的方法。

3. 规范分析法是宪法学的核心研究方法。

（二）重点解析与前沿

1. 规范分析法

宪法学具有“规范性”与“实践性”，旨在通过对宪法规范的解释与体系化，去指导解决实践中的宪法问题。因此，规范分析法是宪法学的主要研究方法。至于如何确定宪法规范的含义，则主要通过文义解释、体系解释、历史解释与目的解释等四种方法。文义解释是指通过说明法律条文的字面含义确定法律规范含义的解释方法；体系解释是指根据法律规范与其他法律规范的关系以及其在所属的法律制度、部门乃至整个法律体系中的地位和作用，理解和阐明法律规范的含义的解释方法；历史解释是指通过研究法律规范制定时的历史背景、类似法律规范的历史演变等历史材料确定法律规范的含义的解释方法；目的解释是指根据制定某一法律规范的目的来确定法律规范的含义的解释方法。① 接下来通过四个例子具体展示这四种解释方法的运用。

（1）文义解释。我国《宪法》第 25 条规定，“国家推行计划生育，使人口的增长同经济和社会发展计划相适应”。这一条款所设定的国家任务的目标是“使人口的增长同经济和社会发展计划相适应”，在此目标之下，计划生育的具体政策和措施的范围可以有很大的跨度：只要能证明合于这一目标，推行节育以控制人口增长、不干预生育而令人口自然增长、鼓励生育奖励多生，都是可以选择的措施。换言之，“计划生育”并不等于“限制生育”。

（2）体系解释。我国《宪法》第 33 条第 2 款规定，“中华人民共和国公民在法律面前一律平等”。有观点认为，“法律面前”意味着该条款仅保障公民在法律适用上的平等，而不包括立法平等。但是这种解释忽略了该条与宪法中其他规范的关系。根据我国《宪法》第 5 条的规定，一切法律都不得同宪法相抵触，一切国家机关都必须遵守宪法，因此，立法机关制定的法律自然不能违反宪法。这样一来，对《宪法》第 33 条第 2 款中的平等就不能仅理解为法律适用平等，而应理解为同时包含立法上的平等。

（3）历史解释。我国《宪法》第 3 条第 1 款规定，“中华人民共和国的国家机构实行民主集中制的原则”。对“民主集中制”内涵的确定就需要考察该条款的规范变迁与修改背景。《中国人民政治协商会议共同纲领》（以下简称《共同纲领》）和 1954 年、1975 年、1978 年宪法规定的是各国家机关“一律实行民主集中制”，而 1982 年宪法修改为“实行民主集中制的原则”。从“一律”到“原则”的变化，“总结了三十多年来正反两个

---

① 参见《法理学》编写组编：《法理学》（第 2 版），人民出版社 2020 年版，第 183－184 页。

方面的经验”[①]，是为了保证国家权力行使的效能。[②] 这意味着，民主集中制从一个没有例外的、整齐划一的绝对原则，变成了一个存在多种可能性的、具有开放性的相对原则，从而可以灵活、务实地保证权力行使的正确性。[③] 这种变迁体现了一种“功能主义”的考量，对现行《宪法》中民主集中制原则的阐释必须遵循这一思路。

（4）目的解释。我国《宪法》第 67 条规定，全国人大常委会解释宪法。对于这是否意味着宪法解释权专属于全国人大常委会，学界存在争议。有学者指出，由于该规定是服务于宪法实施的，而将全国人大常委会解释宪法的权力理解为一种“最高解释权”而非“专属解释权”，更利于实现实施宪法的目的，因此便不能将该条款解释为只能由全国人大常委会解释宪法。换言之，全国人大常委会以外的其他机关也可以解释宪法，但不享有最终解释宪法的权力。[④]

按照一般的解释规则，如果文义足够清楚，就应该认为已有解释结果，不必再使用其他解释方法。但由于宪法规范具有较强的原则性，因此更常见的情形是，宪法条文含义的确定需要综合运用多种解释方法。各解释方法之间很难有一个严格的适用顺序，更多的是一种相互支援的关系。

2. 社会科学方法

与规范分析方法强调对宪法文本的阐释不同，社会科学方法注重对社会现实进行定量或定性的描述。如何看待、使用社会科学方法，一直是宪法学方法论中的热点问题。传统宪法学教材大都强调“联系实际”，即宪法学研究不能只停留在对明文规定的宪法条款的分析上，必须把宪法的规定同实际的情况、把纸面的东西同现实的东西联系起来考察。[⑤] 这便体现了对社会科学思维的重视。

由于宪法实践是宪法学的研究对象之一，因此运用社会科学方法对宪法实际运行情况进行考察理应是宪法学研究的重要组成部分。但需要注意的是，社会实践是一种实然意义上的“存在”，而宪法规范则体现了一种应然意义上的“当为”。我们当然需要研究现实状况到底如何，但也应避免用事实层面的“是什么”去取代规范层面的“应该是什么”，用经验中的实存去直接置换制定法规范。这种由实然推出应然的做法，会使法维护社会秩序的安定性功能遭到侵犯。[⑥] 当现实状况与宪法规定不一致时，我们要尽量通过宪法解释活动展示宪法的内涵以覆盖或纠正这种现实状况，但现实状况本身并不说明这种情况具有规范力。[⑦]

不过，应当反对的是那些混同“实然”与“应然”的研究，而非彻底排除社会科学方法的运用。社会科学方法在宪法学研究中可以发挥非常重要的作用。首先，社会科学

---

① 肖蔚云：《新宪法对民主集中制原则的发展》，载《法学研究》1983 年第 1 期，第 7 页。

② “保证国家权力行使的效能”，提炼自彭真对 1982 年修宪关于国家机构部分的修改说明。对此可参见彭真：《关于中华人民共和国宪法修改草案的报告》，载《人民代表大会制度重要文献选编（二）》，中国民主法制出版社、中央文献出版社 2015 年版，第 568－570 页。

③ 参见张翔：《我国国家权力配置原则的功能主义解释》，载《中外法学》2018 年第 2 期，第 289－291 页。

④ 参见黄卉：《合宪性解释及其理论检讨》，载《中国法学》2014 年第 1 期，第 299－300 页。

⑤ 参见吴家麟主编：《宪法学》，群众出版社 1983 年版，第 16 页。

⑥ 参见李忠夏：《中国宪法学方法论反思》，载《法学研究》2011 年第 2 期，第 163 页。

⑦ 参见韩大元、林来梵、郑磊：《宪法解释学与规范宪法学的对话》，载《浙江学刊》2008 年第 2 期，第 137 页。

方法可以“融入”法解释学之中。例如，对基本权利的干预必须符合比例原则是宪法解释学的一条基本原则。比例原则的要求之一是对基本权利的干预必须有助于正当目的的达成，而作出这一判断便需要首先借助社会科学方法获取全面、准确、相关的事实信息。例如，“机动车单双号限行”构成对公民财产权的干预，这种干预是否能够促进缓解交通和治理污染的正当目的，便需要进行大量的社会科学研究。

其次，社会科学方法可以作为法政策学的主要研究方法，去“辅助”规范的生成。立法者在立法过程中，需要考量大量以经验研究为基础的“立法事实”。一方面，对法律运行实践进行经验研究，有助于准确发现现有法律制度存在的问题，进而推动法律规范的制定与修改。另一方面，立法者评估某项法律规制是有效的、高效的、低效的还是无效的，也在很大程度上依赖于相关社会科学知识。[①]

（三）延伸阅读

宪法解释的方法，在实际中可能会被视为“末枝”，以致一些有志于“大成”的宪法学者往往对其抱有“雕虫小技，丈夫不为”的疏淡态度。这类倾向，在法社会学渐成一门“显学”的当今中国，更可能演为一种流风。然而，这些宪法解释方法所具有的高度的专业技术性绝不可等闲视之，而由其所建构的注释宪法学的意义更不容嗤之以鼻。因为，对于作为一门规范科学的宪法学来说，宪法规范乃是其整个研究对象的核心，而对实在宪法规范的解释或注释，正是宪法学本身“认识”宪法现象的一种特定方式、一种为其他社会学科所不见长的“看家本领”，而上述那些宪法解释的方法，其实也就是宪法学所独备的“独门暗器”。

（林来梵：《从宪法规范到规范宪法——规范宪法学的一种前言》，商务印书馆2017年版，第48页。）

第二节 宪法学在中国的产生和发展

一、近现代中国宪法学的产生和发展

（一）基本理论与概念

1.19世纪末20世纪初，宪法学由西方传入中国。

2.辛亥革命之前，中国的宪法学主要表现为对西方宪法思想的介绍以及仿照西方模式对中国宪法发展提出一些构想；辛亥革命之后，孙中山创立“五权宪法”学说以及大量学术论著的问世，标志着中国宪法学的初步形成。

（二）重点解析与前沿

1.近代宪法观念的传入

近代宪法是西方资产阶级革命的成果，其基本精神在于人民主权、有限政府与人权保

① 参见张翔：《立法中的宪法教义学——兼论与社科法学的沟通》，载《中国法律评论》2021年第4期。对此的相关讨论，还可参见苏永钦：《法学为体，社科为用——大陆法系国家需要的社科法学》，载《中国法律评论》2021年第4期。

障。而近代中国宪法思想的萌发则与19世纪下半叶中国的特定国情密切相关。鸦片战争后，中华民族遭受列强持续侵略。为了救亡图存，国人开始向西方学习，其中便包括对西方政治制度的借鉴。在这种社会背景下，民主、宪法、共和、议会等思想从西方传入。例如，19世纪80年代，中国近代改良主义思想家郑观应首先使用"宪法"一词，并在后来出版的《盛世危言》一书中要求清廷"立宪法""开议会"，实行立宪政治。[①] 1902年，清廷颁布上谕，命沈家本、伍廷芳主持修律，中国近代法律改革拉开序幕。1905年与1907年，清政府分别组织大臣出洋考察西方各国宪法与政治制度，后于1908年颁布了中国历史上第一部宪法性文件——《钦定宪法大纲》。在这一时期，国内对西方各国政治制度的译介大量增多。与此同时，资产阶级改良派与革命派也围绕应实行何种政体展开了激烈论战。可以看出，中国宪法学从一开始就带有比较的基因，并有极强的面向现实需求的冲动。[②]

2. 孙中山"五权宪法"

辛亥革命后，随着帝制倾覆、民国建立，探索适合本土的宪法成为国家政治生活与宪法学研究的重要议题。孙中山创立的"五权宪法"理论便是宪法学中国化的有益尝试。早在1906年同盟会庆祝《民报》创刊周年纪念的演讲中，孙中山就首次阐述了"五权宪法"的构想[③]，并在辛亥革命期间和民国建立后进行了完善。孙中山认为，政治之中，政是众人之事，集合众人之事的大力量，便叫作政权，也可以说是民权；治是管理众人之事，集合管理众人之事的大力量，便叫作治权，也可以说是政府权。民权包括选举权、罢免权、创制权与复决权，其中选举权和罢免权是指选举和罢免政府官吏的权力，创制权和复决权是指创制和否决法律的权力。政府权包括立法权、行政权、司法权、考试权和监察权。一方面，这样一个"五权分立"的政府是最完全、最良善的政府，可以替人民做很好的工夫；另一方面，政府的五个治权又是被人民的四个政权管理的，因此人民和政府的力量可以彼此平衡。[④]

（三）延伸阅读

就宪法学知识的积累而言，辛亥革命前后有较大的不同。革命之前，虽然知识分子们做了大量译介，但是仍没有摆脱片段式的引进与介绍的色彩，缺乏系统性和体系化。革命之后，基于民国的立宪实践，知识分子们试图系统阐释民国宪法的理念、原理与知识体系。在介绍外国宪法方面，学术视野也更为开阔。尤其是在革命前后，学术界开始大量翻译外国宪法典……宪法学知识积累的转变与其功能转型是分不开的：革命前，宪法学知识的功能是启蒙大众，以自由、平等观念唤起民众的革命意识，推翻旧的封建统治秩序；而在民主革命取得胜利之后，建设民主共和国需要稳定的政治和社会秩序，宪法学知识的功能就转变成为政治的正当性、合法性和稳定性的理论说明，并成为凝聚共同体价值的基本形式。

（韩大元：《辛亥革命与中国宪法学知识谱系的转型》，载《中国法学》2011年第4期，第30-31页。）

---

① 参见周威：《郑观应首次使用宪法语词考》，载《上海政法学院学报（法治论丛）》2017年第3期。

② 参见刘晗：《中国比较宪法学的重新定位与方法论重构》，载《中国法学》2022年第2期，第65页。

③ 参见孙中山：《"民报"周年纪念大会上的演说》，载《民报》第10期，1906年12月。

④ 参见《孙中山全集》第9卷，中华书局1986年版，第345-355页。

二、新中国宪法学的创立和发展

（一）基本理论与概念

1. 新中国成立后，尤其是《共同纲领》与1954年宪法的颁布，标志着中国宪法学发展到了一个新的历史阶段。

2. 改革开放后，新中国宪法学进入了恢复时期，并逐渐得到迅速发展。

3. 党的十八大以来，随着宪法实施与监督制度的完善，宪法学研究的实践性明显增强。

（二）重点解析与前沿

1. 初创：宪法学的"政治化"

20世纪50年代是新中国宪法学的初创阶段，也是宪法学基本范畴初步确立的时期。在这一时期出版了大量宪法学著作、资料书和论文。据不完全统计，从1949年到1956年共出版宪法书籍344种，其中著述206种、资料138种，同时还发表了大量宪法论文。[①] 在这一时期中国宪法学研究与教学受到了苏联的广泛影响：在当时翻译出版的宪法学专著中，有关苏联的占4/5；高等学校则将"苏维埃宪法"作为一门单独开设的课程，列入我国高等学校教学体系。[②] 此外，苏联法学专家甚至来华直接帮助培养教师，给研究生讲课，指导编写讲义和教材。[③]

当时的宪法学研究具有明显的政治性特征，基本立场是强调宪法的"阶级性"，基本方法是阶级分析方法。对于宪法的本质，当时的基本认识是：第一，从宪法所反映的阶级关系来看，宪法是表现统治阶级意志的，它反映了统治阶级对被统治阶级的经济统治和政治统治；第二，从宪法所反映的阶级演变来看，它又是阶级力量对比和阶级斗争的总结。[④]

2. 恢复与发展：宪法学的"规范性"转向

新中国宪法学的恢复与发展是从1978年改革开放开始的。1978年12月13日，邓小平在中央工作会议闭幕会上发表了题为《解放思想，实事求是，团结一致向前看》的重要讲话，指出："为了保障人民民主，必须加强法制。必须使民主制度化、法律化，使这种制度和法律不因领导人的改变而改变，不因领导人的看法和注意力的改变而改变。"[⑤] 1982年，全国人大对宪法作出全面修改。此次修宪总结了过去正反两方面的经验，彻底清除了"左"的思想影响，回归1954年宪法的基本精神，强调发扬社会主义民主、健全社会主义法制、保障公民基本权利。

在这种背景下，宪法学研究得以恢复并取得快速发展。当时的宪法学界的主要工作

---

① 参见张庆福主编：《宪法学研究述略》，天津教育出版社1989年版，第79页。

② 参见韩大元主编：《中国宪法学说史研究》（上），中国人民大学出版社2012年版，第282-286页。

③ 参见中共中央党校理论研究室编、刘海藩主编：《中华人民共和国国史全鉴·教育卷》，中央文献出版社2005年版，第93页。

④ 参见孟光：《人民宪法讲话》，华南人民出版社1955年版，第1-5页。

⑤ 邓小平：《解放思想，实事求是，团结一致向前看》，载中共中央文献研究室编：《三中全会以来重要文献选编》（上），中央文献出版社2011年版，第23页。

是：设计符合中国实际的宪法体制；把握新宪法的精神与构造；为新宪法的实施做好理论贮备等。1985 年以前学界的主要任务是普及、宣传宪法知识，传播宪法观念，增强全社会的宪法意识；从 1985 年以后，学界从知识的普及转向对宪法原理的理性思考，把研究视角转向宪法学基本理论、基本原理与基本制度，即从知识的普及转向理论的研究。由于中华人民共和国成立以来国家始终处于建构与转型时期，宪法生活一直不稳定，所以体系化的基础理论研究难以全面开展，基于宪法文本的理论研究也受到限制。到了 20 世纪 80 年代中期，随着宪法秩序的稳定，中国宪法学开始有意识地寻求自我，探寻自身理论逻辑，并出现了迄今为止仍然保持学术影响力的学术精品。[①]

此外，与传统宪法学相比，改革开放后的宪法学逐渐摆脱意识形态的桎梏，越来越强调宪法的法律属性。尽管宪法不可避免地具有较强的政治性，但宪法学研究不再只是单纯的政治论说，而更为关注宪法规范本身。宪法学开始立足于本土，面向中国宪法实践，致力于通过对宪法规范的解释去分析、解决中国政治经济制度建设中的具体问题。改革开放至今，宪法学界围绕“改革与宪法的关系”“宪法司法化”“物权法草案的合宪性”等实践中出现的宪法问题，进行了热烈讨论，形成了健康的学术争鸣。宪法学真正从“在中国的宪法学”发展为“中国宪法学”。

3.“合宪性审查时代”的宪法学

党的十八大以来，以习近平同志为核心的党中央把宪法摆在全面依法治国十分突出的位置，围绕宪法阐明一系列重大论断，作出一系列重大部署，推进一系列重大工作，引领新时代依宪治国新实践，开创新时代依宪治国新局面。对于宪法学研究，习近平总书记指出，“要结合当代中国宪法制度和宪法实践，加强中国宪法理论研究，提炼标志性概念、原创性观点，加强中国宪法学科体系、学术体系、话语体系建设”[②]。

事实上，近年来在习近平总书记关于宪法的重要论述的指导下，我国宪法实施工作不断取得进展，合宪性审查制度与能力建设持续推进。在这种现实背景下，中国宪法学研究可以说已经进入了“合宪性审查时代”。建构中的合宪性审查的“前端”（法律草案的合宪性控制）和“后端”（备案审查中的合宪性审查）两种机制，为宪法学设定了新的议题。合宪性审查新机制的建立，部分地为宪法教义学的开展排除了制度障碍。与司法中心的违宪审查制度下的宪法教义学不同，中国合宪性审查制度下的宪法学更多地关注“立法中的宪法教义学”，从积极和消极两个层次，为立法的“内容形成”和“越界控制”提供智识支撑。此外，宪法教义学的视野也从传统的基本权利领域拓展到了国家机构领域，对宪法中国家机构条款的释义学研究逐渐增多。

总之，中国宪法学发展至今，基本上已初步实现了如下“四化”：第一是研究进路的多元化。第二是话语表述的去政治化，如将像“资产阶级民主都是骗人的鬼话”这样典型的政治话语基本剔除。第三是问题意识的中国化。几乎所有学者都认同中国问题很重要，并试图对中国问题作出研究，部分学者甚至声称研究“真实的中国问题”。第四是研

---

① 参见韩大元：《改革开放四十年中国宪法学的回应与贡献》，载《中外法学》2018 年第 5 期，第 1130－1131 页。

② 习近平：《谱写新时代中国宪法实践新篇章——纪念现行宪法公布施行 40 周年》，载《人民日报》2022 年 12 月 20 日，第 1 版。

究主题的细小化，其中，部分学者将其研究主题精致化。[①]

4. 习近平总书记关于宪法的重要论述

习近平法治思想的核心要义集中体现为“十一个坚持”，其中第四个坚持就是坚持依宪治国、依宪执政。这为新时代全面贯彻实施宪法、加强宪法实施和监督工作，指明了前进方向，提供了科学指引。习近平总书记关于宪法的重要论述，在党的十八大以来习近平总书记就法治工作发表的一系列重要讲话中都有体现。这些重要论述涵盖了宪法的发展历程、性质特点、地位作用等各方面和宪法的修改、实施、监督、宣传等各环节，有许多重大理论创新和重大战略部署，构成了一整套科学完备的宪法理论体系，丰富和发展了中国特色社会主义宪法理论和实践，标志着我们党对宪法的认识和实践达到了一个新的高度。

习近平总书记关于宪法的重要论述主要包括以下方面的内容[②]：

一是关于我国宪法的性质、地位和独特优势。宪法是治国安邦的总章程，是党和人民意志的集中体现，是国家意志的最高表现形式，具有最高的法律地位、法律权威、法律效力。现行宪法颁布以来，在改革开放和社会主义现代化建设的历史进程中、在我们党治国理政实践中发挥了十分重要的作用。

二是关于我国宪法和党的领导的关系。党领导人民制定宪法法律，领导人民实施宪法法律，党自身要在宪法法律范围内活动。

三是我国宪法的人民属性。我们党领导人民制定的宪法，是具有鲜明社会主义性质的宪法、真正意义上的人民宪法。

四是关于我国宪法在国家制度和国家治理体系中的重要作用。宪法是国家各种制度和法律法规的总依据。

五是关于宪法的发展。我国宪法必须随着党领导人民建设中国特色社会主义实践的发展而不断完善发展。

六是关于宪法的遵守实施。宪法的生命在于实施，宪法的权威也在于实施。全面贯彻实施宪法是建设社会主义法治国家的首要任务和基础性工作。全国人大及其常委会要完善宪法相关法律制度，保证宪法确立的制度、原则、规则得到全面实施；地方各级人大及其常委会要依法行使职权，保证宪法法律在本行政区域内得到遵守和执行。

七是关于宪法的监督保障。强调全国人大及其常委会要担负起宪法监督职责，完善宪法监督制度，加强对宪法法律实施情况的监督检查，提高合宪性审查、备案审查工作质量，坚决纠正违宪违法行为；落实宪法解释程序机制，积极回应涉及宪法有关问题的关切。

八是关于宪法的学习宣传教育。宪法的根基在于人民发自内心的拥护，宪法的伟力在于人民出自真诚的信仰。加强宪法学习宣传教育是实施宪法的重要基础。

九是关于坚定宪法自信。坚定中国特色社会主义道路自信、理论自信、制度自信、文化自信，要对我国宪法确立的国家指导思想、发展道路、奋斗目标充满自信，对我国宪法确认的中国共产党领导和我国社会主义制度充满自信，对我国宪法确认的我们党领

① 参见林来梵：《中国宪法学的现状与展望》，载《法学研究》2011年第6期。

② 参见武增主编：《辉煌四十年：现行宪法发展与实施报告》，法律出版社2023年版，第110－115页。

导人民创造的社会主义先进文化和中华优秀传统文化充满自信。

十是关于党领导宪法建设史的重要结论。主要有以下几点：第一，制定和实施宪法，推进依法治国，建设法治国家，是实现国家富强、民族振兴、社会进步、人民幸福的必然要求。第二，我国现行宪法是在深刻总结我国社会主义革命、建设、改革的成功经验基础上制定和不断完善的，是我们党领导人民长期奋斗历史逻辑、理论逻辑、实践逻辑的必然结果。第三，只有中国共产党才能坚持立党为公、执政为民，充分发扬民主，领导人民制定出体现人民意志的宪法，领导人民实施宪法。第四，我们党高度重视发挥宪法在治国理政中的重要作用，坚定维护宪法尊严和权威，推动宪法完善和发展，这是我国宪法保持生机活力的根本原因所在。

（三）延伸阅读

构建中国自主的宪法学知识体系应当以习近平法治思想为指导，以宪法文本为基础，要从文本出发，综合宪法规定、宪法原则和宪法精神，解释文本内涵，保持规范与现实的良性互动。中国自主的宪法学知识体系应具备的基本特征是：（1）历史性——中国宪法学的学术发展和问题研究都要以中国特殊的历史背景为基础；（2）原创性——将新的知识、新的理论和新的方法融合在一个知识体系中，在承继既往理论实践成果的基础上提升学术思想的原创性；（3）自主性——从中国本土问题出发进行分析论证和学术探讨，形成具有中国原创性的思想、理论等资源；（4）体系性——要将宪法学知识构建成一个逻辑严密的、自圆其说的、具有解释力的体系；（5）开放性——宪法要解决人类面临的共同问题，中国宪法学知识体系应立足于中国，同时以世界为观照；（6）前瞻性——以符合中国历史与实际的宪法学知识的体系化为社会提供合理预期，增强全社会在规范基础上的确定性。

（韩大元：《新时代中国宪法发展的内在规律及其课题——习近平“谱写新时代中国宪法实践新篇章”重要文章的解读》，载《法学评论》2023 年第 2 期，第 8 页。）

第三节　宪法学的分类、特征、学习意义与基本要求

一、宪法学的分类

（一）基本理论与概念

1. 根据赖以存在的经济基础和体现的意识形态的差异，可以将宪法学分为马克思主义宪法学和资产阶级宪法学。

2. 以宪法发展的历史阶段为标准，可以将宪法学分为近代宪法学、现代宪法学和当代宪法学。

3. 宪法解释学（或称宪法释义学、宪法教义学）是宪法学的根本。

（二）重点解析与前沿

1. 近代宪法学与现代宪法学

近代宪法学与现代宪法学的区分是基于近代宪法与现代宪法的区分，而近代宪法向

现代宪法转型的标志是1918年《苏俄宪法》与1919年《魏玛宪法》的制定。在此之前，以美国宪法为代表的近代宪法建立了以自由权为中心的人权保障体制，强调对公民平等、自由与财产安全的一体保障，其主要功能在于防御国家的侵害。在“夜警国家”理念下，近代宪法在政治上主张国家的最小干预，在经济上主张自由放任的市场竞争。然而，该理念并未充分虑及不同主体实现自由的能力与条件的差异。对于工人等普通民众来说，此种宪法保障不过“意味着保障失业的自由、饿死的自由、平均寿命的低下。吃不上饭的人在现实中不可能成为享有人权的主体”①。

受社会主义思潮的影响，1917年爆发的十月革命催生了世界上第一个社会主义国家“苏俄”与历史上第一部社会主义宪法《苏俄宪法》。社会主义革命对欧洲产生了巨大冲击，并对1919年《魏玛宪法》的制定产生了直接影响。这两部开创性的宪法相继确立了以社会为本位的宪法原则，对社会经济强者的财产权和经济自由进行限制，对社会经济弱者的社会权进行保障，开启了通过国家干预来实现社会平衡的先河。不过，需要注意的是，现代宪法学并非对近代宪法学的全面否定，其仍然继承了民主、法治、人权等近代立宪主义的基本精神，只是在此基础上增加了对“社会”的关照。

2. 宪法解释学与宪法社会学

宪法解释学与宪法社会学的区分主要基于研究方法的不同。宪法解释学以规范分析为主要研究方法，而宪法社会学则注重运用社会科学方法对宪法现象进行经验研究。在新中国成立初期，运用阶级分析方法所进行的宪法研究便属于宪法社会学研究的一种。不过，不同于运用阶级分析方法所进行的宪法社会学研究主要关注法的阶级事实，如今的宪法社会学研究更侧重于关注法之运行的经验实证主义。例如，有学者曾通过对执法检查进行实证研究，展示全国人大常委会如何实现对行政权力日常运行的监督，并归纳全国人大常委会的权力扩展策略。② 这便是一种典型的宪法社会学研究。

但是，社会科学研究的目的是“认识世界”，而通过法律规范来“改变世界”并不是其直接目的所在。因此，宪法社会学的研究需注意区分“是什么”与“应是什么”，避免在对历史或者现实的政治状态进行经验描述后，直接认为这就是“宪法”，甚至是“真正的宪法”。例如，有学者在考察中国现实的政治运作后，轻易地将“三位一体的领导体制”“两个积极性原则”“商量办事”等一些政治运作的现实规则视为中国的不成文宪法。③ 这种做法的理论风险在于，它可能会最终削弱作为法律规范的宪法（典）的规范性，并最终背离“以高级法约束国家权力”的立宪主义精神。

宪法解释学所关注的问题是现行宪法的规范性的问题，或者说宪法的“效力”问题，也就是依据宪法规范，人们应该怎么去行为、享有怎样的权利、承担怎样的义务。不过，宪法解释学并不反对宪法社会学研究，只是认为从以描述性为基础的社会科学的规定性到法律意义上的规范性的关键性跃迁，仍然要基于法学的立场和方法才能完成。④ 不同于宪法社会学需要恪守描述性研究的边界，宪法解释学需避免将一切政治的、社会的、历

---

① ［日］杉原泰雄：《宪法的历史》，吕昶、梁涛译，肖贤富校，社会科学文献出版社1999年版，第118页。

② 参见林彦：《全国人大常委会如何监督依法行政？——以执法检查为对象的考察》，载《法学家》2015年第2期。

③ 参见强世功：《中国宪法中的不成文宪法——理解中国宪法的新视角》，载《开放时代》2009年第12期。

④ 参见张翔：《立法中的宪法教义学——兼论与社科法学的沟通》，载《中国法律评论》2021年第4期，第105页。

史的要素统统排除，仅对宪法规范进行纯粹逻辑意义上的把握，从而沦为一种机械的形式主义法学。社会现实的合理要求是宪法解释所必须体现和反映，而且是不可以轻易超越的界限，因为宪法解释最终还是要落到社会现实之中，“应用”是解释过程中“一个不可或缺的组成部分”。宪法解释的基本功能就在于维护现实与规范、事实与价值、存在与当为之间的平衡关系，最终谋求宪法规范与社会现实二者价值的一体性。①

（三）延伸阅读

中国的社会自1949年之后经历了剧烈转型，整个社会结构发生了天翻地覆的变化。现行的“八二宪法”，其文本屡经修改，文本的背景与文本制定时也完全不同，同样的条款在变迁的社会情势下，其规范意涵自然大不相同了。鉴于此，僵化的、静态的文本解释是行不通的，但无视文本和规范、直接面向政治现实的做法同样不可行。对于“八二宪法”的解释需进行历史、文本与现实的三重融合：一方面，需回到历史，对宪法规范的原初含义进行原旨主义的解读，厘清规范制定的初衷与目的；另一方面，又不能故步自封，恪守“祖宗成法不可变”，而罔顾社会现实的变化。

（李忠夏：《宪法变迁与宪法教义学：迈向功能分化社会的宪法观》，法律出版社2018年版，第2页。）

二、宪法学的基本特征

（一）基本理论与概念

1. 宪法学在法学学科体系中具有基础性地位。

2. 相比于民法学、刑法学等部门法学，宪法学具有更加鲜明的政治性。

3. 相对于从政治学等其他学科的视角对宪法的研究，宪法学具有特殊的规范性和实践性。

（二）重点解析与前沿

1. 宪法学的政治性与规范性

高度的政治性是宪法规范区别于其他法规范的重要特征。宪法与国家政治生活息息相关，其规范的主要对象是国家公权力，内容则涉及国家的根本制度、重要国家机构的组织权限、国家政治意志形成的程序以及政治权力的行使界限等事项。因此，宪法学研究不可避免带有一定的政治性。中华人民共和国成立初期的宪法学大都运用阶级分析方法理解宪法现象，政治性特征尤为明显，甚至被称为“专政宪法学”。

改革开放后，随着宪法秩序的稳定，宪法的法律属性开始被强调，宪法学不再使用高度政治性的话语，并越来越关注对宪法文本的分析，宪法解释学或规范宪法学逐渐成为宪法学研究的主流。不过，仍然有一些研究主要将宪法现象看成政治现象，关注现实中的政治权力运作过程，形成一种政治宪法学研究范式。②

宪法自身所具有的高度政治性，决定了宪法学不可能完全摆脱政治因素的影响，即便是专注于规范分析的宪法解释学也是如此。因此，政治宪法学的问题并不在于其高度

---

① 参见韩大元、张翔：《试论宪法解释的界限》，载《法学评论》2001年第1期，第33页。

② 代表性研究可参见陈端洪：《论宪法作为国家的根本法与高级法》，载《中外法学》2008年第4期。

的政治性，而在于其理论抱负并不止于对政治现实进行描述，发现所谓完整而真实的中国宪法，而是试图进一步赋予这种“真实的宪法”以规范效力，无论其是否与成文宪法规范相冲突。

宪法解释学或规范宪法学则会区分“研究对象的政治性”与“研究方法的规范性”。正如有的学者所言，国家法的对象是政治，国家法学者绝不能对政治事件或者政治意图坐视不管，但对此加以评估的依据只能是“公法的标准”。政治学与法学考察的对象虽然存在一致性，但其目标并不相同：法学的任务在于维护法的规范力。法无论如何都需要追求最低限度的“规范上的有效性或者说正确性”，始终需要反思何种规则才是正当的，而政治则追求以事实为基础的实效性。这也是法学具有应然性质的原因所在。①

那么，宪法解释学具体应如何对待政治因素呢？首先，宪法的一般性、原则性和不确定性，使宪法解释难以仅仅依靠宪法条款的文字及其相互关联，而是经常需要政治理论的填充。为了防止政治理论的引入消解宪法的规范性，就必须将可被引入的政治理论限定在宪法文本之内，即从宪法文本中寻找宪法内在的政治理论。其次，解释宪法规范时，有时可能需要考虑解释方案的政治后果。同样，为了维护宪法的规范性，对政治因素的考量必须在遵守固有的解释规则的前提下进行。换言之，这种政治判断必须受到法律方法的严格控制。任何超越宪法文本和解释规则的客观可能性的政治解释结论，都是无法被最终接受的。②

2. 宪法学的基础性地位

不同于法理学在法学学科体系中的基础性地位源于其为法学各学科提供了一般性的概念与理论工具，宪法学的基础性地位更多地源于宪法在法律体系中的最高地位。在一国法律体系之中，宪法具有最高法律效力，包括民法、刑法在内的部门法都不能与宪法相冲突。这就意味着，对部门法问题的研究应以宪法学的相关知识为基础，甚至可以说所有的部门法问题最终都是宪法问题。

在宪法的规范性不受重视、法律体系不够完备的时期，宪法学的这种基础性地位并不明显。但随着中国特色社会主义法律体系的建成以及合宪性审查制度逐步完善，部门法规范与宪法规范的关联变得越来越紧密。根据宪法塑造和批评部门法，已经成为宪法学对部门法学的召唤，也成为部门法学自我省思的重要方向，部门法学者在研究部门法问题时开始有意识地寻求宪法学理论资源的支持，例如，有刑法学者从宪法角度对刑法中的教唆犯理论进行了反思，并对《刑法》第 29 条第 2 款作出了一种符合宪法的解释。③

当然，宪法学与部门法学之间并非宪法学对部门法学的单方面控制，二者是一种交互影响的关系。对法律的解释需要考虑到宪法的规定，而对宪法的解释也不能完全无视普通法律的规定。④ 在两种规范的相互动态调试过程中，整体法秩序逐步趋向和谐。在法学的学术上，宪法学与部门法学都要有将宪法与部门法进行关联的自觉意识，既不可相

---

① 参见李忠夏：《中国宪法学方法论反思》，载《法学研究》2011 年第 2 期，第 167 页。

② 参见张翔：《宪法释义学：原理·技术·实践》，法律出版社 2013 年版，第 36－37 页。

③ 参见何庆仁：《我国〈刑法〉第 29 条第 2 款的合宪性解释》，载《政治与法律》2021 年第 8 期。

④ 参见杜强强：《论宪法规范与刑法规范之诠释循环：以入户抢劫与住宅自由概念为例》，载《法学家》2015 年第 2 期，第 26－27 页；杜强强：《符合法律的宪法解释与宪法发展》，载《中国法学》2022 年第 1 期。

互漠视，也不可傲慢地以为“本学科可以自足”。在理解宪法与部门法交互影响关系的基础上，尊重和理解双方的学科知识和体系，通过运用具体化宪法和合宪性解释的法律技艺，向着宪法教义学与部门法教义学的体系整合，使二者相互融通，相向而行。

（三）延伸阅读

宪法与部门法的第一层次关系，是宪法约束立法机关，立法机关通过法律来具体化宪法以形成部门法秩序。宪法对部门法的立法的约束可以概括为两个层面：“内容形成”与“越界控制”。前者意味着，立法者必须考量宪法的哪些规范构成了对该部门法立法的委托，宪法在此领域设定了何种国家目标，要求达到何种基本权利保障标准；后者意味着，在考量该法律部门的规范领域的特定情形而形成具体规范时，立法者不能逾越宪法设定的边界，不能背弃国家目标，不能侵害基本权利，在权衡各种利益时，应谨慎裁断，避免草率放弃宪法的价值设定。

法律在制定出来之后，就进入执法和司法的层次。这就进入宪法与部门法的第二层次关系：法律的合宪性解释，即对法律的具体解释和适用，必须时刻关照宪法价值的落实，将宪法作为法律解释的“补充性”和“控制性”因素，使法律的具体操作合于宪法的整体秩序。

如果说合宪性解释是在部门法规范的解释和适用中，施加合宪性的控制，确保其不偏离宪法的框架秩序，那么，如果部门法的规范或其解释确实存在偏离宪法轨道的可能，对其进行合宪性审查就是必要的。法律的合宪性审查就是宪法与部门法关系的第三层次。

（张翔：《宪法与部门法的三重关系》，载《中国法律评论》2019 年第 1 期。）

三、学习宪法学的意义和基本要求

（一）基本理论与概念

1. 宪法学是法学专业的基础课程。

2. 学习宪法学，掌握宪法的基本理论与基本知识，有助于科学分析各种宪法现象，有助于为学习其他部门法学奠定良好基础，有助于增强宪法观念，有助于推进社会主义法治国家建设的理论和实践发展。

（二）重点解析与前沿

1. 宪法文本、理论与实践相结合

学习宪法学，要注重宪法文本、理论与实践的结合。宪法学的规范性决定了宪法学理论是以宪法文本为基础的，宪法学的实践性则要求宪法学理论能够服务于现实中宪法问题的解决。因此，在学习宪法学的过程中，尽管首先面对的可能是某一概念或原理，但对概念与原理的理解必须结合宪法文本，并自觉运用理论去分析现实中具体的宪法问题。

宪法规范涉及一个国家最根本、最重要的问题，往往较为原则与抽象。与民法、刑法这些直接调整民众行为的法律相比，宪法往往被认为只是一部高高在上、与普通民众日常生活联系不大的根本法。但实际上，宪法与人们的生活息息相关，从国事到民生都可能涉及宪法问题。如前所述，由于部门法规范不能与宪法相冲突，因此对所有的部门法问题都可以从宪法角度进行思考。在学习宪法学的过程中，要有意识地发现现实生活中的宪法争议，并自觉根据宪法文本、运用宪法学理论去分析这些问题。

2. 案例分析工具的运用：以“三阶层审查框架”为例

法学是一门实践科学，案例分析在法学学习中占据非常重要的位置。宪法学也不例外。为了全面、准确分析案例，有必要掌握一些分析工具。宪法案例的核心争议是“公权力行为是否合宪”，其中又主要涉及“公权力对公民基本权利的干预是否合宪”的问题。对于这些案例，可以运用“三阶层审查框架”进行分析。

“三阶层审查框架”主要包括三个基本步骤：（1）基本权利的保护范围；（2）对基本权利的干预；（3）基本权利干预的正当化。概括言之，在第一个阶层“保护范围”要审查：公民（受到国家干预）的行为本身是否受到某项基本权利的保障？以机动车“限行”为例，在保护范围这一步，我们需要分析：公民开车出行的行为是否受基本权利保护？如果是，具体受哪项基本权利保护？经分析，我们认为，个人使用其所有的机动车属于对其财产的使用，受宪法上财产权的保护。在得出受基本权利保护的结论后，就可以进入下一层的审查。在第二个阶层“干预”要审查：国家的行为是否构成了对该基本权利的干预？继续以机动车“限行”为例，在此我们需要分析：公权力设定的“限行”措施是否构成了对公民财产权的干预？显然，“限行”措施对公民使用其财产造成了影响，无论是按尾号还是按单双号“限行”，都会使个人在一定时间内无法正常发挥其财产的功能，从而导致财产价值的减损。在确认干预的存在后，就可以再进入下一层的审查。在第三个阶层“干预的正当化”要审查：国家对基本权利的此种干预是否具备宪法正当性？尽管国家可以限制基本权利，但必须符合严格的条件：在形式方面必须符合法律保留原则，在实质方面必须符合比例原则等。只有同时具备形式和实质正当性，国家的干预行为才能在宪法上正当化，才是合宪的，否则，即构成了对基本权利的侵害，应被认定违宪。①

运用以上框架，可以对相关案例进行全面、清晰的分析，不会遗漏任何问题点。“三阶层审查框架”仅适用于国家干预公民自由权的情形，在此之外，宪法释义学还归纳出基本权利作为“客观价值秩序”的各项功能的审查框架、平等权的审查框架，以及关于国家机构等的各个方面的审查框架。这些框架是在宪法规范的解释、适用基础上、在反复的探索和辩难过程中得出的人类理性的体系性固化。这种体系化的释义学训练，一方面使法律人在面对宪法争议时，不至于手足无措，而是有分析和讨论的出发点与思考方向；另一方面又保证了宪法实施的前后一致以及国家秩序的合宪性。② 在学习宪法学的过程中，要自觉掌握并运用各类思考框架去分析宪法问题。

第三部分　文献拓展与案例研习

第一节　拓展文献目录

韩大元，林来梵，郑磊．宪法解释学与规范宪法学的对话．浙江学刊，2008（2）.

---

① 参见张翔、田伟：《基本权利案件的审查框架（一）：概论》，载《燕大法学教室》2021年第3期，第11－12页。

② 参见张翔：《宪法释义学：原理·技术·实践》，法律出版社2013年版，第14页。

韩大元. 改革开放四十年中国宪法学的回应与贡献. 中外法学，2018 (5).
李忠夏. 中国宪法学方法论反思. 法学研究，2011 (2).
林来梵. 中国宪法学的现状与展望. 法学研究，2011 (6).
林来梵. 从宪法规范到规范宪法：规范宪法学的一种前言. 北京：商务印书馆，2017.
刘晗. 中国比较宪法学的重新定位与方法论重构. 中国法学，2022 (2).
苏永钦. 法学为体，社科为用：大陆法系国家需要的社科法学. 中国法律评论，2021 (4).
张翔. 宪法学为什么要以宪法文本为中心. 浙江学刊，2006 (3).
张翔. 宪法与部门法的三重关系. 中国法律评论，2019 (1).
周威. 郑观应首次使用宪法语词考. 上海政法学院学报（法治论丛），2017 (3).

第二节 本章案例研习

重庆“钉子户”事件

鹤兴路片区地处九龙坡区商业核心地段，80%的房屋系 20 世纪四五十年代前修建的，80%左右的房屋系危房，安全隐患严重。2004 年 8 月，重庆南隆房地产开发有限公司与重庆智润置业有限公司确定联合对该片区实施改造。根据国务院和重庆市的相关规定，2004 年 8 月 31 日，九龙坡区房管局发布拆迁公告。至 2006 年 6 月，该片区所涉及的 281 户拆迁户，除杨家坪鹤兴路 17 号（以下简称“17 号”）一户外，均协议搬迁。

2007 年 1 月 11 日，九龙坡区房管局根据开发商此前提出的裁决申请，在召开听证会后下达了拆迁行政裁决书。此后，17 号仍未搬迁。九龙坡区房管局于 2 月 1 日向九龙坡区人民法院提交了“先予强制拆迁申请书”。九龙坡区人民法院于 3 月 19 日召开司法强拆听证会。当天合议庭下达了“非诉行政执行裁定书”和“限期履行通知”，责令 17 号 3 月 22 日前履行行政裁决书所确定的义务，逾期不履行，法院将按有关法律规定办理。

“问题没解决，我肯定不会搬。”17 号房屋产权人吴某扬了扬手中的塑料袋，里面放有各种有效证件和法规文本，包括一本《中华人民共和国宪法》。她称，法院“限期履行”的裁决是违规的，“它根据的是最高人民法院《行政诉讼法解释》第 94 条：不及时执行可能给国家利益、公共利益或者他人合法权益造成不可弥补的损失。”

“事实上，它保护的既不是国家利益，也不是公共利益，保护的只是开发商的利益，它并不合法。”吴某熟练引用宪法、重庆城市房屋拆迁管理条例以及 2007 年刚出台的《物权法》等法律法规中的条款表示，她将坚持自己的主张。

吴某称：自己与丈夫继承的房产有 219 平方米，产权证和国有土地使用证都齐全。而自己选择了实物安置，要求开发商按产权证上的面积和用途，归还相同面积的商业用房，并且提供临时过渡门面，门面朝向不能改变。

3 月 26 日，重庆市市长王鸿举首度表态：政府有能力依法、冷静、妥善地处理好这一事件，但绝不迁就漫天要价、毫无道理的要求。经过艰难谈判，2007 年 4 月 2 日，吴某终于与相关部门、开发商达成协议。当日晚 10 点 37 分，17 号房屋被拆除。

思考：宪法跟普通公民的生活有什么关系？学习宪法学有什么意义？

要点提示：第一，宪法问题的普遍性。宪法并非遥不可及，宪法问题广泛存在于国家生活与公民生活中。第二，宪法文本的重要性。所有宪法问题的解决都要回到宪法文本，看一下宪法是如何规定的。也正因此，宪法学才主要是专注于规范分析的宪法解释学。第三，宪法学的意义。对公民而言，在日常生活中经常面对各种法律问题，当普通法律无法提供有效保护时，便可以主张自己的宪法权利。对国家而言，其行使权力若严格依照宪法，便可以获得非常强的正当性支撑。因此，宪法学研究所形成的知识体系对公民与国家都有着非常重要的意义。

第一章　宪法总论

第一部分　本章知识点速览

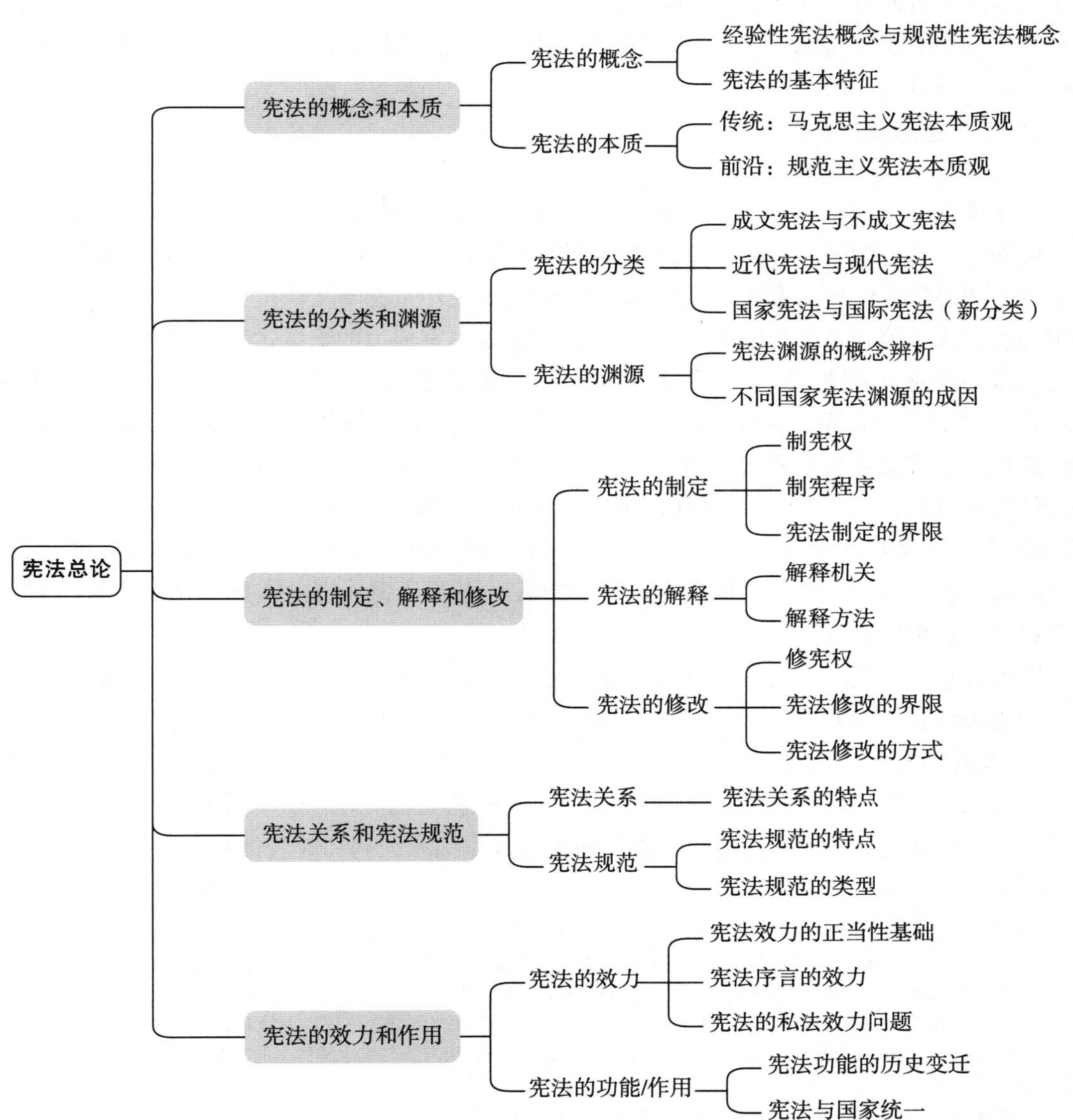

第二部分　本章核心知识要点解析

第一节　宪法的概念和本质

一、宪法的概念

（一）基本理论与概念

1. “宪法”一词在我国古已有之，但与近代“宪法”一词的含义不同。近代意义的宪法概念源自西方，并通过日本传到我国。

2. 近代以来，宪法的概念用以指称一国的根本法和最高法，其制定、修改程序更为严格，并具有最高的法律效力。

（二）重点解析与前沿

1. 经验性与规范性

从语言学角度而言，作为一个名词，“宪法”在不同的语境下会对应不同的“所指”。一般来说，通行学说区分最狭窄的“形式意义的宪法”概念和“实质意义的宪法”概念：前者指的是以宪法典的形式表现出来，具有最高效力的法律文件，例如《中华人民共和国宪法》或《美利坚合众国宪法》。后者指的是以国家权力的配置运行以及基本权利保障为内容的法律规则的总称：“所谓实质，就是宪法里面所规定的事项，就是宪法的内容。”① 简而言之，宪法一词可以意味着某部成文宪法，也可以指称一国的根本制度，无论其是否以成文宪法形式表现出来，也无论其是否为成文宪法所囊括，抑或在成文宪法之外仍然有其他形式的基本规则，例如普通的法律甚至习俗惯例。也有很多学者使用“宪制”一词来描述实质意义的宪法。② 从认识论的角度来说，判断一国是否具有形式意义的宪法较为简单，即是否拥有宪法典的形式；而要认识一国的实质意义的宪法，则需要讨论宪法规则的具体内容。

形式意义的宪法作为一种概念，如果进一步强化成一种理念，则构成了一种形式主义的宪法观念③：以“宪法”一词的一种“所指”（即《宪法》）垄断“宪法”一词的“能指”。在此种宪法概念之下，在实质规范层面与《宪法》等同的法律（如《全国人民代表大会组织法》等）都不应被视为“宪法”④。实质意义的宪法概念如果强化为一种理念，即认为必须从实质角度界定宪法，则任何关于建立国家结构和政府体制、保障公民权利、

---

① 王世杰、钱端升：《比较宪法》，中国政法大学出版社 1997 年版，第 3 页。

② 例如，“本书所使用的‘宪制’一词，并非与民法、刑法等并行，作为国内最高法的宪法律（constitutional law），更不是形式意义上的成文宪法或者宪章，它指向的是从功能上将政治共同体整合（integrate）为一体的基本结构，其中最重要的当然是政治统治的形式，或‘政体’。只要存在政治统一体，不管是否存在载明这种基本结构的法律文件，都可以说存在宪制”。参见章永乐：《万国竞争：康有为与维也纳体系的衰变》，商务印书馆 2017 年版，第 5 页。

③ 参见黄明涛：《形式主义宪法观的兴起》，载《中国政法大学学报》2022 年第 6 期。

④ 这直接引发了后续关于宪法渊源的争论，参见后文。

调整政府公民关系的规范内容，皆为宪法。宪法典无法囊括宪法规范。由此，则可以对那些没有现代成文宪法典的国家乃至历史时段进行宪法研究，或在成文宪法之下寻找实质性的宪法规范内容。因此，有学者认为，非形式化宪法实际发挥的宪法功能应得到公正评价。①

实质意义上的宪法又可以分为“原始意义的宪法”和“立宪主义意义的宪法”。在前一种宪法的意义下，任何政治体都有根本制度，即使是一个原始部落，只要能够维持稳定的秩序，也是有“宪法的”的。因此，孙中山先生指出，中国古代也是有宪法的。② 其所谓的“宪法”就是原始意义上的宪法。而立宪主义意义上的宪法，则表达了这样一种观念：一个政治体的根本制度必须符合某种根本原则，特别是限制公权力和保护公民权利，才能被称为宪法。在这个意义上，立宪主义意义上的宪法具有某种规范主义的特征，而原始意义上的宪法则是在事实描述意义上成立。

究其根本而言，上述种种区分的底层逻辑在于事实与规范之分。张翔教授提出经验性宪法概念和规范性宪法概念的区分，正是基于实然和应然的两种宪法观，由此区分了两种宪法概念。经验性宪法概念自古有之，主要是描述性的概念，例如古希腊的宪法概念即是城邦的统治形式和政体概念。而现代以来兴起的规范性宪法概念则指的是对国家权力进行建构并予以限制的基本制度。③

此外需要注意的是，对于专业法律人来说，“宪法”的概念具有另一重职业主义和专业主义的含义，即通过法律和司法化适用之后，形成的依据一国成文或不成文宪法形成的具体法律规则的总称。这个概念对应的英文术语是 constitutional law，准确来说更应翻译为“宪律”，即一套法学意义上的宪法教义和规则体系。总而言之，我们可以总结出“宪法”一词至少包含的三种含义：《宪法》（Constitution）、宪制（constitution）和宪律（constitutional law）。在不同的语境中，读者可以据此判断作者所使用的“宪法”一词究竟是何含义。

2. 宪法的基本特征：根本法、最高法与民族法

值得说明的是，一般教科书中讨论宪法的基本特征，是就形式意义上的宪法而言，也即成文宪法典。在教科书中，一部成文宪法典异于其他法律的特性一般有两个：根本性和最高性。

首先，宪法是一国的根本大法，处于一国法律体系的最为基础性的位置。换言之，如果法律体系是树，宪法就是法律秩序集合的根部，其他法律的效力和内容皆生发于宪法，因此宪法也被称为“母法”。这一点又决定了：相对于一般法律而言，宪法的制定需要专门机构，且制定出来之后相对难以修改。就制宪而言，世界各国都会成立特定的机构，如制宪会议或者宪法起草委员会，而于一般法律的制定则无须单独设立专门机构。就修宪而言，一般来说程序性的要求都比普通法律的修改要更为严格。例如，我国宪法的修改必须由全国人民代表大会全体代表 2/3 以上的多数通过（《宪法》第 64 条第 1

① 参见黄明涛：《形式主义宪法观的兴起》，载《中国政法大学学报》2022 年第 6 期。

② 参见孙文：《孙中山先生建国演说》，民智书局 1924 年版，第 22－23 页。

③ 参见张翔：《宪法概念、宪法效力与宪法渊源》，载《法学评论》2021 年第 4 期，第 25－29 页。

款）。古语云，“治大国若烹小鲜”。作为国家最重要、根本的一些制度，宪法不能过于频繁地变动。宪法作为根本法还意味着，宪法是一切国家机关、社会组织和公民个人行为的最终准则。换言之，对于没有法律调整的政府活动、团体行为和个人行为，宪法具有直接的规范效力。宪法可以覆盖私人之间的法律关系，也即民事关系，只不过其适用的形式和程度有待进一步讨论。

其次，宪法是一国的最高法律，具有最高的法律效力。这就决定了，宪法是一切法律的法律。任何法律都不得与宪法的规定、原则和精神相违背；如果下位法违反了宪法，就是无效的。例如，我国现行《宪法》第5条第3款规定：“一切法律、行政法规和地方性法规都不得同宪法相抵触。”因此，宪法对于立法机关既规定了立法程序，也在实质内容方面对其进行约束。因此，我国一般的法律都会在开头写明：“根据宪法，制定本法”。而究竟一部法律或其他低层次法律规范是否违反宪法、由谁来判断、违宪之后的法律后果是什么，则属于合宪性审查的问题，需要专门探讨。此处，我们仅需要知道的是，合宪性审查的法理依据即在于宪法的最高法特征。

当然，立法者在宪法框架下具有某种细化规范的形成空间。作为一部根本法，宪法不可能事无巨细地对一切问题进行规定，甚至不应该如此，否则无法保证宪法的稳定性和权威性。因此，立法机关可以具有裁量权。“宪法对部门法的立法的约束可以概括为两个层面：‘内容形成’和‘越界控制’。前者意味着，立法者必须考量宪法的哪些规范构成了对该部门立法的委托，宪法在此领域设定了何种国家目标，要求达到何种基本权利保障标准；后者意味着，在考量该法律部门的规范领域的特定情形而形成具体规范时，立法者不能逾越宪法设定的边界，不能背弃国家目标，不能侵害基本权利，在权衡各种利益时，应谨慎裁断，避免草率放弃宪法的价值设定。”[①]

此外，宪法还有一项常常被教科书所忽略的特征，即民族性。换言之，与民商法等法律不同，宪法是所有法律部门中跟一个国家的传统文化、历史习俗联系最紧密的法律。宪法是一国政治实践、文化传统和历史背景的最高法律体现，每个国家的宪法都具有自身的民族特色。即便美国宪法，也具有鲜明的民族特色。正如美国学者杰克·巴尔金（Jack Balkin）所言：“仅仅将美国宪法作为基本法（治理框架）或作为高级法（理想标准和价值观的来源）是不够的。这也必须是我们的法。生活在宪法之下的人民——美国人民——必须将宪法理解为他们的法：而不是土耳其法、法国法或南非法。”[②] 举例而言，各国宪法都保护言论自由，但言论自由都有限度，其限度取决于历史文化传统。比如鼓吹纳粹的言论，在美国受到言论自由保护，在欧洲大部分国家和加拿大都是被严格禁止的。再如，位于欧洲宪法基本权利体系核心的人格尊严，在美国宪法中却地位不高。

（三）延伸阅读

如果仅就现代汉语的“宪法”一词而论，“法”字就表征了其法律性，或者说规范性，其意涵是相对单纯的。但是，“宪法”作为西文 constitution（英、法）、Verfassung（德）等名词的迻译，其在人类的观念史中，却一直是多重意涵的混合构造。德国宪法学家

---

① 张翔：《宪法与部门法的三重关系》，载《中国法律评论》2019年第1期，第28页。

② Jack Balkin, *Living Originalism*, Harvard University Press, 2011, p. 60.

格林归纳了两种宪法概念：经验性的或描述性的宪法/规范性的或规定性的宪法……“宪法”作为“制度”“政治状态”以及“法律”的双义性，是人类复杂观念史的语言沉淀。非法学的、经验性的宪法概念（在中文语境中，经常用“宪制”来指称）长期存在于现代的规范性宪法观确立之前，并仍然影响着当下对于宪法的理解。

（张翔：《宪法概念、宪法效力与宪法渊源》，载《法学评论》2021年第4期，第25页。）

在中文当中，论者常在多重意义上使用“宪法”一词，较难仔细区别。因而，一个简便的办法是考察其在西文当中的语义。如在英文中，“宪法”（constitution）一词至少可指涉三重意思，姑且通过三种用法来予以展现：“宪法”（constitution）、“《宪法》”（Constitution）和“宪律”（constitutional law）。“《宪法》”的界定完全按照形式主义标准，遵循内容中立原则，不管何种内容、起到何种功能，只要写入正式的宪法文本，即是宪法。虽然宪法典通常规定的是政府结构和基本权利，但也可以写“扫除文盲”或者“禁止酒类的制造、销售或运输”。

“宪法”则指一国实际运作的基本的、较为固定的政治制度。此种意义上的“宪法”需要进行内容辨析。如将“宪法”界定为政府结构和公民权利的基本法，“扫除文盲”或“禁酒令”或许不适合进入宪法。而规定政府结构和公民权利的普通法律，或者涉及此类问题的稳定实践，则实际构成了“宪法”。

“宪律”的含义则较为狭窄，为有权解释宪法且实际从事宪法解释的机关（在很多国家表现为最高法院或宪法法院），运用法律适用和法律解释的方法，在处理法律纠纷的过程中，通过司法实践，形成的法律教义体系。

（刘晗：《有宪法典的不成文宪法》，载《法学评论》2021年第4期，第61页。）

二、宪法的本质

（一）基本理论与概念

1. 宪法是民主制度化、法律化的基本形式。

2. 宪法是各种政治力量对比关系的集中体现。

（二）重点解析与前沿

1. 传统：马克思主义宪法本质观

宪法的概念讨论的是宪法是什么，也即“宪法”一词究竟指涉何种社会政治现象。宪法的本质则进一步追问，被称为“宪法”的社会政治现象背后不受外部因素影响的根本性质和固有属性是什么，特别是在多变的现象之下深层的稳定结构是什么：“在哲学上，本质是事物的根本性质，是事物自身组成要素之间相对稳定的内在联系，是由事物本身所具有的特殊矛盾构成的，它从总体上规定事物的性能和发展方向，因而宪法的本质是指从总体上规定宪法性能和发展方向的宪法的内部联系，是宪法比较深刻的、一贯的和稳定的方面。”[①] 因此，在很大程度上，探究宪法的本质究竟是什么，本身乃是马克思主义探求现象背后本质的方法论所提出的问题。

---

① 周叶中主编：《宪法学》（第5版），高等教育出版社2020年版，第36页。

从上述问题出发，我国宪法学界长期以来的正统观点认为，宪法的本质在于民主制度的法律化①和阶级力量对比关系的反映。此学说源自苏联相关学说，例如列宁认为："宪制的实质在于：国家的一切基本法律和关于选举代表机关的选举权以及代表机关的权限等等的法律，都体现了阶级斗争中各种力量的实际对比关系。"② 在新中国成立以后，苏联的学说传入中国。③ 此说在中国宪法学教科书中最早由吴家麟教授在1980年代提出，随后成为主流观点："宪法是国家的根本大法，是民主制度的法律化，是阶级力量对比的表现。"④ 例如，许崇德教授认为："宪法是统治阶级的重要工具，是国家根本法，具有一般法的本质特征，同时又具有不同于普通法律的实质上的特点和形式上的特点"⑤。何华辉教授认为："宪法是集中表现统治阶级意志的国家根本法。"⑥

2. 前沿：规范主义宪法本质观

近年来，一些学者立足于规范宪法理念，开始提出对于宪法本质的新观点。例如，林来梵教授认为，宪法并非纯粹的实然政治社会现象，而是一种应然的规范体系。因此，规范性乃是宪法的本质特征，这就决定了宪法的本质内容在于：第一，宪法是赋予国家正当性的基本法；第二，宪法是确认和保护基本权利的基础法；第三，宪法具有授权法和限权法的双重性质。⑦

由此可见，对于宪法本质的探讨，仍然建立在对于宪法概念探讨的基础上。宪法的本质为何，根本上取决于论者秉承的是经验性的宪法概念还是规范性的宪法概念，探寻的是事实意义上的宪法之本质还是规范意义上的宪法之本质。传统的宪法本质观和学界较新的宪法本质观，其分野在于底层逻辑的变化。

（三）延伸阅读

规范主义（normativism）是力图依据有效的、具有价值秩序的规范系统去调控公共权力的立场、精神、方法或理论体系。这种规范主义与立宪主义基本相通。以此视角看待宪法，宪法不是实然的政治现象，而是一种规范现象，尤其是把实质意义上的宪法看作规范现象来把握。如果把宪法看成是一种规范现象，我们对宪法的本质的认识可能就会更为深刻，就会认识到宪法本质的另一个方面。这个方面包含如下几点内容。

第一点，宪法是赋予国家的存在以基础的基本法……宪法和国家具有密切的联系，"从法的角度"将国家看作一种法人的那种"法"，实际上首先就是宪法，正是宪法规定了国家的目标、国家的根本制度、国家的机构设置等，可以说，宪法是给这种国家、这种法人以基础的一种法律。

第二点，宪法是人的尊严和基本权利的基础法……国家是否正当，要看国家是如何统治的、是否保护人民基本权利。宪法如果做到这一点，就赋予了国家正当性的基础……

---

① 正如毛泽东指出的："不论是英国、法国、美国，或者是苏联，都是在革命成功有了民主事实之后，颁布一个根本大法，去承认它，这就是宪法。"参见《毛泽东选集》第2卷，人民出版社1991年版，第735页。

② 《列宁全集》第17卷，人民出版社1988年版，第320页。

③ 参见中国人民大学国家法教研室：《宪法的概念与本质》（苏联专家科托夫同志的报告记录），人民出版社1953年版。

④ 吴家麟主编：《宪法学》，群众出版社1983年版，第46页。

⑤ 许崇德：《中国宪法学》，天津人民出版社1986年版，第7页。

⑥ 何华辉：《比较宪法学》，武汉大学出版社1988年版，第17页。

⑦ 参见林来梵：《宪法学讲义》（第4版），清华大学出版社2023年版，第54－57页。

宪法的第三点本质就体现在：宪法既是一种授权规范，又是一种限制性规范，是授权规范和限制性规范的统一体……面对国家权力，其实宪法是有点矛盾的，或者说存在双重面孔：一方面，它授予国家权力；另一方面，又适当限制国家权力。

[林来梵：《宪法学讲义》（第3版），清华大学出版社2018年版，第58-61页。]

第二节　宪法的分类和渊源

一、宪法的分类

（一）基本理论与概念

1. 对宪法进行分类，既有利于认清不同性质宪法的实质，也有利于对同一类型的宪法或者不同类型的宪法进行比较研究。

2. 根据宪法的经济基础及国家政权性质，宪法分为资本主义类型的宪法和社会主义类型的宪法。

3. 宪法的其他分类包括：成文宪法与不成文宪法；刚性宪法和柔性宪法；钦定宪法、民定宪法与协定宪法；近代宪法和现代宪法等。

（二）重点解析与前沿

1. 成文宪法与不成文宪法

几乎所有宪法教科书上都会提及成文宪法和不成文宪法的区分。按照字面意义理解，这个区分主要是强调一部宪法是不是以文字的形式确定下来，或只是关于国家基本规则口耳相传的习俗习惯。如果一国以宪法典或者宪法文件的形式将该国根本制度体现出来，即被称为成文宪法国家。相反，如果一国的根本制度和基础规则并非体现于文本上，我们就把它称之为不成文宪法。由此，就可以把世界上林林总总的国家分为成文宪法国家和不成文宪法国家。成文宪法国家的典型代表是美国，不成文宪法国家的典型代表是英国。

宪法的分类取决于分类者他看待或者观察宪法的角度。毫不奇怪的是，成文宪法和不成文宪法的分类是英国政治学家、法学家詹姆斯·布莱斯（James Bryce）提出来的。他曾任英国驻美大使，对于英国和美国的宪法体制进行过深入的比较，并在其《历史与法理学研究》中最早提出成文宪法（written constitution）和不成文宪法（unwritten constitution）的区分。

然而，我们需要对此区分进行更为深入的剖析。就最为典型的不成文宪法国家英国而言，也并非所有的宪法规则都是以习俗或者惯例的形式体现出来的。实际上，英国很多宪法性规则都是以议会立法的形式写成文字的，譬如最著名的《权利法案》（1689年），以及《人权法案》（1998年）。再以另一个著名的不成文宪法国家以色列为例：以色列诚然没有一部宪法典，但其基本国家制度却以十四部基本法体现出来，包括《国会》《国土》《总统》等，也具备成文法的形式。

因此，成文宪法和不成文宪法之分的实质并不在于是否写成文字，而在于是否编纂到一部宪法典中。准确地说，所谓不成文宪法，它并不是真正的“不成文”（unwritten），而是“不成典”（uncodified）。因此，不成文宪法只是一种约定俗成的称呼，本身并不具有术语上的精确性。据此而言，相对较为准确的区分应该是“有宪法典的国家和没有宪法典的国家”[①]，或简称为成典宪法和不成典宪法。

2. 近代宪法与现代宪法

此区分虽然是以时代或历史时段进行命名，但具有一定的实质内容。一般而言，近代宪法指的是西方国家自由资本主义时期的宪法范式，特别是 18 世纪末期到 19 世纪，以美国宪法为典型的例子。这种宪法范式一般也被称为“十八世纪宪法”或“十九世纪宪法”[②]。现代宪法则是 20 世纪以来兴起的社会主义宪法以及吸纳社会主义因素而对资本主义宪法进行改造的福利国家宪法，其典型的体现是突破公私二元结构、在基本权利体系中增加和强调社会权[③]，因此其也被称为“二十世纪宪法”[④]。

近年来，中国宪法学界在上述基础上依据宪法时间性和功能转型，提出了一些新的分类方式。如李忠夏教授将宪法的范式变迁分为自由主义、福利国家和社会主义。在自由主义宪法范式中，国家与社会呈现二元对立结构，宪法因而基于现代社会契约论和市民社会自由主义观念，构成了一种防御公权力侵犯市民社会的规范限制，从而以保障个体自由免受国家干预作为其宪法的基本精神。但此种宪法范式遭遇了市民社会中的阶层分化、贫富差距和分配不公问题，无法解决弱势群体受到法律保护不足的社会正义问题。在福利国家的宪法范式中，宪法不仅要保障个体免受国家侵犯，更要保障个体免受社会强权侵犯，因而引入了社会权和种种国家保护义务，形成了社会国模式，其典型的代表是德国 1919 年《魏玛宪法》。社会主义的宪法范式则更进一步，强调通过革命重新塑造国家的正当性根基，同时要求国家采取积极措施消灭社会剥削和压迫，根本性地改造私有制。宪法因而不再强调限制国家权力，而是运用国家权力改造社会。[⑤]

3. 国家宪法与国际宪法（新分类）

一个比较前沿的分类是国家宪法和国际宪法的分类。之所以会出现这样一个分类，是因为 20 世纪后半叶欧盟的出现，特别是欧盟宪法的出现。欧盟自从 1992 年以来开始逐渐区别于传统的国际组织，表现之一就是制定欧盟宪法。欧洲各国最早是于 20 世纪 50 年代通过《巴黎条约》开始联合，建立了欧洲煤钢共同体。1957 年的《罗马条约》构建了欧洲经济共同体，也即“欧共体”。随后经过一系列条约和一系列磋商，1993 年《马斯特里赫特条约》正式生效，完成了欧盟的基本结构的建立。21 世纪，欧盟开始了宪法化的过程。2004 年，《尼斯条约》一方面把欧盟决策机制由成员国一致同意改为多数决，另一方面引入了《人权法案》，使欧盟条约看起来更像是一部国家宪法。然而，该宪法性条约在 2006 年遭遇了阻碍：法国和荷兰公投反对。2007 年，欧盟再次进行宪法尝试，

---

① K. C. 惠尔：《现代宪法》，翟小波译，法律出版社 2006 年版，第 14 页。

② Karl Loewenstein, Reflections on the Value of Constitutions in Our Revolutionary Age, in Arnold J. Zurcher ed., *Constitutions and Constitutional Trends Since World War* II, New York University Press, 1955, pp. 194 - 197.

③ 参见聂鑫：《宪法基本权利的法律限制问题：以中国近代制宪史为中心》，载《中外法学》2007 年第 1 期，第 51 - 70 页；张翔：《财产权的社会义务》，载《中国社会科学》2012 年第 9 期，第 100 - 119 页。

④ Peter E. Quint, “What is the Twentieth-Century Constitution”, 67 *Maryland Law Review* 1 (2010), pp. 238 - 257.

⑤ 参见李忠夏：《宪法功能转型的社会机理与中国模式》，载《法学研究》2022 年第 2 期，第 4 - 7 页。

《里斯本条约》保留了《尼斯条约》的主体内容，并予以完善。2009 年 12 月，在全部成员国批准《里斯本条约》后，欧盟的宪法性条约历经波折终于生效。

作为欧盟的机构之一，欧盟法院在不断地把条约宪法化。按照最初设想，欧盟法院的目标是监督条约在各成员国得到实施。时至今日，它已经成为欧盟事实上的“宪法法院”，成为欧洲高级法的权威解释者和宪法性争议的裁决者。欧盟法院在欧盟一体化的进程中扮演了重要的助推器角色。从 20 世纪 60 年代开始，欧盟法院在一系列的判决中，逐渐将条约解释为具有国家宪法效力的文件，创造了一种成员国公民个人可以直接诉诸的宪法秩序。欧盟法院超越了缔约国的原始意图，将欧盟条约界定为一体化融合进程。

正因为欧盟的宪法化进程，德国著名宪法学家格林（Dieter Grimm）认为，宪法分类中出现了一种新的区分方式：国家宪法（national constitution）和国际宪法（international constitution）。[①]

（三）延伸阅读

如果一国的宪法被界定为不成文宪法，那么仅仅意味着该国的宪法在产生方式上不是由特定的机关在特定的时间内集中制定出来的，而是在历史发展中逐渐生成的，是随着一国具体的情境变迁积累而成的。相反，若一国的宪法被界定为成文宪法，则意味着该国的宪法是由制宪机关（有时是特别组成的制宪机关，有时是议会）或者个人（君主、国王、皇帝）在一定时期所特别制定的。可见，不成文宪法与成文宪法这一对概念，实际上描述的是不同国家由于历史的原因所造成的宪法规范存在形式上的区别，其并不包含任何实质性的区别。

（屠振宇：《中国不成文宪法的争论与反思》，载《政治与法律》2015 年第 6 期，第 68 页。）

在宪法的诸多分类方法之中，以“世纪”作为划分标准是一种虽不常见，但具有深刻理论意涵的分类方法……“十八世纪”“十九世纪”“二十世纪”不仅仅是纪年尺度，其分期也并不与公历纪年完全重合，因而更多地指向一种浓缩的“时代精神”……20 世纪 90 年代以来在许多国家发生的制定新宪法的运动，是在从里根与撒切尔的“保守主义革命”到冷战终结的历史进程推动之下发生的，尽管新宪法保留了很多 20 世纪的成果，但在许多国家，其立宪的理念恰恰是“接续”本国的 19 世纪，而将 20 世纪视为对 19 世纪的偏离。随着“短二十世纪”的整体面目变得晦暗不明，“二十世纪之宪法”的观念自然也隐而不彰。然而，后冷战时期的新自由主义的全球化带来的社会不平等问题，即便在美国本土也已经引发了激烈的社会与政治冲突，而全球新冠疫情更是进一步暴露出那些两极分化的社会抵御重大风险能力的低下。对于 20 世纪遗产的重估，已经在进行之中。“二十世纪之宪法”的观念，因而也就不仅仅属于过去，而是一笔与未来息息相关的思想资源。

（章永乐：《发现“二十世纪之宪法”》，载《清华法学》2021 年第 3 期，第 93、113 页。）

---

① See Dieter Grimm，Types of Constitutions，Michel Rosenfeld & András Sajó eds.，*The Oxford Handbook of Comparative Constitutional Law*，Oxford University Press，2012，pp. 129 - 131.

二、宪法的渊源

（一）基本理论与概念

1. 宪法渊源是指宪法规范的表现形式或存在形式。

2. 宪法主要有以下渊源：宪法典、宪法性法律、宪法惯例、宪法判例、宪法解释、国际条约。

（二）重点解析与前沿

1. 宪法渊源的概念辨析

我国宪法学教科书一般将宪法渊源界定为宪法的表现形式①或存在形式②，其核心意旨在于探析宪法基于不同的效力来源形成的外部表现形式，或一国现实汇总具有宪法效力的种种法律规范现象，并据此标准列举出一系列具体类别：宪法典、宪法性法律、宪法惯例、宪法判例、宪法解释、国际条约。

近年来，在合宪性审查的背景下，学界开始从基础理论层面进一步探讨宪法渊源的基本概念，即宪法渊源究竟是什么意思、应该依据何种标准认定宪法渊源的具体内容。从法理学层面，较新的研究已经开始挑战经验论宪法概念基础上的宪法渊源概念，进而从规范论宪法概念角度和宪法适用的角度，认为法律渊源属于法律适用层面的权威理由，即如何为法律适用（特别是司法适用）提供具有效力基础的依据，而非得出具体结论的支撑理由；前者属于效力渊源（即使用者必须尊重的权威规范），后者属于认知渊源（即使用者可以参考的法律素材）；据此，宪法渊源的概念指的是宪法适用过程中适用依据的来源，特别是合宪性判断的依据来源。③

在这个意义上，在成文宪法国家，真正具有权威效力的宪法渊源只能是成文宪法典，教科书中常常列举的其他宪法渊源——无论是宪法解释、宪法性法律、宪法惯例、宪法判例还是国际条约——都只能被归为支撑合宪性判断的实质理由或认知渊源。如张翔教授主张，如果合宪性审查的依据包括宪法典之外的规范，宪法封闭性和权威性即无法得以保证。"实质宪法"在描述的意义上有效，但在规范的意义上无效。④ 从实质理由来讲，可以在其与宪法典一致的基础上，通过宪法解释使之成为合宪性判断的实质理由。⑤ 宪法适用者在进行合宪性判断时，只能将宪法条文作为权威依据，只是在解释相关条文时可以参考其他"宪法渊源"，前提是其不抵触宪法的相关规定。

2. 不同国家宪法渊源的成因

在成文宪法国家和不成文宪法国家，宪法渊源的实质内容有所不同。一般而言，正如上文所述，成文宪法国家的宪法渊源一般只能是宪法典，而不成文宪法国家的宪法渊源则包含宪法性法律、宪法判例和宪法惯例等。

---

① 例如肖蔚云、宝音胡日雅克琪、魏定仁：《宪法学概论》（第 2 版），北京大学出版社 2005 年版，第 44 页。

② 参见林来梵：《宪法学讲义》（第 3 版），清华大学出版社 2018 年版，第 71 页。

③ 参见张翔：《宪法概念、宪法效力与宪法渊源》，载《法学评论》2021 年第 4 期，第 32 页；雷磊：《"宪法渊源"意味着什么？——基于法理论的思考》，载《法学评论》2021 年第 4 期，第 40 页。

④ 参见张翔：《宪法概念、宪法效力与宪法渊源》，载《法学评论》2021 年第 4 期。

⑤ 参见张翔：《宪法概念、宪法效力与宪法渊源》，载《法学评论》2021 年第 4 期，第 34 页。

从比较角度而言，不同国家基于不同的历史和理论因素，具有不同的宪法渊源。以典型的不成文宪法国家英国为例：英国法律体系在功能意义上区分宪法性法律（constitutional laws）和普通法律，而不在效力等级上作出划分。一个经典的表述是"在曼彻斯特和利物浦之间修建铁路的法律、扩大户主选举权的法律和废除爱尔兰新教徒圣公会的法律，没有任何……级别上的区别。"[①] 究其实质，在英国，宪法渊源的判断标准取决于政治实践所达成的妥协与共识。政治实践决定了什么构成宪法规则，决定了什么是合宪的，也决定了如何执行宪法。因此，"英国宪法是政治实践的集合，而非一套基本法"[②]。无论是英国议会通过的宪法性法律，还是英国司法机关的判例，乃至于政治实践中形成的惯例，都源于实践。套用法理学术语来说，在不成文宪法体系中，确立宪法规范渊源的"承认规则"（哈特语）来自政治实践，而非法律的明文规定。

英国宪法背后的基本理念也不同于成文宪法模式。英国传统认为，基于启蒙理性的宪法设计，一则不可能，二则不必要。不可能，是因为人类理性有局限，无法预先设计所有基本政治制度。例如，英国作家阿瑟·扬（Arthur Young）早在1792年就认为，法国"就像用食谱做布丁一样使用宪法"[③]。不必要，是因为可通过实践演进来逐步确立制度，且让其随着时代变化发展而顺滑地改变，不受制于成文宪法的刚性修宪程序。因此，英国没有真正付诸文字的"不成文宪法"——宪法惯例——才可以得到恰切理解。宪法惯例就是政治家和公民心照不宣的规则。譬如，一旦首相失去议会的信任，他/她必须辞职。由于宪法规范取决于政治过程，因而宪法惯例可以构成宪法渊源，因为宪法惯例也是政治博弈和实践的结果。要而言之，之所以在英国这样的不成文宪法国家，宪法性法律、宪法判例和宪法惯例构成了宪法规范的渊源，是因为英国宪法根本上来自政治实践，而非预先确立的一套成文宪法体系。

再以典型的成文宪法国家美国为例：在美国法律体系中，成文宪法作为人民主权的直接产物，具有最高的法律效力，是毫无疑问的宪法渊源。其基本理念在于区分高级法（higher law）和一般法（ordinary law）：宪法有别于普通立法。宪法的高级法性质，不但体现在制定机关（宪法由制宪会议制定，普通法律由国会制定），也体现在修改程序（修宪由国会和各州绝对多数提出和通过，修法则只需国会简单多数通过），甚至体现在规范的终极权威来源（人民本身订立宪法，人民代表制定法律）。具体而言，美国模式之下的成文宪法更像一部立法法。成文宪法将部分问题抽离出政治过程，禁止或限制立法机关为之立法，且辅以司法监督。其他问题则留给政治博弈，立法机关可通过相关法律。例如，除《美国宪法》第1条中规定的立法程序和明确列举的国会不得通过立法的事项，再加上《权利法案》和诸修正案中列举的基本权利，其他问题皆根据政治斗争和政治实践予以确定或者更改。《美国宪法》所列举的公民基本权利，其保护方式也遵循了"立法法"特性：联邦和各州立法机关立法时，不得通过有损基本权利的法律，否则将会接受司法审查。

① James Bryce, *Studies in History and Jurisprudence*, Oxford University Press, 1902, p. 131.

② Martin Loughlin, "Towards a Republican Revival", 26 *Oxford Journal of Legal Studies* 425, 434 (2006).

③ Charles Howard McIlwain, *Constitutionalism: Ancient and Modern*, Cornell University Press, 1947, pp. 3-4.

因此，常常被认为是美国宪法渊源的宪法解释、宪法判例乃至宪法惯例都不构成严格意义上的宪法渊源，毕竟，无论是美国最高法院的宪法判例，还是在判例中作出的宪法解释，与宪法典本身并不处于同等的效力位阶（如宪法修正案可以推翻宪法判例），且既定的判例和解释也会为美国最高法院的新判例所推翻，典型的例子是 2022 年美国最高法院推翻了将近半个世纪之久的“罗伊案”。而宪法惯例更是会因为时势和实践的变化而改变。打破惯例的行为，不但没有遭到反对或者受到违例的惩罚，反倒是确立了新的宪法惯例的开端。例如，从 18 世纪末建国直至 20 世纪初期，美国似乎确立了一个宪法惯例：美国总统不离开本土、不出国访问。然而，威尔逊总统使美国强势介入国际问题，频繁出访，最终打破了这一惯例。然而，这反倒是确立了新的宪法惯例的开端：从 20 世纪早期到今天，美国总统不出国（甚至较少出国），反倒会让美国人乃至全世界人民觉得极不正常。

（三）延伸阅读

宪法渊源理论的意义，不是简单罗列各种可能发挥着宪法功能因而可以被称作是实质宪法的东西，而是去梳理可能支撑合宪性判断的法律素材和其他因素与形式宪法之间的关系。传统的（包含了宪法解释、宪法性法律、宪法惯例、宪法判例、国际条约等在内的）宪法渊源概念，只具有法社会学意义上的描述作用，而不具备法学的规范性意义。将各种素材与宪法典并列为宪法渊源并任其野蛮生长，必然导致侵蚀宪法的规范性（特别是最高性）。与此同时，尽管传统的宪法渊源范围已经如此宽泛，但却仍然不能将所有可能影响合宪性判断的因素纳入法律思维的视野，因而并不能对宪法实施起到支撑作用。而经由“法适用”视角改造后的宪法渊源概念，在将宪法渊源封闭于形式宪法之后，却提示我们注意：宪法典之外的因素，仍有可能借由其与宪法典的一致性而起到支撑合宪性判断的作用。厘清这些因素如何被形式宪法所吸纳，就成为重构宪法渊源的原理的关键。

（张翔：《宪法概念、宪法效力与宪法渊源》，载《法学评论》2021 年第 4 期，第 34 页。）

在中国语境中，无论是“宪法性法律”“宪法惯例”还是其他被认为是“不成文宪法”的宪法渊源学说，只是就其实体内容而言，而非在效力等级上认定其具备宪法效力地位。

（刘晗：《有宪法典的不成文宪法》，载《法学评论》2021 年第 4 期，第 71 页。）

第三节 宪法的制定、解释和修改

一、宪法的制定

（一）基本理论与概念

1. 宪法制定，又称制宪或立宪，是指宪法制定主体依照一定的理念、基本原则和程序并通过制宪机关创制宪法的活动。

2. 宪法制定权，又称制宪权，是指创制宪法的权力。

3. 制宪机关，又称立宪机关，是指受制宪权主体委托，具体制定宪法的机关。

（二）重点解析与前沿

1. 人民的制宪意志是直接意志，它先于一切宪法程序，凌驾于一切宪法程序之上。没有任何宪法律，甚至没有任何宪法能够颁授制宪权，能够规定制宪权的行使形式，亦即不可能有一种关于制宪权行使的规定程序。不过，人民直接作出的政治决断的进一步实施和表述需要一个组织、一套程序，为此，近代的民主实践发展出一些特定的惯例和习惯。于此而言，制宪原则上应遵循近代确立起来的民主程序。[①] 一般而言，通常包括如下程序：设立制宪机构、提出和通过宪法草案、公布宪法。[②]

2. 制宪权、修宪权与立法权的关系。关于三者的关系，学说上存在不同的见解：西耶斯认为制宪权在起作用的时候就产生出修宪权，修宪权其实就是制宪权的部分，因此，修宪权和制宪权的行使一样不受宪法和法律限制，二者的效力高于作为宪法创设的权力（宪定权）的立法权。而法律实证主义认为，没有哪部法律规定制宪权，即使宪法亦然。为此，其倾向于将制宪权等同修宪权，进而等同于普通立法权，认为拥有立法权的立法机关就可以制定宪法、修改宪法，从而事实上排斥制宪权理论。[③] 有的观点则认为，宪法修改权是修改宪法的一种“力”，是依制宪权而产生的权利形态，一般称为“制度化的制宪权”。由制宪权派生的修宪权低于制宪权而高于立法权。[④]

（三）延伸阅读

制宪权争论的核心道德困境在于，如何对待作为事实存在的制宪权与民主、法治和人权等基本价值规范的冲突。就此而言，存在两种基本立场：1. 在由德国学者卡尔·施米特正式创立的理论中，制宪权是始终处于自然状态的实力，是不受任何规范拘束的“政治决断”，“这种意志始终与宪法同在，并且高于宪法”，法国思想家西耶斯则被施米特和当代学者公认为此种理论的滥觞；2. 另一种观点则认为，制宪权尽管不能服从一般的实定法规范，但应服从以民主、法治和人权等基本价值为内容的根本规范，这“是制宪权主张自己存在的基本前提”，“是拘束制宪权活动的内在制约原理”，“因此，践踏这一根本规范而创设新的秩序，不是制宪权的行使，而是赤裸裸的事实力量的破坏，不能主张正当性”。

（王建学：《制宪权与人权关系探源——以西耶斯的宪法人生为主线》，载《法学家》2014 年第 1 期，第 162 页。）

制宪权是一种受制约的权力，并不是绝对性权力，客观上存在一定的界限，主要表现为：

（1）受制宪目的的制约。从一般上讲，制宪目的是确定国家权力活动的组织体系与原则，确立公民的宪法地位，形成社会的共同意志，使宪法获得正当性。从各国制宪过程来看，制宪者本身有自己的制宪目的，不同的制宪目的产生不同性质的宪法。当然，制宪目的的合理性与制宪权的合法性并不一定是统一的，具有合理性的制宪内容有时可

---

① 参见［德］卡尔·施米特：《宪法学说》，刘锋译，上海人民出版社 2016 年版，第 127 页。

② 参见胡锦光、韩大元：《中国宪法》（第 4 版），法律出版社 2018 年版，第 87 页。

③ 参见林来梵：《宪法讲义》（第 3 版），清华大学出版社 2018 年版，第 91 - 92 页。

④ 参见胡锦光、韩大元：《中国宪法》（第 4 版），法律出版社 2018 年版，第 116 - 117 页。

能通过不合法的程序得到体现。同样，不合理的制宪内容也有可能通过合法程序得到体现。

（2）受法的理念的制约。日本学者小林直树认为，制宪作业系高度目的性行为，应有明确的指导原理，才会为之；正视现实，制宪需以革命前的思想史为背景，基于一定的政治理念而进行。从单纯赤裸裸的力不可能产生有意义的宪法规范。通过这种逻辑的分析，小林教授最后得出一个结论，即制宪权受某种规范的制约，不可能是绝对不受拘束、全能的力，他明确表示，不能接受“制宪者万能”的说法。在实际的制宪过程中，制宪权不可能成为完全“中立性”的概念，制宪者的制宪思想、制宪过程受思想、理念的约束是不可避免的。制宪是一种法的现象，在法的领域内进行，其活动受法的原理的制约。制宪过程中存在的法的理念和制宪者头脑中形成的法的理念在实践中合为一体，成为指导制宪的一般原理。

（3）受自然法的制约。在分析制宪权界限时，有学者认为，人权是超越国家的一种基本权利，制宪过程必须尊重人权以及人格不受侵犯的基本价值。因为不尊重人权的任何制宪活动都会背离宪法正当性的价值，有可能失去其存在基础。从这种意义上说，以人权保障为核心的自然权实际上约束制宪权。

（4）受国际法的制约。在一定的条件下，制宪权受国际法的制约。这种制约主要表现在战败国制宪权受战胜国宪法的影响或国际条约的影响。如“二战”后日本制定的新宪法的基本原则受波茨坦宣言的制约等。

［胡锦光、韩大元：《中国宪法》（第4版），法律出版社2018年版，第84－85页。］

二、宪法的解释

（一）基本理论与概念

1. 宪法解释，是指宪法解释机关根据宪法的理念、基本精神和基本原则对宪法规范的含义、界限及其相互关系所作的具有法律效力的说明。

2. 各国根据本国的政治体制、法律传统及政治理念，确立了不同的宪法解释机关和宪法解释体制，主要有三类：最高国家权力机关或立法机关解释机制、普通法院解释机制、宪法法院或宪法委员会解释机制。

3. 根据不同的标准可以将宪法解释分为以下几类：有权解释和学理解释，合宪解释和补充解释，语法解释、逻辑解释、历史解释、系统解释和目的解释。

4. 宪法解释应遵循的原则：符合宪法的基本原则和基本精神、符合宪法规定的国家根本任务和目的、协调宪法的基本原则和内容、协调宪法规范与社会实际的关系。

（二）重点解析与前沿

1. 宪法解释与法律解释的区别

宪法解释与法律解释的区别在于：第一，宪法解释是把宪法规范适用于现实生活的过程与活动，解释过程与国家的政治共同体与社会基本价值体系有密切的关系，而法律的解释并不必然与社会共同体和价值体系有关；第二，就规范的结构与性质而言，一般法律规范的结构是具体而明确的，在现实生活中进行解释或解释的空间比较有限，而宪法规范中包含着大量原则性与抽象性的内容，几乎所有的宪法规范客观上都存在解释的空间，需要通过经常性的解释活动补充和调整社会价值体系；第三，宪法解释与法律解释具有不同的思维模式；第四，法律解释通常是通过具体的规范分析方法解决法律与社会的冲突，而宪法解释思维是一种宏观的思维模式，从宪法价值体系的宏观角度揭示宪法的意义与内涵。①

2. 宪法解释的分类

有的宪法学教材关于宪法解释的分类的表述和划分与现有的学说存在一定出入，其中：（1）合宪解释和补充解释系指合宪性解释与宪法的续造，然而，此二者是相对于一般意义上的解释而言，独自无法构成一个整体，故该分类并不妥当。（2）法律解释方法最早奠基于萨维尼的解释学说。其首次确立了四个著名的解释方法：文义解释、体系解释、历史解释与目的解释。其中：文义解释追问的乃是语词的法学及日常的使用习惯，必要时，立法定义可提供帮助；体系解释则探究待解释的概念同其他规范在何种程度上保持一致，其所关注的是价值判断的协调体系；狭义的历史解释注重某个规范的前身，而谱系（发生）解释则关注待解释的具体规范的立法材料；目的解释追问的是规范的精神和目的。② 逻辑解释只是目的解释的一种方式，不构成一种独立的解释方法。

（三）延伸阅读

在德国，宪法解释的问题自本世纪初就被当作法律解释的特殊问题来处理，若干学者甚至把它跟法律解释区隔开来讨论。为了替宪法——当然也包括基本权利——的特殊地位辩护，最近有人把萨维尼搬出来，因萨维尼只知把他有关法律解释的理论适用在私法领域上，所以有人主张萨维尼撷取自法律传统的解释原则，即文法的、逻辑的、历史的与体系的解释方法，只能对私法解释适用。但我们同样可援引萨维尼作为反证。萨氏之所以把他的法律解释理论局限在私法领域，主要是因为私法“在国家里面，因法院的设置才获得生命，化为实际”。而萨维尼在1838、1839年写下这句话时，公法还不能透过法院途径落实，也就是说，当时即使存在有宪法保障的基本权利，人民也不能以基本权利受到侵害为由而向法院请求救济。所以萨维尼有足够理由对公法不予考虑。但这个理由如今已经不复存在，自有行政法院与宪法法院的设置以来，套句萨维尼的话来说，公法亦已“获得生命，化为实际”。

（Christian Starck：《法学、宪法法院审判权与基本权利》，元照出版公司2006年版，第250－251页。）

原旨主义是原生于美国的主流宪法解释方法，它试图通过考察制宪史和修宪史材料来探求宪法原意。作为原旨主义的主要分支，温和的原旨主义主张在宪法解释中将宪法原意作为宪法文本的必要补充，但无意以前者取代后者。原旨主义的“求真”进路不乏“务实”导向，原旨主义者对于制宪史、修宪史的考察终究服务于当下的宪法解释。就当代中国的宪法解释而言，此种宪法解释方法具有三个方面的基本价值。其一，原旨主义有助于在语义分歧中保证释宪的确定性，可以在一定程度上应对宪法规范之含义的模糊不清。其二，原旨主义有助于在时间流变中保证释宪的稳定性，可以在一定程度上防止

① 参见胡锦光、韩大元：《中国宪法》（第4版），法律出版社2018年版，第107页。

② 参见［德］托马斯·M.J. 默勒斯：《法学方法论》，杜志浩译，北京大学出版社2022年版，第197、216、248、253页。

宪法规范之含义的变动不居。其三，原旨主义有助于在价值冲突中保证释宪的正当性。它隐含着对释宪机关和释宪权的适度警惕，在中国宪法语境下可以消解“反多数难题”，而且不存在“自我解构”困境和“历史包袱”问题。

（邹奕：《原旨主义在中国宪法解释中的基本价值探究》，《政治与法律》2021 年第 7 期，第 93 页。）

在位阶上宪法规范高于其他法规范，因此，抵触宪法原则之一般的法律规范将归于无效。行宪后的法规范是否抵触宪法，惟联邦宪法法院有决定权。该法院在许多裁判中宣示：只有当一项规定无法作“合宪性”解释时，始能认为其违宪并因此无效。因此，必须先探究，依“一般的解释方法”，被认定违宪的解释是否是“唯一可能的”解释，如是，则该规定无效，或者结果合宪的解释仍属可能。相对于其他将使规定违宪的解释，应优先择用依其余解释标准仍属可能，并且不抵触宪法的解答。以此种方式被解释的规定是有效的规定。由此可以推得：在多数可能的解释中，应始终优先择用最符合宪法原则者。因此，“合宪性”也是一种解释标准。

（［德］卡尔·拉伦茨：《法学方法论》，陈爱娥译，商务印书馆 2003 年版，第 217 页。）

三、宪法的修改

（一）基本理论与概念

1. 宪法修改，是指宪法修改机关认为宪法的部分内容不适应社会实际，而依据宪法规定的特定程序对宪法进行删除、增加、变更的活动。

2. 宪法的全面修改，又称宪法的整体修改，是指宪法修改机关对宪法的大部分内容（包括宪法结构）进行调整、变动，通过或批准整部宪法并重新予以颁布的活动。

3. 宪法的部分修改，指宪法修改机关根据宪法修改程序以决议或者修正案等方式对宪法文本中的部分内容进行调整或变动的活动。

4. 宪法修改程序通常包括提案、先决投票、公告、决议、公布五个步骤。

（二）重点解析与前沿

1. 宪法修改的方式

主要有全面修改和部分修改两种方式。其中：（1）全面修改有两个基本特征。一是宪法修改活动依据原宪法规定的宪法修改程序进行，这是全面修改宪法与制定宪法的主要区别；二是宪法修改机关通过或者批准修改后的整部宪法并重新予以颁布，这是宪法全面修改与宪法修正案的主要区别。（2）部分修改有两个基本特征。一是依据宪法修改程序进行，这是部分修改与制定宪法的主要区别；二是通常不重新通过或者批准修改后的整部宪法，只是以通过决议或者修正案等形式删除、变更、补充宪法中的部分内容，这是部分修改与全面修改的主要区别。

2. 宪法修改的界限

多数国家的宪法修改理论普遍认为宪法修改存在界限，可概括为内在界限、外在界限与实定法界限。宪法修改的内在界限，是指修宪权不同于制宪权，受制宪权价值的制约，应服从宪法的“根本规范”价值体系。作为宪法的实质的“核”，即宪法的民主及法治国家的基本秩序是不能修改的。宪法修改的外在界限主要表现在：一是保持宪法体系的统一性与持续性；二是把自然法规范置于宪法规范之上，以自然法精神约束修宪权活动；三是宪法修改过程中不可避免地受国际因素的影响。宪法修改的实定法界限是指宪法典中对修改的内容、修改行为及其程序作出限制性规定，主要表现为三种类型：一是内容上的限制，即明确规定一些内容不得修改；二是修改方法上的限制，如有的国家明确禁止对宪法作全面修改；三是时间上的限制，如宪法通过、颁布、生效和修改后，非经一定期限不得修改。

（三）延伸阅读

主张宪法修改界限否定论的学者们认为，只要按照宪法规定的修宪程序，宪法的任何内容都可以修改，不受任何内容或程序上的限制。在他们看来，即使宪法上有禁止修改的规定，其规定本身也可成为修宪的对象。具体的理论依据包括：一是认为宪法和一般法律一样都是国家的意志行为，既然国家的意志可以变化，那么体现其意志的宪法和法律内容也可以随之发生变化。二是否认宪法规定之间效力的差异。宪法规定之间的效力是相同的，不能区分不同宪法规定之间的效力。三是认为制宪权是一种法外的力量，不可能限制宪法规定的修宪权的运用，修宪权实际上是国家最高的法定权力。四是不承认宪法变迁的现实与制度。五是否定自然法对修宪权的限制功能，认为现实制度下对已超越界限的修宪活动并没有相应的控制手段等。

［胡锦光、韩大元：《中国宪法》（第 4 版），法律出版社 2018 年版，第 120 页。］

按照我国《宪法》第 64 条的规定，宪法的修改由提议和审议通过两个阶段构成，这两个阶段的主体有所不同，即提议阶段的全国人大常委会和五分之一以上全国人大代表，审议通过阶段的全国人大。我国《宪法》第 64 条既然明定宪法的修改先有提议，后由全国人大表决通过，如果全国人大在审议阶段再自行提出修改宪法的原文，而增加修正案草案原本不涉及的内容，则无异于将提议和通过两个阶段和程序合并，以自己的提议取代了常委会和五分之一代表的提议，似不符合我国《宪法》第 64 条的宗旨。举例来说，如果提议者提议修改条文甲，则通过者就不能顺带将条文乙一并修改。从这个角度看，1993 年宪法修改时，全国人大既然要在宪法原文中增加规定“中国共产党领导的多党合作和政治协商制度将长期存在和发展”，则此次修改先由 2 383 名代表提议，再由全国人大通过，在程序上就恰到好处。2018 年宪法修改时将宪法第 70 条的“法律委员会”修改为“宪法和法律委员会”，虽然在大会上获得了 2 952 名代表的普遍赞成，但因为没有经过正式的提议程序，其在程序上就不无商榷的余地。

对另一种情况来说，全国人大在审议过程中对修正案草案进行的改动就不需要再重复我国《宪法》第 64 条的代表提议程序。宪法的修改由提议和通过两个程序组成，提议程序的功能就在于启动全国人大对某个宪法条款的修宪权，修宪权一经启动，则提议者就无权要求全国人大只能接受提议者提出的修改方案，而不能变动其内容。全国人大显然有权对修正案草案的内容进行改动。这里的改动不仅包括对文字以及标点符号的改动，也包括对修正案草案所涉及内容的改动。具体来说，全国人大可以接受修正案草案的全部内容，也可以只接受部分内容；全国人大还可以全部不接受修正案草案，不对宪法进行修改；全国人大更可以对修正案草案所指涉的宪法条款提出一个全新内容的修改案。这种改动因为不涉及对宪法原文的改动，而只是对已提议内容的改动，则由全国人大代表直接依据《全国人民代表大会议事规则》提出修改意见，并表决通过即可。2004 年宪法修改时全国人大对修正案草案的修改就是这样，而 1993 年宪法修改时全国人大对修正案草案有关内容的修改也进行了我国《宪法》第 64 条意义上的提议程序，其实并无必要。

（杜强强：《从宪法修正案看我国修宪方式和程序的完善》，载《政治与法律》2018 年第 6 期，第 70 - 71 页。）

第四节 宪法关系和宪法规范

一、宪法关系

（一）基本理论与概念

宪法关系是在国家和公民之间、国家与其他主体之间或者国家机关之间形成的，以宪法上的权利、权力及义务为基本内容的法律关系。它涉及一个国家政治、经济、文化等领域最重要、最基本的社会关系，反映了国家根本制度、基本制度和重要制度的基本性质。

（二）重点解析与前沿

1. 关于宪法关系的特点，许崇德主编的《中国宪法》将其概括为：（1）主体的一方主要是国家或国家机关；（2）客体具有广泛性和宏观性。[①] 而朱福惠主编的《宪法学原理》则将其概括为：（1）国家或国家机关总是宪法所调整的社会关系的一方；（2）宪法所调整的社会关系是通过宪法规范调整的主体之间发生的权利和义务来实现的；（3）宪法调整的社会关系具有广泛性的特征。[②] 应该说，随着近代以来出现的行政（公权力）私法化以及由于随着自由资本主义向垄断资本主义的发展，尤其是新的科技发展，传统意义上的私法主体之间的平等关系也经历了相当的变迁，因此，理论上和实务中也发展出了国库效力或者国库辅助行为理论、政府行为理论（doctrine of state action）、基本权利直接和间接第三人效力理论、国家保护义务理论及合宪性解释，要求将宪法调整范围扩张及于私人之间的关系。就此而言，或许前一种归纳在表述上更为周延，虽然后者也对该现象给予了高度关注。

2. 宪法关系的内容表现为宪法关系各主体之间由宪法规定的权利、权力和义务关系。依主体不同，可以把宪法关系的内容分为以下类型：国家和公民的关系；国家与国内各民族的关系；国家与社会团体、企业、事业组织及其他组织的关系；国家机关之间的关系；国家与政党的关系；国家与外国人、无国籍人的关系。

（三）延伸阅读

人权之所以向来被理解为是针对公权力的，是基于下述等情形（不过，如后文所述，在现代社会，由企业等私团体造成的人权侵害问题也不断增加）：1. 从历史来看，人类

① 参见许崇德主编：《中国宪法》（第 4 版），中国人民大学出版社 2010 年版，第 25 - 26 页。

② 参见朱福惠主编：《宪法学原理》，厦门大学出版社 2011 年版。

的自由和权利多被国家所侵害；2. 在19世纪的自由主义之下，将国家的任务限定在最小限度的秩序维持之内的自由国家、夜警国家的思想趋于有力，“不受国家干涉的自由”就尤其受到了重视；3. 与此同时，尊重经济社会之自律性的自由主义经济思想也得到了普及；4. 排除了自然权观念，认为法以及权利乃是由作为法人（权利主体）的国家所产生的并由国家赋予国民的那种法实证主义宪法理论，以及与之相结合而被倡导的国家法人说，成为支配性的学说。

〔［日］芦部信喜：《宪法》（第6版），［日］高桥和之补订，林来梵、凌维慈、龙绚丽译，清华大学出版社2018年版，第60页。〕

随着资本主义的发展，企业逐渐大规模化、垄断化……市民开始单方面从属于垄断大企业，而这种现象的出现使我们对近代市民法的前提命题即契约是对等的、平等的当事人自由交涉的结果产生了怀疑。伴随19世纪后半段附合契约的普遍化，这种质问越来越明显。为此，当时的各国开始通过公权力介入使契约内容正当化。进入20世纪后半段以来，伴随着大宗宣传、大宗贩卖的日常化以及科学技术的突飞猛进，企业与消费者之间的信息差距逐渐扩大，公权力介入的必要性越发明显。

（［日］加藤雅信等编：《民法学说百年史：日本民法施行100年纪念》，牟宪魁等译，商务印书馆2017年版，第550页。）

二、宪法规范

（一）基本理论与概念

1. 宪法规范，系指调整宪法关系并具有最高法律效力的法律规范的总和。

2. 宪法规范的分类：根据宪法规范所采用的调整方式划分为授权性规范和义务性规范；根据宪法规范所呈现的表达方式划分为宣告性规范和确认性规范；根据宪法规范所具有的约束力大小划分为倡导性规范、任意性规范和强制性规范；根据宪法规范后果的性质划分为保护性规范、奖励性规范和制裁性规范。

（二）重点解析与前沿

1. 宪法规范的特点

关于宪法规范的特点，学界的认识呈现出一定的差异，如“马克思主义理论研究和建设工程重点教材”《宪法学》（第2版）（以下简称“马工程宪法学教材”）认为，宪法规范具有政治性、最高性、原则性、组织性和限制性等特点。相比之下，许崇德认为：整体而言，宪法规范具有原则性和概括性、高度适应性和相对稳定性、最高权威性和无具体惩罚性特点；局部而言，宪法还具有历史性、灵活性以及纲领性等特点。① 胡锦光、韩大元则认为，宪法具有政治性、限制性、最高性、稳定性、制裁性及历史性。② 周叶中认为，宪法规范具有政治性、组织性与限制性、最高性、稳定性与适应性、制裁性、原则性、历史性与概括性等特点。③ 上述差异在一定程度上是由视角的不同以及宪法理论和

---

① 参见许崇德主编：《中国宪法》（第4版），中国人民大学出版社2010年版，第23－25页。

② 参见胡锦光、韩大元：《中国宪法》（第4版），法律出版社2018年版，第99－101页。

③ 参见周叶中主编：《宪法》（第5版），高等教育出版社2020年版，第117－121页。

实践发展水平所决定的。以原则性为例，其通常也与概括性并列使用，由此它也为宪法的解释和适用提供了广泛的空间，从而使宪法能够适应社会的发展，而无须频繁修改。这也增强了宪法的适应性和灵活性。此外，随着合宪性审查实践在我国立宪主义实践中的逐步展开，学说上也日益强调宪法的制裁性。此外，应当注意的是部分教材将历史性和概括性合并表述，在逻辑上未必妥当；主张宪法仅局部具有历史性、灵活性以及纲领性等特点也未必妥当。所以，之后的教材并未沿用这一立场。

2. 宪法规范与法律规范的区别

作为法律规范的一种，宪法规范与普通的法律规范相比较而言，除了在法的约束力方面具有共通之处，在法律规范的特性、规范的构成以及规范的运行程序等方面也具有一定程度的相似性。除最大的区别，即各自所调整的法律关系的构成不同以外，二者还有以下几个方面的不同：（1）宪法规范的制定和修改程序相较于普通法律规范更为严格。（2）宪法规范调整的社会关系具有全局性、根本性和普遍性等特征，主要涉及一国之内众多阶级的法律地位及其相互关系、公民基本权利的行使与国家权力的规范运作之间的关系、国家机构之间的关系等方面。（3）与普通法律规范相比，宪法规范整体规定简洁凝练，其调整社会关系的方式更具概括性和原则性。（4）宪法规范的规范对象包括国家性质及基本政治、经济、文化、社会等方面的制度规定，是对一个国家最为基础的制度性建设的阐释和描述。而普通法律规范则面向具体的法律制度，其调整对象具有单向性和具体性。[①]

3. 宪法规范的类型

根据不同的分类标准，宪法规范可分为如下类型：（1）确认性规范，即对已经存在的事实的认定。其主要意义在于，根据一定的原则和程序确立具体宪法制度和权力关系，以肯定性规范的存在为其主要特征。依其作用的特点又可分为宣言性规范、调整性规范、组织性规范和授权性规范等形式。（2）禁止性规范，指对特定主体或行为的一种限制，也称强行性规范。（3）权利性规范与义务性规范。这类规范主要是在调整公民基本权利与基本义务的过程中形成的，同时为行使权利和履行义务提供依据。（4）程序性规范。其主要规定宪法制度运行中的程序，主要是国家机关活动方面的程序。其表现形式有两种：1）直接的程序性规范，即宪法文本中对有关行为的程序所作的规定；2）间接的程序性规范，即宪法本身对程序问题不作具体规定，而通过法律保留的形式加以规定。[②]

（三）延伸阅读

从逻辑结构上看，宪法规范与一般法律规范一样，由假定、处理和制裁三要素组成。假定是宪法规范中规定的规则的条件；处理是宪法规范中规定的行为模式本身，通常以要求、授权、禁止等形式加以表现；制裁是宪法规范中规定的因违反规则而产生的法律后果或具体惩罚。

在理解宪法规范逻辑结构的三要素时，我们首先需要分清宪法规范与宪法条文的关系。宪法条文是宪法规范的具体表现形式，宪法规范是宪法条文的内在本质与内容，从逻辑结构上看，宪法规范必须具有三要素，但它与宪法条文并不一定相吻合。同一宪法

---

① 参见《宪法学》编写组编：《宪法学》（第 2 版），高等教育出版社、人民出版社 2020 年版，第 41 页。

② 参见胡锦光、韩大元：《中国宪法》（第 4 版），法律出版社 2018 年版，第 102 - 103 页。

规范的逻辑结构的要素可能表现在不同的宪法条文中，同理，同一宪法条文也可能表现宪法规范的不同内容。宪法规范的逻辑结构与宪法条文的关系主要有以下四种形式：

第一种形式是宪法规范的三要素在宪法条文中得到完整的体现，这类规范在我国宪法文本中所占的比重不大，但具有一定的典型意义。在这类规范中我们可以找出假定、处理与制裁三要素，能寻求与相应宪法条文之间的对应关系。如我国宪法中有关国家机关职权的规定，比较完整地体现了宪法规范的要素。

第二种形式是宪法中的假定与制裁要素隐含在处理部分，并不具体表现在宪法条文中。从实质内容看，宪法条文体现的宪法规范包含三要素，但在具体表现形式上，处理部分是主要因素。尽管宪法条文本身没有直接体现假定与制裁部分，但行为模式的确立已包含着两个因素，构成实际上的宪法规范的逻辑结构。

第三种形式是宪法规范三要素各自以独立或分散的形式表现出来。宪法规范中的假定部分隐含于处理之中，制裁部分则通过其他部门法得到体现。如我国宪法第 12 条第 2 款规定，国家保护社会主义的公共财产。禁止任何组织或者个人用任何手段侵占或者破坏公共财产。这一条的具体制裁是通过刑法规定的刑事制裁来表现的。

第四种形式是具体的宪法条文中只表现处理部分，假定与制裁部分在规范中没有具体表现。这类规范在宪法条文中是比较多的。具有纲领性、原则性或概括性的宪法规范一般通过某种行为模式表现，起到指引人们行为的作用。宪法规范的价值并不仅仅表现为对现实社会关系的调整，它可以对未来发生的行为作出预测性规定。

［胡锦光、韩大元：《中国宪法》（第 4 版），法律出版社 2018 年版。］

第五节　宪法的效力

（一）基本理论与概念

1. 宪法的效力指的是宪法的法律约束力，分为纵向（宪法在法律体系中的最高效力）和横向（宪法的适用范围）两个方面。

2. 宪法的适用范围分为空间效力、时间效力、对人效力和对事效力。

（二）重点解析与前沿

1. 宪法效力的正当性基础

几乎所有教材和公共话语都会强调宪法的最高效力，或最高法律效力，却很少探讨宪法为何具有最高效力。实际上，宪法的最高效力源自其制定主体和权威来源，也即制宪权。传统学说认为，君主、贵族或人民都可以成为制宪权的主体。然而，就现代宪法理论而言，制宪权一般与民主概念牢牢绑定在一起，因此产生了较为通行的人民制宪权理论：只有人民才是制宪权的主体。人民制宪权与现代民主革命密不可分。

现代成文宪法是由人民制定的，而非由政府制定的。正如美国革命的思想先驱潘恩所言："一国的宪法并非政府的行为，而是人民创建政府的行为。"① 无论是法国大革命还

① Thomas Paine, *Rights of Man*, Dover Publications, 1999, p. 79.

是美国革命之后的制宪活动，都是在推翻旧秩序之后，在法律真空当中创造全新的宪法宇宙。因此，制宪行动首先要解构业已存在的宪法（无论是成文的还是不成文的），以及这部宪法所代表和支撑的政权及其政治体制。革命性的制宪活动因此成为现代宪法创制的经典模型：人民创造宪法，宪法创建政府。

中国宪法也遵循人民主权的基本原则，也是革命之后人民制宪权的产物。《宪法》第2条第1款规定："中华人民共和国的一切权力属于人民"。《宪法》"序言"也记述了中国人民革命和制宪的历史过程。因此，在中国宪法体系中，立法机关制定的法律不得同宪法相抵触，本质上是因为人民代表的意志不得违反人民本身的意志。由人民选举出来的人民代表组成的立法机关通过的法律，从原理来讲就低于人民本身创制的宪法。宪法的最高效力因此得以证成。

2. 宪法序言的效力

我国学界对宪法序言的效力问题争论已久，学界形成了三类学说：全部无效说、全部有效说和部分效力说。全部无效说认为，宪法序言宣示的原则较为抽象，无法作为具体的国家行为准则。全部有效说认为，既然宪法序言是宪法的组成部分，而宪法具有最高的法律效力，那么宪法序言应当具有法律效力。部分效力说认为，应该根据序言的具体内容来判断，如其记载的历史事实并无法律效力，而属于应然的、规范性的部分则有法律效力。[①]

我国宪法学通说采取了全部有效说。[②] 其基本原理是，宪法序言是宪法典的重要组成部分，与宪法典一样具有法律效力，且是最高的法律效力。然而，对其效力程度和形式可以作进一步区分，其中具有规范性的部分应当具有宪法适用层面的效力，而其事实性的部分则可以作为支撑规范性部分的实质理由，在用以理解和适用宪法的过程中辅助合宪性判断。[③]

从比较视野来看，一些国家的法院已经明确否认宪法序言的法律效力，典型的代表是美国和加拿大。而在南非、爱尔兰、爱沙尼亚和德国，宪法序言虽然也没有法律效力，但被法院认为是在解释宪法基本权利时予以参考的原则性指导。而法国宪法委员会则在1971年的一起案件中直接适用《法兰西第五共和国宪法》序言（该序言指向了1789年《人权和公民权宣言》），认为其具有法律效力。《印度宪法》包含了宣示性内容、运行性内容。印度最高法院在1973年的一起案件中宣判，宪法序言作为宪法的一部分具有法律效力，宪法序言与基本权利和国家政策原则一起构成了宪法的核心内容。[④]

3. 宪法的私法效力问题

宪法的私法效力，又称宪法的第三人效力问题，涉及宪法是否适用于私人之间的法律关系，抑或只适用于国家和个人之间的法律关系。若采取前一种宪法，那仍需探讨宪法权利对私法关系的影响的形式和程度问题。域外宪法学说和实践已经形成三种理论：

---

① 参见焦洪昌主编：《宪法学》（第6版），北京大学出版社2020年版，第49-50页。

② 参见《宪法学》编写组：《宪法学》（第2版），高等教育出版社、人民出版社2020年版，第47页。

③ 参见林来梵：《宪法学讲义》（第4版），清华大学出版社2023年版，第87页。

④ See Liav Orgad, "The Preamble in Constitutional Interpretation", 8 *International Journal of Constitutional Law* 4 (2010), pp. 722-731.

间接效力说、直接效力说和国家行为理论说。直接效力说认为，宪法权利可以直接适用于私法关系，否则宪法权利便只是徒具虚文。至少有一系列的宪法权利不仅是针对国家的自由权，也是整个社会生活的基本原则。间接效力说（此为德国通说）认为，宪法权利在公法关系中完全适用，在私法领域，间接通过相关部门法对当事人产生影响。国家行为理论认为，只有国家行为受到宪法约束，私人行为不在约束范围内。美国联邦最高法院是该学说的支持者，但在20世纪中叶后也通过判例，逐步将私人关系纳入宪法基本权利的规制范围，将一些私人行为通过法律技术比照国家行为进行处理。

在我国，自从2001年"齐某苓案"以来，学界对有关宪法基本权利的第三人效力问题进行了广泛探讨。一些学者支持直接效力说①，更多的学者支持间接效力说。② 近年来，一些学者开始对间接效力说进行批判，主张限制基本权利第三人效力的适用范围，同时主张直接效力。③ 更有学者认为，应当在不同层面探讨基本权利的第三人效力问题：在规范依据意义上，主张直接效力，且不仅承认客观法意义上的效力，而且承认主观权利意义上的效力；在司法援引意义上，以间接效力为原则（能够援引法律时，不援引宪法），以有条件的直接效力为例外（在无法律可援引时，直接援引宪法）。④

（三）延伸阅读

尽管在十八世纪末的革命之前，人类的政制史上已经出现了"基本法""法律的位阶秩序"等规范性因素，但现代宪法的出现却决定于革命后宪法与政治关系的根本性逆转。宪法不再是对政制或者政治状态的归纳和总结，而是超越于政治统治之上的，约束一切国家权力运行的法律规范。制宪权与宪定权（包括立法、行政、司法等）的层级构造、对包括立法在内的国家行为的违宪审查的出现，都是这种革命性断裂和根本性逆转的体现。

（张翔：《宪法概念、宪法效力与宪法渊源》，载《法学评论》2021年第4期，第28页。）

人的尊严作为基本权利客观价值，无论是否像德国基本法那样作出明确规定，它都不仅仅是宪法的客观价值，而是整个法律秩序的客观价值。不仅宪法体现人的尊严的价值，民法也体现这一价值。人的尊严不仅体现在调整公民和国家关系的宪法之中，调整平等主体关系的民法也体现人的尊严的价值。

（李海平：《基本权利间接效力理论批判》，载《当代法学》2016年第4期，第53页。）

基本权利的私人间效力具有多重意义，不可像一般所论那样将其混为一谈或以偏概全。规范根据意义上的效力涉及基本权利私人间效力是否存在及其存在基础的问题，司

---

① 参见焦洪昌、贾志刚：《基本权利对第三人效力之理论与实践——兼论该理论对我国宪法司法化的指导意义》，载《厦门大学法律评论》第4辑，厦门大学出版社2003年版，第243页以下。

② 参见张红：《基本权利与私法》，法律出版社2020年版，第55-88页；刘志刚：《基本权利对民事法律行为效力的影响及其限度》，载《中国法学》2017年第2期，第88-102页；张翔：《基本权利在私法上效力的展开——以当代中国为背景》，载《中外法学》2003年第5期，第556-557页。

③ 参见李海平：《基本权利间接效力理论批判》，载《当代法学》2016年第4期；李海平：《论基本权利对社会公权力主体的直接效力》，载《政治与法律》2018年第10期；李海平：《民法合宪性解释的事实条件》，载《法学研究》2019年第3期。

④ 参见杨登杰：《基本权利的私人间效力：直接还是间接》，载《中外法学》2022年第2期。

法援用意义上的效力涉及基本权利私人间效力如何实现的问题。在中国宪法语境下，本文在规范根据意义上主张直接效力，且不止于客观法意义上的直接效力，而是进一步承认主观权利意义上的直接效力；但在司法援用意义上，主张以间接效力为原则，以有条件的直接效力为例外。此一区别处理的方案有厘清概念与问题层次之效，并使直接效力与间接效力各得其所、相容互补。

（杨登杰：《基本权利的私人间效力：直接还是间接》，载《中外法学》2022 年第 2 期，第 303 页。）

第六节　宪法的功能/作用

（一）基本理论与概念

1. 宪法的作用是宪法调整国家的政治、经济、文化和社会各个领域所产生的具体影响。

2. 宪法的作用体现在：确认和规范国家权力、保障公民基本权利、维护国家法制统一、确认经济制度并促进经济发展、维护国家统一和世界和平。

（二）重点解析与前沿

1. 宪法功能的历史变迁

在传统自由资本主义宪法理论中，宪法的作用一般只被限定在确认和限制国家权力、保障公民基本人权这两种功能之中。此种功能界定源自社会契约论和公私二分法，认为宪法乃是人民为政府设置的运行规则，目的在于保障先于国家存在的基本权利（特别是自由权）免受公权力侵犯。其中，对立法机关的合宪性控制本身，同时起到了维护国家法制统一的作用。

而随着现代社会日益复杂的变迁，传统的公私二分法、国家与市民社会的严格区分已经不再有效。私组织和私权力也在事实上限制甚至侵犯公民个人的基本权利，“政府与个人”的二元结构被“个人—企业—政府”的三角关系所取代。[①] 因此，无论是福利国家宪法还是社会主义宪法，都在反思自由资本主义宪法缺陷的基础上，开始将宪法功能定位为不仅限制国家权力，更要限制社会权力，主张宪法应干预经济和私人之间的关系，促进社会正义。[②] 在此基础上，随着国家保护义务和社会经济权利等种种内容进入现代宪法[③]，宪法的功能也从原先的限制国家权力和保障公民权利扩展到确立经济制度、促进经济发展和社会正义。

2. 宪法与国家统一

在二战以后，随着全球化进程的不断推进，也随着各国族群矛盾和分离主义运动不断出现，宪法本身也开始承担维护国家统一乃至世界和平的重要功能。很多国家的宪法规定了国家统一和领土完整条款，合宪性审查机构也开始裁判涉及国家统一问题的宪法

① 参见左亦鲁：《告别“街角发言者”：美国网络言论自由二十年》，载《中外法学》2015 年第 2 期，第 433 页。

② 参见李忠夏：《宪法功能转型的社会机理与中国模式》，载《法学研究》2022 年第 2 期，第 9 - 13 页。

③ 参见刘晗：《中国宪法社会权的体系解释》，载《中国社会科学》2023 年第 2 期，第 170 - 175 页。

案件。宪法的功能得以进一步扩展。

一个典型的例子是西班牙的加泰罗尼亚问题。长期以来，加泰罗尼亚地区都在寻求独立建国。2006年，加泰罗尼亚自治区政府开始试图单方面修改和增加《自治章程》的很多条款，扩大自治权，尤其是在《自治章程》序言中将加泰罗尼亚称为“民族”（nation）。《自治章程》经过西班牙议会的批准于2006年8月9日生效。西班牙人民党认为《自治章程》侵犯了西班牙宪法的最高地位和权威，因此向宪法法院请求违宪审查。2010年，西班牙宪法法院判定，新的加泰罗尼亚《自治章程》的诸多条款非法，没有法律效力，特别是关于加泰罗尼亚民族的说法以及针对该地区法官使用语言和享有权利的条款。

然而，这个判决随即激发了加泰罗尼亚人更大的反对，独立呼声更加强烈。2010年3月，西班牙宪法法院作出了一份长达881页的判决，判定在西班牙，宪法只承认一个西班牙民族（nation）。加泰罗尼亚自治议会于2013年1月通过“公投权利宣言书”——《加泰罗尼亚人民主权与自决权声明》。西班牙宪法法院随即作出违宪判决，否决了加泰罗尼亚要求以独立政治主体享有主权地位的主张。2014年1月，加泰罗尼亚自治区政府向宪法法院提交独立政治主体声明，但因单方面公投损害西班牙整体利益被裁定违宪而无效。2014年9月加泰罗尼亚自治区议会通过《民意调查及公众参与法》，授权自治区政府组织具有法律效力的民意调查，西班牙宪法法院应中央政府要求，随即中止该法律的效力。2015年，加泰罗尼亚议会宣布将不再受任何西班牙国家机关制约，包括宪法法院。西班牙宪法法院再次宣判其为违宪。

2017年，加泰罗尼亚议会正式批准公投方案，同时通过了《独立公投法》，规定公投只需要简单多数就可生效，且对投票率不做最低要求。西班牙政府很快作出反应，以公投及相关法律违宪为由，向宪法法院提出诉讼。宪法法院随即受理，并宣告公投违宪，要求停止一切与公投相关活动。2017年10月，加泰罗尼亚自治区政府不顾西班牙宪法法院的判决，毅然启动了公投，且根据公投结果宣布独立。时任西班牙首相拉霍伊（Mariano Rajoy）随即动用《西班牙宪法》第155条的规定，对加泰罗尼亚自治区采取强制措施，解散当地议会。加泰罗尼亚独立运动因此告一段落。

（三）延伸阅读

近代中国的立宪道路虽受西方影响，但因国情与西方不同，最终选择的道路方向也与西方完全不同。早期的西方立宪主义带有浓重的自由主义底色，更加强调个体和自由。中国的立宪道路深受国家建构意识的影响，重视“群”的社会观念。自引入社会主义观念后，中国宪法更加强调社会本位，强调国家利益、社会利益和个体自由三者的有机统一。中西宪法在现代复杂社会中面临相似的时代任务，即实现个体自由、社会秩序和国家建构的内在融合，处理好国家、社会、个体三者间的立体关系。面对自由主义的社会危机和福利国家的发展瓶颈，新的国家治理模式在西方社会迟迟未能建立。中国则经历了从传统的社会主义向中国特色社会主义的发展，在国家、社会、个体三者关系的处理方面基本实现了制度上的平衡，并基于自身独特的立宪道路，率先发展出了成功应对复杂社会挑战的宪法机制。

（李忠夏：《宪法功能转型的社会机理与中国模式》，载《法学研究》2022年第2期，第9页。）

第三部分　文献拓展与案例研习

第一节　拓展文献目录

中国人民大学国家法教研室. 宪法的概念与本质（苏联专家科托夫同志的报告记录）. 北京：人民出版社，1953.

张翔. 宪法概念、宪法效力与宪法渊源. 法学评论，2021（4）.

雷磊. “宪法渊源”意味着什么?：基于法理论的思考. 法学评论，2021（4）.

刘晗. 有宪法典的不成文宪法. 法学评论，2021（4）.

何永红. 宪法与宪法惯例的区分. 法学评论，2021（4）.

陈端洪. 宪法学的知识界碑：政治学者和宪法学者关于制宪权的对话. 开放时代，2010（3）.

王锴. 制宪权的理论难题. 法制与社会发展，2014（3）.

韩大元. 论宪法规范与社会现实的冲突. 中国法学，2000（5）.

林来梵. 规范宪法的条件和宪法规范的变动. 法学研究，1999（2）.

韩大元，张翔. 试论宪法解释的界限. 法学评论，2001（1）.

Dieter Grimm. Types of Constitutions，Michel Rosenfeld & András Sajó eds.，The Oxford Handbook of Comparative Constitutional Law. Oxford：Oxford University Press，2012.

第二节　本章案例研习

齐某苓案

齐某苓与陈某琪均是滕州八中的1990届应届初中毕业生，当时同在滕州八中驻地滕州市鲍沟镇圈里村居住，二人相貌有明显差异。齐某苓在1990届统考中取得成绩441分，虽未达到当年统一招生的录取分数线，但超过了委培生的录取分数线。滕州八中将当年参加中专考试学生的成绩及统招、委培分数线，都通知了考生本人。当年录取工作结束后，被告济宁商校发出了录取齐某苓为该校1990级财会专业委培生的通知书，该通知书由滕州八中转交。不过，按照1990年的招生办法，报考委培志愿的考生必须凭委培招生学校和委培单位的介绍信报名。为满足这一要求，凡报考委培志愿的考生事实上都是自己联系委培单位并自己交纳委培费用。齐某苓既未联系过委培单位，亦未交纳过委培费用。

陈某琪在1990年中专预选考试中，因成绩不合格，失去了继续参加统考的资格。为能继续升学，陈某琪从滕州八中将齐某苓的录取通知书领走。陈某琪之父陈某政为此联系了滕州市鲍沟镇政府作陈某琪的委培单位。陈某琪持齐某苓的录取通知书到济宁商校报到时，没有携带准考证；报到后，以齐某苓的名义在济宁商校就读。陈某琪在济宁商校就读期间的学生档案，仍然是齐某苓初中阶段及中考期间形成的考生资料，其中包括贴有齐某苓照片的体格检查表、学期评语表以及齐某苓参加统考的试卷等相关材料。陈某琪读书期间，陈某政将原为陈某琪联系的委培单位变更为中国银行滕州支行。1993年，陈某琪从济宁商校毕业，自带档案到委培单位中国银行滕州支行参加工作。

陈某政为使陈某琪冒名读书一事不被识破，曾于1991年中专招生考试体检时，办理了贴有陈某琪照片并盖有“山东省滕州市招生委员会”钢印的体格检查表，还填制了贴有陈某琪照片，并加盖“滕州市第八中学”印章的学期评语表。“山东省滕州市招生委员会”钢印，确属滕州教委的印章；学期评语表上加盖的“滕州市第八中学”印章，是由滕州八中的“滕州市第八中学财务专章”变造而成。

1993年，陈某政利用陈某琪毕业自带档案的机会，将原齐某苓档案中的材料抽出，换上自己办理的上述两表。目前在中国银行滕州支行的人事档案中，陈某琪使用的姓名仍为“齐某苓”，“陈某琪”一名只在其户籍中使用。

1998年，齐某苓偶然得知被冒名顶替一事，后于1999年1月以陈某琪、陈某政、滕州八中、济宁商校、滕州市教委为被告，向枣庄市中级人民法院提起民事诉讼，要求被告停止侵害，并赔偿经济损失和精神损失。

枣庄市中级人民法院认为，被告人陈某琪在中考落选、升学无望的情况下，由其父——被告陈某政策划并为主实施冒用原告齐某苓姓名上学的行为，目的在于利用齐某苓已过委培分数线的考试成绩，为自己升学和今后就业创造条件，其结果构成了对齐某苓姓名的盗用和假冒，是侵害姓名权的一种特殊表现形式。原告齐某苓主张的受教育权，属于公民一般人格权范畴。它是公民丰富和发展自身人格的自由权利。本案证据表明，齐某苓已实际放弃了这一权利，即放弃了上委培的机会。其主张侵犯受教育权的证据不足，不能成立。

宣判后，齐某苓不服一审判决，向山东省高级人民法院提起上诉。山东省高级人民法院认为，上诉人齐某苓所诉被上诉人陈某琪、陈某政、济宁商校、滕州八中、滕州教委侵犯姓名权、受教育权一案，存在着适用法律方面的疑难问题，因此依照《中华人民共和国人民法院组织法》第33条的规定，报请最高人民法院进行解释。

最高人民法院研究后作出《关于以侵犯姓名权的手段侵犯宪法保护的公民受教育的基本权利是否应承担民事责任的批复》（法释〔2001〕25号）。当事人齐某苓主张的受教育权，来源于我国《宪法》第46条第1款的规定。根据本案事实，陈某琪等以侵犯姓名权的手段，侵犯了齐某苓依据宪法规定所享有的受教育的基本权利，并造成了具体的损害后果，应承担相应的民事责任。

据此，山东省高级人民法院最终认定，原审判决认定被上诉人陈某琪等侵犯了上诉人齐某苓的姓名权，判决其承担相应的民事责任，是正确的。但原审判决认定齐某苓放弃接受委培教育，缺乏事实根据。齐某苓要求各被上诉人承担侵犯其受教育权的责任，理由正当，应当支持。

思考：宪法规定能否适用于平等主体之间的民事法律关系？

要点提示：近代宪法的产生是为了约束国家统治，保障公民权利，因此传统上宪法主要调整国家与公民之间的关系。但随着人类社会发展，国家权力实际上已受到相当程度的限制，公民之间的权利侵犯现象反而因社会交往的日益密切、人类科技的快速进步变得越来越普遍、复杂。尽管法律上双方均为平等的民事主体，但事实上实力并不对等。例如，大型企业对普通雇员而言便已构成一种压迫性力量，前者很大程度上已具有类似于国家公权力的社会公权力。宪法规范的效力能否及于私主体之间，便成为问题。对此存在直接效力、间接效力、无效力等不同观点。在“齐某苓案”中，山东省高级人民法院将宪法直接作为判决依据之一，实际上是承认宪法对于私人之间的关系具有直接效力。不过，此案还涉及宪法司法化问题，对此可结合马工程宪法学教材“宪法实施和监督”一章进行思考。

法国1971年“结社自由案”

1971年6月30日，法国国民议会通过了一项旨在修改1901年7月1日法律的草案。草案涉及公民结社权的规定，在当时引发激烈争议。本案发生的背景是，为了遏制此起彼伏的公民和学生运动，根据时任法国内政部长Raymond Marcellin的指示，巴黎警察局拒绝为左翼团体“人民事业之友”发放申请回执，由此引发了一场行政诉讼，结果行政法院撤销了警察局的行政决定。为了弥补自身行为的法律依据，内政部决定对相关法律即1901年7月1日结社法进行修改，增加规定，司法机关可以根据行政机关的提议，对公民结社进行事前审查。对于这份法律修改草案，法国国民议会和参议院无法取得一致意见，但国民议会仍然予以表决通过。由于对草案本身存在疑问，参议院议长Alain Poher提请宪法委员会对该法律草案进行合宪性审查。

宪法委员会经过审查后认为，法律草案违反了法国宪法即1958年《法兰西第五共和国宪法》（简称1958年《宪法》）所包含的结社自由。1958年《宪法》序言规定，法国人民恪守1789年《人权宣言》所规定以及1946年《宪法》序言所确认与补充的人权与国家主权原则。法国1946年《宪法》序言共包括18个条文，其中第1条规定，法国人民拥有神圣且不可让渡的权利，确认1789年《人权宣言》规定的权利与自由，以及共和国法律所确认的基本原则。以此为依据，宪法委员会认为，结社自由属于“共和国法律所确认的基本原则”，受到宪法保护。除可以对特殊社团采取适当措施之外，社团的成立即便出于无效或非法目的，也不应该受到行政机关或司法机关的事先干预。由于接受审查的法律草案旨在建立一项针对社团的事先控制程序，迫使社团不得不接受来自司法机关的事先审查，违反了宪法规定的结社自由。

思考：宪法序言是否具有规范效力？

要点提示：法国宪法委员会在本案中的判决有两点值得重点关注。一是该判决承认了宪法序言的规范效力。在法国公法学界，宪法序言是否和正文一样具有规范效力，是一个颇有争议的问题。不少学者认为，宪法序言只是勾勒了未来理想社会的蓝图，并不需要直面当下发挥效力。此种观点也得到法国1946年《宪法》的肯认。该部《宪法》规定，宪法委员会在审查法律是否在修改宪法的时候，只能依据《宪法》第1章至第10章的条文，从而将宪法序言排除在外。而在本案中，宪法委员会明确承认了宪法序言的法律效力，进一步树立了法国宪法的最高法律地位。二是该判决赋予宪法原则规范效力。法国 1958 年《宪法》文本中本来没有关于结社自由的规定，但宪法委员会通过解释“共和国法律所确认的基本原则”，把结社自由上升到宪法基本权利的高度，表现出较为积极能动的姿态，使其在传统的公法秩序维护者之外，多了一重公民权利保护者的身份，为其更加广泛而深入地参与法国公共事务创造了有利条件。

第二章　宪法的历史发展

第一部分　本章知识点速览

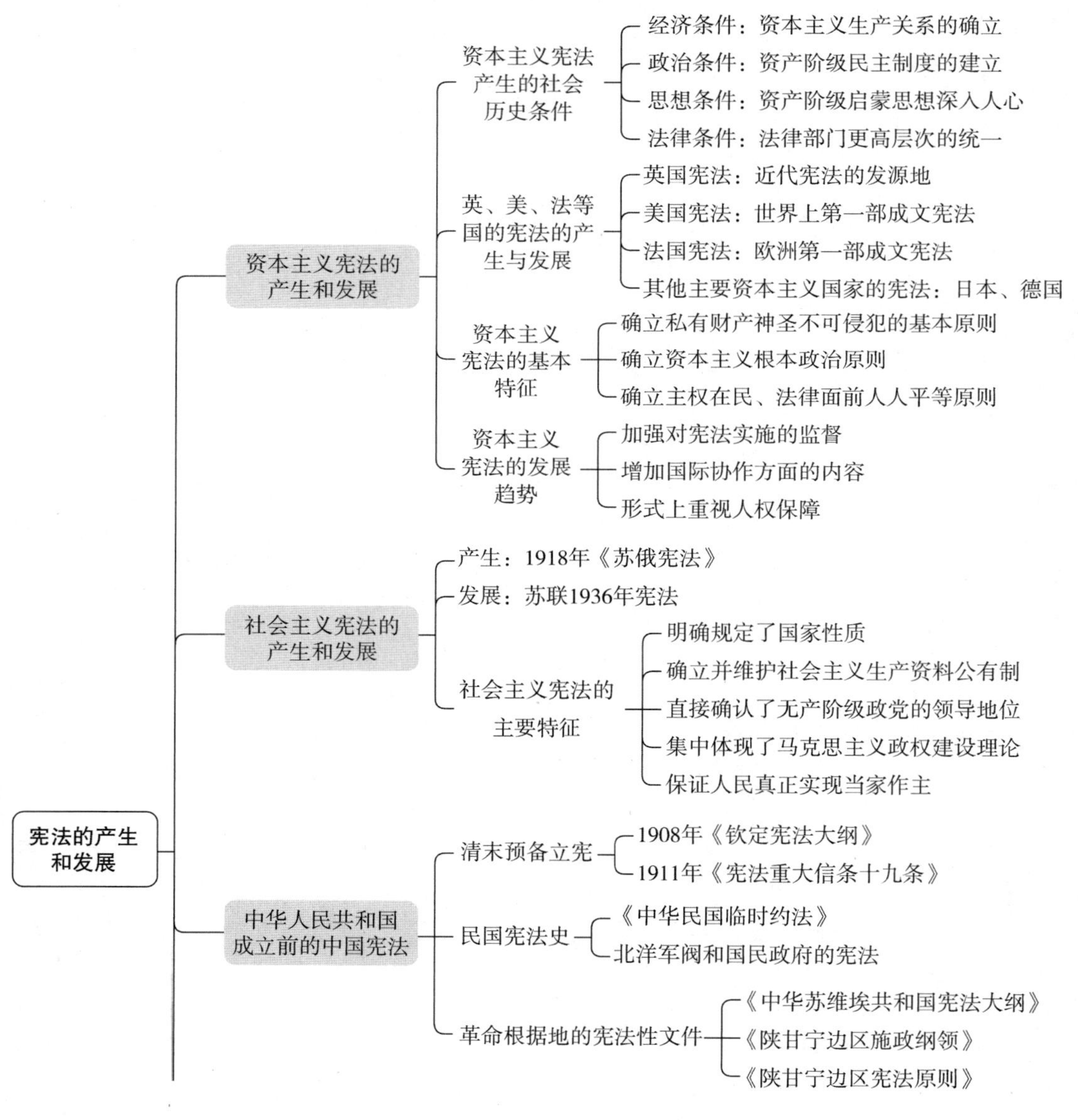

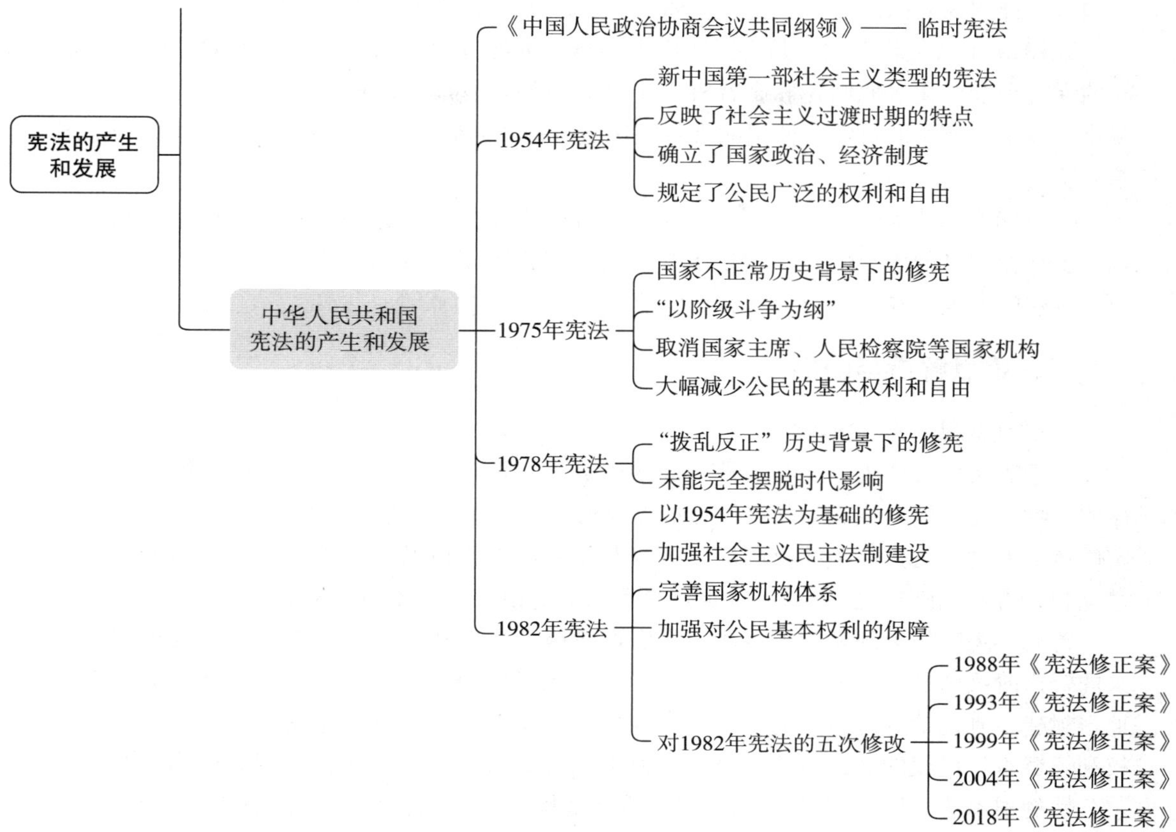

第二部分　本章核心知识要点解析

第一节　宪法的产生和发展

一、基本理论与概念

1. 英国是近代宪法的发源地。英国宪法在形式上没有统一的、完整的宪法典，而是由宪法性法律、宪法惯例、宪法判例等构成。

2. 美国宪法是世界上第一部成文宪法，于 1787 年 9 月 17 日签署，自 1789 年 3 月 4 日起生效。自 1789 年生效以来，美国宪法共有 27 个修正案，其中前十个修正案被称为《权利法案》，规定了一系列公民基本权利。

3. 1791 年法国宪法是欧洲大陆第一部成文宪法。现行的法国宪法是 1958 年制定的《法兰西第五共和国宪法》。

4. 日本历史上的第一部宪法是 1889 年颁布、实施的明治宪法，这是一部具有近代意义的资本主义宪法。日本现行宪法是 1946 年公布的《日本国宪法》，它确立了以天皇为国家象征的议会内阁制君主立宪政体，并在第9条中确立了和平主义原则。

5.1919年《魏玛宪法》是德国历史上影响深远的一部宪法，其提出的对公民经济权利的保护和社会化等原则，标志着资本主义宪法的新发展，推进了近代资本主义宪法向现代资本主义宪法的过渡。德国的现行宪法是《德意志联邦共和国基本法》，也称《德国基本法》。

6.1918年《苏俄宪法》是世界上第一部社会主义类型的宪法，第一次在宪法文本中规定了社会主义的国家性质和政权组织形式，宣布国家政权属于劳动人民，实行无产阶级与贫农的专政，在宪法史上具有重要地位。

二、重点解析与前沿

1. 关于宪法产生的解读

关于宪法何时产生，存在两种不同的观点。一种观点认为，宪法是近代资产阶级革命的产物，要求资本主义为其提供经济、政治和法律基础才得以产生。另一种观点认为，实质意义上的宪法是有关社会制度、国家制度基本原则以及政府根本组织的一系列规范之总和，古代早已有之。[①] 前一种观点是目前的通说，其具体的主张如下[②]：

首先，宪法作为国家的根本法，是资产阶级革命胜利的产物。在封建社会末期，新兴的资产阶级为了自由地发展资本主义经济，为了取得政治上的平等地位和权力，不断地与封建专制统治进行激烈的斗争，在斗争中产生和发展了立宪主义思想，即：人民有权利依靠直接民权的方式或者依靠代议制度的方式参与国家的统治；国家应当具有一个永久性的根本法，用来规定限制政府的活动范围、保护公民的合法权益免受政府侵害。资产阶级立宪主义的理想随着资产阶级反对封建革命斗争的胜利而得到实现。因此，近代意义宪法的产生是掌握了政权的资产阶级有意识行动的结果。[③]

其次，奴隶制国家、封建制国家不可能产生作为国家根本法的宪法。这是因为宪法和民主制度紧密相连，它是民主制度的确认和民主制度的保障。而奴隶制、封建制国家一般不存在民主制度，那时的国家的典型的统治形式是君主专制制度。在君主专制制度下，君主的权力高于一切。中国的皇帝自称为真命天子，法国国王路易十四宣称“朕即国家”。他们言出法随、口含天宪，他们的权力至高无上。在这种统治形式之下，一部具有最高法律效力、使君主的权力受到限制的国家根本法，是当时的专制制度、专制君主所绝对不能容忍的，因而在那个时候不可能产生宪法。

最后，即使在实行民主制的奴隶制、封建制国家，也不可能产生作为国家根本法的宪法。古希腊的雅典城邦、古罗马曾经是共和国，在中世纪的欧洲也曾出现一些城市共和国。它们都实行民主制，但也没有产生作为国家根本法的宪法，因为：奴隶制和封建制的民主只是奴隶主和封建主少数剥削者阶级的民主，它同赤裸裸的奴隶主对奴隶、封建主对农奴的残暴统治相结合。奴隶、农奴不算国家的公民，根本无权利可言。同时，

---

① 参见刘茂林：《中国宪法导论》（第3版），北京大学出版社2022年版，第118页。

② 参见许崇德主编：《中国宪法》，中国人民大学出版社1989年版，第28－29页。

③ 参见许崇德主编：《中国宪法》（第4版），中国人民大学出版社2010年版，第54页。

奴隶制、封建制国家的法律一般都表现为诸法一体的形式，即在一个法律文书里面包含着各种法律，在内容上难于区分宪法性法律和一般法律。在制定和修改程序上，宪法性法律和一般法律也没有什么差别。在资本主义社会以前，实行民主制度的国家有可能产生萌芽形态的宪法。亚里士多德所说的希腊的和政体联结在一起的并为一般法律的立法根据的宪法，即属于这种萌芽形态的宪法。

2. 近代宪法与现代宪法的划分

近代宪法是指近代奉行自由主义的资本主义国家施行的宪法。这一时期的宪法以美国、英国和法国为代表，体现了自由放任主义的原理，国家和政府的职能比较简单，宪法的主要内容为国家机构的组织及相互关系、公民的基本权利和义务、宪法的修改程序。公民的基本权利主要表现为自由权。现代宪法是指20世纪初以来在资本主义国家和社会主义国家施行的宪法。现代宪法产生的主要标志是作为社会主义类型宪法代表的1918年《苏俄宪法》和作为资本主义类型宪法代表的1919年《魏玛宪法》的制定。

从世界范围来看，由英、美、法等国的宪法所代表的近代宪法主要有以下几个特点：(1) 确立了主权在民原则，民主共和是宪法的主流；(2) 宪法强调公民权利，特别是自由权利，具有自由主义色彩；(3) 国家权力受到限制，国家的作用主要被限制在政治生活领域，宪法具有政治法的特色；(4) 从形式上看，成文宪法被普遍采用；(5) 虽然亚洲的日本等国也出现了宪法，但在整个近代，宪法基本上仍然是西方的一种政治法律现象，局限于西方文化圈的范围内。

作为现代宪法的标志，《魏玛宪法》的意义在于：(1) 通过对私有财产权的限制，使近代宪法中的自由主义精神受到抑制，社会公共福利受到重视和倡导；(2) 议会权力受到一定限制，行政权力扩大的趋势被宪法认同；(3) 宪法赋予国家广泛干预社会经济和文化的权力，所谓管得越少的政府就是越好的政府的观念已趋于过时；等等。所有这些，都标志着宪法在现代时期的发展走向，从而使《魏玛宪法》具有划时代的意义。

作为一种新型的现代宪法，《苏俄宪法》的意义在于：首先，它突破了资产阶级宪法和宪政的局限性，使宪法成为无产阶级实现民主和组织国家政权的根本法；其次，它第一次系统地规定了经济制度，扩大了宪法的调整范围，使宪法由传统的政治领域进入社会经济生活领域，从而具有划时代的意义；最后，它推动了社会主义类型宪法的发展。此外，《苏俄宪法》还使宪法突破了西方文化的范围，开始成为世界文化现象。①

3. 宪法的发展趋势

随着人类社会的历史发展，宪法无论从形式上还是从内容上都发生了很大的变化。最突出的变化是由一种类型的宪法变为两种不同类型的宪法并存，即由资本主义类型的宪法变为资本主义和社会主义两种类型的宪法并存，而且按照马克思主义揭示的社会发展规律的原理，社会主义类型的宪法终将完全代替资本主义类型的宪法。随着各国宪法建设经验的积累，宪法的形式越来越完善。现在世界上绝大多数国家的宪法都采用成文宪法的形式，而且大部分又采用单一法典的形式。根据对150部成文宪法的统计，由几个宪法性文件构成宪法的国家只有十几个，其他都采用单一法典的表现形式。在结构上

① 参见周叶中主编：《宪法》，高等教育出版社2016年版，第51-52页。

也越来越严谨明了，有章有节，一目了然。语言文字也比以前准确精练。总之，现在的宪法在形式上比过去更为科学化了。

宪法的发展变化不仅表现在形式上，尤为突出的是表现在宪法的内容上。随着人类社会的不断发展和进步，随着各国政治、经济、教育、科学、文化事业的飞跃发展，国内事务不断增加，国家交往愈益频繁并愈益复杂化，很多事情在国家生活中愈来愈占有举足轻重的地位，需要在国家根本大法中反映出来。因此，宪法的内容日益增加，涉及的范围也越来越广泛，不仅增添了新的内容，原来规定的一些内容也发生了变化，主要表现在以下几个方面：一是对经济制度和发展国民经济方针政策的规定，二是对教育科学文化及其发展方针的规定，三是对保护环境的规定，四是有关国际关系问题的规定，五是议会权力和行政权力的变化，六是公民民主自由权利的扩大，七是宪法保障制度的不断完善，八是紧急权的规定，九是对政党地位的确认，十是宪法的修改由难到易。①

三、延伸阅读

在人类的历史进程中有一个不可忽视的特点，这就是人类在不断地为共同生活制定规则。特别是近代以来，人类以国家为单位的各个历史阶段，每走过一个艰难困苦的里程，都要通过宪法来制定为克服困难所需要的新规则，以此来继续人类的发展；每经历一段苦难深重的生活，都要通过宪法来确定为消除苦难所需要的新的政治及社会的基本形态，从而进入新的历史阶段。

首先，封建社会是由特权身份和非特权身份构成的等级身份社会。在这种社会，只有极少数有特权等级身份的人才有权利、才是自由人；而没有特权等级身份的大部分是农民，他们被束缚在土地上，无论居住、迁徙的自由还是选择职业的自由都得不到承认，简直就是“农奴”。到了封建社会的末期，国家权力被视为由国王直接从神的手中接受过来，成为国王的所有物，甚至可以用“朕即国家”来说明其地位的存在。这就是由“王权神授说”而来的所谓“家产国家论”。在这样的社会里，人们认为国民只能绝对服从王权，反抗或拒绝服从王权都是犯罪，甚至做这种事就应该被处以死刑，所以，不具备特权等级身份的国民几乎不可能过上像人一样的生活。这些不具备特权等级身份的人们为能过上像人一样的生活而奋斗的历史始于近代市民革命。在这个革命的过程中，等级身份制度、封建所有制和君主主权被否定，如后所述，开始出现了以人权（特别是自由和形式上的平等）、国民主权和以权力分立为原理的近代立宪主义型市民宪法。

其次，如后详述，第一次世界大战结束后又出现了以魏玛宪法（1919 年）为代表的现代市民宪法和苏联型的社会主义宪法，它们取代了以前的近代市民宪法。这些宪法特别要解决的是，在近代市民宪法之下曾经出现的诸如导致平均寿命缩短的低工资、长时间劳动（雇佣劳动者的“人的异化状态”）和性歧视等问题。

特别是在近代以后，人类就是如此地用宪法制定新的规则来改变艰难困苦的生活环境，从而谋求不断发展。在这种意义上，也可以说宪法是对历史各阶段的生活经验进行了批判性的总结。

---

① 参见张庆福主编：《宪法学基本理论》（上），社会科学文献出版社 2015 年版，第 326－338 页。

从这一点来看，轻视宪法就有可能使“历史的车轮倒转”，由此则难免导致艰难困苦的生活再现。

（［日］杉原泰雄：《宪法的历史——比较宪法学新论》，吕昶等译，社会科学文献出版社2000年版，第1-2页。）

法国《人权宣言》

组成国民会议的法兰西人民的代表们，相信对于人权的无知、忽视与轻蔑乃是公共灾祸与政府腐化的唯一原因，乃决定在一个庄严的宣言里，呈现人类自然的、不可让渡的与神圣的权利，以便这个永远呈现于社会所有成员之前的宣言，能不断地向他们提醒他们的权利与义务；以便立法权与行政权的行动，因能随时与所有政治制度的目标两相比较，从而更受尊重；以便公民们今后根据简单而无可争辩的原则所提出的各种要求，总能导向宪法的维护和导向全体的幸福。

因此，国民会议在上帝面前及其庇护之下，承认并且宣布如下的人权和公民权。

第一条　人生来就是而且始终是自由的，在权利方面一律平等。社会差别只能建立在公益基础之上。

第二条　一切政治结合均旨在维护人类自然的和不受时效约束的权利。这些权利是自由、财产、安全与反抗压迫。

第三条　整个主权的本原根本上乃存在于国民（La Nation）。任何团体或任何个人皆不得行使国民所未明白授予的权力。

第四条　自由是指能从事一切无害于他人的行为；因此，每一个人行使其自然权利，只以保证社会上其他成员能享有相同的权利为限制。此等限制只能以法律决定之。

第五条　法律仅有权禁止有害于社会的行为。凡未经法律禁止的行为即不得受到妨碍，而且任何人都不得被强制去从事法律所未要求的行为。

第六条　法律是公意（la volonté générale）的表达。每一个公民皆有权亲自或由其代表去参与法律的制订。法律对于所有的人，无论是施行保护或是惩罚都是一样的。在法律的眼里一律平等的所有公民皆能按照他们的能力平等地担任一切公共官职、职位与职务，除他们的德行和才能以外不受任何其他差别。

第七条　除非在法律所确定情况下并按照法律所规定的程序，任何人均不受控告、逮捕与拘留。凡请求发布、传送、执行或使人执行任何专断的命令者，皆应受到惩罚；但任何根据法律而被传唤或逮捕的公民则应当立即服从，抗拒即属犯罪。

第八条　法律只应设立确实必要和明显必要的刑罚，而且除非根据在犯法前已经通过并且公布的法律而合法地受到惩处，否则任何人均不应遭受刑罚。

第九条　所有人直到被宣告有罪之前，均应被推定为无罪，而即使判定逮捕系属必要者，一切为羁押人犯身体而不必要的严酷手段，都应当受到法律的严厉制裁。

第十条　任何人不应为其意见甚至其宗教观点而遭到干涉，只要它们的表达没有扰乱法律所建立的公共秩序。

第十一条　自由交流思想与意见乃是人类最为宝贵的权利之一。因此，每一个公民都可以自由地言论、著作与出版，但应在法律规定的情况下对此项自由的滥用承担责任。

第十二条　人权和公民权的保障需要公共的武装力量。这一力量因此是为了全体的福祉而不是为了此种力量的受任人的个人利益而设立的。

第十三条　为了公共武装力量的维持和行政的开支，公共赋税是不可或缺的。赋税应在全体公民之间按其能力平等地分摊。

第十四条　所有公民都有权亲身或由其代表决定公共赋税的必要性，自由地加以批准，知悉其用途，并决定税率、税基、征收方式和期限。

第十五条　社会有权要求一切公务人员报告其行政工作。

第十六条　一切社会，凡权利无保障或分权未确立，均无丝毫宪法之可言。

第十七条　财产是不可侵犯与神圣的权利，除非合法认定的公共需要对它明白地提出要求，同时基于公正和预先补偿的条件，任何人的财产皆不可受到剥夺。

第二节　中国宪法史

一、中华人民共和国成立前的宪法

（一）基本理论与概念

1. 1908 年《钦定宪法大纲》是中国近现代史上出现的第一个宪法性文件，它一方面反映了民主立宪的时代潮流，另一方面也暴露了清王朝借宪政之名行专制之实的用心。

2. 1912 年《中华民国临时约法》是中国宪法史上第一部资产阶级宪法性质的文件。它以根本法的形式废除了在中国延续两千多年的封建专制，确立了主权在民、权力分立等资产阶级民主原则，具有反封建的重大进步作用和积极的历史意义。

3. 1923 年《中华民国宪法》由中华民国北洋政府颁布，是中国近代宪法史上公布的第一部正式宪法。因系曹锟为掩盖“贿选总统”丑名而授意炮制，故其又被称作“贿选宪法”。

4. 1946 年《中华民国宪法》是国民党统治时期第一部正式宪法。

5. 1931 年《中华苏维埃共和国宪法大纲》是中国工农民主政权的第一部宪法性文件。

（二）重点解析与前沿

1. 关于旧中国宪法文本的历史评价

从清末立宪运动开始，中国历史上出现了各种各样的宪法文本。不少学者从类型化的角度，对这些文本进行归类并给予不同的历史评价。

有学者从不同政治势力的要求出发总结出三种不同性质的宪法。第一种宪法，是从清朝末年，经北洋军阀到国民党统治时期反动政府所制定的伪宪法，它是大地主大资产阶级所要求的。其特点是：（1）就这类宪法产生的基础来看，都是与民主制度相脱节的；（2）确认的是封建地主、买办资产阶级的政治统治，在政权运行上多突出统治者个人的专制独裁权力，而人民毫无实质性的民主权利；（3）从立法技术上来看，主要是抄袭欧美国家，特别是日本和德国的宪政立法。第二种宪法是中国民族资产阶级所要求的资产阶级共和国式的宪法，其唯一的代表即是孙中山临时政府时期所颁布的《中华民国临时约法》。这一宪法一方面就其性质来讲，具有历史的进步性；另一方面就其前途来讲，在中国是行不通的。第三种宪法是广大无产阶级和劳动人民所要求的人民民主宪法，这种宪法以民主革命时期共产党所领导的各革命根据地制定的宪法性文件为其代表，最后发展为社会主义类型的宪法，这种宪法的特点有三：一是确认革命民主政权，尊重和保护劳动者的民主权利；二是以反帝反封建为主要内容，反映了广大劳动人民的根本政治要求；三是带有革命时期的特点，在政治内容上有“左”的倾向，在规范制定上显得粗糙和不完善。这三种不同政治势力所要求的三种宪法中，第一种宪法是欺骗劳动人民的，是与民主背道而驰的，具有反动性和虚伪性，其前途只能是为人民所唾弃、为历史所淘汰；第二种宪法虽有民主意义却不符合中国特定的国情要求，所以在中国是行不通的；第三种宪法才符合中国的基本政治和社会发展需要，能够体现广大无产阶级和劳动人民的根本政治利益，也是在中国唯一能够行得通的宪法，其发展的方向即是社会主义宪法。①

也有学者以近代中国宪法文本的产生方式为标准，将近代中国的宪法文本分为四种类型：第一种类型是当政者为应对时局被迫制宪以维护自己摇摇欲坠的统治地位的产物，最典型的是《钦定宪法大纲》和《宪法重大信条十九条》。第二种类型是革命者为巩固革命的胜利成果而进行制宪的产物，但由于时代、阶级和立法技术低下等的局限，这些宪法文本也有这样那样的一些缺点，如《中华民国临时政府组织大纲》和《中华民国临时约法》。第三种类型是当政者为建立、维护自己的集权独裁统治而主动进行制宪的产物，以《中华民国约法》《训政纲领》《中华民国训政时期约法》最为典型。第四种类型是民主派的长期制宪努力和当政者欺骗舆论合力的产物，这里指的是近代中国宪法史上正式颁布的两部《中华民国宪法》。②

2. 旧中国立宪行宪历史教训的总结

从 1908 年清政府炮制《钦定宪法大纲》开始，直到国民党政府于 1947 年元旦抛出《中华民国宪法》为止，在不到 40 年的短短时间里，所谓“宪法大纲”“宪法信条”“宪法草案”“约法”“宪法”轮番出台，名目繁多，数量也不少，一共有 10 部之多。为什么这些宪法都失败了？其中的原因值得研究和探索。围绕这一问题，有学者从以下三个方面展开反思。③

第一，中华人民共和国成立前几乎从没有真正实行过民主制度，因此也就不可能产生和实施资产阶级民主性质的宪法。本来宪法是阶级力量实际对比关系的表现，是民主制度的法律化。而中国的资产阶级在 19 世纪末 20 世纪初才登上政治舞台，力量十分单薄，它没有足够的力量战胜封建专制制度，战胜守旧势力，不可能建立和实行资本主义民主制度。孙中山制定的临时约法，确是带有资产阶级民主性质的宪法性文件，可是很快就被袁世凯废弃了。孙中山进行过多次的“护法”斗争，结果都没有成功。之所以在中华人民共和国成立以前基本上没有实行过资产阶级民主制度，其主要原因就在于阶级

① 参见董和平、韩大元、李树忠：《宪法学》，法律出版社 2000 年版，第 71－73 页。

② 参见卞修全：《近代中国宪法文本的历史解读》，知识产权出版社 2006 年版，第 164－169 页。

③ 以下内容参见吴家麟主编：《宪法学》，中央广播电视大学出版社 1991 年版，第 65－66 页。

力量的对比关系悬殊，封建势力远比资产阶级力量强大。

第二，中国的封建势力虽然强大，但毕竟时代不同了，都进入20世纪了，封建势力想用君主专制的老一套办法来实行统治，眼看是不行的了。清王朝的覆亡，袁世凯皇帝梦的破灭，张勋复辟的迅速破产，这些都给封建余孽提供了历史教训。因此，这些封建势力还需要打出民主、宪法的旗帜，作为独裁专制统治的遮羞布，以欺世盗名。所以搞制宪活动无非是反动统治者玩弄的花招而已。毛泽东曾说："中国现在的顽固派，正是这样。他们口里的宪政，不过是'挂羊头卖狗肉'。他们是在挂宪政的羊头，卖一党专政的狗肉。"[①] "挂羊头卖狗肉"包含这样两层意思：一方面，他们卖的是狗肉，而不是羊肉；搞的不是真民主，而是假民主。另一方面，他们不得不挂出羊头，因为如果挂出狗头就骗不了人。他们不得不打出宪政的招牌，如果打出封建专制的招牌就会陷于被动。

第三，本来宪法是客观上业已存在的民主事实的总结，中国过去既然基本上没有过民主事实，那怎么可能用宪法的形式去总结？所以中国过去的宪法性文件十之八九是东拼西凑、东抄西袭的。拿清朝末年那两个宪法性文件来说，《钦定宪法大纲》是抄日本明治宪法的，《宪法重大信条十九条》基本上是模仿英国的宪政制度。北洋军阀和国民党所制定的几部宪法和宪法性文件，也是七拼八凑弄起来的，有时几天工夫就可以炮制出一部宪法草案，其速度之快，真是达到了惊人的地步，其奥妙之处就在于一个"抄"字：照猫画虎，照抄照搬，哪能不快？这样的宪法内容同实际生活是不可能对上号的，这就导致了宪法条文同现实生活的严重脱节。因此，我们在考察这些宪法性文件的时候，不能光停留在条文上面，而要同当时的有关法律联系起来考察，更要同当时的现实生活、实际情况加以对照，要在冠冕堂皇、娓娓动听的词句背后，看出事物的本质和真相，揭穿反动统治者的真面目。

（三）延伸阅读

世界上历来的宪政，不论是英国、法国、美国，或者是苏联，都是在革命成功有了民主事实之后，颁布一个根本大法，去承认它，这就是宪法。中国则不然。中国是革命尚未成功，国内除我们边区等地而外，尚无民主政治的事实。中国现在的事实是半殖民地半封建的政治，即使颁布一种好宪法，也必然被封建势力所阻挠，被顽固分子所障碍，要想顺畅实行，是不可能的。所以现在的宪政运动是争取尚未取得的民主，不是承认已经民主化的事实。这是一个大斗争，决不是一件轻松容易的事。

现在有些历来反对宪政的人，也在口谈宪政了。他们为什么谈宪政呢？因为被抗日的人民逼得没有办法，只好应付一下。而且他们还提高嗓子在叫："我们是一贯主张宪政的呀！"吹吹打打，好不热闹。多年以前，我们就听到过宪政的名词，但是至今不见宪政的影子。他们是嘴里一套，手里又是一套，这个叫做宪政的两面派。这种两面派，就是所谓"一贯主张"的真面目。现在的顽固分子，就是这种两面派。他们的宪政，是骗人的东西。你们可以看得见，在不久的将来，也许会来一个宪法，再来一个大总统。但是民主自由呢？那就不知何年何月才给你。宪法，中国已有过了，曹锟不是颁布过宪法吗？但是民主自由在何处呢？大总统，那就更多，第一个是孙中山，他是好的，但被袁世凯

---

① 《毛泽东选集》第2卷，人民出版社1991年版，第736页。

取消了。第二个是袁世凯，第三个是黎元洪，第四个是冯国璋，第五个是徐世昌，可谓多矣，但是他们和专制皇帝有什么分别呢？他们的宪法也好，总统也好，都是假东西。像现在的英、法、美等国，所谓宪政，所谓民主政治，实际上都是吃人政治。这样的情形，在中美洲、南美洲，我们也可以看到，许多国家都挂起了共和国的招牌，实际上却是一点民主也没有。中国现在的顽固派，正是这样。他们口里的宪政，不过是“挂羊头卖狗肉”。他们是在挂宪政的羊头，卖一党专政的狗肉。我并不是随便骂他们，我的话是有根据的，这根据就在于他们一面谈宪政，一面却不给人民以丝毫的自由。

[毛泽东：《毛泽东选集》第 2 卷（第 2 版），人民出版社 1991 年版，第 735 - 736 页。]

一百多年以来，中国革命同反革命的激烈的斗争没有停止过。这种激烈的斗争反映在国家制度的问题上，就表现为三种不同的势力所要求的三种不同的宪法。

第一，就是从清朝、北洋军阀、一直到蒋介石国民党所制造的伪宪。这些封建买办阶级的反动统治者是连资产阶级民主也反对的。他们本来不要任何宪法，所以总是要拖到他们的反动统治在革命力量的打击下摇摇欲坠，他们的末日已经临近的时候，才制造一种骗人的“宪法”，其目的是想利用一些资产阶级宪法的形式装点门面，使他们的反动统治能够苟延残喘。他们的这种目的，当然不可能达到。

第二，就是中国民族资产阶级在以往多年所盼望的宪法，也就是资产阶级民主共和国的宪法。这种宪法，除了辛亥革命所产生而随即被袁世凯撕毁了的那个临时约法以外，中国从来没有产生过。

世界上有过许多民族，在脱离封建主义之后，建立了资产阶级的共和国。但是在半殖民地半封建的中国，资产阶级共和国始终只是一种幻想。中国资产阶级既然没有能力领导人民战胜外国帝国主义和本国反动派的联合力量，它就不可能使中国变为资产阶级共和国，也就不可能使中国出现资产阶级性质的宪法。

第三，就是工人阶级领导的、以工农联盟为基础的人民共和国的宪法，这就是现在我们所要制定的宪法。

毛泽东同志早已指出：在工人阶级领导的人民革命胜利以后，不会建立资产阶级专政的共和国，而一定要建立工人阶级领导的、以工农联盟为基础的人民民主专政的共和国。这个以工人阶级为领导的人民共和国只会把中国引向社会主义，而不会把中国引向资本主义。

事情就是这样：封建买办阶级的反动统治者几次用来骗人的伪宪，都不能使人民上当，都受到人民的抵制。而参与制造和积极拥护这种伪宪的人们，也被人民所抛弃。果然，几批反动统治者都接着伪宪的宣布迅速垮台，而这些所谓“宪法”都变成了废纸。同时，几十年来，在中国虽然有过不少的人为实现资产阶级的宪政做过各种各样的努力，但是一点成就也没有。在中国出现的真正的宪法，毕竟只能是人民民主主义和社会主义的宪法，只有这种宪法，才是适合于最广大人民群众的利益，而为最广大人民群众所欢迎的。

（刘少奇：《关于中华人民共和国宪法草案的报告》，载中共中央文献研究室、中央档案馆编：《建国以来刘少奇文稿（一九五四年一月—一九五四年十二月）》，中央文献出版社 2008 年版，第 360 - 361 页。）

我国宪法发展史是中国近现代史的一个缩影。鸦片战争以后，中国逐步成为半殖民地半封建社会。从那时起，中国人民就一直苦苦寻找改变中华民族前途命运的道路。洋务运动失败后，改良派试图在不改变封建统治的前提下，按照西方政治制度模式对我国封建专制制度进行改良，结果遭到了失败。从戊戌变法“六君子”血洒京城菜市口，到晚清政府颁布的《钦定宪法大纲》，从袁世凯的“袁记约法”到曹锟的“贿选宪法”，再到蒋介石的《中华民国训政时期约法》和《中华民国宪法》，各种宪法文件先后推出，各种政治势力反复博弈，“你方唱罢我登场”。其间，辛亥革命结束了在中国绵延几千年的君主专制制度，产生了具有资产阶级民主性质的《中华民国临时约法》，但也未能从根本上改变国家和人民的悲惨命运。正如毛泽东同志所讲：“一切别的东西都试过了，都失败了。”历史证明，不推翻压在中国人民头上的三座大山，不实行人民民主，任何宪法都不可能得到人民拥护，都不可能起到推动我国社会发展进步的作用。

中国共产党登上中国历史舞台后，在推进中国革命、建设、改革的实践中，高度重视宪法和法制建设。从建立革命根据地开始，我们党就进行了制定和实施人民宪法的探索和实践。一九三一年，我们党在中央苏区成立中华苏维埃共和国临时中央政府，颁布了《中华苏维埃共和国宪法大纲》。一九四六年，我们党在陕甘宁边区颁布了《陕甘宁边区宪法原则》。

一九四九年，我们党发起召开中国人民政治协商会议第一届全体会议，通过《中国人民政治协商会议共同纲领》，实际上起到了临时宪法的作用。一九五三年，党中央决定制定中华人民共和国宪法，毛泽东同志亲自主持起草宪法草案。一九五四年九月召开的第一届全国人民代表大会第一次会议通过了《中华人民共和国宪法》，为巩固社会主义政权和进行社会主义建设发挥了重要保障和推动作用，也为改革开放新时期我国现行宪法的制定和完善奠定了基础。

在这之后，我国宪法建设走了一些弯路，特别是“文化大革命”期间宪法形同虚设。一九七五年制定的宪法，受到“四人帮”干扰破坏，比一九五四年宪法大大倒退了。一九七八年制定的宪法，因历史条件限制，还来不及对“文化大革命”的惨痛教训进行全面总结、对“左”的错误进行彻底清理，虽然恢复了一九五四年宪法的部分条文，但仍然以一九七五年宪法为基础。一九七九年七月和一九八〇年九月又两次进行宪法部分条文的修改，仍不能满足形势发展的需要。

党的十一届三中全会开启了改革开放历史新时期，发展社会主义民主、健全社会主义法制成为党和国家坚定不移的方针。我国现行宪法即一九八二年宪法就是在这个历史背景下产生的。这部宪法深刻总结了我国社会主义建设正反两方面经验，在继承一九四九年共同纲领和一九五四年宪法基本精神和主要内容的基础上，适应我国改革开放和社会主义现代化建设、加强社会主义民主法制建设的新要求，确立了党的十一届三中全会之后的路线方针政策，把集中力量进行社会主义现代化建设规定为国家的根本任务，就社会主义民主法制建设作出一系列规定，为改革开放和社会主义现代化建设提供了有力法制保障。

一九八二年宪法公布施行后，在党中央领导下，全国人大于一九八八年、一九九三年、一九九九年、二〇〇四年先后四次对这部宪法的个别条款和部分内容作出了必要的也是十分重要的修正，共通过了三十一条宪法修正案。这四次修改，体现了党领导人民进行改革开放和社会主义现代化建设的成功经验，体现了中国特色社会主义道路、理论、制度、文化发展的成果，对我国政治和社会生活产生了重要影响，有力推动和保障了党和国家事业发展，有力推动和加强了社会主义法治建设。

回顾我们党领导的宪法建设史，可以得出这样几点结论。一是制定和实施宪法，推进依法治国，建设法治国家，是实现国家富强、民族振兴、社会进步、人民幸福的必然要求。二是我国现行宪法是在深刻总结我国社会主义革命、建设、改革的成功经验基础上制定和不断完善的，是我们党领导人民长期奋斗历史逻辑、理论逻辑、实践逻辑的必然结果。三是只有中国共产党才能坚持立党为公、执政为民，充分发扬民主，领导人民制定出体现人民意志的宪法，领导人民实施宪法。四是我们党高度重视发挥宪法在治国理政中的重要作用，坚定维护宪法尊严和权威，推动宪法完善和发展，这是我国宪法保持生机活力的根本原因所在。

古人讲，“法与时移”，“法与时转则治，治与世宜则有功”，“观时而制法，因事而制礼”。宪法作为上层建筑，一定要适应经济基础的变化而变化。任何国家都不可能制定一部永远适用的宪法。我国宪法是治国理政的总章程，必须体现党和人民事业的历史进步，必须随着党领导人民建设中国特色社会主义实践的发展而不断完善发展。

（习近平：《论坚持全面依法治国》，中央文献出版社 2020 年版，第 210－213 页。）

二、中华人民共和国宪法的产生和发展

（一）基本理论与概念

1. 在 1954 年宪法公布和实施之前，《共同纲领》起到临时宪法作用。

2. 1954 年宪法是新中国成立后诞生的第一部宪法，也是从清末立宪以来的第一部人民宪法，具有重要的历史地位。它将党领导人民赢得政权后实行的各项基本制度确立下来，国家政权各机构按照宪法的规定有效组织并运行。

3. 我国现行宪法为 1982 年宪法，是在 1954 年宪法的基础上，根据党的十一届三中全会确定的路线、方针、政策，总结新中国成立以来建设社会主义的长期实践经验，吸取了相关教训制定的。

4. 1982 年宪法分别于 1988 年、1993 年、1999 年、2004 年、2018 年，以宪法修正案形式进行过 5 次修改。

（二）重点解析与前沿

1. 《共同纲领》的性质

通说认为，《共同纲领》具有纲领性和宪法性的双重属性。如有学者指出，“1949 年的《中国人民政治协商会议共同纲领》，带有宪法和纲领双重性质，它本身是各党派共同斗争的政治纲领，同时又是起总结革命斗争胜利成果和确立国家制度作用的临时宪法”①。这种双重性质的说法，源自刘少奇在《中国人民政治协商会议第一届全体会议上的讲话》。刘少奇在讲话中特别强调，即将通过的《共同纲领》是总结了中国人民在最近一百

---

① 吴家麟主编：《宪法学》，中央广播电视大学出版社 1991 年版，第 69 页。

多年来特别是最近二十多年来反对帝国主义、封建主义和官僚资本主义的革命斗争的经验，而制定出来的一部人民革命建国纲领。这是目前时期全国人民的大宪章。[①]

根据这一性质定位，学界大多主张《共同纲领》不是正式宪法。这是因为，尽管“共同纲领中已经把中国人民争得的政治、经济、文化各方面的权利，国家的性质、政府的组织原则等都有明文加以规定，这就使共同纲领带有宪法性质”，但是《共同纲领》与宪法存在显著的差别：宪法是国家的根本大法，纲领是奋斗目标和步骤的规定；宪法是事实上已经达到已争得的种种成功的总结，用立法手续固定起来的东西，反之，纲领则是说明现在尚不存在，而应在将来达到和争得的东西；宪法是说明现在，而纲领主要是说明将来。[②] 于是，《共同纲领》作为临时宪法的定性得到较多学者的支持和肯定。如有学者指出，《共同纲领》是“我国建国初期的临时宪法。为什么其制定《共同纲领》？因为1949年人民解放战争在我国已经取得基本胜利，蒋介石国民党政府已经崩溃，为了巩固和发展已经取得的革命成果，巩固人民民主专政，建立各革命阶级的联合政府，宣告新中国的成立，恢复和发展国民经济，极需要制定一个宪法，作为我国人民共同遵守的准则；但是，人民革命战争还在大片国土上继续进行，国民党政府的残余势力还没有消灭，特务土匪还很猖獗，广大解放区还没有进行土地改革，一些‘东霸天’、‘南霸天’还没有伏法，革命的社会秩序还不巩固，长期战争的创伤还没有恢复，人民群众的组织程度和觉悟程度还有待于进一步提高和加强，各方面的建设经验还感不足，全国普选还没有进行，全国人民代表大会还没有召开，因此当时要制定一部宪法，条件还不够成熟，只能制定一部具有纲领性的比较原则概括的临时宪法，这就是《共同纲领》”[③]。又如有学者提出，“《共同纲领》所发挥的又是‘临时’宪法的作用，这是因为无论是从其效力存续时间、民主性与正当性基础、制定主体以及制定程序来看，它尚不足以构成一部严格意义上的宪法，而仅仅是一部具有临时宪法作用的‘建国纲领’，待制宪条件成熟时仍需制定一部严格意义上宪法来取代《共同纲领》”[④]。

但是，也有部分学者不同意上述意见。如有学者提出：从《共同纲领》的制定机构及其在中国社会当时所起的作用看，应当认为《共同纲领》是一部正式宪法，是中华人民共和国的第一部宪法。其理由是：（1）召开中国人民政治协商会议的目的在于讨论筹建中华人民共和国的有关事宜；（2）中国人民政治协商会议的参加者包括了当时中国社会的各种进步力量和人士，具有最广泛的代表性；（3）中国人民政治协商会议的实际任务是完成了筹建中华人民共和国的事宜；（4）从《共同纲领》的内容看，它也是一部正式的宪法；（5）《共同纲领》确立了中华人民共和国的政治制度；（6）全国人民代表大会的产生以及其制定宪法的权力均依据《共同纲领》。[⑤] 又如有学者认为，1949年的《共同纲领》在性质上是一部宪法。这是因为：“第一，不能以是否冠有‘宪法’之名义为标准来判断某法律文件是不是宪法。”“第二，《共同纲领》已经初步具备宪法的内容和功能。”

---

① 参见中共中央文献研究室编：《中华人民共和国开国文选》，中央文献出版社1999年版，第298页。

② 参见龚敏：《联系实际情况的共同纲领学习问答》，新人出版社1952年版，第27－28页。

③ 肖蔚云等编著：《宪法学概论》，北京大学出版社1982年版，第92页。

④ 韩大元：《论1949年〈共同纲领〉的制定权》，载《中国法学》2010年第5期，第11页。

⑤ 参见胡锦光：《中国宪法问题研究》，新华出版社1998年版，第11－18页。

“第三，按照当时的国家领袖和权威媒体的理解，《共同纲领》就是一部新中国的大宪章，一部根本大法。”“尽管后来的政治家、历史学家和法学家将《共同纲领》称作‘临时宪法’，但需要指出的是，一方面，在《共同纲领》制定和实施的五年间，《共同纲领》是被视为根本法和大宪章的，毛泽东、刘少奇和张澜等人的上述言论中并没有‘临时’二字。只有当‘五四宪法’草案准备提交审议时，刘少奇才在《关于中华人民共和国宪法草案的报告》中指出：‘共同纲领起了临时宪法的作用’，1954 年 9 月 21 日的《人民日报》社论才强调：‘共同纲领在过去五年间起了临时宪法的作用’。因此，所谓‘临时’，也只是将《共同纲领》置于整个中国制宪历程中才凸现出来的特征；另一方面，尽管《共同纲领》在结构和内容上还不够完善，但也没有理由认为‘临时宪法’就等同于‘非正式宪法’，也无法否认‘临时’的‘宪法’在性质上仍然是宪法的事实。”①

2. 1954 年宪法与 1982 年宪法的关系②

从一般的宪法理论来讲，现行宪法的修改是以前一部宪法为基础的，即根据前一部宪法规定的修改程序进行修改。1982 年宪法的前一部宪法是 1978 年宪法，故 1982 年宪法修改的基础与程序应该是 1978 年宪法。但 1982 年宪法实际上是以 1954 年宪法为基础修改的，并进一步发展了 1954 年宪法。这种程序的安排主要是基于以下原因：

（1）在修改宪法的指导思想与基本理论观点上，1982 年宪法以 1954 年宪法的基本经验为基础。宪法修改委员会主任叶剑英在宪法修改委员会第一次全体会议上指出：这次修改宪法，一定要从我国的实际情况出发，以我们自己的经验为基础，同时也要参考当代外国宪法，尤其是一些社会主义国家的宪法，吸收其中好的先进的东西。一个是“领导与群众相结合”，另一个是“本国经验与国际经验相结合”，这是毛泽东同志领导制定 1954 年我国第一部宪法时总结的两条立宪经验。我们应该仍然充分重视这两条经验。彭真在宪法草案的报告中也指出，这个宪法修改草案继承和发展了 1954 年宪法的基本原则，充分注意总结我国社会主义发展的丰富经验，也注意吸取国际的经验；既考虑到当前的现实，又考虑到发展的前景。上述有关修宪的基本主张，实际上反映了 1982 年宪法修改与 1954 年宪法之间的原则或理念上的相互联系。

（2）1978 年宪法是在“文化大革命”结束后不久通过的，由于受当时历史条件的限制和指导思想的不科学，这部宪法与实际生活发生了严重的冲突。尽管 1979 年、1980 年两次对 1978 年宪法进行了局部的修改，试图在宪法规范与社会生活之间寻求合理的平衡，但局部的修改仍解决不了因错误指导思想而导致的规范与现实之间的冲突。因而 1975 年宪法从指导思想到具体规范都存在着比较严重的问题，显然不能作为现行宪法起草的基础。

（3）从宪法修改程序看，现行宪法修改是按照 1954 年宪法修改程序进行的。当时，修改 1978 年宪法时面临的问题之一就是如何选择宪法修改程序的问题。作为 1982 年宪法的前一部宪法的 1978 年宪法只规定由全国人大修改宪法，而没有具体规定宪法的修改

① 钱锦宇：《新中国第一部宪法存疑——关于“五四宪法”历史地位的反思》，载《西北大学学报（哲学社会科学版）》2015 年第 1 期，第 52－53 页。

② 以下内容参见韩大元：《1954 年宪法制定过程》，法律出版社 2014 年版，第 458－460 页。

程序。1975 年宪法也没有具体规定宪法修改程序问题，如修宪提案权主体、修宪具体表决方式等。而 1954 年《宪法》第 29 条规定，宪法的修改由全国人大以全体代表的 2/3 的多数通过。因此，现行宪法的全面修改只能以具有统一修改程序的 1954 年宪法所规定的程序为基础进行。

（4）宪法修改具有广泛的民主基础。现行宪法的全民讨论从 1982 年 5 月至 8 月共进行了 3 个多月，比对 1954 年宪法的全民讨论时间长 1 个月，参加的人数达几亿。

（5）从宪法规范的比较看，1954 年宪法与 1982 年宪法的继承与发展关系是比较明显的，在宪法基本原则、基本内容和具体宪法规范的安排上，1982 年宪法修改的基本出发点是借鉴 1954 年宪法。1982 年宪法共 138 条，其中借鉴了 1954 年宪法的相同和相似部分的加在一起共 98 条，占 87.6%。

（三）延伸阅读

宪法修改草案的总的指导思想是四项基本原则，这就是坚持社会主义道路，坚持人民民主专政，坚持中国共产党的领导，坚持马克思列宁主义、毛泽东思想。这四项基本原则是全国各族人民团结前进的共同的政治基础，也是社会主义现代化建设顺利进行的根本保证。

宪法修改草案的《序言》回顾了一百多年来中国革命的历史。《序言》指出，二十世纪中国发生了翻天覆地的伟大历史变革，其中有四件最重大的历史事件。除了 1911 年的辛亥革命是孙中山先生领导的以外，其他三件都是以毛泽东主席为领袖的中国共产党领导全国人民进行的。这三件大事是：推翻帝国主义、封建主义和官僚资本主义的统治，建立了中华人民共和国；消灭延续几千年的剥削制度，建立了社会主义制度；基本上形成独立的、比较完整的工业体系，发展了社会主义的经济、政治和文化。辛亥革命有重大的历史意义，但那次革命没有完成中国的民族民主革命任务。以后的三件大事，使中国人民的命运，使中国社会和国家的状况，发生了根本的变化。从这些伟大的历史变革中，中国人民得出的最基本的结论是：没有中国共产党就没有新中国，只有社会主义才能救中国。四项基本原则既反映了不以人们的意志为转移的历史发展规律，又是中国亿万人民在长期斗争中作出的决定性选择。

在中国确立社会主义制度以后，历史进入新的发展时期。新时期的基本特点是，剥削阶级作为阶级整体已经消灭，阶级斗争不再是社会的主要矛盾。国家工作的重点和方针，必须适应这个基本特点作出重大的改变。在新的历史条件下坚持四项基本原则，必须把马克思主义的普遍真理同中国社会主义建设的具体实践结合起来，走出一条具有中国特色的社会主义建设的道路。从五十年代中期开始，我们寻找这条正确道路，既取得了重大的成就，也犯过许多错误……我们犯错误，当然不是由于坚持了四项基本原则，而是由于没有正确地执行这些原则……现在，我们……确立了全面开创社会主义现代化建设新局面的正确纲领。这对于我们国家的兴旺发达，具有非常重大和深远的意义。实现这一历史性转变的过程，就是恢复四项基本原则的本来面目，坚持和发展四项基本原则的过程。四项基本原则在新的历史时期得到了极大的充实，具有更加丰富和新鲜的内容。

……把国家的工作重点坚决转移到社会主义现代化经济建设上来。一切工作都要围绕这个重点，为这个重点服务。国家的巩固强盛，社会的安定繁荣，人民物质文化生活的改善提高，最终都取决于生产的发展，取决于现代化建设的成功。今后必须坚定不移地贯彻执行这个战略方针，除非敌人大规模入侵；即使那时，也必须进行为战争所需要和实际可能的经济建设。把这个方针记载在宪法中，是十分必要的。在强调以经济建设作为工作重点的同时，还必须充分重视社会主义精神文明的建设，充分重视发展社会主义民主。宪法修改草案的《序言》明确规定，"今后国家的根本任务是集中力量进行社会主义现代化建设"，"逐步实现工业、农业、国防和科学技术的现代化，把我国建设成为高度文明、高度民主的社会主义国家"。全国各族人民一定要齐心协力为实现这个伟大任务而奋斗！

中华人民共和国的第一部宪法，即 1954 年宪法，是一部很好的宪法。但是，那时我国还刚刚开始社会主义改造和社会主义建设。现在我们国家和社会的情况已经有了很大变化，1954 年宪法当然不能完全适用于现在。这个宪法修改草案继承和发展了 1954 年宪法的基本原则，充分注意总结我国社会主义发展的丰富经验，也注意吸取国际的经验；既考虑到当前的现实，又考虑到发展的前景。因此，我们这次代表大会一定能够制定出一部有中国特色的、适应新的历史时期社会主义现代化建设需要的、长期稳定的新宪法。

（彭真：《关于中华人民共和国宪法修改草案的报告》，载全国人大常委会办公厅研究室编：《中华人民共和国人民代表大会文献资料汇编（1949—1990）》，中国民主法制出版社 1991 年版，第 113 - 114 页。）

第三部分　文献拓展与案例研习

第一节　拓展文献目录

狄骥. 公法的变迁. 郑戈，译. 北京：中国法制出版社，2010.

西塞罗. 论共和国 论法律. 王焕生，译. 北京：中国政法大学出版社，1997.

亚里士多德. 政治学. 吴寿彭，译. 北京：商务印书馆，1965.

汉密尔顿，杰伊，麦迪逊. 联邦党人文集. 程逢如，在汉，舒逊，译. 北京：商务印书馆，1980.

杉原泰雄. 宪法的历史：比较宪法学新论. 吕昶，渠涛，译. 北京：社会科学文献出版社，2000.

陈晓枫. 中国近代宪法史. 北京：商务印书馆，2019.

韩大元. 1954 年宪法制定过程. 2 版. 北京：法律出版社，2022.

韩大元. 新中国宪法发展 70 年. 广州：广东人民出版社，2020.

林来梵. "八二宪法"的精神. 中国法律评论，2022（5）.

聂鑫. 1946 年"中华民国宪法"浅议. 法学杂志，2008（3）.

王世杰，钱端升. 比较宪法. 北京：中国政法大学出版社，1997.

吴宗慈. 中华民国宪法史. 北京：法律出版社，2013.

肖蔚云．我国现行宪法的诞生．北京：北京大学出版社，2024．
许崇德．中华人民共和国宪法史：上、下卷．福州：福建人民出版社，2005．

第二节　本章案例研习

“良性违宪”争议

党的十一届三中全会以后，我国的政治生活、经济生活和文化生活发生了巨大的变化。宪法文本与社会现实之间的紧张关系在此背景下愈发显现，实践中出现了不少表面上看似违宪但实际上合理的事件。如 1978 年宪法规定全国人大常委会只能“解释宪法和法律，制定法令”（第 25 条第 3 项），没有制定法律的权力，但由于改革开放要求制定大量法律，全国人大常委会在未经修宪，也未作宪法解释的情况下，自行行使立法权，1979 年至 1982 年间共制定了 11 部法律，这都是违背当时宪法规定的。又如 1988 年以前，深圳等经济特区突破 1982 年宪法关于土地不得买卖、出租的规定，决定将土地使用权出租。再如，1982 年《宪法》第 15 条规定我国“实行计划经济”，然而自 1992 年以来我国领导人多次提出经济体制改革的目标是“建立社会主义市场经济体制”，显然这是有违当时宪法规定的，这种新提法直到 1993 年 3 月 29 日八届全国人大一次会议通过了《宪法修正案》才有了宪法根据。

针对这类现象，郝铁川教授在《法学研究》1996 年第 4 期《论良性违宪》一文中率先提出“良性违宪”的概念。该文指出：前述事件“虽然违背当时宪法的个别条文，但却有利于发展生产力，有利于维护国家和民族的根本利益”，因而可称之为良性违宪，对此类“良性”违宪应当予以肯定。郝教授认为：法律相对于社会现实的发展具有滞后性，在社会变革和危急时期更为突出，这导致了良性违宪的产生。中国的改革开放是一场广泛而深刻的社会变革，它涉及多方面、多层次制度的改革。这些改革不可能从书本上找到现成的方案，也没有他国现成的模式可以照搬，因此冲破原来维护旧体制的法律框架（包括宪法这个根本大法）就是不可避免的。[①] 郝铁川教授提出的“良性违宪”概念，引发了学术界的广泛争论。童之伟教授对“良性违宪”进行了彻底的批驳，认为“良性违宪”也是违宪，同“恶性违宪”没有实质差别，同样必须追究违宪责任。童教授撰文指出：宪法实施灵活性的底线可被概括为形式合宪，是指有关国家机关制定的规范性文件或作出的行政行为，虽然事实上不一定合宪，但按照逻辑和通行的语义确定方法，在最大限度从宽解释有关宪法条款的情况下，能够获得合宪的外观。我们的社会应当逐步形成一种观念，在宪法实施过程中守住形式合宪这条底线，严禁任何国家机关和其他行使公共权力者逾越。[②] 韩大元教授则进一步提出应将规范与现实的冲突和违宪状态相区别的观点。韩教授认为：在急剧的社会变革时期宪法的规范性和社会现实性之间的冲突与矛盾是不可避免的，宪法运行中出现的冲突并不必然表现为违宪，因为宪法实施过程本身

① 参见郝铁川：《论良性违宪》，载《法学研究》1996 年第 4 期，第 89 - 91 页。

② 参见童之伟：《宪法实施灵活性的底线——再与郝铁川先生商榷》，载《法学》1997 年第 5 期，第 15 页。

允许在社会变革时期规范与现实的不一致。在遵循宪法规范基本原则与基本精神的前提下，同宪法规范的某些内容不一致的事实的存在并不影响宪法功能的发挥。特别是反映社会发展的客观要求、具有现实基础的改革措施不应被理解为违宪现象。[①]

思考：请结合实例谈谈你对“良性违宪”的看法。

要点提示：在社会变革时期如何保持宪法的规范性与现实性之间的协调是宪法学需要研究的基本课题。围绕“良性违宪”问题而进行的讨论实际上涉及宪法学中的这一基本问题，它反映了学者对宪法与社会之关系的深层次的理论思考。具体可以从以下几个方面展开讨论：第一，“良性违宪”是不是一个科学的命题？违宪是否有“良性”和“恶性”之分？第二，如果“违宪”可以划分为“良性”或“恶性”，那么什么是“良性”？什么是“恶性”？第三，应怎样评价“良性违宪”的实际效果？应当怎样看待宪法与改革的关系？应当怎样保障宪法的实施？

① 参见韩大元：《社会变革与宪法的社会适应性——评郝、童两先生关于“良性违宪”的争论》，载《法学》1997年第5期，第19-20页。

第三章　宪法的指导思想和基本原则

第一部分　本章知识点速览

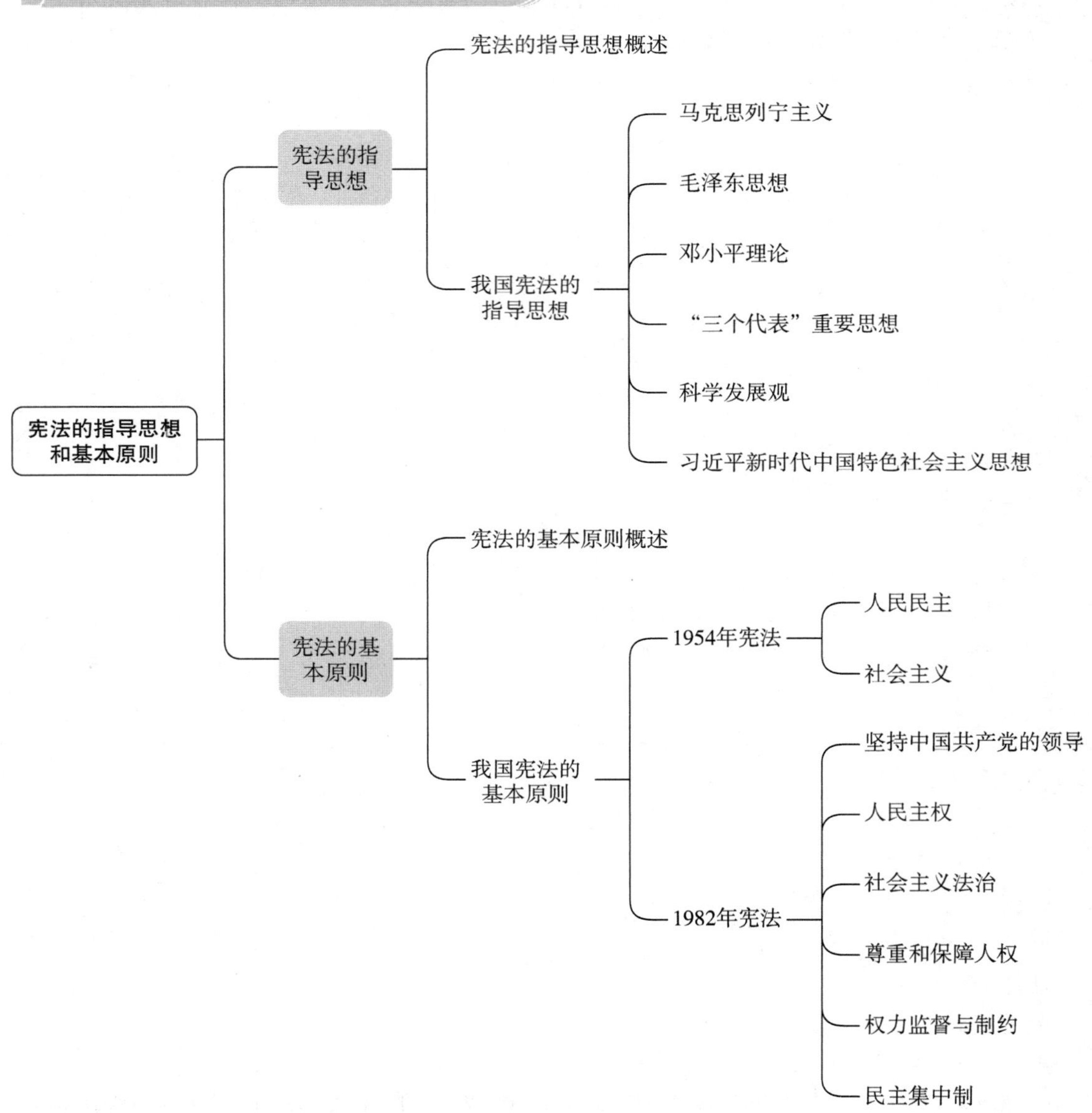

第二部分　本章核心知识要点解析

第一节　宪法的指导思想

一、宪法的指导思想概述

（一）基本理论与概念

1. 宪法的指导思想是指体现统治阶级意识形态及价值观的思想原则和理论体系。宪法指导思想贯穿于宪法文本和宪法实施始终，是宪法的理论基础，是宪法的灵魂。

2. 宪法的指导思想对于凝聚宪法共识、推动宪法实施、加强宪法研究具有重要作用。

（1）宪法的指导思想是全国各族人民团结奋斗的共同思想基础。

（2）宪法的指导思想是党的主张和人民意志的有机统一。

（3）宪法的指导思想是制定、修改、解释和实施宪法的根本依据与行动指南。

（4）宪法的指导思想是认识宪法现象、分析宪法问题、探索宪法发展内在规律的根本方法。

（二）重点解析与前沿

1. 宪法指导思想具有根本性、全局性和宏观性。不同于宪法原则和宪法规则，宪法的指导思想不会对具体问题给出明确答案，也不会直接发挥规范效力，而是指导宪法原则和规则的适用，使其准确体现统治阶级的根本利益和核心价值观。

2. 由于各国经济、政治、文化和历史传统等存在差异，各国宪法对指导思想的规定不尽相同。有的国家宪法虽然没有明确规定指导思想，但在宪法制定、修改和实施的过程中，仍然遵循着特定的指导思想。例如，印度尼西亚1945年宪法在“序言”部分，规定了印尼政权奉行的五项基本原则，即信仰神道、人道主义、民族主义、民主和社会公正，它们是“潘查希拉”这一指导思想在宪法中的具体化。[①]

3. 社会主义国家普遍重视宪法的指导思想，一般在宪法文本中直接阐明马克思列宁主义在国家和社会生活中的指导地位。例如，1992年越南宪法“序言”规定：“在向社会主义转变的时期，在马克思列宁主义和胡志明思想的指导下……”

（三）延伸阅读

新宪法的指导思想是科学的指导思想。坚持社会主义道路，坚持人民民主专政，坚持中国共产党的领导，坚持马列主义、毛泽东思想，这就是新宪法的指导思想。邓小平同志早就说过：“四项基本原则，必须坚持，绝不允许任何人加以动摇，并且要用适当的法律形式加以确定。”（1980年12月25日在中共中央工作会议上的讲话）在总结历史经验的基础上，新宪法序言宣布：今后国家的根本任务是集中力量进行社会主义现代化建

① 参见王子昌：《国家哲学还是个人哲学——对印尼建国五基的文本解读》，载《东南亚纵横》2003年第12期，第50-53页。

设。中国各族人民将继续在中国共产党领导下，在马克思列宁主义、毛泽东思想指引下，坚持人民民主专政，坚持社会主义道路，不断完善社会主义的各项制度，发展社会主义民主，健全社会主义法制，自力更生，艰苦奋斗，逐步实现工业、农业、国防和科学技术的现代化，把我国建设成为高度文明、高度民主的社会主义国家。这个新的历史时期的总任务就是新宪法的指导思想的具体体现。

宪法的指导思想反映了每一个历史阶段中，我们党和国家的整个指导思想以及由此而产生的基本方针和基本政策。在研究宪法的时候，必须注意研究它的指导思想，研究宪法所反映的当时党和国家的整个指导思想。只有这样，才能理解宪法的作用以及它的每一个条文在每一历史阶段中所包含的基本精神。

（许崇德、何华辉：《我国新宪法同前三部宪法的比较研究》，载《中州学刊》1983年第1期，第34页。）

从形式上看，世界各国的宪法规定大同小异，核心部分都是国家权力配置和公民基本权利保障，但其实质内涵和基本精神则各具特色。

《美国宪法》用简短的序言声明制宪是“为了组织一个更完善的联邦，树立正义，保障国内安宁，建立共同国防，增进全民福利，确保我们自己及子孙后代能安享自由带来的幸福”。《日本国宪法》序言表明“为了我们和我们的子孙，确保与各国人民合作而取得的成果和自由带给我们全国的恩惠，消除因政府的行为而再次发生战祸，兹宣布主权属于国民，并制定本宪法”。从这些简明扼要的表述中，我们可以看出美、日两国制定宪法并依此组建政府，旨在维持国内外和平，确保人民已经获得的自由不至于丧失。

与美国和日本两国的宪法不同，我国1982年颁行的《中华人民共和国宪法》（以下简称1982年宪法）在领衔整个宪法的序言中开篇并不是规划宏旨，而是畅谈历史，“中国是世界上历史最悠久的国家之一”，用一种肯定的记叙句式追溯至国家历史的原点，进而揭开了国家宏大叙事的篇章，接下来用了共计12个自然段简述了中国各族人民有史以来共同取得的成就和获得的经验。直到叙事结束，序言最后一段点明了中国宪法的基本宗旨：“以法律的形式确认了中国各族人民奋斗的成果，规定了国家的根本制度和根本任务。”这种对宪法宗旨的明确规定是1982年宪法新增加的内容。尽管此前的1954年颁行的《中华人民共和国宪法》、1975年颁行的《中华人民共和国宪法》和1978年颁行的《中华人民共和国宪法》都用了不短的篇幅记载中国人民取得的伟大胜利，却都没有申明宪法的宗旨。由此可见，1982年宪法有两项基本宗旨：一是“确认”中国各族人民的奋斗成果，二是“规定”国家的根本制度和根本任务。以法律的形式“确认”中国各族人民的奋斗成果意味着宪法把中国各族人民经过奋斗取得的种种成功，包括各族人民争取到的各项权利，用法律的形式固定了下来。1982年宪法序言不吝笔墨地书写“中国各族人民共同创造了光辉灿烂的文化”，记载“中国人民为国家独立、民族解放和民主自由进行了前仆后继的英勇奋斗”，回顾“二十世纪，中国发生了翻天覆地的伟大历史变革”。从这个意义上讲，1982年宪法是一部叙述历史功绩的宪法，是对中国各族人民奋斗成果的记载，是“人民英雄纪念碑”，更是中国人民历史成就的“光荣簿”。

（李树忠：《1982年宪法指导思想中的经验逻辑》，载《法商研究》2012年第3期，第12页。）

二、我国宪法的指导思想

（一）基本理论与概念

1. 我国宪法“序言”明确规定了马克思列宁主义、毛泽东思想、邓小平理论、“三个代表”重要思想、科学发展观、习近平新时代中国特色社会主义思想在国家和社会生活中的指导地位，具有最高的法律地位、法律权威和法律效力。

2. 在宪法关于国家的指导思想中及时反映党领导人民创新的最新成果，是我国宪法的一大特点，也是我国宪法制度发展的一个重要经验。以宪法修正案的方式，把马克思主义中国化的最新成果载入国家根本法，体现党和国家事业发展的新成就、新经验、新要求，有助于在总体保持宪法的连续性、稳定性、权威性的基础上，推动宪法与时俱进、完善发展。

（二）重点解析与前沿

1. 我国宪法始终是在马克思主义指导下制定、修改和实施的。1949 年起临时宪法作用的《共同纲领》和 1954 年新中国第一部宪法，其法理基础和指导思想是马克思列宁主义、毛泽东思想，制定后的实施也是在马克思列宁主义、毛泽东思想的指导下进行的。由于当时的特殊背景和其他具体原因，上述两部重要法律文献的文本中并没有写明宪法的指导思想。1975 年宪法写入了马克思列宁主义、毛泽东思想。1978 年宪法在“序言”中对马克思列宁主义、毛泽东思想的指导地位作了具体表述。改革开放以后颁布的 1982 年宪法，在“序言”中强调必须坚持四项基本原则，写入并深刻阐明了马克思列宁主义、毛泽东思想在国家和社会生活中的指导地位。

2. 在革命斗争中，以毛泽东同志为主要代表的中国共产党人，把马克思列宁主义基本原理同中国具体实际相结合，对经过艰苦探索、付出巨大牺牲积累的一系列独创性经验作了理论概括，开辟了农村包围城市、武装夺取政权的正确革命道路，创立了毛泽东思想。毛泽东思想是马克思列宁主义在中国的创造性运用和发展，是被实践证明了的关于中国革命和建设的正确的理论原则和经验总结，是马克思主义中国化的第一次历史性飞跃，是中国共产党集体智慧的结晶。在毛泽东思想指引下，中国共产党领导全国各族人民，创造了新民主主义革命的伟大成就，成立中华人民共和国，实现了中国从几千年封建专制政治向人民民主的伟大飞跃，也极大改变了世界政治格局，鼓舞了全世界被压迫民族和被压迫人民争取解放的斗争。新中国成立以来，党领导人民创造了社会主义革命和建设的伟大成就，实现了中华民族有史以来最为广泛而深刻的社会变革，实现了一穷二白、人口众多的东方大国大步迈进社会主义社会的伟大飞跃，开创了中国历史发展的新纪元。

3. 党的十一届三中全会以来，以邓小平同志为主要代表的中国共产党人，团结带领全党全国各族人民，深刻总结新中国成立以来正反两方面经验，解放思想，实事求是，实现全党工作中心向经济建设的转移，实行改革开放，开辟了社会主义事业发展的新时期，逐步形成了建设中国特色社会主义的路线、方针、政策，阐明了中国建设社会主义、巩固和发展社会主义的基本问题，创立了邓小平理论。邓小平理论是马克思列宁主义基本原理同当代中国实践和时代特征相结合的产物，是毛泽东思想在新的历史条件下的继承和发展，是马克思主义在中国发展的新阶段，是中国共产党集体智慧的结晶，引导着我国社会主义现代化事业不断前进。

4. 党的十三届四中全会以来，以江泽民同志为主要代表的中国共产党人，团结带领全党全国各族人民，坚持党的基本理论、基本路线，加深了对什么是社会主义、怎样建设社会主义和建设什么样的党、怎样建设党的认识，形成了“三个代表”重要思想。“三个代表”重要思想是对马克思列宁主义、毛泽东思想、邓小平理论的继承和发展，反映了当代世界和中国的发展变化对党和国家工作的新要求，是加强和改进党的建设、推进我国社会主义自我完善和发展的强大理论武器，是中国共产党集体智慧的结晶，是中国共产党必须长期坚持的指导思想。

5. 党的十六大以来，以胡锦涛同志为主要代表的中国共产党人，团结带领全党全国各族人民，在全面建设小康社会进程中推进实践创新、理论创新、制度创新，深刻认识和回答了新形势下实现什么样的发展、怎样发展等重大问题，形成了以人为本、全面协调可持续发展的科学发展观。科学发展观是同马克思列宁主义、毛泽东思想、邓小平理论、“三个代表”重要思想既一脉相承又与时俱进的科学理论，是马克思主义关于发展的世界观和方法论的集中体现，是马克思主义中国化的重大成果，是中国共产党集体智慧的结晶，是发展中国特色社会主义必须长期坚持的指导思想。

6. 党的十八大以来，以习近平同志为主要代表的中国共产党人，坚持把马克思主义基本原理同中国具体实际相结合、同中华优秀传统文化相结合，坚持毛泽东思想、邓小平理论、“三个代表”重要思想、科学发展观，深刻总结并充分运用党成立以来的历史经验，从新的实际出发，创立了习近平新时代中国特色社会主义思想。在习近平新时代中国特色社会主义思想指导下，中国共产党领导全国各族人民，统揽伟大斗争、伟大工程、伟大事业、伟大梦想，推动中国特色社会主义进入了新时代。习近平新时代中国特色社会主义思想是中国特色社会主义进入新时代的最新理论成果，是开启新征程的指导思想和行动指南，是当代中国的马克思主义、21 世纪的马克思主义。把习近平新时代中国特色社会主义思想载入宪法，进一步明确新时代国家发展的根本任务、奋斗目标、战略步骤，有利于更好地团结激励全国各族人民为实现中华民族伟大复兴的中国梦而奋斗；进一步明确坚持党对一切工作的领导这一最高政治原则，有利于巩固党的执政地位和执政基础，为国家发展和民族振兴提供坚强的政治保证。

（三）延伸阅读

宪法修改草案的总的指导思想是四项基本原则，这就是坚持社会主义道路，坚持人民民主专政，坚持中国共产党的领导，坚持马克思列宁主义、毛泽东思想。这四项基本原则是全国各族人民团结前进的共同的政治基础，也是社会主义现代化建设顺利进行的根本保证。

（彭真：《关于中华人民共和国宪法修改草案的报告》，载彭真：《论新时期的社会主义民主与法制建设》，中央文献出版社 1989 年版，第 143 页。）

新宪法把坚持社会主义道路，坚持人民民主专政，坚持中国共产党的领导，坚持马克思列宁主义、毛泽东思想这四项基本原则，作为总的指导思想，贯串于全部内容之中，是有深刻的历史原因和社会原因的。首先，四项基本原则反映了不以人们的意志为转移的历史发展规律，是中国人民在长期斗争中作出的决定性选择。在上个世纪的后六十年中，我国人民为了反对封建阶级的统治和帝国主义的侵略，曾历尽艰难寻找真理，进行了不屈不挠的英勇斗争，但是都没有找到一条救国救民的道路。进入二十世纪以来，我国社会发生了翻天覆地的伟大变革，其中一九一一年辛亥革命，推翻三座大山统治而建立中华人民共和国，消灭剥削制度而建立社会主义制度，以及发展了社会主义的经济、政治和文化，是四件最重大历史事件。辛亥革命虽然废除了封建帝制，但由于当时还没有出现工人阶级的先进政党，没有真正科学的革命理论，所以中国民族民主革命任务尚不可能完成，只有后三件大事，才使中国人民的命运，使中国社会和国家的状况产生了根本的变化。之所以能够如此，就是因为这三件大事都是在以毛泽东同志为领袖的中国共产党领导下，用马列主义、毛泽东思想作为指南，以实现人民民主专政和社会主义社会为光辉旗帜而进行的。在中国，没有别的政党、别的理论、别的旗帜，能够把人民引向光明，把革命引向胜利。正是从长期的历史经验中，我国人民得出了没有中国共产党就没有新中国，只有社会主义才能救中国的最基本的理论，宪法是以法律形式确认我国人民革命胜利成果，规定我国社会今后发展道路的根本大法。它把引导我们实现伟大的历史变革，并被实践证明是唯一正确的革命真理的四项基本原则，当作总的指导思想，是历史的必然。

其次，四项基本原则是我们治国安邦的基础，是全国各族人民团结前进，实现社会主义现代化的根本保证。我们从建国开始，就以四项基本原则作为立国之本，一九四九年起临时宪法作用的《共同纲领》和一九五四年宪法，都在实际上确立了四项基本原则对于国家和社会生活的指导地位。建国以来的事实已经证明，凡是正确地坚持了四项基本原则，我们的国家就能安定，我们的社会就能前进，反之，就会遭受挫折。在目前新的历史时期，我们要建设一个现代化的、高度文明、高度民主的社会主义国家，仍然必须坚定地执行四项基本原则。粉碎“四人帮”以后，特别是（党的）十一届三中全会以来，我们实现历史性转变的过程，就是从根本上冲破长期“左”倾错误的严重束缚，同时正确地开展反对右的倾向的过程，也就是科学地坚持和发展四项基本原则的过程。这对于促进我们国家和民族的兴旺发达，已经发挥并将继续发挥决定性的作用。宪法作为治理国家的总章程，是制定各项法律、法令的依据，而国家的一切法律、法令只有体现了四项基本原则，才是符合全国人民的根本利益，能够得到顺利贯彻，推进社会主义事业的。新宪法以四项基本原则作为总的指导思想，这就从根本上保证了国家的法律、法令能够充分体现人民的意志和利益，并且通过这些法律、法令的实施，去胜利地实现新时期的宏伟目标。

（《新宪法为什么以四项基本原则为总的指导思想?》，载《中共山西省委党校学报》1982 年第 S4 期，第 4－5 页。）

第二节　宪法的基本原则

一、宪法的基本原则概述

（一）基本理论与概念

1. 宪法的基本原则是指宪法在调整社会关系时所采取的基本立场和准则。原则不同于规则。

2. 宪法的基本原则在宪法制定、修改和实施中具有重要作用。

(1) 宪法的基本原则衔接宪法指导思想和宪法规范，构建宪法规则体系。

(2) 宪法的基本原则是遵守宪法和适用宪法的重要依据。

(3) 宪法的基本原则能够容纳和回应经济社会发展中的新情况、新问题。

(4) 宪法的基本原则能够为宪法解释提供指导。

3. 我国1954年宪法确立了两项基本原则：人民民主原则和社会主义原则。我国现行宪法的基本原则主要包括：(1) 坚持中国共产党的领导；(2) 人民主权；(3) 社会主义法治；(4) 尊重和保障人权；(5) 权力监督与制约；(6) 民主集中制。

(二) 重点解析与前沿

1. 宪法的基本原则与宪法的指导思想的关系。宪法的指导思想涉及宪法总的目标追求、价值取向等宏观问题，宪法的基本原则将其具体化。宪法的基本原则是宪法的指导思想的体现。它们都是宪法文本的重要组成部分。

2. 宪法的基本原则与宪法规则的关系。宪法的基本原则不同于宪法规则，但能够具有规则效力。宪法的基本原则虽然具有“原则”属性，但基于宪法本身的抽象性和稳定性等要求，它有时也能作为“规则”直接适用，协调整合宪法规范，维护宪法稳定，协调宪法变迁和经济社会发展。

3. 宪法的基本原则是合宪性审查的重要依据和标准。2019年12月16日第十三届全国人大常委会第四十四次委员长会议通过的《法规、司法解释备案审查工作办法》第36条规定：“对法规、司法解释进行审查研究，发现法规、司法解释存在违背宪法规定、宪法原则或宪法精神问题的，应当提出意见。”其中的“宪法原则”是合宪性审查的依据之一。

(三) 延伸阅读

宪法基本原则在宪法结构中，居于承上启下的地位，上承宪法精神（或指导思想）之滋润，下启宪法规则之规定。宪法的基本原则在宪法精神和宪法规则之间起着沟通和桥梁的作用，是宪法精神和其立法表现的宪法规则之间的中介环节。宪法基本原则居于比宪法规则更深的地位和更高的层次，宪法规则是宪法基本原则的具体化或外化。宪法基本原则虽不能为宪法主体的活动提供具体的行为模式，但却是为具体宪法规则的存在提供正当性根据的，并对各种繁杂的宪法规则发挥着规制和统摄的作用，以其宏观的指导性和较宽的调整范围从根本上实现着对宪法关系主体行为的调节和规范。因此，具体的宪法规则在制定时必须考虑到其与相应的宪法基本原则的关系，关于宪法主体享有的基本权利和应履行的基本义务的规定必须符合宪法基本原则的要求。从这个意义上讲，宪法基本原则是众多具体的宪法规则能够协调一致并形成有内在逻辑关系整体的内在根据。公理性宪法基本原则体现的是人类生活的普遍价值，人民主权原则、法治原则、基本人权原则、权力制约原则都具有公理性原则的性质。政策性原则是特定国家或特定时期为实现某一具体目标而确认的宪法基本原则，如公有制、私有制、社会主义、民主集中制……等宪法原则就属于政策性宪法基本原则。如果说公理性原则具有比较强的普遍适应性的话，那么政策性原则就具有比较强的针对性。

（王广辉、叶芳：《宪法基本原则论》，载《法商研究》2001年第5期。）

二、坚持中国共产党的领导原则

（一）基本理论与概念

我国现行宪法从历史、现实和未来三个维度，确立了中国共产党是我们一切事业领导核心的宪法地位。

（二）重点解析与前沿

中国共产党是世界上最大的执政党，领导着世界上人口最多的国家。只有充分发挥党总揽全局、协调各方的领导核心作用，才能有效防止出现群龙无首、一盘散沙的局面。

党的十八大以来，党中央明确提出全面依法治国，把“中国共产党领导是中国特色社会主义最本质的特征”写入宪法，完善党领导立法、保证执法、支持司法、带头守法制度，统筹推进法律规范、法治实施、法治监督、法治保障和党内法规体系建设，全面依法治国总体格局基本形成。

党的二十大报告指出：“坚持依法治国首先要坚持依宪治国，坚持依法执政首先要坚持依宪执政，坚持宪法确定的中国共产党领导地位不动摇，坚持宪法确定的人民民主专政的国体和人民代表大会制度的政体不动摇。”

党的领导是社会主义法治最根本的保证。党的领导和社会主义法治是一致的，社会主义法治必须坚持党的领导，党的领导必须依靠社会主义法治。坚持党的领导、人民当家作主、依法治国有机统一，既保证了政治稳定和社会安定，又增强了党和国家的活力。

我国《宪法》确立了中国共产党的领导地位。《宪法》“序言”强调，“中国各族人民将继续在中国共产党领导下……”；第 1 条第 2 款规定，“社会主义制度是中华人民共和国的根本制度。中国共产党领导是中国特色社会主义最本质的特征。禁止任何组织或者个人破坏社会主义制度”。这一规定把党的领导与社会主义制度内在统一起来，从社会主义本质属性的高度确定了党在国家中的领导地位。党领导人民制定宪法法律，领导人民实施宪法法律，党自身必须在宪法法律范围内活动，真正做到党领导立法、保证执法、支持司法、带头守法。维护宪法权威，就是维护党和人民共同意志的权威。捍卫宪法尊严，就是捍卫党和人民共同意志的尊严。

作为规范的“党的领导”是我国宪法文本的重要组成部分，作为实践的“党的领导”是我国重要的宪法现象。将“党的领导”写入《宪法》“总纲”，不仅能够体现中国共产党领导的根本性，也可以为中国共产党领导作用的全面发挥预留制度空间。尤其是，将“党的领导”规定于“社会主义制度是根本制度”之后，并明确指出“党的领导”是“中国特色社会主义最本质的特征”，使中国共产党的领导不再局限于特定领域，为执政党全面领导国家和社会提供了最直接的规范依据。

“党必须在宪法和法律的范围内活动”既是《中国共产党章程》的明确规定，也是宪法的基本要求。从党的中央组织到基层组织，从领导干部到每一个党员，都必须在宪法和法律的范围内活动，维护宪法尊严，依照宪法办事，保证宪法的实施。这一原则的基本要义是，党领导人民制定宪法，尊重宪法，在党的活动中模范地遵守宪法，弘扬宪法精神，坚持依宪执政原则，确保党的执政行为的合宪性。

（三）延伸阅读

党的领导是推进全面依法治国的根本保证……全党同志都必须清醒认识到，全面依法治国决不是要削弱党的领导，而是要加强和改善党的领导。要健全党领导全面依法治国的制度和工作机制，推进党的领导制度化、法治化，通过法治保障党的路线方针政策有效实施。要坚持依法治国和依规治党有机统一，确保党既依据宪法法律治国理政，又依据党内法规管党治党、从严治党。

……“党大还是法大”是一个政治陷阱，是一个伪命题；对这个问题，我们不能含糊其辞、语焉不详，要明确予以回答。党的领导和依法治国不是对立的，而是统一的。我国法律充分体现了党和人民意志，我们党依法办事，这个关系是相互统一的关系。全党同志必须牢记，党的领导是我国社会主义法治之魂，是我国法治同西方资本主义国家法治最大的区别。离开了党的领导，全面依法治国就难以有效推进，社会主义法治国家就建不起来。

当然，我们说不存在“党大还是法大”的问题，是把党作为一个执政整体、就党的执政地位和领导地位而言的，具体到每个党政组织、每个领导干部，就必须服从和遵守宪法法律。有些事情要提交党委把握，但这种把握不是私情插手，不是包庇性的干预，而是一种政治性、程序性、职责性的把握。这个界线一定要划分清楚。

（习近平：《坚定不移走中国特色社会主义法治道路 为全面建设社会主义现代化国家提供有力法治保障》，载《求是》2021年第5期，第6页。）

“党必须在宪法和法律的范围内活动”的规范要求：（1）党要尊重和遵守宪法。无论是执政党还是参政党，都不能超越宪法行使权力，都必须尊重宪法、遵守宪法。作为执政党，中国共产党模范遵守宪法是保证宪法实施的基本前提。（2）维护宪法权威与坚持党的领导的一致性。党要处理好同国家机关和其他组织之间的关系，特别是党同权力机关、行政机关、监察机关与司法机关的关系。党的领导应当着眼于全局性、总体性的工作，重点在于政治领导、思想领导、组织领导，严格遵循宪法所体现的国家机关的权限。党不能代行国家机关的法定职权。在依据宪法和法律治国理政方面，“三统一”和“四善于”完善了党在法治运行中的领导地位和行为方式。（3）认真落实民主集中制原则。民主集中制原则意味着党内同志之间的平等关系。党的领导应当是集体领导、分工负责，反对个人专断。（4）树立宪法思维，提高依宪执政能力。在推进合宪性审查工作中，需要建立严格的违宪责任追究的体系与制度，确定违宪的判断标准与程序。（5）正确认识宪法与党章的关系。宪法是党的主张和全体人民意志的共同表现。党章中具有普遍性、全局性、与国家治理和人民当家作主密切相关的规定，通过法定程序转化为全体人民的共同意志，成为国家意志，从而实现了党的主张与人民意志的有机统一。因此，党章与宪法统一于人民的根本利益，都是人民根本意志的反映。但宪法是国家的根本法，具有最高的法律效力。党章规定的是党的组织活动规则，不是国家法律，不具有全体公民一体遵行的法律效力，其运行过程不能超越宪法的范围。党章本身载明“党必须在宪法和法律的范围内活动”，党章作为党内的根本规则，其制定与实施自然不能超越宪法和法律的界限，不能突破宪法和法律的规定，一切违反宪法的规定都是无效的。党必须在宪法框架下开展党的工作，包括制定和实施党章以及党内的各项规范性文件。党章也不能取代宪法。在形式结构上，党章与宪法具有一定的相似之处。但是，二者涵盖的范围是不一样的。党章和宪法的运行规则也有一定的差异。宪法是党领导人民制定和修改的，蕴含了党和人民的共同意志的权威，由国家强制力保证实施，具有最高的法律效力。党领导人民制定和修改宪法，但在宪法制定或修改之后，必须受宪法的约束。党带头遵守宪法，按照宪法办事，就是实施本身制定的方针政策，按自己的方针政策办事。这是一种由政治过程向法治过程的转化，不能因为党的领导和执政地位而任意变动宪法，乃至无视宪法、突破宪法，那将是对党和人民意志的蔑视，不符合党的政治品格。(6) 遵循宪法原则，不断提高党的执政能力与领导水平。对于如何完善党的领导，(党的) 十八届四中全会《决定》提出了“三统一”要求。在具体工作中，应当在民主集中制的原则下，切实落实分工负责的工作制度。权力的合理分工，有助于各负其责。同样，负责是分工所必需的，明确各项权力行使的责任也是分工负责的应有之义。2018 年修宪将党的领导写进宪法第一条第二款，一方面更加明确了党的领导地位，另一方面对党提出更高的实施宪法、维护宪法权威的责任。

(韩大元：《论党必须在宪法和法律范围内活动原则》，载《法学评论》2018 年第 5 期，第 7－11 页。)

三、人民主权原则

(一) 基本理论与概念

《宪法》规定：“中华人民共和国的一切权力属于人民。”这一规定既是我国国家制度的核心内容和根本准则，也是人民主权原则的根本依据。

(二) 重点解析与前沿

我国是工人阶级领导的、以工农联盟为基础的人民民主专政的社会主义国家，国家的一切权力属于人民。我国《宪法》多处使用“人民”这一概念，其内涵非常丰富。一般来说，人民是国家权力的所有者，是一个政治意志的主体，是一个政治性概念。按照人民主权原则，人民掌握国家权力，按照一定程序将国家权力交由国家机关行使，并对其进行监督。《宪法》第 2 条规定，人民行使国家权力的机关是全国人民代表大会和地方各级人民代表大会。人民依照法律规定，通过各种途径和形式，管理国家事务，管理经济和文化事业，管理社会事务。因此，人民主要通过人民代表大会制和民主集中制及其他多种途径和形式来行使国家权力。《宪法》第 3 条第 2、3 款规定，全国人民代表大会和地方各级人民代表大会都由民主选举产生，对人民负责，受人民监督。国家行政机关、监察机关、审判机关、检察机关都由人民代表大会产生，对它负责，受它监督。因此，人民代表大会和各国家机关都要对人民负责、受人民监督，都要充分保障人民权利、实现人民当家作主。

(三) 延伸阅读

人民主权是卢梭最伟大的政治理论贡献，集中阐述该原则的著作是《社会契约论》。卢梭试图把自由和主权置于一个统一的结构，把主权建立在个人自由的道德基础上，并在主权之下实现全体人的自由，从而在纯粹世俗的意义上把政治权力提升为神圣的权利，克服政治社会中的普遍异化。他预设了一个根本命题——自由是人的本质，用自然状态和社会契约的形象的叙事方式进行逻辑建构，从哲学上找到了解决之道——人民主权。

人民主权是人民、公意、公共利益三位一体的观念结构，为了表达的简明和方便，我把该结构化约为三个等式：人民＝主权者，主权＝公意，公意＝公共利益。通过这个结构，卢梭克服了传统主权概念的主权者外在于政治体并凌驾于其上的固有内涵，同化了主权者、政治体、人民。在卢梭的主权结构中，主权者是一个独立的人格，但又不外在于（个体之和的）人民，不是人民的他者，而是人民的道德的公我；公意区别于个体意志，但又源于个体意志，是每一个公民的道德意志；主权者的利益区别于个体的个别利益，但又是全体人民的共同利益；主权属于人民整体，主权者通过全体公民的参与而行动，每一个公民通过参与主权行为而行使公民权利；主权是绝对的，但又是有限的，这个限度就是主权的自身逻辑，即“普遍性”范畴。这就是卢梭主权哲学的精髓。

卢梭认为，“政治生命的原则就在于主权的权威”。他对主权的结构进行了革命性的改造，没有把主权交给一个超验的神，或者通过神的授权而交给某一个人，而是要在个人意志自由的基础上为主权者建立她的共和国。《社会契约论》的难题是，在自由的前提下，主权是如何可能的？反过来问，在主权之下，自由又如何可能？……社会契约乃是自然状态的终结，人类结成社会，即形成为“人民”的行为及其所依据的基本准则。通过社会契约彻底地实现社会化，树立并高扬人民主权……社会契约包括两项基本内容：一是全部出让，二是人民主权。

卢梭的人民主权是人民、公意、公共利益三位一体的结构，用公式来表达就是：1. 人民＝主权者；2. 主权＝公意；3. 公意＝公共利益。人民主权的关键就在于：人民＝主权者。只有在“人民＝主权者”的条件下，才能消除主权与个人自由的对立，使二者和谐统一起来。公意和个别意志相对应，是结盟产生的集体道德人格（公我）的意志，这个公共人格就是主权者，因此主权就是公意的运用。结合第一个公式“人民＝主权者”，可以推导出：公意＝人民的意志。公意区别于个别意志；公意来源于个别意志（众意）；公意的形成需要智慧。公意＝公共利益。公意只着眼于公共利益，而众意则着眼于私人的利益。

人民、公意、公共利益三位一体的结构是一个全新的主权结构，这个结构被赋予了主权的根本属性。主权是“人民、公意、公共利益”的三位一体的结构，其中最重要的是公意。卢梭从公意概念出发重点论述了主权的属性。第一，主权不可出让。第二，主权不可分。第三，主权者不能为非。第四，主权是绝对的。

为了使正义与功利不致有所分歧，就必须实现自由与主权的同一化。同一化的路径是社会契约，同一化的原则是人民主权。

（陈端洪：《人民主权的观念结构——重读卢梭〈社会契约论〉》，载《中外法学》2007 年第 3 期。）

四、社会主义法治原则

（一）基本理论与概念

法治是指由宪法和法律规定的治国理政的价值、原则和方式，其以社会公平正义为价值取向，以民主政治为基础，以宪法法律至上为前提，以尊重和保障人权为核心，以确保权力正当运行为重点。

（二）重点解析与前沿

我国宪法确立了社会主义法治的基本原则，明确规定中华人民共和国实行依法治国，建设社会主义法治国家，国家维护社会主义法制的统一和尊严；规定任何组织或者个人都不得有超越宪法和法律的特权，一切违反宪法和法律的行为，必须予以追究；规定不同国家机构的职权范围，保证国家的立法、行政、监察和司法等公权力在宪法框架下和法治轨道上有序运行。

（三）延伸阅读

“法治”（即依法治国）同“法制”是有区别的。法治概念有其特定的科学内涵和社会作用。作为一种治国理论，法治论认为，一个国家的兴旺发达与长治久安，关键是要建立一个好的法律制度。作为一项治国原则，法治要求有良好而完备的法律制度，法律应有极大的权威。建立在民主基础上的现代意义的法治，是资产阶级革命的产物。在社会主义制度下实行依法治国，是历史经验的总结，是社会主义的本质要求，是国家长治久安的根本保证。建立社会主义法治国家的五条标准：要建立一个充分体现社会主义价值取向和现代法精神的完备的法律体系；社会主义法制应建立在民主基础上，实现民主法制化和法制民主化；要树立法律至高无上的权威；要建立完善的司法体制和程序；要建设先进的现代法律文化。

（李步云：《实行依法治国，建设社会主义法治国家》，载《中国法学》1996 年第 2 期。）

中国式法治现代化新道路具有鲜明的中国特色、时代特色、历史底色，它不是在原有道路上的小修小补，而是国家治理的深刻革命和历史变迁。

战略定位：在中国特色社会主义现代化总体布局中推进法治现代化。新时代中国法治建设的实践证明，只有在中国特色社会主义总体布局中定位法治和法治现代化，才能深刻把握法治现代化的历史方位；只有在全面推进中国特色社会主义现代化事业中同步推进法治现代化，才能顺利实现法治现代化；只有把法治现代化与经济、政治、文化、社会、生态等各领域各层面现代化统筹安排、一体推进，才能使之相互促进、相得益彰、共同实现。

发展目标：建设良法善治的法治中国。世界上有各种各样的法治模式。中国共产党人系统考察和深度反思古今中外各种法治模式，特别是中国古代工具主义的严刑峻法和西方近代以来形式主义的法治体系及其对现代中国的影响，在此基础上坚定树立了“良法善治”的理念，强调走中国特色社会主义法治道路，建设良法善治的法治中国。

路径选择：推进全面依法治国。第一，坚持党的领导、人民当家作主、依法治国有机统一。第二，坚持依法治国和依规治党有机统一。第三，坚持依法治国和以德治国相结合。第四，坚持依法治国、依法执政、依法行政共同推进，法治国家、法治政府、法治社会一体建设。第五，坚持以建设中国特色社会主义法治体系为总抓手。第六，坚持以法治领域全面改革为强大动力。

（张文显：《论中国式法治现代化新道路》，载《中国法学》2022 年第 1 期。）

五、尊重和保障人权原则

（一）基本理论与概念

人权是人依其自然属性和社会本质所享有和应当享有的权利。法治是实现人权的根本保障。

（二）重点解析与前沿

我国《宪法》于2004年修改时，把“国家尊重和保障人权”载入宪法，使之成为一项重要的宪法原则。尊重和保障人权原则体现了中国特色社会主义人权观，与西方国家的人权观有重大区别。其特点有：（1）将人权的普遍性与中国具体国情相结合，人权具有真实性。宪法一方面规定国家尊重和保障人权，另一方面根据国情和社会发展状况具体列举了公民的基本权利和义务。（2）人权具有广泛性。宪法规定了公民广泛的基本权利，不仅包括狭义的公民权利和政治权利，还包括公民的经济、社会和文化权利，不仅包括个人人权，还包括集体人权。（3）我国人权观以生存权和发展权为首要人权。人权实现的根本途径是经济发展和社会进步。对于发展中国家，生存权、发展权是最基本最重要的人权。（4）人权是权利与义务相统一。宪法不仅规定了公民的基本权利，而且规定了公民的基本义务。（5）注重人权在社会主义中国实现的基本条件，强调稳定是实现人权的前提，发展是实现人权的关键，法治是实现人权的保障。（6）强调人权是一个国家主权范围内的问题，强调国家尊重和保障人权的义务和责任，强调国际社会应在平等和相互尊重的基础上进行合作。

（三）延伸阅读

人权与基本权利的区别主要在于：人权是一种自然权，而基本权利是实定法上的权利；人权具有永久不变的价值上的效力，而基本权利是法律和制度上保障的权利，其效力与领域受到限制；人权表现为价值体系，而基本权利具有具体权利性；人权源于自然法，而基本权利源于人权等。人权与基本权利的区别决定了宪法文本中的人权需要法定化，并转化为具有具体权利内容的基本权利形态。人权一旦转化为宪法文本中的基本权利后，公民与国家机关都应受基本权利的约束。人权的宪法化体现了人权价值的现实化，为人权价值的实现提供多样化的形式。即使规定在宪法文本上，人权仍处于价值变迁中不断完善自身体系的过程之中，不断地向基本权利转化。

中国宪法文本中人权条款的解释可以考虑以下要素：一是作为宪法原则意义上的人权；二是国家价值观意义上的人权；三是转化为基本权利内容的人权。作为宪法原则，人权具有约束一切公共权力与社会生活领域的效力。由于在中国缺乏系统地保障人权的历史传统与文化，把人权纳入国家价值观体系是十分必要的，有助于进一步明确国家存在的目的，形成国家整体的价值观，确立国家活动的基本目标与追求。国家公共政策的制定，特别是国家的立法活动不得脱离国家基本价值观。人权与基本权利之间存在价值上互换的空间与多种形式，需要适当限制文本中人权条款的内涵，使之保持概括性条款的性质。

（韩大元：《宪法文本中“人权条款”的规范分析》，载《法学家》2004年第4期，第9-10页。）

"国家尊重和保障人权"实质是为国家这一宪法关系的主体设定了宪法义务。其实质是人民为国家机关设定这一义务，而其正当性根据在于国家权力来源于人民。所以，从此角度而言，也可以将此宪法规范理解为权利性规范，其完整的表述为"人民要求国家尊重和保障人权"。

"国家"的含义。将"国家尊重和保障人权"的义务主体界定为"国家"是一种简单化的理解。此处的"国家"具体是指国家机关。"国家尊重和保障人权"的义务主体是政府国家机关。而在国家机关中，权力机关、行政机关、审判机关和检察机关都应构成义务的主体。

"尊重"的含义。在我国现行宪法中，尚没有其他条款有"尊重"一词出现。"尊重"一是表明国家对人权的基本立场和宪法理念的提升，即以人权的实现为国家权力运作的价值取向，而不再仅单纯地追求社会秩序的稳定性；二是国家权力要受到合理的限制，防止国家公共权力对人权的侵犯，从而从国家根本法的角度约束公权对人权的侵害。此时，"尊重"意味着"不侵犯"，国家负有不侵犯的消极义务。

"保障"的含义。"保障人权"即要求国家保护公民的各项权利免受来自国家机关、其他公民、法人和社会组织的侵害与破坏。对于那些自由权利，如人身自由、宗教信仰自由等，国家不仅自己不能侵犯，还需要在这些权利受到其他社会主体侵犯时为公民提供有效的救济；对于那些需要国家干预才能实现的权利，国家不仅不能侵犯，还需要以政权的力量采取积极有效的措施保证其实现。所以，"保障人权"是为国家设定了积极义务。

（焦洪昌：《"国家尊重和保障人权"的宪法分析》，载《中国法学》2004 年第 3 期，第 45－47 页。）

六、权力监督与制约原则

（一）基本理论与概念

我国权力监督与制约原则更注重权力分工与集中相统一基础上的权力的相互监督，不仅强调国家机构内部的监督，也重视人民对国家机构活动的监督。

（二）重点解析与前沿

权力监督与制约的重要前提是国家权力配置。对此，一些学者从"议行合一"、功能主义等理论出发，提出了不同的国家权力配置论说。

根据我国宪法，权力监督与制约原则主要体现在三方面：（1）人民对国家权力的监督。其理论依据在于一切权力属于人民。（2）公民对国家机关和国家工作人员的监督。（3）国家机关之间的制约和监督。一是不同工作性质和职能的国家机关之间的监督关系。人民代表大会在国家机构体系中处于核心地位，国家行政机关、监察机关、审判机关、检察机关都由人民代表大会产生，对它负责，受它监督。二是同一性质不同层级国家机关之间的监督关系。三是处理某一类型事务时国家机关之间的监督关系。《宪法》规定：人民法院、人民检察院和公安机关办理刑事案件，应当分工负责，互相配合，互相制约，以保证准确有效地执行法律；监察机关办理职务违法和职务犯罪案件，应当与审判机关、检察机关、执法部门互相配合，互相制约。

（三）延伸阅读

制约与监督是两种不同的权力关系，同时也是两种不同的权力控制制度，具有不同的控权功能。权力主体间制约关系和监督关系是构成权力结构的重要因素。若制约关系占主导地位，则会形成制约型权力结构；若监督关系占主导地位，则会形成监督型权力结构。作为两种不同的控权制度，制约制度与监督制度在权力配置、权力运行以及对权力主体的问责环节都具有各自的特点。总体而言，监督是权力委托主体对权力代理主体的控制，以保障权力行使符合委托意图，监督制度下权力代理主体可以拥有完整事权，只有在违背委托意图时，才会受到制裁。而制约则是通过权力主体之间的相互钳制，防止任何一方滥用权力，同时也意味着任何一个权力主体都无法独自完成整个事项，需要在协商与妥协中进行。

我国传统控权制度一直沿袭"强监督—弱制约"的模式，重视上级对下级、中央对地方的权力监控而忽视横向及上下级权力主体之间的权力制约。首先，在权力配置上，由于没有权力结构意义上的上下级权力分配，监督权成为上级权力在下级权力结构中的延伸，上下级分权与横向分权的不同步导致监督权与其他权力主体间的均衡难以实现。其次，在权力运行中，监督制度的控制措施更多是针对掌权者而非权力本身展开，其执行也更多是依靠监督者而非制度。最后，从问责的结果上看，"强监督—弱制约"控权模式往往呈现问责的非均衡性。

由于权力主体具有职能目标多元性与权力关系多重性，单独依靠制约或监督往往难以发挥效果，多数场合下需要监督和制约两种逻辑共同发挥作用。对于制约制度而言，结构层面被分置了的职权在权力运行层面形成了相互的牵制，需要进行整合协调，以克服权力分立带来的效率损失。对于监督制度而言，在结构层面被分配给同一主体行使的职权，在具体的权力运行过程中需要通过更多程序性的设置来避免权力过于集中。唯有在强化监督的同时合理设计权力主体之间的制约结构，建立并完善"制约—监督"均衡的控权制度，才能更加有效地推进我国法治建设，提高预防和惩治腐败的水平。

（陈国权、周鲁耀：《制约与监督：两种不同的权力逻辑》，载《浙江大学学报（人文社会科学版）》2013 年第 6 期。）

七、民主集中制原则

（一）基本理论与概念

民主集中制原则主要体现在国家机关的组织与活动中。这一原则要求民主基础上的集中和集中指导下的民主的有机结合和辩证统一。

（二）重点解析与前沿

我国《宪法》第 3 条第 2、3、4 款分别从人民与人民代表大会、人民代表大会与其他国家机关、中央国家机关与地方国家机关三个方面具体化了民主集中制原则。主要内容有：（1）在国家机构和人民的关系上，国家权力来自人民，人民代表大会由民主选举产生，对人民负责，受人民监督。（2）在国家权力机关与其他国家机关的关系上，国家权力机关居于核心地位，其他的国家机关包括行政机关、监察机关、审判机关、检察机关都由它产生，对它负责，受它监督。(3) 在中央国家机关和地方国家机关的关系上，遵循在中央的统一领导下，充分发挥地方的主动性与积极性的原则。(4) 国家权力机关的运行要运用民主机制。

(三) 延伸阅读

宪法第3条第1款规定了国家机构实行民主集中制，这是一个总的组织原则；第2款规定的主要是民主原则（人大和人民的关系），即政体中的第一层含义——国家机关如何产生；第3款规定的是国家权力的横向分工（人大和其他国家机关的关系），体现的主要是集中原则，即政体中的第二层含义——国家机关彼此间的横向关系；第2款和第3款结合起来体现的是民主集中制原则；第4款确定的是国家权力的纵向分工（中央和地方的关系），是集中制原则。

民主集中制体现在我国宪法第3条第2款和第3款中：第2款规定民选的代表组成人大体现的是民主，第3款规定人大与其他国家机关的关系体现的是集中，二者结合起来就是民主集中制。如果没有第2款、只有第3款就是专制集中制（类似于独裁），没有第3款只有第2款就可能是完全民主制（类似于西方民主）。民主制强调民主与分权相结合，民主集中制强调民主与集权相结合——民主（选举）产生一个最高权力机关，由它掌控国家全部最高权力，其他国家机关的权力都在它之下，都是次一级的权力，都对它负责，受它监督。

作为国家机构的民主集中制原则只是一种组织原则，而不是活动原则。组织原则主要针对的是依据什么原则建构组织模式，包括建构多少个机关，怎样确定彼此之间的关系，具有整体性、宏观性、框架性；而活动原则是机构建立之后怎么进行活动的原则，是各机关内部的权力运行制度，是具体的、局部的。

（马岭：《我国现行〈宪法〉中的民主集中制原则》，载《云南大学学报（法学版）》2013年第4期。）

民主集中制的理论逻辑是既反对分散主义，也警惕专断主义；既强调集中执行，也强调民主对集中的有效制约。中国的民主集中制是在社会主义条件下对平等主义自由观的实践。这种实践的基本逻辑就是不断创造实现平等主义自由的现实条件，不断增强国家机构坚持和发展民主集中制以满足实践需要的能力。既要求民主制约集中，又要求集中有效执行民主的逻辑就在当代中国必然进一步发展为对民主正当性与治理有效性的双重追求。所谓民主正当性，就是坚持人民代表大会制度对于其他国家机构的有效约束，同时根据实践的需要创造更多、更具体的民主实现形式，尤其要注意到不同国家机构基于治理复杂性而不断出现组织与功能分化，从而带来不同的民主样态。另一方面，更为重要的是，在当代中国，集中对民主的有效实现也不再是一种基于传送带模式的简单执行，而必须面对当代社会主义条件下更加复杂的治理难题和要求。

我们可以将民主集中制的宪法规范分为侧重实现民主正当性的设立规范，它产生并制约宪法上的国家机构，最终确保全体人民更好行使国家权力；侧重实现治理有效性的活动规范与相邻规范。前者确立单个国家机构的活动原则，后者解决不同国家机构之间的关系问题。

设立规范的原理在于民主制约原理，只有平等体现全体人民的共同意志与利益的民主制度才具有最高性，这种民主最终拟制为属于全体人民平等分享，而非任何一个国家机关，这正是社会主义平等式自由观的核心要义。因此，即便是最高国家权力机关，也具有权力行使的边界。该规范的内涵我们可以从法教义学上提炼出如下原理：第一，“人民行使国家权力”表明人民掌握国家权力的直接性，可以通过缩小代表鸿沟制约权力机关。第二，“全国人民代表大会和地方各级人民代表大会对人民负责，受人民监督”表明了权力机关行使权力的受制约性。

活动规范的根本意图在于追求民主集中制度下国家机关的治理绩效，实现国家治理体系和能力的现代化。围绕这个意图，我们可以从现行宪法中建构职权配置规范、工作方式规范和工作责任制规范三项基本内容，并分别建立起“任务与职能相匹配”“职能与权力相匹配”“权力与程序相匹配”“权力与责任相匹配”的四重教义学原理。

如果说活动规范对治理绩效的提升主要是着眼于单个国家机关内部的功能配置，相邻规范则是通过国家机关之间的组织关系来实现这个目标，这也是在实现国家治理体系现代化背景下最值得我们重视的。第一种是处理权力机关与其他国家机关关系的规范。第二种是处理其他国家机关之间关系的规范，这是相邻规范的重点。其主要存在分工、配合与制约三种规范要求。第三种是处理国家机关内部不同权力关系的规范。

（王旭：《作为国家机构原则的民主集中制》，载《中国社会科学》2019年第8期。）

第三部分　文献拓展与案例研习

第一节　拓展文献目录

许崇德. 党的领导是我国宪法生命力的源泉. 法学家，2003（5）.

秦前红，刘怡达. 中国现行宪法中的“党的领导”规范. 法学研究，2019（6）.

张翔. “共同富裕”作为宪法社会主义原则的规范内涵. 法律科学（西北政法大学学报），2021（6）.

韩大元. 论我国现行宪法的人民民主原则. 中国法学，2023（1）.

杨陈. 论宪法中的人民概念. 政法论坛，2013（3）.

吴家麟. 宪法至上是建设法治国家之关键. 法商研究（中南政法学院学报），1998（3）.

韩大元. 中国宪法文本中“法治国家”规范分析. 吉林大学社会科学学报，2014（3）.

李步云. 论人权的三种存在形态. 法学研究，1991（4）.

林彦. 国家权力的横向配置结构. 法学家，2018（5）.

陈明辉. 论我国国家机构的权力分工：概念、方式及结构. 法商研究，2020（2）.

杜强强. 论我国宪法上的议行复合结构. 法学研究，2023（4）.

张翔. 我国国家权力配置原则的功能主义解释. 中外法学，2018（2）.

王旭. 作为国家机构原则的民主集中制. 中国社会科学，2019（8）.

第二节　本章案例研习

“连坐”措施的合宪性争议

某市辖区议事协调机构发布通告，对涉某类犯罪重点人员采取惩戒措施，其中对涉罪重点人员的配偶、子女、父母和其他近亲属在受教育、就业、社保等方面的权利进行限制。有公民对此提出审查建议，认为这样的限制措施实际上具有“连坐”性质，应予停止执行。我国宪法规定，公民享有宪法和法律规定的权利，履行宪法和法律规定的义务。全国人大常委会法制工作委员会（以下简称“法工委”）经研究认为：任何违法犯罪行为的法律责任都应当由违法犯罪行为人本人承担，而不能株连或者及于他人，这是现代法治的一项基本原则；有关通告对涉罪人员近亲属多项权利进行限制，违背罪责自负原则，不符合《宪法》第二章关于“公民的基本权利和义务”规定的原则和精神，也不符合国家有关教育、就业、社保等法律法规的原则和精神。法工委与有关主管部门督促有关机关对通告予以废止，支持有关主管部门在全国范围内部署开展自查自纠，防止、避免出现类似情况，确保执法司法工作在法治轨道上规范推进。

思考：宪法基本原则在宪法实施与监督中可以发挥何种作用?

要点提示：宪法基本原则是适用宪法的重要依据。宪法实施不仅要求宪法规范被普遍遵守，也要求宪法基本原则得到普遍适用。在对公权力行为进行合宪性审查时，宪法基本原则也是重要的审查依据。在本案中，法工委并未适用具体的宪法规范，而是将法治原则与基本权利保护作为审查依据。宪法行为较之一般法律行为具有涉及面广、社会影响大、复杂程度高等特点，其是否合宪，仅依宪法规范可能较难判断，此时便可结合宪法基本原则作出认定。

全国人大常委会首次围绕同一主题对“一府两院”报告开展专题询问

2023 年 10 月 22 日上午，第十四届全国人大常委会第六次会议举行联组会议，就国务院关于打击生态环境和资源保护领域犯罪工作情况的报告、最高人民法院关于人民法院环境资源审判工作情况的报告、最高人民检察院关于人民检察院生态环境和资源保护检察工作情况的报告进行专题询问。本次会议为全国人大常委会首次围绕同一主题，对“一府两院”三个报告同时开展专题询问。

“公安机关将采取哪些措施更加有效地打击和防范环境资源犯罪?”

“人民法院在司法实践中应如何把握好高质量发展和高水平保护的关系？有哪些思路和举措?”

“加强和改进生态环境和资源保护领域行刑衔接工作要重点解决哪些问题？还有哪些制度性安排?”

…………

吴杰明、高友东、吕忠梅、张轩、鲜铁可委员，以及内蒙古自治区人大常委会副主任吴艳刚、全国人大代表邹宁，紧扣生态环境和资源保护领域执法司法工作的关键问题分别提问，问出了人民关切，问出了监督力度。

国务院有关部门、最高人民法院、最高人民检察院有关负责同志到会听取意见、回答询问。

思考：我国的权力监督与制约原则和西方的“三权鼎立”原则有哪些区别？

要点提示：首先，在西方“三权鼎立”制度之下，不同权力之间相互对立、彼此制衡，在实际操作中，这种分权常常成为不同利益集团之间的权力分配和制衡。而我国的权力监督与制约原则更为强调权力分工与集中相统一基础之上的权力监督。全国人大常委会围绕同一主题对“一府两院”同时展开专题询问，既体现了不同权力在同一事项上的分工，也说明具体工作的开展需要不同权力之间的合作。其次，在我国人民代表大会制度之下，人民代表大会在国家机构体系中处于核心地位，国家行政机关、监察机关、审判机关、检察机关都由人民代表大会产生，对它负责，受它监督。因此，就人大与其他国家机关的关系而言，主要是人大对其他机关的单向监督，互相监督则主要体现在其他国家机关之间。

第四章　国家性质和国家形式

第一部分　本章知识点速览

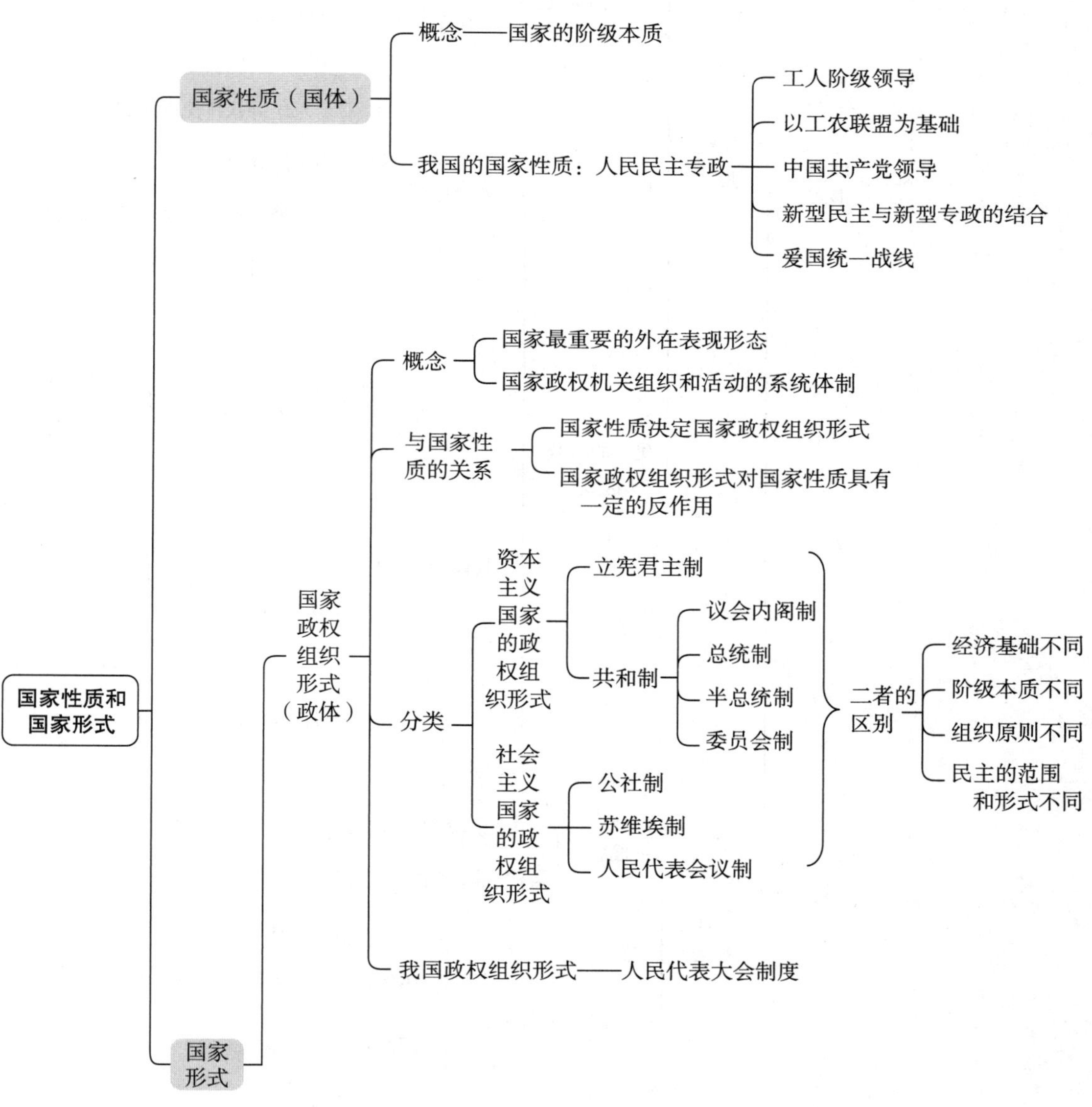

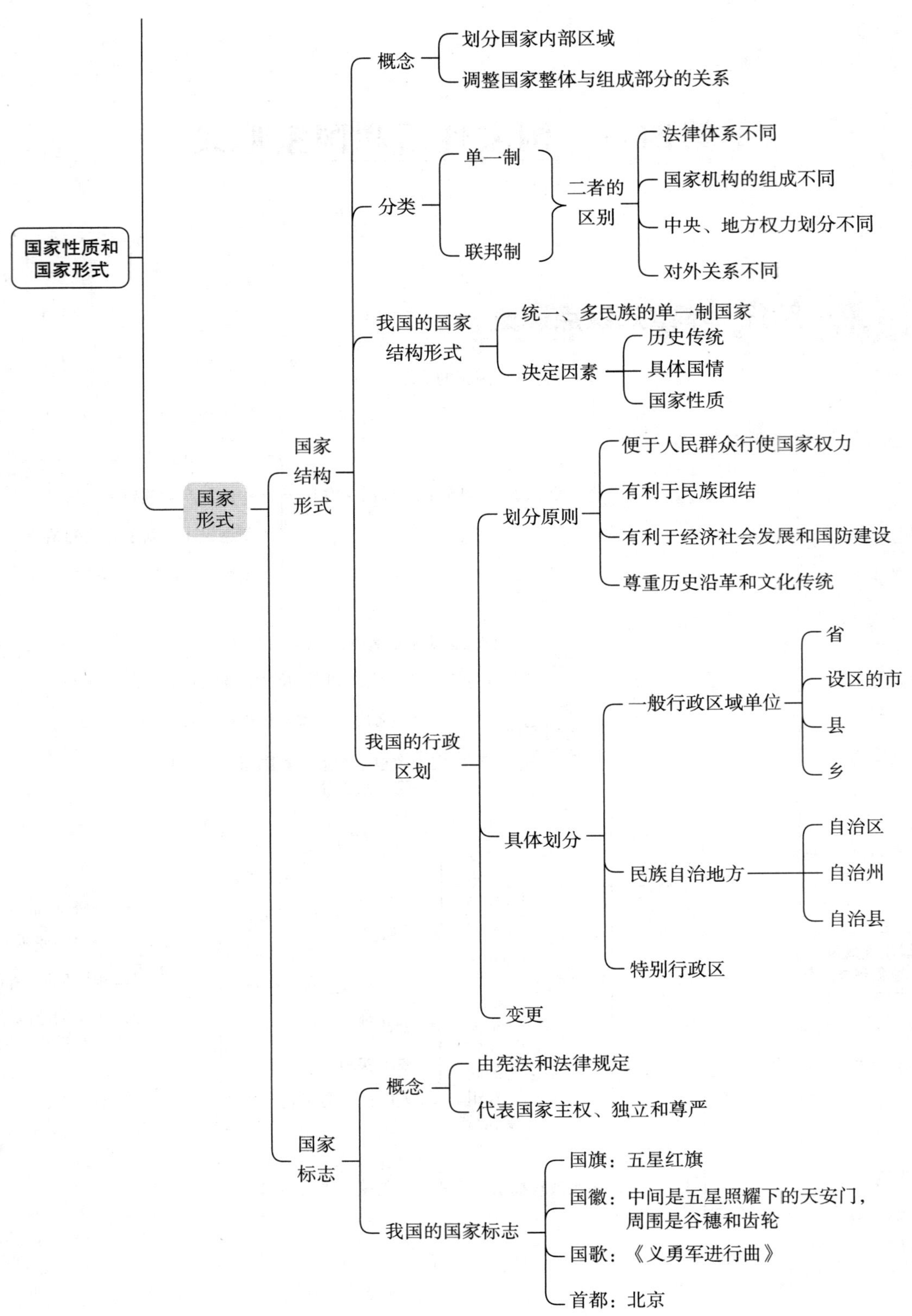
国家性质和国家形式
国家形式
国家结构形式
概念
划分国家内部区域
调整国家整体与组成部分的关系
分类
单一制
联邦制
二者的区别
法律体系不同
国家机构的组成不同
中央、地方权力划分不同
对外关系不同
我国的国家结构形式
统一、多民族的单一制国家
决定因素
历史传统
具体国情
国家性质
我国的行政区划
划分原则
便于人民群众行使国家权力
有利于民族团结
有利于经济社会发展和国防建设
尊重历史沿革和文化传统
具体划分
一般行政区域单位
省
设区的市
县
乡
民族自治地方
自治区
自治州
自治县
特别行政区
变更
国家标志
概念
由宪法和法律规定
代表国家主权、独立和尊严
我国的国家标志
国旗：五星红旗
国徽：中间是五星照耀下的天安门，周围是谷穗和齿轮
国歌：《义勇军进行曲》
首都：北京

第二部分 本章核心知识要点解析

第一节 国家性质

一、国家性质概述

（一）基本理论与概念

1. 国家性质，亦称国体。它是国家制度的核心，决定国家的政权组织形式和国家结构形式，是组织和管理国家生活、社会生活的基本依据。

2. 无论是资本主义宪法还是社会主义宪法，对国家性质的规定都是宪法的重要内容，不论这种规定采取的是明确的方式还是抽象的方式。这是由国家性质的重要性和宪法的根本法地位决定的。

（二）重点解析与前沿

毛泽东在《新民主主义论》中曾指出国体问题“只是指的一个问题，就是社会各阶级在国家中的地位”①。国家政权的阶级本质决定了国家性质的主要方面。社会各阶级在国家中的地位，也就是在一个国家中的各种政治力量的对比关系，包括两个方面：一是统治阶级与被统治阶级在国家中所处的地位，也就是哪个阶级是统治阶级、哪个阶级是被统治阶级；二是统治阶级内部各阶级、阶层在国家中所处的地位。具体而言，决定国家性质的最主要的因素是第一个方面。宪法作为一国政治力量对比关系的集中表现，既要反映统治阶级与被统治阶级之间的关系，也要反映统治阶级内部的关系，从而协调它们之间的相互关系，但主要或者首先要确定统治关系。

（三）延伸阅读

国体概念不是一个单纯的概念，而是一个重要的概念装置，甚至可以被认为是国家类型学上的一个衍生概念。它本来属于近代德、日国家主义所创设的一个术语，往往暗含了伦理文化意义上的本土特色、神圣不可轻变或曰“固有与绝对”等意涵，为此，也曾经与保守主义的观念相联系。国体概念还可能寄寓了国家主义的宪法观，甚至强化了宪法工具主义的观念，即认为宪政不是目的，而只是手段，比宪政更为重要的是“国体”。在日本，国体概念只是存活于明治宪法之下，时至现代日本宪法时期，由于该宪法放弃了国家主义，并确立了国民主权原理，这一概念也退出了历史舞台。但国体概念也具有重要的功能，其中主要包括建构国家形态、将特定政治权威加以正当化以及形成国家统合原理这三种功能，由此形成了这一概念相继被跨国移植的动力机制，并有力推动了其内涵在不同国家不同时期发生相应的演变，乃至它从最初的一个形式性概念最终嬗变为一个实质性概念。尤其是由于毛泽东曾经创造性地切换了“国体”概念的传统内涵，使之与宪法上的人民主权原理（如现行宪法第 2 条第 1 款）相互契合，为此该概念不仅在当今中国得以继存，而且居于特别重要的地位。

---

① 《毛泽东选集》第 2 卷，人民出版社 1991 年版，第 676 页。

需要强调的是：国体概念之所以如此重要，最根本的原因就在于其内涵往往被赋予国家统合原理的内容，为此发挥了上述那种形成国家统合原理的功能。近代以来的日本即有意识地、并且也颇为有效地解决了国家统合问题，而在此过程中，国体概念就曾经发挥了这种功能。反观中国，清末民初君主立宪运动的反复挫败以及传统帝制的最终覆灭，使得如何重新统合国家成为悬而未决的历史课题，但除了梁启超等国体论者之外，很少人强烈意识到建构国家统合原理的重大意义。只有毛泽东才创造性地变造了国体概念，提出了一个政治社会学意义上的国体学说，而其在新中国历部宪法的实定化结构里，同样暗含了以“中国共产党（工人阶级先锋队）的领导”来实现国家统合的深层意涵。

当然，这一意涵只是我国宪法国体条款所蕴含的初始含义。而从其规范意义的逻辑脉络上而言，中国共产党作为国家统合的主导力量，内在地要求其随着时代的发展尽力地反映最大多数人民的意志，同时也要求中国共产党在新的历史时期转变执政方式，实行依法执政，建立现代法治秩序，唯有如此，才有可能达致大国治理秩序的稳定，有效实现国家统合的目标，顺利完成艰巨卓绝的社会转型，最终实现“中华民族伟大复兴”的理想。质言之，我国现行宪法上的国体条款，作为隐含了国家统合原理的一个重要载体，其规范性内涵本身也蕴含了一种继续形成与自我演进的内在机理。

（林来梵：《国体概念史：跨国移植与演变》，载《中国社会科学》2013 年第 3 期，第 83－84 页。）

二、我国的国家性质

（一）基本理论与概念

1. 我国《宪法》第 1 条第 1 款规定：“中华人民共和国是工人阶级领导的、以工农联盟为基础的人民民主专政的社会主义国家。”这一规定表明，我国的国家性质是人民民主专政。

2. 人民民主专政的主要内容为工人阶级领导、以工农联盟为基础、中国共产党领导、新型民主与新型专政的结合、爱国统一战线。

（二）重点解析与前沿

1. 1949 年后我国历部宪法对国家性质的规定

1949 年后我国的历部宪法对国家性质规定的特点都是以明确的语言揭示国家的阶级性质，在《宪法》“序言”或“总纲”中列明民主与专政的阶级范畴，突出保护广大人民的权利与利益。

1949 年中国人民政治协商会议通过的起临时宪法作用的《共同纲领》首先在“序言”中规定：“中国人民民主专政是中国工人阶级、农民阶级、小资产阶级、民族资产阶级及其他爱国民主分子的人民民主统一战线的政权，而以工农联盟为基础，以工人阶级为领导。”另外，《共同纲领》第 1 条规定：“中华人民共和国为新民主主义即人民民主主义的国家，实行工人阶级领导的、以工农联盟为基础的、团结各民主阶级和国内各民族的人民民主专政，反对帝国主义、封建主义和官僚资本主义，为中国的独立、民主、和平、统一和富强而奋斗。”

1954 年宪法也首先在“序言”中叙述道，中国人民建立了“人民民主专政的中华人民共和国”。另外，1954 年《宪法》第 1 条规定：“中华人民共和国是工人阶级领导的、以工农联盟为基础的人民民主国家。”

1975 年宪法是极左思潮的产物，而 1978 年宪法又是在极左思潮的影响未得到全部清除的情况下通过的，因此这两部宪法都接受了无产阶级专政继续革命的政治理论，表现在国家阶级性质的规定上就是提出无产阶级专政。两部宪法均在“序言”当中多次提到无产阶级专政，并且其第 1 条规定均为：“中华人民共和国是工人阶级领导的以工农联盟为基础的无产阶级专政的社会主义国家。”

1978 年年底召开了党的十一届三中全会，全面总结了新中国成立后社会主义革命和建设的经验教训，彻底清算了极左思潮。1982 年宪法对我国的国家性质进行了修改。1982 年宪法在“序言”中首先分析了我国的阶级结构，指出：“在我国，剥削阶级作为阶级已经消灭，但是阶级斗争还将在一定范围内长期存在”；规定了我国现阶段人民民主专政的阶级基础：“社会主义的建设事业必须依靠工人、农民和知识分子，团结一切可以团结的力量。在长期的革命和建设过程中，已经结成由中国共产党领导的，有各民主党派和各人民团体参加的，包括全体社会主义劳动者、拥护社会主义的爱国者和拥护祖国统一的爱国者的广泛的爱国统一战线，这个统一战线将继续巩固和发展。”因此，1982 年《宪法》第 1 条第 1 款规定：“中华人民共和国是工人阶级领导的、以工农联盟为基础的人民民主专政的社会主义国家。”自此之后的数次宪法修改，均保留了这一条款的表述。

2. 党的领导的最高政治原则

2018 年《宪法修正案》在《宪法》第 1 条第 2 款中增加一句：“中国共产党领导是中国特色社会主义最本质的特征。”这是关于国家根本制度条文的修改，也是《宪法修正案》首次在宪法正文条款中确认党的领导的政治原则。《宪法修正案》强调党的领导，充实坚持和加强中国共产党全面领导的内容，将人民民主专政的国体、中国特色社会主义制度建立在党的领导这一最高政治原则之上。

1982 年宪法的“序言”确定了中国共产党的领导地位，中国共产党的领导构成四项基本原则重要内容之一（“序言”第七段）。在此基础上，1993 年《宪法修正案》确认“中国共产党领导的多党合作和政治协商制度将长期存在和发展”（“序言”第十段），首次完整表述了我国的政党制度是中国共产党领导的多党合作和政治协商制度。

一方面，中国共产党领导的多党合作和政治协商制度的原则与政治基础是坚持中国共产党领导，坚持四项基本原则；另一方面，中国共产党和各民主党派都“必须以宪法为根本的活动准则，并且负有维护宪法尊严、保证宪法实施的职责”（“序言”第十三段）。

2018 年《宪法修正案》对“总纲”规定的国家根本制度（社会主义制度是中华人民共和国的根本制度。禁止任何组织或者个人破坏社会主义制度）作出进一步规定，增加“中国共产党领导是中国特色社会主义最本质的特征”的内容。这是在社会主义本质属性的意义上，确定中国共产党全面领导的宪法地位，使社会主义制度和中国共产党领导内在地统一起来。由于“社会主义制度是中华人民共和国的根本制度”，坚持和发展社会主义是国家的根本任务，因此，党的领导就能够贯彻落实到国家的政治、经济和社会生活等各个领域。而《宪法》规定的“禁止任何组织或者个人破坏社会主义制度”，当然也包含了禁止任何组织或个人破坏党的领导的规范内涵。

为发挥宪法在坚持和发展中国特色社会主义中的重大作用，2018 年《宪法修正案》将党的领导在中国革命、建设和改革中的理论和实践成果写入国家根本法，确认了党的领导在国家根本法中的地位，反映并确认了党的领导是坚持和发展中国特色社会主义的必然要求，也是我国人民民主专政的国体建立所应遵循的最高政治原则。

3. 人民民主专政与无产阶级专政

从上述我国历部宪法对国家性质之规定的变化可以看出，在确认我国的国家性质为人民民主专政之前，还要澄清人民民主专政与无产阶级专政之间的关系。

人民民主专政是中国在新的历史条件下的无产阶级专政。无产阶级专政理论是马克思主义国家学说的精髓，马克思主义认为，无产阶级为了实现消灭剥削和阶级、解放全人类的伟大历史使命，在武装夺取政权以后，必须建立无产阶级专政。1848 年发表的《共产党宣言》即指出：“工人革命的第一步就是使无产阶级上升为统治阶级，争得民主。”[①] 该论述包括了无产阶级专政的思想。1875 年，马克思在《哥达纲领批判》一文中详细论述了无产阶级专政的思想，他指出，从资本主义社会向共产主义社会转型时期的国家，“只能是无产阶级的革命专政”[②]。

我国《宪法》“序言”指出：“工人阶级领导的、以工农联盟为基础的人民民主专政，实质上即无产阶级专政。”由此可见，人民民主专政是无产阶级专政在我国历史条件下的具体表现，实质上是无产阶级专政。因为人民民主专政和无产阶级专政在领导阶级、阶级基础、职能和历史使命等方面都是相同的。首先，两者的领导阶级都是工人阶级。工人阶级对国家政权的领导是通过工人阶级政党——共产党来实现的。其次，无产阶级专政和人民民主专政一样，都是以工农联盟为基础。再次，无产阶级专政和人民民主专政的国家职能是保卫社会主义制度，维护人民当家作主的权利，组织社会主义物质文明建设和精神文明建设。在对外职能方面，两者都是为了维护世界和平和促进人类进步事业。最后，在历史使命方面，两者都担负消灭剥削阶级和剥削制度、最终实现共产主义的任务。

我国的人民民主专政制度的建立是从我国的具体国情和阶级状况出发的。与无产阶级专政相比，其仍有自己的特点：

第一，我国的人民民主专政经历了新民主主义革命和社会主义革命两个历史阶段。所以，它不仅要承担无产阶级专政的任务，还要担负民主革命的任务。同时，在社会主义革命的方法与步骤上也有自己的特点，即对大资产阶级实行剥夺政策，对民族资产阶级在 1949 年后实行和平赎买的政策，对个体劳动者则引导他们走合作化的道路；在步骤上，由初级到高级，形式多样。同时，由于我国是在半殖民地半封建社会基础上进行新民主主义革命的，未经过彻底的资产阶级民主革命，因而我国的民主制度建设就显得尤为重要。

---

① 《马克思恩格斯选集》第 1 卷，人民出版社 1995 年版，第 293 页。

② 《马克思恩格斯选集》第 3 卷，人民出版社 1995 年版，第 314 页。

第二，人民民主专政有着广泛的阶级基础。在民主革命与社会主义革命时期，参加国家政权和社会事务管理的不仅有工人阶级、农民阶级，还有城市小资产阶级和民族资产阶级。具有两面性的民族资产阶级，在民主革命时期参加了革命；在社会主义革命时期作为一个剥削阶级应当被消灭，但中国共产党对他们采取的是和平赎买的政策，即在政治上把他们改造成为人民的一分子，而不是国家政权专政的对象。他们享有宪法规定的各种民主权利，其中的一些代表还加入国家政权机构。在现阶段，民族资产阶级已被消灭，但我国除工人阶级、农民阶级以外，仍存在多种社会政治力量，尤其是随着经济体制改革的深入，社会分工越来越细，社会政治力量的分化将更加深入。[①] 中国共产党的爱国统一战线能够有效地团结组织这些社会和政治力量，使他们能更好地为国家政权服务。

只有有了上述理论基础，对我国宪法中有关国家性质规定的变迁才能形成准确的认识。如前所述，我国宪法对国家阶级性质的规定经历了一个曲折的过程。1982 年宪法重新恢复了“人民民主专政”的提法，这是在新的历史时期更加科学地表达了我国政权的内容、实质和特点，有利于调动一切积极因素，团结一切可以团结的人，实现社会主义初级阶段的基本路线。而且，这样表述更能准确地反映我国的国情和社会结构状况，更便于群众接受、理解和掌握，具有“拨乱反正”的巨大作用。同时，它也不是对 1954 年宪法有关规定的简单恢复，在社会结构和历史使命方面都有了很大发展。在中国特色社会主义进入新时代后，坚持人民民主专政，有利于保障国家安全，促进社会发展，维护人民权益和社会的和谐稳定。为了更好地坚持人民民主专政，需要坚持党的领导、人民当家作主和依法治国的有机统一，坚持国家的一切权力属于人民，不断发展社会主义民主，保证人民依照宪法和法律规定，通过各种途径和形式，管理国家和社会事务，管理经济和文化事业，充分发挥人民的积极性、主动性、创造性，保证人民当家作主。

4. 新型民主与新型专政的结合

人民民主专政是新型民主与新型专政的结合，即对最广大人民实行民主和对极少数敌人实行专政。新型民主，即社会主义民主或人民民主，是指全体人民是国家的主人，依法通过各种方式和途径管理国家、管理社会各项事业。新型专政，是指全体人民对极少数敌对分子实行专政。人民民主专政依靠人民的积极主动参与，依靠发扬人民民主来实现。坚持人民民主专政，就是坚持人民当家作主，这是人民群众根本政治利益的集中体现，是实现人民群众根本利益的制度保证。

民主与专政相互促进。一方面，这是指在人民民主专政条件下，为了有效地对敌人实行专政，就必须发扬民主，充分依靠广大人民群众的智慧和力量。对此，毛泽东曾深刻指出：“没有广泛的人民民主，无产阶级专政不能巩固，政权会不稳。”[②] 人民群众是实

① 有研究指出，改革开放以后，以职业为基础的社会分层逐渐取代了以身份为基础的社会分层。传统的社会两大阶级——工人阶级和农民阶级出现了分化。除此以外，还出现了包括个体经营者阶层、私人企业主阶层、自由职业者阶层和专业服务机构从业人员阶层等新的社会阶层。参见周罗庚等：《市场经济与当代中国社会结构》，上海三联书店 2002 年版，第 19－24 页。

② 《毛泽东文集》第 8 卷，人民出版社 1999 年版，第 298 页。

行无产阶级专政的力量源泉。对敌专政关系到维护广大人民的根本利益和切身利益。把人民群众对敌斗争的积极性充分调动起来和组织起来，并把这种力量同政法机关的专门工作结合起来，掌握与运用法律武器，就能有效地实现对敌专政。另一方面，为了保障和充分发扬人民民主，就必须有效地对敌人实行专政。没有对敌专政，人民的生命财产安全就要受到严重侵害，人民的民主权利、人身权利以及经济、文化和社会方面的权利就没有保障；没有对敌专政，就不能保持安定团结的政治局面，因而也不可能顺利地建设高度民主的社会主义政治制度；没有对敌专政，就不可能维护良好的社会秩序，群众没有安全感，就会大大影响群众的工作、生产和生活秩序；没有对敌专政，广大人民群众同敌对分子的犯罪活动作斗争的主动性、积极性就会受到压抑，司法工作的民主原则和群众路线就得不到很好的贯彻。[①]

进入新时代之后，习近平法治思想也再次论述了民主与专政的关系。首先，民主与专政必须并举，缺一不可。要正确认识和处理民主与专政的辩证关系，只讲专政，不讲民主是不对的；只讲民主，不讲专政也是不对的。[②] 其次，在扩大民主的同时也要强化专政。对于扩大民主，党的十九大报告中明确指出："我国社会主义民主是维护人民根本利益的最广泛、最真实、最管用的民主。发展社会主义民主政治就是要体现人民意志、保障人民权益、激发人民创造活力，用制度体系保证人民当家作主。"[③] 而针对强化专政，习近平总书记特别指出：一些人认为现在只讲民主就可以了，再讲专政有些不合时宜了。这种认识是错误的。人民民主专政是我国宪法规定的国家性质，不要一听到讲专政就紧张、不能理直气壮。[④] 最后，习近平法治思想还提出了强化专政的方法论。一方面，要区分两类不同性质的矛盾，即敌我矛盾和人民内部矛盾。两类矛盾的划分，是强化专政的前提条件，因为，强化专政职能主要针对敌我矛盾。另一方面，强化针对敌我矛盾的专政职能，就要敢于斗争。[⑤]

5. 爱国统一战线扩大国家政权的社会基础

统一战线是中国共产党在领导我国人民进行革命斗争和社会主义建设事业中，以马克思主义为指导创造出来的法宝。我国《宪法》"序言"中规定："在长期的革命、建设、改革过程中，已经结成由中国共产党领导的，有各民主党派和各人民团体参加的，包括全体社会主义劳动者、社会主义事业的建设者、拥护社会主义的爱国者、拥护祖国统一和致力于中华民族伟大复兴的爱国者的广泛的爱国统一战线，这个统一战线将继续巩固和发展。"其中，"社会主义事业的建设者"作为爱国统一战线的对象是 2004 年《宪法修正案》新增加的，这是适应我国改革开放后随着非公有制经济迅速发展所产生的社会阶层结构新变化的客观现实而作出的重要修改，标志着我国统一战线的重要发展，对组织、

---

① 参见李步云：《民主与专政的辩证关系——纪念毛泽东同志诞辰九十周年》，载《法学研究》1983 年版，第 3 页。

② 参见张文显：《法治的中国实践和中国道路》，人民出版社 2017 年版，第 30 页。

③ 习近平：《决胜全面建成小康社会 夺取新时代中国特色社会主义伟大胜利》，人民出版社 2017 年版，第 35－36 页。

④ 参见刘明福、王忠远：《习近平民族复兴大战略——学习习近平系列讲话的体会》，载《决策与信息》2014 年第 7－8 期，第 152 页。

⑤ 参见喻中：《习近平法治思想中的民主与专政关系》，载《东方法学》2021 年第 4 期，第 23 页。

调动和凝聚一切积极因素，推进经济建设并进而实现中华民族的伟大复兴具有重要意义。“社会主义事业的建设者”是指包括非公有制经济的广大从业人员在内的社会阶层。他们所从事的经济活动为社会创造了巨大财富。在政治上，他们接受党的领导，拥护党的路线方针政策，热爱社会主义祖国。所以，将他们纳入爱国统一战线的范围是社会发展的需要，对于扩大我国国家权力的社会基础有重要意义。

2018年《宪法修正案》对统一战线对象作了进一步扩充，将“致力于中华民族伟大复兴的爱国者”纳入统一战线的对象范围。为了团结最广泛的中华儿女共同实现中华民族伟大复兴的中国梦，就需要建立范围更加广泛的爱国统一战线，即不论阶级、阶层，不论党派、团体和个人，只要其行为有利于国家建设，有利于祖国统一，有利于中华民族伟大复兴，都可以成为统一战线的团结对象。

新时代爱国统一战线的基本任务是：坚持以新时代中国特色社会主义思想为指导，坚持中国共产党领导，坚持中国特色社会主义道路，高举爱国主义、社会主义伟大旗帜，坚持一致性和多样性统一，坚持围绕中心、服务大局，坚持与时俱进、守正创新，加强思想政治引领，发挥凝聚人心、汇聚力量的政治作用，促进政党关系、民族关系、宗教关系、阶层关系、海内外同胞关系和谐，促进海内外中华儿女团结奋斗，为全面建成社会主义现代化强国、实现中华民族伟大复兴汇聚磅礴伟力。

通过爱国统一战线，可以实现广泛团结、凝聚人心，这是完成新时期总任务的重要法宝。建设中国特色社会主义是一项宏伟而艰巨的历史使命，又是一个复杂的社会系统工程，需要社会各方面的共同努力。爱国统一战线可以将他们全部联合起来，形成最广泛的联盟。这样，建设社会主义就会获得取之不尽、用之不竭的力量源泉。通过爱国统一战线，还可以体察民情，反映民意，密切党同群众的关系，从而化解矛盾、维护社会的稳定。在社会主义初级阶段，由于多种经济成分和分配方式并存，多民族、多党派、“一国两制”都将长期存在，各民主党派、各人民团体也联系不同群众并代表他们的利益，他们之间不可避免地存在矛盾和利益冲突。通过爱国统一战线，可以及时将各种信息反馈回来，协调各方面关系，沟通思想，理顺情绪，有效地消除各种不稳定的因素，从而密切党和各方面的关系。通过爱国统一战线，可以更好地促进祖国和平统一和中华民族复兴的实现。

（三）延伸阅读

2018年宪法修改前，宪法条文中并无关于“中国共产党领导”的直接规定，国体条款被认为是证成“党的领导”的主要依据。一方面，正如毛泽东在中华人民共和国成立前夕明确强调的：“人民大众组成自己的国家并建立代表国家的政府，工人阶级经过自己的先锋队中国共产党实现对于人民大众的国家及其政府的领导。”既然工人阶级的领导要通过作为其先锋队的中国共产党来实现，“党的领导”自然也便蕴含在国体条款中。另一方面，社会主义国家在政治上的特征是无产阶级政党的领导，国体条款对于我国国家性质的表述落脚于“社会主义国家”，同样间接传达了“党的领导”的规范意涵。上述解析思路虽然有合理之处，但也存在逻辑瑕疵。毕竟，“八二宪法”并未明确中国共产党是工人阶级的先锋队，欲从国体条款中解析出“党的领导”之规范内涵，还必须借助《中国共产党章程》来对宪法条款进行解释，但党内法规和执政党的政治文件能否作为解释宪法的依据或参考资料，这本身还是一个尚未解决的重大理论问题。随着“党的领导”的宪制实践不断深入和加强，国体条款中有关“党的领导”的隐晦表达越来越无法满足宪制实践的需要，通过更为明确、直接、肯定的方式表明“党的领导”已是现实之必须和历史之必然。

（秦前红、刘怡达：《中国现行宪法中的“党的领导”规范》，载《法学研究》2019年第6期，第25页。）

党的十八大以来，“人民”的主体特性得到了进一步丰富，“人民”也逐渐走进国家政治生活的“中心”。党的十八届四中全会审议通过的《中共中央关于全面推进依法治国若干重大问题的决定》明确规定，全面依法治国的一项基本原则就是坚持人民主体地位，要求必须保证人民在党的领导下，依照法律规定，通过各种途径和形式管理国家事务，管理经济文化事业，管理社会事务。2020年11月16日，习近平总书记在中央全面依法治国工作会议上……指出：“全面依法治国最广泛、最深厚的基础是人民，必须坚持为了人民、依靠人民。要把体现人民利益、反映人民愿望、维护人民权益、增进人民福祉落实到全面依法治国各领域全过程……推进全面依法治国，根本目的是依法保障人民权益。”在习近平总书记“七一”重要讲话中，“人民”的主体价值更是得到了充分阐述。习近平总书记指出：“江山就是人民、人民就是江山，打江山、守江山，守的是人民的心。中国共产党根基在人民、血脉在人民、力量在人民。中国共产党始终代表最广大人民根本利益，与人民休戚与共、生死相依，没有任何自己特殊的利益，从来不代表任何利益集团、任何权势团体、任何特权阶层的利益。”在中央人大工作会议上，习近平总书记强调指出，一个国家是不是民主，应该由这个国家的人民来评判，而不应该由外部少数人指手画脚来评判。从习近平总书记上述重要论断可知，“人民”作为中国特色社会主义民主政治的重要主体，是中国特色社会主义民主的重要参与者、实施者和推动者。人民作为人民民主的主体使得中国特色社会主义民主区别于任何一种形态的民主形式。

（莫纪宏：《在法治轨道上有序推进“全过程人民民主”》，载《中国法学》2021年第6期，第8-9页。）

第二节 国家形式

一、国家政权组织形式

（一）基本理论与概念

1. 国家政权组织形式，又称“政体”，是指特定社会的统治阶级依据一定原则建立的行使国家权力、实现国家统治和管理职能的政权机关的组织与活动体制。

2. 国家政权组织形式是国家最重要的外在表现形态，是国家政权机关组织和活动的系统体制。

3. 国家性质决定着国家政权组织形式，国家政权组织形式对国家性质具有一定的反作用。

4. 资本主义国家的政权组织形式包括立宪君主制和共和制两大类，其中，共和制又可以分为议会内阁制、总统制、半总统制和委员会制。

5. 社会主义国家的政权组织形式可以分为公社制、苏维埃制和人民代表会议制。资本主义国家和社会主义国家的政权组织形式在经济基础、阶级本质、组织原则、民主的范围和形式上有所不同。

6. 人民代表大会制度是我国人民民主专政的政权组织形式，是人民当家作主的根本途径和最高实现形式，是我国的根本政治制度。

（二）重点解析与前沿

1. 国家形式“三分法”

国家形式可以分为国家政权组织形式、国家结构形式和国家象征三部分。这种国家形式的“三分法”主要受到许崇德教授主编的《宪法》（2014 年第五版）的影响，马工程教材宪法学也遵循了这一体例。同样采用“三分法”的有刘茂林教授主编的《中国宪法导论》（2005 年第一版），其将政权组织形式、国家结构形式、国家标志三章并立。但也有教材并不遵循这一体例，采用“二分法”模式，如吴家麟教授主编的《宪法学》（1992 年修订本）和胡锦光教授主编的《宪法》（2013 年第一版）都将“政权组织形式”与“国家结构形式”两章并立。周叶中教授主编的《宪法》（2020 年第五版）虽然将政权组织形式、国家结构形式和国家标志都归入国家形式部分，但把“国家形式”一章分为上下两节，并将国家标志归入国家结构形式的范畴。

2. 国家形式与国家性质的关系

国家形式由国家性质所决定，这一点为各教材的通说。但在具体的决定方式上，则有更为复杂的形态，即国家性质并非决定国家形式的唯一因素。正如周叶中教授主编的《宪法》（2020 年第五版）指出：“决定一个国家到底采取何种国家形式，除国家性质的因素以外，还有历史的、民族的、地理的等诸多方面因素。在一般情况下，国家性质的因素往往起着决定性的主导作用。”① 这里存在一种可能，即同一国家性质的国家可能存在不同的国家形式。吴家麟教授主编的《宪法学》（1992 年修订本）对此解释道，“同一历史类型、阶级本质相同的国家之所以产生不同的政权组织形式，是因为政权组织形式还要受统治阶级和被统治阶级的阶级力量实际对比以及社会历史条件等因素的制约”。尽管除国家性质之外的多种因素对国家形式产生了影响，但这些因素或制约力量“只有在有利于统治阶级保护自己、反对敌人，实现其政治经济统治的前提下，才能发挥作用”，所以“归根到底，各种政权组织形式还是决定于国家的阶级本质”，国家性质仍然是决定国家形式诸多因素中的决定因素。② 在此基础上，有的教材探讨了国家性质与国家形式的“同一性”问题。许崇德教授主编的《宪法》（2014 年第五版）指出，“政权组织形式与

① 周叶中：《宪法》（第 5 版），高等教育出版社 2020 年版，第 201 页。

② 参见吴家麟主编：《宪法学》（修订本），群众出版社 1992 年版，第 102－103 页。

国家性质都是国家制度的重要组成部分”[①]，韩大元教授主编的《宪法》（2011 年第五版）也指出，“政体与国体相互依存、对立统一、不可分割”[②]。

可以看到，国家性质与国家形式（尤其是政权组织形式）的关系问题，通常也被置换为国体与政体的关系问题。在这里，国家性质与国体的一致性并未受到太多质疑，但国家形式中的政权组织形式是否一定等同于政体？许多教材对这一问题给出了不同的答案，这方面较有代表性的观点来自何华辉的《比较宪法学》，它认为二者的侧重点不同：政体着重于体制，政权组织形式着重于机关；体制粗略地说明国家权力的组织过程和基本形态，政权组织形式则着重说明实现国家权力的机关以及各机关之间的相互关系。[③] 这一观点在之后的一些教材中得到承续。刘茂林教授主编的《中国宪法导论》（2005 年第一版）首先区分了广义和狭义的政体：“广义的政体是指关于国家权力的归属以及基于国家权力运用的需要而设置的相应国家机关，并在这些国家机关间进行权力配置的国家政治制度（政治形式），包含了政权组织形式、国家结构形式所有的内涵。狭义的政体是指国家权力，尤其是有关国家主权归属的制度。”那么政权组织形式对应哪一种呢？该教材进而指出，政权组织形式是广义的“政体”的下位概念，“是指国家权力在国家机关间的配置以及在此基础上形成的国家机关间的相互关系，包括同一级国家机关间的关系和上下级国家机关间关系”[④]。胡锦光教授主编的《宪法》（2013 年第一版）也指出政体与政权组织形式处于不同层次：“政体是一种宏观的体制，是对政权组织形式的抽象和概括，而政权组织形式则是一种微观的体制，是政体的具体化。”[⑤] 周叶中教授主编的《宪法》（2020 年第五版）作出了同样的宏观、微观区分。[⑥]

事实上，我国法政话语下的国体—政体关系论述源于日本近代国法学中的国体—政体二元论，林来梵探讨了穗积八束和美浓部达吉在这一问题上的论争。穗积八束坚持国体与政体二元论，认为国体因主权之所在而异，政体由统治权行使之形式而分，二者类似“体与用”的关系，即国体乃统治权之“体”，政体为统治权之“用”，即统治权的“行动之形式”。这就存在将国体神圣化、绝对化的倾向。与之相对，美浓部达吉则主张一种“国体概念取消说”，将穗积八束笔下的国体（主权之所在）连同国家结合形态（单一制或联邦制）以及政权组织形式统统纳入广义的政体范畴之中，其背后的依据是耶利内克等人的国家法人说，该学说认为国家本身在法律上就具有法人格，所谓的主权均归属于作为法人的国家本身，因而就没有必要再根据主权之所在再来判断和区分国体。[⑦]

日本国法学对国体、政体关系的讨论也影响到了清末民初时的中国学界，但讨论形式发生了变化。林来梵指出，尽管此时中国仍然有学者将国体赋予某种较之于政体的绝

---

① 许崇德主编：《宪法》（第 5 版），中国人民大学出版社 2014 年版，第 106 页。

② 韩大元、李元起主编：《宪法》（第 5 版），中国人民大学出版社 2011 年版，第 66 页。

③ 参见何华辉：《比较宪法学》，武汉大学出版社 1988 年版，第 144 页。

④ 刘茂林：《中国宪法导论》，北京大学出版社 2005 年版，第 157 页。

⑤ 胡锦光主编：《宪法》，北京大学出版社 2013 年版，第 90 页。

⑥ 参见周叶中：《宪法》（第 5 版），高等教育出版社 2020 年版，第 203 页。

⑦ 参见林来梵：《国体宪法学：亚洲宪法学的先驱形态》，载《中外法学》2014 年第 5 期，第 1134－1135 页。

对重要性和不可轻变性，但以梁启超为代表的民初国体论者并未延续穗积八束对国体的政治神学诠释，并不寄希望于发挥国体概念的强大意识形态功能，而是剥离国体的政治神学含义，只留下法学层面上的内涵。[①] 与近代史上很多经过移植的概念一样，这一转变并非概念移植过程中的“误读”，而是对国体与政体关系的政治社会学重构，是为了更好地将革命阶级的力量民主集中起来，完成国家建构。[②]

3. 人民代表大会制度的根本性

人民代表大会制度作为我国人民民主专政这一国家性质下的政权组织形式，是我国的根本政治制度。这一“根本性”如何体现，也是多数教材重点讨论的问题。吴家麟教授主编的《宪法学》（1992 年修订本）就人民代表大会制度的“根本性”给出两点理由：其一，“这个制度直接反映我们国家的阶级本质”[③]；其二，“这个制度的产生不以任何制度为依据，它一经确立之后，即成为其他制度赖以建立的基础”[④]。肖蔚云教授的《论宪法》在此基础上补充了“全面性”，即人民代表大会制度不同于婚姻制度、司法制度、军事制度等只能代表我国政治生活某个方面的制度，“只有人民代表大会制度，才能代表国家政治生活的全面”[⑤]。

（三）延伸阅读

至于还有所谓“政体”问题，那是指的政权构成的形式问题，指的一定的社会阶级取何种形式去组织那反对敌人保护自己的政权机关。没有适当形式的政权机关，就不能代表国家。中国现在可以采取全国人民代表大会、省人民代表大会、县人民代表大会、区人民代表大会直到乡人民代表大会的系统，并由各级代表大会选举政府。但必须实行无男女、信仰、财产、教育等差别的真正普遍平等的选举制，才能适合于各革命阶级在国家中的地位，适合于表现民意和指挥革命斗争，适合于新民主主义的精神。这种制度即是民主集中制。只有民主集中制的政府，才能充分地发挥一切革命人民的意志，也才能最有力量地去反对革命的敌人。“非少数人所得而私”的精神，必须表现在政府和军队的组成中，如果没有真正的民主制度，就不能达到这个目的，就叫做政体和国体不相适应。

（《毛泽东选集》第 2 卷，人民出版社 1991 年版，第 677 页。）

“财富”的无限权力在民主共和制下更可靠，是因为它不依赖政治机构的某些缺陷，不依赖资本主义的不好的政治外壳。民主共和制是资本主义所能采用的最好的政治外壳，所以资本一掌握（通过帕尔钦斯基、切尔诺夫、策列铁里之流）这个最好的外壳，就能十分巩固十分可靠地确立自己的权力，以致在资产阶级民主共和国中，无论人员、无论机构、无论政党的任何更换，都不会使这个权力动摇。

（《列宁选集》第 3 卷，人民出版社 1995 年版，第 120 页。）

---

① 参见林来梵：《国体概念史：跨国移植与演变》，载《中国社会科学》2013 年第 3 期。

② 参见王本存：《“国体”词义考》，载《政法论坛》2020 年第 4 期。

③ 吴家麟主编：《宪法学》（修订本），群众出版社 1992 年版，第 107 页。

④ 吴家麟主编：《宪法学》（修订本），群众出版社 1992 年版，第 108 页。

⑤ 肖蔚云：《论宪法》，北京大学出版社 2004 年版，第 139 页。

二、国家结构形式

（一）基本理论与概念

1. 国家结构形式，是指特定国家的统治阶级所采取的，按照一定原则划分国家内部区域，调整国家整体与组成部分、中央与地方之间相互关系的总体形式。

2. 国家结构形式与政权组织形式都是实现国家统治权力的途径。其中，国家结构形式在政权体系的纵向方面，即同领土结构相适应的上下层次之间体现国家权力关系；政权组织形式则着重从政权体系的横向方面，即权力机关（立法机关）同行政机关、司法机关以及其他国家机关之间，以及权力机关同人民群众之间体现国家权力关系。

3. 近现代国家的国家结构形式分为单一制和联邦制。所谓单一制，就是由若干普通的行政区域或自治区域构成统一主权国家的国家结构形式；所谓联邦制，是指由两个或多个政治实体（州、邦、成员国）组成复合制国家的国家结构形式。

4. 单一制与联邦制在国家法律体系、国家机构组成、央地权力划分和对外关系上有所不同。

5. 我国为统一、多民族的单一制国家，这由我国的历史传统、具体国情、多民族国家的特点和我国的社会主义性质所决定。

6. 根据《宪法》第 30 条的规定，我国的行政区划为：（1）全国分为省、自治区、直辖市；（2）省、自治区分为自治州、县、自治县、市；（3）县、自治县分为乡、民族乡、镇；（4）直辖市和较大的市分为区、县；（5）自治州分为县、自治县、市。

（二）重点解析与前沿

1. 国家结构形式的决定因素

国家结构形式与政权组织形式都是国家形式的重要组成部分。因此，决定国家形式的因素也同时决定了国家结构形式。当然，具体哪些因素决定了国家结构形式仍然可以单独讨论。胡锦光教授主编的《宪法》（2013 年第一版）将决定国家结构形式的因素分为主观和客观两方面："就主观因素而言，包括立宪者的专业知识、专业能力、职业道德和政治素养等；就客观而言，包括客观存在的历史、地理、政治、经济、民族、宗教、文化等多种因素。"而在众多因素中，最为重要的决定因素是客观因素中的历史因素和民族因素：所谓历史因素是指一个国家形成和发展的历史传统，它既包括统治阶级在国家结构形式方面代代相沿的统治经验，也包括国家在历史发展的进程中，就国家结构形式问题形成的一种相对稳定的心理定式；而所谓的民族因素是指一个国家的民族形成、分布状况、民族关系、民族经济的发展等要素。①

2. 我国单一制的国家结构形式

我国为统一、多民族的单一制国家，这一国家结构形式的直接依据在现行《宪法》"序言"中，即"中华人民共和国是全国各族人民共同缔造的统一的多民族国家"。肖蔚云教授的《我国现行宪法的诞生》对此解释道，"其实写这样一句话，一方面是说明我国

---

① 参见胡锦光主编：《宪法》，北京大学出版社 2013 年版，第 114 页。

是多民族国家，另一方面也是为了说明我国是单一制的国家，说明我国的国家结构形式”[①]。除《宪法》“序言”外，我国单一制在现行《宪法》中的另一具体呈现是在第3条第4款，即“中央和地方的国家机构职权的划分，遵循在中央的统一领导下，充分发挥地方的主动性、积极性的原则”。该条第1款为“中华人民共和国的国家机构实行民主集中制的原则”，因此单一制条款通常也被视为民主集中制在央地关系领域的展开。肖蔚云教授的《我国现行宪法的诞生》指出，“既然是中央统一领导，下级行政机关当然应当服从上级行政机关，地方行政机关服从中央人民政府……尽管宪法对中央和地方之间的关系规定得还不够具体，但它比前几部宪法关于民主集中制的规定有了很大的发展”[②]。

鉴于我国单一制国家结构形式是基于我国基本国情建立起来的，因而有其自身特点。胡锦光教授主编的《宪法》（2013年第一版）将其概括为三点，即在我国的单一制下，建立民族区域自治制度解决民族问题，建立特别行政区制度解决历史遗留问题，建立统一法律授权解决分权问题。[③] 可以看到，在单一制这一整体原则下，我国单一制的具体设置充分考虑到了各地方的特殊性和能动性。就特别行政区制度而言，现行《宪法》第31条规定：“国家在必要时得设立特别行政区。在特别行政区内实行的制度按照具体情况由全国人民代表大会以法律规定。”据此可以回答特别行政区在何种意义上是符合单一制的。吴家麟教授主编的《宪法学》（1992年修订本）对此解释道，“我国是单一制的统一的多民族国家，特别行政区是在中华人民共和国领土内，在中央人民政府统一领导下的地方行政区域，它不能行使国家的主权，它的权限由全国人民代表大会制定特别行政区基本法规定，它和中央的关系是地方和中央的关系”[④]。

3. 行政区划与国家结构形式的区别

在国家结构形式下探讨行政区划问题也是多数教材的通行做法。但也有教材指出了行政区划问题的特殊性，例如许崇德教授主编的《宪法》（2014年第五版）就给出了行政区划与国家结构的区别：“1. 国家结构形式是国家管理形式之一，而行政区划是一个国家的领土结构而不是国家的管理形式。2. 国家结构形式主要解决中央与地方的权限问题，而行政区划是把国家领土划分成若干区域，依法实行地方的行政管理权。3. 国家结构形式一旦被统治阶级确认，就具有相对稳定性，而行政区划根据统治阶级利益的需要，适应政治、经济、文化的发展，时有增减。”[⑤]

4. 央地分权视角下的行政区划

行政区划是国家结构形式下央地关系的具体呈现，相应地，央地分权的标准或地方性事务的判断因素，也在一定程度上决定了行政区划调整的标准。张震将行政区划调整的标准区分为横向标准和纵向标准，其中，横向标准是指依事项类型的不同来确定的调整标准，纵向标准是指在国家结构形式采单一制的前提下，以央地关系理论等为依据，

---

① 肖蔚云：《我国现行宪法的诞生》，北京大学出版社1986年版，第106页。

② 肖蔚云：《我国现行宪法的诞生》，北京大学出版社1986年版，第104－105页。

③ 参见胡锦光主编：《宪法》，北京大学出版社2013年版，第117－118页。

④ 吴家麟主编：《宪法学》（修订本），群众出版社1992年版，第163页。

⑤ 许崇德主编：《宪法》（第5版），中国人民大学出版社2014年版，第122页。

通过对不同级别的行政区划的调整，以优化行政区划来实现国家特定目的。[①] 可以看到，行政区划及其调整的核心是央地分权问题，更具体地说，是如何界定“地方性事务”。俞祺指出，可按照事务性质的不同维度构造阶梯式的地方性事务识别模式，以统治事务、服务供给事务、流通交易事务、涉重要权益事务以及涉负外部性事务等概念为依托。[②]

跨行政区划设置司法机关的理论与规范依据也是学界热议的焦点。跨行政区划设置法院、检察院主要是针对司法地方化和行政化，其中：司法的行政化是指以行政的目的、构造、方法、机理及效果取代司法自身的内容，形成以行政方式操作的司法；司法的地方化则主要表现为基于地方利益干涉司法，从而破坏国家法制统一。张震指出，司法地方化本质上属于司法行政化，因为司法地方化是地方党委、政府等主要基于地方行政利益对独立行使审判权和检察权的干涉，司法地方化对独立行使审判权和检察权的干涉也是以行政或类行政化的方式体现的。[③] 在跨行政区划设置法院的宪法依据上，现行《宪法》第 3 条规定了人民法院由人民代表大会产生，但这种“产生”关系是否必须为一一对应关系？根据《宪法》第 101 条第 2 款，“县级以上的地方各级人民代表大会选举并且有权罢免本级监察委员会主任、本级人民法院院长和本级人民检察院检察长”。这里的“本级”一词意味着地方法院与相应地方人大具有一一对应关系，从而构成设置跨区法院的宪法障碍。但翟国强指出，对现行《宪法》第 101 条应当采用体系解释的立场，兼顾宪法规范的整体秩序。从体系角度看，现行《宪法》第三章通过大量的立法委托条款将国家机关的组织留给立法者具体构建和设定，例如第 129 条规定，“人民法院的组织由法律规定”。同时，第 129 条还规定了专门人民法院是人民法院的一种特殊形态，该法院显然无法通过同级人民代表大会选举产生，因此《宪法》第 101 条关于由人民代表大会选举产生本级人民法院的规定只是一个原则性的规定，这种原则性规定并不排除在一些例外情形下人民法院可以不限于从一一对应的关系中产生。[④]

5. “中央统一领导”的规范建构

央地分权的核心难题在于如何理解现行《宪法》第 3 条第 4 款的“中央和地方的国家机构职权的划分，遵循在中央的统一领导下，充分发挥地方的主动性、积极性的原则”。张翔指出，该款需要于在教义学上阐明“中央”“地方”“统一领导”“主动性”“积极性”等关键概念的前提下进行建构，以形成我国中央—地方关系的宪法规范基础。[⑤] 其中，“中央统一领导”的规范意义成为学者讨论的焦点，学界主流观点是对该条款进行原则性阐释，防止其泛化。于文豪指出，尽管该款将其适用对象界定为“国家机构职权的划分”，但从生成背景和实际功能来说，它是央地职权分工的指导性原则，能够成为处理央地关系的原则性规范。该款首先明确了中央和地方的主体地位，双方关系是在相互承认基础上的领导与被领导，其中：“充分发挥”是对地方自主的特别强调，而“统一领导”只是一项方针和原则，特定国家机构的上下级关系需要根据机构性质、民主强度和

---

① 参见张震：《依宪完善行政区划调整标准体系及其构建》，载《政治与法律》2023 年第 3 期。

② 参见俞祺：《论立法中的“地方性事务”》，载《法商研究》2021 年第 4 期。

③ 参见张震：《跨行政区划设置法院、检察院的合宪性分析》，载《黑龙江社会科学》2017 年第 2 期，第 107 页。

④ 参见翟国强：《跨行政区划人民法院如何设立？——一个宪法解释学的视角》，载《法商研究》2016 年第 5 期。

⑤ 参见张翔：《中国国家机构教义学的展开》，载《中国法律评论》2018 年第 1 期，第 29 页。

职能需要来具体设计，“统一领导”不能与行政命令画等号。为了更加符合宪法本意、有利于国家整体利益，须防止在解释“中央统一领导”时将其泛化，具体地说，第一，对于发挥统一领导功能的“中央”，需要作规范意义上的理解，即只能在国家意义上而非执政党的意义上理解“中央”。第二，要提炼“中央统一领导”的法律规则，使央地关系由模糊性治理转为规范化治理。第三，在“中央统一领导”的原则下，增加地方的法定剩余控制权，使地方自主事项法定化。第四，在中央和地方之间、地方和地方之间，建立以协调为基础的关系整合模式。第五，地方自主的范围存在边界，不能损害必要的中央统一领导，要尽可能提高统一领导的效益。① 王建学指出，“中央统一领导”意味着对中央事权的原则性保障，对该条款的规范塑造应当回归和强化宪法中的民主体制，加强中央与地方之间的稳定性分权，塑造多样化的事权执行机制，淡化中央统一领导的行政色彩并使之转向法律上的中央统一领导，同时提高法院在法律适用中的地位，以司法手段，尤其是行政诉讼方式调节央地关系。②

6. 区域协调发展的宪法依据

区域协调发展或协同治理有助于打破地方保护主义，实现各地方之间的市场要素自由流通，现行《宪法》第 3 条第 4 款也为其提供了规范依据。张震认为，应该明确中央的职权主要侧重规划、协调、监督等功能，而地方的职权主要侧重执行、实施、激发实效等功能。具体到在区域协调发展战略中，央地之间以及各地方之间，需要建立以协调为基础的关系整合模式。就横向配置而言，需要充分发挥相关国家权力在职能分工合作上的制度与功能资源，为区域协调发展提供充分的正当的权力依据；就纵向配置而言，中央应该确定区域协调发展的基本原则、目标与机制，注重区域发展的整体性和平衡性，而地方应该认真严格集中执行中央的政策。此外，从“顾全大局，互助互让”“一方有难八方支援”等历史传统来看，地方之间也具有一种弱性义务或合作性义务关系。③

宪法上的单一制或“两个积极性”条款并非区域协调发展或协同治理的唯一依据，还有学者将宪法上“国家实行社会主义市场经济”条款也作为区域协调发展的规范基础，该规范同样涉及中央在区域协调发展中的地位问题。于文豪指出：区域协同治理的宪法依据除单一制条款外，还包括宪法上的“国家实行社会主义市场经济”，而以地域分割为由拒绝协同治理，显然不符合宪法的规定。区域协同治理的宪法规范塑造核心仍然是如何界定“中央统一领导”和“地方的主动性、积极性”的关系，即中央在何时可以介入地方事务。在此方面可以借鉴比较法上的辅助性原则，即中央虽然可介入地方事权，但不是任意介入，只有在地方确实无法自行处理或者有损中央统一领导时，中央的介入才是恰当的。在介入的时机上主要是看某事务是否属于地方管辖的范围，这里存在两种情形：一是地方依据上位法或国家政策专门授权而开展协同治理，二是依据宪法和法律能够确定属于地方性事务的，地方可以通过不抵触宪法和法律禁止性规定的方式，为更好的治理绩效而自主协同。④ 王建学也探讨了市场经济条款和“两个积极性”条款的关系。

① 参见于文豪：《论建设社会主义法治国家中的地方》，载《法学家》2020 年第 4 期。

② 参见王建学：《中央的统一领导：现状与问题》，载《中国法律评论》2018 年第 1 期。

③ 参见张震：《区域协调发展的宪法逻辑与制度完善建议》，载《法学杂志》2022 年第 3 期。

④ 参见于文豪：《区域协同治理的宪法路径》，载《法商研究》2022 年第 2 期。

王建学认为：协调发展的前提是发展，必须在肯定发展首要性的前提下才有协调的问题。宪法所确立的社会主义市场经济体制是分析区域协调发展问题时所必须承认的一个大前提，国家或中央必须将发展动能赋予市场、社会和地方，不能取而代之。基于社会主义原则和单一制原则，国家或中央必须对发展不平衡不充分承担起协调职能，但协调不能在实质上损害发展和效率。基于中央和地方在区域协调发展中的分工，中央在区域协调发展中处于枢纽性地位，即党中央的集中统一领导是区域协调发展的政治保障，中央的立法权和行政权则是其制度载体和运行依托。①

除“两个积极性”和“社会主义市场经济”条款外，有学者将2018年《宪法修正案》中的“贯彻新发展理念”条款也作为区域协调发展的宪法依据。2018年，“贯彻新发展理念”被写入《宪法》“序言”第七自然段，成为一项国家根本任务。李海平指出：这意味着保障区域协调发展被纳入宪法的国家目标条款，并成为国家的一项宪法义务，即区域协调发展的国家保障义务。这种义务的本质是区域实质平等，属于一种客观法义务，由目的性义务和手段性义务构成。其中，目的性义务体现为国家对欠发达地区在基本生活保障、基本公共服务、基础设施建设方面的给付，应当根据比例原则和效能原则划定目的性义务的限度。手段性义务体现为区域协调发展国家目标对立法、行政和监督行为的约束，其主要内容包括建构区域协调发展法律体系，倾斜配置地方立法权，适度干预地方人才、产业补贴政策，实施多元化综合监督。②

7. 改革进程中的地方立法

《立法法》将地方立法主体从“较大的市”改为“设区的市”，是对央地关系的重大调整。以地方立法先行先试来推进制度创新，也是我国改革开放的重要经验。改革开放以来，一些设区县的地级市为了能在地方经济竞赛中谋取先机和有利地位，积极争取“较大的市”的立法主体资格。2015年修正的《立法法》赋予“设区的市”地方立法权后，消解了这些市之间地方立法权的不平等配置，极大地满足了这些城市的立法需求，有助于激发地区活力，促进社会治理手段和治理方式的创新与立法总结，也是对宪法“两个积极性”条款中充分发挥地方的主动性、积极性原则的回应。③ 但地方立法主体扩容步伐过大也会带来法制不统一、地方保护主义等挑战。林彦指出：《立法法》赋予“设区的市”立法权激发了各地的制度和立法创新，但也存在批准标准虚化、立法权限不明确等问题。各地在批准设区的市行使立法权的过程中，并未严格遵循《立法法》所提供的考量因素，即便是最具共识的立法能力这一要素，也并未始终对批准决定产生实质性影响。可以看到，地方立法能力和立法质量的提升依然任重道远，在地方立法中如何平衡央地关系仍需继续探索。④

一类特殊的地方立法——经济特区立法在改革开放以来的先行先试和立法创新中的作用尤为突出。经济特区立法在改革中的特殊地位，直接影响了有关其性质、定位的讨

① 参见王建学：《论中央在区域协调发展中的地位与职责》，载《法学杂志》2022年第3期。

② 参见李海平：《区域协调发展的国家保障义务》，载《中国社会科学》2022年第4期。

③ 参见郑磊、贾圣真：《从“较大的市”到“设区的市”：地方立法主体的扩容与宪法发展》，载《华东政法大学学报》2016年第4期，第93页。

④ 参见林彦、吕丹妮：《设区的市立法权行使情况实证分析》，载《新疆社会科学》2018年第5期。

论，即经济特区立法到底属于地方立法还是授权立法。地方立法说认为，由于经济特区立法的制定主体是地方人大及其常委会，其内容和效力也具有地方性，因此应当属于地方立法的一种特殊类型。而授权立法说则认为，经济特区法规经由全国人大及其常委会特别授权而制定，其在法律地位和内容上不同于一般的地方性法规，因而是与法律、行政法规、地方性法规并列的其他法形式。王建学将经济特区立法的性质讨论纳入对国家治理和改革整体进程的认识中，认为：全国人大及其常委会对经济特区立法作出授权，不仅是为了保障经济特区的改革和发展，更旨在开辟国家法制发展与完善的试验田，在试验的内在逻辑中，获得授权的地方与国家整体和中央的授权者之间存在密切关联，前者向后者进行信息反馈和经验传输，经济特区立法进而发挥以点带面促进国家治理现代化的制度性功能。因此对经济特区立法性质的认识，应当回到授权立法理论。[①] 但是在2015年《立法法》修改、地方立法主体逐渐扩容的背景下，经济特区立法是否还应当存在的问题也引起了讨论。林彦探讨了经济特区立法经验对地方立法建设的启示意义：当前的地方立法处于尴尬的两难境地，其创制空间受到很多限制，又被要求不能简单重复上位法。过于依赖统一的国家立法必然会增加立法与执法的成本，作为一种特殊的地方立法，经济特区立法因其较为充分的创制空间在当下显得尤为珍贵，不可轻言废除。[②]

（三）延伸阅读

导致几个独立地区的人民选择联邦形式的历史实用主义动机，这里不再详述。通常来说，联邦制的诱因是与民族统一有关，然而，相对于单一制而言，选择联邦制有几个特殊的理由。首先，在保持地域差异的情况下追求民族统一。其次，与地理上的接近有关，或者更准确地说是地缘政治的接近，下列因素是决定性的：一个政治、经济、军事战略利益的共同体；共同的传统以及对未来的共同愿景；有时是因为血缘关系和共同的祖先，尽管并非必然，还有共同的语言。在过去，地域的过大不利于单一制，比如巴西，在君主制倒台之后，从单一制转变为联邦制。然而，近来一些国家的创立证实，地域上的障碍也许可以通过现代通讯得以克服。但是选择联邦制的主要原因是人们确信，尽管有民族统一的必要，但是地区的传统对于多个州融合为统一的组织发挥了作用，同时，它们的文化多样性要求采用联邦制结构。

联邦与邦联有几个本质性的区别，后者主要存在于过去。这些区别包括：中央或联邦拥有自己的主权，严格与成员单位的主权相分离或者说极大限制了成员单位的主权；中央通过自己的权力持有者——联邦机构——来对整个地区的公民进行直接控制，而不需要成员单位的中介；国家活动在中央与成员单位之间进行分配，允许联邦独立于成员单位运行，也允许后者独立于中央，即制定反映地区认同的宪法。最终，这些联邦内的关系由联邦的成文宪法来规定。没有哪个联邦组织不依靠成文宪法。它是一个主权成员单位同意让渡它们自己一定的主权权利给中央的永久性联盟条约。作为补偿，所有的成员作为整体保护它们的存在，并且通过加入更大的国家而分享利益。联邦制预设了联邦宪法内的妥协，从而达到民族整体利益与区域自治的良好平衡。美国发现和首次使用的

① 参见王建学：《国家纵向治理现代化中的立法变通授权》，载《地方立法研究》2023年第2期。

② 参见林彦：《经济特区立法再审视》，载《中国法律评论》2019年第5期。

联邦原则是启蒙时代的机械主义哲学的另一个产物，后者试图将牛顿的物理学转换到社会政治领域。

（［美］卡尔·罗文斯坦：《现代宪法论》，王锴、姚凤梅译，清华大学出版社2017年版，第203-204页。）

三、国家标志

（一）基本理论与概念

1. 国家标志一般是指由宪法和法律规定的，代表国家的主权、独立和尊严的象征和标志。

2. 国旗是国家的一种标志性旗帜，通过一定的式样、色彩和图案反映一个国家的政治特色和历史文化传统，是国家的象征。

3. 国歌由最高国家权力机关或者政府以法令形式公布，或者是约定俗成并由国家加以认可。在举行隆重集会、庆典以及国际交往等仪式时，通常以奏唱国歌的形式表达爱国之情。

4. 国徽有的是本国重要历史事件的剪影和记录，有的反映了本国的地理风貌、自然资源和环境，有的反映了本国的政体、信仰和传统政治理想，有的表达了民族的自由、解放和独立。

5. 首都，又称国都、首府、首要城市或行政首都，通常是一国政府所在地和政治、经济和文化活动的中心，是各类国家级机关集中驻扎地，是国家主权的象征城市。

（二）重点解析与前沿

1. 宪法上国家标志条款的双重内涵

宪法上国旗、国徽、国歌等国家标志条款具有政治与法律双重意义上的规范内涵。就政治意义而言，国家标志又可称为国家象征，是指一般由宪法和法律规定的，代表国家的主权、独立和尊严的象征和标志。国家标志有助于增强国家认同感，对国旗、国徽、国歌的尊重也是宪法上公民尊重国家义务和维护祖国安全、荣誉和利益义务的具体表现。[①] 余凌云指出，晚清以来国歌的更迭反映了国歌作为国家象征和政权符号的功能，体现了统治的正当性，公民吟唱国歌即是对国家、对民族、对政权表达认同、表明立场、表示忠诚。[②]

就法律意义而言，宪法上的国家标志条款又具有法的规范意义，宪法条款搭配相关下位法条款，让国家标志规范具有了完整的假定、处理、制裁的规范三要素。违反这些规范可能面临侮辱国歌罪等刑事制裁。这里的核心问题是：侮辱国家标志行为为什么是可罚的？这类行为所侵害的法益或者国家标志规范所保护的法益究竟是什么？邱可嘉指出，侮辱国家象征的行为在形式上是公然毁损国家声誉和权威的行为，实质伤害的是社会团结精神和法情感，破坏的是公民责任意识和社会管理秩序。公然毁损国家标志符号

① 参见张震：《论我国宪法中的国歌条款及其适用——以〈国歌法〉的实施为语境》，载《河南社会科学》2019年第4期。

② 参见余凌云：《中国宪法史上的国歌》，载《中国法律评论》2015年第1期，第118页。

的行为直接破坏的是国民对国家的认同感。国民对国家和法律的认同感累积形成抽象意义上的国家和法律权威感，形成以这种认同感为载体的社会基本秩序。在法治社会，这种心理基础转化为维护国家尊严背后的国家法益和个人法益，包括个人尊严，具有内在的统一性，这种统一性的介素是社会法益。侮辱国家标志行为的可罚性，在更大程度上是源于这类行为对社会心理秩序和基本规则的破坏而引发的强烈的焦虑和不安。个人在公共场所恶意毁损或歪曲国家标志的本质是制造无政府状态，而在无序社会生活中个人财产、生命、健康等重要利益能否得到保护，以及可能受损的程度，都处于某种不能预测的状态，这是公众产生焦虑不安感的根源。①

2.《义勇军进行曲》

关于国家标志作为国家形式的重要组成部分，各教材均有所呈现，主要是介绍各类标志在宪法史中的演变。其中较为特殊的是国歌，其作为国家标志被写入宪法是在2004年《宪法修正案》中，晚于国旗、国徽、首都入宪。肖蔚云教授的《我国现行宪法的诞生》梳理了1982年宪法修改时对国歌问题的讨论："许多人认为应在本章中增写国歌。有的主张将聂耳作曲、田汉填词的《义勇军进行曲》恢复为国歌；也有的主张可填写新词。还有的提出各国宪法中规定国歌的并不多，《义勇军进行曲》深受全国人民的欢迎，具有教育意义和历史意义，可以专门通过一个决议，规定为国歌。宪法修改委员会采纳了这一意见，未将国歌规定于宪法，而由全国人民代表大会专门通过了一个关于国歌的决议，这就是一九八二年十二月四日第五届全国人民代表大会第五次会议通过的《关于中华人民共和国国歌的决议》。"② 从肖蔚云教授的梳理中可以看到，在新中国宪法史上，聂耳作曲、田汉填词的《义勇军进行曲》曾因历史问题而被动摇过其国歌地位，恢复其国歌地位也是1982年宪法重塑宪法精神的一个具体环节。许崇德教授主编的《宪法》（2014年第五版）对此作了展开："……1978年3月五届全国人大一次会议通过决议，确认我国国歌仍采用《义勇军进行曲》的原曲，歌词则经集体修改，重新填写……在1982年5月开始的全民讨论宪法修改草案过程中，有不少地区和各方面的代表提出《义勇军进行曲》反映了中国人民的革命传统，体现了居安思危的思想，激励了中国人民的爱国主义精神，多年来已深入人心，因此建议恢复国歌原词。"③

3. 首都条款的规范内涵与首都的整合功能

现行《宪法》第143条规定，"中华人民共和国首都是北京"。作为一个直陈语句，该条的规范性来自哪里？杨学科给出了两点解答：其一，直陈表达方式凸显郑重，事实性陈述出北京已经确认的实然"国都"地位；其二，规范性陈述出立宪者对北京首都地位的应然的合法性和正当性的规范确认与期望。理解宪法上的首都条款还需要借助体系解释，将其与《宪法》"序言"中的部分语句相结合。现行《宪法》"序言"第一段指出："中国是世界上历史最悠久的国家之一。中国各族人民共同创造了光辉灿烂的文化，具有光荣的革命传统。"该段表明，我国宪制的建构是站在历史、文化、政治传统的延续和继

① 参见邱可嘉、王利荣：《侮辱国歌行为的入罪分析：基于〈刑法修正案（十）〉的解读》，载《学术论坛》2017年第6期，第141页。

② 肖蔚云：《我国现行宪法的诞生》，北京大学出版社1986年版，第195-196页。

③ 许崇德主编：《宪法》（第5版），中国人民大学出版社2014年版，第128页。

承的正统性基础之上的，首都的宪法肯认也必须在此历史、文化、政治考量基础之上。结合上述因素，北京是最适合作为首都的。①

在现实政治中，首都还发挥着重要的国家整合功能。王锴指出，首都在整合理论中的作用主要在于鲁道夫·斯门德所讲的“质的整合”，即通过意义内涵的社会化来形成共同体。每个国家在它的宪法中都必须将一些价值实定化，这些价值形塑着国家的行为，也构成了正当性和法规范的效力，它们可以体现在诸如旗帜、徽章、首都等国家象征或标志上。② 就中国的首都——北京而言，它一方面是作为省级行政区的直辖市，另一方面又是首都，因而要区分它的首都功能和非首都（地方）功能。同时作为单一制国家的首都，其巨大的规模引起了我们对北京“超级都市化”以及“疏解非首都功能”的思考，解决之道仍应回归国家整合理论。张翔指出，承担着首都的政治、文化功能的北京，应当具有包容性和多元性，这也是国家整合这一目标的要求。③

（三）延伸阅读

国家共同体实质内容的整合作用有自身特殊的困难。在当下国家中，此种内容的样态阻碍了其自身整合作用的发挥：它们是如此之广博，以至于个人根本无法概观；与此同时，其所具有的广博性及其自身的理性在个人心中激起异己之感。其外在表达使个人觉得陌生，个人甚至根本无法体验到自身在其中参与的份额，于各种细节中，国家共同体的实质生活暗中发挥着巨大的整合作用，而此生活之全体却又表现为外在的、难以尽览的事物。就这一点而言，其因外在性错觉而无法为人所把握。为了能够被人体验到，为了具有整合作用，这一生活之全体必须被浓缩于一种使其得以表达的要素之中。在具体制度中，旗帜、徽章、国家元首（尤其是君主）、政治仪式和国家节日等政治符号对历史和现实价值内容的代表作用，是实现这一点的方式。在历史演进中，这一点则通过代表性事件实现，代表性事件能使一个国家的政治意涵凸显出来。按照索尔兹博里（Salisbury）给赫尔伯特·俾斯麦（Herbert Bismarck）回信中的说法，在民主时代，代表性政治事件是唯一能够在外交事务方面对大众施加决定性影响的途径。与其他国家进行对比时，自己祖国的价值和尊严与个体自身在其中的牵涉性会骤然凸显。在某些情形中，国家价值样态的代表性要素可能是即兴偶成的：国家可以将自身的广博性和尊严显现于其任何一个具体细节中，其于这些细节中所受之侵害也会在国民那里引起自身遭受侵害的体验。

象征化意涵具有较强的整合作用，原因不仅在于其作为非理性和个性化的存在能被人特别深刻地体验，也因为较之那些外在的、理性的、法律表述的形态，其在这种形态之中更具灵活性。对于个人而言，被表述出来的、通过规章表达的内容是他者的（heteronom）、僵化的，在其使个人意识到自身整体归属性的同时，也能令个人意识到其与共同体之间的紧张关系，与之相反，从历史的角度来说，象征化根源于价值世界尚未差异化的早期时代表达手段的贫乏，恰恰因为这种贫乏状态，象征化具备更为有效和灵活地代

---

① 参见杨学科：《论宪法上的首都北京》，载《苏州大学学报（法学版）》2018 年第 2 期。

② 参见王锴：《论宪法上的首都》，载《中国法律评论》2017 年第 6 期。

③ 参见张翔：《包容的首都：国家象征与国家整合》，载明德公法（2016 年 12 月 20 日），见 https://mp.weixin.qq.com/s/k2kT8p5cSZH2sVwTB5cCVg，最后访问日期：2023 年 7 月 5 日。

表一种价值意涵的能力。任何人均能按照自己的方式体验一种被象征的价值内容，且不会引发在表述出来和规定于规章中这两种情形之中不可避免的紧张关系和对抗情绪。与之同时，个人对象征化价值内容的体验，是将其当作一个整体来体验的，这是其他任何途径都无法企及的。

（［德］鲁道夫·斯门德：《宪法与实在宪法》，曾韬译，商务印书馆 2019 年版，第 60－62 页。）

第三部分　文献拓展与案例研习

第一节　拓展文献目录

邓华莹．晚清国家类型学说的传播与影响．成都：四川人民出版社，2022．

林来梵．国体概念史：跨国移植与演变．中国社会科学，2013（3）．

陈楚风．现行宪法中“专政”概念的规范分析．人大法律评论，2019（1）．

张震．依宪完善行政区划调整标准体系及其构建．政治与法律，2023（3）．

王建学．论地方政府事权的法律基础与宪法结构．中国法学，2017（4）．

常安．中国宪法文本中的“内”与“外”．学术月刊，2020（12）．

林彦．合作型联邦制执法检查对央地关系的形塑．中外法学，2017（4）．

余凌云．中国宪法史上的国旗、国歌、国徽．南京：江苏人民出版社，2016．

王锴．论宪法上的首都．中国法律评论，2017（6）．

第二节　本章案例研习

美国得克萨斯州诉约翰逊案

格雷戈里·李·约翰逊（Gregory Lee Johnson）在美国得克萨斯州达拉斯举行的 1984 年共和党全国大会的会议中心外焚烧了一面美国国旗，此举是为了抗议时任美国总统罗纳德·里根的政策。约翰逊随后被逮捕，并被指控违反了得克萨斯州的一项法规，该法规禁止亵渎（desecration）包括美国国旗在内的尊贵物品（venerated object），如果这种行为可能会激起他人愤怒的话。得克萨斯州的一个法院对约翰逊进行了审判并将其定罪，后者提出上诉，辩称他的行为是受《美国宪法第一修正案》保护的“象征性言论”（symbolic speech），美国联邦最高法院同意审理此案。

以威廉·布伦南法官为代表的多数意见认为，焚烧国旗行为构成了一种“象征性言论”，受到《美国宪法第一修正案》的保护。首先，多数意见探讨了《美国宪法第一修正案》中的言论自由条款是否保护焚烧国旗这种“非言论行为”（non-speech acts）的问题。多数意见认为，《美国宪法第一修正案》的保护并不以口头或书面语言为界，某些行为也可能“充分包含了沟通的要素，从而属于第一和第十四修正案的范围”。那么约翰逊焚烧国旗的行为是否具备这样的“沟通要素”呢？多数意见认为，决定某行为是否包含充分的沟通要素进而构成表达性行为，要看该行为“是否存在传达特定信息的意图，以及（是否）该信息被观看者理解的可能性很大”。就约翰逊的焚烧国旗行为而言，“该行为发生在与共和党全国代表大会同时举行的示威活动结束时，该行为的表达性和明显的政治性是出于故意的，而且是非常明显的”，因此该行为构成表达性行为，属于《美国宪法第一修正案》的保护范围。

其次，多数意见讨论了判定约翰逊有罪的得克萨斯州法的规定是否合宪，即“得克萨斯州是否为支持对约翰逊的定罪而主张了与压制表达无关的利益”。得克萨斯州方面认为，该州在防止破坏和平方面“有令人信服的利益”（a compelling interest）。不过联邦最高法院的多数意见认为，在本案中“实际上没有发生或威胁发生破坏和平的行为”，约翰逊的行为也不能因为“倾向于煽动”而受到惩罚，因为根据“勃兰登堡诉俄亥俄州案”（Brandenburg v. Ohio）的判例，国家只能惩罚那些会煽动“迫在眉睫的违法行动”（imminent lawless action）的言论，而焚烧国旗行为显然不属于此类言论。

伦奎斯特法官的反对意见认为，国旗的“独特地位”（unique status）足以证明得克萨斯州政府对约翰逊焚烧国旗行为的禁止是合理的。伦奎斯特认为，在美国建国以来的二百多年的历史中，国旗已经成为“呈现我们国家的明显标志”（visible symbol embodying our Nation），它并不代表任何特定政党的观点和特定的政治哲学，并不是一种简单的、需要在“思想市场”上竞争以获得承认的“想法”或“观点”，成千上万的美国人——无论这些人有什么样的社会、政治或哲学信仰——都以一种近乎神秘的敬畏之心看待它。史蒂文斯法官的反对意见也认为，国旗“不仅仅是勇气、决心和大自然的礼物的骄傲象征，而且是将 13 个刚起步的殖民地转变为世界强国，是自由、机会平等、宗教宽容的象征，也是对与我们志同道合的其他民族的善意的象征……国旗作为一种象征的价值无法衡量”，然而本案中约翰逊的焚烧国旗行为“降低了一项重要的国家资产的价值”。

中国香港特别行政区诉吴某、利某案

本案发生于 1998 年 1 月 1 日“香港市民支援爱国民主运动联合会”组织的一次香港公开示威活动中。公开游行期间，吴某、利某手上拿着一面涂污了的国旗及一面涂污了的区旗，并沿途挥舞。游行终结时，他们把那两件东西缚在政府的栏杆上。两面旗帜均被严重涂污。

吴某、利某被控侮辱国旗及区旗罪，分别违反《国旗及国徽条例》《国旗条例》第 7 条及《区旗及区徽条例》《区旗条例》第 7 条。1998 年 5 月 18 日，吴某、利某均被裁定该两项罪行罪名成立。吴某、利某就判罪向香港特别行政区高等法院原讼法庭提起上诉。上诉法庭于 1999 年 3 月 23 日判决上诉得直并将吴某、利某的定罪判决撤销。1999 年 5 月 20 日，上诉委员会给予上诉人向香港特别行政区终审法院（以下简称“终审法院”）提起上诉的许可。1999 年 12 月 15 日，终审法院裁定上诉得直。

香港特别行政区《国旗条例》第 7 条规定，“任何人公开及故意以焚烧、毁损、涂划、玷污、践踏等方式侮辱国旗……即属犯罪，一经定罪，可处第 5 级罚款及监禁 3 年。”《区旗条例》第 7 条规定，“任何人公开及故意以焚烧、毁损、涂划、玷污、践踏等方式侮辱区旗或区徽，即属犯罪——（a）一经循公诉程序定罪，可处第5级罚款及监禁3年；及（b）一经循简易程序定罪，可处第3级罚款及监禁1年。”《中华人民共和国香港特别行政区基本法》（以下简称《香港基本法》）第27条规定，“香港居民享有言论、新闻、出版的自由，结社、集会、游行、示威的自由，组织和参加工会、罢工的权利和自由”。根据终审法院的观点，中华人民共和国，即包括香港特别行政区在内的整个国家，具有保护作为国家独有象征的国旗之合法利益。同样地，香港特别行政区也具有保护区旗之合法利益；区旗是特别行政区作为“一国两制”方针下中华人民共和国不可分离部分的独有象征。

终审法院归纳的争点是，上述合法利益是否足以构成充分理据把侮辱国旗及区旗的行为刑事化来限制发表自由？如果缺乏上述充分理据的支持，则《国旗条例》第7条和《区旗条例》第7条便与《香港基本法》相抵触，违反宪法。

针对上述法律问题，终审法院从以下两个方面进行了阐述：

（1）国旗与区旗所代表的合法利益是否在“公共秩序”（public order）的范围内？终审法院指出，发表自由的权利并非绝对。根据《公民权利和政治权利国际公约》第19条第3款，发表自由的权利之行使，附有特别责任及义务，故得予以某种限制，但此种限制必须是经法律规定且为下列各项所必要者为限：“……（乙）保障国家安全或公共秩序，或公共卫生或风化”。因此判断的关键在于国旗与区旗所代表的合法利益是否在“公共秩序”（public order）的范围内。接下来，终审法院对公共秩序这一概念进行了若干阐释：第一，公共秩序这一概念既不精确，亦难以表述，其涵盖范围也不能被准确地界定。第二，这一概念包含为保障大众福祉或为符合集体利益所必须采取的措施，包括为维持社会安宁及良好秩序而制定法规，出于安全、公共卫生、美学及道德层面的考虑而采取的措施，以及为保障经济秩序（消费者权益的保障等）而采取的措施。第三，这一概念必须随着时间、地点及环境的改变而有所变化。

就本案所处的时间、地点及环境而言，香港已经处于新的宪制秩序。1997年7月1日中华人民共和国对香港这个与中华人民共和国不可分离的部分恢复行使主权，并根据“一国两制”的方针设立香港特别行政区。根据《香港基本法》的“序言”描述，恢复对香港行使主权“实现了长期以来中国人民收回香港的共同愿望”。在此情况下，保护国旗这一合法的社会利益，以及保护区旗这一合法的社区利益，均在公共秩序这个概念之范围内，这些合法利益是大众福祉和整体利益的一部分。

（2）相关条文对受保障的发表自由的权利所施加的限制，是否为保障这些在公共秩序范围内的合法利益所必要？终审法院指出，对“必要”一词，在这个验证中，应以一般的含义去理解。终审法院在处理“是否必要”这一问题时，对香港特别行政区立法机关的看法予以充分考虑，后者认为，鉴于全国人大常委会已将《国旗法》列入《香港基本法》附件三内，因而特别行政区制定包括第7条在内的《国旗条例》，以履行在香港实施这部全国性法律的责任，是恰当的。

终审法院指出：在验证“是否必要”时还必须考虑，对受保障的发表自由的权利所施加的限制，与施加限制所要达致的目的是否相称。本案所涉及的法定条文将侮辱国旗及区旗列为刑事罪行是对发表自由的权利施加一种有限度的限制，所要达致的目的是保护作为国家独有象征的国旗，以及作为香港特别行政区独有象征的区旗，进而保护这些旗帜所带来的无可置疑的合法利益。既然这些施加于发表自由的权利的限制只是有限度的，那么这也就通过了“是否必要”的验证。这些有限度的限制与施加这些限制所欲达致之目的相称，并没有超越彼此相称的范围。

终审法院指出：中华人民共和国恢复对香港行使主权后，香港正处于一个新秩序的初期，贯彻“一国两制”的方针极为重要，正如维护国家统一及领土完整极为重要一样。既然国旗及区旗具有独有的象征意义，保护这两面旗帜免受侮辱对于达致上述目标也就起着重大作用。

终审法院最终得出结论：制定《国旗条例》第 7 条及《区旗条例》第 7 条是为保障公共秩序所必要，这两个条文对发表自由的权利施加限制具有充分理据支持，亦符合基本法。

思考：焚烧、涂污国旗行为的性质为何？对此种行为是否可以进行限制？若可限制，应否遵循一定的界限？

要点提示：国旗作为国家标志，具有重要的象征意义，代表国家的主权、独立和尊严，承载了共同体的根本价值认同。个人对国旗予以焚烧与涂污往往是为了表达某种观点或意见，因此属于广义的言论自由范围。不过公民行使基本权利并不是绝对自由的，不能损害公共利益与他人权益。国家可以对包括言论自由在内的公民基本权利进行干预，但这种干预本身也须受到限制，只有满足一些条件的干预才是合宪的。上述美国和中国香港特别行政区法院的判决在这一点上是相同的。

第五章　国家基本制度

第一部分　本章知识点速览

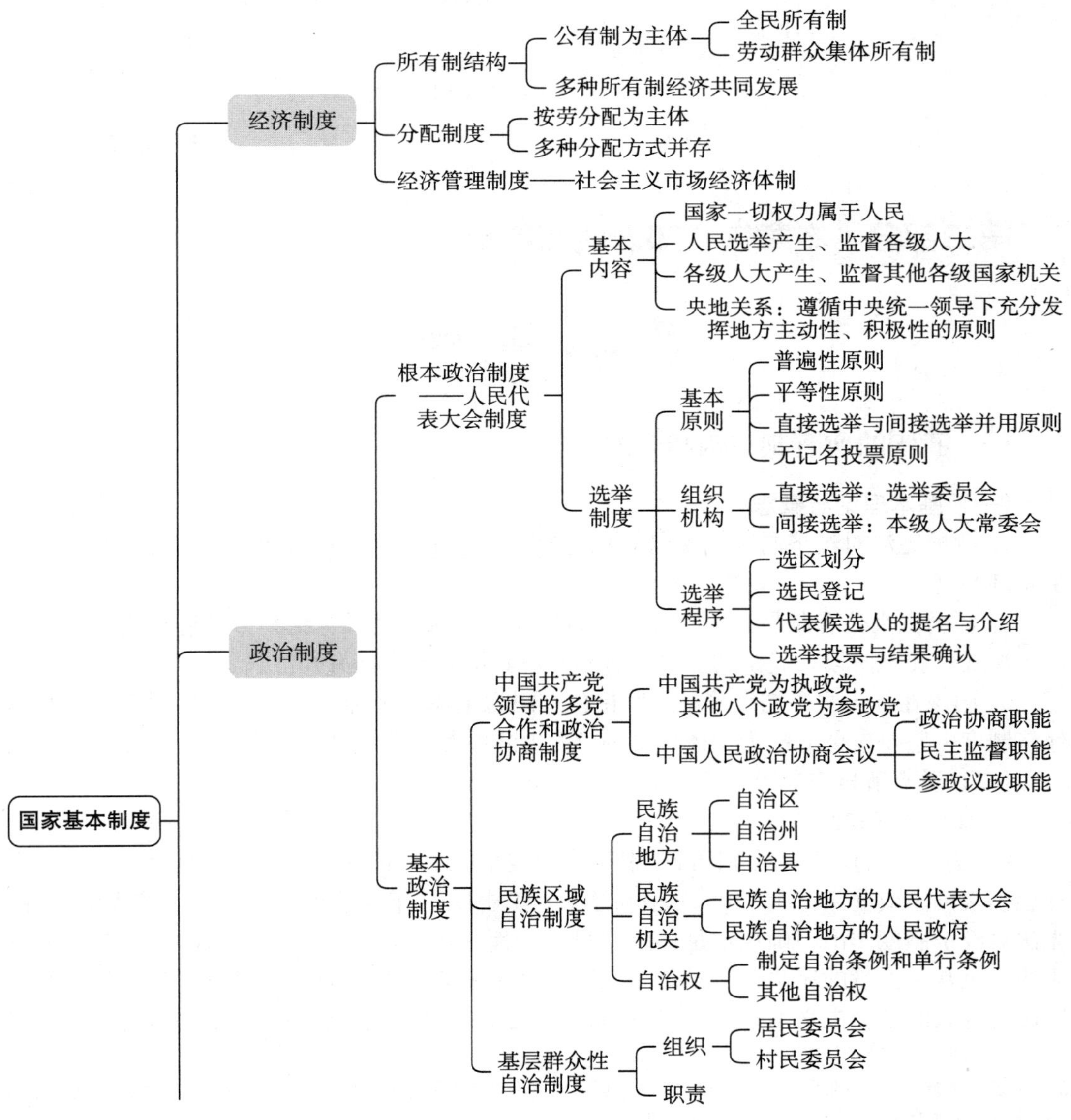

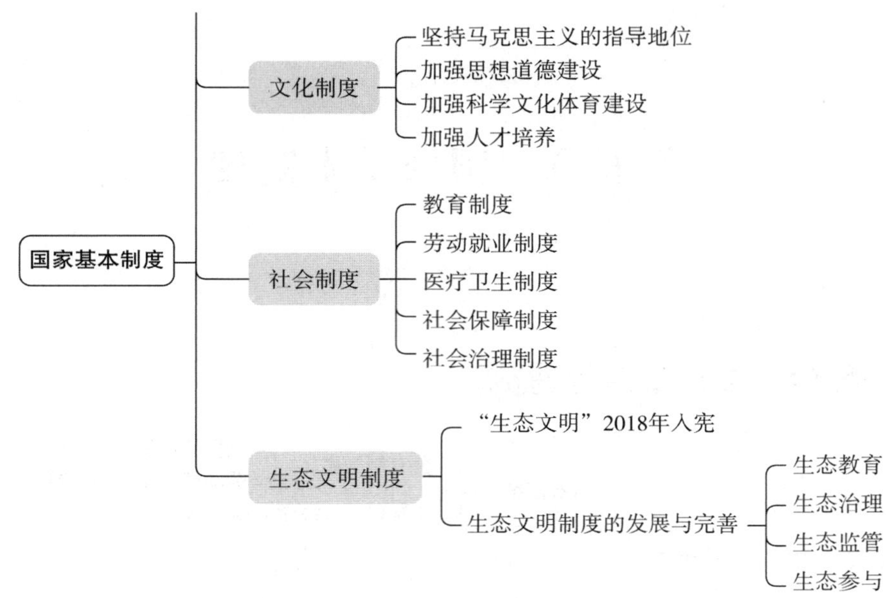

第二部分　本章核心知识要点解析

第一节　经济制度

一、我国的所有制结构和分配制度

（一）基本理论与概念

1. 我国宪法对经济制度的规定主要包括三个方面：生产资料所有制、分配制度、经济管理制度。

2. 社会主义公有制是我国经济制度的基础，包括全民所有制和劳动群众集体所有制两种形式。在现阶段，我国的全民所有制经济具体表现为国有经济。

3. 国家在社会主义初级阶段，坚持公有制为主体、多种所有制经济共同发展的基本经济制度，坚持按劳分配为主体、多种分配方式并存的分配制度。

（二）重点解析与前沿

1. 社会主义初级阶段①

《宪法》以大量条文对我国经济制度作出规定，主要体现在第一章“总纲”部分。在社会主义国家或受到1918年《苏俄宪法》、德国1919年《魏玛宪法》影响较深的地方，宪法对经济制度作出明确规定是比较常见的，而在第二次世界大战之后出现的新兴国家宪法，也常见大量的宪法经济条款。我国是“工人阶级领导的、以工农联盟为基础的人民民主专政的社会主义国家”，因此《宪法》之中同样写下了经济制度的基本规范，体现

① 关于“社会主义初级阶段”的首次权威概括，可参见《沿着有中国特色的社会主义道路前进——在中国共产党第十三次全国代表大会上的报告》（1987年10月25日）。

出“社会主义”传统。但必须注意的是，“我国将长期处于社会主义初级阶段”[①]，这是中国特色社会主义理论的组成部分，是对我国所处的历史发展阶段的正确认识，所以，严格来讲，《宪法》与其他相关法律对经济制度的规定反映着“社会主义初级阶段”的诸多特色，这就要求我们不能照搬经典的社会主义公有制理论予以理解和实施。概而言之，要正确理解我国宪法上的经济制度，必须牢牢把握住“社会主义初级阶段”这个基本的历史阶段概念，正如邓小平同志曾指出的，“社会主义的初级阶段，就是不发达的阶段。一切都要从这个实际出发，根据这个实际来制定规划”[②]。

2. 所有制

所有制，即生产资料和劳动产品的占有关系，是一个国家经济制度的基础。《宪法》第 6 条第 1 款规定，我国“经济制度的基础是生产资料的社会主义公有制”。公有制可分为两类：其一是全民所有制，其二是劳动群众集体所有制。以全民所有制为基础的经济即“全民所有制经济”，又可称为“国有经济”。根据该条第 2 款，在社会主义初级阶段，我国“坚持公有制为主体、多种所有制经济共同发展的基本经济制度”。这里的“多种所有制”是指个体经济、私营经济等非公有制经济，也可以称作“民营经济”。公有制与非公有制的共同存在与发展，是社会主义初级阶段的必然要求。如上述条文所说，这种共同发展的格局是“基本经济制度”，即超越于不同所有制具体实现形式之上的基础性的经济结构。从实际情况来看，经过 40 多年的改革开放，这一宪法规范在现阶段已经基本得到了实现。

公有制经济与非公有制经济彼此间的功能、作用有所不同。根据《宪法》第 7 条，公有制经济中的国有经济是“国民经济中的主导力量”。主导力量的含义是国有经济应当控制国民经济命脉，对经济发展起到主导作用，并且关键是有控制力。国有经济需要控制的行业和部分主要包括涉及国家安全的行业、自然垄断的行业、提供重要公共产品和服务的行业、支柱产业和高新技术产业中的重要骨干企业。[③] 国有经济是全民所有制的实现方式，这是指国家作为全体人民的代表，代为行使全民所有的各种生产资料的所有权，包括管理、处分的权力。国务院国有资产监督管理委员会（以下简称“国资委”）是依法对国有经济履行具体监督管理职责的主要国家机关。

非公有制经济对于全社会同样意义重大。从增加就业机会、优化产业结构、提升劳动生产率、推动技术及管理方式创新等角度来看，非公有制经济具有自身独特优势，难以被国有经济替代。如果从维护社会稳定的层面来看，因为非公有制经济是吸纳劳动力就业的主要渠道，所以其战略地位更加凸显。非公有制经济之中当然包含“外资企业”或“中外合资企业”。凡国家并未掌握企业或经济组织的实际控制权的经济成分，都包含在非公有制经济的概念之中。《宪法》规定“多种所有制经济共同发展”是非常正确、明智的。促进民营经济发展壮大，不只是当前形势下的需要，也是国家的长期任务。[④]

---

① 《宪法》“序言”。

② 《邓小平文选》第 3 卷，人民出版社 1993 年版，第 252 页。

③ 参见《宪法学》编写组编：《宪法学》（第 2 版），高等教育出版社、人民出版社 2020 年版，第 137 页。

④ 参见《中共中央、国务院关于促进民营经济发展壮大的意见》（2023 年 7 月 14 日）。

3. 分配制度

在社会主义初级阶段，我国采取的是按劳分配为主体、多种分配方式并存的分配制度。《宪法》第 6 条第 2 款对此有明确规定。按劳分配是以劳动者提供的劳动（包括劳动数量和质量）为唯一标准来分配个人消费品，实行等量劳动领取等量报酬。在社会主义初级阶段，按劳分配制度占据分配制度的“主体”地位。一般认为，分配制度由所有制结构衍生而来，既然公有制在我国占据主体地位，那么根据经典理论，与公有制必然联系在一起的按劳分配也就实现了在总体分配制度中的主体地位。“只要能够保证公有制的主体地位，按劳分配的主体地位就不会动摇”①。

与此相应的，就是其他各种分配方式在我国均有其适用空间。在按劳分配以外，实际上主要是按照对生产要素的占有状况进行分配。社会的生产要素多种多样，可以归纳为各种物质生产条件与人的劳动两大类。按生产要素分配，即劳动、资本、土地等要素的所有者基于其对该要素的占有，而参与相应产品或收入的分配。例如，以资本为生产要素参与分配，可见于私营企业、股份制企业和外资企业等资本所有者凭借其投入的资本而获得利润。

在我国，实行按劳分配为主体、多种分配方式并存的分配制度，有利于调动广大社会成员的积极性，整合各种生产要素进行现代化建设，实现社会资源的充分利用和合理配置。②

（三）延伸阅读

若是非要说特殊性，或许我国宪法经济制度规定的最大特殊性是，它位于社会主义宪法之中，具有鲜明的社会主义性质。公开、全面地规定经济制度向来是社会主义国家自信其宪法优于资本主义宪法的一个重要方面，朝鲜、老挝、越南、古巴的《宪法》都存在着相当数量的经济制度规定，其位置和章节结构亦与中国宪法高度相似。就此而言，如果说在比较法意义上认为外国宪法很少规定经济制度是一种武断以至偏狭认识，那么，以意识形态划界，将主要资本主义国家的宪法罕见经济制度规定作为批评中国宪法的理由，或者一见到叶林涅克（Georg Jellinek，现通译为耶利内克）的相关主张（宪法只需要规定最高国家机关及其履职程序、相互关系和职权以及个人对国家政权的原则地位）便奉为圭臬，就更为偏狭了。

马克思主义认为：上层建筑决定于一定的经济基础并为之服务，经济基础的变化将会引起上层建筑的改变，生产资料所有制形式则是经济基础的决定性因素，在根本上决定国家的本质，而除了所有制形式，经济基础尚包括生产过程中人与人之间的关系和劳动产品分配形式。因此，作为宪法经济制度部分的首个条款，第 6 条即规定社会主义公有制是我国社会主义经济制度的基础，并规定实行各尽所能、按劳分配的原则，第 7 条、第 12 条和第 13 条、第 16 条和第 17 条分别规定国有经济制度、财产制度、国有企业和集体经济组织的管理制度。社会主义公有制不仅要在基本经济制度中获得体现，还要落实到生产、交换、消费、分配等环节和领域，宪法对公私财产制度各自加以规定，在第

① 阎天：《宪法按劳分配规范的当代意涵》，载《法学评论》2022 年第 1 期，第 50 页。

② 参见《宪法学》编写组编：《宪法学》（第 2 版），高等教育出版社、人民出版社 2020 年版，第 141 页。

14 条第 3 款规定合理安排生产、积累、消费和兼顾国家、集体、个人的利益。新中国各部宪法基本都涉及上述内容，并且结构也大体一致。为此，应当将这些条款结合起来，融贯地理解和把握它们所共同体现的马克思主义（尤其是政治经济学）的基本原理及逻辑，认识到特定条款（如第 14 条）的特殊性，其背景是宪法经济制度规定的社会主义性质。

而当我们聚焦特定条款之时，就能够更明显地感受到，经济制度规定的社会主义性质并不是抽象的。这一点，在第 6 条表现得尤为突出：1982 年时，该条规定："中华人民共和国的社会主义经济制度的基础是生产资料的社会主义公有制，即全民所有制和劳动群众集体所有制"。"社会主义公有制消灭人剥削人的制度，实行各尽所能、按劳分配的原则。"1999 年修宪将两款合一，并增加一款："国家在社会主义初级阶段，坚持公有制为主体、多种所有制经济共同发展的基本经济制度，坚持按劳分配为主体、多种分配方式并存的分配制度。"作为对中共十五大论断的反映，其区分了"社会主义经济制度"和"社会主义初级阶段的经济制度"，意指社会主义经济制度当以公有制为基础、以按劳分配为原则，但社会主义初级阶段的基本经济制度，则允许多种所有制经济共同发展、多种分配方式并存。即使如此，公有制和按劳分配亦须是主体，以免影响到政权的社会主义性质。这种区分，既否定了过去的单一公有制模式，又坚持了反对私有化的立场；既肯定了非公有制经济作为社会主义市场经济的重要组成部分的地位，又明确将其与社会主义经济区别开来。它意味着，基本经济制度的"基本"二字主要在于限定性质而非描述地位，即强调社会主义初级阶段的经济制度也要限定于以公有制为本——《全面深化改革的决定》所称"基本经济制度，是中国特色社会主义制度的重要支柱，也是社会主义市场经济体制的根基"便是此意。至于在基本经济制度之外，并不存在相当于经济政策的所谓"非基本"经济制度。

（李响：《我国宪法经济制度规定的重新审视》，载《法学家》2016 年第 2 期，第 114－116 页。）

二、社会主义市场经济体制

（一）基本理论与概念

1. 我国把社会主义基本制度和市场经济结合，实行社会主义市场经济体制。

2. 市场在资源配置中具有决定性作用。

（二）重点解析与前沿

1. 社会主义市场经济

社会主义市场经济是以市场为主要手段组织经济活动——包括生产、交换、消费等的经济模式。在多种所有制经济共同发展的格局下，实行市场经济是必然的、合理的。《宪法》第 15 条第 1 款明确规定，"国家实行社会主义市场经济"。这一规定是现行宪法于 1993 年作部分修改时加入的全新条款。在修改以前，即 1982 年颁布、实施的《宪法》之中，第 15 条第 1 款的原有规定是"国家在社会主义公有制基础上实行计划经济。国家通过经济计划的综合平衡和市场调节的辅助作用，保证国民经济按比例地协调发展"。从社会主义公有制基础上的计划经济到社会主义市场经济的转变，是现行宪法在经济制度上的最重大转变和发展，社会主义市场经济体制是我国过去几十年经济高速发展、国民收入不断增加、国家财力不断增强的根本制度保证。

计划和市场代表了两种不同的组织经济活动、完成物质生产的思路。实行计划经济，关键在于“经济计划”的制定与执行，其假定政府作为计划的制订者，能够全盘掌握全社会对物质产品以及其他消费品的需求，从而以精密的计划及其严格执行予以满足；实行市场经济，关键在于社会上的个体——包括公民个人、家庭、企业、其他组织等根据对其所处的商品市场的感知与判断，自主决定提供何种产品或消费（购买）何种产品，而全社会并无一份统一的、详尽的、强制性的计划。中华人民共和国在 1950 年代完成经济制度的社会主义改造之后，开始实行计划经济。经过多年的实践探索，在经验总结和反思之后，得出了应该实行市场经济的正确认识，并且更重要的是，“市场经济不等于资本主义，社会主义也有市场”①，此即《宪法》之中的“社会主义市场经济”。这表明，在我国，市场经济体制将是长期坚持并不断发展完善的。

在市场经济之中，政府并不是无所作为：《宪法》第 15 条第 2 款明确规定，“国家加强经济立法，完善宏观调控”。这是指，通过与经济制度相关的法律所确定的方式、方法，政府可以对市场进行必要的监管、调整、干预乃至兜底保障，以应对市场经济本身可能会出现的某些弊端、困难或危机局面。很显然，市场经济是以遵循法治的方式而运行的一种经济体制。

2. 财产与财产权

市场经济的运行，其制度基础是财产权。财产权是受法律认可和保护的对财产的占有、使用、处分等权能之概称。在我国，所有制的形态是多元化的，因此财产可以分为公共财产和私有财产。在法治框架下，不论是公共财产还是私有财产，财产权都得到保护。《宪法》第 12 条第 1 款规定，“社会主义的公共财产神圣不可侵犯”；第 13 条第 1、2 款规定，“公民的合法的私有财产不受侵犯。国家依照法律规定保护公民的私有财产权和继承权”。这奠定了财产权获得平等法律保护的宪法基础。

财产权获得法律认可和保障，使财产权的主体可以成为市场主体，根据市场中的价格信息等指标，自主决定参与市场交易，由此形成全社会经济运行的正常状态。在计划经济之下，由于国家经济计划严格规定相关生产者（如国营工厂）的生产品类、数量、分配渠道，因此每个具体的生产者并不是完全意义上的财产权主体，也就不存在真正的市场。国家实行社会主义市场经济，必须确保市场上各类主体——不论其采取何种所有制——的财产权获得明确界定与保障，这就需要包括民法等一系列法律在内的“市场经济法律工具包”去具体建立、维护这套制度。《宪法》的主要功能是为之确立基本概念、基本原则和基本框架，具体而言就是：（1）写入基本概念，赋予其最高的合法性。典型例子是《宪法》第 13 条“财产权”条款、第 16 条国有企业“自主经营权”条款。（2）确立基本原则，塑造宪法实施与法制建设的正确方向。典型例子是《宪法》第 15 条“社会主义市场经济”条款，这意味着革除过往的计划经济体制，并且要引入符合市场经济运行的一般规律作为理解其他相关经济规范的指针。（3）搭建基本框架，对立法者和其他公权力机关设定职责、提出具体要求。不论是上述“社会主义市场经济”条款，还是《宪

① 《邓小平文选》第 3 卷，人民出版社 1993 年版，第 373 页。

法》第13条第3款私有财产“征收征用”条款，又或是第10条第4款土地使用权流转相关条款，都是按照“宪法＋部门法”的思路来搭建制度框架的，必须在宪法的基础上，及时配备完备的法律体系，确保财产权法律制度的建成。

3. 市场经济必须建立在法治基础之上

我国从计划经济体制到社会主义市场经济体制的转变，是与社会主义法治体系的建设相伴而行的。中华人民共和国成立之初的政权性质是新民主主义的；1956年底，我国基本上完成了社会主义改造，初步建立起以公有制为基础的计划经济体制。在计划经济时代也有法律，但那时的法律体系很不完备，更为关键的是，工业生产、物资流通、居民消费等经济活动的主要形式并不以法律规定为主要准则，而是服从于国家经济计划。经济计划的内容是对资源分配、生产过程的具体要求，尤其是量的要求，具有强制性，在这一点上与法律的某些属性一致，但是计划仅仅是国家作为经济生活的组织者对于全社会的单向命令、指令，在根本上不同于法律。计划经济也不是法治经济。

法治包含几个基本构造——既要有相关完备的法律规范体系，也要有高效专业的执法机关，还要有独立、公正的司法机关。市场经济的本质是财产权主体自主地根据市场情况作出财产处分决定，因此其必须拥有完整的权利；也因此，需要有法律对此作出明文规定。在这种情况下，法律的内容是明确财产权主体与市场监管主体（也就是国家宏观调控的具体体现）各自权利与权力的界限，而不是单向地确立前者对后者的服从关系。从形式上看，法律是国家立法机关制定的普遍规则，通常情况下是在全国范围内适用的，具有公开、明确、稳定、权威的特点，借此形成全国统一的市场。在统一的市场之中，企业或个人遵循公开可见的法律，从事相关生产或交易行为，不必等候“上级机关”的某一个“计划”的指示，这不仅提升了经济活动的效率，也更加有利于作出正确的决定——因为企业或个人是最熟悉其自身情况或所在行业情况的。

执法机关的依法行政和司法机关的依法裁判也是极为重要的，也可以说是随着改革开放的进行才逐步确立起来的社会共识。市场经济相比于计划经济而言，将经济活动的决定权“下放”给了企业或个人，这使经济生活更加繁荣，同时也增加了产生纠纷的可能；与此同时，不遵守法律法规，从而对正常的市场秩序造成破坏的行为，也是不可避免的。这就要求国家不能缺席。但是，国家以怎样的方式来维护市场秩序，确保经济活动的平稳开展，是检验市场经济成色的关键。要确保政府进行必要的市场干预的同时，不损害企业或个人的财产权、自主经营权，就必须确立依法行政原则；要确保市场主体之间的法律争议获得公平、合理、及时的解决，或者要确保市场主体对于政府监管措施的合法性有申诉、寻求救济的机会，就不能不依靠司法机关依法裁判。从本质上讲，法治重塑了一个国家的内部权力结构，让掌握公权力的机关与普通公民或其他社会主体处于在法律面前平等的地位。法律不是强制完成某种任务的工具，而是所有人都必须遵守的共同规则。唯有如此，才能让市场经济有存在和发展的空间。所以说，市场经济必须建立在法治的基础之上。

服务于市场经济的法治建设不是一蹴而就的，而是一个长期的、持续的过程。《宪法》只规定了国家“实行社会主义市场经济”，但与此相关的法治建设的内容极为丰富，在此可以强调几个基本点：其一，现行宪法的基本精神是“改革”，从经济制度上讲，就是逐步转向市场经济，因此，宪法作为根本法，预设了经济体制向着市场经济作不断转变、完善的过程，凡是有利于建成市场经济的相关法律的立、改、废或改革举措，总体上都是符合宪法精神的。其二，宪法本身也随着我国经济发展的实际情况与需要，进行了几次重要的修改，提供了更有利于实行市场经济的一些新的根本规范。例如 1993 年《宪法》修改，在确立“实行社会主义市场经济”的同时，也加入了“国有企业在法律规定的范围内有权自主经营”“集体经济组织在遵守有关法律的前提下，有独立进行经济活动的自主权”等条文，将国有企业、集体经济组织从过去的国家计划的僵硬束缚之下释放出来，赋予其经营自主权；1999 年《宪法》修改，将过往作为经济制度基础的公有制修改为“公有制为主体、多种所有制经济共同发展”，将按劳分配修改为“按劳分配为主体、多种分配方式并存”，从而为社会上不断扩大的多种所有制形态和不断创新的、符合市场经济一般经验的多种分配方式提供了宪法层面的明确正当性；2004 年《宪法》修改，特别加入了“公民的合法的私有财产不受侵犯”，还将此前国家对非公有制经济“实行引导、监督和管理”修改为“国家鼓励、支持和引导非公有制经济的发展，并对非公有制经济依法实行监督和管理”，从而推动了市场经济的进一步法律化、完备化。其三，宪法明确要求加强市场经济所需的法律体系的建设。宪法不是百科全书，而是集中规定国家的根本制度和根本任务，同时委托立法机关和其他有权机关以法律的方式进一步丰富市场经济的制度内涵。2020 年通过的《民法典》就是实行社会主义市场经济的法律基础之一，其第 1 条明确表示“根据宪法，制定本法”，这尤其是指其落实了“国家实行社会主义市场经济”这一条宪法规范的要求。

4. 社会主义市场经济以实现共同富裕为目标

在中国共产党第二十次全国代表大会上，习近平总书记作报告时指出，“共同富裕是中国特色社会主义的本质要求……我们坚持把实现人民对美好生活的向往作为现代化建设的出发点和落脚点……着力促进全体人民共同富裕，坚决防止两极分化”[①]。经过改革开放几十年的发展，尤其是自确立社会主义市场经济体制以来，我国的国民生产总值取得了大幅度提升，社会财富与国家财政得到充分积累，人民生活水平总体上也取得了长足进步。经济繁荣衍生社会阶层的流动、变化，同时伴随着发展不平衡、贫富差距拉大的问题。这就是执政党郑重提出“共同富裕”作为现代化建设的战略目标的时代背景。社会主义市场经济与追求共同富裕是完全一致的。实行市场经济，不仅从根本上有利于发展生产力，从而“把蛋糕做大”，同时也能够通过完备的法律制度、借由政府的合理调节与兜底保障，“把蛋糕分好”[②]。

促进全体人民共同富裕，是在我国已经实现多年经济高速增长的现实前提下的最新任务，必须贯彻新发展理念、依靠高质量发展，使整体经济水平和收入水平达到高层次的富裕，使发展成果、发展机会、公共服务实现高层次的共享。2018 年的《宪法》修改，在《宪法》“序言”第七段之中加入“贯彻新发展理念”，就体现了在新时代实现高

① 习近平：《高举中国特色社会主义伟大旗帜 为全面建设社会主义现代化国家而团结奋斗——在中国共产党第二十次全国代表大会上的报告》（2022 年 10 月 16 日），人民出版社 2022 年版，第 22 页。

② 吴敬琏：《全面建设社会主义市场经济体系》，载《法学》2003 年第 5 期。

质量发展的路径选择。这是在现阶段实现共同富裕的前提条件。与此同时，也必须进一步深化收入分配制度改革。《宪法》已经明确了多种分配方式并存的分配制度，这为国家因应社会发展需要合理调节高收入、扩大中等收入群体比重、增加低收入群体收入提供了基本依据，有利于建立初次分配、再分配、三次分配协调配合的整体制度安排，将高质量发展的成果相对均衡地作社会分配。需要指出的是，《宪法》对社会保障的重视其实是一以贯之的，以第 14 条第 4 款“国家建立健全同经济发展水平相适应的社会保障制度”以及第 45 条有关公民“从国家和社会获得物质帮助的权利”的规定、国家发展“社会保险、社会救济和医疗卫生事业”的积极义务的规定为典型。社会保障是促成实现共同富裕的托底手段，尤其对于低收入群体至关重要。可以认为，这是我国《宪法》为实现共同富裕所奠定的坚实规范基础之一。

《宪法》既然确认了共同富裕作为国家在现阶段根本任务的地位，那么“必然意味着未来需要对国家政策和法律制度进行系统性调整”[①]，包括社会保障法、税法、民法等法律部门在内，均有必要也完全有可能在规范要素和适用方式上因应共同富裕的目标导向，作出一定的调适与改进。

三、延伸阅读

2018 年以前在讨论市场经济宪法规范属性时，学界讨论的主要焦点是，总纲中的市场经济是作为国家指导性政策，还是一种调整经济生活的原则？有学者认为，这一规范是“具有政策性构造的法规范，因其结构上的开放性而具有宪法原则所必须的分量，呈现一种‘原则核心外包裹着政策外衣’的双重规范结构”。对涉及国家基本政策或者发展目标的条款的解释方式是多种多样的，上述观点提出了市场经济这一特殊的规范结构中如何妥善处理政策、规则与原则问题，并强调了宪法规范体系的价值多元性。但对《宪法》第 15 条的规范性理解是有一定共识的，即使有政策性功能，仍通过具体规范得到落实。如赋予一个宪法规范过多的价值功能，有可能导致规范本身的疲软与碎片化。

2018 年修宪将“坚持社会主义市场经济”写入序言中，使之成为国家发展目标之一，实际上强化了市场经济的宪法地位与功能。从国家发展目标的层次看，“发展社会主义市场经济”列于“发展社会主义民主、健全社会主义法治”之前，作为“不断完善社会主义的各项制度”首要任务。但序言中的“发展社会主义市场经济”是一种目标的指引，并不影响《宪法》第 15 条“实行社会主义市场经济”规范效力。国家政策一旦进入规范体系，就变为确定性的规则，虽有“政策外衣”，但本质上已转化为具体规范，被纳入宪法解释的具体范畴之中。即使存在某种引导性、指导性的政策规范，亦不具有直接的法律效力，无法约束具体的行为。长期以来，在宪法规范的属性上，我们习惯于以政策性思维代替法律思维，往往把宪法规范“泛政策化”，使其失去了应有的法律属性。

从宪法规范的结构看，“社会主义市场经济”基本要义在于市场在资源配置中起决定作用，体现公平、公正与透明。要充分发挥这种作用的前提是，既有市场本身的充分竞

---

① 张翔：《“共同富裕”作为宪法社会主义原则的规范内涵》，载《法律科学（西北政法大学学报）》2021 年第 6 期，第 30 页。

争与开放等内在条件，又有政府足够的中立，防止滥用行政权力干预甚至构成行政垄断的外在条件。因此，宪法上的市场经济的意义在于，它既是对市场手段合法性的确认，同时也是对政府权力的直接约束。从宪法的功能看，市场经济是对计划经济效力的否定，政府可以参与配置资源，但政府不能以此作为决定性手段。市场自发调节手段对于行政手段的优先性，能够靠市场解决的问题不要采取行政命令和强制手段。

市场经济规范包含的因素主要有：（1）在所有制结构上，坚持公有制为主体，多种所有制经济共同发展，建立适应市场经济发展要求的所有制结构，确保产权清晰、政企分开；（2）在分配制度上，坚持以按劳分配为主体，多种分配方式并存；（3）在调控方式上，完善宏观调控，转变政府职能；（4）建立社会保障制度，实现社会正义，关注弱势群体；（5）市场经济是法治经济，要建立适应市场经济的法律体系。可以说，中国宪法文本上的"社会主义市场经济"是现实与未来、规范与价值、公平与效率有机结合的市场经济体制。

总之，"社会主义市场经济"作为宪法规范，是有关市场经济的政策与原则的法治化，具有严格的法律规范要素，对整个国家的经济生活、经济政策、企业自主权以及贸易等领域发挥统一规范的作用。如果把市场经济条款解释为政策性规范，就会影响宪法规范的稳定性与确定性，使市场经济本身的规范性无法得到维护。因此，对宪法文本上的"社会主义市场经济"宜采用体系化解释方法，将《宪法》第 15 条中的社会主义、市场经济与其他相关条款有机结合起来，提炼出市场经济的宪法逻辑与解释路径。

（韩大元：《中国宪法上"社会主义市场经济"的规范结构》，载《中国法学》2019 年第 2 期。）

第二节 政治制度

一、人民代表大会制度

（一）基本理论与概念

1. 人民代表大会制度是以人民代表大会作为人民行使国家权力的机关，并以此为组织枢纽建立全部国家机构体系的制度，是我国的根本政治制度。

2. 人民代表大会受人民委托行使国家权力，是"国家权力机关"。《宪法》第 57 条规定，全国人民代表大会是"最高国家权力机关"。不过，权力机关并不是直接、具体地行使所有国家权力，而是按照公共职能的不同分工，进一步地产生国家行政机关、监察机关、审判机关、检察机关等，由这些专门的国家机关去行使相应的职权（《宪法》第 3 条）。

3. 人民代表大会的组成人员，即"人大代表"，是经由选举而产生的，因此保持着与人民的政治联系，并代表人民具体地行使国家权力。除乡、镇人民代表大会的代表和区、县人民代表大会的代表之外，其他更高层级的人民代表大会的代表均采取间接选举的方式产生——由下一级的人民代表大会，而不是选民直接选举产生。

4. 我国选举制度的基本原则包括普遍性原则、平等性原则、直接选举与间接选举并用原则、无记名投票原则。

（二）重点解析与前沿

1.《宪法》中的人民代表大会制度

现行《宪法》是1982年12月4日颁布实施的。当时的历史背景是，党的十一届三中全会已经决定将党和国家的工作中心转移到经济建设上来，并且国家在各个方面都开启了改革开放的进程。“新宪法”处在国家历史转折的关口，需要反映时代的新气象。人民代表大会制度自1950年代建立以来，积累了几十年的经验，有必要作进一步的改进，以适应新的改革年代。因此，1982年宪法包含了对人民代表大会制度的一些很重要的新规定，可以概括为以下几个方面：第一，扩大全国人大常委会的职权，加强它的组织；第二，在全国人大之内增设专门委员会，承担审议议案等工作；第三，加强地方各级人大常设机构组织建设，赋予地方人大立法权；第四，加强全国人大常委会组成人员的专职性，明确禁止其兼任其他国家机关职务。

我们逐渐认识到，专职性是任何一个国家机构充分履职行权的关键。全国人民代表大会的代表人数多，并且来自社会各行各业，并不脱离其“本职工作”，因此全国人大代表是“非全职”的代表。在全国人大开会期间，代表们聚集在一起，依法行使职权。但大会会期很短，通常不超过2周。这导致法律上规定给大会的权力虽然很多，但实际行使的情况不够理想，“最高权力机关”的地位尚未真正实现。全国人大常委会是全国人大的常设机关（《宪法》第57条），是一个保持日常运作、人员构成上更具专职性的机关。全国人大常委会是由大会选举产生的，从民主授权的传输链条来看，其地位具有正当性，并且全国人大常委会组成人员（即“委员”）在1980年代初期就已经达到了较高的专职化水平，因此全国人大常委会能够较好地行使其法定权力。1982年修宪的思路是：抓住人大制度之中“专职性”的部分，扩大其权力或赋予新的权力，从而在总体上加强人大制度。[①] 以立法权为例：现行宪法相比于1954年宪法对全国人大常委会进行了大幅扩权。此前仅有全国人大有权制定法律，现行《宪法》明确规定全国人大与全国人大常委会都有立法权（《宪法》第58、62、67条）。这一创新规定取得了非常好的效果，四十多年来，全国人大常委会在立法工作上发挥了主要作用。尽管大会会期短、代表非专职这两项结构性特征一直没有改变，但其对法制建设的潜在不利影响被最大限度地克服了。

全国人大的各专门委员会也是实际上的常设机构，在大会开会或闭会期间都保持运作，负责“研究、审议和拟定有关议案”（《宪法》第70条）以及其他工作。1982年宪法最初设立了民族委员会等6个专门委员会，并且规定可以“设立其他需要设立的专门委员会”。这比1954年宪法有所加强。截至目前第十四届全国人大任期内，已经增至10个专门委员会，这就进一步加强了全国人大开展实际工作的能力。

地方各级人大设立常务委员会，也是改革开放年代对原来的人民代表大会制度的突破。1950年代的地方各级人大是没有常设机关的，导致地方人大职权虚置、地位虚化。1979年制定的《地方各级人民代表大会和地方各级人民政府组织法》[②] 规定地方各级人大设立常务委员会，1982年宪法对此予以完全确认，于是，我国各级地方全国人民代表

① 参见彭真在五届全国人大五次会议上所作的《关于中华人民共和国宪法修改草案的报告》（1982年11月26日）。

② 该法最近一次修正在2022年。

大会也都具有了基本的常设机关。过去四十多年，地方各项公共事务——不论是地方立法、监督，还是各级行政区划内重大事项的审议与决定，得以实质性地开展，都得益于这种创新性的组织安排。

2. 各级人民代表大会的组织架构与工作方式

人民代表大会的组织架构决定了其工作方式。现行宪法加强了各级人大常委会的组织，因此人大常委会的组织方式逐步呈现出自己的特点。总体而言，各级人大的组织与运作可以分别从人大与常委会两方面来把握。

以全国人大为例：根据《宪法》，全国人大由各省、自治区、直辖市、特别行政区和军队的代表组成，每一届任期5年。全国人大代表是由选举产生的，该选举由全国人大常委会主持——每一届全国人大“任期届满的两个月以前”，由本届常委会负责完成选举下一届全国人大代表的工作（《宪法》第60条第2款）。当选的新一届全国人大有权选举产生新的常委会（《宪法》第65条），设立专门委员会（《宪法》第70条），如有必要可组织关于特定问题的“调查委员会”（《宪法》第71条）。常委会、专门委员会的任期与大会是保持一致的（唯一例外是上届常委会工作至新一届大会召开时止）。

全国人大每年举行一次会议，《宪法》也规定了临时召集会议的条件。根据《全国人民代表大会组织法》，全国人大会议开幕之前要举行预备会议，选举产生“本次会议的主席团和秘书长，通过本次会议的议程和其他准备事项的决定”。主席团负责主持该次大会，秘书长及其领导之下的秘书处根据主席团的指示处理会议日常事务工作。因此，主席团与秘书处是每一次会议期间专门产生并服务于该次会议的，并非常设机构。在会议举行期间，全国人大主席团、常委会①、各专门委员会、一个代表团（例如某省代表团）或30名以上的代表联名，可以提出大会职权范围内的议案；此外，国务院、中央军事委员会、国家监察委员会、最高人民法院、最高人民检察院也可以提出议案。每年一次的会议是全国人大行使职权的主要平台和形式。

全国人大常委会是全国人大的常设机关，在全国人大闭会期间，全国人大常委会依法独立运作。全国人大常委会基本上定期举行会议——目前的做法是每两个月举行一次会议，但近年来有一些依法增开会议的情况出现——该会议是能够以“全国人大常委会”的名义行使其各项法定职权的唯一载体；在会议以外的时间，全国人大常委会仍然“办公”，以便处理其他工作。

全国人大常委会由委员长、副委员长若干人、秘书长和委员若干人组成——这就是全国人大常委会的组成人员，也就是必须出席会议，从而参与审议、表决等程序的人员。其中，委员长、副委员长和秘书长又组成委员长会议，行使一系列极为重要的程序性和实体性的权力，实际上领导着全国人大常委会的工作——委员长会议扮演重要角色，也是我国人民代表大会制度的一大特点。全国人大常委会另设有办公厅、代表资格审查委员会、法制工作委员会、预算工作委员会、代表工作委员会②、香港基本法委员会、澳门

① 全国人大会议期间，全国人大常委会作为其组成部分参与到大会的各项议程与工作之中。

② 第十四届全国人大常委会第三次会议于2023年6月28日通过《关于设立全国人大常委会代表工作委员会的决定》，正式设立全国人大常委会代表工作委员会。

基本法委员会，它们辅助全国人大常委会履行职权、开展工作。全国人大常委会作为常设机构，其最重要的人员分类就是组成人员与其他工作人员。组成人员是在法律意义上构成全国人大常委会的人员，仅包括上述几类，其中部分人员仍然不是专职委员，但根据《宪法》和《全国人民代表大会组织法》一定不能同时兼任其他国家机关的职务；其他工作人员则是指在办公厅、法制工作委员会等工作机构之中工作的人员，这些人员都是专职或全职的。实践经验表明，这些工作人员对于全国人大常委会保持日常运转、充分发挥国家权力机关常设机关的作用，是十分重要、不可或缺的。

全国人大常委会行使其法定职权，例如立法、作出人事任免，都必须借助常委会会议的形式来完成，因此常委会会议是全国人大常委会最为重要的活动方式。但是，在没有举行这个会议的时候，可能举行委员长会议，办公厅等工作机构也在开展工作，既可能是准备议案之类为常委会会议做准备的工作，也可能是为落实常委会会议的决议、决定而进行的后续联络、督促工作。

3. 人民代表大会与其他国家机关的关系

如上文所述，人民代表大会制度是一个广义的称呼，不仅包括各级人大及其常委会如何组织、运作，也包括如何处理各级人大与其他国家机关之间的关系。《宪法》第 3 条第 3 款规定，国家行政机关、监察机关、审判机关、检察机关都由人民代表大会产生，对它负责，受它监督。这是对各级人大与同级其他国家机关之间关系的总括式定义。可以看出，人民代表大会具有基础性、优越性的地位，行政机关等各个专门性的国家机关面对人民代表大会处于一种单向的负责或问责关系之中，它们不能反向监督人民代表大会。

具体而言，《宪法》以及其他重要的宪制法（如《全国人民代表大会组织法》《地方各级人民代表大会和地方各级人民政府组织法》《各级人民代表大会常务委员会监督法》等），通过对各级人大及其常委会的授权，建立起人大与其他国家机关之间的关系。

第一，机构创建关系。各级行政机关、监察机关、审判机关、检察机关的组成人员是由本级人大及其常委会选举或决定任命的，例如：全国人大根据国家主席的提名，决定国务院——最高国家行政机关——总理的人选；最高人民法院院长由全国人大选举产生。《宪法》同时还规定了罢免权，全国人大对于由其选举或决定产生的国家机关组成人员可以予以罢免，这在逻辑上体现了任免权的延伸，进一步巩固了人民代表大会对于其他国家机关的机构创建关系。

第二，监督关系。监督是特定主体对于其他主体的从旁审视、问责乃至依法处置，从而确保被监督者依法履职或正当履职。人大对其他国家机关拥有广泛的监督权力，也称作“人大监督”。从理论上讲，人大监督的必要性与合理性来自两个方面：其一是上述机构创建关系——因为人大掌握了其他国家机关的人事任免权，所以对其他国家机关履职予以监督是自然而然的结果；其二是权力监督与制约这项普遍原理的要求——任何国家权力的行使都必须接受监督，而各级人大作为权力机关，是直接代表人民的，因此适合扮演监督者角色。《宪法》第 67 条第 6 项规定，全国人大常委会“监督国务院、中央军事委员会、国家监察委员会、最高人民法院和最高人民检察院的工作”。这是概括式地确认监督与被监督的关系，但人大监督的具体方式、手段、程序与效果，也需要有相应的具体规范予以确定，例如《各级人民代表大会常务委员会监督法》第二章就专门规定了各级人大常委会听取和审议人民政府、人民法院和人民检察院的专项工作报告的相关程序和形式。人大监督也应当是依法监督。

第三，权力分工关系。我国《宪法》贯彻了权力分工原则。[①] 这项原则不仅体现在行政机关、监察机关、审判机关、检察机关、国家军事领导机关彼此之间的专业化分工以及各自的独立机构建制，也体现在人大与这些机关之间的权力分工。全国人大是最高国家权力机关，但不是全权机关。在《宪法》或其他法律将特定职权授予某个特定国家机关之后，全国人大并不能抽象地凭借其“最高权力机关”的身份去代行、阻碍乃至取回已经授出的相关职权。[②] 权力分工关系可以分为两类：第一类，不同类型的权力被分别授予人大和其他国家机关，如执法权归属行政机关，审判权归属审判机关。第二类，同一类型的权力被分割为不同部分，分别交给人大和其他国家机关，如全国人大有权批准省、自治区、直辖市的建制，国务院有权批准省、自治区、直辖市的区域划分，批准自治州、自治县、市的建制和区域划分；又如全国人大及其常委会有权制定法律，而国务院有权制定行政法规——后者也是我国法律体系的重要组成部分。总之，各级人大与其他国家机关一样，都必须依宪依法履职行权，不能将宪法条文中对机构属性的抽象确认与对机构职权的具体授予相混淆，也不能将自身和其他国家机关之间的权力分工关系与监督关系相混淆。

（三）延伸阅读

人民代表大会制度是我国的根本政治制度，这是因为：（一）它直接地全面地反映了我们国家的阶级本质。我国人民代表大会制度鲜明地反映出工人阶级（经过共产党）的领导地位，并通过各方面的代表反映出社会各阶级、阶层在国家中的政治地位。这是最能包括一切人民群众的代表的机构，是人民行使当家作主权力的国家机关。（二）它代表了我国政治生活的全面。我国有许多制度，如婚姻制度、司法制度、财政制度、军事制度、教育制度等等，这些制度只能表现我国政治生活的某一方面，而不能代表全面。人民代表大会制度则代表了我国政治生活的各方面，为制定各方面的制度奠定了法律基础。（三）它是国家力量的源泉。我国人民代表大会制度是人民革命斗争胜利的产物，不是依靠从前任何法律的规定而产生的。人民代表大会从产生的那天起，就是人民行使当家作主权力的机关，它享有立法权、组织国家机关的权力和对国家的重大问题作出决定的权力，没有任何其他国家机关的权力能驾于人民代表大会之上。（四）它建立和组织国家机关。我国的其他国家机关都是由人民代表大会建立的，对人民代表大会负责，受人民代表大会的监督。只有人民代表大会才能创立和制定各种制度、法律、法令和法规，而其他任何制度则必须经过人民代表大会批准，或者由它授权的机关批准，方能生效。

（肖蔚云、魏定仁、宝音胡日雅克琪编著：《宪法学概论》，北京大学出版社 1982 年版，第 221 页。）

---

① 参见钱坤、张翔：《从议行合一到合理分工：我国国家权力配置原则的历史解释》，载《国家检察官学院学报》2018 年第 1 期。

② 参见黄明涛：《最高国家权力机关的权力边界》，载《中国法学》2019 年第 1 期。

二、中国共产党领导的多党合作和政治协商制度

（一）基本理论与概念

1. 中国共产党领导的多党合作和政治协商制度是中国的一项基本政治制度。

2. 中国共产党是宪法确认的执政党，此外，我国有 8 个参政党，分别是中国国民党革命委员会、中国民主同盟、中国民主建国会、中国民主促进会、中国农工民主党、中国致公党、九三学社、台湾民主自治同盟。

3. 中国人民政治协商会议，简称“人民政协”或“政协”，是中国人民爱国统一战线的组织，是中国共产党领导的多党合作和政治协商的重要机构，是我国政治生活中发扬社会主义民主的重要形式，是国家治理体系的重要组成部分。

（二）重点解析与前沿

中国共产党领导的多党合作和政治协商制度既根植于中国土壤、彰显中国智慧，又积极借鉴和吸收人类政治文明优秀成果，是中国新型政党制度。《宪法》“序言”第十段特别表明，“中国共产党领导的多党合作和政治协商制度将长期存在和发展”。

中国共产党领导的多党合作和政治协商制度，是马克思主义统一战线理论、政党理论、社会主义民主政治理论与中国具体实践相结合的产物。1949 年 9 月，中国人民政治协商会议的召开，标志着中国共产党领导的多党合作和政治协商制度正式确立。党的十一届三中全会以后，中国共产党带领全国各族人民开辟了中国特色社会主义道路，根据形势需要和任务的变化，中国共产党提出“长期共存、互相监督、肝胆相照、荣辱与共”的十六字方针，逐步确立了民主党派在我国国家政权中的参政党地位。

中国共产党领导的多党合作和政治协商制度的显著特征是：第一，在政党关系上，坚持中国共产党领导、多党派合作；第二，在政权运作方式上，坚持中国共产党执政、多党派参政；第三，在协调利益方面，坚持维护国家和人民的根本利益，照顾同盟者的具体利益；第四，在民主形式上，坚持充分协商、广泛参与。

在实践中，人民代表大会与人民政治协商会议大致同期召开，各级政协委员被邀请列席人大全体会议，已经形成了惯例，也就是通称的“两会”。与人民代表大会不同，人民政协不是国家机关，它由党派团体和界别代表组成，政协委员不是由选举产生，而是由各党派团体协商产生。人民政协的履职主要体现为政治协商、民主监督、参政议政等几个方面。

（三）延伸阅读

党的十八大以来，我们总结经验，对人民政协工作提出了一系列新要求，主要有以下几个方面。

一是加强党对人民政协工作的领导。中国共产党的领导是包括各民主党派、各团体、各民族、各阶层、各界人士在内的全体中国人民的共同选择，是成立政协时的初心所在，是人民政协事业发展进步的根本保证。要把坚持党的领导贯穿到政协全部工作之中，切实落实党中央对人民政协工作的各项要求。

二是准确把握人民政协性质定位。人民政协作为统一战线的组织、多党合作和政治协商的机构、人民民主的重要实现形式，是社会主义协商民主的重要渠道和专门协商机

构，是国家治理体系的重要组成部分，是具有中国特色的制度安排。人民政协要坚持性质定位，坚定不移走中国特色社会主义政治发展道路。

三是发挥好人民政协专门协商机构作用。协商民主是实现党的领导的重要方式，是我国社会主义民主政治的特有形式和独特优势。要发挥好人民政协专门协商机构作用，把协商民主贯穿履行职能全过程，坚持发扬民主和增进团结相互贯通、建言资政和凝聚共识双向发力，积极围绕贯彻落实党和国家重要决策部署情况开展民主监督。

四是坚持和完善我国新型政党制度。中国共产党领导的多党合作和政治协商制度是我国的一项基本政治制度，是从中国土壤中生长出来的新型政党制度，人民政协要为民主党派和无党派人士在政协更好发挥作用创造条件。

五是广泛凝聚人心和力量。人民政协要发挥统一战线组织功能，坚持大团结大联合，坚持一致性和多样性统一，不断巩固共同思想政治基础，加强思想政治引领，广泛凝聚共识，努力寻求最大公约数、画出最大同心圆，汇聚起实现民族复兴的磅礴力量。

六是聚焦党和国家中心任务履职尽责。人民政协要以实现第一个百年奋斗目标、向第二个百年奋斗目标迈进为履职方向，以促进解决好发展不平衡不充分的问题为工作重点，紧紧围绕大局，瞄准抓重点、补短板、强弱项的重要问题，深入协商集中议政，强化监督助推落实。

七是坚持人民政协为人民。人民政协要把不断满足人民对美好生活的需要、促进民生改善作为重要着力点，倾听群众呼声，反映群众愿望，抓住民生领域实际问题做好工作，协助党和政府增进人民福祉。

八是以改革创新精神推进履职能力建设。人民政协要坚持改革创新，着力增强政治把握能力、调查研究能力、联系群众能力、合作共事能力。要加强委员队伍建设，教育引导委员懂政协、会协商、善议政，守纪律、讲规矩、重品行。

70年的实践证明，人民政协制度具有多方面的独特优势。马克思、恩格斯说过："民主是什么呢？它必须具备一定的意义，否则它就不能存在。因此全部问题就在于确定民主的真正意义。"实现民主政治的形式是丰富多彩的，不能拘泥于刻板的模式。实践充分证明，中国式民主在中国行得通、很管用。新形势下，我们必须把人民政协制度坚持好、把人民政协事业发展好，增强开展统一战线工作的责任担当，把更多的人团结在党的周围。

（习近平：《在中央政协工作会议暨庆祝中国人民政治协商会议成立70周年大会上的讲话》，载《求是》2022年第6期。）

三、民族区域自治制度

（一）基本理论与概念

1. 民族区域自治制度是我国的一项基本政治制度，是中国特色解决民族问题正确道路的重要内容和制度保障。

2. 民族自治地方分为自治区、自治州、自治县三级。

（二）重点解析与前沿

民族区域自治制度是我国一项基本政治制度。民族区域自治是中国共产党把马克思主义民族理论同中国实际相结合的产物，单一制民主集中原则下的民族区域自治这个“新办法”，既体现了对中华民族一体性的维护，又体现了对各民族多元性的尊重。我国《宪法》对这一制度作出明确规定，并且专门制定《中华人民共和国民族区域自治法》（以下简称《民族区域自治法》）来规范和保障这一制度的实施。《宪法》在“总纲”中规定：“各少数民族聚居的地方实行区域自治，设立自治机关，行使自治权。各民族自治地方都是中华人民共和国不可分离的部分。”在“国家机构”这一章，它规定了各级国家机关有关民族区域自治的职权，并以专节的形式规定了民族自治地方自治机关及其职权。

1. 民族区域自治是解决我国民族问题的“新办法”。民族区域自治制度，是对苏联模式、任何形式民族自决的自觉摒弃[①]，一以贯之于中国特色解决民族问题的正确道路之中。民族区域自治的基本架构，充分保障和维系了平等团结互助和谐的社会主义民族关系，彰显出推进民族团结进步的内在优势。“民族自决”既不是民族区域自治制度的源流，也不是民族区域自治制度的走向。[②] 民族区域自治制度在国家治理体系和治理能力现代化进程中，充分彰显了其制度有效性。在对民族区域自治制度的理解上，常安教授认为：自《民族区域自治法》颁布以来，民族地区的经济社会面貌发生了翻天覆地的变化，广大少数民族群众的民生福祉与基本权利得到充分改善与保障。因此，不能单纯从司法面向的角度来认定民族区域自治法未得到有效实施。理解民族区域自治法可以从“社会主义”这个民族区域自治法文本中的高频词、民族区域自治制度作为解决我国民族问题“新办法”之本质属性、我国少数民族权利保护的价值基础出发。《民族区域自治法》文本中的“平等、团结、互助的社会主义民族关系”“社会主义现代化建设”“社会主义国家”等表述，凸显了民族区域自治制度在统一多民族国家宪制建构中的独特作用，更阐明了民族区域自治制度不同于古代中国羁縻制度，也非部分国家采取的分权式央地关系的国家结构形式特征和制度本质属性。[③] 民族区域自治制度并非一种差异化政治安排或优惠待遇，其制度要义在于社会主义，通过贯彻社会主义宗旨所要求的群众路线并打造一支具有先锋队精神的少数民族干部队伍，成功地促进了中央政府和各族人民群众的直接沟通，实现“国家在场”这一国家建设的基本前提；通过让各民族人民群众翻身当家作主以及改善少数民族群众民生福祉等社会主义性质的政治举措，培育了各族人民群众对中国共产党和中央政府发自内心的认同，通过社会主义所提供的民族平等之制度前提、社会主义经济制度等制度性质组织模式，以及相关具体实践途径，成功实现了中国各族人民大团结。在社会主义国家单一制、人民共和、中国共产党领导的社会主义政治体制的制度基础上，民族区域自治成功地将统一多民族国家内部不同民族凝聚成为有机整体结构的“中国人民”，实现国家建设的质的飞越。[④]

2. 坚持和完善民族区域自治要做到“坚持统一和自治相结合、民族因素和区域因素相结合”（简称“两个结合”）[⑤]。坚持民族区域自治要坚持统一和自治相结合。团结统一

① 参见国家民族事务委员会编：《中央民族工作会议精神辅导读本》（增订版），民族出版社2019年版，第57页。

② 参见青觉：《民族区域自治：道路选择、制度优势与共同体建设》，载《思想战线》2022年第2期，第46页。

③ 参见常安：《理解民族区域自治法：社会主义的视角》，载《中央社会主义学院学报》2019年第4期。

④ 参见常安：《社会主义与统一多民族国家的国家建设（1947—1965）》，载《开放时代》2020年第1期，第112页。

⑤ 国家民族事务委员会编：《中央民族工作会议精神辅导读本》（增订版），民族出版社2019年版，第63页。

是国家的最高利益，是各民族的共同利益，是实行民族区域自治的前提和基础，没有国家的团结统一，就谈不上民族区域自治。我国采取并实行单一制国家结构形式下的民族区域自制度，根本目的在于实现和维护国家统一与民族团结。李维汉曾指出，“民族区域自治，是中华人民共和国领土之内的，在中央人民政府统一领导下的，遵循着中国人民政治协商共同纲领总道路前进的，以少数民族聚居区为基础上的区域自治”[①]。民族区域自治制度在确保国家法令和政令实施的基础上，依法保障自治地方行使自治权，把国家整体利益和各民族具体利益结合起来，既有利于保障国家统一和民族团结，也有利于保障各民族当家作主的权利。同时，坚持民族区域自治要坚持民族因素和区域因素相结合。我国的各民族交错杂居，在一个自治地方，往往共同生活着多个民族，民族区域自治不是某个民族独享的自治，民族自治地方更不是某个民族独有的地方。民族区域自治不仅使聚居的民族能够享受到自治权利，而且使杂居的民族能够享受到自治权利。我国所有民族自治地方都是中国共产党领导下的地方，都是中华人民共和国的地方，都是全国各族人民共同拥有的地方。在自治地方，各民族享有平等的法律地位，共同建设各项事业，共享建设发展成果。

“两个结合”是坚持和完善民族区域自治制度的着眼点与机制，国家统一才有民族区域自治，民族区域自治是维护国家统一的特殊形式，这是辩证统一的关系。民族区域自治地方事务，既有民族事务的特殊性，又有区域事务的普遍性。对民族事务，“要在确保国家法律和政令实施的基础上，依法保障自治地方行使自治权，给予自治地方特殊支持，解决好自治地方特殊问题”。同时，对民族地区普遍存在的共性问题，如生态保护、边疆建设、教育事业、道路交通等基础设施建设问题，则要通过制定区域性政策加以解决。[②]“两个结合”是对民族区域自治制度实践经验的总结，凸显了民族区域自治制度设置的本质要求。一方面，民族区域自治制度设置的初衷及总体框架的安排，都体现着将统一与自治结合起来的内在要求。民族区域自治是在国家统一优先原则下将少数民族的利益予以合理安排的一项制度设计。另一方面，对于坚持民族因素和区域因素的结合问题，周平教授认为：在统一多民族国家政权和制度框架中设置民族区域自治制度，在制度设计和实施的初期，“各民族按照民族区域自治的原则当家作主，有管理自己内部事务的权利”的性质被凸显和强调。但是，在制度建立起来并进入实施运行阶段，民族自治地方作为一个特定区域所涉及的问题，即区域经济发展和区域内各民族关系问题，逐步地凸显出来，成为直接影响民族区域自治制度的实际效果的根本问题。[③]

3. 铸牢中华民族共同体意识的法治保障。2014 年中央民族工作会议对“民族区域自治”的表述在保持传统话语的同时，进而要求加强“中华民族共同体意识”和各民族交往交流交融，为中国今后民族理论的发展和民族工作指出了大方向。[④] 2021 年中央民族工作会上，提出了习近平总书记关于加强和改进民族工作的重要思想，进一步明确了铸

① 李维汉：《统一战线问题与民族问题》，人民出版社 1981 年版，第 510 页。

② 参见郝时远：《民族区域自治：中央民族工作会议讲了什么?》，载《中央民族大学学报（哲学社会科学版）》2015 年第 2 期，第 10 页。

③ 参见周平：《“两个结合”：民族区域自治制度的圭臬》，载《社会科学研究》2020 年第 3 期，第 56 页。

④ 参见马戎：《中国民族区域自治制度的历史演变轨迹》，载《中央社会主义学院学报》2019 年第 3 期。

牢中华民族共同体意识在民族工作中的主线地位。铸牢中华民族共同体意识作为新时代民族工作主线，需要有科学完备的法律法规体系加以规范、引导、保障。为此，应当发挥宪法作为国家根本大法的作用，挖掘宪法中的铸牢中华民族共同体意识意蕴；以铸牢中华民族共同体意识为主线，坚持和完善民族区域自治制度；建立更为完备的中华文化法律保护体系，为构筑中华民族共有精神家园提供法治保障；以铸牢中华民族共同体意识为衡量标准，加强和改进民族自治地方立法工作；运用法治思维处理民族事务，严格执法、公正司法。① 田钒平教授从规范层面对铸牢中华民族共同体意识的法治保障进行了探讨，提出：构建以宪法及宪法相关法为根基，以民族团结进步促进法为核心，以民法典为依托，以刑法为保障，以其他法律法规、规章和规范性法律文件为补充的法律规范体系，是加强铸牢中华民族共同体意识法治保障的根本前提。②

（三）延伸阅读

1949 年第一届中国人民政治协商会议筹备期间，毛泽东就新中国的国家结构形式问题，征求过当时担任中央统战部部长的李维汉的意见。李维汉对这个问题作过深入的研究。他认为，中国同苏联国情不同，不宜实行联邦制。理由是：（一）苏联少数民族约占全国总人口的 47%，与俄罗斯民族相差不远。我国少数民族只占全国总人口的 6%，并且呈现出大分散小聚居的状态，汉族和少数民族之间以及几个少数民族之间往往互相杂居或交错聚居。（二）苏联实行联邦制是由当时的形势决定的。俄国经过二月革命和十月革命，许多民族实际上已经分离成为不同国家，不得不采取联邦制把按照苏维埃形式组成的各个国家联合起来，作为走向完全统一的过渡形式。我国则是各民族在中国共产党领导下由平等联合进行革命，到平等联合建立统一的人民共和国，并没有经过民族分离。因此，单一制的国家结构形式，更加符合中国的实际情况，在统一的国家内实行民族区域自治，更有利于民族平等原则的实现。

（《民族问题文献汇编》，中共中央党校出版社 1991 年版，第 1095 页。）

1949 年 9 月 7 日，周恩来在中国人民政治协商会议第一届全体会议召开前向政协代表所做的《关于人民政协的几个问题》的报告中提出：“关于国家制度方面，还有一个问题就是我们的国家是不是多民族联邦制。现在可以把起草时的想法提出来，请大家考虑。”他说：“中国是多民族的国家，但其特点是汉族占人口的最大多数，有四亿人以上；少数民族有蒙族、回族、藏族、维吾尔族、苗族、夷族（即彝族）、高山族等，总起来，还不到全国人口的百分之十。当然，不管人数多少，各民族间是平等的。首先是汉族应该尊重其他民族的宗教、语言、风俗、习惯。这里主要的问题在于民族政策是以自治为目标，还是超过自治范围。我们主张民族自治，但一定要防止帝国主义利用民族问题来挑拨离间中国的统一。如英帝国主义对西藏及新疆南部的阴谋，美帝国主义对于台湾及海南岛的阴谋。不错，这些地方是有少数民族的，但是他们一向是在中国领土之内。”“今天帝国主义者又想分裂我们的西藏、台湾甚至新疆，在这种情况下，我们希望各民族不要听帝国主义者的挑拨。为了这一点，我们国家的名称，叫中华人民共和国，而不叫

① 参见常安：《依法治理民族事务 铸牢中华民族共同体意识的法治保障》，载《中华民族共同体研究》2022 年第 1 期。

② 参见田钒平：《铸牢中华民族共同体意识的规范基础及其构建路径》，载《民族学刊》2023 年第 1 期。

联邦。今天到会的许多人是民族代表，我们特地向大家解释，同时也希望大家能同意这个意见。我们虽然不是联邦，但却主张民族区域自治，行使民族自治的权力”。

（《周恩来统一战线文选》，人民出版社 1984 年版，第 139－140 页。）

四、基层群众自治制度

（一）基本理论与概念

1. 基层群众自治制度是指依照宪法和有关法律规定，由居民（村民）选举的成员组成居民（村民）委员会，实行自我管理、自我教育、自我服务、自我监督的制度，是我国的一项基本政治制度。

2. 居民委员会和村民委员会是基层群众性自治组织的两种基本形式。它们既不是国家政权的下级组织，也不从属于居民（村民）居住地范围内的其他任何社会组织。它们以自治为最主要的特点，办理居民（村民）居住范围内社区的公共事务和公共事业。

3. 居民委员会根据居民居住状况，以便于居民自治为设立原则，其设立、撤销、规模调整，由不设区的市、市辖区的人民政府决定。居民委员会由主任、副主任和委员组成，由本居住区全体有选举权的居民或者由每户派代表选举产生，每届任期 5 年，可连选连任。

（二）重点解析与前沿

1. 基层群众性自治组织与基层政权的关系

第一，基层群众性自治组织遵守和贯彻基层人民代表大会的决议和决定，依法参与有关基层人民代表大会的活动并反映居民（村民）的意见和要求；基层人民代表大会对基层群众性自治组织进行监督，保证宪法、法律及有关决定、决议的实施，对基层群众自治工作给予指导、帮助和支持。第二，基层群众性自治组织协助基层人民政府开展工作。基层人民政府对基层群众性自治组织予以指导、帮助和支持，但不得干预依法属于村民自治范围内的事项。

2. 基层民主是全过程人民民主的重要体现

党的二十大报告指出，“全过程人民民主是社会主义民主政治的本质属性，是最广泛、最真实、最管用的民主”。基层民主是社会主义民主政治的重要组成部分，也是基础性工程。彭真指出：“没有群众自治，没有基层直接民主，村民、居民的公共事务和公益事业不由他们直接当家作主办理，我们的社会主义民主就还缺乏一个侧面，还缺乏全面的巩固的群众基础。”①

人民群众生活在基层，在基层实行直接民主，与人民群众切身利益密切相关，因此人民群众愿意主动参与进来。在基层治理中，由人民群众自己直接行使民主权利，依法决定和管理自己的事情，是最广泛、最真实、最管用的民主实践。进入新时代，基层民主实践更加活跃，基层民主活力进一步增强，以基层恳谈会、村（居）民论坛、社区议事会、人大代表和政协委员联席会等为形式的基层民主创新大量涌现，基层民主实践的大量做法和经验被上升为正式制度，在为全过程人民民主注入活力的同时，也构成了

① 彭真：《通过基层自治实行基层直接民主》，载《彭真文选（一九四一——一九九〇年）》，人民出版社 1991 年版，第 608 页。

“接地气”的社会主义宪法实践创新。

3. 基层群众自治制度是我国基层民主的制度载体

自党的十二大以来，历次党的全国代表大会都对发展基层民主提出与时俱进的具体要求。党的十七大报告首次将基层民主纳入社会主义民主政治的总体框架，明确提出要坚持和完善人民代表大会制度、中国共产党领导的多党合作和政治协商制度、民族区域自治制度以及基层群众自治制度，从而共同构成了中国特色社会主义民主制度体系的“四梁八柱”①。

基层群众自治制度是基层民主的制度化和规范化，对于基层民主的发展具有基础性的推动作用。基层群众自治制度旨在通过基层群众自治，由人民群众对基层事务实行自我管理、自我教育、自我服务、自我监督，实现人民当家作主。

《宪法》第111条规定了基层群众自治制度。从《宪法》文本安排的角度，要思考的是：基层群众性自治组织并非国家机构，但为何要将其规定于《宪法》“国家机构”一章？这背后是对当时特定历史背景下国家治理体制转型的现实考量，即通过设立群众性自治组织和乡政权，改变农村人民公社的政社合一体制。② 但从基层群众自治的实践发展来看，在“国家机构”一章设置基层群众性自治组织，实则体现了基层群众自治与国家治理的内在关联。基层群众性自治组织的设置，目的在于创造一个训练民主技巧、适应民主生活的制度平台和自治空间，具有三个功能：通过自我管理、自我教育、自我服务、自我监督，自主办理所在基层公共事务和公益事业，实行基层自治；通过调解民间纠纷、协助维护社会治安，维持基层社会秩序，分担国家治理负担；向国家反映基层群众意见要求和提出建议，发挥国家与基层群众的沟通功能。③

4. 基层群众自治的主要形式

基层群众自治主要包括农村村民自治和城市居民自治两种形式。农村村民自治的宪法内涵在于通过集体资源的民主分配、经营和开发利用，自主解决公共问题，促进集体生活单元的自我发展。在制度上，一方面，通过民主讨论和民主决定的方式分配集体资源，满足村民需要；另一方面，通过“村民（代表）大会—村委会—村务监督机构”的自治权力架构，让作为执行组织的村委会在村民意志的控制和监督下处理本村公共事务、管理集体事项。

在传统“单位制”解体的背景下，为满足城市基层自治单元重塑的需要，城市对已经实行的农村村民自治制度进行了经验移植，创设了城市居民自治制度。不过，相比较村民自治，居民自治有三点不同：一是自治资源缺乏。居委会既无土地资源，也无居民集体经济。二是自治根基不强，熟人型的老社区正逐渐消失，城市的流动性增强和住房商品化不断加剧着居民间的陌生性。三是自治需求不强烈。与农业生产所要求的互助性不同，居民生活维系于职业组织，生活空间相对自足，公共服务一般采取市场模式。以

① 施芝鸿：《基层民主是全过程人民民主的重要体现》，载《党的二十大报告辅导读本》，人民出版社2022年版，第372页。

② 参见彭真：《关于中华人民共和国宪法修改草案的报告》，载《彭真文选（一九四一——一九九〇年）》，人民出版社1991年版，第454页。

③ 参见秦小建：《中国宪法体制的规范结构》，载《法学评论》2021年第2期，第68页。

上三点，决定了居委会更多作为事务性组织而非自治组织的特质。[①] 但这并不意味着城市基层自治失去基础。事实上，相较于农村，城市基层自治的形式相对多元。具有共同诉求的业主委员会、城市职业组织和社会组织，均是滋养城市基层自治土壤的重要方式。当前应注意的一个问题是，在城镇化背景下，"村改居"将原先的自治单元消解，势必引发基层自治弱化，而其他自治方式又无从跟进。这一问题如不解决，城镇化愈是加快，国家治理的压力便愈大。

健全以职工代表大会为基本形式的企事业单位民主管理制度，是基层群众自治制度在新时代的发展要求。党的十九届四中全会提出"全心全意依靠工人阶级，健全以职工代表大会为基本形式的企事业单位民主管理制度"，党的二十大对此再次提出要求。健全企事业单位民主管理制度的要求，"体现了我们党全心全意依靠工人阶级这一根本方针的要求，体现了我国是工人阶级领导的、以工农联盟为基础的人民民主专政社会主义国家这一国体的要求"[②]。职工代表大会是职工对企事业单位实行民主管理的基本形式，企业民主管理是工人阶级当家作主最直接的体现形式，其目的就是探索职工参与管理的有效方式，保障职工群众的知情权、参与权、表达权、监督权，更好维护职工合法权益。

5. 基层群众自治制度与基层社会治理创新

健全党领导的基层群众自治机制，是提高基层治理水平、推动基层治理创新的制度举措。拓宽人民群众有序参与基层治理的渠道，增强基层群众的民主意识和民主能力，把民主选举、民主协商、民主决策、民主管理、民主监督贯穿基层治理的全过程，推动建设人人有责、人人尽责、人人享有的基层治理共同体，是发展基层民主、健全基层群众自治制度的主要目标。

新时代"枫桥经验"是中国特色社会主义基层治理的典型经验，其主要路径在于坚持自治、法治、德治"三治融合"。坚持和发展新时代"枫桥经验"，实质在于"健全党组织领导的自治、法治、德治相结合的城乡基层治理体系"。"三治融合"的新时代"枫桥经验"主要有以下三点：第一，自治是基础。探索基层自治实现途径，健全基层党组织领导的基层群众自治机制，着力推进基层直接民主制度化、规范化、程序化，是推进基层群众自治制度的中心任务。第二，法治是保障。引导基层社会成员尊法用法守法，运用法治思维和法治方式破解社会治理难题、推进社会治理，是推进社会治理法治化的主要路径。第三，德治是引领。积极培育和践行社会主义核心价值观，通过典型榜样示范、乡规民约规范、生活礼俗教化，引导群众明是非、辨善恶、守诚信、知荣辱，为推进社会治理现代化凝聚精神力量。

（三）延伸阅读

基层民主是全过程人民民主的重要体现。健全基层党组织领导的基层群众自治机制，加强基层组织建设，完善基层直接民主制度体系和工作体系，增强城乡社区群众自我管理、自我服务、自我教育、自我监督的实效。完善办事公开制度，拓宽基层各类群体有

---

① 《城市居民委员会组织法》第 3 条确认了居委会的任务主要是宣传国家政策、协助处理国家事务等工作。与村委会相比，居委会自我管理、自我教育和自我服务的自治色彩相对较弱。

② 詹成付：《健全充满活力的基层群众自治制度》，载《〈中共中央关于坚持和完善中国特色社会主义制度、推进国家治理体系和治理能力现代化若干重大问题的决定〉辅导读本》，人民出版社 2019 年版，第 237 页。

序参与基层治理渠道，保障人民依法管理基层公共事务和公益事业。全心全意依靠工人阶级，健全以职工代表大会为基本形式的企事业单位民主管理制度，维护职工合法权益。

（习近平：《高举中国特色社会主义伟大旗帜 为全面建设社会主义现代化国家而团结奋斗：在中国共产党第二十次全国代表大会上的报告》，人民出版社 2022 年版，第 39 页。）

基于治理的有效性考量，厘清自治、法治、德治的实现形式，其核心关照在于村规民约、道德习俗、法律规范等不同治理资源的有效协调。

村规民约、道德习俗、法律规范是现代乡村既存的治理资源。其中，以自治为体与以道德为范的结合还构成了我国历史上乡村治理的主要范式，并对当代乡村治理有着深刻影响。以乡土文化复兴为基调的乡村文明建设正在唤醒乡村社会治理的传统资源。自治的有序实现需要擅于从德治与法治中汲取治理权威。长期以来，转向现代的乡村治理淡化甚至刻意屏蔽了道德习俗的影响。在村民自治实施初期，道德习俗、宗亲族派等德治资源一度被视为影响村民自治发育的阻碍因素。以自治与法治精神所构造的乡村治理体制以实现乡村治理与国家治理的有序衔接为导向。然而，德治资源的流失使得乡村共同体的认同度被削弱，原子化下的乡村治理的复杂性提升。党的十八大以来的乡村社会治理逐渐发现了传统乡村治理逻辑在当下所具有的方法论意义，乡村文明建设有了新的着力点。以孝义廉耻、家风伦理、宗族乡贤等为典型的乡土文化复兴越来越多地被视为社会治理中重要的自治与德治资源，发挥着整合乡村治理秩序，重塑共同体认同等作用。

由此，实现自治、法治、德治的有效协调，需要基于三者的功能特性，厘清村规民约、道德习俗、法律规范等不同治理资源的适用范畴；另一方面则需要确立自治、法治、德治的实施机制。其中，可以自治为载体，串联法治与德治在开放乡村治理中的协同作用。村民自治的自治属性自然不言而喻，其同样包含了法治与德治的要素。村民自治的法治属性体现在，村民自治受到宪法与法律的保障与规范。村民自治制度本身就是通过国家法律设计与实施的，村民自治的组织形式、运行机制有着法律的明确规定。同样，村民自治的自治行为也不得与宪法、法律、法规以及国家政策相抵触。在宪法与法律的规定中，调解民间纠纷是村民委员会的一项核心职能。除了法律因素，包括风俗、习惯在内的道德因素在民间调解中所能发挥的空间与作用有着重大价值。这便是村民自治中典型的德治属性。

（刘茂林、王鸾鸾、秦小建：《村民自治与国家治理》，法律出版社 2019 年版，第 150－151 页。）

第三节　文化制度、社会制度与生态文明制度

一、文化制度

（一）基本理论与概念

1. 文化制度是指一国通过宪法和法律规范社会文化生活，调整以社会意识形态为核

心的各种文化生活的基本原则和规则的总和。文化制度体现了统治阶级的基本世界观和价值观，发挥着维护统治阶级地位和统治秩序的作用。

2.1919年德国《魏玛宪法》第一次比较系统地规定了文化制度，不仅规定公民的文化权利，还明确规定国家的文化政策。

3. 现行《宪法》中文化制度的内容包括马克思主义在意识形态领域的指导地位、思想道德建设、科学文化体育事业、文化艺术创作及其他事业、对人才的培养等。

4.2018年修改《宪法》时，在《宪法》第24条增加“国家倡导社会主义核心价值观”的规定。宪法是社会主义核心价值观的重要载体，社会主义核心价值观的制度化、法律化需要通过以宪法为代表的中国特色社会主义法律体系实现。

（二）重点解析与前沿

1. 宪法文化制度的功能和构成

文化是一个国家、一个民族的灵魂。从比较的视野来看，无论是在欧洲早期的城邦国家还是在中国古代的农耕村落，文化都隐含着形塑政治认同①、促进民族融合、便利社会治理的宪制意义。以马克思主义为指导的社会主义精神文明，是社会主义制度的重要要求和基本内容；在进行经济、政治体制改革的同时，积极探索和推进文化体制改革，逐步构建文化制度，并把文化制度上升到国家制度层面，纳入“五位一体”总体布局，标志着党对中国特色社会主义文化建设规律和国家制度建设规律的认识提升到新的高度。②

习近平总书记指出，“满足人民日益增长的美好生活需要，文化是重要因素”③。人民的精神需要是中国特色社会主义文化制度生成、发展的逻辑原点，同时也是中国特色社会主义文化制度的价值旨归。如何解决满足人民的精神需要与文化领域中的不平衡不充分发展之间的矛盾，在根本上需要通过宪法文化制度这一顶层设计予以回应。

宪法对文化制度的规定，包括以“文明”为价值导向、坚持马克思主义在意识形态领域指导地位的根本文化制度（以马克思列宁主义、毛泽东思想、邓小平理论、“三个代表”重要思想、科学发展观、习近平新时代中国特色社会主义思想为指导思想）、由社会主义核心价值观引领的基础文化制度（加强思想道德建设和文化建设），为发展中国特色社会主义文化制度提供了基础指引和框架要求。

宪法规定文化制度，不仅为文化发展提供了政策指导原则，同时也为国家设定了推动文化发展的积极义务。宪法通过“国家发展”“国家鼓励”“国家培养”等表述，表明国家是文化建设的主体与义务的承担者。为此，立法机关必须通过制度法律的形式，将文化建设的内容、形式、程序、责任等具体化、明确化。同时，文化立法和政策实施都有赖于行政机关的执行，行政机关必须依照法律规定的条件和程序，在其职权范围内完成相应的文化建设任务。除此以外，公民文化权利的实现程度还构成了文化制度的检验

① 参见苏力：《文化制度与国家构成——以“书同文”和“官话”为视角》，载《中国社会科学》2013年第12期。

② 参见肖贵清、刘仓：《中国特色社会主义文化制度——战略意义、逻辑结构、构建路径》，载《南开学报（哲学社会科学版）》2020年第6期。

③ 《习近平谈治国理政》第4卷，外文出版社2022年版，第310页。

标准。[①]

2. 精神文明与文化制度

我国宪法是世界上比较全面系统规定精神文明建设的宪法。精神文明是与物质文明、政治文明、生态文明等相对应的概念，是人类社会在改造客观世界的同时对自己主观世界改造所获得的精神成果。精神文明作为个体道德、家庭伦理、社会文化和国家立场的结构整合，既是对应于《宪法》“序言”第七自然段“文明”这一宪法价值目标的制度安排，又是社会伦理体系、社会主义核心价值观的凝练表达，反映了个体与国家在精神维度的相互沟通关系。[②] 文化制度是精神文明的重要内容和组成部分，文化制度直接的目的和作用在于发展文化教育事业，所以文化制度是加强精神文明建设的手段，而精神文明是文化制度的价值取向和基本追求，指导着文化制度的发展方向。[③]

《宪法》关于精神文明建设的规定主要集中在《宪法》第 24 条，同时在《宪法》第二章有关公民的基本义务部分，将爱国、遵守劳动纪律、遵守公共秩序、尊重社会公德等思想道德建设要求作为公民基本义务，其最重要的目的在于要求公民提高自己作为主人翁对国家、社会和其他公民的责任感。宪法精神文明建设条款的目标在于，培养有理想、有道德、有文化、有纪律的社会主义公民；并提出了培养社会主义新人的路径。理性自主的公民是现代国家的基石，现代国家势必通过各种途径培养契合国家目标的现代公民。国家对公民的培养，如何不致损害作为前提价值预设的个体道德自主，一直是宪法学说和国家塑造公民德性的深层追问。《宪法》第 24 条规定了精神文明建设是新中国培养适应现代化建设的社会主义公民的方式，如何从中提炼社会主义国家培养公民的宪法规范逻辑及实施机制，是隐含在该条中的宪法学重大理论。目前我国宪法学对精神文明及其建设的研究大多是基于政治话语的宽泛解释，缺乏明确的规范定位和规范解释技术支撑，这就导致对精神文明及其建设的研究没有形成我国宪法学的理论优势。因此，如何形成个体权利自由与国家思想道德教育的内在协调，是中国宪法学可能的理论优势所在。

精神文明建设对文化制度的作用方式包括：第一，社会主义精神文明构成中国宪法在文化领域的基本原则表达，阐明了社会主义国家在文化领域的价值目标，即以国家主义促进社会整体发展，强调个体在整体发展中获取福祉。第二，明确提倡或反对某种价值，通过国家教化发挥合法性认同、凝聚意义、超越俗念的文化整合功能。第三，通过确认基本权利以及明示国家义务，在一定程度上促进国家与公民的双向沟通。[④]

3. 宪法文化制度与文化强国建设

文化是民族生存和发展的重要力量。习近平总书记指出：体现一个国家综合实力最核心的、最高层次的，还是文化软实力，这事关一个民族精气神的凝聚[⑤]，我们说要坚定中国特色社会主义道路自信、理论自信、制度自信，说到底是要坚定文化自信。文化自

---

① 参见任喜荣：《宪法基本文化政策条款的规范分析》，载《社会科学战线》2014 年第 2 期。

② 参见秦小建：《精神文明的宪法叙事：规范内涵与宪制结构》，载《中国法学》2018 年第 4 期。

③ 参见刘茂林：《中国宪法导论》（第 3 版），北京大学出版社 2022 年版，第 267－269 页。

④ 参见秦小建：《精神文明的宪法叙事：规范内涵与宪制结构》，载《中国法学》2018 年第 4 期。

⑤ 参见《习近平总书记参加贵州代表团审议侧记》，载《贵州日报》2014 年 3 月 10 日。

信是更基本、更深沉、更持久的力量。[①] 近些年来，国家通过文化法治建设推动文化制度建设。国家出台《文物保护法》《非物质文化遗产法》《网络安全法》《电影产业促进法》《公共文化服务保障法》《公共图书馆法》《英雄烈士保护法》《国家勋章和国家荣誉称号法》等法律，为构成中国特色文化制度体系搭建法治框架。从总体上说，文化立法对于发展文化事业与文化产业、规制与引导文化市场、规范与引导公民文化行为、协调公民文化利益起到了重要作用。[②] 把框定国家形态、体现社会性质的文化理论成果载入宪法和法律，是构建中国特色文化制度的重要方式。但在“五位一体”总体布局进程中，文化法治建设滞后，是阻碍文化制度完善和发展的重要制约因素。加强文化立法，是固根基、扬优势、补短板、强弱项的重要途径，也是构建系统完备、科学规范、运行有效的制度体系的有机组成部分。[③]

文化强国建设是建成社会主义文化强国任务的内在要求。党的二十大报告指出，要“发展面向现代化、面向世界、面向未来的，民族的科学的大众的社会主义文化，激发全民族文化创新创造活力，增强实现中华民族伟大复兴的精神力量”。为了实现这个目标，文化制度需要在宪法规定的基础上，牢牢把握以下方向：一是建设具有强大凝聚力和引领力的社会主义意识形态；二是广泛践行社会主义核心价值观；三是提高全社会文明程度，实施公民道德建设工程；四是繁荣发展文化事业和文化产业；五是增强中华文明传播力影响力。

宪法对文化制度的规定，对于推动文化强国建设而言，发挥着重要的根本法保障作用。宪法的保障作用体现在以下四个方面：第一，党和国家采取两个文明一起抓的战略方针，使物质文明建设和精神文明建设相辅相成、相互促进。宪法把这个重要战略方针法律化，使之成为一切国家机关和全体公民的行动准则，这样，建设文明的社会主义国家的宏伟目标，将在国家根本大法的支持和保证下，最终得到实现。[④] 第二，宪法全面规定了社会主义制度，这就决定并保证了精神文明必然是以共产主义思想为核心的，由此确保了文化建设的社会主义方向。[⑤] 第三，宪法确认了国家进行文化建设和精神文明建设的手段，明确了社会主义公共道德的标准，明确提出文化建设的任务。[⑥] 这些规定对国家机关、社会团体和公民的行为发挥着指引、教育和一定的强制作用，使这些宪法主体自觉地按照思想道德建设的要求进行社会交往、从事社会活动。第四，在宪法的指引下，以宪法为核心的法律体系通过加强法制建设、制定各种行为规范，将社会生活中各领域的道德要求转换成为具有法律强制力和普遍约束力的法律规范，将依法治国与以德治国有机结合起来。

（三）延伸阅读

中国式现代化是物质文明和精神文明相协调的现代化。物质富足、精神富有是社会

① 参见习近平：《坚定文化自信，建设社会主义文化强国》，载《求是》2019年第12期，第8页。

② 参见周叶中：《加快文化立法是建设社会主义文化强国的必然选择》，载《求是》2012年第6期。

③ 参见肖贵清、刘仓：《中国特色社会主义文化制度——战略意义、逻辑结构、构建路径》，载《南开学报（哲学社会科学版）》2020年第6期，第9页。

④ 参见吴家麟主编：《宪法学》，群众出版社1983年版，第319页。

⑤ 参见许崇德：《新宪法是建设社会主义精神文明的强大武器》，载《法学研究》1983年第1期。

⑥ 参见廉希圣：《宪法概要》，中国政法大学出版社1989年版，第111页。

主义现代化的根本要求。物质贫困不是社会主义，精神贫乏也不是社会主义。我们不断厚植现代化的物质基础，不断夯实人民幸福生活的物质条件，同时大力发展社会主义先进文化，加强理想信念教育，传承中华文明，促进物的全面丰富和人的全面发展。

（习近平：《高举中国特色社会主义伟大旗帜 为全面建设社会主义现代化国家而团结奋斗：在中国共产党第二十次全国代表大会上的报告》，人民出版社2022年版，第22-23页。）

中国特色社会主义文化制度丰富了国家制度体系整体内涵，完善了国家治理体系整体效能，为文化体制改革提供制度保障。中国特色社会主义文化制度可划分为根本文化制度、基础性文化制度、重要文化制度等层次，它们是相互联系、相互制约的结构体系。坚持马克思主义在意识形态领域的指导地位，是根本文化制度，其他文化制度是由根本制度派生出来的制度规范。着眼于“两个一百年”国家制度和治理体系建设目标，从多维度、多路径完善和发展中国特色社会主义文化制度。

（肖贵清、刘仓：《中国特色社会主义文化制度——战略意义、逻辑结构、构建路径》，载《南开学报（哲学社会科学版）》2020年第6期。）

二、社会制度

（一）基本理论与概念

1. 社会制度是指宪法和法律在调整社会关系中形成的规范人们社会行为的规则和原则的总和。社会主义的国家性质和职能决定了社会主义宪法重视社会建设与民生的基本理念。

2. 现行宪法对社会制度的规定为推进社会建设、提高社会保障水平和改善民生提供了制度保障和宪法依据。宪法规定的社会制度主要包括教育制度、劳动就业制度、医疗卫生制度、社会保障制度和社会治理制度。

3. 根据宪法精神，下一步要加强社会公共服务体系建设、打造共建共治共享的社会治理格局、有效维护国家安全、加强社会领域立法等，发展和完善宪法社会制度。

（二）重点解析与前沿

1. 社会制度的宪法定位与宪法功能

社会制度是宪法和法律在调整社会关系中形成的规范人们社会行为的规则和原则的总和，与政治、经济、文化等方面的制度相互影响、相辅相成，是国家制度的重要组成部分。社会主义宪法高度重视社会建设和民生保障，有关社会建设和社会保障制度的规定是社会主义宪法基本制度的重要组成部分，这是由社会主义国家性质和职能决定的。以政府治理与社会调节良性互动为前提，以利益表达、利益协调和利益保护为主线，以政府公共管理制度、社会组织管理制度和群众权益维护制度为基本构成的中国特色社会主义社会制度，是新时代中国社会文明共建共治共享的直接动力和有力保障。①

宪法规定的社会制度旨在对整体社会生活进行引导和调整：一方面，它赋予国家规

① 参见庞庆明：《共享发展的政治经济学分析：意义、内涵与基础性条件》，载《马克思主义与现实》2019年第4期，第169页。

范和协调公民社会生活、指导和建设社会组织、积极保障公民社会权利等职权。具体而言，国家立法机关对社会保障负有尊重、保护和给付的宪法义务；在立法机关的引导与约束下，行政机关和司法机关在各自作用范围内执行相应的社会保障任务。① 另一方面，它保障公民依法享有社会保障、医疗保险、劳动保障以及参与社会自治等基本社会权利。② 在社会制度的运作之下，国家逐渐承担起了维系社会公平底线、降低社会生产风险、调整收入分配格局、分配社会发展成果等一系列责任，这对于提升全体社会成员的尊严感、幸福感具有重大意义。

2. 宪法社会制度与社会公平

公平正义不仅是一种有关社会价值分配的价值观、价值理念，也是一种政治与法律的原则规范；不仅是一种在社会价值分配中必须遵循和坚持的原则性规范，也应该是社会价值分配的真实结果。然而，没有行之有效的制度作为保障，公平正义就是玄思冥想和空洞的虚化的教条。公平正义最为重要的应当是制度的正义性，社会价值分配的结果的正义性要依靠制度作保障，要促进和实现社会公平正义就必须靠制度。③

我国社会制度以维护平等为基础，以保障公平为核心，以维护和谐稳定的法治秩序为使命。通过"权利—义务"的规范调整机制，社会制度旨在保障社会成员在社会生活中的相对公平，以及在基本生活权利满足上的相对均衡。社会制度维护社会公平主要从以下方面展开：一是通过价值体系与规则体系的统一来营造公平的社会环境，同时以相应的规则系统的构建有力地促进社会机会公平和过程公平的达成；二是以弱势群体扶助制度体系的构建来促进社会实质公平的形成，保障其大体上获得相对公平的权利保障；三是通过收入再分配调节机制，进一步缩小差别，促进相对分配公平的实现。④

分配正义是社会公平的题中之义。如何借助社会制度的合理设计和安排来实现分配正义，是中国进一步推进中国特色社会主义建设事业的当务之急。党的十八大报告明确指出："要在全体人民共同奋斗、经济社会发展的基础上，加紧建设对保障社会公平正义具有重大作用的制度，逐步建立以权利公平、机会公平、规则公平为主要内容的社会公平保障体系，努力营造公平的社会环境，保证人民平等参与、平等发展权利。"⑤ 为了实现这一目标，社会制度建设应该遵循机会平等原则、利益与责任同等分配原则、分配标准与程序合理原则、纠正不公原则等四个分配正义原则。在这些原则基础上建构的社会制度具有内在公正性，能够树立平等主义分配正义观，更有效地保护伸张分配正义的行为和惩罚破坏分配正义的行为，并维护和增进强势群体与弱势群体的分配利益。⑥

3. 宪法社会制度的运作机理

社会制度的有效运行，有助于将社会资源与财富作适当再分配以满足需求，特别是

---

① 参见邓炜辉：《从文本到实践：中国社会保障的宪法学透视》，载《甘肃政法学院学报》2013 年第 2 期。

② 参见刘茂林：《中国宪法导论》（第 3 版），北京大学出版社 2022 年版，第 277－278 页。

③ 参见贾中海、何春龙：《社会公平正义的三维视阈》，载《北方论丛》2013 年第 2 期。

④ 参见刘茂林：《中国宪法导论》（第 3 版），北京大学出版社 2022 年版，第 279 页。

⑤ 《坚定不移沿着中国特色社会主义道路前进 为全面建成小康社会而奋斗——在中国共产党第十八次全国代表大会上的报告》。

⑥ 参见向玉乔：《社会制度实现分配正义的基本原则及价值维度》，载《中国社会科学》2013 年第 3 期。

满足居于劣势地位者的需求。对于社会资源应该以什么样的方式再分配？分配给谁？根据什么来分配？分配如何达到公平的结果？这些问题都需要通过社会制度的安排和设计来解决。宪法设计了一套“国家—社会—公民”制度，背后体现了社会公平与责任分担的理念。国家承担着主要义务，国家支持社会保障、社会福利与社会救助的运作；社会组织也是社会制度的主体，既是参与者，也是受益者。① 宪法将社会制度以法律的形式确定下来，以法律上权利的形式赋予公民各种社会权利，以法律上义务的形式规定国家和社会对于公民的职责和义务。于是，公民就享有了在国家不作为或不适当作为时对国家的一种请求权，唯有这样社会制度才能真正发挥维护社会公平正义的功能。

坚持共享发展理念是社会制度运行的价值准则。2005 年 10 月，党的十六届五中全会通过的《中共中央关于制定国民经济和社会发展第十一个五年规划的建议》提出，“更加注重社会公平，使全体人民共享改革发展成果”②。党的十八届五中全会对共享发展理念的基本内涵作了深刻阐述：“坚持共享发展，必须坚持发展为了人民、发展依靠人民、发展成果由人民共享，作出更有效的制度安排，使全体人民在共建共享发展中有更多获得感，增强发展动力，增进人民团结，朝着共同富裕方向稳步前进”③。为此，宪法社会制度必须深刻把握好共建、共享、共富的关系，坚守底线、突出重点、完善制度、保障基本民生，将共享发展理念落到坚持和发展中国特色社会主义的实处。④

4. 宪法社会制度的实现路径

共享发展在中国不只是一种理念和愿景，而且是一种现实的实践。自改革开放以来，社会制度在宪法规定的基础上，围绕坚持以人民为中心的发展思想，形成了以促进社会公平正义为价值导向，以推进公共服务均等化为基础，以完善社会保障体系为制度保障的一整套体制机制和政策体系。⑤

从打造高水平共享发展的目标追求来讲，根据党的二十大精神，宪法社会制度的实现要从以下几方面发力：一是要完善分配制度，规范收入分配秩序，规范财富积累机制；二是实施就业优先战略，加强困难群体就业兜底帮扶，消除影响平等就业的不合理限制和就业歧视，使人人都有通过勤奋劳动实现自身发展的机会；三是要健全社会保障体系，健全覆盖全民、统筹城乡、公平统一、安全规范、可持续的多层次社会保障体系；四是要坚持男女平等基本国策，保障妇女儿童合法权益，促进残疾人事业全面发展；五是要加快建立多主体供给、多渠道保障、租购并举的住房制度；六是要推进健康中国建设，建立生育支持政策体系，实施积极应对人口老龄化国家战略，健全公共卫生体系，加强重大疫情防控救治体系和应急能力建设。⑥

为了实现上述目标，必须严格根据宪法规定和宪法精神，加强社会领域立法，始终

---

① 参见林嘉：《论法治国家目标与社会保障法制化》，载《中国人民大学学报》2002 年第 2 期。

② 《十六大以来重要文献选编》（中），中央文献出版社 2006 年版，第 1064 页。

③ 《中国共产党第十八届中央委员会第五次全体会议文件汇编》，人民出版社 2015 年版，第 13 页。

④ 参见刘武根、艾四林：《论共享发展理念》，载《思想理论教育导刊》2016 年第 1 期。

⑤ 参见何显明：《共享发展：浙江的探索与实践》，中国社会科学出版社 2018 年版，第 8－9 页。

⑥ 参见《高举中国特色社会主义伟大旗帜 为全面建设社会主义现代化国家而团结奋斗——在中国共产党第二十次全国代表大会上的报告：在中国共产党第二十次全国代表大会上的报告》，人民出版社 2022 年版，第 46－49 页。

把人民利益摆在至高无上的地位，让改革发展成果更多更公平地惠及全体人民，使人民获得感、幸福感、安全感更加充实、更有保障、更可持续。就宏观而言，社会领域的立法塑造可以沿此思路展开：第一，坚持民生为本、公平正义、开放治理、共同富裕的立法取向，坚守共商共建共治共享的基本原则。第二，重视顶层设计与统筹规划，设定清晰的社会法法律体系框架，为推进整个社会法建设提供行动指南。第三，坚持民主立法，重视专门领域的专家意见。第四，加快填补社会领域的立法空白，适时推进和完善劳动基准法、集体合同法、儿童福利法、残疾人福利法、老年人福利法、家庭津贴法、社会保险基金法、殡葬法等一系列专门立法。第五，修订现有的社会立法，使其与社会发展实践相适应。①

（三）延伸阅读

社会保障是保障和改善民生、维护社会公平、增进人民福祉的基本制度保障，是促进经济社会发展、实现广大人民群众共享改革发展成果的重要制度安排，发挥着民生保障安全网、收入分配调节器、经济运行减震器的作用，是治国安邦的大问题。

（习近平：《促进我国社会保障事业高质量发展、可持续发展》，载《求是》2022 年第 8 期，第 4 页。）

法治社会是构筑法治国家的基础，法治社会建设是实现国家治理体系和治理能力现代化的重要组成部分。建设信仰法治、公平正义、保障权利、守法诚信、充满活力、和谐有序的社会主义法治社会，是增强人民群众获得感、幸福感、安全感的重要举措。

（《法治社会建设实施纲要（2020—2025 年）》）

进入新时代以来，根据宪法精神，中国共产党为基本社会制度的完善与发展作了重大部署。主要有以下几个方面：一是创新社会治理体制，维护社会和谐稳定，为人民安居乐业创造有利条件；二是完善公共服务管理体制，健全公共服务体系，推进基本公共服务均等化、普惠化、便捷化，推进城乡区域基本公共服务制度统一；三是健全多层次社会保障体系，健全覆盖全面、统筹城乡、公平统一、可持续的多层次社会保障体系；四是全面推进健康中国建设，把保障人民健康放在优先发展的战略位置；五是实施积极应对人口老龄化国家战略，制定人口长期发展战略，促进人口长期均衡发展，提高人口素质。这些措施为我们讨论基本社会制度的完善与发展提供了指引。

［刘茂林：《中国宪法导论》（第 3 版），北京大学出版社 2022 年版。］

三、生态文明制度

（一）基本理论与概念

1. 生态文明是对包括工业文明在内的传统文明形态进行系统反思的基础上形成的一种全新的人类文明形态，是人类遵循人、自然、社会和谐发展这一客观规律而取得的物质与精神等方面成果的总和。

2. 在中国特色社会主义的文明形态体系中，生态文明是继物质文明、精神文明、政治文明、社会文明之后的第五种文明。生态文明制度与政治制度、经济制度、文化制度、

① 参见郑功成：《中国社会法：回顾、问题与建设方略》，载《内蒙古社会科学》2020 年第 3 期。

社会制度一起成为中国宪法上的五大制度。我国宪法在“序言”“总纲”“国家机构”等部分不同程度地规定了生态文明制度。

（二）重点解析与前沿

1. 生态文明入宪

2018年修宪，将生态文明写入宪法，不仅使之前仅作为政治概念的生态文明跃升为宪法意义上的法律概念，继而对宪法上的观念、权利、制度及其实施产生重要影响；而且中国宪法上由生态文明制度与基本经济制度、政治制度、文化制度、社会制度共同构成的五大制度体系自此得到确立，可谓是中国宪法制度的一种创新与升华。① 生态文明入宪的重要意义如下：其一，生态文明入宪是执政党意志上升为国家意志的具体体现，并为党的意志入宪提供了新的范本；其二，生态文明入宪补齐了宪法环境条款的重要短板，使宪法环境条款体系进一步完善，环境权在宪法体系中的表达更加丰富和多样；其三，生态文明入宪充实了宪法实施与宪法监督的规范依据，拓展了宪法实施与宪法监督的范围，提供了宪法实施与宪法监督的动力，是进一步完善宪法实施与宪法监督迈出的重要步伐；其四，生态文明入宪为我国环境法律体系完善提供了直接的宪法依据，其不但在序言部分对整个宪法环境条款进行统领，还对部门法乃至整个生态法治体系起到统领作用。②

2. 社会主义生态文明观

宪法的生态文明观表达了宪法对国家、人与生态环境关系的最基本、最核心的看法。国家是宪法关系中最基本的主体。而人是宪法的第一要素，人的尊严是宪法的核心乃至最高价值。③ 当前，中国宪法的社会主义生态文明观，应强调人与自然的和谐共生，强调经济发展与生态环境保护的互动，强调国家权力与公民权利的合作，强调宪法与部门法的协同。④ 具体而言，其一，生态文明观是对原有的中国宪法中的经济观、政治观、文化观、社会观的补充与完善，由此成为中国宪法价值观体系的重要组成部分。中国宪法的社会主义生态文明观将与环境保护有关的环境观、发展观、权利义务观等予以整合，兼顾了环境要素与环境保护，兼顾人的权利诉求与生态的发展规律，属于上述几项所涉内容的最高层次。其二，生态文明观完善了宪法关系的传统双方主体，即一方是国家，另一方是公民或者人民。生态文明观则强调了对自然的尊重，主张自然不再只是被支配的对象，也应该参与到宪法关系中。正如党的十九大报告中所指出的，要充分认识到人与自然乃生命共同体。其三，生态文明观丰富了宪法关系的内容。在国家、自然与人三者构成的宪法关系中，三者的权利义务内容均发生了深刻变化，甚至有学者主张，自然权利应被认为属于宪法学独有的基石范畴。⑤ 国家面向自然，选择尊重自然，意味着不再只是生态权力和职责，自然将回报国家以可永续发展的利益；公民面向自然，当然应该选择尊重自然，这意味着公民不只是主张自己的权利，还须履行对国家和公共利益的义务。

---

① 参见张震：《生态文明入宪及其体系性宪法功能》，载《当代法学》2018年第6期，第51页。

② 参见张震、杨茗皓：《论生态文明入宪与宪法环境条款体系的完善》，载《学习与探索》2019年第2期，第90－91页。

③ 参见李累：《宪法上“人的尊严”》，载《中山大学学报（社会科学版）》2002年第6期，第129页。

④ 参见张震：《中国宪法的环境观及其规范表达》，载《中国法学》2018年第4期，第5页。

⑤ 参见宁凯德：《自然权利：宪法学的基石范畴》，载《法学论坛》2018年第2期，第50－57页。

其四，生态文明观将推动宪法和法律的革新与实施。生态文明观的确立，会对宪法制度比如生态文明制度的系统化等产生内在需求，继而可通过宪法解释对宪法上的生态文明条款与其他制度条款之间的逻辑关系进一步梳理，以构成一个更具有逻辑自洽性和规范自足性的宪法文本；同时，对于宪法实施的方式与内容必将产生积极的推动作用，即宪法的生态文明观将形塑部门法上的基本概念，例如可能整合环境资源法学的核心概念范畴①，影响民法典中分则部分环境条款的最终表达②，等等。

3. 生态治理

生态文明建设是当前和今后我国持续发展的基础，生态治理现代化则是实现中国式现代化的重要任务和必然要求。习近平总书记在2018年全国生态环境保护大会上强调，要加快建立健全以治理体系和治理能力现代化为保障的生态文明制度体系，在生态治理上不断创新治理理念、调整治理结构、完善治理机制、改进治理方式，在实现经济社会高质量发展中化解生态危机、实现中华民族永续发展。为此，推进生态治理体系和治理能力的现代化，应强调生态治理的法治性、中国性以及实践性。所谓法治性，是指实现生态的依法治理，而宪法是生态治理法治化的根本依据和理论支撑；所谓中国性，是指生态的依宪依法治理，应该深刻揭示宪法以及法律的中国性，将生态文明法律规范体系以及环境权融入本质上应促进国家发展的宪法与法律机制，解释其背后的社会结构与功能；所谓实践性，强调生态文明的宪法与法律规范的制度实践。而充分发挥宪法的规范与机制功能，可以充分满足上述三种属性的要求。2018修宪将生态文明纳入宪法虽然是由政治决断所启动，但政策理念一旦成为宪法条文，就成为指引国家宪法生活的最高规范，构成对国家公权力的宪法约束。③ 宪法规制可以对国家权力的生态治理功能进行合理分解并有效整合，为公民环境权的诉求提供根本的理论与规范依据，有机统合各部门法，有效规范政策资源。④

4. 关于环境权入宪

环境权概念的兴起始于19世纪中期的西方国家，在20世纪80年代传入我国。在我国法学界，环境权自1982年被蔡守秋教授等首次提出以来，经历了1980年代的初研期，1990年代的繁荣期，2000年以后的反思期、瓶颈期。在2018年我国《宪法》修改过程中，环境权是否入宪问题再次引起各方关注，理论界关于环境权是否入宪的争论日益激烈，观点不一。曾有观点认为，那些已经规定了宪法环境权的国家，并没有在环境保护和人权保障方面积极地、富有成效地予以落实，反而是一些在环境保护和人权保障领域成效卓著的国家从原则上反对将这种环境权利宪法化。⑤ 因此，有学者指出：宪法如果单独确认一项作为个人权利的环境权，环境权在与其他权利的竞争中不具有优势，反而不

① 参见张震、石逸群：《宪法生态文明条款与环境法律规范的体系融贯》，载《学习与探索》2021年第9期，第88-97页。

② 参见张震：《民法典中环境权的规范构造——以宪法、民法以及环境法的协同为视角》，载《暨南学报（哲学社会科学版）》2018年第3期，第2-14页。

③ 参见张翔：《环境宪法的新发展及其规范阐释》，载《法学家》2018年第3期，第91页。

④ 参见张震：《中国宪法的环境观及其规范表达》，载《中国法学》2018年第4期，第16-21页。

⑤ 参见［英］蒂姆·海沃德：《宪法环境权》，周尚君、杨天江译，法律出版社2014年版，第3页。

利于环境保护。对环境权入宪的争论应转向对我国宪法中环境权保障性规定的实施问题的探讨，关注环境立法质量和实施效果。[①] 然而，仍有不少学者呼吁应将环境权作为公民基本权利引入宪法，其中较为有代表性的观点认为应当启动宪法修改程序，把党章中关于生态文明的阐述和要求用法律思维和方法转化到宪法之中，并根据宪法的特点，将公民环境权作为基本权利予以确定。[②] 还有学者对世界上 195 个国家的宪法文本进行考察，比较研究各国环境权入宪的时间、地域、类型、宪法位置等，认为 20 世纪 90 年代以来环境权入宪已经成为当代宪法发展的一般规律，环境权正逐渐成为超越地域、法系、国家性质和国家发展水平的普遍性权利。而宪法环境权的中国生成有两种路径选择：一是通过对宪法相关条款的解释引申出环境权，二是通过宪法修改方式增加一个独立的环境权条款。[③] 再有学者认为，我国现有的环境权入宪实践面临诸多系统困境，应基于功能主义立场而采用“明确的基本权利模式”[④]。由此可知，在宪法层面确定国家生态义务、确立节约资源和保护环境两大基本国策还远远不够，理论界的呼声和世界各国宪法的通行做法是将环境权引入宪法。不过到目前似乎距离学者们理想状态的环境权入宪仍然有一些关键问题尚待解决。有学者就提出：生态文明入宪以及民法典的颁布，提升了人们对环境权入宪的预期，但一定要避免宪法环境权在论证中过度泛化的问题；要充分认识环境权不可替代的独特权利价值；识别出与环境有关的但并非环境权所独有的权利，明晰环境权的核心内涵；环境权的规范与社会功能导致环境权应被再次认真对待并加快其宪法化进程。[⑤]

5. 环境法典编撰的宪法根据

环境法典的编撰已经被全国人大常委会纳入 2021 年度立法工作计划。从 2021 年度立法工作计划中关于环境法典使用“研究启动”以及“加强立法理论研究”等表述可见，环境法典编纂目前主要处于加强理论研究的阶段。近年来，法学界围绕环境法典及其编纂已经进行了较为集中的研究。有不少学者主张并呼吁制定环境法典[⑥]，有的学者侧重从外国环境法典评介的角度思考我国环境法典的编纂[⑦]，也有学者侧重从民法典与环境法典的关系上进行论证[⑧]，甚至也有不少学者已经对环境法典的法典化程度、结构、主要内容

① 参见彭峰：《论我国宪法中环境权的表达及其实施》，载《政治与法律》2019 年第 10 期。

② 参见吕忠梅：《环境权入宪的理路与设想》，载《法学杂志》2018 年第 1 期，第 23－40 页。

③ 参见吴卫星：《环境权入宪的比较研究》，载《法商研究》2017 年第 4 期，第 173－181 页。

④ 赖虹宇：《环境权入宪的规范模式：选择及其实现》，载《北京行政学院学报》2018 年第 6 期，第 84－92 页。

⑤ 参见张震：《环境何以为权利之体系论——以环境核权利与环境束权利为视角》，载《吉首大学学报（社会科学版）》2020 年第 6 期，第 39－47 页。

⑥ 参见王灿发、陈世寅：《中国环境法法典化的证成与构想》，载《中国人民大学学报》2019 年第 2 期，第 2－4 页；何江：《为什么环境法需要法典化——基于法律复杂化理论的证成》，载《法制与社会发展》2019 年第 5 期，第 54－72 页；焦艳鹏：《环境法典编纂与中国特色社会主义法律体系的完善》，载《湖南师范大学社会科学学报》2020 年第 6 期，第 17－26 页。

⑦ 参见彭峰：《法国环境法法典化研究》，载《环境保护》2008 年第 4 期，第 69－72 页；竺效、田时雨：《瑞典环境法典化的特点及启示》，载《中国人大》2017 年第 15 期，第 53－55 页；施理：《德国环境法法典化立法实践及启示》，载《德国研究》2020 年第 4 期，第 78－94 页；等等。

⑧ 参见陈海嵩：《论环境法与民法典的对接》，载《法学》2016 年第 6 期，第 61－73 页；吕忠梅、窦海阳：《民法典“绿色化”与环境法典的调适》，载《中外法学》2018 年第 4 期，第 862－882 页；张璐：《环境法与生态化民法典的协同》，载《现代法学》2021 年第 2 期，第 171－191 页；等等。

乃至边界等进行了探索。[①] 但是上述研究中，几乎没有直接专门从宪法视角进行系统思考和论证的。不过近来已有学者主张，编纂环境法典必须坚持宪法根据，这既是对环境法典法律地位及编纂质量的要求，也对宪法的全面实施及发展具有重要意义。[②] 就编纂环境法典的宪法根据而言，宪法上与生态文明建设有关的条款构成环境法典编纂的规范与制度依据；宪法上确认的习近平新时代中国特色社会主义思想与中国共产党领导的理论、人民中心理论、国家治理理论、依法治国理论、关于环境资源的理论等构成环境法典编纂的思想与理论依据。此外，明确环境法在法律体系中的独立地位，论证环境法典的基本法律地位，在环境法典的第 1 条明确规定“根据宪法，制定本法”，是环境法典编纂启动后的必备的三个步骤。为了确保环境法典编纂的合宪性、立法质量以及实现其预期法律功能，应该从标准、程序及基准等三个方面进行有效的合宪性控制。合宪性控制的标准包括宏观标准、中观标准，直接标准和间接标准；程序从主体、阶段、方式等展开；基准包括严格、中度、宽松三个层面。[③]

6. 关于中国生态宪法学的体系构建

宪法在传统上以政治活动为规范对象，是所谓的“政治宪法”，传统的宪法学也以对政治行为的规范为核心工作。但随着宪法作为根本法、最高法的地位在现代社会的最终确立，现代宪法对于经济、文化和其他社会领域的规范作用都被强化了。许多原来属于各部门法的问题，在现代宪法下都可能转化为宪法问题，从而出现“部门法提问，宪法作答”的普遍现象[④]，由此也开始形成“部门宪法”的新学理。[⑤] 有学者指出：“部门宪法基于宪法与部门法的交互影响，具有让宪法更接地气的特点与功能。”[⑥] 还有学者主张，部门宪法不是“宪法的部门”、不是部门法，“部门宪法”在实质上是指“部门宪法学”，推进宪法的全面实施是部门宪法学的研究初心和发展方向。[⑦]

伴随着我国现行宪法较清晰地规定环境条款以及生态文明入宪，作为部门宪法新兴领域的“环境宪法”概念被学者们提出。[⑧] 环境宪法回应了环境部门法学理论遭遇发展瓶

① 参见吕忠梅：《环境法典编纂方法论：可持续发展价值目标及其实现》，载《政法论坛》2022 年第 2 期，第 18－31 页；吕忠梅：《中国环境法典的编纂条件及基本定位》，载《当代法学》2021 年第 6 期，第 3－17 页；徐祥民：《关于编纂“自然地理环境保护法编”的构想》，载《东方法学》2021 年第 6 期，第 83－98 页；周骁然：《体系化与科学化：环境法法典化目的的二元塑造》，载《法制与社会发展》2020 年第 6 期，第 51－66 页；于文轩、牟桐：《生态文明语境下环境法典的理性基础与法技术构造》，载《湖南师范大学社会科学学报》2020 年第 6 期，第 11－16 页；张忠民、赵珂：《环境法典的制度体系逻辑与表达》，载《湖南师范大学社会科学学报》2020 年第 6 期，第 27－33 页；刘长兴：《论环境法法典化的边界》，载《甘肃社会科学》2020 年第 1 期，第 8－15 页；等等。

② 参见张震：《环境法典编撰的宪法根据及合宪性控制》，载《东方法学》2022 年第 3 期，第 72－84 页。

③ 参见张震：《环境法典编撰的宪法根据及合宪性控制》，载《东方法学》2022 年第 3 期，第 72－84 页。

④ 参见张翔：《具体法治中的宪法与部门法》，中国人民大学出版社 2023 年版，第 342 页。

⑤ 参见苏永钦：《部门宪法》，元照出版有限公司 2006 年版，第 3－31 页；赵宏：《部门宪法的构建方法与功能意义：德国经验与中国问题》，载《交大法学》2017 年第 1 期，第 65－78 页；宁凯惠：《部门宪法、分支宪法学之构建研究》，载《政治与法律》2020 年第 7 期，第 69－84 页；等等。

⑥ 张翔、段沁：《中国部门宪法的展开——以环境宪法和经济宪法为例》，载《人权法学》2022 年第 3 期，第 51－61 页。

⑦ 参见上官丕亮：《部门宪法的实质》，载《法学论坛》2022 年第 5 期，第 46－54 页。

⑧ 参见张翔：《环境宪法的新发展及其规范阐释》，载《法学家》2018 年第 3 期，第 90－97 页；杜健勋：《国家任务变迁与环境宪法续造》，载《法学论坛》2022 年第 5 期，第 46－54 页。

颈后期望通过宪法供给进行理论突破与重构的急切诉求，亦彰显了宪法与环境法等学科的良好沟通与整合。不过有学者指出，环境宪法的概念恐怕难以满足生态文明宪法规范和理论体系发展的需要。① 其主要理由如下：一是从概念上看，相比环境，生态概念的针对性、限定性以及生存和发展意涵更能直接满足生态环境保护及生态文明建设的原意；二是从属性上看，较之于环境，生态则具有更为综合性、包容性、开放性的意蕴，其更为强调多重环境要素之间的和谐共生关系，故而表现为一个更高层阶的事物认知体系；三是从层次上看，环境宪法是初阶，而生态宪法是高阶。由此，为更好服务生态文明法治建设的实践，形成有助于中国积极参与全球环境治理的生态法治话语体系，有必要提出生态宪法学的概念。作为以生态宪法为主要研究对象的一门新兴子学科，属于部门宪法学，与环境法学、生态法学等形成交叉学科；生态人、生态权利与义务、生态行为以及生态制度构成了生态宪法学的四大基本范畴；当前，生态宪法学研究的现实意义在于为推动我国生态文明建设迈上新台阶提供宪法和法律保障综合方案，理论意义在于为生态文明法治提供适足的理论体系。②

（三）延伸阅读

党的十八大以来，我们加强党对生态文明建设的全面领导，把生态文明建设摆在全局工作的突出位置，作出一系列重大战略部署。在"五位一体"总体布局中，生态文明建设是其中一位；在新时代坚持和发展中国特色社会主义的基本方略中，坚持人与自然和谐共生是其中一条；在新发展理念中，绿色是其中一项；在三大攻坚战中，污染防治是其中一战；在到本世纪中叶建成社会主义现代化强国目标中，美丽中国是其中一个。这充分体现了我们对生态文明建设重要性的认识，明确了生态文明建设在党和国家事业发展全局中的重要地位。我们全面加强生态文明建设，系统谋划生态文明体制改革，一体治理山水林田湖草沙，开展了一系列根本性、开创性、长远性工作，决心之大、力度之大、成效之大前所未有，生态文明建设从认识到实践都发生了历史性、转折性、全局性的变化。

我在党的十九届五中全会上强调，我国建设社会主义现代化具有许多重要特征，其中之一就是我国现代化是人与自然和谐共生的现代化，注重同步推进物质文明建设和生态文明建设。"十四五"时期，我国生态文明建设进入了以降碳为重点战略方向、推动减污降碳协同增效、促进经济社会发展全面绿色转型、实现生态环境质量改善由量变到质变的关键时期。要完整、准确、全面贯彻新发展理念，保持战略定力，站在人与自然和谐共生的高度来谋划经济社会发展，坚持节约资源和保护环境的基本国策，坚持节约优先、保护优先、自然恢复为主的方针，形成节约资源和保护环境的空间格局、产业结构、生产方式、生活方式，统筹污染治理、生态保护、应对气候变化，促进生态环境持续改善，努力建设人与自然和谐共生的现代化。第一，坚持不懈推动绿色低碳发展。第二，深入打好污染防治攻坚战。第三，提升生态系统质量和稳定性。第四，积极推动全球可

---

① 参见张震：《新时代中国生态宪法学的体系构建》，载《厦门大学学报（哲学社会科学版）》2020年第3期，第12页。

② 参见张震：《新时代中国生态宪法学的体系构建》，载《厦门大学学报（哲学社会科学版）》2020年第3期，第13-19页。

持续发展。第五，提高生态环境领域国家治理体系和治理能力现代化水平。

（习近平：《努力建设人与自然和谐共生的现代化》，载《习近平谈治国理政》第 4 卷，外文出版社 2022 年版，第 360－366 页。）

在生态文明法治建设方面，习近平总书记反复强调“保护生态环境，必须依靠制度、依靠法治”，明确指出“用最严格制度最严密法治保护生态环境”。这些重要论述紧紧抓住运用法治思维和法治方式解决生态文明建设问题的“牛鼻子”，蕴含“生态兴则文明兴，生态衰则文明衰”的绿色发展观，彰显“法治兴则国家兴，法治衰则国家乱”的法治理念，既是加强生态文明建设的重要原则，也是习近平法治思想在生态环境保护中的实践深化和科学运用，揭示了社会主义生态文明法治建设的本质规律，展示了生态文明法治建设的实践伟力。

习近平法治思想的生态文明法治理论是马克思主义法治理论结合中国国情在推进生态文明建设过程中的理论创新，是植根于中华传统文化、从中国法律传统中汲取智慧和力量的理论创造，是借鉴世界文明发展和国际可持续发展研究的新成果，并在中国生态文明建设实践中实现扩展与升级的理论贡献。生态文明法治理论以“生命共同体”为核心，创新生态文明法治建设价值论；以“整体观”为要旨，创新生态文明建设法治方法论；以“协同推进”为目标，创新生态文明建设法学理论。生态文明法治理论的实现路径包括完善生态文明法律规范体系、完善生态文明法治实施体系、严密生态文明法治监督体系、健全生态文明法治保障体系。

（吕忠梅：《习近平法治思想的生态文明法治理论》，载《中国法学》2021 年第 1 期，第 48－64 页。）

第三部分　文献拓展与案例研习

第一节　拓展文献目录

韩大元．中国宪法上“社会主义市场经济”的规范结构．中国法学，2019（2）．

李响．“按劳分配”在中国：一个宪法概念的浮沉史．中外法学，2019（5）．

阎天．宪法按劳分配规范的当代意涵．法学评论，2022（1）．

吴敬琏．全面建设社会主义市场经济体系．法学，2003（5）．

张翔．“共同富裕”作为宪法社会主义原则的规范内涵．法律科学（西北政法大学学报），2021（6）．

蔡定剑．论人民代表大会制度的改革和完善．政法论坛，2004（6）．

常安．统一多民族国家的宪制变迁．北京：中国民主法制出版社，2015．

秦小建．精神文明的宪法叙事：规范内涵与宪制结构．中国法学，2018（4）．

邓炜辉．从文本到实践：中国社会保障的宪法学透视．甘肃政法学院学报，2013（2）．

贾中海，何春龙．社会公平正义的三维视阈．北方论丛，2013（2）．

向玉乔．社会制度实现分配正义的基本原则及价值维度．中国社会科学，2013（3）．

林嘉. 论法治国家目标与社会保障法制化. 中国人民大学学报，2002 (2).

张翔，段沁. 环境保护作为“国家目标”:《联邦德国基本法》第 20a 条的学理及其启示. 政治与法律，2019 (10).

王锴. 环境权在基本权利体系中的展开. 政治与法律，2019 (10).

张震. 中国宪法的环境观及其规范表达. 中国法学，2018 (4).

第二节 本章案例研习

真诚汽运公司诉某市政府排除、限制竞争纠纷案

2015 年 7 月 27 日，某市交通运输局直属分局向真诚汽运公司发出“通知”，载明：“依据某市政府《工作会议纪要》第四十五期的精神，市政府决定将全市公共交通经营权由某市粤运汽车运输有限公司独家特许经营。你公司 2007 年 8 月登记入户的 50 辆公交车已到报废期，请按规定办理报废手续并停止营运，经营权指标收回。”同年 8 月 21 日，某市政府发出独家特许经营许可招标公告，决定公开引进该市辖区范围内 0～50 公里公共交通项目战略投资者。经报名、公示、竞争性谈判等程序，该市决定选择广东省汽车运输集团有限公司作为独家特许经营项目战略投资者，同意由其成立的项目公司某市粤运汽车运输有限公司具体实施。真诚汽运公司不服，遂诉至法院，请求撤销上述独家经营许可决定。

广东省高级人民法院判决认为：某市政府发布涉案“0～50 公里公共交通项目”特许经营权许可招投标公告之前，已经事先通过会议纪要的方式将涉案特许经营权直接授予某市粤运汽车运输有限公司独家经营，交通行政部门亦根据该会议纪要先行清理包括真诚汽运公司在内已取得的公交运营指标。显然，某市政府提前指定了某市粤运汽车运输有限公司为涉案公共交通独家特许经营者的行为，已经违反了法律、法规关于应由市场竞争机制来确定经营者的规定，存在排除市场原有同业竞争者的主观意图，属于行政性限制竞争行为，应当认定该特许经营许可的程序违法。但是，鉴于会议纪要仅是政府的内部协调意见和单方意愿，不等同于特许经营许可权的实际授予，某市粤运汽车运输有限公司要取得涉案许可仍需要参与公开的招投标程序，而且涉案许可涉及某市公共交通秩序的稳定及群众出行便利等公共利益，依法应保留其法律效力，不予撤销。2018 年 7 月，广东省高级人民法院判决确认某市政府作出的涉案许可行为程序违法。

思考：禁止行政机关在招投标程序中排除民营企业，要求对民营企业与国有企业进行平等保护，是否与我国宪法规定的社会主义基本经济制度相冲突?

要点提示：我国宪法规定，国家在社会主义初级阶段，坚持公有制为主体、多种所有制经济共同发展的基本经济制度。在法律规定范围内的个体经济、私营经济等非公有制经济，是社会主义市场经济的重要组成部分。尽管宪法明确规定公有制为主体，国有经济是国民经济中的主导力量，但这种主体性与主导性主要体现在控制力上，而非意味

着保护力度的不同。我国《宪法》第 15 条第 1 款明确规定，我国实行社会主义市场经济。市场在资源配置中起决定性作用，对不同所有制经济进行平等保护，是社会主义市场经济的应有之义。

《×自治区民族教育条例》规定使用民族语言教学案

2016 年，×自治区制定《×自治区民族教育条例》，其中规定“自治区各级各类民族学校应当使用本民族语言文字或者本民族通用的语言文字进行教学，重点发展民族学校的双语教学工作”。国务院有关主管部门就此向全国人大常委会提出审查建议，认为条例中的有关规定存在合宪性问题，不利于促进民族交往交流交融。全国人大常委会法制工作委员会经研究认为，上述规定与《宪法》第 19 条第 5 款关于国家推广全国通用的普通话的规定和国家通用语言文字法、教育法等有关法律的规定不一致，要求制定机关作出修改。此外，有的自治县的单行条例规定，该地区自治机关、企业事业单位在招干招工考试时，同等条件下对使用特定民族文字答卷者优先录用。有关方面对这一规定提出不同意见。全国人大常委会法制工作委员会经审查认为：根据国家通用语言文字法的规定，各级政府及其有关部门应当推广国家通用语言文字，即普通话和规范汉字；该条例关于用特定民族文字答卷者优先录用的规定，与法律规定不一致，应当作出必要修改。

2021 年，×自治区制定《×自治区教育条例》，其中规定“国家通用语言文字为学校及其他教育机构的基本教育教学语言文字，学校及其他教育机构应当使用国家通用语言文字进行教育教学”。《×自治区教育条例》生效后，《×自治区民族教育条例》废止。

思考：《×自治区民族教育条例》的性质是什么？如何理解宪法中“国家推广全国通用的普通话”与“各民族都有使用和发展自己的语言文字的自由”之间的关系？

要点提示：×自治区人大既有制定地方性法规的权力，也有制定自治条例与单行条例的权力。二者在制定程序上的主要区别是，后者需要报全国人大常委会批准后才可生效。从公开的相关信息可知，《×自治区民族教育条例》为地方性法规。不过，即便自治条例与单行条例，也仅可对法律和行政法规的规定作出变通规定，而不得与宪法相冲突。至于宪法中“国家推广全国通用的普通话”与“各民族都有使用和发展自己的语言文字的自由”之间的关系，首先，推广普通话条款规定的是国家目标与任务，实际上是对国家施加义务，并不是一种倡导。《宪法》“序言”中明确“中华人民共和国是全国各族人民共同缔造的统一的多民族国家”，而寻求国家认同，促进各民族经济文化交流，维护民族团结，都离不开语言文字的作用，因此有必要在全国范围内推广全国通用的普通话。其次，在国家教育事业中推广普通话与各民族使用和发展其民族语言并不矛盾，在使用普通话进行教学的前提下，各民族仍有通过各种途径传承与发展本民族语言文字的自由。

《物权法（草案）》合宪性之争

有恒产者有恒心。作为调整财产归属与流通关系的基本制度，民法物权制度攸关改革开放和社会主义市场经济建设。早在1994年，第八届全国人大常委会就将物权法列入了立法规划。经过近10年的研究、起草、审议，直至2005年7月，《物权法（草案）》才正式向社会公布并征求意见。如果顺利，草案将会在该年年底的全国人大常委会上接受审议，并于次年3月在全国人大会议上交付表决。然而，草案公布1个月后，北京大学巩献田教授在网络上发表了公开信，直指《物权法（草案）》违宪，由此引发了全民讨论。

之所以批评草案违宪，是因为巩献田教授认为：草案没有写入《宪法》确立的“社会主义的公共财产神圣不可侵犯”，是企图以“私有财产神圣不可侵犯”代之；草案所谓的“物权平等保护”，实际偏重保护了少数富人的财产，是资本的平等而非劳动的平等。①此观点一公开，就掀开了物权法合宪性之争的帷幕。学者们争论的焦点集中于：《物权法（草案）》中规定的“国家、集体、私人的物权和其他权利人的物权受法律保护”是否有违《宪法》第12条和第13条区别表述公私财产保护的意旨？

民法学者首先“应战”，他们为《物权法（草案）》辩护，提出“合宪论”。该论多从公私法二分的角度进行论证，认为平等保护“是建立和完善社会主义市场经济体制的必然要求”②。“民法为私法，重在保护私的利益，公法领域的国家财产应由公法加以规定和保护，‘国家财产神圣不可侵犯’不应成为物权法的基本原则。”③有宪法学者也支持该论，认为在民事领域，“不存在对公共财产和私有财产实行差别对待的条件”。“不管是国家、集体还是个人的财产在流通领域都不享有特权，应受到物权法的同样关怀。”④

一些公法学者虽然认为《物权法（草案）》的确可能存在合宪性问题，但也不认同巩教授坚持修改草案的观点。例如，有学者持“释宪说”，认为：“一方面我国宪法……把不同主体的财产放在不同的宪法地位；另一方面宪法又肯定了我国实行市场经济。依照第一个方面的宪法条文和精神……如果实行平等保护就有违宪嫌疑。按第二个方面的宪法条文……对不同主体的财产应该实行平等保护……最好由全国人大常委会用正式解释宪法的方法来抹平宪法有关条文间的抵牾。”⑤又如，有学者持“修宪说”，认为：“如果宪法某些规定和……物权法原理发生不一致，我们不应去责备物权法而应该去修改宪法。因为从法理的角度来看，私法是宪法的基础，宪法是私法理念的升华，它应和私法原理相统一。”⑥此外，还有学者出面与“释宪说”商榷，坚持“回避论”，即认为“物权法草案关于物权的平等保护的规定是一个高度的政治性问题……对于政治性问题宪法解释者

① 参见刘贻清、张勤德主编：《“巩献田旋风”——关于〈物权法（草案）〉的大讨论》，中国财政经济出版社2007年版，第25-32页。该书辑录了物权法合宪性之争中多篇学者文章和媒体报道。

② 王利明：《平等保护原则：中国物权法的鲜明特色》，载《法学家》2007年第1期。

③ 尹田：《论国家财产的物权法地位——“国家财产神圣不可侵犯”不写入物权法的法理依据》，载《法学杂志》2006年第3期。

④ 焦洪昌：《〈物权法（草案）〉的合宪性分析》，载《法学》2006年第3期。

⑤ 童之伟：《〈物权法（草案）〉该如何通过宪法之门——评一封公开信引起的违宪与合宪之争》，载《法学》2006年第3期。

⑥ 郝铁川：《〈物权法（草案）〉违宪我之见》，载《法学》2006年第8期。

的一般性态度应该是回避”[①]。争议既久，焦点还进一步延伸至物权法是否应当写入“根据宪法，制定本法”，乃至于讨论宪法与民法的关系、质疑公私法二分的意义，如此种种，不一而足。

2006年12月23日，全国人大常委会委员长吴邦国在讲话中指出，“市场经济条件下，各种市场主体都是平等的”，“平等保护，不能与不同所有制经济在国民经济中的地位和作用等同……公有制经济的主体地位……与物权法的平等保护原则是不矛盾的”[②]。随即，在第十届全国人大常委会第二十五次会议上，《物权法（草案）》顺利通过第七次审议。次年3月，全国人大以2 799票赞成、52票反对、37票弃权通过了《物权法》。时任全国人大常委会副委员长王兆国在草案说明中特别回应了有关平等保护是否违宪的问题：“平等保护……是市场经济的基本法则”，“如果对各种市场主体不给予平等保护……就不可能发展社会主义市场经济”。“作为物权主体，不论是国家、集体，还是私人，对他们的物权也都应当给予平等保护。平等保护不是说不同所有制经济在国民经济中的地位和作用是相同的。”[③]

时过境迁，2020年《民法典》通过时，立法者在原来《物权法》规定的“国家、集体、私人的物权和其他权利人的物权受法律保护”中加入了“平等”二字，给这场十余年前的争论画上最终的句号。

思考：如何理解宪法与经济体制改革的关系？

要点提示：宪法与经济体制改革的关系是始终伴随“八二宪法”实施过程的中国式现代化议题。处理这一问题之所以困难，似乎是因为：改革意味着突破陈规、求新求变，但具有最高规范效力的宪法被要求具有稳定性和延续性——在改革的语境中，它似乎成了束缚改革的枷锁，但这样的理解并不符合“八二宪法”的内在逻辑。改革开放是“八二宪法”的精神所在，与其将改革与宪法并置，不如将改革看作宪法的一部分。“八二宪法”呈现一种历史叠加的多重复合结构。在物权法合宪性之争发生前，1993年《宪法修正案》确立了“国家实行社会主义市场经济”；2004年《宪法修正案》在“非公有制经济”前加入了“鼓励、支持”二词。伴随改革的进程，“八二宪法”不断叠加新的内容，物权平等保护条款自然也在“改革宪法”的生长脉络中被接纳。

正因为宪法如此宽博，诸多相互冲突或抵牾的原则和价值都能同时被它包容，才不宜将相对狭隘的价值判断强加其上，轻易得出不合宪的结论；应当妥善运用整体融贯的解释方法，将每一种宪法价值都置于整体的价值框架内，使之相互参照、相互理解。

当然，宪法规范也并不总是能为经济体制改革提供价值和规范供给。改革的设计尚且无法跟上改革的实践，改革时代的宪法更是注定要随改革的推进而变化。“八二宪法”虽然是明确改革成果的产物，但修宪者也难以完全预见政治、经济、社会、文化等领域广泛深刻的变革进程。从1978年农村家庭承包的实践破冰，到1984年的《中共中央关

① 秦前红、涂四益：《“物权法之争”与宪法解释——兼与童之伟教授商榷》，载《法学评论》2007年第3期。

② 吴邦国：《吴邦国论人大工作（下）》，人民出版社2017年版，第350-352页。

③ 王兆国：《关于〈中华人民共和国物权法（草案）〉的说明》，载《人民日报》2007年3月9日，第2版。

于经济体制改革的决定》，再到1993年社会主义市场经济入宪，在这段“摸着石头过河”的过渡期内，许多经济改革措施远远无法为宪法规范所涵摄，其与宪法规范的扞格远比“物权法合宪性之争”更为明显。于是，这期间涌现出包括“变迁论”[①] 在内的努力阐释、平衡规范与现实的本土理论。这些理论上的争论，乃至改革的合宪性危机，又最终消解于1993年修宪。

① 郭道晖：《论宪法演变与修改》，载《法学家》1993年第1期。

第六章　公民的基本权利和义务

第一部分　本章知识点速览

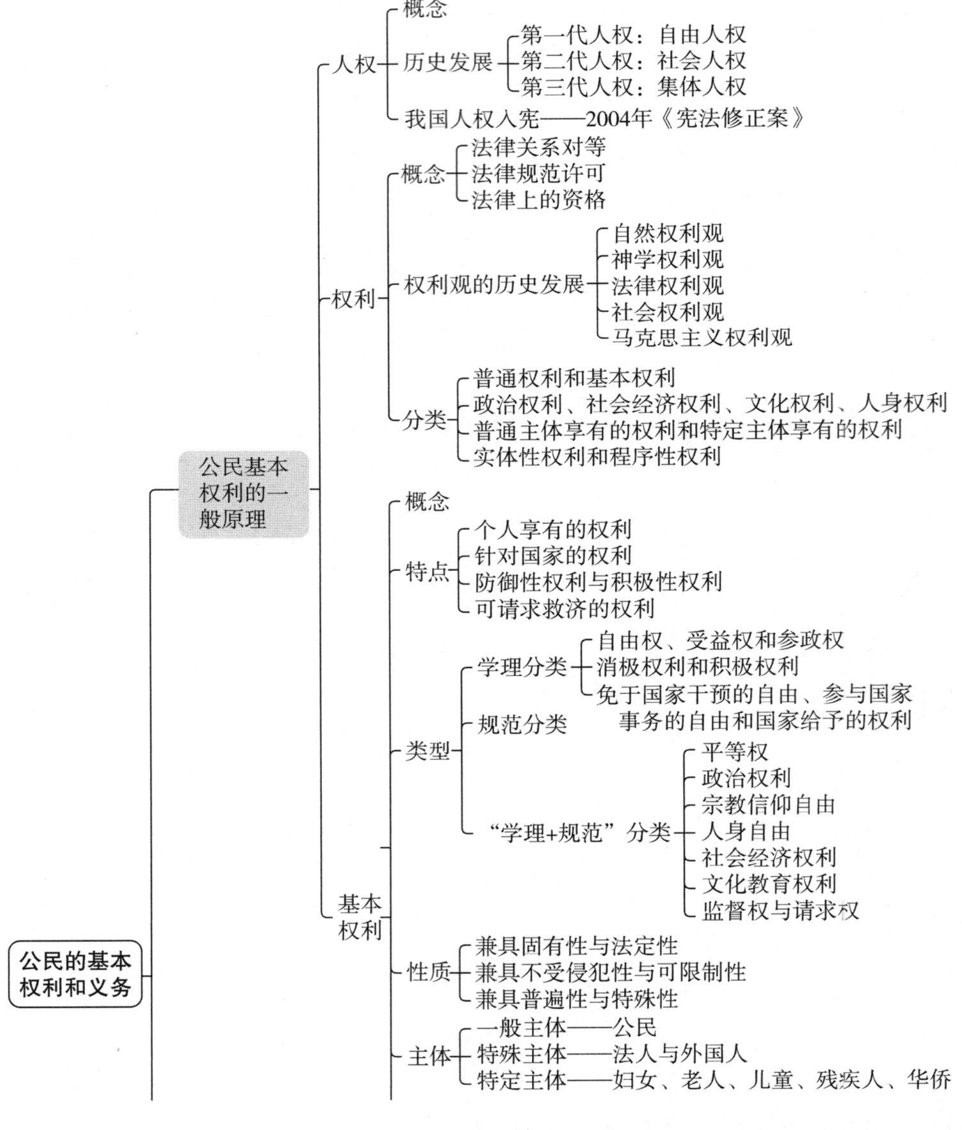

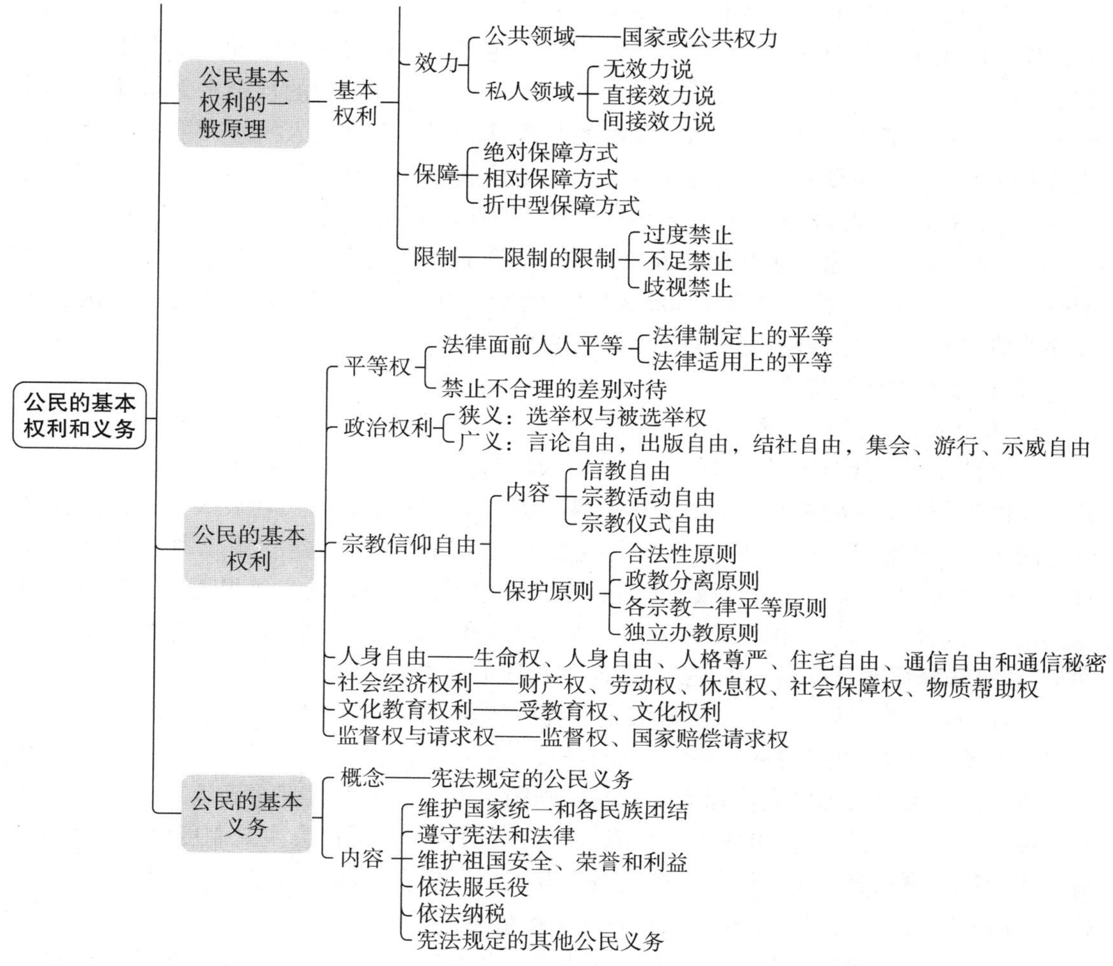

第二部分　本章核心知识要点解析

第一节　公民基本权利的一般原理

一、人权

（一）基本理论与概念

1. 人权，是指在一定的社会历史条件下，每个人按其本质和尊严而自由、平等地生存和发展的权利。

2. 以权利主体为标准，人权可分为个体人权和集体人权。个体人权是个人应当享有的自由平等权利，如生命权、人身权等。集体人权是作为个人存在方式的集体应当享有的自由平等权利，如种族平等权、民族自决权、发展权、环境权、和平权等。

3. 以历史阶段为标准，人权可分为第一代人权、第二代人权和第三代人权。第一代人权是在近代西方资产阶级革命中确立的人权，主要包括近代宪法中的人身自由、经济自由和精神自由等自由权。第二代人权是在19世纪末20世纪初的社会主义运动中提倡的人权，主要包括劳动权、休息权、受教育权等社会权。第三代人权是在第二次世界大战后一些国家和民族在反对殖民主义压迫、争取民族独立和解放的运动过程中提出的人权，主要包括民族和国家生存权、发展权、民族自决权等集体权利。

4. 2004年，"国家尊重和保障人权"被写入我国宪法文本。这标志着"人权"由政治概念转化为法律概念，"尊重和保障人权"由执政党的意志上升为国家意志，由执政党文件中的政策性规定上升为宪法的一项根本原则。

（二）重点解析与前沿

1. 人权入宪的背景和意义

人权是在一定社会历史条件下，人作为人所与生俱来的、必不可少的权利。人权的确认和保障是人类文明进步的标志。2004年3月，第十届全国人民代表大会第二次会议通过的《宪法修正案》首次将"人权"概念引入宪法，明确规定"国家尊重和保障人权"。这是中国政治文明建设领域的一件大事，是中国人权发展的一座里程碑。时任全国人大常委会副委员长王兆国在《关于〈中华人民共和国宪法修正案（草案）〉的说明》中写道："宪法修正案（草案）在宪法第二章'公民的基本权利和义务'头一条即第三十三条中增加一款，作为第三款：'国家尊重和保障人权。'这样修改，主要基于两点考虑：一是，尊重和保障人权是我们党和国家的一贯方针，这次把它写入宪法，可以进一步为这一方针的贯彻执行提供宪法保障。二是，党的十五大、十六大都明确地提出了'尊重和保障人权'。在宪法中作出尊重和保障人权的宣示，体现了社会主义制度的本质要求，有利于推进我国社会主义人权事业的发展，有利于我们在国际人权事业中进行交流和合作。"这一说明深刻地揭示了人权入宪的背景和意义。

第一，人权概念写入宪法是中国特色社会主义人权发展的重大突破。在新中国成立以后的相当长时期内，我们不仅在宪法和法律上不使用"人权"概念，而且在思想理论上将人权问题视为禁区。特别是在某一时期，受极左思潮的影响，"人权"被当成资产阶级的东西加以批判。改革开放后，中国共产党根据实际，先后提出一系列人权主张，与时俱进地赋予中国人权新的内涵。1997年，党的十五大报告提出："共产党执政就是领导和支持人民掌握管理国家的权力，实行民主选举、民主决策、民主管理和民主监督，保证人民依法享有广泛的权利和自由，尊重和保障人权。"2002年，"尊重和保障人权"作为社会主义政治文明建设的重要目标被再次写入党的十六大报告。"国家尊重和保障人权"写入宪法，标志其由党的意志转化为国家的意志，由党的执政理念转化为国家建设和发展的理念，由党的政策转化为国家根本大法的一项原则，突出了人权在国家和社会发展中的应有地位，体现了党的主张、国家意志与人民意愿的统一，有助于巩固我国人权事业取得的成果，推动中国特色社会主义人权事业快速发展。

第二，尊重和保障人权是社会主义制度的本质要求。人权与社会主义具有内在的、必然的联系，是社会主义制度的重要组成部分。马克思主义经典著作曾经对此作出精辟的论述。在《共产党宣言》中，马克思和恩格斯指出："代替那存在着阶级和阶级对立的资产阶级旧社会的，将是这样一个联合体，在那里，每个人的自由发展是一切人的自由发展的条件。”[①] 作为当代中国马克思主义、21 世纪马克思主义，习近平新时代中国特色社会主义思想中也包含着关于人权的深刻论述。习近平总书记指出：“要改进党的领导方式和执政方式，保证党领导人民有效治理国家；扩大人民有序政治参与，保证人民依法实行民主选举、民主协商、民主决策、民主管理、民主监督；维护国家法制统一、尊严、权威，加强人权法治保障，保证人民依法享有广泛权利和自由。”[②] 中国共产党的历史就是为争取人权而奋斗的历史。人权入宪反映了国家意志和人民愿望，是我国社会主义制度的本质要求。

第三，人权入宪有利于加强国际人权交流与合作。当今世界，人权已经成为一个中心话题，在国际交往中越发受到人们的重视，这是国际社会发展的历史潮流。自从联合国建立以来，经过几十年的不懈努力，一个比较完备的国际人权法体系已经建立，世界上绝大多数国家都对人权形成了自己的一些看法和主张。但由于各国在历史传统、文化背景、经济发展状况、政治意识形态等方面存在着这样或那样的差异，因此各国在人权问题上存在不同观点，国际间的人权交流与合作成为必然要求，而这离不开国际人权法体系。2003 年以前，我国已经批准加入了 20 多个国际人权公约，特别是签署了《经济、社会及文化权利国际公约》和《公民权利和政治权利国际公约》这两个十分重要的国际人权公约。在国际人权交流与合作中，我国扮演越来越重要的角色。人权入宪为我国参与国际人权领域的交流与合作奠定了宪法基础，提供了宪法依据。

2.“国家尊重和保障人权”条款的性质与功能

“国家尊重和保障人权”条款规定于《宪法》第二章“公民的基本权利和义务”的首条之中，在性质上属于概括性基本权利条款，发挥着统摄各个具体基本权利条款的功能。具体说来，其具有以下四项功能。

第一，优化基本权利规定模式。世界各国宪法大致有三种基本权利规定模式：概括式、推定式和列举式。所谓列举式基本权利规定模式，是指宪法仅具体列举各项基本权利的模式；推定式基本权利规定模式，是指宪法不列举或者少量列举基本权利，而遵循“法无禁止即自由”的原则保护基本权利的模式；概括式基本权利规定模式，是指在宪法尽可能列举基本权利的前提下，设置兜底条款，以避免列举不足而导致未列举的权利难以得到保护的模式。从立法技术层面分析，这三种规定方式各有利弊：列举式的优势在于权利规定相对明确、具体，其弊端是难免挂一漏万，难以实现与时俱进；推定式的优势在于彰显了权利的开放性和包容性，弊端是不易认知和把握。总体而言，概括式基本权利规定模式兼具列举式和推定式的优势，并且克服了它们的不足，是一种更为合理的模式。在 2004 年《宪法修正案》之前，我国基本权利规定模式属于列举式基本权利规定模式；通过设置“国家尊重和保障人权”条款，我国基本权利规定模式实现了从列举式到概括式的飞跃。

第二，厘定基本权利的人权属性。从位序上看，“国家尊重和保障人权”条款被规定于各个具体基本权利条款之前，统领着各个具体基本权利条款。“国家尊重和保障人权”

---

① 《马克思恩格斯文集》第 2 卷，人民出版社 2009 年版，第 53 页。

② 习近平：《决胜全面建成小康社会，夺取新时代中国特色社会主义伟大胜利》，载《习近平谈治国理政》第 3 卷，外文出版社 2020 年版，第 29 页。

条款和各个具体基本权利条款形成了从抽象原则到具体规定的总分结构。在权利内涵上，人权是对各个具体基本权利的抽象和概括，明确了各个具体基本权利的人权属性，各个具体基本权利是人权的具体化形式。人权是人基于人的本质和尊严而享有的权利，其具有应然意义上道德权利的属性。以人权来表征基本权利，既明确了基本权利的人权属性，也同时厘清了基本权利和宪法的关系。基本权利既在宪法之中，也在宪法之外。作为宪法规定的权利，其具有法定权利的性质；作为人权的具体化形式，其并非由宪法所赋予，而是由宪法所确认和保障。

第三，明确国家相对于基本权利的义务主体地位和义务形态。在“国家尊重和保障人权”条款入宪之前，我国宪法基本权利条款侧重对权利内容的规定，而疏于对基本权利对应义务的主体和形态作出规定。其后果是：一方面，使“基本权利的义务主体是权利主体以外的其他主体”的解释具有了可能性，导致义务主体既包括国家公权力主体，也包括私主体。我国宪法上个别基本权利条款甚至明确作出类似规定，例如，第36条中的“国家机关、社会团体和个人”，第40条中的“任何组织或者个人”，第41条第2款中的“任何人”。另一方面，使义务主体承担义务的形态不明。“国家尊重和保障人权”条款被写入宪法后，我国宪法上基本权利对应义务的主体和形态变得非常明确：在义务主体上，显然赋予国家以尊重和保障人权的义务，明确了基本权利的约束对象是国家公权力；在义务形态上，明确了“尊重”和“保障”是基本权利对应的国家义务的两种形态。

第四，确立基本权利内容的开放结构。由于人权是在一定的社会历史条件下每个人按其本质和尊严而享有的权利，其必然会随着历史的发展而处于不断的发展之中。相应地，作为人权具体化形式的基本权利也必然不断发展，未被宪法明确规定的“新”权利将不断产生。因此，宪法对基本权利的规定也应当具有一定的开放性和包容性，为将随着历史发展而产生的“新”权利纳入基本权利体系预留空间。就此而言，概括式基本权利规定模式是最为科学合理、最为先进的基本权利规定模式。人权是一个高度抽象概括的概念，其具有广泛的解释空间，“国家尊重和保障人权”条款实际上确立了基本权利的开放结构。这意味着，不仅已经被纳入基本权利范围的人权应当受到尊重和得到保障，那些尚未被纳入基本权利范围但在一定的社会历史条件下每个人按其本质和尊严而享有的权利也应当被纳入基本权利的范围，获得尊重和得到保障。

3. “国家尊重和保障人权”条款的规范含义

除“国家尊重和保障人权”条款这一新增条款外，我国宪法尚有多个以“国家”为行文主语的条款，例如，“国家维护社会主义法制的统一和尊严”（第5条），“国家保障国有经济的巩固和发展”（第7条），“国家推广全国通用的普通话”（第19条），“国家推行计划生育”（第25条）。在这些宪法条款中，“国家”都是一个抽象的概念。从表面上看，似乎义务主体就是“国家”了，实际上并非如此。理由在于，作为一个抽象的政治实体，国家一般只在国际法上承担责任。如果将“国家”作为“尊重和保障人权”的主体，则会造成基本权利对应义务的无从着落。所以，将“尊重和保障人权”的义务主体界定为“国家”是一种简单化的理解。①

① 参见焦洪昌：《“国家尊重和保障人权”的宪法分析》，载《中国法学》2004年第3期，第46页。

“国家尊重和保障人权”条款还区分了国家义务的类型：“尊重”是指国家针对基本权利的消极义务，也就是国家不得侵犯基本权利的义务；而“保障”则是指国家针对基本权利的积极义务，也就是国家通过给付以及其他各种积极活动促进基本权利实现的作为义务。通过这两种义务类型，可以整合各个具体基本权利条款所规定的国家义务的类型：《宪法》第 13 条（财产权）、第 36 条（宗教信仰自由）、第 38 条（人格尊严）、第 39 条（住宅自由）、第 41 条（申诉、控告、检举权）等条款中规定的“不受侵犯”“不得强制”“禁止用任何方法”“不得压制和打击报复”等措辞所规定的，就是“尊重”的义务，是消极义务；而《宪法》第 42 条等所使用的“创造劳动就业条件”“提高劳动报酬和福利待遇”“发展劳动者休息和休养的设施”“规定职工的工作时间和休假制度”“规定……退休制度”“获得物质帮助”等措辞所体现的，就是“保障”的义务，是积极义务。通过此种类型化，我们就可以从“基本权利—国家义务”这一分析框架出发，具体界定基本权利的规范内涵。①

（三）延伸阅读

人权的存在形态，是指人权以何种形态、样式存在于社会现实生活中和人们的观念中。我们认为，人权的存在形态可分为三类：应有人权、法定人权和实有人权。

应有人权，是指任何人作为人都理应享有的各种权利。这是人权的应然状态，它大体相当于西方一些学者所讲的“道德权利”。之所以不用“道德权利”这一称谓，是因为人们的道德观念有很大差异，人理应享有的权利在人们的认识上存在各种分歧，而人理应享有的各种权利是不应当受道德观念的不同而存在“哪些应当有，哪些应当无”这种不确定状态的。应有权利的存在，不应以人们道德观念为转移。

法定人权，是应有人权的法律化，即用宪法和法律将人理应享有的各种权利明确规定下来。这有利于将人们理念中的应有权利明确、清晰、准确地固定下来以达成共识，并使其实现更具有可操作性、获得更全面保障。

实有人权，是指人们实际能够享受得到的权利。它基于以下两个事实：一是虽然宪法和法律已经对人们理应享有的权利作出了具体、明确而全面的规定，但出于各种主客观因素，人们可能无法实际享受到这些权利。二是即使宪法和法律没有对人们理应享有的权利作出规定，人们也不一定就享受不到某些权利。除法律之外，社会还有不少手段可以不同程度地认可和保障人权，例如各种进步的社会组织章程、传统习俗、道德伦理乃至宗教。在任何社会当中，法律始终是认可和保障应有人权的最基本的手段，而衡量一个国家或地区人权保障水平的高低，不仅要看一个国家或地区的法律认可与保障水平的高低，更要看一个国家或地区内人们可以实际享有人权的水平和程度。

（广州大学人权理论研究课题组：《中国特色社会主义人权理论体系论纲》，载《法学研究》2015 年第 2 期，第 59 页。）

在“人权条款”入宪之前，我们对于基本权利的理解具有实证主义的封闭性，我们只能认定列举在《宪法》第 2 章中的才是基本权利。但是，人权却天然地具有开放性。人权作为人之为人所应该享有的权利，具有道德权利的性质。据此，宪法未列举的生命

① 参见张翔：《基本权利的体系思维》，载《清华法学》2012 年第 6 期，第 31－32 页。

权、健康权、迁徙自由等权利可以作为基本权利而得到宪法层面的保护，而位于第 2 章以外的财产权（第 13 条）也可以经由人权条款而被纳入基本权利的范围。此外，《宪法》第 16、17 条规定的经济活动自由（结合第 15 条“社会主义市场经济条款”）也可以看作是基本权利。按照此种思路，我们可以抽象出“列于基本权利章内的基本权利”和“视同基本权利的权利”两个概念，并据此填补和完善基本权利体系，以回应现实中各种“某权入宪”的呼声。

（张翔：《基本权利的体系思维》，载《清华法学》2012 年第 4 期，第 33－34 页。）

《宪法》第 33 条第 3 款规定于“公民的基本权利和义务”一章的首条之中，其在基本权利体系中的地位极为特殊，通常被视为基本权利体系的“统帅”和“灵魂”。该条款有三重功能：一是对基本权利性质的定位功能。第 33 条第 3 款中的“人权”概念，是对位于其后的所有具体基本权利条款的概括表达，赋予了具体基本权利以人权属性。二是作为概括条款的兜底功能。凡未被宪法确认、合乎人性需要、人作为人必不可少的利益，可作为未列举基本权利。在推导未列举基本权利时，按照特别条款优先于一般条款的规则，应先从具体权利条款着手，只有在具体权利条款无法提供依据的情况下，方可直接诉诸第 33 条第 3 款之规定。三是对基本权利的功能形态和内容加以确定。“国家尊重和保障人权”的表述，明确了人权的两重功能，即免于国家侵害的消极防御功能和要求国家积极作为的保障功能。这两重功能都对应着主观权利，即防御权和受保障权。受保障权又可分为免受其他公民侵犯的受保障权、从国家获得物质性给付的受保障权。前者系自由权保障维度上的受保障权，亦可称为受保护权，对应着国家的保护义务；后者系社会权保障维度上的受保障权，对应着国家的给付义务。

（李海平：《个人信息国家保护义务理论的反思与重塑》，载《法学研究》2023 年第 1 期，第 85 页。）

二、权利

（一）基本理论与概念

1. 权利，是指在一定的法律关系中，法律关系的主体一方对另一方所享有的可以向其要求一定的作为或不作为并为法律规范所认可的一种资格。

2. 在西方法律思想史上，“权利”思想发端于罗马法，比较有代表性的权利观有自然权利观、神学权利观、法律权利观、社会权利观等。

3. 马克思主义人权观认为，权利的产生、实现和发展，都必须以一定的社会经济条件为基础，应当用发展的观点看待权利。

4. 中国古代文献中的“权利”主要是政治层面的权力和利益。1840 年鸦片战争以后，现代意义的权利观念从西方逐渐传入中国。

（二）重点解析与前沿

1. 权利的概念

权利是包括多种要素、具有丰富内涵的概念，人们可以从任何一个要素或层面去理解权利。“资格说”将权利理解为资格，即行动、占有或享受的资格；“主张说”将权利理解为具有正当性、合法性、可强制执行的主张；“自由说”将权利理解为自由，即法律允许的自由——有限制但受到法律保护的自由；“利益说”将权利理解为法律所承认和保障的利益；“法力说”将权利理解为法律赋予权利主体的一种用以享有或维护特定利益的力量，或一个人通过一定行为（包括作为和不作为）改变法律关系的能力；“可能说”将权利理解为法律规范规定的权利主体作出一定行为的可能性、要求他人作出一定行为的可能性以及请求国家强制力量给予协助的可能性；“规范说”将权利理解为法律所保障或允许的能够作出一定行为的尺度，是权利主体能够作出或不作出一定行为，以及要求他人相应地作出或不作出一定行为的许可与保障；“选择说”（“意志说”）将权利理解为在特定的人际关系中，法律规则承认权利主体的选择或意志优越于他人的选择或意志。[①]

马工程宪法学教材使用了比较传统且争议较小的权利概念，属于一种广义上的权利，因为从范围来看，其既包括要求对方作为，也包括要求对方不作为。广义上的权利又可以分为狭义上的权利和自由两个部分，两者主要有以下几点区别：在法律中，广义上的权利所确认的自由，只是自由的一部分，并不包括全部的自由；自由的主体只能是个人；自由只要求义务人作出消极的不作为，不要求义务人作出积极的作为；关于狭义上的权利在英语中一般使用“right”或“entitlement”来表示，关于自由在英语中一般使用“freedom”或“liberty”来表示，“freedom”多用于人们的日常生活中，“liberty”则更加古老、书面化。[②] 此外，马工程宪法学使用的权利概念突出了权利主体之间法律地位的对等性、权利由法律规范认可以及权利是一种法律资格的含义，对应了权利的“选择说”、“规范说”和“资格说”。

权利与人权、基本权利的概念关联密切，既有一定的联系，又有一定的区别。在权利与人权之间，一般意义语境下，除了非人生命体和无生命体的权利，权利与人权具有同等性，在内涵上可以互换；在道德意义语境下，人权比权利更具有正当性、合法性；在意识形态层面，权利比人权更为非政治化，是一个更为中性、更能被接受的概念；在国际关系维度，人权具有一定的国际斗争的痕迹。概言之，权利的外延大于人权，且术语更加专业化地体现了法学的探索，人权则具有浓厚的政治文化色彩。[③] 在权利与基本权利之间，权利作为法理学上带有普遍意义的概念，是个人对客体（包括公民与国家）提出的要求，而基本权利是个人在宪法上对客体（国家）提出的消极或积极的主张。[④]

2. “天赋人权”

在西方法律思想的自然权利观、神学权利观、法律权利观和社会权利观等权利观（详见表 6－1）中，自然权利观的“天赋人权”思想是近代宪法的起点和归宿。荷兰法学家格劳秀斯是西方近代资产阶级思想家中第一个较为系统地论述自然法理论的思想家，他提出了“自然秩序”“自然权利”“自然法”“社会契约”等命题，认为法律的作用是保障人民的权利免受侮辱。英国哲学家洛克认为，在自然状态下每个人都享有普遍的天赋权利，即生命权、自由权和财产权，这些权利是与生俱来的，是任何人在任何情况下都不可侵犯的，即使进入政治社会后，这些权利仍应被保留。“天赋人权”思想的形成从根

---

① 参见张文显主编：《法理学》（第 5 版），高等教育出版社 2018 年版，第 130 页。

② 参见林来梵：《宪法学讲义》（第 3 版），清华大学出版社 2018 年版，第 297 页。

③ 参见何志鹏：《权利基本理论：反思与构建》，北京大学出版社 2012 年版，第 30－34 页。

④ 参见郑贤君：《基本权利原理》，法律出版社 2010 年版，第 2 页。

本上否定了封建神学世界观和君权神授论，而宪法则需承担起保障“天赋人权”的重任。在近代中国学者的论断中也可以发现“天赋人权”思想。例如，康有为说，“凡人皆天生。不论男女，人人皆有天与之体，即有自立之权，上隶于天，人尽平等，无形体之异也”[①]；梁启超说，“人权者出于天授者也，故人人皆有自主之权，人人皆平等”[②]。当然，“天赋人权”思想并不完全科学，因为它虽然肯定了人的自然属性的面向，但忽视了马克思指出的“人是社会存在物”的本质，即人的社会属性的面向。

表 6-1　几种有代表性的西方法律思想权利观

权利观	主要内容	代表性人物
自然权利观	天赋人权；人人享有自然权利；人权先于国家而存在，与生俱来，不能变更和让与，也不容剥夺	格劳秀斯、洛克、卢梭
神学权利观	神赋人权；人生来就不平等、不自由；在法律和观念上，只有具体的等级的特权，没有抽象的一般的权利	阿奎那、斯宾诺莎
法律权利观	法赋人权；权利不仅可以由国家创制的法律赋予，也可以由法律加以限制和剥夺	奥斯丁、哈特
社会权利观	权利是基于人与人之间的社会关系产生的；法律不以保障权利为标准，而以保护社会利益为出发点，个人权利要在社会利益得到保障的现实中才能存在和实现	涂尔干、狄骥

3. 马克思主义权利观

马克思主义认为，权利的本质只是人类在尚未以社会整体的形式摆脱自然的束缚的条件下，通过公共权力的强制力对人与人之间的利害冲突进行调节的一种历史产物。权利的命运将在消灭了一切私人占有和阶级剥削、全体人民根本利益一致的社会里，随着公共权力的消亡而退出历史舞台。但权利的消亡是一个漫长而复杂的历史过程，在作为资本主义与共产主义之间过渡性社会形态的社会主义社会，仍需要以权利与义务的方式规范个体之间以及个体与整体之间的利益关系，且只有在社会整体利益首先实现的基础上，个人的权利才能实现。马克思主义认为，人的权利是由社会的物质和文化结构决定的，从来都是历史的、具体的，不是天赋的、抽象的。在权利内涵方面，马克思主义权利观以整体的自由代替了个体的自由，以精神的自由超越了感性的自由，将人类自由的本质和人类自由发展的最高境界理解为人类道德的完善和精神的解放。马克思主义自由理想是社会整体自由与个体自由的辩证统一，并在强调个体与整体利益一致性的基础上，坚持权利与义务并重原则，在注重个人合理权利要求的同时，更注重个人对社会的义务。[③]

4. 权利的分类

权利的分类是法学的基础知识，对于法的实践非常重要，因为保护一项权利或者限制某项权利，首先需要判断权利的类型，对不同类型的权利有着不同的保障方式或限制

① 康有为：《大同书》，载姜义华、张荣华编校：《康有为全集》第7集，中国人民大学出版社1998年版，第57页。

② 梁启超：《国家思想变迁异同论》，载张品兴主编：《梁启超全集》第2卷，北京出版社1999年版，第458页。

③ 参见韩冬雪：《论马克思主义的权利观》，载《吉林大学社会科学学报》2001年第1期，第80-82页。

方式。除了马工程宪法学教材中提到的权利分类（详见表6－2），尚可以从不同的角度对权利作其他分类。例如，根据权利地位的不同，可以将权利区分为原生权利（母权利）和派生权利（子权利）；根据权利之间的因果关系，可以将权利区分为第一性权利（原有权利）和第二性权利（救济性权利）；根据享有权利主体的不同，还可以将权利区分为个人权利、集体权利、国家权利和人类权利。又例如，德国哲学家康德运用哲学上“应然”和“实然”的范畴，根据权利的存在形态，将权利区分为道德权利（应然权利）和法律权利（实然权利）。道德权利是权利的初始形态，是特定社会的人们基于一定的物质生活条件、政治传统和文化传统而产生的权利需要和权利要求，是未被法律明文规定但主体认为应当享有或被承认应当享有的权利。法律权利是通过实在法律明确规定或通过立法纲领、法律原则加以宣布的，以规范与观念形态存在的权利和义务。英国现代哲学家伯林提出了消极自由和积极自由的两种自由概念，进而根据权利属性的不同，可以将权利区分为消极权利和积极权利：消极权利是个人不受国家或其他组织、个人侵犯的权利；积极权利是个人享有的通过国家、其他组织和个人的积极行动加以实现的权利。

表6－2　权利的分类

分类标准	权利类型	权利示例	示例规范依据
权利的法律性质	普通（法律）权利	民事关系中的物权、债权等	《民法典》第114、118条
	基本权利	公民享有的宗教信仰自由、人身自由、受教育权等	《宪法》第36、37、46条；《民法典》第109条；《教育法》第9条
权利涉及的领域	政治权利	选举权与被选举权等	《宪法》第34条；《全国人民代表大会和地方各级人民代表大会选举法》第4条
	社会经济权利	劳动权、休息权等	《宪法》第42、43条；《劳动法》第3条
	文化权利	进行科学研究、文学艺术创作和其他文化活动等	《宪法》第47条；《经济、社会及文化权利的国际公约》
	人身权利	人身自由、生命权和人格尊严等	《宪法》第33、37、38条；《民法典》第109、110条
享有权利的主体	一般主体享有的权利	人身自由、生命权和人格尊严等	《宪法》第33、37、38条；《民法典》第109、110条
	特定主体享有的权利	妇女、儿童、老人和残疾人等享有的权利	《宪法》第45、48、49条；《民法典》第128条
确定权利的法律规范的特点	实体性权利	民法上的物权、债权、人格权	《民法典》第114、118、991条
	程序性权利	刑事诉讼法上犯罪嫌疑人的辩护权等	《宪法》第130条；《刑事诉讼法》第14条

5. 新兴权利

我们处在一个权利觉醒并日益彰显的时代，人们习惯于通过权利话语来表达自己的各种利益诉求，权利话语成为社会的主导性话语。在一些“新”权利（隐私权、知情权、居住权等）逐渐得到法律制度确认而隐去“新”的同时，另一些“新”权利（亲吻权、人体冷冻胚胎监管与处置权、动物权利等）又相继被提及，法学界将这些权利统称为“新兴权利”或“新型权利”。当前，新型权利主要呈现出法理学和部门法学的两种研究进路，其中，宪法学的新型权利研究进路隶属于部门法学的公法研究进路，主要对政府应当承担的义务和责任进行分析。

宪法学中新型权利的推导涉及“未列举权利”和“概括性权利”的问题。一方面，未列举权利的认定可能会运用从基础权利规范中衍生出新兴权利、从空白权利条款中创生出新兴权利、从复数的基础权利规范或（及）其他规范中建构新兴权利等法学方法；另一方面，概括性权利条款不仅是宪法明示权利和未列举的新兴权利的价值基础，同时也是未列举权利的兜底条款，如若未能从未列举权利认定的三种方式中推导出新兴权利，便可根据概括性条款解读新兴权利。①

目前，我国宪法学者围绕被遗忘权、数字人权等新型权利进行了深刻的讨论。例如，郑贤君认为被遗忘权是一种宪法权利，暗含于我国《宪法》第 38 条规定的人格尊严、第 39 条规定的住宅不受侵犯、第 40 条规定的通信自由和通信秘密、第 33 条第 3 款规定的“国家尊重和保障人权”中②；丁晓东认为数字人权的数据权利、数字基础服务权利在我国实证法上具备宪法权利的属性。③

6. 权利之间的关系

权利具有“多栖性”。第一，在整体视角下，基本权利与部门法权利之间的关系尚未明确，尤其是基本权利与民法权利的关系问题尚未定于一尊。例如，我国宪法学教科书中常见如下表述：宪法是部门法的母法，民法是宪法的具体化，因而民事权利是基本权利的具体化。但姜峰认为民事权利不是基本权利的具体化，理由在于二者在约束对象、规范强度、权利内容、权利目的方面明显不同。④ 于飞也总结出二者在义务人、权利广度、权利保护强度和对义务人的道德要求等方面有本质区别。⑤ 第二，不同的法律可以规定相同的权利，但同一权利在不同的法律中具有不同的内涵，尤其在《民法典》对人格权单独设编的背景下，学者着重分析了宪法人格权与民法人格权的联系与区别。例如，张翔认为宪法上的人权、人格尊严、社会主义原则，构成了民法人格权保护的价值基础，也构成了人格权条文解释的背景规范⑥；刘召成认为基本权利所确立的基本价值是民法人

① 参见雷磊：《新兴（新型）权利的证成标准》，载《法学论坛》2019 年第 3 期，第 25－27 页。

② 参见郑贤君：《被遗忘权是一项宪法权利吗》，载《首都师范大学学报（社会科学版）》2022 年第 2 期，第 182－184 页。

③ 参见丁晓东：《论“数字人权”的新型权利特征》，载《法律科学》2022 年第 6 期，第 63－65 页。

④ 参见姜峰：《民事权利与宪法权利：规范层面的解析——兼议人格权立法的相关问题》，载《浙江社会科学》2020 年第 2 期。

⑤ 参见于飞：《基本权利与民事权利的区分及宪法对民法的影响》，载《法学研究》2008 年第 5 期。

⑥ 参见张翔：《民法人格权规范的宪法意涵》，载《法制与社会发展》2020 年第 4 期。

格权的主要价值基础[①]；曹相见认为宪法人格权与民法人格权根据个人受义务主体侵害的可能性，采取了不同的技术类型，此外，二者均具有开放结构，但新生民事权利仅对基本权利具有类型联想意义。[②]

（三）延伸阅读

只有当主体的权利受到了侵害，法律才能实现。如果每一个人，在每一个案件中，都能为权利而斗争不退缩，为了自己呼吁权利，为了自己要求权利，为了自己实现权利，那么，抽象的法律规范就能完全实现。

在此意义上，人们可以说：每一个人都有道德任务，参与真理与生活中权利的实现；在力所能及的范围内，每一个人都是法律的守护者和执行者。

（［德］鲁道夫·冯·耶林：《为权利而斗争》，刘权译，法律出版社 2019 年版，第 72 页。）

“权利”一词常被不加区别地在一般意义上使用，表述包括请求权、特权、权力及豁免在内的任何法律利益。然而，狭义的权利却仅与义务相关，也许其同义词“请求权”更能达义。那么，狭义的“权利”一词便仅在与义务相关这一非常有限的意义上使用。

（［美］霍菲尔德：《基本法律概念》，刘权译，法律出版社 2019 年版，第 91 - 92 页。）

为了保护这些权利，我们必须承认。只有社会其他成员的个人权利才是与公民享有的反对政府的权利相冲突的权利。我们必须区分多数人的权利和作为多数人的成员所享有的个人权利，前者不能作为压制公民反对政府的权利的理由，而后者则可以。我们必须运用这个检验标准。某人享有受到保护的权利，这个权利必须同一个人所享有的希望的权利相权衡，因为二者是冲突的关系，如果这个人，根据他所享有的权利有权要求他的政府给予那种保护，那么，作为一个个人，他不需要其他大多数公民的支持。

（［美］罗纳德·德沃金：《认真对待权利》，信春鹰、吴玉章译，中国大百科全书出版社 1998 年版，第 256 页。）

在权利与权力的关系中，主张权利本位，反对权力本位，意在把权利从权力的束缚或压抑中解放出来，即人们常说的“松绑”，以实现政治与经济、政府与企业、国家与市民社会的相对分离，克服权力过分集中和权力垄断现象，彻底抛弃官本位、国家本位的封建遗迹，促进经济市场化、政治民主化和社会现代化。

［张文显：《法哲学范畴研究》（增订版），中国政法大学出版社 2001 年版，第 398 - 399 页。］

三、基本权利的概念

（一）基本理论与概念

1. 基本权利，是指由宪法确认和保障的、由人性所派生或为维护“人的尊严”而应享有的人作为人必不可少的权利。

---

① 参见刘召成：《基本权利对民法人格权构造的发展与限定》，载《福建师范大学学报（哲学社会科学版）》2020 年第 5 期。

② 参见曹相见：《人格权法定的宪法之维与民法典编纂》，载《浙江社会科学》2020 年第 2 期。

2. 基本权利的分类。

(1) 基本权利的学理分类。

根据公民相对于国家地位的差异，基本权利可分为自由权、受益权和参政权。

根据权利的实现方式的差异，基本权利可分为消极权利和积极权利。

根据国家履行权利保护义务的形态差异，基本权利可分为免于国家干预的自由、参与国家事务的自由和要求国家积极作为的自由。

根据权利主体可以提出请求的差异，基本权利可分为具体权利和抽象权利。

(2) 基本权利的法律分类。

根据宪法基本权利的具体规定，基本权利可分为平等权，政治权利和自由，宗教信仰自由，人身自由，批评、建议、申诉、控告、检举和取得赔偿权，社会经济权利，文化教育权利和自由，有关婚姻、家庭、老人、妇女和儿童的权利，华侨、归侨和侨眷的权利。

在宪法基本权利规定的基础上融合学理分类的优势，基本权利可分为平等权、政治权利、宗教信仰自由、人身自由、社会经济权利、文化教育权利、监督权和请求权。

3. 基本权利的性质：(1) 基本权利既是固有权利，也是法定权利；(2) 基本权利不受侵犯，但在特定条件下受到限制和制约；(3) 基本权利既有普遍性，又有特殊性。

(二) 重点解析与前沿

1. 基本权利的固有性和法定性

基本权利究竟是固有权利还是法定权利，抑或兼具固有性和法定性？这一问题涉及基本权利的来源。对此，学界长期以来众说纷纭，莫衷一是。自然权利说认为基本权利是自然或者自然法赋予的权利，强调人权和基本权利先于宪法和国家的特质。洛克、卢梭等自然法思想家是这种学说的代表。天赋权利说主张基本权利是由“上帝”“造物主”等超自然存在所赋予的。例如，美国《独立宣言》就写道：“我们认为这些真理是不言而喻的：人生而平等，他们从造物主那里被赋予了某些不可转让的权利。”这两种学说都不同程度地强调了基本权利的道德权利属性，也在一定程度上表达了基本权利先于宪法的固有性。传统实证主义法学理论则坚持法定权利说，认为基本权利源于宪法，由宪法赋予，否定基本权利具有先于宪法或者先于国家的属性。边沁可谓是这一主张的代表人物，他认为：“权利是法律的结果，而且只能是法律的结果；没有脱离法律的权利；没有与法律对立的权利；没有先于法律的权利。”①

应当说，各种学说中都包含着真理的颗粒。自然权利说和天赋人权说借助于自然、上帝、造物主等超验的力量可以为基本权利的神圣性提供证明。但是，这种理论难免使人权和基本权利具有高度的主观性和神秘色彩。同时，没有宪法基础的抽象人权和基本权利也难以得到有效实施，容易沦为空洞的道德宣言和说辞。法定权利说揭示了宪法和基本权利的紧密联系，彰显了权利的客观性和确定性。规定在宪法中的基本权利比抽象的道德权利更为明确实在，也更具有可操作性。但是，仅仅承认或者强调基本权利来源的法定性而否认其固有属性，也存在一定问题。从历史视角分析，基本权利经历了一个

① [英] H. L. A. 哈特：《哈特论边沁——法理学与政治理论研究》，谌洪果译，法律出版社 2015 年版，第 86 页。

从抽象的道德权利理论到通过宪法加以实证化的过程。17、18世纪的思想家提出的社会契约论、人民主权论、权力分立制衡理论，为近代宪法在文本上确立基本权利奠定了深厚的理论基础。同时，基本权利也是人类反抗压迫、争取自由独立的不懈努力的结果。仅仅承认或强调基本权利的法定性，否认基本权利先于宪法的固有权利属性，无疑是切断了基本权利产生和发展的历史。同时，法定权利说也容易使基本权利限定于有限的范围内，难以回应时代发展变迁的现实需求。

辩证唯物主义是“关于现实的人及其历史发展的科学”[①]，是真正揭示人权和基本权利来源的理论。在辩证唯物主义看来，“全部人类历史的第一个前提无疑是有生命的个人的存在”，这些“现实的……以一定的方式进行生产活动的一定的个人，发生一定的社会关系和政治关系”[②]。从这一原理出发，从法定性角度说明基本权利的来源是必要的，但远远不够。宪法只是人权和基本权利的形式来源，但实质来源并非宪法本身，人才是理解人权和基本权利的根本。人是人权和基本权利的最终来源。人之所以享有人权和基本权利，既非因为自然或者造物主赋予，也非因为国家或宪法赋予，而是因为人作为人而存在。人权和基本权利存在的价值和意义在于使人成为人。从人本身出发理解人权和基本权利，人权和基本权利自然具有固有的属性，它虽然被规定于宪法之中，但其先于宪法；宪法中规定的基本权利只是将处于历史过程中的人作为人所应当享有的必不可少的权利加以法定化、实证化。基本权利兼具固有性和法定性，是二者的辩证统一。

2. 基本权利与人权的关系

基本权利和人权同时出现在我国宪法文本之中。那么，二者究竟有何区别和联系呢？

首先，二者的含义和表现形式不同。人权是指人依其本质和尊严而自由、平等地生存和发展的权利。基本权利是指由宪法确认和保障的、由人性所派生或为维护“人的尊严”而应享有的人作为人必不可少的权利。人权并不必然被宪法所确认，而基本权利则是由宪法明确确认的权利。学者赫费指出：“如果说人权和基本权利从内容上看是一样的，那么它们的存在方式却不相同。人权是法制度应遵守的道德准则，基本权利则相反，只有当它得到现存法制度和实际承认时才是人权。”[③]

其次，权利内容和范围不同。人权具有高度抽象性，其内容和范围广泛，只要是人作为人应当享有的权利均可以被纳入人权的范围；基本权利则主要限定于宪法的规定，其范围小于人权。

最后，权利主体不同。人权的主体是普遍的人，只要属于生物学意义上的人便是人权的主体。基本权利的主体并非全部如此。我国《宪法》第二章的名称为“公民的基本权利和义务”，各个基本权利条款通常也将权利主体限定于具有中国国籍的公民。虽然“人权入宪”客观上起到了扩展基本权利主体的效用，使得将不具有中国国籍的外国人、无国籍人纳入基本权利主体范围具有了正当性，但某些特定的权利仍然受到公民身份的限制，例如选举权和被选举权的主体一般为公民而非普遍的人。

① 《马克思恩格斯选集》第4卷（第2版），人民出版社1995年版，第241页。

② 《马克思恩格斯选集》第1卷（第2版），人民出版社1995年版，第67、71页。

③ ［德］奥特弗利德·赫费：《政治的正义性》，庞学铨、李张林译，上海译文出版社1998年版，第402页。

基本权利和人权尽管具有上述差异，但二者具有紧密的联系：第一，人权是基本权利的抽象概括，基本权利是人权的具体化形式；第二，人权是基本权利的源泉，未被宪法列举的权利可以通过宪法解释转化为基本权利。

3. 基本权利作为公法权利

基本权利是公法权利，与作为私法权利的民事权利，具有本质区别。

首先，二者调整的社会关系不同。基本权利调整公民和国家之间的关系，民事权利调整处于平等地位的自然人、法人和非法人组织之间的关系。

其次，二者调整的理念不同。基本权利调整的公民和国家之间的关系具有主从关系或者“目的—手段”关系的性质，这决定了基本权利的调整理念具有倾斜性，强调对公民权利的保护和对国家权力的限制。民事权利调整的社会关系并不具有主从关系或者“目的—手段”关系的性质，而是处于平等地位的私主体之间的关系，这决定了民事权利的调整理念具有对等性，强调对双方私主体的平等对待。

最后，权利内容不同。基本权利包括自由权、参政权和社会权等权利类型，民事权利主要是自由权，在共同体性质的民事关系中也包括共同体内部的参政权，但社会权并非民事权利的内容。除了亲属关系等特定领域，民事法律遵循私人自治原则，尊重每一个民事主体的自由意志，不能强制规定一方主体对另一方主体无偿承担经济、社会、文化等方面的保障义务。

上述区别说明基本权利和民事权利是两种性质截然不同的权利，遵循不同的法律调整逻辑，不可将二者混为一谈。从权利名称上看，有些基本权利和民事权利基本相同，如人身自由、财产权、人格权等，这容易使人产生二者性质相同的误解，或者将民事权利作为基本权利的具体化形式。上述区别决定了名称相同的基本权利和民事权利属于两种不同性质的权利，不宜将民事权利理解为基本权利的具体化形式。

4. 基本权利学理分类的意义与局限

德国法学家考夫曼指出：“概念而无类型是空洞的，类型而无概念是盲目的。”[①] 基本权利的分类，是分析基本权利规范内涵的重要工具。在基本权利的类型得以确定的前提下，只要能够厘清每种类型的基本权利的规范内涵，各个基本权利的规范内涵也就相应得以明晰。自由权、参政权和社会权，消极权利和积极权利，免于国家干预的自由、参与国家事务的自由和通过国家积极作为而实现的自由——这几种基本权利的学理分类为阐释基本权利的规范内涵提供了有益的分析框架。需要注意的是，尽管这些分类的形态各异，但分类的标准有相同之处，都将相对于权利而言的国家义务作为了参照系，不同之处在于各种分类的侧重点稍有差异。“自由权、参政权和社会权”的分类突出了公民相对于国家的地位的差异，“消极权利和积极权利”的分类揭示了国家义务履行方式的差异，“免于国家干预的自由、参与国家事务的自由和通过国家积极作为而实现的自由”的分类侧重揭示国家在权利实现中的作用的差异。总体而言，这三种分类可以相互替代和转换。

---

① ［德］亚图·考夫曼：《类推与“事物本质”——兼论类型理论》，吴从周译，学林文化事业有限公司 1999 年版，第 119 页。

这些学理分类对于认识基本权利的多样性和复杂性具有一定价值，但都具有片面性，并不能准确揭示基本权利的规范内涵的全貌，例如：自由权虽然具有免于国家强制和干预的消极内涵，但其实现也离不开国家的积极作为；社会权虽然要求国家积极采取行动以履行义务，但其也不可避免地具有免于国家强制和干预的意味。对于基本权利的学理分类的相对性，日本法学家芦部信喜和美国法学家唐纳利有着深刻的论述。芦部信喜指出，不能将人权分类的体系绝对化，自由权有时具有社会权的侧面，社会权中也有像受教育权的权利或生存权那样、具有不应受公权力不当限制的自由权性质的侧面。① 唐纳利认为："实际上，所有的权利既有'积极'的相关义务，也有'消极'的相关义务。我们姑且假定，在需要典型的环境下，许多权利主要是具有积极的相关义务，或主要具有消极的相关义务。"②

5. 基本权利的功能体系

基本权利的功能体系，是指由不同的基本权利作用形式所构成的有机整体。基本权利是一个与国家义务相对的概念，其能否实现既取决于权利主体请求权的行使，也依赖国家义务的履行。从作用的角度对基本权利进行观察和诠释，明确基本权利的功能体系，目的在于为基本权利条款的解释和适用确定分析框架和路径。国家义务是既有的基本权利学理分类的基本参照系，因此这些分类本身也具有明确基本权利功能体系的意义。然而，由于这些分类只是对基本权利规范内涵的初步描述，并未全面、细致、准确地揭示基本权利的作用形式，因而难以将它作为确立基本权利分析框架和路径的理论工具。

相较而言，从基本权利的"主观权利"和"客观规范"这两个维度确立其功能体系更具合理性。这里的"主观"和"客观"与哲学层面的"主观"和"客观"没有必然联系，而是用来表征义务的履行与权利主体的关联形式。主观权利意在强调义务履行的可请求性，而客观规范意在说明义务履行并不具有可请求的属性。据此，所谓基本权利的主观权利功能，主要是指基本权利的请求权功能。根据这一功能，基本权利主体可以向国家提出作为或者不作为的请求。所谓客观规范功能，是指基本权利在这一维度上并不具有可请求性，国家义务的履行需要通过请求权以外的机制来实现。相较于传统的基本权利分类，从主观权利和客观规范两个维度切入，能够更清晰、准确地厘清基本权利的规范内涵，也为建构层级化的基本权利规范体系奠定了基础。

主观权利和客观规范是基本权利功能体系的第一层次。在这一层次之下，还可以对基本权利的功能进行细分。主观权利功能可以分为防御权功能和受益权功能，客观规范功能可以进一步细分为制度性保障功能、基本权利的第三人效力和基本权利的国家保护义务。这构成了基本权利功能体系的第二层次。在第二层次之下，还可以细分出第三层次，如受益权功能就可以分为物质给付功能和信息给付功能等。由此，一个逻辑严密的基本权利规范体系便建立了。

---

① 参见［日］芦部信喜：《宪法》（第 6 版），［日］高桥和之补订，林来梵、凌维慈、龙绚丽译，清华大学出版社 2018 年版，第 62 页。

② ［美］杰克·唐纳利：《普遍人权的理论与实践》，王浦劬、张文成、燕继荣、方向勤译，中国社会科学出版社 2001 年版，第 113 页。

（三）延伸阅读

首先，多数人都认可这样的观点，即基本权利为宪法所保障，“载明这些权利的宪法能使之得到最大的保障”。但是这并不意味着基本权利的存在与否依赖于宪法文本的记载。准确地说，基本权利并不是宪法的发明或是宪法的授权，而是历史的产物。

其次，大多数人都承认，人类的认识能力和立法技术是有限的。诚然，作为权利，基本权利的产生与发展同样依赖于客观的社会基础。正如马克思所指出的那样：“权利决不能超出社会的经济结构以及由经济结构制约的社会的文化发展。”但是，人类的认识能力是有限的，不可能掌握全部的社会、经济和文化等要素，并从中抽象出全部的基本权利；人类的立法能力和立法技术也是有限的，不可能将对基本权利的理解全部转化为规范。因此，作为记载基本权利的宪法文本，注定不可能列举全部的基本权利。

再者，在很多人看来，基本权利是一个开放的、不断发展的体系。从基本权利的历史发展来看，基本权利的“清单”一直在不断地扩充。近代宪法所列举的基本权利多为财产权、人身权这样的自由权。1919 年魏玛宪法以后，各国的宪法文本中开始大量出现社会经济权利。而在第二次世界大战以后，通过战争的教训，人们普遍认识到基本权利在社会生活中的重要价值，因而将尊重人权、追求和平的价值观提升到前所未有的高度。为适应这一变化，战后形成的宪法文本进一步扩充了关于基本权利的规定，基本权利的体系更加庞大。从宪法文本对基本权利的规定的这些变化中，可以看出基本权利从来就是一个不断发展的体系。社会现实需要促使基本权利向前发展。

从上述三点共识来看，对宪法列举之外的基本权利的承认，应当是确定无疑的。既然承认未列举的基本权利，那么对这些权利的宪法保护也应当是顺理成章的。

（屠振宇：《未列举基本权利的宪法保护》，载《中外法学》2007 年第 1 期，第 41－42 页。）

从宪法文本中人权概念存在的基本特点可知，人权实定化以后成为基本权或基本权利。人权与基本权利的主要区别在于：人权是一种自然权，而基本权利是实定法上的权利；人权具有永久不变的价值上的效力，而基本权利是法律和制度保障的权利，其效力与领域受到限制；人权主要表现为价值体系，而基本权利具有具体权利性；人权源于自然法，而基本权利源于人权等。人权与基本权利的区别决定了宪法文本中的人权需要法定化，并转化为具有具体内容的基本权利。人权一旦转化为宪法文本中的基本权利后，公民与国家机关都应受基本权利的约束。自然法意义上的人权并不是或者不能成为判断宪法和法律的尺度。人权概念的不确定性、价值的多样性与宪法文本的统一性是有矛盾的。人权所体现的基本价值是宪法制定与修改过程中的最高目标，表明人类生存与发展的要求、理念与期待。人权的宪法化体现了人权价值的现实化，为人权价值的实现提供了多样化的形式。即使规定在宪法文本中，人权仍处于不断完善自身体系的过程之中，不断地向基本权利转化。

［胡锦光、韩大元：《中国宪法》（第 4 版），法律出版社 2018 年版，第 151 页。］

基本权利的功能与国家义务的对应关系，可以归纳为下图：

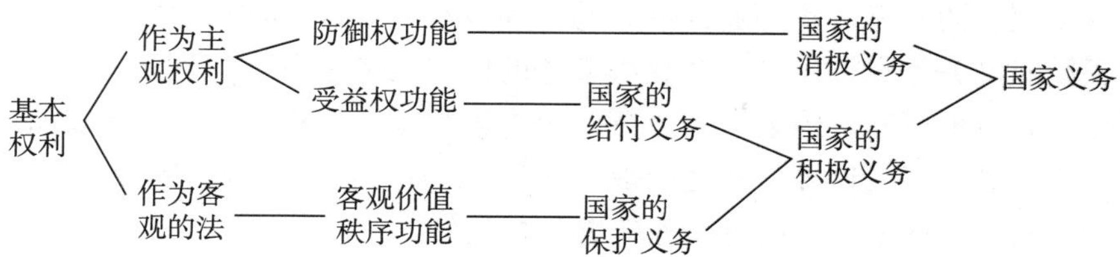

这个关系图就可以成为对基本权利及其对应的国家义务进行分析的框架图，其基本内容如下：

(1) 基本权利的性质可以分为“主观权利”和“客观的法”两种。

(2) 作为“主观权利”的基本权利有两项功能：一为防御权功能；二为受益权功能。

(3) 防御权功能对应的是国家的消极义务，而受益权功能针对的是国家的给付义务。

(4) 作为“客观的法”，基本权利的功能可以概括为“客观价值秩序功能”，对应的国家义务可称为“国家的保护义务”。

(5) 国家的保护义务和国家的给付义务共同构成了国家的积极义务。

(6) 国家义务由国家的消极义务和国家的积极义务构成。

基本权利的功能体系及其所对应的国家义务是一个非常复杂的系统，这里只是列出其基本框架。对这一系统作出详细的分析，将使国家义务完全地类型化和条理化，从而为基本权利研究确立一套严格的规范体系和逻辑体系。

(张翔：《基本权利的规范建构》，法律出版社 2017 年版，第 70 页。)

列宁说过：“宪法就是一张写着人民权利的纸。”这是从作为宪法关系主体之一的公民的角度对宪法概念的深刻表达。从作为宪法关系另一主体——国家的角度分析，列宁的经典论述也可以转换为：“宪法就是一张写着国家义务的纸。”宪法归根结底以公民的基本权利为目的和宗旨，其相对于国家而言就构成了国家义务。国家义务与公民基本权利密切相关，最终服务于公民基本权利。但是，这并不等于国家义务与基本权利是一一对应关系，不等于一项国家义务必然对应某个基本权利。国家义务既可以直接对应基本权利，也可以间接服务于基本权利。以国家义务与基本权利的关系形态差异为标准，国家义务可分为两种类型：基于基本权利的国家义务和非基于基本权利的国家义务。根据《宪法》第 33 条第 3 款“国家尊重和保障人权”的规定，基本权利具有防御权和受保障权双重性质，相应地，基于基本权利的国家义务包含消极意义上的“尊重”和积极意义上的“保障”之双重内容。无论消极义务还是积极义务，基于基本权利的国家义务与基本权利的关联是直接的，对应着权利主体的请求权，伴随着事后救济机制；而非基于基本权利的国家义务与基本权利的关联是间接的，往往不赋予特定主体以请求权和事后救济，属于客观法义务。

总体而言，作为客观法义务的国家义务与基于基本权利的国家义务具有如下区别：第一，存在前提不同。基于基本权利的国家义务以基本权利的存在为前提，无基本权利则无国家义务。而作为客观法义务的国家义务一般源于宪法的直接规定，不以基本权利的存在为前提，无基本权利亦存在国家义务。第二，保护利益不同。基于基本权利的国家义务对应私人利益，而作为客观法义务的国家义务对应公共利益。第三，实现机制不同。基于基本权利的国家义务伴随着事后的权利救济，权利主体可以通过宪法请求权保障机制确保国家义务的履行。作为客观法义务的国家义务不存在宪法上的请求权保障机制，主要作为客观价值秩序约束立法、行政等国家机关。当然，这并不意味着客观法义务仅仅是一个抽象宣言或口号，或完全取决于国家的任意裁量，政治过程、公权力之间的监督、社会舆论是促使国家履行义务的重要途径。

（李海平：《区域协调发展的国家保障义务》，载《中国社会科学》2022 年第 4 期，第 51－52 页。）

四、基本权利的主体

（一）基本理论与概念

基本权利的主体分为一般主体、特殊主体和特定主体。

1. 一般主体

基本权利的一般主体是指最具有普遍性的、可以享有最广泛基本权利的主体。公民是我国宪法规定的基本权利的一般主体。

2. 特殊主体

特殊主体是具有特殊性质和地位，只能享有一部分基本权利，而不能享有一般主体所享有的所有基本权利的权利主体。法人和外国人是我国宪法规定的基本权利的特殊主体。

3. 特定主体

特定主体是一般主体或特殊主体的转化形态，是既享有一般主体或特殊主体所应当享有的基本权利，又基于其特别的身份或处境而享有某些特定基本权利的主体。妇女、老人、儿童、残疾人、华侨是我国宪法规定的基本权利的特定主体。外国人在作为享有受庇护权的主体时，在学理上也可被视为基本权利的特定主体。

（二）重点解析和前沿

1. 公民和人民的区别

在清朝末年颁布的“宪法”中，基本权利的主体被称为“臣民”。民国时期的各部宪法通常将基本权利的主体表述为“人民”。中华人民共和国成立后，宪法将基本权利的主体明确表述为“公民”，并对其范围加以明确划定。现行《宪法》第 33 条第 1 款明确规定：“凡具有中华人民共和国国籍的人都是中华人民共和国公民。”同时，新中国的宪法规定我国为“人民民主专政的社会主义国家”，“一切权力属于人民”。从我国宪法文本的规定可以看出，“公民”和“人民”是两个不同的概念，需要加以严格区分。

（1）内涵不同。“公民”是一个表征国籍的概念，意指具有中华人民共和国国籍的人，与“外国人”（包括无国籍人）相对应。“人民”是一个表征阶级的概念，与“敌人”相对应。

（2）属性不同。从宪法规定看，“公民”所表达的是个体的概念。“人民”所表达的是集体的概念。

（3）范围不同。从 1954 年宪法、1975 年宪法、1978 年宪法和 1982 年宪法的规定看，人民的范围随着历史的发展而有所不同。结合现行《宪法》“序言”第十自然段的规定，现阶段的人民包括“全体社会主义劳动者、社会主义事业的建设者、拥护社会主义的爱国者、拥护祖国统一和致力于中华民族伟大复兴的爱国者”。公民的范围则包括所有具有中华人民共和国国籍的人，是否具有中华人民共和国国籍是判断是否属于公民的唯一标准。人民多数为公民，但并不一定全部都是公民；公民中多数是人民，但公民不一定全部都是人民。

（4）权利不同。公民中的人民，享有宪法和法律规定的一切权利。公民中的敌人，可依法被剥夺政治权利，并不能享有宪法和法律规定的一切权利。

2．外国人作为基本权利主体的问题

我国宪法中的具体基本权利条款通常表述为“公民”的基本权利。这些权利条款显然具有将权利主体限定为公民的内涵。但值得注意的是，我国宪法设置了外国人权利保护条款。《宪法》第 32 条规定：“中华人民共和国保护在中国境内的外国人的合法权利和利益，在中国境内的外国人必须遵守中华人民共和国的法律。”那么，这一条款是否确立了外国人的基本权利主体资格？答案是否定的，理由在于：第一，从体例上看，这一条款处于“总纲”之中，并非规定在“公民的基本权利和义务”一章之中，难以将其直接视为外国人作为基本权利主体的宪法依据。第二，从文义上看，该条款明确了保护的内容是“合法权利和利益”，这蕴含着宪法对立法机关的授权，即授权其通过制定法律的方式保护外国人的权利和利益，具体内容则由立法机关依据宪法的授权而自由形成。因此，该条款中“权利”系指法律权利而非宪法中的基本权利。

上述分析并非完全否定外国人作为基本权利主体的资格。《宪法》第 33 条第 3 款规定：“国家尊重和保障人权。”这一概括性权利条款对所有具体基本权利条款具有统摄作用。作为一个 2004 年修宪增加的概括性权利条款，它在一定程度上改变了宪法基本权利主体的规范结构。该条款中的人权主体是普遍意义上的人，而非仅仅限定于公民。这实际上扩大了基本权利主体的范围，不仅有明确规定的中华人民共和国公民是基本权利主体，不具有中国国籍的外国人也应当被纳入基本权利主体的范围；宪法有关基本权利保障的规定，原则上适用于外国人。当然，这种范围的扩展也不是无限的，需要视各个具体基本权利的性质而定。在自由权、参政权和社会权这三种类型的基本权利中，由于自由权具有普遍性和先国家性，外国人可以与中国公民无差别地作为主体享有这些基本权利。但是，对于参政权和社会权而言，这些权利或多或少具有国籍身份属性，外国人并不当然作为这些权利的主体，其要么完全不享有这些权利，要么需要受到严格的限制。一般而言，参政权中的选举权和被选举权属于外国人不享有的权利，而对于选举权和被选举权以外的其他政治权利和社会权，则需要加以严格限制。

3．法人作为基本权利主体的问题

我国宪法中并没有出现“法人”的概念，与之较为接近的是“企业事业组织”“国有企业”“社会团体”“集体经济组织”的概念。例如，《宪法》第 16 条第 1 款规定，“国有企业在法律规定的范围内有权自主经营”；第 17 条第 1 款规定，“集体经济组织在遵守有关法律的前提下，有独立进行经济活动的自主权”。这些条款中都出现了特定类型的组织享有自主权的表述，具有赋予权利或者确认权利的内涵。但是，这些条款都并非出现在“公民的基本权利和义务”一章之中，故不能被直接解释为基本权利条款。同时，第 16

条第1款还明确规定“在法律规定的范围内”行使自主经营权。据此，国有企业的自主经营权是宪法授权法律加以规定的权利，属于法律权利，而非宪法权利，更非基本权利。与第16条第1款的规定不同，第17条规定蕴含着宪法对集体经济组织的经济活动自主权予以确认的意义，并授权法律对权利的行使划定界限，其在性质上可以被理解为宪法权利。但是，第17条规定的经济自主权的权利主体和内容都是单一的，难以和法人作为基本权利主体相提并论。

就“公民的基本权利和义务”一章中的具体权利规定而言，其并未提及企业事业组织、国有企业、社会团体、集体经济组织等享有基本权利，因此，从具体基本权利条款不能推导出法人的基本权利。但是，类似于外国人的基本权利主体资格的推导路径，《宪法》第33条第3款“国家尊重和保障人权”条款同样为法人作为基本权利主体提供了解释空间。从文义上看，人权的主体具有普遍性，既包含自然人，也包含法律拟制的“人”。法人作为人权和基本权利的主体在概括性条款的文义射程之内，因此可以由该条款推导出法人的人权和基本权利主体资格。当然，法人的基本权利主体资格与公民的基本权利主体资格不同，并不可以当然地将公民享有的所有基本权利都推广到法人。法人享有的基本权利需要视其类型和各个具体基本权利的性质而定。《德国基本法》第19条第3款规定：“凡基本权利依其性质可适用于法人者，则法人可享有此种权利。”这一规定揭示了法人作为基本权利主体的普遍原理，具有参考和借鉴价值。就我国的法人作为基本权利主体的问题，需要明确以下三点：第一，国家机关是基本权利的效力对象，承担尊重和保障基本权利的义务，国家机关法人一般不具有基本权利主体资格；第二，非国家机关法人，如企业法人、社团法人、特别法人等，一般均可以作为基本权利主体；第三，应当结合法人的类型和基本权利的性质进行综合判断，限定法人享有的基本权利的范围，即法人享有的基本权利应当与其类型和基本权利的性质相匹配。

4. 胎儿是否为基本权利主体

“胎儿是否为基本权利主体”是一个颇为复杂的问题，学界对此争论不休。肯定说主要从人的同一性和连续性角度为胎儿的基本权利主体资格提供论证。该说认为：生命在形成和发展过程中一直维持着同一性和连续性，人的生命最终来源于一个或者多个细胞。也就是说，人的生命自其孕育、出生、成熟、衰老直至死亡，是一个连续不断的过程，是自始便拥有尊严的个体。胎儿虽然不一定具有理性能力，但其具备成为具有理性能力个体的潜力，同样具有理性的本质；只要正常发展，其会自然地发展为婴儿，并最终具备理性能力。按照这一逻辑，胎儿当然具有基本权利主体资格，国家需要履行保护胎儿基本权利的义务。这一理念在德国的“第二次堕胎案”中体现得较为充分。德国联邦宪法法院的判决书指出，就未出生之胎儿而言，基于基因的一致性、唯一性和独特性，未出生的胎儿是确定的、个别的、不可分割的生命，其在成长和自我发展过程中，不是将成为人，而是作为人而发展。据此，怀孕期间的堕胎行为原则上应当认定为不法行为。相对于胎儿的生命权，妇女的基本权利虽然也应当受到保护，但不能因此而一般性地免除其使小孩出生的义务。

否定说则认为：胎儿发展的过程也并不必然具有同一性和连续性，其充其量是一堆细胞而已。如果我们必须将任何具有潜力成为人的事物都作为基本权利主体，那么，不只受精卵、胚胎具有这一潜力，尚未结合的卵子和精子也具有这一潜力，同样应当成为基本权利主体，由此便会导致基本权利主体的无限扩大。而且，受精卵最终分化为两种主要成分：胚层和滋养层。胚层形成胎儿，滋养层则形成胚胎外膜、胎盘和脐带。与胎儿类似，滋养层的衍生物也是活的、人类的，由与胎儿相同的基因组成，而其却是被丢弃的。此外，如果胎儿具有基本权利主体地位，怀孕母亲的自由权将会名存实亡。因此，胎儿不能被当作宪法上的人来看待，并不能获得基本权利的主体资格。相反，怀孕的母亲具有堕胎权。美国联邦最高法院在“罗伊诉韦德案”中就指出，虽然宪法中多处出现“人”这个词语，但并未对其作出明确界定。然而，几乎在所有宪法中所出现的具体的表达“人”的含义中，其只能适用于“出生后”，而完全没有适用于出生前的可能性。因此，美国联邦宪法第 14 修正案中的“人”并不包括未出生者。在胎儿尚不具有在母体的子宫之外拥有生命能力之时，怀孕的母亲可以自由地决定是否堕胎。2022 年，美国联邦最高法院的“多布斯案”判决推翻了“罗伊诉韦德案”判决，对孕妇的堕胎权作出了否定性判断。但与此同时，美国联邦最高法院也没有承认胎儿的基本权利主体资格，而是认为是否允许堕胎属于州的立法权限，由各州通过民主立法加以决定。

我国宪法中并没有关于胎儿权利的具体规定，学界也鲜有对这一问题展开深入、详尽的讨论。然而，从《宪法》第 33 条第 3 款概括性权利条款的规定看，“人”的概念似乎可以包含“出生的人”和“潜在的人”的内涵。胎儿纵然不能与人相提并论，但不可否认的是，胎儿属于一种生命现象，是发展为人的重要阶段。就此而言，至少应当将胎儿视为潜在的人看待，至少不宜将其与物等同视之。由江苏省无锡市中级人民法院作出的“宜兴冷冻胚胎纠纷案”（锡民终字第 01235 号）民事判决书写道：“胚胎是介于人与物之间的过渡存在，具有孕育成生命的潜质，比非生命体具有更高的道德地位，应受到特殊尊重与保护。”可以说，这段判词客观、准确地揭示了胚胎的本质内涵。总之，究竟是将胚胎完全排除在基本权利主体之外，还是承认其具有与其所处特定阶段相匹配的生命权主体资格，并在其与母亲的生命健康权的权衡中划定权利的界限，是未来值得深入研究的问题。

（三）延伸阅读

美国宪法没有规定公司能成为基本权利的主体。不过，通过对宪法的解释，美国联邦最高法院将宪法的保护扩大适用于公司。之所以会发生这种现象，或许源于美国宪法所面对的经济态势。我国的情况则有所不同。在 1982 年宪法修改前后，我国的企业绝大多数是国营企业和集体所有制企业，公有制几乎“一统天下”，个体经济只是公有制经济的“补充”，宪法并没有确认私营经济的合宪性。占据国民经济“主导地位”的国营企业在当时不过是政府权力在经济生活中的自然延伸，“政企不分”成为那个时代的典型特征。在经济成分相当单一，且国家高度管制经济生活的背景下诞生的 1982 年宪法，不可能承认企业事业组织的基本权利主体地位。我国《宪法》第 2 章的名称是“公民的基本权利与义务”，宪法规定的基本权利主体非常单一，仅仅指公民。我国宪法也没有使用“人”这个包容性较大的概念。因此，在我国，基本权利主体都是公民，而且也很难通过宪法解释将“公民”概念扩大到企业事业组织，因为这种解释已经超越了“公民”这个语词所可能具有的含义。当然，在改革开放 30 年之后，我国的经济生活已经发生了巨大改变。随着利益的多元化和市场主体的独立化，或许已经到了承认企业事业组织的基本权利主体地位的时候。不过从宪法上说，除非修改宪法，否则难以通过宪法解释赋予它们基本权利主体的地位。

（杜强强：《论法人的基本权利主体地位》，载《法学家》2009 年第 2 期，第 21 页。）

我国宪法上的基本权利之前有一个修饰词“公民的”，这一规定方式将基本权利主体基本上限定于有中国国籍的公民。而人权这一术语的出现，可以解释为对基本权利主体的扩大。毕竟“人”与“公民”是差异巨大的概念，《宪法修正案》第 24 条的起草者和批准者不可能都没有意识到这一事实。所以，在人权条款入宪后，外国人、无国籍人、胎儿、法人等主体都应该借由这一概括性条款而成为基本权利的主体。

（韩大元主编：《宪法学》，高等教育出版社 2006 年版，第 136 页。）

五、基本权利的效力

（一）基本理论与概念

1. 基本权利的效力是指基本权利规范在法律上所拘束的对象与范围。

2. 近代宪法遵循古典立宪主义原则，基本权利的效力被认为及于国家或者说国家机关，包括立法机关、行政机关和司法机关等。就基本权利私人间效力问题而言，基本权利对私人无效力理论获得普遍认同。基本权利被认为对私人关系或者私法领域不具有约束力。

20 世纪以后的现代宪法中开始出现基本权利约束私人的条款。宪法实践中也出现了基本权利对私人具有效力的判决。美国的国家行为理论和德国的基本权利间接效力理论是这一时期在世界范围内具有影响力的理论。美国的“史密斯诉奥尔布赖特案”“谢利诉克雷默案”“伯顿诉威尔明顿停车场案”等一系列判决均坚持国家行为理论，而德国的“吕特案”是确立基本权利间接效力理论的重要案例。

20 世纪 70 年代以后，基本权利约束国家的理论再次兴起，基本权利间接效力理论逐渐被基本权利国家保护义务理论所取代。

2001 年 8 月，《最高人民法院关于以侵犯姓名权的手段侵犯宪法保护的公民受教育的基本权利是否应承担民事责任的批复》（已废止，法释〔2001〕25 号）涉及基本权利规范对私法领域的效力问题，引发了我国学界对基本权利私人间效力问题的广泛讨论，形成了基本权利对私人无效力说、间接效力说、国家行为说、社会公权力说等各种学说。

（二）重点解析与前沿

1. 基本权利对国家机关的效力

基本权利对国家的效力是通过对《宪法》第 33 条第 3 款和各个具体基本权利条款进行体系解释的结果。我国《宪法》第 33 条第 3 款规定：“国家尊重和保障人权。”这一条款确立了国家义务的两种形态：尊重和保障。“尊重”，意指免于强制和干预，宪法规定“国家尊重人权”即确定了国家的消极不作为义务。“保障”在现代汉语中具有双重内涵：一是指“使不受侵犯和破坏”，即保护；二是指“提供起保障作用的物品”。据此，“国家保障人权”确定的国家积极作为义务可以分成两种形态：保护公民免受其他公民侵犯的义务和提供物质性给付的义务。前者由“保障”的第一重内涵确定，后者由“保障”的第二重内涵导出。各个具体基本权利条款和《宪法》第33条第3款具有内在关联，人权是具体基本权利的抽象化表达，各项具体基本权利则是人权的具体化形态，概括性人权条款的原则和精神亦辐射到各个具体基本权利规定之中。虽然多数具体基本权利条款没有明确基本权利的效力指向国家，但由于“国家尊重和保障人权”这一概括性条款在一般意义上规定了国家相对人权的尊重和保障义务，因而各个具体基本权利条款对国家具有当然的约束力，国家是基本权利的效力对象。

“国家”是一个抽象的概念，其具体表现形式是国家机关。在国内法层面，国家的义务一般由国家机关来承担。于是，基本权利对国家的效力最终体现为基本权利对国家机关的效力，主要包括对立法机关的效力、对行政机关的效力和对司法机关的效力等。基本权利对立法机关的效力，体现为立法机关的立法行为受基本权利的约束。对于自由权和参政权而言，基本权利是立法行为的界限，立法机关制定的法律不得逾越这一界限；对于社会权而言，立法机关则应当制定法律将其具体化。基本权利对行政机关的效力，体现为对行政机关的抽象行政行为和具体行政行为的约束。对抽象行政行为的约束，通常体现为在行政立法活动中，行政法规、规章的制定不得违反宪法的规定。对具体行政行为的约束，主要体现为行政机关的执法行为应当遵循基本权利的原则和精神，并将其贯穿到对法律、法规、规章的解释和适用之中。基本权利对司法机关的效力，类似于基本权利对具体行政行为的效力，主要体现为司法机关在司法裁判中应当遵循基本权利的原则和精神，并将其贯穿到法律解释和适用过程中。

2. 基本权利私人间效力理论形态及其关系

在各种基本权利私人间效力理论中，国家行为理论、间接效力理论和国家保护义务理论是较为有影响力的理论。这三种理论的区别如下：

第一，理论起源不同。这三种理论源于不同国家，国家行为理论源自美国，间接效力理论和国家保护义务理论源自德国。同源于德国的间接效力理论和国家保护义务理论，是该国不同历史时期的理论。基本权利间接效力理论主要盛行于德国20世纪50年代，国家保护义务理论则是在20世纪70年代以后兴起的理论。

第二，理论基础不同。国家行为理论坚持基本权利约束国家的传统立宪主义思想，主张基本权利只对国家或者具有国家行为因素的私主体具有约束力。基本权利间接效力理论的理论基础是客观价值秩序理论。该理论认为基本权利具有防御权和客观价值秩序双重性质。作为防御权，基本权利设定了国家的不作为义务；作为客观价值秩序，基本权利的价值可以辐射到包括私法在内的所有法律领域，国家应当通过积极作为确保基本权利的实现。基于此，法院对民事法律的解释应当遵循基本权利的价值进行，将基本权利的价值注入作为裁判依据的民事法律之中，从而间接对私人产生约束力。国家保护义务理论的理论基础是基本权利对国家的干预禁令和保护命令双重指令理论。对于基本权利的干预禁令，国家具有免于强制和干预的不作为义务；对于基本权利的保护命令，国家应当积极作为，保护基本权利免受其他私主体的侵犯。

第三，适用范围不同。国家行为理论和间接效力理论主要针对司法裁判中宪法对私人的效力问题，总体上属于司法裁判理论。国家保护义务理论具有整全性，不仅涉及司法裁判中宪法对私人是否具有效力的问题，也适用于调整私人关系的立法领域。

第四，适用条件不同。总体而言，国家行为理论是将基本权利有条件地适用于私人间的理论。私人间存在国家行为因素，是基本权利在私人间适用的前提条件。无国家行为因素则无基本权利在私人间的适用。这种条件的设定，一定程度上限制了适用机关的自由裁量权。间接效力理论和国家保护义务理论总体上不设定基本权利适用于私人的条件，适用机关对基本权利是否在私人间适用具有较大的自由裁量空间。

第五，适用方式不同。在适用方式上，各种理论各有自身的独特之处。国家行为因素的识别是国家行为理论适用的关键步骤。当国家行为因素被识别后，基本权利就可以在私人间直接适用，无须通过民事法律的转介来完成。间接效力理论适用的关键步骤，是对民事法律作出符合基本权利的解释。此时，民事法律是基本权利约束私人的通道，基本权利通过民事法律规范的合基本权利解释注入民事规范，间接实现对私人的约束力。国家保护义务理论的关键是法益权衡，国家需要在“私人（加害方）—国家—私人（受害方）”的三元关系中展开复杂的法益衡量，既避免造成对一方私主体（加害方）干预过度，又力求避免对另一方私主体（受害方）的保护不足。

间接效力理论、国家保护义务理论、国家行为理论看上去形态各异，甚至针锋相对，但其理论结构、价值遵循和解题结论具有相同之处。就理论结构而言，这三种理论基本是在“私人—国家—私人”三元结构中阐释基本权利私人间效力。就价值遵循而言，这三种理论均以私主体的基本权利免受其他私主体侵犯为宗旨。就解题结论而言，用这三种理论处理同一个案件，会得出大致相同的结论。以作为间接效力理论经典案例的“吕特案”为例，德国联邦宪法法院以基本权利客观价值秩序作为理论基础，将基本权利的客观价值辐射于民法领域，通过强调法官解释民法概括条款时尊重基本权利的义务，最终得出吕特的言论自由应受保护的结论。如果以国家保护义务理论分析该案，法院会以言论自由作为保护命令代替言论自由作为客观价值秩序，以此为保护吕特的言论自由提供依据，其裁判结果大致也是吕特胜诉。如果将国家行为理论适用于该案，由于吕特抵制的电影是参加国家电影展的电影，因而法官可以电影放映行为具有国家行为因素为由，将言论自由直接适用于吕特和电影制片商之间，同样会得出吕特胜诉的裁判。这三种理论的理论结构、价值遵循和解题结论大致相同，可以被认定为同一个理论范式的三种不同形态。①

3. 最高人民法院有关基本权利私人间效力的文件的变迁

最高人民法院于 2001 年、2008 年和 2016 年颁布的《关于以侵犯姓名权的手段侵犯宪法保护的公民受教育的基本权利是否应承担民事责任的批复》（以下简称《批复》）、《关于废止 2007 年底以前发布的有关司法解释（第七批）的决定》（以下简称《决定》）和《人民法院民事裁判文书制作规范》（以下简称《规范》），是我国司法实践领域涉及基本权利私人间效力问题的重要文件，大致体现了最高人民法院对这一问题的认识过程。《批复》提出：“根据本案事实，陈晓琪等以侵犯姓名权的手段，侵犯了齐玉苓依据宪法规定所享有的受教育的基本权利，并造成了具体的损害后果，应承担相应的民事责任。”《批复》并没有像“吕特案”判决那样对基本权利何以在私人间具有效力展开长篇大论的

① 参见李海平：《论基本权利私人间效力的范式转型》，载《中国法学》2022 年第 2 期，第 28－29 页。

论述，但短短几行文字已经明确表达了基本权利对私人具有直接效力的判断。《决定》以“已停止适用”为理由，废止了《批复》，但司法实践中法院在判决书中援引基本权利条款裁判的案例并不鲜见。《规范》在关于裁判依据的部分规定：“裁判文书不得引用宪法和各级人民法院关于审判工作的指导性文件、会议纪要、各审判业务庭的答复意见以及人民法院与有关部门联合下发的文件作为裁判依据，但其体现的原则和精神可以在说理部分予以阐述。”在说理部分阐述宪法原则和精神，当然包含了有关基本权利的内容，而说理部分的阐述也包含着对作为裁判依据的民事法律的解释说理。在这一过程中，基本权利的价值不可避免地会进入到民事法律规范之中。借助民事法律规范的解释和适用，基本权利具有间接对私人产生效力的可能空间。从这一意义上说，《规范》所隐含的对基本权利私人间效力问题的判断大致确立了具有中国特色的基本权利间接效力理论。

（三）延伸阅读

关于基本权利的第三人效力，一直存在所谓“直接效力说”与“间接效力说”两种观点。吕特案正是间接效力说的第一次实践。间接效力说是指，基本权利不能直接适用于私人之间，而只能通过民法“概括条款”（Generalklauseln）的适用而实现，即宪法基本权利条款不能在民事判决中被直接引用作为裁判依据。此说的代表是杜里希（Dürig），他认为基本权利本身所具有的“价值秩序”（Wertordnung）应该在对民法的概括条款——例如诚实信用（《德国民法典》第 242 条）、善良风俗（《德国民法典》第 826 条）的解释中受到关注，只有通过概括条款的“中介”（Vermittlung oder Mediation），基本权利才能对私法关系产生影响。如果法官出于疏忽或者理解错误，在解释适用民法规范时没有与基本权利保持一致，即构成对《德国基本法》第 1 条第 3 项（基本权利条款拘束立法行政和司法）的违反，侵犯了公民的基本权利，公民有权提起宪法诉愿（Verfassungsbeschwerde）。但杜里希又强调私法相对隶属于宪法的基本权利是并行的两个体系，基本权利客观价值秩序的引出不是要消解私法并以公法替代之，私法应保有独立性（Eigenstandigkeit）。

直接效力说，是指私人之间的法律关系可以直接以基本权利条款作为规范基础或者请求权规范。该说的代表者是尼佩戴（Nipperdey），其在 1950 年的《妇女同工同酬》一文中主张宪法上的基本权利条款在私法关系中应当具有“绝对的效力”，在私法判决中可以被直接引用。其理由在于，宪法上的基本权利条款是“最高的规范”（Normen hochsten Grades），如果它们不能在私法关系中被适用，那么，宪法上的基本权利条款将沦为仅具有“绝对的宣示性质”（absoluter deklaratorischer Charakter）的具文。再者，他还认为，《德国基本法》第 1 条第 3 项规定“下列基本权利是拘束行政、立法及司法的直接有效的法”，这是宪法上基本权利条款直接适用于普通法院判决的宪法依据。所以，法官作为司法者就必须直接引用宪法基本权利之规定，而不必通过民事法律。尼佩戴又认为：“即使不是所有基本权利，但是至少有一系列的重要基本权利不只是针对国家的自由权而且是整个社会生活的秩序原则（Ordnungsgrundsaetze）”，它们不需要法律（Gesetz）作解释性中介（interpretatorische Vermittlung），对公民间的私法关系即具有直接效力。在现代社会个人在面对具有强大的“社会强力”（Soziale Macht，如垄断性企业、工会银行等）时，会像面对国家时一样无力。在一个开放的、自由民主法治的国家里，无论是企业内部管理行为，还是公民间合同或者私人单方面所作出的法律行为都不得侵犯他人的基本权利。尼佩戴学说的核心概念在于基本权利对私法主体的“拘束”（Bindung）。其论据在于，一个可以直接施加义务的规范是不需要在规范性上进一步具体化（oneweitere normative Konkretisierung）就足以确定义务内容的规范。如果赞成基本权利拘束私法主体，就表明其承认私人对私人有独立的要求尊重其基本权利的请求权基础（Anspruchsgrundlage）。许多学者从不同的角度都对尼佩戴的上述观点给予支持。

（张翔主编：《德国宪法案例选释（第 1 辑）：基本权利总论》，法律出版社 2012 年版，第 37－41 页。）

美国的国家行为理论不像德国的第三人效力理论那样彻底，并非所有主体的所有行为都会受到基本权利的约束。只有那些被认为与国家密切相关的私法主体的行为才会受到基本权利的制约。对于哪些私法主体的行为可以纳入“国家行为”的范围从而受到基本权利约束，美国的司法审查实践确立了三种不同的标准：

（1）公共职能原则（Public Function Doctrine）。这一理论认为如果私人行为具备了公共职能，就应受第十四修正案的制约。布莱克（Black）法官在 Marsh *v.* Alabama 案中说：“所有权并非总是意味着绝对的支配。一个所有权人越是将其财产公开由公众普遍使用，其权利就越要受到成文法和那些使用者的宪法权利的限制。”但公共职能原则被认为有可能过分地干预私人活动。

（2）“国家卷入私人活动”（state involvement in private action）。在 Burton *v.*Wilmington Parking Authority 案中，克拉克大法官认为如果政府与私人主体相互依赖，就可能被看作被质疑行为的共同参与者，从而私人行为就被认为是“国家行为”，应受第十四修正案制约。但并非国家与私人有任何关系（nexus）都会使私人行为被看作国家行为，只有国家对该私人行为的参与“达到某种重大程度”（to some significant extant）时，才可能导致第十四修正案的运用。在后来的案例中最高法院逐步明确以下几种情况属于“国家卷入私人活动”：第一，对公共财产的出租或出售；第二，私团体使用公共财产；第三，国家通过许可卷入私人活动。

（3）通过“鼓励”与“授权”而为的国家行为（state action through state “encouragement” and “authorization” ）。这一理论认为如果私人被认定是在国家鼓励或授权下而为，则此行为被认为是国家的行为，应当受到基本权利的制约。这种理论认为，如果某私人行为得到了某种公开或暗中的“国家辅助”（state subsidization），则此时该行为就在基本权利条款的适用范围之内。

（张翔：《基本权利的规范建构》，法律出版社 2017 年版，第 54－55 页。）

保护命令是一种基本的和独立的基本权利的功能，它与基本权利作为（极富争议的）共享权（Teilhaberechte）和促进任务（Förderaufträge）的属性并不同一。保护命令所展现的并非基本权利的客观属性，它与防卫功能一样，也体现为基本权利的主观属性。基本权利主要被设定为主观权利，因此没有必要在保护命令这一方面特殊处理。事实上联邦宪法法院的观点明显就是这样的。该院在施来耶案中明确指出，以保护命令功能为基础的临时救济（einstweilige Anordnung）请求是被许可的。由此该院就默认了保护命令的主观属性。

保护命令功能的实现主要是普通法律（einfaches Gesetz）的任务，保护也应该采用私法手段。既然按照联邦宪法法院针对《刑法典》第 218 条的判决意见，立法者甚至有制定保护基本权利的刑罚规范的任务，那么这必然也适用于干预作用较为轻微的私法，并且更有甚之。尤其是立法者或者代替立法者履行职能的法官必须针对由私法自治造成的基本权利的威胁有所作为。立法者和法官在此方面拥有极大的规制和裁量余地。通过强调基本权利的保护命令的功能，我们就无须借助基本权利的"直接第三人效力"学说。其在教义学上的根据在于，保护命令功能仅以国家为其相对人，而非私法主体。如果保护命令的功能得以发挥，那么人们一般不再直接从基本权利中推导结论，且将保护任务的履行主要视为普通法律的事务。

如果人们愿意的话，也可以将这种见解称为"间接第三人效力"，毕竟很大一部分私法上的保护自然是通过一般条款实现的。人们最好避免使用这一术语，仅仅用其指涉教义学史上的特定观点。尤为需要注意的是，基本权利对于（或是成文的，或是法官通过法的具体化和法的续造得来的）私法规范的作用是直接的。因此，基本权利与私法的关系问题应该通过结合各种不同的基本权利的功能解决：只要是用基本权利衡量私法规范，那么基本权利就在干预禁令和防御权这一传统功能上"直接"得到适用；相反，只要涉及审查私法主体的行为——特别是法律行为——是否符合基本权利，那么牵扯到的就是基本权利的保护命令功能。由于保护命令通常需要普通法律的转化，基本权利的作用因而就只是"间接"的了。

（[德] 克劳斯-威尔海姆·卡纳里斯：《基本权利与私法》，曾韬、曹昱晨译，载《比较法研究》2015 年第 1 期，第 185－186 页。）

我国宪法关于基本权利对私人效力的规定更具典型性。《宪法》序言第 13 自然段、正文第 5 条第 4 款、第 36 条、第 40 条、第 51 条都蕴含基本权利对私人效力的含义。其中，第 36 条、第 40 条系基本权利对私人效力的特别规定，明确了宗教信仰自由对"社会团体和个人"及通信自由对"任何组织或者个人"的效力。序言第 13 自然段、正文第 5 条第 4 款、第 51 条则属基本权利对私人效力的一般规定，适用于所有基本权利。序言第 13 自然段规定，"各社会团体、各企业事业组织""必须以宪法为根本的活动准则，并且负有维护宪法尊严、保证宪法实施的职责"；正文第 5 条第 4 款规定，"各社会团体、各企业事业组织""必须遵守宪法"。基本权利是宪法的重要组成部分，"以宪法为根本的活动准则""维护宪法尊严""保证宪法实施""遵守宪法"当然包含受基本权利约束之义，基本权利的效力及于"各社会团体、各企业事业组织"等私主体蕴含于序言第 13 自然段、正文第 5 条第 4 款的规范内涵之中。第 51 条是基本权利限制的概括条款，其关于"公民在行使自由和权利的时候，不得损害……其他公民的合法的自由和权利"的规定，亦可被推导出基本权利对私人具有效力。这些特别规定和一般规定足以为基本权利对私人的效力提供充分的宪法依据。

如果仅从文义解释出发，这些规定确立的基本权利对私人的效力没有任何范围限定。但是，假如对其解释停留于此，则明显存在文义范围过于宽泛的问题，也使基本权利究竟是公法权利还是私法权利、权利义务配置究竟实行倾斜配置还是对等配置模糊不清。这些在 1982 年宪法颁布实施时就确定的条款，不可避免带有时代的烙印。随着改革开放深入推进，个体经济、私营经济、私有财产权保护、国家尊重和保障人权等条款入宪，公法与私法、公域与私域区分的观念普遍确立，无范围限定的基本权利私人间效力便明显滞后于时代要求，使人产生基本权利威胁私法自治的疑虑。根据法解释学原理，“因字义过宽而适用范围过大的法定规则，其将被限制仅适用于——依法律规整目的或其意义脉络——宜于适用的范围”。借助目的性限缩方法，将基本权利对私人效力的范围限定于社会权力，方可实现既防范基本权利受到私主体侵犯又确保私法自治的宪法目的。

以范式视角分析，间接效力论、国家保护义务论、国家行为论同属国家中心范式基本权利私人间效力理论，其争论属于范式内部之争。受基本权利仅约束国家的传统理论影响，国家中心范式一方面在努力回应社会权力威胁基本权利问题，另一方面又回避或否认基本权利对社会权力的效力，由此才导致理论形式和实质名实不符、手段和目的匹配不够、回应法律变迁不力。从国家中心向社会中心转型，确立基本权利对社会权力的效力，是应对国家中心范式所面临挑战的有效路径，其可在基于商谈理论的法哲学层面得以证立，也具有基于社会宪治理论的法社会学基础，还具有宪法教义学上的规范依据。基本权利对社会权力的效力并非是基本权利对国家权力效力的简单套用，而是遵循“基本权利再具体化”原则，经对社会权力作严格限定，对基本权利范围、效力强度、关系结构作相应调整后形成的独立制度体系。

（李海平：《论基本权利私人间效力的范式转型》，载《中国法学》2022 年第 2 期，第 38、43 - 44 页。）

六、基本权利的保障和限制

（一）基本理论与概念

1. 近代以来各国宪法对基本权利的保障，主要有绝对保障、相对保障和折中型保障三种方式。

2. 基本权利受宪法保障，但是在特定条件下，为了保障公共利益或者他人的基本权利，也可以对基本权利进行一定的限制。

3. 只有行使公权力的主体才能成为限制基本权利的主体。公权力的限制行为可以是抽象的规范，如立法机关通过制定并出台某部法律来限制公民的基本权利，行政机关通过制定行政法规限制基本权利；也可以是具体的行为，如行政机关通过某具体行政行为损害相对人基本权利，司法机关通过具体裁判行为损害诉讼当事人基本权利。虽然私主体之间也会出现彼此侵害权利的情况，但不属于基本权利的限制，一般不适用基本权利限制的全套审查模式去审查私主体行为。

（二）重点解析与前沿

1. 基本权利保障的三种含义

《宪法》第 33 条第 3 款规定：“国家尊重和保障人权。”该条款被称为“人权条款”，于 2004 年被写入宪法。自此，“人权”正式成为我国宪法学上的一个核心概念。虽然关于人权和基本权利的关系在学术界众说纷纭，但依据宪法学通说，人权条款除了发挥容纳未列举基本权利的功能，扩大了基本权利体系的整体保护范围，还对我国基本权利功能体系的建构提供了指引。一方面，国家应当尊重公民的基本权利，不得主动侵害基本权利；另一方面，国家应当积极作为，对基本权利提供必要的保障。这与起源于西方的地位理论相吻合，“国家尊重人权”对应“消极地位”，而“国家保障人权”对应“积极地位”[①]。在此，基本权利的保障是指狭义的“保障”，一般而言，当提及对基本权利的保障和限制时，所指的“保障”为广义上的“保障”，包括对基本权利的“尊重”。

基本权利的“消极地位”主要是指基本权利的“防御权功能”，公民将基本权利作为防御国家侵害的武器，防御权首先要求国家不作为，国家应保持克制，不得主动侵害公民的基本权利。[②] 防御权并非禁止国家一切对基本权利产生影响的行为，为了实现公共利益或者保护他人权利，国家经常需要对公民基本权利进行限制。对基本权利的“限制”“干预”“损害”“限缩”“介入”不等于“侵害”：前者是中性词和同义词[③]，是否具有正当性需要进行论证和审查，后者则属于对基本权利不具备正当性的“限制”，即对基本权利的“侵害”构成违宪。当公民行使基本权利时，无须承担正当性论证责任；而当国家限制了基本权利时，应对这一限制行为进行正当性审查，无法通过审查的限制行为即构成对基本权利的“侵害”，而那些可以通过审查的限制行为则仍然处于“尊重人权”的状态。

基本权利的“积极地位”主要包括基本权利的“保护义务”和“给付义务”功能，要求国家积极促成公民基本权利的实现。保护义务是指当公民权利遭受第三人、自然力、外国势力等侵害时，国家应当积极作为并采取必要的保护措施。给付义务则是指当公民不具备实现基本权利的客观条件时，国家应当提供帮助，使公民的基本权利切实得到实现。虽然保护义务和给付义务都要求国家积极作为，但二者的差别十分明显。首先，二者存在的前提不同。国家履行保护义务的前提是客观存在第三方对公民权利的侵害行为，而国家履行给付义务的前提只是公民不具备实现基本权利的客观条件，并不存在任何侵害行为。其次，二者的关系结构和作用领域不同。最为典型的保护义务是第三人侵害情形，在此涉及“国家—私人—私人”三者之间的关系，国家主要通过制定相关的私法规范（少数情况下需要制定刑法等公法规范）履行保护义务；而给付义务与防御权类似，只涉及国家与私人二者之间的关系，国家主要通过制定相关的公法规范履行给付义务，其目的在于针对抽象的个体建立某一项给付制度，而不是直接单独针对某一具体个体。与个人利益直接挂钩的是分享权。再次，二者体现的宪法理念不尽相同。给付义务主要体现了社会国家理念，而保护义务与防御权类似，其目的是保障公民的基本权利不受侵犯，首先体现的是自由法治国家的理念。最后，由于给付往往需要强大的财政支持，因此履行给付义务不仅需要立法者的积极参与，还涉及年度预算问题；而履行保护义务则主要是立法机关的任务，相关法律规范的制定可以在一定程度上起到警示和防范的作用，

① 关于格奥尔格·耶利内克的“地位理论”，vgl. Georg Jellinek，System der subjektiv-öffentlichen Rechte，2. Aufl.，1905，S. 81ff。

② 参见陈征：《国家权力与公民权利的宪法界限》，清华大学出版社 2015 年版，第 7 页。

③ 公权力对公民基本权利的损害属于典型的宪法问题。在德国，“损害（Beeinträchtigung）”又被称为“限缩（Verkürzung）”、“介入（Eingriff）”或“限制（Einschränkung）”，在我国还经常被称作“干预”。参见陈征：《论行政法律行为对基本权利的事实损害——基于德国法的考察》，载《环球法律评论》2014 年第 3 期，第 174 页。

国家通常不再需要大量的财政支出。[①]

正因为给付义务涉及大量财政支出，所以与防御权和保护义务这两项功能不同，给付义务不可能也不应当全面实现。尽管如此，基本权利保障最为核心的两层含义便是对基本权利的“尊重”和“狭义的保障”。

此外，“国家尊重和保障人权”的第三层含义是国家应为公民提供有效的权利救济机制。如果公民的基本权利受到公权力的侵害，那么公民应当可依法定救济程序得到切实有效的救济。[②] 有效权利救济属于未被宪法明文列举的基本权利，《宪法》第 33 条第 3 款为此提供了保障。域外宪法中有代表性的是《德国基本法》第 19 条第 4 款的规定：“任何人的权利受到公权力侵犯，法律救济途径对其开放。若尚未建立其他的管辖权，可通过普通途径获得救济。”在德国，这一有效权利救济也是一项公民的基本权利。[③]

2. 基本权利保障的三种方式

（1）绝对保障方式。

若宪法对基本权利采取绝对保障方式，那么宪法不仅将根据自己所设立的制度来对这些基本权利加以保障，而且禁止其他下位法律法规对这些基本权利进行任意限制或规定例外情形。例如，1791 年通过的《美国宪法第一修正案》禁止美国国会制定法律对以下有关基本权利的事项进行规定：确立国教或禁止宗教信仰自由、限制言论自由、限制出版自由、限制集会自由、限制向政府请愿诉求冤情救济的权利。

基本权利的绝对保障方式有两个特点。第一个特点为一般的法律不能随意限制基本权利，只可以合理限制基本权利，但这种限制又受到宪法上的限制。这意味着，宪法为了对特定基本权利提供绝对保障，对立法机关通过立法干预基本权利的行为明示了较为严格的权限规定。因此，在对这些立法行为进行合宪性审查时，特别是在形式合宪性审查中，应审查立法行为是否符合宪法针对基本权利限制形式的规定，以保证一般法律限制基本权利的合理性。这也决定了基本权利的绝对保障方式的第二个特点——为了最终实现宪法明示的对基本权利的绝对保障，国家一般都会设立一种具有实效性的合宪性审查制度。有实效性的合宪性审查制度意味着，合宪性审查机关可以依据宪法、按照一定程序、从形式与实质两方面去审查低于宪法位阶的法律法规的合宪性，若有条款不当地限制了宪法规定的基本权利，合宪性审查机关将可以裁决这些违宪条款无效。所以，在宪法对基本权利采取绝对保障方式的情况下，法律法规被禁止以任意的方式去限制基本权利，这有效避免了法律法规“掏空”宪法上基本权利规范的内容，因此，绝对保障方式又被称为“依据宪法的保障的方式”[④]。

（2）相对保障方式。

对基本权利的相对保障方式是指宪法将基本权利的保障交由下位的法律落实，这意味着宪法将保障基本权利的权限留给立法机关，立法机关可以制定法律对基本权利进行界定，这实际上使立法机关获得了通过制定法律去限制基本权利的权限。因此，在对限

---

① 参见陈征：《基本权利的国家保护义务功能》，载《法学研究》2008 年第 1 期。

② 参见《宪法学》编写组编：《宪法学》（第 2 版），高等教育出版社、人民出版社 2020 年版，第 196 页。

③ Vgl. Volker Epping，Grundrechte，9. Aufl. 2021，S. 489 f.

④ 林来梵：《宪法学讲义》（第 3 版），清华大学出版社 2018 年版，第 336－337 页。

制行为进行形式正当性审查时，应审查立法行为是否填充了宪法留给立法机关的、通过制定法律保障和限制相应基本权利的权限空间，即相应基本权利的具体内容和保障、限制方式是否已经由法律合宪地规定。因此，相对保障方式又被称为“依据法律的保障”[①]。

（3）折中型保障方式。

若宪法对基本权利采取折中型保障方式，一方面，宪法认可绝对保障方式中的合宪性审查制度，为实现对宪法基本权利的保障，特别是限制的正当化与救济的制度化提供实际保证；另一方面，宪法对一部分基本权利采取相对保障方式，宪法留给立法机关足够的空间，立法机关有权制定法律以对这部分基本权利进行保障，即对基本权利的限制进行规定。[②]

历史上的基本权利保障方式，经历了一个复杂的发展过程。纵观各国的发展历程，一般来说前后大致需要经历三个阶段。在第一阶段，基本权利单纯依赖法律保障，尚未得到全面保障。根据我国《宪法》的规定，全国人大及其常委会监督宪法的实施，全国人大常委会行使宪法解释权。从理论上讲，对基本权利的保障可以通过全国人大及其常委会行使宪法监督权得到实现。但在实践中，基本权利主要由立法机关制定的法律对各种基本权利的内容作具体界定并在法律规定的范围内对基本权利予以保障。[③] 在第二阶段，基本权利得到了法律的全面保障，对基本权利的限制只能通过法律进行。在第三阶段，宪法自己对保障基本权利的制度进行细致规定，其标志就是真正具有实效性的，能够救济基本权利的合宪性审查制度。[④]

3. 基本权利限制的类型

在宪法学意义上，基本权利的限制主要包括内在限制和外在限制两种类型。内在限制是指基本权利基于自身性质的限制。一个基本权利主体主张和行使自己的权利，一旦伴随着某种法律意义上的行为，就有可能与公共利益或他人权利发生冲突。作为一项基本权利，其自身性质决定了它不能侵犯公共利益和他人权利，这就构成了基本权利的内在限制。举例来讲，若从保护范围上看，保护公民的言论自由不得对他人的隐私权、人格尊严等构成侵犯，那么言论自由基于自身性质具有内在限制。而基本权利的外在限制是指从基本权利外部施加的并为宪法的价值目标本身所容许的限制。[⑤] 基本权利的内在限制与外在限制是互斥的两种类型，具有不同的理论背景，依据对保护范围与限制间关系的不同理解而被提出。[⑥]

在界定基本权利保护范围的过程中，以承认基本权利保护范围是否自始含有限制为标准，形成了内部理论和外部理论两种截然不同的主张。基本权利内部理论是基本权利内在限制的理论背景。依据内部理论，若一种基本权利的自身性质决定了它不能侵犯或损害宪法明文规定保护的法益，如同一主体的其他基本权利或其他主体的基本权利，那

① 林来梵：《宪法学讲义》（第 3 版），清华大学出版社 2018 年版，第 337－338 页。

② 参见林来梵：《宪法学讲义》（第 3 版），清华大学出版社 2018 年版，第 339 页。

③ 参见《宪法学》编写组编：《宪法学》（第 2 版），高等教育出版社、人民出版社 2020 年版，第 197 页。

④ 参见林来梵：《宪法学讲义》（第 3 版），清华大学出版社 2018 年版，第 344 页。

⑤ 参见《宪法学》编写组编：《宪法学》（第 2 版），高等教育出版社、人民出版社 2020 年版，第 197－198 页。

⑥ 参见王锴：《基本权利保护范围的界定》，载《法学研究》2020 年第 5 期。

么它在基本权利保护范围的内部构成基础上又排除了一部分特定事项，这种排除就是对基本权利的内在限制。例如，内部理论认为抢劫、盗窃不属于职业自由的保护范围。基本权利外部理论是基本权利外在限制的理论背景。外部理论认为，基本权利保护范围的内部构成仅包含“事的要素”与“人的要素”，而法规范对基本权利的限制是外在于保护范围的，并不属于界定基本权利保护范围时应当考虑的要素。外部理论认为，应对保护范围进行宽泛理解，一项基本权利所涉及的事实领域或生活领域内的法益，在满足“人的要素”和“事的要素”的界定后，能广泛地落入保护范围，而这一步骤只是表明该法益得到初步保护，至于在何种范围内得到规范的最终保障，还需对基本权利的限制进行确定、对限制能否取得宪法正当性进行形式与实质审查。在基本权利的限制得到正当化之后，得到初步保护的基本权利保护范围被正当地缩小至最终得到规范保障的范围。在外部理论的支持下，保护范围与外在限制存在逻辑上的先后关系：仅当某一生活领域的事项符合基本权利的构成要件，落入基本权利的保护范围时，公权力对该事项的限制才构成“基本权利的限制”。如果该事项自始就未落入基本权利的保护范围，那么不可能构成对基本权利的限制。例如，我国《宪法》第 13 条第 1 款规定：“公民的合法的私有财产不受侵犯。”其中，“私有财产”是基本权利规范所涉及的生活领域，但从规范上来说，应首先对宪法财产权的保护范围进行界定。宪法上财产权保护的是“公民的”财产权，故而作为财产权主体的公民属于保护范围中“人的要素”；而“合法的私有财产”则是受宪法规范所保护的事项，属于基本权利保护范围中“事的要素”。经过“人的要素”和“事的要素”两方面的界定，可以判定“公民的合法的私有财产”落入财产权的保护范围，此后，该保护范围才能受到“基本权利的限制”。相反地，在内部理论的支持下，保护范围与内在限制不存在逻辑上的先后关系：若某一生活领域涉及某一项基本权利，但不是法规范所最终保障的生活关系，便不能落入基本权利的保护范围，即在界定基本权利对生活领域的保护范围时，同步地考虑规范领域的基本权利限制。①

4. 对基本权利限制的审查：限制的限制

在界定了某项基本权利的保护范围，并在公权力行为中识别出该项基本权利所对应的限制，特别是查明了特定限制目的、限制方式之后，如果对公民基本权利的限制超越了宪法为禁止它过度限制基本权利而设置的界限，则构成对基本权利的不当限制，这被称为对基本权利“限制的限制”。对基本权利的限制并不必然违反宪法，但其必须能够通过宪法正当性审查，具体包括形式正当性审查与实质正当性审查。形式正当性审查主要涉及议会保留或法律保留：前者针对审查法律限制基本权利的行为，后者则涉及立法以外的公权力行为，特别是行政机关限制基本权利的情形。同时，法律明确性等也是形式正当性的要求。实质正当性审查主要适用比例原则。

对于形式正当性审查，法律保留仅要求行政机关对基本权利的限制具有法律依据，至于该法律依据体现为具体的限制性规定，还是仅为简单的授权并将具体规定的权限留给行政机关，法律保留原则并无明确要求。但一般认为，对基本权利限制的强度越大，

① Vgl. Robert Alexy，Theorie der Grundrechte，1985，S. 249 ff. 另见于文豪：《基本权利》，江苏人民出版社 2016 年版，第 119－121 页；王锴：《基本权利保护范围的界定》，载《法学研究》2020 年第 5 期。

立法者亲自规定的内容就越多。反过来也可以认为，议会保留排除了立法机关全面保留的可能，在不是特别重要的领域，立法者并不对具体事项亲自作出规定。

较之于形式正当性审查，实质正当性审查属于正当性审查环节中的核心步骤，主要适用比例原则为公权力对基本权利的限制划定实质界限。不同于法律保留原则，比例原则真正涉及国家是否作为以及如何作为的问题。依据传统比例原则内涵，其包含三项子原则：适当性原则、必要性原则和均衡性原则。近些年，越来越多的学者将目标正当性审查纳入比例原则，并将其视为比例原则适用的第一步。照此，比例原则应当包含四项子原则：目标正当性原则、适当性原则、必要性原则和均衡性原则。在适用比例原则审查公权力限制基本权利行为的正当性时，应当依据顺序适用这四项子原则。仅当前一项原则得出肯定答案时，才需要继续适用后一项子原则审查；若前一项适用子原则得出否定答案，则直接认定违反比例原则，无须再适用后面的子原则；若四项子原则审查全部通过，则可以认定对基本权利的限制具备实质正当性。

具体来讲，目标正当性原则要求国家限制基本权利，旨在实现被宪法认可的目标。只要不是被宪法禁止的目标，均属于被宪法认可的目标，在此，立法者享有较为广阔的目标设定余地。适当性原则要求限制基本权利的行为有助于实现上述目标。必要性原则要求当存在若干同样能够实现这一目标的手段时，国家选择对基本权利限制强度最小的手段。均衡性原则也被称为相称性原则或狭义比例原则，要求国家选择的手段给基本权利带来的损害与其所要实现的价值之间不得明显不成比例。①

当公权力限制基本权利的行为先后通过形式正当性审查和实质正当性审查时，意味着公权力对基本权利的限制具备宪法正当性，不构成对基本权利的侵害。

（三）延伸阅读

关于基本权利的构成与限制，有两种截然不同的理论："外部理论"与"内部理论"。按照罗伯特·阿列克西的分析，基本权利的构成与限制的"外部理论"与"内部理论"的区分大致如下：

"外部理论"把"权利"和"权利的限制"当作两个问题来处理。也就是说，针对某项基本权利，我们首先需要解决的是"权利的构成"问题，也就是确定"哪些人是该权利的主体""哪些行为是该项权利保障的对象"，这时候权利的保障范围是宽泛的、没有边界的、存在无限可能性的。接下来再去考虑"权利的限制"问题，也就是通过衡量公共利益、他人权利国家功能的实现等因素，从外部去确定什么样的权利主张不能得到支持。这样，权利的范围才最终确定下来。

"内部理论"把"权利的构成"和"权利的限制"当作一个问题来处理。也就是认为，权利自始都是有其"固定范围"的，权利的保障范围并非漫无边界的，相反，按照权利的本质，任何权利都是有着自然而然的、固定的范围的。也就是说，当我们确定了"权利是什么"的时候，就同时确定了"权利的限制是什么"。"权利的构成"和"权利的限制"是互为表里的同一个问题。内部理论在法学方法上采取对基本权利的"概念涵摄解释"，也就是首先对某项基本权利的概念进行解释，设定其保障范围，以此作为大前提

① 参见陈征：《论比例原则对立法权的约束及其界限》，载《中国法学》2020年第3期。

去适用于个案。这种做法，事先将某些行为排除在了基本权利的保障范围之外。

“外部理论”与“内部理论”之间有着相互的激烈批评。“内部理论”批评“外部理论”将基本权利问题无限制扩大，造成了基本权利的“通货膨胀”。而“外部理论”则批评“内部理论”过于神秘和主观。“内部理论”认为权利自始有一个“固定范围”，而有些行为“当然地”不属于权利的范围，然而，我们无法从基本权利条款中找到“固定范围”的依据，也很难想当然地对一些行为是否属于权利的行使作出判断。

而“外部理论”则显得逻辑清晰。“外部理论”并不自缚手脚，并不预先设定基本权利的保障范围，而是把一切与该项基本权利相关的行为都假定为可能得保障范围，然后在立法、执法、司法等多个层次上进行利益衡量，最终作出是否保障的决定。

笔者在基本权利的构成与限制问题上，倾向于“外部理论”。这并不主要是因为“外部理论”逻辑清晰，而是因为“外部理论”能够为基本权利提供更充分的保障。“外部理论”在讨论基本权利构成的时候，不会先验地、人为地把一些事项作为基本权利本质上就不能包含的内容，不会过早地把一些本来有可能属于基本权利内涵的事项武断地排除，不会导致基本权利范围自始被严重限缩，而是以一种开放的姿态去尽可能地保护一切可能的基本权利，只是在该基本权利的行使与其他利益发生不可共存的对立时，才对基本权利作出限制。所以，“外部理论”较“内部理论”能够为基本权利提供更充分的保障。当代宪法学的一种重要目标是实现“基本权利效力的最大化”，在这方面，“外部理论”应当是较优越的。

[张翔：《基本权利的规范建构》（增订版），法律出版社 2017 年版，第 290 - 292 页。]

第二节　公民的基本权利和基本义务

一、平等权

（一）基本理论与概念

1. 平等权是指公民平等地享有权利，不受任何差别对待，要求国家同等保护的权利；平等权既是一种可以获得利益的具体权利，也是公民行使其他权利的基础。

2. 平等权的规范依据是《宪法》第 33 条第 2 款——“中华人民共和国公民在法律面前一律平等”。

3. 平等权的内容主要包括法律面前人人平等原则和禁止不合理的差别对待原则。法律面前人人平等的宪法原则包含以下内容：所有公民平等地享有权利和履行义务；所有公民都要遵守法律，不得有超越法律规定的特权；所有公民都享有在法律适用上的平等；所有公民的权利能力平等。禁止不合理的差别对待的宪法原则是指平等权具有相对性，允许合理差别措施的存在，而禁止不合理的差别措施。

（二）重点解析与前沿

1. 平等权的双重属性。平等权具有双重属性：一方面，平等权是一种可以获得利益的具体基本权利；另一方面，平等权还是一项原则，要求国家平等地保护不同的公民，是公民行使其他权利的基础。就平等权与自由权的关系而言：在不同的基本权利主体之间，自由权和平等权之间经常是相互冲突的，因为自由包括了按照个人的偏好不平等地对待他人的自由。但就同一个基本权利主体而言，平等权必然以一项自由权为基础，对平等权的损害也表现为对一项自由权的损害；而从社会整体的角度出发，没有平等就没有自由，因为一个国家的公民无法平等地享有自由，那么就等于没有真正地实现自由。[①]就平等权与社会权的关系而言，社会权的请求内容可以分为原始的给付请求权和派生的给付请求权：前者是指提供符合人的生存需要的最低给付；而后者是指如果国家对某个公民或者团体提供了超过最低限度的给付，那么其他公民或者团体就可以基于平等原则请求国家给予相同的给付，这实际上就是社会权与平等权相结合的产物。[②]

2. 平等权的规范体现。我国《宪法》除了第 33 条第 2 款关于平等权的一般性规定，还在其他条款之中规定和体现了有关平等权的内容。具体包括：公民在享有权利和履行义务上的平等（《宪法》第 33 条第 4 款），反对特权（《宪法》第 5 条第 5 款），关于选举权和被选举权的平等行使（《宪法》第 34 条），男女平等（《宪法》第 48 条第 1 款），各民族平等（《宪法》第 4 条第 1 款），宗教信仰平等（《宪法》第 36 条第 2 款）。[③]

3. 形式上的平等和实质上的平等。平等权的原理是指现实中的人具有先天性的差别，但任何人都具有人格的尊严，为此在自由人格的形成和发展上应该享有平等的权利。[④] 平等权可以进一步划分为形式上的平等和实质上的平等。前者又被称为“机会平等”，指的是每个人作为人，即作为抽象意义上的人，都是平等的，都应该获得平等的机会[⑤]；后者又被称为“条件平等”，指的是根据不同主体不同的属性，分别采取不同的方式，对各个主体的人格发展所必需的前提条件进行实质意义上的平等保护。[⑥] 实质上的平等原理是对形式上的平等原理进行修正和补充的原理，二者共同构成了现代宪法的平等权原理。平等权的内容除了包括法律面前人人平等、禁止不合理的差别对待，还包括对弱者给予特别保护的引申含义。[⑦] 法律面前人人平等体现了形式上的平等，而禁止不合理的差别对待和对弱者给予特别的保护体现了实质上的平等。

4. 法律适用上的平等和法律内容上的平等。对“法律面前人人平等”的理解还可以进一步分为法律适用上的平等和法律内容上的平等。前者是指法律的适用对每个人来说是平等的，但在立法上则并不一定如此，也就是说平等权并不对立法者产生拘束力；后者则主张宪法上的平等包括了法律适用上的和立法上的平等，也就是说平等权对立法者产生拘束力。[⑧] 我国现行《宪法》采取的表述是“在法律面前一律平等”，现行宪法的立

---

① 参见陈征：《我国宪法中的平等权》，载《中共中央党校学报》第 14 卷第 5 期，第 88 页。

② 参见王锴：《环境权在基本权利体系中的展开》，载《政治与法律》2019 年第 10 期，第 28 页。

③ 参见林来梵：《宪法学讲义》（第 3 版），清华大学出版社 2018 年版，第 379 页；陈征：《我国宪法中的平等权》，载《中共中央党校学报》第 14 卷第 5 期，第 88－89 页；石文龙：《我国宪法平等条款的文本叙述与制度实现》，载《政治与法律》2016 年第 6 期，第 70－71 页。

④ 参见林来梵：《宪法学讲义》（第 3 版），清华大学出版社 2018 年版，第 377 页。

⑤ 参见林来梵：《宪法学讲义》（第 3 版），清华大学出版社 2018 年版，第 379 页。

⑥ 参见林来梵：《宪法学讲义》（第 3 版），清华大学出版社 2018 年版，第 381 页。

⑦ 参见刘茂林：《中国宪法导论》（第 3 版），北京大学出版社 2022 年版，第 319 页。

⑧ 参见林来梵：《宪法学讲义》（第 3 版），清华大学出版社 2018 年版，第 383 页。

法原意也是我国现行《宪法》上的平等权是法律适用上的平等[①]；但考虑到立法平等是一切平等的法律前提和基础，应该将我国现行《宪法》上的平等权理解为法律内容上的平等。[②]

5. 禁止不合理的差别对待。实质上的平等原理首先禁止不合理的差别对待，这一概念是大陆法系宪法学上的提法，在美国宪法学中则被称为“歧视”。尽管用语有所不同，但它们都是指没有合理依据或者是超出合理差别程度的差别。[③] 禁止不合理的差别对待就是要禁止作出差别对待的不合理的标准（也被称为“禁止性差别事由”）。由于平等权既是一种具体的权利，也是其他权利行使的基础，因而在其他权利中也可以找到平等权的内容，而这些平等权的内容中往往包含了差别对待的不合理的标准，也就是各国宪法中所列举的不合理的差别依据。[④] 这是禁止作出差别对待的不合理的标准的第一个来源，典型的例子是我国《宪法》第 34 条选举权和被选举权条款，规定了“不分民族、种族、性别、职业、家庭出身、宗教信仰、教育程度、财产状况、居住期限，都有选举权和被选举权”。这部分内容一方面重申了中华人民共和国公民平等地享有选举权和被选举权，另一方面也列举出了禁止对选举权和被选举权作出差别对待的不合理标准。禁止作出差别对待的不合理标准的第二个来源是宪法中未明文规定的，广义上的民族、种族、性别等标准。尽管平等权的原理允许国家公权力机关进行分类，但是一般来说不能根据民族、种族、性别等加以分类，然后对其中处于弱势地位的群体实行不利的措施；依据这种分类标准实施的不利的差别对待措施很容易被合宪性审查机关判定为不合宪，因而这类措施往往会被合宪性审查机关严格审查。针对这类标准进行严格审查的理由包括：这类标准往往体现了较长的歧视历史；其中有一些是明显的、突出的、难以改变的特征，据此可以认定为他们属于被孤立的群体，以此进行差别对待并不公平；这些标准下牵涉的个体是弱势群体或者政治上无力者，无力参与或者影响政府及其工作人员的行为或者决策。[⑤] 最后，即便作出差别对待的标准是合理的，差别对待的差别程度也不能超出必要的限度，也就是说差别合理不意味着可以任意地区别对待，否则仍然构成不合理的差别对待。[⑥]

6. 允许合理的差别。实质上的平等原理允许合理的差别，而不等同于结果上的平均主义。对差别对待的合理标准可以通过类型化的方式进行归纳。形式上的平等所允许的差别对待的合理标准包括了个人的能力、品德、业绩等，实质上的平等所允许的差别对待的合理标准包括了年龄、生理差异、民族和种族差异、收入上的差异等。[⑦]

7. 对弱者给予特别保护。实质上的平等还要求对弱者给予特别保护。宪法学上的“弱者”是指由于自身原因和所处社会条件的限制，在实际上不能和其他公民一样平等地

① 参见全国人大常委会办公厅研究室政治组编著：《中国宪法精释》，中国民主法制出版社 1996 年版，第 150 页。
② 参见刘茂林：《中国宪法导论》（第 3 版），北京大学出版社 2022 年版，第 320 页。
③ 参见林来梵：《宪法学讲义》（第 3 版），清华大学出版社 2018 年版，第 385 页。
④ 参见林来梵：《宪法学讲义》（第 3 版），清华大学出版社 2018 年版，第 385 页。
⑤ 参见柳建龙：《论美国平等保护案件的审查方法》，载《法学家》2020 年第 4 期，第 94 页。
⑥ 参见王锴：《比例原则在宪法平等权分析中的运用》，载《法学》2023 年第 2 期，第 35 页。
⑦ 参见林来梵：《宪法学讲义》（第 3 版），清华大学出版社 2018 年版，第 386 - 387 页。

享受权利，履行义务的公民。我国宪法学著作中通常将“弱者”称为“特定主体”[①]。针对宪法上的弱者，我国的宪法作了一系列的特殊规定来对其进行特殊保护，使其可以真正地享受权利，履行义务。我国《宪法》上的“弱者”包括妇女（《宪法》第48条），儿童、老人（《宪法》第49条），华侨、归侨、侨眷（《宪法》第50条），残疾人（《宪法》第45条）和少数民族（《宪法》第4条）。

（三）延伸阅读

具体分析某一行为是否涉及宪法平等权这一问题时，需要分三个步骤进行：

第一，不平等对待行为必须是同一主体作出的。若不同的行政主体制定出不同行政规章从而将本质上相同的群体差别对待，则不会涉及平等权问题。

第二，由于人与人之间总存在着或多或少的差别，因此本质相同不等于完全一样，世界上根本无法找到完全相同的两个个体、群体或情形。但本质上相同要求两个个体或群体之间必须具有可比性，即存在一个参照点，或者说一个共同的上位概念，这一概念包括全部遭受不平等待遇的个体、群体和情形。当存在若干上位概念时，通常要找出最近一级的上位概念。

第三，不平等对待行为必然根据特征的差异进行划分，而认定两个主体本质上是相同还是不同需要首先找出不平等对待行为的着眼点，即分析是以哪一特征为标准进行的划分，并进一步分析这一着眼点与不平等对待行为之间是否存在实质性关联。如果存在实质性关联则根本不涉及平等权问题，因为这属于将本质上不同的基本权利主体相应做出差别对待。由于这一差异与此项法律规定做出的差别对待行为具有实质性关联，因此该规定属于将本质上不同的群体相应做出差别对待，根本不会涉及宪法平等权。如果在此一味要求同等对待，结果反而是不平等的。

在初步确定某一行为可能涉及宪法平等权后，进一步的分析思路可以分为能否不同对待与如何不同对待两部分。对于前者，关键在于差别是否合理，如果差别合理，就可以不同对待，否则就只能相同对待。此时可以用比例原则中的目的正当性、妥当性来判断是否存在“不合理的差别”。对于后者，关键在于对待是否合理，即不同对待到何种程度仍然存在一个合理性问题，此时可以用比例原则中的必要性、均衡性来判断是否存在“不合理的对待”。而这两部分之间又存在一个递进关系，这也符合了比例原则的阶层性，即不同对待是否合理必须在差别合理的前提下才进行。具体分析思路如下：

第一，禁止不合理的差别。1. 目的正当性——区分目的是否正当。不同对待的前提是进行立法区分，立法区分的目的是否正当取决于其是否合宪，而平等权属于无法律保留的基本权利，只能基于宪法规定的理由才能进行限制。关于目的正当性还需要注意：(1) 区分表面的目的和隐藏的目的。一般来说，立法机关所主张的目的都是正当的、合宪的，但不一定是其真实的目的。(2) 目的正当性并非一成不变，而是会受到社会事实的影响。2. 妥当性——区分能否实现区分目的。如果区分目的是正当的，那么接下来就需要审查区分能否实现区分目的，即妥当性。

第二，禁止不合理的对待。虽然相同对待没有程度的差别，但不同对待却存在程度

---

① 刘茂林：《中国宪法导论》（第3版），北京大学出版社2022年版，第320页。

之分，而如何保证不同对待在一个合适的度的范围内，仍然需要通过比例原则来确定。1. 必要性——哪种不同对待造成的损害最小。过去对比例原则能否适用于宪法平等权分析，最大的争议其实是在必要性上。因为必要性是在多个同等有效的手段中选择对当事人权利损害最小的手段。而在平等权案件中，多个同等有效的手段在哪里？正如学者所说，相同对待与不同对待之间不存在同等有效的问题。同时，相同对待只有一种情况，也不存在选择的问题。因此，同等有效的手段只能是指多个不同对待的手段，这些手段都具备了妥当性，即能够实现区分的目的，而具有了同等有效性。2. 均衡性——不同对待的程度与不同的程度之间是否合乎比例。在限制自由权的案件中，均衡性是审查公权力机关的限制措施所要达到的目标的重要性是否与被限制的自由权的重要性相匹配，也就是说，被限制的权利越重要，那么相应地，限制的理由也要越重要。均衡性审查本质上是一个价值判断，即使一个事实上能够达成目标的，并且造成的损害也是最小的手段，也可能因为缺乏价值上的更重要性而不值得被采用。那么，在平等权案件中，均衡性到底是审查什么呢？艾平教授认为，均衡性是在不同的性质与权重和不同对待的程度之间的比较，即不同越大，不同对待的需求越大。

1. 是否存在差别对待？→否，不涉及平等权
↓是
2. 差别是否合理？
（1）区分的目的是否正当？→否，违反平等
↓是
（2）区分能否实现区分目的？→否，违反平等
↓是
3. 对待是否合理？
（1）不同对待造成的损害是否最小？→否，违反平等
↓是
（2）不同对待的程度与不同的程度之间是否均衡？→否，违反平等
↓是
符合平等

（王锴：《比例原则在宪法平等权分析中的运用》，载《法学》2023年第2期，第40-45页。）

二、政治权利

（一）基本理论与概念

1. 我国《宪法》规定的公民的政治权利可以分为选举权和被选举权以及政治自由这两大类，政治自由包括言论、出版、集会、结社、游行、示威的自由。

2. 选举权和被选举权是选民依法选举代议机关代表的权利和选民依法被选举为代议机关代表的权利。

3. 选举权和被选举权的权利主体是年满18周岁、未被依照法律剥夺政治权利的中华人民共和国公民；其他政治权利的权利主体是中华人民共和国公民。

4. 言论自由是指公民通过各种语言形式表达、传播自己的思想和观点的自由。出版自由和言论自由的区别在于后者侧重于口头上的思想表达与交流，而前者侧重于通过出

版物的形式来表达思想和观点。

5. 结社自由是指公民为实现特定的目标而依据法定程序组织社会团体的自由。

6. 集会、游行、示威自由是公民表达政治意愿的重要方式。其中：集会是指聚集于露天公共场所，发表意见、表达意愿的活动；游行是指在公共道路、露天公共场所列队行进、表达共同意愿的活动；示威是指在露天公共场所或者公共道路上以集会、游行、静坐等方式来表达要求、抗议或者支持、声援等共同意愿的活动。

（二）重点解析与前沿

1. 选举权与被选举权

宪法学上的选举权和被选举权有广义和狭义之分：广义的选举权和被选举权包括人民代表大会制度中的选举，基层群众自治组织制度中的选举；而狭义的选举权和被选举权主要是指人民代表大会制度中的选举。选举权和被选举权包含三个方面的内容：第一，公民有权依照法律规定和自己的意愿选举他人作为国家权力机关（各级人民代表大会）的代表和其他公职人员；第二，公民有权依照法律规定被其他公民选举为国家权力机关代表和其他公职人员；第三，由选举权还可以引申出作为一项基本权利的罢免权，主要指的是选民依照法定程序和条件罢免选民所选举的代表。我国《宪法》上的罢免权被规定在《宪法》第 102 条。[①]

我国《宪法》对享有选举权和被选举权规定了三项条件：第一，必须是中华人民共和国公民；第二，必须年满 18 周岁；第三，没有被依法剥夺政治权利。此外，依据《全国人民代表大会和地方各级人民代表大会选举法》第 27 条的规定，精神病患者不能行使选举权利的，经由选举委员会确认，不列入选民名单。同时，《宪法》第 34 条还规定了禁止对选举权和被选举权作出差别对待的不合理的标准，包括民族、种族、性别、职业、家庭出身、宗教信仰、教育程度、财产状况、居住期限，保障了我国选举权和被选举权的享有的普遍性和平等性。

除了宪法上对选举权和被选举权的规定，我国还制定了《全国人民代表大会和地方各级人民代表大会选举法》，进一步规定了行使选举权的原则、方法和程序，具体包括：《全国人民代表大会和地方各级人民代表大会选举法》第 9 条至第 11 条对选举机构的规定，第 25 条和第 26 条关于选区划分的规定，第 27 条至第 29 条关于选民登记的规定，等等。同时《全国人民代表大会和地方各级人民代表大会选举法》还规定了一系列对于选举的保障措施，保障公民能够真正地行使选举权和被选举权，具体包括《全国人民代表大会和地方各级人民代表大会选举法》第 58 条和第 59 条规定的对破坏选举的制裁措施，《全国人民代表大会和地方各级人民代表大会选举法》第 8 条规定的对全国人民代表大会和地方各级人民代表大会的选举经费的保障，等等。

2. 言论自由与出版自由

言论自由可分为广义的和狭义的，其中广义的言论自由包括出版自由，出版自由是广义的言论自由的一种形式。而我国《宪法》第 35 条规定的言论自由则与出版自由相区

---

① 参见林来梵：《宪法学讲义》（第 3 版），清华大学出版社 2018 年版，第 392 页。

分，规定的是狭义的言论自由。[①] 狭义的言论自由与出版自由的主要区别在于狭义的言论自由主要是通过口头表达的形式来表达和传播自己的思想、观点、情感等内容，随着大众传媒特别是互联网的发展，表达的形式扩展到广播、网络等多种方式和媒介[②]；而出版自由则限于通过公开发行的出版物，比如期刊、图书、报纸、音像制品和电子出版物等媒介，表达和传播自己的思想、观点、情感等内容。

言论自由和出版自由的共同意义在于两者都是交流思想和见解的手段，都是公民表达意愿、参与社会生活和政治生活的重要手段，也是促进科学文化发展的前提条件。二者都不是无限制的基本权利和自由，而是要受到法律的限制：公民行使言论自由和出版自由，不能危害国家和社会安全，不能违反宪法确立的基本原则，不能危害国家的统一和民族团结，不能损害其他公民的合法权益，不能违背社会的公序良俗，等等[③]；对言论自由和出版自由的具体的限制理由可以在主要的国际人权公约，各国的宪法文本、法律和其他法律规范中找到。同时言论自由和出版自由，特别是出版自由，也需要法律和其他法律规范进行保障，使其真正地被公民享有。我国关于出版自由的法律和其他法律规范包括《民法典》《著作权法》，国务院的《出版管理条例》《广播电视管理条例》《电影管理条例》，等等。

3. 结社自由

公民的结社可以分为以营利为目的的结社，包括公司、集团、中心等类型，还可以分为非以营利为目的的结社，非以营利为目的的结社还可以进一步划分为政治性结社和非政治性结社：前者包括组织政党和政治性团体，后者包括协会、学会、联合会、研究会、基金会、联谊会、促进会、商会等类型。以营利为目的的结社主要由私法，比如民法、商法、公司法等法律来调整；非以营利为目的的结社则主要由公法，比如宪法和行政法来调整；作为基本权利的结社自由保障的主要对象是公民非以营利为目的的结社自由。[④]

对我国《宪法》上的结社自由的进一步规定主要体现在国务院制定的《社会团体登记管理条例》（以下简称《条例》）之中。《条例》第 2 条规定，本条例所称社会团体，是指中国公民自愿组成，为实现会员共同意愿，按照其章程开展活动的非营利性组织。这里包括了公民结社的几个基本要件：第一，公民自愿组织。无论是强迫还是威胁利诱某人加入某一组织都不属于《条例》意义上的公民结社。第二，公民自愿组织在一起开展活动有四个限制性条件：（1）结社的目的是实现会员的共同意愿。（2）公民组织在一起一定要按照自己所订立的章程开展活动，没有章程的临时聚会不能称之为公民结社。（3）公民组织在一起开展活动一定是非营利的，或者说，是不以营利为目的的活动。如果要开展营利性活动，公民可以组织公司，但那就不是公民结社了。（4）公民结社一定要有组织的形式。第三，公民结社自由受到法律的限制。换句话说，对结社自由的限制必须由法律来规定。这里的法律是广义的法律，而不局限于我国全国人民代表大会所制定的法

---

① 参见刘茂林：《中国宪法导论》（第 3 版），北京大学出版社 2022 年版，第 323 页。

② 参见《宪法学》编写组编：《宪法学》（第 2 版），高等教育出版社、人民出版社 2020 年版，第 201 页。

③ 参见刘茂林：《中国宪法导论》（第 3 版），北京大学出版社 2022 年版，第 323 页；周叶中主编：《宪法》（第 5 版），高等教育出版社 2020 年版，第 249 页。

④ 参见周叶中主编：《宪法》（第 5 版），高等教育出版社 2020 年版，第 250 页。

律。也就是说，对结社自由的限制来自法律，其中包括法规或条例。[①]

公民结社有重要意义：第一，公民结社符合人类活动的特点。“物以类聚，人以群分”的老话就说明了人们分群开展活动的必要性和传统。第二，公民结社有助于培养公民民主议事的意识和习惯。第三，公民结社有助于推动整个社会的创新。所谓的社会创新，绝不是一两个人的创新，而是千百万人的创新。公民结社恰恰就是社会创新活动的内容，同时也是社会创新活动的推进器。[②]

《条例》对社会团体的成立与登记作了以下具体规定：第一，《条例》第 2 条将“社会团体”限定为“指中国公民自愿组成，为实现会员共同意愿，按照其章程开展活动的非营利性社会组织”。同时将三类团体，即参加中国人民政治协商会议的人民团体，由国务院机构编制管理机关核定并经国务院批准免于登记的团体，机关、团体、企业事业单位内部经本单位批准成立、在本单位内部活动的团体，排除出《条例》的管理范围。第二，《条例》第 9 条规定，申请成立社会团体，应当经其业务主管单位审查同意，由发起人向登记管理机关申请登记；国务院有关部门和县级以上地方各级人民政府有关部门、国务院或者县级以上地方各级人民政府授权的组织，是相关行业、学科或者业务范围内社会团体的业务主管单位；国务院民政部门和县级以上地方各级人民政府民政部门是本级人民政府的社会团体登记管理机关。第三，《条例》第 4 条规定，社会团体必须遵守宪法、法律、法规和国家政策，不得反对宪法确定的基本原则，不得危害国家的统一、安全和民族的团结，不得损害国家利益、社会公共利益以及其他组织和公民的合法权益，不得违背社会道德风尚；此外，社会团体不得从事营利性经营活动。第四，《条例》第 10 条规定了成立社会团体必须满足的条件：有 50 个以上的个人会员或者 30 个以上的单位会员；个人会员、单位会员混合组成的，会员总数不得少于 50 个。有规范的名称和相应的组织机构。有固定的住所。有与其业务活动相适应的专职工作人员。有合法的资产和经费来源，全国性的社会团体有 10 万元以上活动资金，地方性的社会团体和跨行政区域的社会团体有 3 万元以上活动资金。有独立承担民事责任的能力。第五，《条例》第 12 条规定了社会团体的登记事项包括名称、住所、宗旨、业务范围、活动地域、法定代表人、活动资金和业务主管单位。第六，《条例》第 14 条规定社会团体的章程应当包括名称、住所，宗旨、业务范围和活动地域，会员资格及其权利、义务，民主的组织管理制度，执行机构的产生程序，负责人的条件和产生、罢免的程序，资产管理和使用的原则，章程的修改程序，终止程序和终止后资产的处理，应当由章程规定的其他事项。第七，《条例》第 5 条同时规定了国家保护社会团体依照法律、法规及其章程开展活动，任何组织和个人不得非法干涉。

4. 集会、游行、示威自由

为了保障公民依法行使集会、游行、示威的权利，同时维护社会安定和公共秩序，我国制定了《集会游行示威法》，内容主要包括：第一，公民行使集会、游行、示威的权

① 参见吴玉章：《公民结社的四十年：通过行政管理实现公民结社权利》，载《清华法学》2018 年第 4 期，第 196－197 页。

② 参见吴玉章：《公民结社的四十年：通过行政管理实现公民结社权利》，载《清华法学》2018 年第 4 期，第 197 页。

利的原则包括遵守宪法和法律；不得反对宪法所确定的基本原则；不得损害国家的、社会的、集体的利益和其他公民的合法的自由和权利；不得携带武器、管制刀具和爆炸物；不得使用暴力或者煽动使用暴力；不得在居住地以外的城市发动、组织、参加当地公民的集会、游行示威。第二，有下列情形之一的集会、游行、示威不予许可：反对宪法所确定的基本原则的；危害国家统一、主权和领土完整的；煽动民族分裂的；有充分的根据认定申请举行的集会、游行、示威将直接危害公共安全或者严重破坏社会秩序的。第三，对于依法举行的集会、游行、示威，主管机关有义务派出人民警察维持交通秩序和社会秩序，保障其顺利进行；同时任何人不得以暴力、胁迫或其他非法手段扰乱、冲击和破坏依法举行的集会、游行、示威。第四，公民行使集会、游行、示威的权利必须依照《集会游行示威法》的规定向主管机关提出申请并获得许可；申请书中应当载明集会、游行、示威的目的、方式、标语、口号、人数、车辆数、使用音响设备的种类与数量、起止时间、地点（包括集合地和解散地）、路线和负责人的姓名、职业、住址。

（三）延伸阅读

选举权不是天赋而是人赋的，但这个“人”是指人民而不是指国家。选举权是人民通过宪法创造而不是国家通过法律创造的。宪法上的选举权是作为制宪者的人民赋予个体公民的权利，而选举法作为法律是国家实施、细化公民宪法权利的结果，选举法本身并没有，也不能“赋予”（只能细化）公民选举权，公民的选举权不是来自国家而是来自作为制宪者的人民。人民是整体，公民是个体；人民由公民组成，人民是公民的全体。因此，选举权是人民整体授予自己的每一个个体参与国家事务的权利，是人民主权的一种“化整为零”的表现形式。

（1）选举权的权利属性

选举权无疑是一种权利，具有权利的种种属性，但又不是那么标准。理由如下：1. 选举（投票）权具有可放弃性。投票权是一种选择权，这个选择不仅包括是选张三还是选李四，而且还包括不选任何人以及根本就不参加选举。个体的公民可以放弃自己的投票权，国家不能强制公民投票。2. 选举权具有权利的利益性。也就是说，公民行使选举权是为了维护自己的切身利益。3. 选举权具有意志性。也就是说，公民有选择候选人的权利，有投张三的票还是投李四的票或不投票的权利。但是，选举权作为权利所具有的选择性在某些方面要受到比其他权利更多的限制，如权利行使的时间、地点、程序、结果等。选举权的行使必须是在法律规定的统一时间内、众多选民“共同”行使，不以某单个公民的意志为转移；选举投票的结果更是个体的公民所难以左右的，代表的当选与否与自己的那一票很可能没有直接的联系。选举权的这些特点冲淡了权利的自由属性，使选举权作为权利所具有的个体意志性特征不完整，从而更多地具有某种共同意志性或意志的联合性。

（2）选举权的权力属性

选举权是不标准的权利，因为这种权利掺杂了某些权力因素。公民行使选举权是在决定他人——候选人——的命运，决定谁能当选，谁能代表我们去掌握国家权力。“对政治活动家来说，选票就是决定成败的因素。”选民的投票直接产生明确的法律后果——某些人当选和某些人落选，这是选举权具有权力性质的真正理由。

但选举权的权力属性也不完整，如选民对候选人的强制性是有限的，选民不能强制某人当自己的代表，候选人参选具有自愿性；候选人当选后也并非绝对服从选民的意志，他们通常可以变更自己竞选时的承诺而不必完全兑现。同时，选民在行使选举权时，可能以公共利益为准，这是权力行使的特点；也可能以自己的利益为准，这是权利行使的特点，但无论如何都不会以被选举人的利益为准。维护对方的利益是权力的特点（行政权通常具有服务性），如果反其道而行之——以权力人自身的利益为出发点来行使权力，那就是以权谋私。

因此，选举权具有权利的因素，也具有权力的因素，这是选举权不同于其他权利的地方，也是选举权不同于其他权力的地方。

[马岭：《选举权的性质解析》，载《法商研究》2008 年第 2 期（总第 124 期），第 48－53 页。]

考察世界各国宪法关于言论自由的确立模式，可以发现大致存在七种类型：第一种是"权利＋义务"模式，第二种是"权利＋法律比例限制"模式，第三种是"权利＋义务＋法律比例限制"模式，第四种是禁止立法限制模式，第五种是"权利＋禁止公权力预先审查＋禁止立法限制"模式，第六种是"权利＋禁止公权力预先审查＋义务"模式，第七种是"权利＋禁止审查＋法律比例限制＋义务"模式。其中，"权利＋义务"模式是指宪法条款既授予公民享有言论自由的权利，同时又设定了行使言论自由所应当遵循的义务。该模式可具体分为两种情形：一是同一条款既赋权又设定义务；二是不同条款分设赋权与义务。

我国《宪法》关于言论自由的确立模式采取的是第一种模式，即"权利＋义务"模式，且是以不同的条款共同确立了言论自由的"规范束"。这些"规范束"由《宪法》第 4 条第 1 款、第 33 条第 4 款、第 35 条、第 38 条、第 41 条、第 51 条、第 52 条、第 53 条、第 54 条等九个条款构成。第 35 条关于"中华人民共和国公民有言论、出版、集会、结社、游行、示威的自由"的规定，是宪法对于公民一般言论自由权利的规定；第 4 条第 1 款关于"禁止破坏民族团结和制造民族分裂的行为"的规定，是对破坏民族团结与制造民族分裂的言论的限制；第 33 条第 4 款规定"任何公民享有宪法和法律规定的权利，同时必须履行宪法和法律规定的义务"，这是为言论自由权利的行使预设一般宪法义务边界；第 38 条基于公民的人格尊严不受侵犯而规定"禁止用任何方法对公民进行侮辱、诽谤和诬告陷害"，这是对侮辱、诽谤、陷害等言论的限制；第 51 条则设定了公民行使言论自由权利的一般性义务，即言论"不得损害国家的、社会的、集体的利益和其他公民的合法的自由和权利"；第 52 条至第 54 条分别为公民行使言论自由设定了维护国家统一和全国各民族团结，必须遵守宪法和法律，保守国家秘密，遵守公共秩序，尊重社会公德，不得有危害祖国的安全、荣誉和利益的行为等义务。此外，《宪法》第 41 条关于"中华人民共和国公民对于任何国家机关和国家工作人员，有提出批评和建议的权利"的规定，是对公民民主监督性言论自由的特别规定，应当将其视为对第 35 条言论自由的补充性规定，并构成了我国《宪法》关于言论自由规范束的内容。可见，我国《宪法》关于言论自由权利是由上述七个条款构成的"规范束"确立的，宪法不仅确认了公民的言论自由权利，而且也为言论自由权利的行使设定了义务边界。

我国《宪法》关于言论自由所采用的"权利＋义务"模式，与其他模式相比较，其特点在于：第一，公民行使言论自由时，需要遵守或履行宪法所规定的义务，体现了马克思提出的“没有无义务的权利，也没有无权利的义务”的原则；第二，对于言论自由的限制，宪法交由国家最高权力机关以法律的形式予以实施。大多数国家的宪法采用宪法比例原则，对言论自由予以法律限制，我国宪法所规定的义务，实际上就是对言论自由的宪法限制，即直接以宪法义务限制言论自由权利的行使，而宪法义务又通过法律化，转化为法律义务。

（范进学：《论我国宪法上的言论自由及其义务边界》，载《西北大学学报（哲学社会科学版）》第50卷第4期，第155－167页。）

三、宗教信仰自由

（一）基本理论与概念

1. 宗教信仰自由是指公民依据内心的信念自愿信仰宗教的自由。

2. 宗教信仰自由的规范依据是《宪法》第36条；权利主体是中华人民共和国公民；对应的义务主体是任何国家机关、社会团体和个人。

3. 宗教信仰自由的具体内容包括：公民有信仰和不信仰宗教的自由；有信仰何种宗教的自由；有在同一宗教里信仰不同教派的自由；有过去信教而现在不信教或者过去不信教而现在信教的自由。

4. 依据我国《宪法》的相关规定，对宗教信仰自由的保障遵循合法性、政教分离、各宗教一律平等、独立办教这四项原则。

（二）重点解析与前沿

1. 宗教信仰自由的保护范围。我国《宪法》第36条关于宗教信仰自由的条款可以进一步划分为（狭义上的）信仰自由（第36条第1款和第2款）以及宗教活动自由（第36条第3款）。（狭义上的）信仰自由包含了持有宗教信仰的自由以及对外公开信仰的自由；《宪法》第36条第2款第2句规定了任何国家机关、社会团体和个人不能歧视信仰/不信仰宗教的公民，可以看作从反面保护对外公开信仰的自由。《宪法》第36条第3款规定的宗教活动自由在我国的语境下则是指举行宗教仪式的自由。①

2. 政教分离原则。尽管我国《宪法》关于宗教信仰自由的第36条没有明确规定政教分离原则，但考虑到我国《宪法》规定以马克思主义为指导思想，且我国实行社会主义制度，我国《宪法》中应该包含了政教分离的内容。规定和确立政教分离原则的目的首先是禁止国家机关使用公权力来保护某一宗教使其具有特权，或者迫害某一宗教使其受到打压；根本目的是保护公民的宗教信仰自由能够真正地实现。但需要注意的是，我国的国家机关与宗教信仰之间也不是毫无联系的：首先，我国《宪法》第36条规定了“国家保护正常的宗教活动”，这就要求国家保护正常的宗教活动免受国家公权力机关、社会团体及其他个人的不当干预。这具体体现在《宗教事务条例》第3、4条。其次，国家保护正常的宗教活动还要求国家通过其他手段为公民的宗教信仰自由的实现创造条件，比如安排宗教活动场所，恢复、修缮、开放寺、观、教堂等。再次，国家在履行文化和历史保护的过程中，不可避免地涉及对宗教设施和宗教文化的保护，这种保护与国家运

① 参见肖蔚云：《我国现行宪法的诞生》，北京大学出版社1986年版，第50页。

用公权力对特定宗教的保护与扶持需要进行区分。最后，在我国还出现过以地方政府名义举办的公祭活动。这类活动的主要目的是促进地方旅游发展，保护当地的历史和文化，但是是通过宗教文化活动的方式来进行的，总的来说不应认为这类公祭活动违反了政教分离原则。①

（三）延伸阅读

我国对宗教信仰自由权利的法律保障可以分为宪法的保障，基本法律的保障，宗教事务行政法规的保障，对外国人在中国境内的宗教活动依法受到保护以及依法打击宗教极端势力和暴力恐怖活动。宪法对宗教信仰自由的权利体现在我国《宪法》第36条。

我国基本法律对宗教信仰自由权利的保障体现在：《中华人民共和国刑法》《中华人民共和国国家安全法》《中华人民共和国反恐怖主义法》等法律均有保护公民宗教信仰自由的相关规定。《中华人民共和国全国人民代表大会和地方各级人民代表大会选举法》《中华人民共和国人民法院组织法》《中华人民共和国人民检察院组织法》《中华人民共和国城市居民委员会组织法》《中华人民共和国村民委员会组织法》《中华人民共和国刑事诉讼法》《中华人民共和国教育法》《中华人民共和国劳动法》《中华人民共和国就业促进法》《中华人民共和国工会法》等法律贯彻平等保护原则，规定公民在各级人民代表大会和基层群众性自治组织中的选举权和被选举权、法律适用上的平等权、受教育权、平等就业权和自主择业权、依法参加和组织工会的权利等不因宗教信仰而有区别，不因宗教信仰而受歧视。《中华人民共和国民族区域自治法》规定，民族自治地方的自治机关保障各民族公民有宗教信仰自由。《中华人民共和国未成年人保护法》规定，未成年人不分宗教信仰，依法平等享有生存权、发展权、受保护权、参与权、受教育权等权利。《中华人民共和国广告法》规定，广告不得含有宗教歧视的内容。《中华人民共和国刑法》规定，国家机关工作人员非法剥夺公民的宗教信仰自由，情节严重的，追究刑事责任。《中华人民共和国民法总则》规定，依法设立的宗教活动场所，具备法人条件的，可以申请法人登记，取得捐助法人资格。

宗教事务行政法规对于宗教信仰自由权利的保障体现在：2017年修订公布的《宗教事务条例》，强化了对公民宗教信仰自由和宗教界合法权益的保障，依法规范政府管理宗教事务的行为，增加了维护国家安全和社会和谐的内容。条例规定了宗教团体、宗教活动场所和信教公民在设立宗教活动场所、举行宗教活动、开办宗教院校、申请法人资格、出版发行宗教书刊、接受宗教捐献、管理宗教财产、开展公益慈善和对外交流活动等方面的权利和义务。条例明确了遏制宗教商业化，增加了关于互联网宗教信息服务的内容，同时规定，各级地方人民政府应当为宗教团体、宗教院校和宗教活动场所提供公共服务；各级地方人民政府应当将宗教活动场所建设纳入土地利用总体规划和城乡规划；任何组织或者个人不得在信教公民与不信教公民之间制造矛盾与冲突；出版物、互联网不得发布歧视信教公民或不信教公民的言论。

外国人在中国境内的宗教活动依法受到保护体现在《中华人民共和国境内外国人宗教活动管理规定》（以下简称《规定》）规定境内外国人可以在寺庙、宫观、清真寺、教

① 参见林来梵：《宪法学讲义》（第3版），清华大学出版社2018年版，第405－407页。

堂等宗教活动场所参加宗教活动，经省、自治区、直辖市以上的宗教团体邀请可以在宗教活动场所讲经、讲道，可以在县级以上人民政府宗教事务部门认可的场所举行外国人参加的宗教活动，可以邀请中国宗教教职人员为其举行洗礼、婚礼、葬礼和道场法会等宗教仪式，可以携带符合规定的宗教印刷品、宗教音像制品和其他宗教用品入境。《规定》同时规定，外国人在中国境内进行宗教活动，应当遵守中国法律、法规。外国人和外国组织不得在中国境内成立宗教组织、设立宗教办事机构和宗教活动场所、开办宗教院校、擅自招收留学生，不准在中国公民中发展教徒、委任宗教教职人员或进行其他传教活动。《中华人民共和国境外非政府组织境内活动管理法》规定，境外非政府组织在中国境内不得非法从事或者资助宗教活动。

依法打击宗教极端势力和暴力恐怖活动主要体现在：《中华人民共和国反恐怖主义法》规定，国家反对一切形式的以歪曲宗教教义或者其他方法煽动仇恨、煽动歧视、鼓吹暴力等极端主义，禁止任何基于地域、民族、宗教等理由的歧视性做法。《宗教事务条例》规定，不得宣扬、支持、资助宗教极端主义，不得利用宗教破坏民族团结、分裂国家和进行恐怖活动。国家采取措施遏制宗教极端主义传播、蔓延，同时特别注意防止把暴力恐怖活动、宗教极端主义与特定民族或特定宗教联系在一起。

（《中国保障宗教信仰自由的政策和实践》，中华人民共和国国务院新闻办公室 2018 年 4 月发布。）

四、人身自由

（一）基本理论与概念

1. 人身自由是指公民的人身不受非法侵害的自由。

2. 生命权是宪法规定的人身自由的首要前提，同时宪法规定的“国家尊重和保障人权”的规范中也包含国家对生命权保障的义务。

3. 人格尊严是指与人身有密切联系的名誉、姓名、肖像等不容侵犯的权利。

4. 住宅不受侵犯是对公民私生活的空间保护。

5. 通信自由与通信秘密是指公民通过书信、电报、传真、电话及其他通信手段，根据自己的意愿进行通信，不受他人干涉的自由。

（二）重点解析与前沿

1. 生命权的保障

尽管我国《宪法》第二章“公民的基本权利和义务”没有明确规定生命权，但是一般认为，生命权是公民行使其他一切基本权利的前提，属于受到宪法保障的基本权利。《宪法》第 33 条第 3 款规定：“国家尊重和保障人权。”这是一项兜底性基本权利条款，一切没有被宪法明文列举的基本权利均可能落入该条款的保护范围。虽然生命权尤其重要，但与人的尊严不同，宪法对生命权的保护并非绝对，其可能受到《宪法》第 51 条的限制。[①] 在法治社会，国家不能把人的生命作为一种工具或手段，应把生命权的保护作为

① 参见陈征：《从宪法视角探讨死刑制度的存废》，载《华东政法大学学报》2016 年第 1 期。

制定法律或制定国家政策的基本出发点。[①] 举例来讲，人体器官移植虽有助于延续受体生命，但是不能以损害供体的生命权为手段，这种做法有违作为生命权主体的人的主体性和自主性。[②]

随着科技的发展以及生活方式的变迁，自杀特别是安乐死、基因技术等都涉及宪法的生命权。立法者在保护公民生命权时，应强化生命权保护的预防功能，要引入风险评估与规制，法适用者应在个案中平衡相互冲突的利益。由于与绝大部分自由权不同，生命权一旦受到侵犯，将无法恢复，因此当公民的生命权与其他主体的基本权利产生冲突时，通常不存在调和的可能。对生命权履行保护义务时只有两种可能，即全部保护和彻底不保护。生命权是人的尊严的基础和一切权利的出发点，这是社会共识，在社会层面不断加强尊重生命权、保障生命权的社会宣传教育至关重要。[③]

2. 人身自由不受侵犯

《宪法》第 37 条规定了人身自由不受侵犯。人身自由是指任何人都享有的身体自由活动的基本权利。若无正当理由，该自由不得被剥夺或限制。剥夺或限制人身自由的方式包括搜查、扣留、拘留、拘禁、逮捕、审问、审讯、监禁等。依据法律保留原则和《立法法》第 11 条第 5 项的规定，限制人身自由的强制措施和处罚属于只能通过全国人民代表大会及其常务委员会制定的法律来规定的事项。总之，国家可以剥夺或限制公民的人身自由，但必须有明确的宪法或法律依据，同时要遵守宪法和法律规定的程序，特别是要严格遵循法律保留原则。[④]

我国《宪法》第 37 条明示了人身自由。依据其第 2 款，非经人民检察院批准或者决定或者人民法院决定，并由公安机关执行，不受逮捕。这意味着通过“逮捕”方式限制人身自由，除遵守基本权利“限制的限制”等一般性原则外，还应遵守第 37 条第 2 款的特别规定。该款属于一项程序性规定，可以被理解为：剥夺或限制公民人身自由必须由法定机关经由法定程序决定和执行。[⑤] 依据《刑事诉讼法》第 93 条关于逮捕程序的规定，公安机关逮捕人的时候，必须出示逮捕证；逮捕后，应当立即将被逮捕人送看守所羁押；除无法通知的以外，应当在逮捕后 24 小时以内，通知被逮捕人的家属。依据《刑事诉讼法》第 85 条关于拘留程序的规定，公安机关拘留人的时候，必须出示拘留证；拘留后，应当立即将被拘留人送看守所羁押，至迟不得超过 24 小时；除无法通知或者涉嫌危害国家安全犯罪、恐怖活动犯罪通知可能有碍侦查的情形以外，应当在拘留后 24 小时以内，通知被拘留人的家属；有碍侦查的情形消失以后，应当立即通知被拘留人的家属。

《宪法》第 37 条第 3 款对非法拘禁、以其他方法非法剥夺或者限制公民的人身自由、非法搜查公民的身体这三种公权力行为作出了禁止性规定。“拘禁”概念的内涵较为广泛，指的是通过强制方法拘束人的身体，使人丧失人身自由的行为。逮捕是一种很严厉

① 参见《宪法学》编写组编：《宪法学》（第 2 版），高等教育出版社、人民出版社 2020 年版，第 207 页。

② 参见韩大元、于文豪：《论人体器官移植中的自我决定权与国家义务》，载《法学评论》2011 年第 3 期。

③ 参见韩大元：《生命权与其他权利的冲突及其平衡》，载《人权》2020 年第 3 期。

④ 参见《宪法学》编写组编：《宪法学》（第 2 版），高等教育出版社、人民出版社 2020 年版，第 208 页。

⑤ 参见林来梵：《宪法学讲义》（第 3 版），清华大学出版社 2018 年版，第 409 页。

的拘禁。[①] 为了收集犯罪证据、查获犯罪人，侦查人员可以对犯罪嫌疑人以及可能隐藏罪犯或者犯罪证据的人的身体、物品、住所和其他有关地方进行搜查，但必须严格依照法定程序进行；进行搜查时，侦查人员必须向被搜查人出示搜查证，并且应当有被搜查人的家属、邻居或者其他见证人在场；搜查妇女的身体应当由女性工作人员进行。这些法定程序保证了公民人身自由不受侵犯，即使受限制或被剥夺，也首先应依照法定程序进行。[②] 这是形式正当性的要求。

依据《立法法》，关于限制人身自由的强制措施和处罚只能制定法律，《宪法》第 37 条中“非法”的“法”应被理解为全国人大及其常委会制定的法律。[③] 当然，对人身自由的剥夺或限制，合法至多只能够满足法律保留原则的要求，所依据的法律本身以及对法律的适用都需要经过比例原则的检验。

3. 人格尊严不受侵犯

《宪法》第 38 条规定：“中华人民共和国公民的人格尊严不受侵犯。禁止用任何方法对公民进行侮辱、诽谤和诬告陷害。”人格尊严是指与人身有密切联系的名誉、姓名、肖像等不容侵犯的权利。人格尊严在法律层面主要表现为人格权，它是公民参加社会活动时应具有的资格。[④] 诸如我们耳熟能详的隐私权、信息自决权、被遗忘权等均属于人格权范畴。

我国宪法上的人格尊严与德国基本法中的“人性尊严”或“人的尊严”（die Würde des Menschen）不完全等同。[⑤] 后者来自西方的哲学和神学，认为人作为理性的存在，其具有主体性，人本身就是目的，不能被当作客体。判断人的尊严是否受到侵害的标准是“客体公式”：如果认定某种公权力行为将人作为客体，那么这种行为就是不正当的，不符合人的尊严。这一理念被写入《德国基本法》第 1 条第 1 款：“人的尊严不可侵犯，尊重和保护人的尊严为所有国家权力的义务。”此后，人的尊严便成为宪法上的概念。人的尊严在《德国基本法》中具有最高宪法价值，与可以甚至必须受到国家限制的基本权利不同，人的尊严在位阶上明显更高，属于公权力绝对不得触碰的“基本权利的核”。虽然人的尊严在我国传统文化中同样存在，但其内涵与西方所指的人的尊严仅部分重合。在我国宪法中，人格尊严仅是一项具体的基本权利，难以取得类似《德国基本法》上那种基本权利体系之核心地位。[⑥] 至于我国《宪法》第 33 条第 3 款“人权条款”是否包含对人的尊严的尊重和保障，尚存争议。[⑦]

《宪法》第 38 条“人格尊严”的规定实际上是概括条款与具体列举相结合。该条第一句规定：“中华人民共和国公民的人格尊严不受侵犯。”该句属于概括性规定。具体来讲，依第 38 条第一句人格尊严具体包括但不限于下述子基本权利：第一，姓名权，指公

---

① 参见林来梵：《宪法学讲义》（第 3 版），清华大学出版社 2018 年版，第 408 页。

② 参见《宪法学》编写组编：《宪法学》（第 2 版），高等教育出版社、人民出版社 2020 年版，第 208 页。

③ 参见于文豪：《基本权利》，江苏人民出版社 2016 年版，第 175 页。

④ 参见《宪法学》编写组编：《宪法学》（第 2 版），高等教育出版社、人民出版社 2020 年版，第 209 页。

⑤ 参见陈征：《国家权力与公民权利的宪法界限》，清华大学出版社 2015 年版，第 7 页。

⑥ 参见于文豪：《基本权利》，江苏人民出版社 2016 年版，第 176－177 页。

⑦ 相关研究可参见林来梵：《人的尊严与人格尊严》，载《浙江社会科学》2008 年第 3 期；谢立斌：《中德比较宪法视野下的人格尊严——兼与林来梵教授商榷》，载《政法论坛》2010 年第 4 期。

民有权决定、使用和依照规定变更自己的姓名，禁止他人干涉、盗用、假冒，对公民姓名权的侵犯就是对公民人格尊严的侵犯；第二，肖像权，肖像是人的形象的客观记录，是公民人身的派生物，根据《民法典》的规定，公民享有肖像权，未经本人同意，不得以营利为目的使用公民的肖像，这体现了《民法典》在规定肖像权时对作为人格尊严的宪法肖像权的考量；第三，荣誉权，指公民对社会给予的褒扬享有的不可侵犯的权利，如因对社会作出贡献而得到的荣誉称号、奖章、奖品、奖金等，通常不具有经济价值，而是更多体现为精神价值，属于在社会主义精神文明建设中社会对特定人的贡献给予的肯定；第四，隐私权，指自由享有私生活领域而不被公开的权利，包括对个人信息的管理与控制权。[①]

《宪法》第 38 条第二句规定："禁止用任何方法对公民进行侮辱、诽谤和诬告陷害。"该句对特定公权力行为作出禁止性规定，旨在具体规定对公民名誉权的保障。[②] 对于来自第三人的侮辱、诽谤和诬告陷害行为，应当通过立法加以禁止。若立法未（充分）履行相关保护义务，则立法不作为违反宪法人格尊严的规定。

4. 住宅自由不受侵犯

我国《宪法》第 39 条规定："中华人民共和国公民的住宅不受侵犯。禁止非法搜查或者非法侵入公民的住宅。"住宅不受侵犯包括如下内容：任何公民的住宅不得被非法侵入，任何公民的住宅不得被随意搜查，任何公民的住宅不得被随意查封。这里的"住宅"是从广义上理解的，既包括固定居住的住宅，也包括宿舍、旅馆等临时性的住所。凡与公民私人生活有关的空间，都可以被纳入住宅的范围之内，甚至特定的工作场所也可能被纳入住宅范畴。住宅不受侵犯是对公民私生活的空间保护，在此所指的侵犯并不局限于物理意义上的侵犯，设置现代技术设备对住宅进行监视或监听等行为同样可能构成对这项基本权利的侵害。

根据基本权利一般原理，公权力可以介入公民的私人住宅。但这种介入必须基于公正的法定程序，并符合比例原则，特别是在房屋拆迁等问题上，更应该切实保障公民的住宅自由。对住宅自由的合理限制表现在：法定的国家机关为刑事侦查的需要，可依法对公民住宅进行搜查；法定的国家机关可依法查封公民的住宅；依法搜查、强行进入、查封公民住宅应同时满足比例原则，即在形式与实质上都应正当。[③]

5. 通信自由与通信秘密受宪法保护

《宪法》第 40 条规定："中华人民共和国公民的通信自由和通信秘密受法律的保护。除因国家安全或者追查刑事犯罪的需要，由公安机关或者检察机关依照法律规定的程序对通信进行检查外，任何组织或者个人不得以任何理由侵犯公民的通信自由和通信秘密。"通信权涉及公民何时、何地、采取何种方式以及与何人通信，其与隐私权虽然密切相关，但二者保护范围的侧重点不同，前者保护信息交换和思想交流的途径和媒介，后者主要保护个人生活的私密性。[④]

---

① 参见《宪法学》编写组编：《宪法学》（第 2 版），高等教育出版社、人民出版社 2020 年版，第 209－210 页。

② 参见胡锦光主编：《宪法学关键问题》，中国人民大学出版社 2014 年版，第 222 页。

③ 参见《宪法学》编写组编：《宪法学》（第 2 版），高等教育出版社、人民出版社 2020 年版，第 211 页。

④ 参见《宪法学》编写组编：《宪法学》（第 2 版），高等教育出版社、人民出版社 2020 年版，第 211－212 页。

传统通信的本质特征为“点对点”和“私密性”。“点对点”指的是通信是个人通过信件、电话、电信、电报、传真、卫星、电子邮件、微信等各种手段，针对特定的人或群体进行信息传递，类似邮件或者微信群发这种“一对多”的情形同样属于“点对点”，毕竟信息接收人具有特定性。“私密性”是指通信的内容与通信主体间高度的关联性和不受外界干扰的属性。通过通信权的这两个本质特征可以在很多情况下界分通信权与言论自由的保护范围。

一般认为，《宪法》第 40 条第二句为通信自由与通信秘密规定了加重法律保留条款，即干预通信自由或通信秘密的公权力行为不仅应通过或依据法律，而且基于宪法明文要求还对干预目的和干预主体进行了限制：前者局限于“因国家安全或者追查刑事犯罪的需要”，后者局限于“公安机关或者检察机关”。同时，对通信进行检查还应“依照法律规定的程序”。上述加重法律保留在本质上构成对立法空间的限缩，意味着较之于其他基本权利，制宪者提高了限制通信权的门槛。

（三）延伸阅读

自近代社会以来，生命权与自由权、财产权共同成为人们普遍公认的自然权。生命权就其性质而言是一种综合性的自由权体系。生命权的宪法意义主要在于：生命权是表明人类生存的自然意义上的权利，具有自然法的属性；生命权的宪法化或宪法上的生命权体现了国家与社会主体之间的社会关系，即生命权是国家与社会的最高价值，在任何情况下国家不能把人的生命权作为实施统治的一种工具或手段；生命权的宪法确认意味着国家或政府负有保障每一个社会成员生命权的道德的、法律义务，使生命权成为社会共同体价值体系的基础；生命权的宪法意义还表现在它为全社会树立宪法权威，提高社会成员的宪法意识提供了社会价值基础。生命权宪法价值的普及过程是推动法治发展进程的基本形式。经验告诉我们，生命权价值得不到充分尊重和保障的国家不可能形成社会共同体的价值体系，进而无法形成实现宪法的“共同的社会意志”。

生命权是宪法核心的价值体系，是人身的完整性与人身自我支配权的基础。是否在宪法文本上规定生命权内容本身并不是评价生命权价值的唯一标准。有的国家在宪法上并没有具体规定生命权问题，对此可能的解释是，生命权对于人类生活来说是最重要的权利，是人类享有的当然的权利，没有必要通过具体的宪法规范作出规定。对生命权价值的追求与内心的信念有可能超越实定法的界限与体系。即使宪法上没有具体规定生命权时，学者们可以通过宪法解释学功能分析宪法规范中隐含的生命权的价值。如从人身自由的宪法条款、宪法规定的人格尊严与价值条款以及通过解释“宪法上没有列举的权利同等保护”的条款中寻找生命权的价值。

（韩大元：《中国宪法学应当关注生命权问题的研究》，载《深圳大学学报（人文社会科学版）》2004 年第 1 期，第 25 页。）

五、社会经济权利

（一）基础理论与概念

1. 社会经济权利是指公民依照宪法的规定享有与经济利益相关的权利，主要包括财产权、劳动权和休息权、物质帮助权和社会保障权等权利。

2. 财产权是指公民个人通过劳动或其他合法方式取得、占有、使用、处分财产的权利。

3. 劳动权是指一切有劳动能力的公民享有的劳动和取得劳动报酬的权利。

4. 休息权是指劳动者在付出一定的劳动以后消除疲劳、恢复劳动能力的权利，是劳动权存在和发展的基础。

5. 社会保障权是指一般公民为了维持有尊严的生活而向国家要求给付的请求权。

6. 物质帮助权是指公民在年老、疾病或者丧失劳动能力的情况下，从国家和社会获得物质帮助的权利。

（二）重点解析与前沿

1. 社会经济权利要求国家的积极作为

一般认为，相比于传统自由主义对市场的绝对信任和对国家干预社会经济生活的严格防范，社会经济权利恰恰是为了弥补绝对自由主义发展带来的贫富差距和阶层分化而产生的。传统自由主义的发展使生产力不断提升、物质资料迅速增加，但同时也导致了资源向少部分人集中，个人努力不再是决定权利能否实现以及实现程度的决定性因素，这种不公平现象的影响程度会随着自由市场的发展不断加深。在这种情况下，国家应当对社会弱势群体提供最基本的物质生活条件，以确保其具有实现生存和发展相关的各项权利的现实基础。正因如此，不同于传统自由权以排除国家妨害为主要功能，社会经济权利恰恰以要求国家提供积极作为为主要内涵。从宪法学的立场出发，社会经济权利的意义在于调整社会强者与弱者之间有关经济利益的分配。[①]

值得注意的是，在强调国家积极作为的今天，自由市场依然是经济发展和生产力提高的基石，我国于20世纪八九十年代改变了原有的计划经济，确立社会主义市场经济体制，并且经过历次宪法修改最终确定了国家对非公有制经济的鼓励、支持、引导方针，表明国家对市场发展的重视。在一定的历史阶段，以市场为主导的经济形态不仅能够通过竞争不断推动各行各业生产效率的提高和生产力的发展，还能够根据市场需求产生更多新型就业方式，使更多的人获得劳动机会和报酬，从而获得实现自身全面发展的物质基础。当然，市场具有其固有弊端，法治国原则要求国家通过宏观调控对市场及其参与者进行监督，但是，国家的介入必须被控制在合理的范围内。一方面，公权力权力越大介入越多，损害公民权利的风险就越大；另一方面，公权力行为需要国家财政的支持，这主要来源于纳税人，过多地干预或者参与市场竞争活动会增加财政的负担。因此，社会经济权利虽然强调国家对市场的积极调整，但仍然应当以尊重公民的自由权为首要义务，以公民通过自身努力获取生存和发展的物质条件为根本目标，国家在此过程中发挥辅助作用而非主导作用，这主要体现在尊重公民的私有财产权、劳动权的自由权面向等方面。

2. 财产权

（1）私有财产权的内涵。作为主观权利，宪法中的私有财产权本质上并非保障财产本身，而是保障作为基本权利主体的人，是一项人权。私有财产权指公民个人通过劳动

① 参见韩大元、林来梵、郑贤君：《宪法学专题研究》（第2版），中国人民大学出版社2008年版，第399页。

或其他合法方式取得、占有、使用或处分财产的权利。私有财产权不仅是个人生存的重要前提，还是其他自由权的物质基础，其目的是保障基本权利主体的私人空间和施展自由的可能，以便使个体在国家面前保持一定的独立性，能够自主安排和规划私人生活，发挥创造力，并独自为此负责。[①] 不同于法律财产权主要涉及私人之间的财产关系，作为基本权利的私有财产权是公民针对国家享有的。国家负有尊重和保障财产权的义务。

（2）私有财产权的功能体系。《宪法》第 13 条第 1 款规定公民合法的私有财产不受侵犯。其中“合法的”表述体现出私有财产权条款给立法者留出了较大的内涵填充空间和外延界定空间。第 13 条第 2 款规定国家依照法律规定保护公民的私有财产权和继承权。继承权与私有财产权密不可分，关于遗产税的讨论[②]就无法绕开继承权，涉及了代际公平的问题。

不同于言论自由、人身自由等完全不依赖国家存在的自由权，私有财产权与国家的政治经济体制密切相关，制宪者有权设定国家是否承认私有财产制度，这是公民针对国家享有私有财产权的前提，比如我国计划经济时期基本取消了私有财产制度，确定生产资料的公有制，公民不享有私有财产权。因此，除了防御权、保护义务等基本权利传统的功能，私有财产权还具有制度性保障功能，该功能也是私有财产权对应国家义务的重要组成。制度性保障（Einrichtungsgarantie）这一概念源自魏玛共和国，指的是国家负有的实现或者维持特定规范领域的义务，意在保障那些根本基础框架的存在（Grundbestand）[③]，即使是代表民意的立法者也不能轻易变更基本权利的核心领域。私有财产权的核心是维护财产权主体对财产的自由支配，立法者不可轻易取消私有财产权制度或者要求公民对每项财产的使用都要经过国家允许。这并不否认立法者对私有财产权的内涵和外延享有一定的形成空间，并负有适应时代发展对相关法律进行修正的义务。

（3）国家对私有财产权的限制。这种限制首先体现在征税制度上。法治国不仅要求国家不得不当干预公民的自由和权利，还要求国家对公民权利的实现提供积极作为，无论是为受侵害的权利主体提供救济，还是为不具备现实条件的权利提供帮扶，都需要国家财政的支持。除此之外，出于私人的自利性特征，相当部分公共利益的实现也需要由国家亲自或者监督其他主体完成。这些都构成了国家向公民征税的正当性基础。《宪法》第 56 条规定公民的依法纳税义务正是对这一基础的规范化。

如果说宪法中的基本权利主要发挥消极权限作用，即公民基本权利的空间就是国家权力的边界，那么宪法中的基本义务就具有积极权限规范功能，即宪法规定公民义务就等于赋予了国家相关权限。宪法规定公民的依法纳税义务等于赋予了国家征税权，但宪法赋予国家征税权并不意味着这一权力高高在上，甚至可能随意以任何名义和强度征税[④]，国家征税行为仍然要受到宪法的约束，国家应当根据不同的税收种类制定不同的征税标准，并且接受不同强度的宪法正当性审查。

这种限制其次体现在征收征用制度上。《宪法》第 13 条第 3 款规定了国家可以基于

---

① 参见陈征：《私有财产征收中的第三人受益》，载《浙江社会科学》2013 年第 9 期。

② 参见陈征、刘馨宇：《利用遗产税调节财富再分配的宪法学思考》，载《中国高校社会科学》2017 年第 2 期。

③ Vgl. Volker Epping，Grundrechte，9. Aufl. 2021，S. 231 f.

④ 参见陈征：《国家征税的宪法界限——以公民私有财产权为视角》，载《清华法学》2014 年第 3 期，第 21 页。

公共利益的需要，依照法律对公民的私有财产进行征收或者征用并给予补偿。不同于税收制度的普遍性，征收和征用是国家针对特定群体进行的，纳税群体与未来税收的受益群体范围大体一致，而被征收和征用群体与未来的受益群体并不重合。此外，征收和征用不仅影响了财产权主体对财产本身的占有、使用、收益、处分自由，而且还使其承受了财产价值的损失。因此，哪怕征收行为具有宪法正当性，也会引发补偿。[①] 国家对财产权的其他限制形式同样会导致权利主体对财产的支配自由受到减损，但当限制行为具有宪法正当性时，并不会激活补偿制度。

在此过程中，补偿使宪法对私有财产权的存续保障（Bestandsgarantie）转化为价值保障（Wertgarantie）。[②] 值得注意的是，价值保障是作为次级保障而存在的，即私有财产权的首要目的是保障财产权主体对财产的占有、使用、收益、处分，而不是财产的价值数目，国家应当首先对财产权进行存续保障。国家不正当的征收和征用行为不能借由补偿（价值保障）被正当化，国家可以对财产权进行价值保障的前提是其行为本身符合宪法正当性要求。

这种限制还体现在财产权的社会义务上。与征收不同，财产权的社会义务被视为私人财产为了社会公共福祉所应承受的正常负担，属于对财产权“不予补偿的单纯限制”[③]。从世界范围来看，伴随着对传统自由主义的修正，财产权绝对不受侵犯的观念也发生转变，财产权不再仅仅是个人生存和人格发展的物质基础，也开始承担社会利益分配与协调的功能，服务于社会福祉。我国宪法对社会主义制度和社会权的相关规定隐含了对私有财产权负有社会义务的要求。

与征收和征用不同，使财产权负有社会义务虽然同样属于对财产权的限制，却不会引发补偿。[④] 具体而言，财产权的社会义务可以体现在古迹修缮审批、环境保护、机动车限行、著作权合理使用等多个方面，根据财产社会关联性的强弱可以设定不同的审查强度。与社会关联性较强的私有财产，其负担的社会义务更多，国家的限制空间更大，宪法对国家限制行为的审查强度更小；而对于个体关联性较强的私有财产则应严格审查国家对其作出的限制行为，防止以社会义务或者公共利益为由过度限制公民的私有财产权。

3. 劳动权

（1）劳动权的权利内涵。

我国宪法劳动权是兼具自由权和社会权属性的基本权利，其自由权面向以职业自由权为主，包括一般职业自由权和营业自由权。如果将保护义务视为自由权理念下的基本权利功能[⑤]，那么劳动报酬权和获得劳动条件的权利也应是劳动权在自由权面向上的重要内涵，涉及国家对契约自由的必要干预。劳动权的社会权面向包括“国家创造劳动就业条件”和“对就业前的公民进行必要的劳动就业训练”，国家应从市场和劳动权主体两个

---

① 参见陈征：《征收补偿制度与财产权社会义务调和制度》，载《浙江社会科学》2019 年第 11 期，第 24 页。

② 参见陈征：《征收补偿制度与财产权社会义务调和制度》，载《浙江社会科学》2019 年第 11 期，第 23 页。

③ 张翔：《财产权的社会义务》，载《中国社会科学》2012 年第 9 期。

④ 关于二者区别详见陈征：《征收补偿制度与财产权社会义务调和制度》，载《浙江社会科学》2019 年第 11 期，第 24 页。

⑤ 参见陈征：《基本权利的国家保护义务功能》，载《法学研究》2008 年第 1 期，第 53 页。

方面提升公民获得劳动机会的可能性。

我国目前对宪法劳动权内涵的界定受到传统话语体系、国际人权文件和法律劳动权的影响，一般认为，广义的劳动权指的是一切与劳动有关的由宪法和法律宣示的权利，我国《劳动法》对劳动权的定义就是从广义层面出发，认为平等就业权、选择职业权、取得劳动报酬权、休息休假权、获得劳动保护权、接受职业训练权、享受社会保险和福利权、劳动救济权、法律规定的其他劳动权利都属于劳动权，而狭义的劳动权仅指宪法规定的有关获得和选择工作的权利以及获取劳动报酬的权利。[①] 类似认知并未从宪法规范出发分析劳动权的内涵，对宪法劳动权所包含的具体权利的认定需要明确以下两个方面：

首先，宪法上的劳动权应当区别于一般法上的劳动权。法律劳动权调整的是私主体之间的劳动关系，劳动权主体特指劳动关系中的受雇一方，直接义务对象为用人单位；宪法劳动权的主体为全体公民，直接义务对象为国家，宪法中所说劳动也不仅包括就业，还涵盖营业[②]，如果直接套用法律劳动权作为宪法劳动权的权利内涵，则会将部分主体的劳动权排除在保护范围之外，造成宪法劳动权的不合理限缩。

其次，劳动权应当区别于与劳动相关的权利。劳动这一事实概念牵涉不同权利，这导致部分学者将劳动相关权利，比如财产权、休息权、劳动平等权、集体劳动权等，也纳入劳动权的范围，造成其概念模糊不清。以上权利虽然与劳动权息息相关，但其保护法益并非劳动者的劳动过程，与劳动权的内核有着本质差别。

（2）劳动权的权利面向。

宪法劳动权最先是作为完全社会权规定到宪法当中的，当时国家实行计划经济体制，由国家对劳动力资源进行统一分配，公民无法自由选择劳动方式、协商劳动报酬和劳动条件。随着我国改革开放和社会主义市场经济体制的确立，劳动力资源的配置由国家主导逐渐转变为由市场主导，公民享有根据个人能力和兴趣选择劳动方式的自由，同时可以和另一私主体在劳动相关事项上达成合意，签订劳动合同或者雇佣合同，以自由意志为立足点从事劳动。自此，劳动自由的事实存在成为劳动权自由权面向的现实根据。

除此之外，我国历部宪法的相关规定也承认了劳动权自由权面向的产生和发展，1954 年宪法和 1978 年宪法都强调国家对公民劳动机会、劳动方式的决定性作用，宪法劳动权属于完全社会权，公民无法对自身的职业进行选择。自 1982 年宪法将原来的“国家……安排劳动就业”改为“国家……创造劳动就业条件”始，国家的角色从直接为公民提供劳动机会的支配者变为创造劳动就业条件的辅助者，这意味着国家在很大程度上将劳动力资源的配置转移到市场手中，市场主体根据自身需求选择具备不同技能的劳动者，同时，劳动者也可以根据自身情况选择以何种方式进行劳动以及在哪个用人单位进行劳动，在选择劳动方式之后也享有变更劳动方式或者结束劳动的自由。除此之外，1978 年宪法加入“劳动保护”的概念，劳动保护不应局限于要求国家提供安全卫生方面的保护，而应更多转向国家对私人劳动纠纷的协调，特别是在社会主义市场经济入宪后，更应强调国家通过介入和协调私主体之间的劳动纠纷来促进市场劳动关系的规范化。

---

① 参见胡锦光主编：《宪法学关键问题》，中国人民大学出版社 2013 年版，第 258 页。

② 参见王德志：《论我国宪法劳动权的理论建构》，载《中国法学》2014 年第 3 期，第 81 页。

对宪法劳动条款的解释应当参考其他条款的规定，《宪法》第 15 条对社会主义市场经济的确立承认了契约自由原则，劳动作为生产力发展的重要资源也应当适用该原则。[①]除劳动权条款之外，我国宪法对“实行社会主义市场经济”“公有制为主体、多种所有制经济共同发展”的基本经济制度和“按劳分配为主体、多种分配方式并存”的基本分配制度进行了规定。这表明我国目前的经济发展脱离了中华人民共和国成立初期的计划经济体制，提倡市场对资源配置的重要作用，劳动作为一种社会资源也应当参与市场活动和分配，从而决定了劳动权主体享有依据个人能力和市场需求选择职业的自由，否则市场很难将不同类型的劳动力资源与其适合的岗位进行优化配置，从而促进生产力的发展。

（3）劳动权的功能体系。

劳动权首先是一项基本权利，因而有其自由权的面向和属性。不同于多数基本权利以公民与国家的二元关系为基本构造，市场经济下劳动的形态决定了大多数劳动权主体是通过与第三方私主体构建劳动权利义务关系而承担实际劳动的，因此，宪法劳动权必然要求国家对私主体之间劳动权的冲突或者劳动权与其他基本权利的冲突作出回应。从自由权角度来讲，宪法当然要保护公民的职业自由或者劳动报酬权免受公权力的不当干预，但宪法同时也要保护市场中职业自由权主体的合法权益不受雇主“私权力”的不当侵害，后者的牵涉面以及重要性显然要超过前者，这是劳动权存在的典型形态。[②] 一般认为，资方或者雇佣者相对另一方拥有更多的物质和信息资源，处于强势地位，其对个体劳动者的支配力量达到较高等级，国家对宪法劳动权的保护义务通常是通过限制强势一方的营业自由来保护处于弱势地位的劳动者。国家对劳动权的保护义务主要包括两个方面：一方面是程序意义上的保护义务，即国家为保护基本权利免受第三人侵害而建立正当程序，国家有义务建立公正透明的司法机构对劳动权纠纷予以协调；另一方面是实体意义上的保护义务，即有关国家机关对侵权行为进行约束或根据一定价值标准对权利争议行为进行评判。[③]

当然，劳动权以保护义务功能为典型形态并不意味着其防御权功能的丧失，公权力作为强势主体对基本权利的干预影响程度大、持续时间长，抵抗不自由劳动是宪法劳动权的首要和根本功能。国家对职业自由权的干预集中在禁止公民从事非法职业和对特定职业实行“职业资格准入制度”，这些限制行为应接受宪法正当性审查。

同时，劳动权还具有社会权的面向，这是劳动权与自由权最大的不同所在。如果说自由权面向以防止国家干预为首要功能，社会权面向则强调国家对劳动权的积极帮扶。在自由权的防御权功能和国家保护义务功能中，国家积极作为是为了让受损的权利恢复到原有状态。与此不同，社会权则强调国家对不具有实现条件的权利予以给付。社会权面向的权利内涵也是以国家义务的形式来规定的，《宪法》第 42 条第 2 款和第 4 款规定国家通过各种途径创造劳动就业条件、对就业前的公民进行必要的劳动就业训练：前者

---

① 参见何永红：《职业自由权的限制之合宪性判断——〈娱乐场所管理条例〉禁业事例简评》，载《理论与改革》2006 年第 6 期，第 144 页。

② 参见杜强强：《劳动权的规范构造及其第三人效力——再论最高人民法院有关“工伤概不负责”的批复》，载《北方法学》2018 年第 5 期，第 64 页。

③ 参见龚向和、刘耀辉：《基本权利给付义务内涵界定》，载《理论与改革》2010 年第 2 期，第 129 页。

是从市场角度出发，要求国家维护和发展良好的市场竞争环境，坚持多种所有制经济共同发展，支持新兴产业，从而增强对劳动力的吸纳能力；后者则从劳动权主体角度考量，国家通过对公民进行必要的劳动就业训练，使其获得专业技能，从而更好地适应市场需求，增加获得劳动机会的可能。

4. 休息权

休息权与劳动权密切相关，指的是劳动者所享有的休息和修养的权利，是劳动者在进行一定的劳动之后为消除疲劳、恢复正常的劳动能力所必需的条件。[①] 如果说劳动权是劳动者创造个人财富、维持个人生活的基本权利，同时也是引导社会个体通过合法努力获得物质财富、杜绝不劳而获的基本条件，那么休息权乃是保障劳动者实现个人可持续发展的根本条件。[②]《宪法》第 43 条规定我国劳动者有休息的权利，要求国家发展劳动者休息和修养的设施，规定职工的工作时间和休假制度。国家不得不当干预劳动者的休息权，同时还应保护劳动者的休息权不被第三人侵害，国家应为劳动者制定最长工作时间标准。此外，国家还应为劳动者提供休息休养的制度和设施。可见，宪法休息权和宪法劳动权一样，是具有自由权和社会权双重面向的基本权利。

宪法休息权明确规定其主体是“劳动者”而非“公民”，被视为是劳动者所享有的特定权利。有观点认为，不管从权利内涵还是主体出发，休息权都是广义劳动权的组成部分，尤其是与劳动条件受保障的具体内容息息相关，《宪法》第 43 条的规定，可理解为第 42 条的特别条款，即是对第 42 条劳动权规定的一种具体的展开和强调。[③] 当然，也有学者从休息权和劳动权的独立内涵、对宪法文本的历史解释等角度论证了宪法休息权与宪法劳动权相互独立，不存在包含与被包含的关系。[④] 休息权意在保障劳动者能从劳动活动中暂时脱离出来，获得身心的恢复和放松，这不仅是为了保证继续劳动的可能、维持劳动效率，同时也是劳动者作为人享有尊严的体现，与劳动者的精神自由也密切相关。劳动权的主体不仅包括自然人，还可能包括私法人，例如营业自由的主体通常可能是私法人，但是法人无法享有休息权，休息权仅为自然人所有。因此从内涵上来看，认为休息权是劳动权的附属权利并不完全准确。

宪法上所称劳动者不同于部门法上的劳动者，后者仅指传统雇佣关系中的被雇用方。举例来讲，劳动法意义上的劳动者仅指劳动关系中付出劳动交换报酬的自然人，而宪法劳动权的主体范围更广，不仅包括部门法上的劳动者，还包括从事经营活动的市场主体，泛指有劳动意愿和劳动能力的公民。

宪法休息权将其主体局限于“劳动者”并不排除非劳动者享有休息权，此处的“非劳动者”指的是不具备劳动意愿和能力的公民，即出于主客观原因不愿意或者无法参与社会化劳动的人。对非劳动者获得休息的权利可以作为未列举基本权利加以保障，而休息权意在保护的劳动者处于社会化劳动过程当中，更容易受到国家或者其他私主体的干预而无法享有足够的休息权，因此需要特别强调。

---

① 参见韩大元、林来梵、郑贤君：《宪法学专题研究》（第 2 版），中国人民大学出版社 2008 年版，第 439 页。

② 参见胡锦光主编：《宪法学关键问题》，中国人民大学出版社 2013 年版，第 258 页。

③ 参见韩大元、林来梵、郑贤君：《宪法学专题研究》（第 2 版），中国人民大学出版社 2008 年版，第 439 页。

④ 参见蓝寿荣：《论我国宪法休息权的解释》，载《东北师大学报（哲学社会科学版）》2020 年第 4 期。

5. 社会保障权

社会保障权是指不具备权利实现条件的公民为了维持有尊严的生活而向国家请求给付的权利。一般而言，社会保障权主要包括退休保障权、疾病保障权、伤残保障权、生育保障权、死亡保障权等[①]，要求国家从公民生活的各个方面进行保障。正因如此，社会保障权被认为是最能体现社会权本质属性的权利，国家应为因自然灾害、社会发展不平衡等而陷入危困状态的社会弱势群体提供帮扶，以满足其基本生存条件。

《宪法》并未在第二章“公民的基本权利和义务”中明文规定公民的社会保障权，而是将其以制度的形式规定在“总纲”部分：不仅在第 14 条第 4 款直接规定了“国家建立健全同经济发展水平相适应的社会保障制度”，还在第 14 条第 3 款和第 21 条第 1 款为国家设定了“改善人民的物质生活和文化生活”以及“发展医疗卫生事业”等多项社会保障方面的任务；同时在第 44 条规定了公民的退休制度以及退休人员的生活受到国家和社会的保障，这些都可视为我国宪法中的社会保障条款。

社会保障权的义务主体：不同于传统自由权以防御国家不当干预为首要功能，社会保障权的主要内涵为要求国家对权利实现的客观条件进行补足，涉及的是依托国家财政、税收等所进行的再分配。鉴于国家财政的有限性和对纳税人私有财产权的考量，社会保障权的实现方式应当遵循辅助性原则[②]，以社会救助为先，以国家介入为后；其实现程度应当遵循可能性保留原则，在权衡对立原则和客观条件的基础上进行个案化裁决。

《宪法》第 44 条和第 45 条明确规定了公民的社会保障和物质帮助由国家和社会共同承担，这表明宪法并未将社会权的实现义务完全交由国家进行。虽然宪法并未将国家列为实现社会保障和物质帮助的唯一主体，但是国家（主要是立法机关）有义务根据宪法规定创设社会保障制度、制定公民实现物质帮助权的规范依据，在制度的具体内容中考量国家和社会主体所承担的责任以及两者应如何协作。辅助性原则要求国家即使在履行给付义务时也应当恪守谦抑原则，尽可能由市场和社会对公民权利实现的客观条件进行弥补。换言之，如果将公民社会保障权的实现视为一项公共任务，通过区分公共任务的等级和具体情况可以对国家和社会所承担的责任内容、大小等进行合理分配，除必须由国家亲自履行的义务外，很多公共任务完全可以由社会个体和团体来完成，甚至一些社会个体和团体在追求自身利益的同时会实现公共利益，即客观履行了公共任务。这时国家通常不必也不应干预。[③] 因此，社会保障权虽然有赖于国家的制度构建，但在具体执行方面可以由社会主体（包括社会团体和私人等非公权力主体）来承担。这并不意味着公民的社会保障权以社会主体为直接约束对象，宪法层面的社会保障权仍然是对国家创设保障制度并进行合理安排的要求。

6. 物质帮助权

物质帮助权是一项典型的社会权，指的是公民通过正当途径难以获得生存所必要的

① 参见胡锦光主编：《宪法学关键问题》，中国人民大学出版社 2013 年版，第 258 页。

② 这里的辅助性原则指的是即使在强调国家积极作为的领域，也应当优先考量由私人或者社会团体承担公共任务的可能性，让国家处于辅助地位。

③ 参见陈征：《公共任务与国家任务》，载《学术交流》2010 年第 4 期，第 7 页。

条件时，可以向国家或者社会请求获得帮助的一种权利。[①] 不同于社会保障权和人权文件中指称的生存权，物质帮助权是我国宪法以权利式表述明文规定于第45条的权利，指的是我国公民在年老、疾病或者丧失劳动能力的情况下，有从国家和社会获得物质帮助的权利，并且规定了国家有义务发展公民享受这些权利所需要的社会保险、社会救济和医疗卫生事业。可见，物质帮助权的实现仍然首先需要通过国家创设相关制度来进行，具体指的是立法机关制定社会保险、社会救济和医疗卫生等方面的规范。由于同样都是出于对弱势群体的帮扶、同样以对公民的生存保障为主要内容，物质帮助权经常被视为社会保障权的一部分，实际上两者存在至少两方面的不同：第一，物质帮助权是针对三类群体特别保障的强调，而社会保障权则不仅局限于特定弱势群体，而是以国家大多数公民为对象，典型的就是惠及全体公民的社会保险制度。第二，物质帮助权注重国家对公民物质条件上的满足，比如金钱和物资上的帮扶，而社会保障权则不仅局限于此，更主要的是通过建立各项保障制度来实现，除了各项社会保险还包括社会救助、社会福利等等。以工伤保险为例：比起保障劳动者获得工伤救济这一结果，首先要为其提供特定的司法程序以保障其生命健康权受损后可以被认定为工伤。因此，社会保障权和物质帮助权虽然在性质上都属于社会权，在内涵上密切相关，但仍然是相互独立的基本权利。

（三）延伸阅读

我国改革开放以来，随着经济发展和人民生活水平提高，公民拥有的私人财产普遍有了不同程度的增加，特别是越来越多的公民有了私人的生产资料，群众对用法律保护自己的财产有了更加迫切的要求。根据党的十六大关于“完善保护私人财产的法律制度”的精神，宪法修正案（草案）将宪法第十三条“国家保护公民的合法的收入、储蓄、房屋和其他合法财产的所有权。”“国家依照法律规定保护公民的私有财产的继承权。”修改为：“公民的合法的私有财产不受侵犯。”“国家依照法律规定保护公民的私有财产权和继承权。”“国家为了公共利益的需要，可以依照法律规定对公民的私有财产实行征收或者征用，并给予补偿。”这样修改，主要基于三点考虑：一是，进一步明确国家对全体公民的合法的私有财产都给予保护，保护范围既包括生活资料，又包括生产资料。二是，用“财产权”代替原条文中的“所有权”，在权利含意上更加准确、全面。三是，我国几个现行法律根据不同情况已经作出了征收或者征用的规定，在宪法中增加规定对私有财产的征收、征用制度，有利于正确处理私有财产保护和公共利益需要的关系，许多国家的宪法都有类似的规定。

（王兆国：《关于〈中华人民共和国宪法修正案（草案）〉的说明——2004年3月8日在第十届全国人民代表大会第二次会议上》，载《中华人民共和国全国人民代表大会常务委员会公报》2004年特刊。）

六、文化教育权利

（一）基本理论与概念

1. 文化教育权利指的是我国公民依照宪法享有的有关文化和教育方面的权利。如果

① 参见周敬敏：《社会保障基本国策的规范体系与实施路径》，载《政法论坛》2021年第3期，第145页。

说社会经济权利重点保障公民自我实现的客观物质基础，那么文化教育权利保障公民精神自由的实现。

2.《宪法》第46条和第47条分别规定了公民的受教育权和进行文化活动的自由，并且规定了国家对公民文化教育权利的积极作为义务，共同构成了我国文化教育权利的根本法依据。

（二）重点解析与前沿

1. 受教育权

作为深刻影响公民个人发展水平和国家文明程度的权利，受教育权是具有自由权和社会权双重面向的基本权利。考虑到公民受教育权不仅关系到个人发展，而且与社会文明程度息息相关，国家应对公民不接受教育的自由予以一定的限制，宪法规定了公民在特定阶段负有受教育义务。《宪法》第46条第1款规定了公民有受教育的权利和义务，第2款特别强调国家对青少年和儿童群体全面发展的积极作为义务；第19条规定国家发展社会主义教育事业，提高全国人民的科学文化水平，其第2款和第3款分别规定了国家对各类教育事业、教育设施的发展义务以及对各类劳动者的教育义务。

作为自由权的受教育权以公民自主决定受教育场所、内容和方法为主要内容，以排除国家干预。基于受教育义务的规定，受教育权本应包含的是否接受教育自由这一自由主要体现在中等教育、职业教育、高等教育等阶段。宪法着重对受教育权的社会权面向作出规定，旨在强调国家为公民接受一定程度的教育创设教育制度、创办学校、提供教育扶助等，并非否定受教育自由作为其首要面向。教育事务虽然是公共任务，但其并不一定是国家任务，不同于维护治安、筹设国防等为国家职能所固有。[①]

基于提升国民素质和文明程度、促进就业等重大公共利益的需求[②]，大多数国家对公民在特定阶段负有接受教育的义务作出规定。只有在国家创设了义务教育制度和相应的教育机会的情况下，才可能产生公民是否履行义务的问题。就我国规定的公民受教育义务的年龄阶段来看，公民的受教育义务是通过对亲权人的规制来实现的。[③]

2. 文化权利

宪法上的文化权利以《宪法》第47条的规定为直接依据，第1句规定公民有进行科学研究、文学艺术创作和其他文化活动的自由，第2句同样对国家鼓励和支持有益于人民的创造性工作进行规定。科学研究主要包括自然科学技术、社会科学及人文科学研究，是科研工作者在各自领域追寻真理、探求知识的活动，科学研究的成果无论是以实验报告、论文还是以专利等形式展现出来，都受到宪法的保护，科研过程中的自我决定和对科研成果的处置都属于该项权利的核心保护范围。由于科研工作主要以高校作为组织实体而开展，故而对文化权利的保障也包含对学术自由和大学自治的保障。[④] 文学艺术创作

---

① 参见陈征：《公共任务与国家任务》，载《学术交流》2010年第4期。

② 参见郑贤君：《论公民受教育权的宪法属性——兼议社会权利的宪法地位》，载《中国教育法制评论》2003年第2辑，第140页。

③ 参见林来梵：《宪法学讲义》（第2版），法律出版社2015年版，第395页。

④ 参见胡锦光主编：《宪法学关键问题》，中国人民大学出版社2013年版，第91页；韩大元、林来梵、郑贤君：《宪法学专题研究》（第2版），中国人民大学出版社2008年版，第389-390页。

侧重对文学作品、民族文化、传统和现代艺术等方面公民创作权利的保护。相比于科学研究，文艺创作的形式和风格更加多样且会随着时代发展不断变化。其他文化活动作为兜底性规定而存在，不具备专业创作能力的个人也享有根据自身兴趣和意愿学习科研成果、欣赏文学艺术作品以及利用文化设施和组织从事文化活动的自由。

较之于受教育权、物质帮助权和劳动权，尽管《宪法》第 47 条第 2 句同样规定了国家对公民文化权利的积极义务，但传统上并未将该项权利纳入社会权的范围，而是将其作为一项自由权加以保护，原因在于文化权利是超越公民基本生存和发展的权利，社会权旨在为弱势群体当因现实条件的不满足而处于危困状态时提供帮助，这种帮助不能局限于为公民直接提供物质和制度上的支持，更要提升其依靠自身获得持续发展的能力。国家通过劳动权和受教育权这类具有双重属性的权利帮助公民获得这种能力，通过物质帮助权和社会保障权等为公民提供生存的基本条件。与此不同，文化权利更强调公民个人有根据自身兴趣进行精神文化创作的自由，这种创作是在其具备基本生存和发展的条件后所进行的活动。

承认文化权利的自由权属性并不意味着排除国家积极给付的义务。《宪法》第 47 条第 2 句明确指出国家对公民的文化权利负有鼓励和帮助的义务，可以成为文化权利给付义务功能的宪法依据。虽然宪法要求受到鼓励和帮助的是“有益于人民”的创造性活动，排除了全面给付的可能[①]，但是国家仍然对公民文化权利的实现负有提供物质经费和制度政策扶持的义务，例如通过拨付科研经费使相关主体具备实现科研自由的现实可能。[②]

（三）延伸阅读

“八二宪法”文本（包括序言）中的“文化”一词共出现 25 次。曾有学者对这些“文化条款”作过初步梳理工作，但并未对这众多的使用方式进行归类和凝练，更认为“文化”一词在不同条款中各有不同的含义。但本文认为，经由一些文本解释、体系解释或语境解释的操作，这 25 处“文化”语词的多义性能够大幅度地类型化、概括化。

首先，序言第 1 段、正文第 22 条第 2 款和第 119 条第 2 分句（应该也包括第 3 分句）所涉“文化”很明显是在一种与“文明”可相互替换的含义上被使用，这可从构词方式、上下文关系推导而出，并和其他宪法“文化”条款所指代的内容均不相同。其他“文化”条款尽管存在涵盖范围的差异，但都没有跳出具体的精神生活、精神领域等范畴。因此，前指“文化”绝不是广义或狭义用法的问题，而根本就是“他义”，即，将“文化”视同“文明”。

其次，对剩余 21 处“文化”条款作进一步观察，可发现这些条款具有更多的语用同质性。在最宽泛的意义上，文化是指与物质范畴相对应的非物质范畴，一切无形的、精神性的存在都可算作文化，典型用法就是宪法第 14 条的“国家……逐步改善人民的物质生活和文化生活”。在涵盖性稍弱一点的意义上，文化是指与政治、经济或社会事务相并立的专门领域，大致相当于精神生活，如序言第 12 段的“同各国的……文化交流”、第 2 条的“管理国家事务，管理经济和文化事业，管理社会事务”、第 48 条的“妇女在政治的、经济的、文化的、社会的和家庭的生活等各方面享有同男子平等的权利”，以及第 4

---

① 参见陈征：《宪法基本权利的中国特色》，载《荆楚法学》2023 年第 3 期，第 97 页。

② 参见陈征、刘馨宇：《宪法视角下的科研经费给付制度研究》，载《中国高校社会科学》2020 年第 4 期。

条第2款、第99条、第116条和第122条。然后，在更狭窄的意义上，“文化”被进一步地细分，要么是与教育、科学区分开，但包含了艺术、体育等，如宪法序言第6段的表述，要么是作为包含了文学、艺术、科学、教育的上位概念，如第47条的表述。在这个概括程度上的“文化”概念的用法确实显得稍乱，与相关概念之间的逻辑关系也时有错置或调换，不易把握。但这都是对“文化”非常具象的用法，且并未超出“精神生活”这个大的范畴。对“文化”最狭义的用法，无疑就是那些将其等同于或几乎等同于文学、艺术等事务的条款了，包括宪法第19条、第24条、第70条、第89条、第107条、第119条第1分句。如宪法第89条规定，“国务院行使下列职权……领导和管理教育、科学、文化、卫生、体育和计划生育工作”，很明显，这里的文化是除开教育、科学、体育等专门领域以外的，但是按一般社会认知仍被认为具有“文化属性”的那些内容，亦即文学、艺术之类了。

从最广义的用法到最狭义的用法，宪法上的绝大多数“文化”条款在指涉范围上都限于精神生活，与那种“文明”意义上的“文化”概念不可互换。实际上，如果我们注意到宪法第22条第2款和第119条第2分句中的构词方式——“文化遗产”作为不可拆分的专有名词——也可以确证，这些极个别的“文化”条款是在一种非常专门化的语义上使用“文化”这个词，而不是语义概括程度上的区别。本文认为，现行宪法实际上使用了两种“文化”概念，因此，在法解释学上，不能，也不必强求某种单一理解，而是应当承认、尊重、进而在具体情境（或如拉伦茨所谓“法律的意义脉络”）中展开各自的规范含义。“这种考量‘规范的意义脉络’的解释，对于解决规范文义多重性的困难具有重要的意义”。有鉴于此，基于本文有限的论证目标，接下来笔者将集中探讨指涉精神生活相关含义的“文化”条款。为了达致这个目标，我们必须将视野扩展至宪法文本以外，去寻求更为精确、更为惯常，也更切合时代语境的“文化”概念，原因有三：第一，现行宪法颁布于三十多年以前，现时中国社会已经有了天翻地覆的变化，因此，看似未曾修改过的“文化”条款实际上很可能已然发生极大的宪法语义变迁；第二，现行宪法中诸多“文化”条款在使用“文化”一词时稍欠严谨性和系统性这一状况或许令人感到无所适从，宪法解释的阙如，使得相关的下位法、规范性文件很可能结合社会文化生活的实际情形或特定国家机关履行文化职能的实际情形对“文化”概念作了趋向于体系化和与时俱进的整理和表述，这就有可能在法教义上构建一种更融贯的“文化”概念；第三，文化因其固有的存在形态与发展规律，使得宪法规范始终只能以介入、牵引、规限等方式对其发生影响，而断不能作完全地塑造或命令，所以文化领域、文化部门的实存秩序有可能拥有某种“事实上的规范力”，值得宪法上的承认，因此我们需要对某些通用语言作一定的观察与归纳。

（黄明涛：《从“文化”到“文化权”——文化的宪法解释学建构及其实践意义》，载《政法论坛》2020年第6期。）

七、监督权与请求权

（一）基本理论与概念

1. 监督权是指公民依照宪法和法律规定监督国家机关及其工作人员活动的权利，具体包括批评、建议权，控告、检举权，申诉权。

2. 国家赔偿请求权，是指由于国家机关和国家工作人员侵权而受到损失的公民，依照法律规定取得赔偿的权利。

（二）重点解析与前沿

1. 监督权

宪法所称监督权来源于《宪法》第 41 条的规定。公民对于任何国家机关和国家工作人员享有批评权、建议权、申诉权、控告权和检举权。作为一项政治权利，监督权是公民参与政治活动的重要内容，也是宪法民主原则和权力制约原则在基本权利章中的重要体现。这五项权利统属于监督权，其实内部呈现复杂的性质成分。有学者认为，对国家机关或者公务人员的批评、建议和检举才是真正的监督权，而控告权和申诉权应当与《宪法》第 41 条第 3 款规定的获得赔偿一样，同属于救济性权利，在公民权利受到公权力侵害时向国家提出控告、申诉以及要求给予赔偿。[①] 有学者从权利内部进行划分，认为控告权和申诉权都包含两种性质，控告权不仅包括公民针对国家机关或其工作人员的各种违法或失职行为的控告权，还包括公民针对国家机关或其工作人员对其个人合法权益的不法侵害进行控告的权利；前者属于政治性权利，而后者则属于非政治性权利；申诉权亦同理。如此，针对公权力违法失职行为的一般控告或者申诉和批评、建议、检举共同构成政治性的监督权，而对公权力侵害个人行为的控告或者申诉和国家赔偿请求权则为救济性权利，不在监督权的范畴之内。

同时，《宪法》第 41 条第 1 款但书规定公民在对国家机关和国家工作人员进行监督时"不得捏造或者歪曲事实进行诬告陷害"。这说明虽然监督权根植于民主原则和权力制约原则，但是公民对国家的监督权利并非毫无限制。值得注意的是，对公民监督权的限制不同于基于保护他人权利所进行的限制，公民监督权的行使对象为公权力，无论是公权力机关还是执行公务时的国家工作人员均不可能成为基本权利主体，故通常只可能以公共利益为目的禁止公民的诬告陷害。但这并不意味着针对国家工作人员捏造或者歪曲事实进行的诬告陷害不会涉及名誉权等基本权利，毕竟国家工作人员即使在行使公权力时也具有自然人属性并享有人格尊严。

与监督权的实现相对应，公权力应当履行信息公开义务，从而保障公民的知情权。这是公民有效行使监督权的前提。由于公民在掌握的信息方面处于劣势地位，在对公权力进行监督时可能会因客观原因产生误解，因此立法者在考量公民的监督行为是否构成诬告陷害时应考虑其是否具有主观恶意，不具有主观恶意的行为不得被认定为诬告陷害，避免公权力以此为由不正当限制公民监督权的行使。

2. 国家赔偿请求权

国家赔偿请求权是指公民权益受到国家机关或者国家工作人员侵害时，有依照法律规定获得赔偿的权利。我国不仅在《宪法》第 41 条第 3 款规定此权利，并且通过"依照法律规定"将国家赔偿的范围、程序、方式和计算标准等具体事项委托给立法者，立法机关通过《国家赔偿法》予以落实。虽然与监督权一同被写在《宪法》第 41 条当中，但是国家赔

① 参见林来梵：《宪法学讲义》（第 2 版），法律出版社 2015 年版，第 399 页。

偿请求权的产生并不必然以公民行使监督权为前提。正如上文所述，控告和申诉可以分为政治性控告和申诉、救济性控告和申诉，两种情况下公民均可以提出国家赔偿请求。

在《宪法》第10条关于土地的征收和征用以及第13条关于公民私有财产的征收和征用中，都规定了补偿制度。在宪法上，赔偿和补偿存在明显区别：前者是国家侵害基本权利所导致的后果，后者则通常只可能是国家在特定情形中干预基本权利的后果（此干预具备正当性），且仅体现为对权利主体的价值保障。

（三）延伸阅读

我们在讲到政治权利时曾经讲过，这里实际上规定了公民的“六小权利”，即：批评权、建议权、申诉权、控告权、检举权、国家赔偿请求权。这些权利基本上都是公民个人针对国家机关或国家机关公务人员的权利，过去学说一般将其统称为“监督权”。“马工程”教材基本上也持有同样的观点，将前面五项权利合称为“监督权”，与第六项的国家赔偿请求权并列。

然而，正如我们曾经讲过的那样，实际上这六个方面的权利内容，也可以划分为这样两个部分：其中，对国家机关或国家机关公务人员的批评权、建议权、检举权属于参政型的监督权，可划入政治权利的范畴之中；而控告权、申诉权和国家赔偿请求权，才真正可用于个体权利的救济，为此可以纳入权利救济权的范畴，相当于权利救济型诉愿权。另外，检举权甚至包括建议权则比较特殊，可“双跨”上述两个范畴。也就是说，这里所讲的诉愿权，与前面讲过的请愿权有所不同，主要指的是公民认为自己的基本权利或其他合法权益受到公权力侵害，又或为了获得某项权益时，可以向有关国家机关提出诉求和愿望的权利，它包括了《宪法》第41条所规定的申诉权、控告权、检举权和国家赔偿请求权。

[林来梵：《宪法学讲义》（第4版），清华大学出版社2023年版，第428页。]

八、公民的基本义务

（一）基本理论与概念

1. 一般法理上的义务是指法律规定的，公民必须履行的某种责任；而基本义务就是宪法上规定的公民的义务。

2. 履行义务的前提是公民遭受物质损失或者是身体受到某种强制，因而义务必须由法律予以规定，即义务的规定属于法律保留的事项。因此义务的设定首先排除行政机关以行政法规或者命令的方式来设定；其次，立法机关以法律方式设定义务必须符合宪法价值和法律程序；最后，设定义务的法律通常没有溯及力。

3. 我国《宪法》第二章同时规定了公民的基本权利和基本义务，且某些内容同时具有基本权利和基本义务的属性；在抽象角度和内在逻辑上，权利与义务统一于整体的法律制度之中；但在具体的法律关系之中，享有权利并不必然即时一对一地履行义务。基本权利和基本义务共同反映了公民与国家之间的关系，公民履行基本义务的过程同时也是公民享受基本权利的过程。

4. 我国《宪法》规定了公民的以下基本义务：维护国家统一和各民族团结的义务，遵守宪法和法律的义务，维护祖国安全、荣誉和利益的义务，依法服兵役的义务，依法纳税的义务。

(二) 重点解析与前沿

1. 公民基本义务的特点

基本义务具有以下特点：第一，权利和义务具有平等性。这首先表现在公民平等地享有权利以及平等地承担义务，任何公民都不可以只享有权利而不履行义务或者只履行义务而不享有权利；其次表现在国家机关在适用法律时对公民一律平等，平等地保护公民的正当权利和合法利益，平等地要求公民履行相应的基本义务。第二，权利和义务的统一性。这是指权利和义务互相依存、互相促进、互为条件的辩证统一关系。这首先表现在宪法要求公民既享有宪法和法律规定的权利，也必须履行宪法和法律规定的义务；其次表现在公民的某些基本权利同时也是公民的基本义务，比如劳动权和受教育权；最后表现在我国宪法上的权利和义务互相促进，二者本质上都反映了公民个人、集体和国家三者之间的关系。①

2. 公民的受教育义务

我国《宪法》第 46 条规定了公民受教育的权利和义务。公民受教育在我国《宪法》上既构成基本权利同时也构成基本义务，但是这一条款有着更为复杂的内涵和规范结构。从这一条款涉及的主体的角度来说：第一，这一条款同时涉及作为受教育者的公民（主要是接受义务教育的未成年人）、受教育者的监护人，以及国家；第二，从理论来说所有公民都有受教育的基本权利，但实际上这一权利的主体主要是适龄的未成年公民；第三，作为基本义务的受教育，主要针对的是受教育者的监护人，监护人负有让适龄的未成年公民接受教育的义务；第四，适龄的未成年公民和他们的监护人都有权请求国家保障受教育的权利并提供相应的物质条件，国家因而对公民的受教育权的实现负有义务。② 从这一条款的具体内容来看：第一，作为基本权利的受教育权包含了接受教育的权利，进一步衍生出来的义务教育的免费化和教育机会的平等这三项内容。③ 第二，公民受教育的过程可以分为义务教育和非义务教育两个阶段，适龄的未成年公民接受义务教育既是权利也是义务，因而国家对义务教育负有保障和提供条件的义务；这种义务最后要求义务教育的免费化，因而国家履行这一义务没有较大的自由裁量空间。第三，公民有权利接受非义务教育阶段的教育，比如学龄前教育、高等教育和成人教育；但此时公民接受教育不再是基本义务，国家也没有义务保障每个公民都接受这一阶段的义务，因而国家履行这一义务具有较大的自由裁量空间。

(三) 延伸阅读

长期的“偏废与冷落”使学界对于公民基本义务缺乏体系化的思考。其中，居于通说地位的“权利义务统一论”，因过分强调一项权利的行使必然伴随着一项义务的履行，客观上存在令基本权利被取消的风险，不免令人忧虑。而本世纪初受到学界热议的“基本义务否定论”则因背离了现行宪法对于基本义务的明确规定，有违宪法教义学立场。

---

① 参见刘茂林：《中国宪法导论》（第 3 版），北京大学出版社 2022 年版，第 343 - 344 页；周叶中主编：《宪法》（第 5 版），高等教育出版社 2020 年版，第 265 - 267 页。

② 参见林来梵：《宪法学讲义》（第 3 版），清华大学出版社 2018 年版，第 418 - 419 页。

③ 参见林来梵：《宪法学讲义》（第 3 版），清华大学出版社 2018 年版，第 418 - 419 页。

至于近年来颇为有力的“基本权利限制论”，其在“权利理解”的思维范式下将基本义务存在的意义解释为对于基本权利的一种限制，虽于论证过程中不乏精当之处，但该结论的解释力与可接受性仍有商榷的余地。就此而言，基本义务实非基本权利镜像式的对应物，如将其仅仅置于基本权利规范体系之内，有可能影响基本义务的存在价值。

在20世纪20年代，由于受到《魏玛宪法》第二章“德国公民的基本权利和基本义务”的影响，有学者开始放弃了当时学界通常所用的“人民之义务”的提法，转而使用“基本义务（Grundpflicht）”的概念。有学者考证，这一概念在中国的最初使用者为王世杰。他于1927年出版的《比较宪法》一书中首次使用了“基本义务”，并得到了部分学者的支持。其所谓“基本”者，盖指这些义务乃制宪者认为任何个人所不可缺少或不可免除。不过，在当时，“基本义务尚非一般宪法所习用之名词”。

然而，新中国成立后，特别是1954年宪法制定以来，“基本义务”逐渐成为学界讨论宪法中公民义务规定的基本术语。彼时，相当一部分宪法学教材、专著与宣传资料均采用了“基本义务”的提法，而不再使用民国时期主流的“人民之义务”的概念。在“人民之义务”到公民的“基本义务”的术语演变中，一方面自然有政权交替的影响，不过，在更大程度上则是由于宪法制定背后理论基础的变更。

所谓“权利与义务相一致”，它的核心在于强调社会主义国家的国家利益与个人利益的一致性，以及公民享有权利和履行义务的一致性。“根据此观点的一个自然的推论，公民的基本权利与义务具有价值上的同等地位。这种观点体现在术语上就是与基本权利相对应的‘基本义务’”。

经第一部分梳理，可以明确，1795年法国“共和三年宪法”最早规定了公民义务，即“服从义务”“财产牺牲义务”“纳税义务”以及“兵役义务”，并称为基本义务的“四驾马车”。而伴随着20世纪初对于个人本位的反思，以1918年《苏俄宪法》、1919年《魏玛宪法》为代表的现代宪法在社会国家理念的指导下扩大了宪法对公民义务的规定范围，在纳税、兵役等传统义务类型之外，又纳入了劳动、受教育等义务内容。

对比这两个时期的公民义务，承袭自法国传统的义务类型，无论是兵役义务、纳税义务还是服从义务，其主体往往是抽象意义上的公民，其价值取向往往涉及国家之建构与维系，故而与理论上源于自然法而先于国家存在的基本权利有着本质区别。与之相反，现代宪法新纳入的义务类型，在主体上则多为父母、子女等更为具体的人，其价值取向亦与人与人之间的共同生活领域更为息息相关。它们多是在国家干预社会的背景下，为了保障全体公民“免于匮乏的自由”而向具体的部分公民所进行的征课，因而与基本权利具有价值上的一致性。与此同时，后者作为在特定时期被上升到宪法层面的义务规范，它的规范内容与价值意涵完全来自宪法的创设，其“义务范围需要法律来说明，效力来自实在法的规定”。在此二分之中，前者的国家导向的价值属性支撑其作为平行于基本权利的独立概念而存在，而后者则更接近于基本权利限制。

对于现代宪法学而言，所谓“基本义务”之“基本”，乃其“关涉政治共同体的共同利益和所有国民的生存”。因此，在“公民宪法义务”之下可以对“基本义务”概念进行了重新的界定，将其限定于来自法国传统的公民义务内容，包括兵役义务、纳税义务、服从义务等。而20世纪以来现代宪法的新义务类型则称之为“一般宪法义务”。

现行宪法中共有8个条文涉及公民义务的规定，分别为第42条第1款规定的“劳动义务”、第46条第1款规定的“受教育义务”、第49条第2款规定的“夫妻计划生育义务”、第49条第3款规定的“父母抚养义务”与“成年子女赡养义务”、第52条规定的“维护国家统一与民族团结的义务”、第53条规定的“遵守宪法和法律的义务”、第54条规定的“维护祖国荣誉、安全和利益的义务”、第55条规定的“依法服兵役的义务”以及第56条规定的“依法纳税的义务”。分析上述条款，可以发现，前3个条文的4款规定散见于宪法第二章第33条至第51条之间。严格说来该部分均属于公民基本权利规范体系的范畴。而以上义务之主体如受教育义务、抚养义务之“父母”抑或计划生育义务之“夫妻”，较之抽象意义上作为共同体成员之公民，乃更为具体之个人，且其在内容上亦指向于社会国家下国家为了实现其发展目标而要求个人必须履行的责任，与基本权利限制较为接近，故而属于一般宪法义务。不同的是，第52条至第56条所规定的公民义务，既包括了精神意义上对国家的忠诚与服从，也包括了物质意义上的兵役与纳税，其均指向于主权国家的建构与维系，通过这些条文中反复出现的“公民”“祖国”“神圣”“光荣”等规范语词，我们可以深切感受到以上规范背后强烈的家国情怀。因此，这五项义务条款即1982年宪法对古典的“兵役义务”“纳税义务”与“服从义务”的具体规定，属于基本义务的范畴。

（姜秉曦：《我国宪法中公民基本义务的规范分析》，载《法学评论》2018年第2期，第43-53页。）

第三部分　文献拓展与案例研习

第一节　拓展文献目录

习近平．习近平关于尊重和保障人权论述摘编．北京：中央文献出版社，2021.

张翔．基本权利的规范建构．3版．北京：法律出版社，2023.

福尔克尔·埃平，塞巴斯蒂安·伦茨，菲利普·莱德克．基本权利．张冬阳，译．北京：北京大学出版社，2023.

霍菲尔德．基本法律概念．刘权，译．北京：法律出版社，2019.

韩大元．宪法文本中“人权”条款的规范分析．法学家，2004（4）.

焦洪昌．“国家尊重和保障人权”的宪法分析．中国法学，2004（3）.

张翔．基本权利的双重性质．法学研究，2005（3）.

陈征．基本权利的国家保护义务功能．法学研究，2008（1）.

柳建龙．论基本权利冲突．中外法学，2021（6）.

屠振宇．未列举基本权利的宪法保护．中外法学，2007（1）.

张翔．基本权利在私法上效力的展开：以当代中国为背景．中外法学，2003（5）.

李海平．论基本权利私人间效力的范式转型．中国法学，2022（2）.

邹奕．宪法权利何时约束私人行为：美国的州行为理论及其借鉴．法学家，2021（3）．

杜强强．论法人的基本权利主体地位．法学家，2009（2）．

张翔，田伟．基本权利案件的审查框架（一）：概论．燕大法学教室，2021（3）．

王锴．基本权利保护范围的界定．法学研究，2020（5）．

张翔．基本权利限制法律保留的中国方案．法律科学，2023（6）．

柳建龙．论美国平等保护案件的审查方法．法学家，2020（4）．

王锴．比例原则在宪法平等权分析中的运用．法学，2023（2）．

张卓明．论选举权的规范内涵．华东政法大学学报，2011（3）．

姜峰．言论的两种类型及其边界．清华法学，2016（1）．

陈征．论宪法出版自由的保护范围．当代法学，2014（4）．

吴玉章．公民结社的四十年：通过行政管理实现公民结社权利．清华法学，2018（4）．

田伟．德国宪法上宗教自由保护范围的扩张与反思．法学评论，2019（5）．

韩大元．生命权与其他权利的冲突及其平衡．人权，2020（3）．

周伟．公民人身自由的宪法保护．法学，2003（7）．

张翔．宪法人格尊严的类型化：以民法人格权、个人信息保护为素材．中国法律评论，2023（1）．

谢立斌．中德比较宪法视野下的人格尊严：兼与林来梵教授商榷．政法论坛，2010（4）．

林来梵．人的尊严与人格尊严：兼论中国宪法第 38 条的解释方案．浙江社会科学，2008（3）．

张震．宪法上住宅社会权的意义及其实现．法学评论，2015（1）．

张翔．通信权的宪法释义与审查框架：兼与杜强强、王锴、秦小建教授商榷．比较法研究，2021（1）．

陈征．私有财产征收中的第三人受益．浙江社会科学，2013（9）．

张翔．财产权的社会义务．中国社会科学，2012（9）．

杜强强．劳动权的规范构造及其第三人效力：再论最高人民法院有关“工伤概不负责”的批复．北方法学，2018（5）．

蓝寿荣．论我国宪法休息权的解释．东北师大学报（哲学社会科学版），2020（4）．

薛小建．论社会保障权的宪法基础．比较法研究，2010（5）．

郑贤君，李样举．作为宪法权利的物质帮助权辨析．长白学刊，2009（3）．

陈鹏．个体人格、国家目标与公共人格：受教育权与受教育义务的自洽性之破立．浙江社会科学，2018（9）．

黄明涛．宪法上的文化权及其限制：对“文化家长主义”的一种反思．浙江社会科学，2015（12）．

秦小建．论公民监督权的规范建构．政治与法律，2016（5）．

姜秉曦．我国宪法中公民基本义务的规范分析．法学评论，2018（2）．

王锴．为公民基本义务辩护：基于德国学说的梳理．政治与法律，2015（10）．

第二节 本章案例研习

迅奥公司与世纪公司技术服务合同纠纷案

2011 年 12 月 19 日，北京迅奥科技有限公司（简称“迅奥公司”）与成都世纪安胜信息技术有限公司（简称“世纪公司”）签订“互联网信息溯源与处置系统（一期）服务协议”（以下简称“涉案协议”），甲方迅奥公司与乙方世纪公司在涉案协议中约定：甲方购买乙方“互联网信息溯源与处置服务”（一期），主要服务项目包括论坛舆情处置（“按甲方要求消除互谅网不良影响，全年 20 次”）、进行新闻宣传、网络信息来源跟踪取证及其他操作（第 1 条）；全年服务费总额为 22 万元，在本合同签字生效后十日内，甲方支付乙方 100%的服务费 22 万元整，乙方提供甲方等额的发票（第 2 条）；协议还规定了技术支持形式，以及违约滞纳金（“逾期 5 日以上，每日按应付价款总额加收 2%的滞纳金”）等具体内容。

在签订合同后的第二天，迅奥公司副总经理季某通分别通过 QQ 聊天工具和 QQ 邮件的方式与世纪公司业务负责人王某协商修订合同，将合同第 2 条更改为：全年服务费总额 20 万元，本合同签字生效后 15 个工作日内，甲方向乙方支付 12 万元，项目部署完成经验收合格后，甲方向乙方支付 8 万元，乙方同时提供甲方同等金额的发票。由于双方在线上进行协商沟通，且迅奥公司要求世纪公司先将之前已盖章的合同寄回来才能正式签订新的合同，但世纪公司一直未退还原合同，故第二份合同始终没有盖章。迅奥公司也向世纪公司支付了 12 万元服务费，世纪公司于 2012 年 2 月 4 日为迅奥公司开具两张发票，合计 12 万元。

在服务期间，世纪公司按照迅奥公司的要求完成涉案协议的工作，包括制作舆情发生应急响应预案、对客户突发舆情进行监控并联系网站进行删帖、制作舆情专题报告、制作舆情信息服务方案等。在服务合同到期后，世纪公司要求迅奥公司按照协议支付剩余服务费 8 万元，但迅奥公司一直以各种理由拖延支付。在多次催促无果后，世纪公司将迅奥公司告上法庭。

案件分别经过北京市海淀区人民法院和北京市第一中级人民法院审理。

一审法院首先认定涉案协议属于有效合同。该涉案协议系双方真实意思表示，内容未违反法律法规强制性规定，应属合法有效。从双方履约情况来看，迅奥公司是首次支付了 12 万元的服务费，世纪公司也开具了等额的发票，且对于技术服务合同而言，约定验收合格后给付尾款也符合行业的惯例。可以认为，涉案协议中第 2 条事实上已经发生变更。对于履约情况，法院认为，涉案协议规定的工作任务界定了世纪公司应当完成的工作的范围、内容、服务的上限次数，但是是否启动哪项工作、工作的要求、完成的时间等，需要依据迅奥公司的指令进行，没有指令即没有工作的可能和必要。且通过世纪公司提供的证据来看，世纪公司已经按照迅奥公司要求履行服务内容，迅奥公司辩称指令系季某通个人所为以及世纪公司所做工作未通过验收等均无证据予以证实。因此，一审法院判决，迅奥公司向世纪公司支付剩余技术服务费 8 万元以及违约金 24 000 元。

迅奥公司不服一审判决，提起上诉。其认为涉案协议违反《最高人民法院、最高人民检察院关于办理利用信息网络实施诽谤等刑事案件适用法律若干问题的解释》及相关法律法规，应被认定为无效，故请求二审法院依法撤销原审判决，改判涉案协议无效，由世纪公司返还已支付的 12 万元预付款并支付违约金 10 万元。

二审法院在认定涉案协议效力时，认为该条款违反《合同法》第 52 条的规定，损害社会公共利益的合同无效。涉案协议中论坛舆情处置涉及有偿删帖，侵犯了宪法上公民言论自由的基本权利，损害了社会公共利益，因此该涉案协议部分无效。法院具体认为："言论自由是宪法赋予公民的一项基本权利，而互联网言论自由是传统言论自由在互联网时代的体现，该项服务内容侵犯了公民的言论自由，不利于公民的表达权和监督权的实现，损害了社会公共利益，应属无效条款。"法院在扣除论坛舆情处置服务对应价款后，最终判决：迅奥公司向世纪公司支付剩余技术服务费 3 万元以及违约金 9 000 元。

思考：法院将宪法适用于私主体之间的民事合同纠纷中，是否体现基本权利的私人间效力？如果是，体现基本权利的直接效力还是间接效力？

要点提示：宪法中的基本权利规范的效力是否及于私人之间，是宪法学中的争议问题。对此存在无效力说、间接效力说、直接效力说三种学说。本案中法院在认定民事合同效力时，援引了公民的言论自由，显然认为基本权利规范可以在私人间发生效力。至于发生直接效力还是间接效力，则要继续分析法院适用宪法规范的具体方式与程度。本案中，尽管法院认为合同中论坛舆情处置相关内容侵犯了公民的言论自由，但并未就此直接依据宪法中的言论自由条款认定合同无效，而是继续指出对公民言论自由的侵犯损害了"社会公共利益"，最后依据《合同法》第 52 条中"损害社会公共利益"的合同无效的规定，认定协议中的论坛舆情处置条款无效。可见，法院将侵犯公民言论自由认定为了损害社会公共利益的情形之一，实际上是在解释《合同法》第 52 条的过程中考虑了宪法中的基本权利规范。这种做法体现出的是基本权利的间接效力。

张某著案

2003 年 6 月，25 岁的张某著在安徽省芜湖市人事局报名参加安徽省公务员考试，报考职位为芜湖县委办公室经济管理专业。经过笔试和面试，其综合成绩在报考该职位的 30 名考生中名列第一，按规定进入体检程序。2003 年 9 月 17 日，张某著在芜湖市人事局指定的铜陵市人民医院的体检报告显示其乙肝两对半中的 HBsAg、HBeAb、HBcAb 均为阳性，主检医生依据《安徽省国家公务员录用体检实施细则（试行）》确定其体检不合格。张某著随后向芜湖市人事局提出复检要求，并递交书面报告。同年 9 月 25 日，芜湖市人事局经请示安徽省人事厅同意，组织包括张某著在内的 11 名考生前往解放军第八六医院进行复检。复检结果显示，张某著的乙肝两对半中 HBsAg、抗- HBc（流）为阳性，抗- HBs、HBeAg、抗- HBe 均为阴性，体检结论为不合格。依照体检结果，芜湖市人事局依据成绩高低顺序，改由该职位的第二名考生进入考核程序。并以口头方式向张某著宣布，由于其体检结论不合格而不予录取。2003 年 10 月 18 日，张某著在接到不予录取的通知后，表示不服，向安徽省人事厅递交行政复议申请书。2003 年 10 月 28 日，安徽省人事厅作出皖人复字（2003）1 号不予受理决定书。

2003 年 11 月 10 日，原告张某著以被告芜湖市人事局的行为剥夺其担任国家公务员的资格，侵犯其合法权利为由，向原芜湖市新芜区人民法院提起行政诉讼，请求法院依法判令被告认定原告体检“一、五阳”（HBsAg、HBcAb 阳性）不符合国家公务员身体健康标准，并非法剥夺原告进入考核程序资格而未被录用到国家公务员职位的具体行政行为违法；判令撤销被告不准许原告进入考核程序的具体行政行为，依法准许原告进入考核程序并被录用至相应的职位。张某著成了全国用行政诉讼的法律手段维护乙肝患者权益的第一人。

2004 年 4 月 2 日，新芜区人民法院对张某著诉芜湖市人事局公务员招考行政录用决定案作出一审判决，确认被告芜湖市人事局在 2003 年安徽省国家公务员招录过程中作出的具体行政行为，即取消原告张某著进入考核程序资格主要证据不足。法院同时认为，2003 年的公务员招考工作已结束，原告报考的位置已被别人顶替，因此对原告要求被录用至相应职位的请求不予支持。

芜湖市人事局不服一审判决，向芜湖市中级人民法院提起上诉。2004 年 5 月 31 日，芜湖市中级人民法院终审判决驳回上诉、维持原判。

思考：芜湖市人事局是否侵害了张某著受宪法保护的平等权？

要点提示：我国《宪法》第 33 条第 2 款规定，中华人民共和国公民在法律面前一律平等。不过，公民享有平等权并不意味着国家不能对公民作任何差别对待，宪法禁止的只是不合理的差别对待。因此关键问题是差别对待合理与否的判断。本案中，《安徽省国家公务员录用体检实施细则（试行）》将乙肝携带作为决定是否录取的差别对待因素。考虑到公务员录用体检的目的是保证被录用人员的身体状况不影响未来正常履职，而乙肝携带对携带者正常生活与工作并无影响，且不具有传染性，因此将乙肝携带作为差别对待因素显然与体检这一制度的目的之间不具有关联性，构成不合理的差别对待。

甘肃初中生发帖被刑拘案

2013 年 9 月 17 日，甘肃天水市张家川回族自治县初三学生杨某因涉嫌寻衅滋事罪被警方刑事拘留。甘肃张家川公安局于 2013 年 9 月 20 日发布的“关于杨某涉嫌寻衅滋事一案的情况说明”称：“2013 年 9 月 12 日，张家川回族自治县张川镇人民西路——KTV 歌厅从业人员高某非正常死亡……在高某死因未确定的情况下，杨某于 9 月 14 日中午在其微博、QQ 空间发布所谓高某死亡真相误导群众，造谣发布警察与群众争执，殴打死者家属，‘凶手警察早知道了，看来必须得游行了’等虚假信息煽动游行，导致高某系他杀的言论大量传播。当日，部分社会闲散人员转载、浏览杨某 QQ 空间信息后听信误导，纠集数十人在案发现场呼喊口号，散布关于高某死因的虚假信息，致使案发现场数百群众聚集，交通堵塞，现场失控，社会秩序严重混乱，严重干扰公安机关依法办案。死因通报后，其家属对公安机关的结论无异议。但杨某仍于 9 月 15 日继续在其 QQ 空间，腾讯微博发布不实信息误导舆论。由于杨某散布谣言、煽动群众游行，严重地妨害了社会管理秩序，同时给公安机关在处理高某非正常死亡一案过程中带来极大被动，造成恶劣社会影响。据此，我局依法对杨某涉嫌寻衅滋事案立案侦查，并于 9 月 17 日将杨某依法刑事拘留。”

2013 年 9 月 22 日，甘肃省公安厅和天水市公安局联合工作组对张家川杨某涉嫌寻衅滋事案调查核实后，于甘肃公安厅官方微博发布“甘肃警方对编造虚假信息的杨某从轻处罚”的通告。联合工作组在报告中再次确认了张家川回族自治县公安局对案件事实的认定，称“杨某通过 QQ、微博编造、散布虚假信息，其行为具有社会危害性，涉嫌寻衅滋事”，“但鉴于杨某系未成年人，且能够积极配合调查、悔罪态度诚恳，情节较轻，依法撤销刑事案件，对其予以从轻处罚”；并依据《治安管理处罚法》对杨某行政拘留 7 日。

此外，值得注意的是，张家川公安局于 2013 年 9 月 18 日就高某坠楼身亡一案发布的公告称：“……对情节严重，发帖转载 500 次以上的 1 名犯罪嫌疑人依法刑事拘留”。因该公告引用了最高人民法院及最高人民检察院于 2013 年 9 月 6 日公布并于 2013 年 9 月 10 日施行的《最高人民法院、最高人民检察院关于办理利用信息网络实施诽谤等刑事案件适用法律若干问题的解释》第 2 条第 1 款第 1 项的规定，即利用信息网络诽谤他人，被转发次数达到 500 次以上的，应当认定为《刑法》第 246 条第 1 款规定的“情节严重”，故该案也被媒体称作“500 转刑拘第一案”。

思考： 杨某发帖的行为是否落入言论自由的保护范围?

要点提示： 需要首先明确的是，基本权利的保护范围与基本权利的限制是两个不同的问题。行为落入基本权利保护范围，并不意味着国家便不能对该行为进行任何限制。在分析国家对公民行为的干预是否侵害基本权利时，需要首先判断的问题是被干预的行为是否落入基本权利的保护范围，若落入，则继续判断国家对该行为的干预是否具有合宪性。为了避免过早将国家的干预正当化，应相对从宽确定基本权利的保护范围。当然，从宽并非毫无界限，如同故意杀人无论如何也不能被认为是一般行为自由的保护范围。本案中，杨某发表相关帖子，并无任何消息来源，且有明显的传谣故意，因此这一行为很难落入言论自由的保护范围。不过，若杨某发帖有一定的依据，即便这种依据可能并不准确，也应落入言论自由的保护范围。总之，对于保护范围的确定，并无客观标准，总体上应坚持从宽认定原则。

谢某平出版作品被刑事拘留案

2006 年，当时身为《方圆法治》记者的谢某平，在陕西省渭南市采访时，从渭南移民局工会主席李某明处获悉了三门峡水库移民的历史遗留问题，开始关注此问题，并在移民们的请求下决定写一部三门峡移民史的书。从 2006 年到 2009 年，谢某平来到渭南市做了 6 次采访，一直是李某明带着他去的。2010 年 5 月，谢某平所写的书《大迁徙》，自费在火花杂志社以 2010 年增刊的形式出版。火花杂志由山西文联主办，系半月刊：上半期由《火花》（文艺月刊）在山西编辑，下半期由《火花——文化创意产业》在北京编辑，负责人为执行社长魏某植。他在接受《南方周末》采访时表示，当初杂志社答应以 2010 年增刊的形式出版此书，“是看在谢的《大迁徙》是一部反映移民真实疾苦的纪实文学”。经过魏某植和执行主编陈某麟的审核后，火花杂志社于 5 月 21 日下发了文件《同意纪实文学（大迁徙）以火花增刊出版的函》，明确由谢某平自费出版，首印一万余册。在魏某植看来，他最大的疏忽是没有将增刊一事向上级主管部门报备，“但这也只是违规行为，最多承担行政责任”。

6 月 26 日，火花 2010 增刊——《大迁徙》运至渭南市，李某明以及华阴的移民代表董某鑫等移民代表来拿书，准备发给移民看。不料，第二天下午，渭南市文化市场稽查大队以“疑似非法出版物”为由查抄了该书。随后，渭南市文化广电新闻出版局将此案移交渭南市公安局临渭分局。8 月 9 日，渭南市公安临渭分局予以立案侦查。渭南市公安临渭分局认为，犯罪嫌疑人谢某平违反国家关于出版管理的有关法规，擅自发行非法出版、印刷的火花 2010 增刊——《大迁徙》两万册，涉嫌非法经营罪；并于 9 月 13 日提请渭南市临渭区人民检察院对谢某平审查批准逮捕。9 月 16 日，渭南市临渭区人民检察院检察委员会经讨论，认为犯罪嫌疑人谢某平涉嫌非法经营罪证据不足，因此决定不予批准逮捕犯罪嫌疑人谢某平，并退回渭南市公安局临渭分局继续侦查。9 月 17 日，谢某平在渭南市公安局临渭分局给其办理了取保候审手续之后回到北京。

思考：《宪法》第 35 条规定的出版自由是不是无法律保留的基本权利？公安机关对刑法相关条款的解释和适用是否应考虑宪法中的基本权利规范？

要点提示：尽管《宪法》第 35 条并未明确规定出版自由的限制，但《宪法》第 51 条作为基本权利限制的概括性条款，排除了“无法律保留”存在的可能性。宪法具有最高法律效力，一切法律、行政法规和地方性法规都不得同宪法相抵触；一切国家机关和武装力量、各政党和各社会团体、各企业事业组织都必须遵守宪法和法律。公安机关作为行使国家权力的机关，其在解释刑法相关条款时，自然也受宪法的约束，应考虑基本权利规范对刑法的辐射作用，避免对刑法条款的解释侵害了公民的基本权利。

中国多个城市爆发针对日本“钓鱼岛国有化”示威游行事件

2012 年 9 月 10 日，日本政府不顾中方坚决反对，对中国领土钓鱼岛及其附属岛屿实施所谓的“国有化”。9 月 11 日—18 日，全国共有 180 多个城市发生了抗议日本侵占钓鱼岛的示威游行活动。一些地方的示威游行表现出理性、和平，比如 9 月 15 日在北京，上千名群众围绕日本驻华大使馆从亮马桥中街路口开始，行进至亮马桥东街路口调头从另一侧返回，呈环形路线。抗议者打出“钓鱼岛是中国的”“捍卫国土、日本认罪”等标语，高喊“主权领土不容侵犯”。示威者排着整齐的队伍，秩序井然，并未出现过激行为。记者看到，警察和治安志愿者在现场维持秩序。交通管理部门对亮马桥路进行了交通管制，民警和交通协管员在路口执勤，禁止车辆通行。但是也有一些城市的示威游行出现了过激行为，一些示威者甚至直接攻击日本企业和日本人。9 月 15 日，在山东省青岛市和江苏省苏州市，一些示威者攻击松下电器工厂。在青岛，示威群众闯入日本工厂纵火或破坏生产线，丰田汽车门市也遭民众纵火烧毁。而在湖南省长沙市，3 000 多名示威群众袭击日本超市平和堂。

思考：《集会游行示威法》对集会、游行、示威自由规定了哪些方面的限制和保障？《集会游行示威法》作为效力低于《宪法》的下位法，其对集会、游行、示威的限制是否符合《宪法》对集会、游行、示威自由的规定以及其他条款的规定？

要点提示：《集会游行示威法》规定，集会游行示威时间、地点和路线的选择不得对交通秩序和社会秩序造成严重影响，且不得存在以下四种情形：反对宪法所确定的基本原则；危害国家统一、主权和领土完整；煽动民族分裂；有充分根据认定申请举行的集会、游行、示威将直接危害公共安全或者严重破坏社会秩序。举行集会游行示威必须向主管机关提出申请并获得许可。尽管《宪法》第35条并未明确规定集会游行示威自由的限制，但由于《宪法》第51条的存在，宪法中的基本权利均可能被限制。不过，国家对公民基本权利的限制必须符合一些原则，主要包括法律保留原则、法律明确性原则、比例原则等。判断《集会游行示威法》对公民集会游行示威自由的限制是否合宪，需运用上述原则进行检验。

地方交规"赋权"警方查通话记录案

《全国人民代表大会常务委员会法制工作委员会关于2019年备案审查工作情况的报告》在介绍开展审查的有关情况时指出："有的地方性法规规定，公安机关交通管理部门调查交通事故时可以查阅、复制当事人通讯记录。经审查认为，该规定不符合保护公民通信自由和通信秘密的原则和精神；对公民通信自由和通信秘密保护的例外只能是在特定情形下由法律作出规定，有关地方性法规所作的规定已超越立法权限。经向制定机关指出后，有关规定已经修改。"据媒体报道，×省人大常委会审议通过的《×省道路交通安全条例》规定：因调查交通事故案件需要，公安机关交通管理部门可以查阅或者复制交通事故当事人通信记录，有关单位应当及时、如实、无偿提供，不得伪造、隐匿、转移、销毁。就此，有公安系统内人士向媒体记者表示：开车时打电话是导致交通事故的罪魁祸首之一，相关法规也对驾驶机动车接打手机的行为明令禁止。发生交通事故后，警方调查时如发现司机可能有开车打电话的行为，通信记录就相当于是不容抵赖的"铁证"。此外，在一些交通事故中，调取通信记录，则能够让警方了解司机一些行动轨迹等更多信息线索。

思考：本事例主要涉及《宪法》中的哪一项基本权利？《宪法》对该基本权利采取的是哪种限制方式？

要点提示：本事例涉及《宪法》第40条规定的通信自由与通信秘密。《宪法》第40条第一句"中华人民共和国公民的通信自由和通信秘密受法律的保护"，可以被解释为单纯法律保留。对第二句"除因国家安全或者追查刑事犯罪的需要，由公安机关或者检察机关依照法律规定的程序对通信进行检查外，任何组织或者个人不得以任何理由侵犯公民的通信自由和通信秘密"，可作以下解释：(1)"检查"作为"示例性规定"，并不排除其他的限制方式。也就是说，通信自由和通信秘密同样可以用来对抗其他的干预措施。(2) 制宪者通过两个"任何"，排除其他限制方式存在的可能，是因预见不足而产生的宪法漏洞。(3) 可以将通信秘密的保护对象区分为"内容信息"和"非内容信息"，"检查"实际上只针对"内容信息"。(4) 针对"内容信息"的"检查"，须符合加重法律保留的要求，而针对"非内容信息"和通信自由的其他干预，则适用单纯法律保留。

云南省首例政府控告辍学案

云南省兰坪县曾是云南省27个深度贫困县之一，在2017年秋季学期开学时，该县130多名学生未返校接受义务教育。当地政府部门为劝返适龄儿童、青少年接受并完成义务教育，通过宣传教育、责令整改、行政处罚等举措，最终有120多名学生重返校园。然而，在兰坪县的啦井镇和中排乡，仍有8名学生未能返校接受义务教育。

时任兰坪县委书记马国庆同志对此作出指示：一是要求兰坪县法院在“挂钩”营盘镇金调村委会后，要充分认识“控辍保学”工作的重要性，确保脱贫攻坚工作和“控辍保学”工作同开展同部署同落实，在县内争创“控辍保学”示范点；二是要求兰坪县法院全体干警牢固树立“四个意识”，以更高的政治站位，积极配合好党委政府开展“控辍保学”工作，以主人翁的姿态参与其中，杜绝观望推诿的思想；三是要求兰坪县法院作为“控辍保学”工作的最后一道保障，一定要依法办事，推动政府依法行政，共同创建法治兰坪。为使每一个孩子都能接受并完成义务教育，兰坪县各级政府部门积极探索，联动教育、公安、法院、司法、社保等部门，依据《义务教育法》《未成年人保护法》等法律条款，探索了宣传教育、责令改正、行政处罚、提起诉讼等“依法控辍保学四举措”，对经过宣传教育、责令改正、行政处罚等仍拒绝送子女入学并完成义务教育的家长提起诉讼，将这些家长告上法庭，用法治的手段接续山乡孩子们中断的求学梦。

2017年10月27日，兰坪县政府召开“依法控辍保学工作协调会”，政府提出将以乡（镇）人民政府作为原告起诉辍学子女家长。2017年11月3日，啦井镇政府和中排乡政府以被告（辍学子女家长）作为法定监护人没有履行法定义务，以各种理由放任子女辍学，违反了法律规定为由向兰坪县法院依法提起诉讼。兰坪县法院经审查后，以侵权责任纠纷为案由予以立案。2017年11月22日，兰坪县政府办公室召开“控辍保学”庭审前安排会议，兰坪县法院认真研究制订审理方案，及时召开庭前会议。

2017年11月24日至25日，兰坪县法院派出以和庆元副院长为审判长和营盘法庭负责人董翔、石登法庭负责人王五盛为成员的合议庭，前往“啦井镇新建完小”和“中排乡中心完小”巡回开庭。兰坪县法院用法治的手段积极推动“控辍保学”工作，到案发地村委会开展巡回审判，在阳光下开庭，用老百姓看得见、信得过的方式定分止争，坚持以“调解优先，调判结合”的审判原则，由双语法官助理担任傈僳语翻译。在整个庭审过程中，审判长细心、耐心地将法律法理以通俗易懂、最“接地气”的语言进行详细阐述，在调解过程中积极以案释法，既审案子又宣传《义务教育法》《未成年人保护法》等政策法律，融法于情、融情于理，不仅有效化解纠纷，不让家长因不送娃上学惹官司“背负臭名，心怀怨念”，而且也不会伤害父母与子女之间的感情。在庭审现场，据被告家长和某亮表示，自己曾经劝说过子女返校复学，也送去学校好几次，但孩子特别不想读书。多位家长也认为，自己已经对子女进行了劝说，不应承担法律责任。而辍学子女表示，一方面是因为家里条件困难，另一方面是因为自己学习成绩不理想。然而法庭通过走访发现，虽然导致这些学生辍学的原因有很多，但家长教育意识、法治意识淡薄，是导致学生辍学的重要原因。法官针对每个被告家长及其子女的实际情况，对原、被告双方进行调解，经兰坪县法院主持调解，双方当事人当场自愿就学生返校就读、返校时限、共同劝导事宜等达成协议，法庭当场下达调解书。承办此案的兰坪县法院法官重用表示：“考虑到实际情况，同时为了加强普法宣传效果，法院将巡回办案点设在了村里。如果调解后，家长不履行，法院将以不执行生效文书，对涉事家长处以罚款。”根据“澎湃新闻”对此事件的后续追踪报道，辍学学生的家长在接受采访时表示，在成了被告上法庭还被电视台报道后，他们和孩子都意识到了事件的严重性，因此，孩子们纷纷回到了学校。不过，还是有一名学生因为早婚未能上学。该学生家长坦白，家里经济困难，学生自己也不愿意读书。当地中学校长表示："穷、厌学、打工、早婚等都是造成辍学的原因。家长重教意识差，村民和学生之间会相互影响。而在受打工潮影响之后，学生之间甚至还会存在攀比辍学的行为。"

2017 年 12 月，云南省政府办公厅下发《关于进一步加强控辍保学提高义务教育巩固水平的通知》，明确加强学生失学辍学情况监测，把农村、边远贫困地区、民族地区和流动人口相对集中地区等作为重点监测地区，把建档立卡的贫困家庭子女等特殊群体作为重点监测群体，确保 2020 年实现全省九年义务教育巩固率达到 95%。该通知对"依法劝返"也作了规定：乡镇人民政府（街道办事处）根据辍学学生工作台账，按照"应返尽返"的要求，认真研究和分析学生的失学辍学原因，对症下药，精准施策，做好劝返复学和预防工作，对无正当理由未送适龄儿童少年入学的父母或法定监护人，由乡镇人民政府（街道办事处）或县级教育行政部门给予批评教育，责令限期改正；经教育不改正的，由乡镇人民政府（街道办事处）向其父母或法定监护人下达"限期复学通知书"；对到期仍不送适龄儿童少年接受义务教育的父母或法定监护人，由乡镇人民政府（街道办事处）按有关规定下"行政处罚决定书"；逾期不改的，由司法部门依法发放有关司法文书，敦促其保证失学辍学学生尽早复学；情节严重或构成犯罪的，依法追究法律责任。

思考：我国《宪法》规定公民既有受教育的权利也有受教育的义务的目的是什么？

要点提示：受教育的权利和义务分别对应了教育目标的个体主义与国家主义取向。其中，个体主义取向的教育目标，其内容在于形成公民的个体人格，要求国家提供对于形成个体人格而言乃属必要的教育内容或方法；国家主义取向的教育目标，其内容在于实现社会控制以及推动国家的建设与发展，对应的是公民的受教育义务；而形成公民"公共意义上的人格"这一教育目标，则兼具个体主义与国家主义的双重性质，要求国家的公民教育在内容和方法上不得有损于宪法的精神。①

河南虞城五人拒服兵役被处罚事件

2015 年 12 月 24 日，微信公众号"虞城县征兵办公室"发布了《虞城县人民政府关于对于丁某华等 5 人拒服兵役行为的处理公告》。丁某华等 5 人自愿报名参军到部队服役，但在部队服役期间因怕苦怕累，不愿受部队纪律约束，以各种理由逃避服兵役，虞城县人民政府认为丁某华等 5 人的行为违反了《兵役法》《河南省征兵工作条例》以及相关法律法规，决定对其进行以下处罚：（1）经济处罚 1 万元，由所在乡镇执行，罚款上交县财政，列支下年度乡镇征兵经费，如当事人拒不执行，移交县人民法院强制执行。（2）不得将其录用为公务员或者参照公务员法管理的工作人员。（3）2 年内公安机关不得为其办理出国（境）手续。（4）2 年内教育部门不得为其办理升学手续。（5）党（团）员由所在党（团）组织按照权限严肃处理。（6）将其列入虞城县拒服兵役人员名单，通

① 参见陈鹏：《个体人格、国家目标与公共人格——受教育权与受教育义务的自洽性之破立》，载《浙江社会科学》2018 年第 9 期。

过新闻媒体向全社会公告，并上传公安网备案。该事件经媒体报道后，得到社会舆论的广泛关注，引发了民众对新时期青年参军问题的讨论。也由于其直接关涉宪法中的公民兵役义务，因而该事件具有特殊的宪法意义。

思考：我国《宪法》中规定服兵役义务包括哪些内容？

要点提示：我国公民依法服兵役的义务具体包括依法服兵役和参加民兵组织的义务。我国现行的兵役制度是以义务兵役制为主体，将义务兵与志愿兵相结合、民兵与预备役相结合的兵役制度。具体表现为：符合条件的公民必须依法应征；现役士兵和军官必须依法忠实履行自己的职责；现役士兵和军官服役期满后，符合条件的，应依法转预备役；符合条件的公民必须参加民兵组织或进行预备役登记；服预备役的人员必须进行军事训练；高等学校和初级中学的学生就学期间必须接受基本的军事训练；符合条件的公民必须响应和遵守国家的战时兵员动员等。

第七章　国家机构

第一部分　本章知识点速览

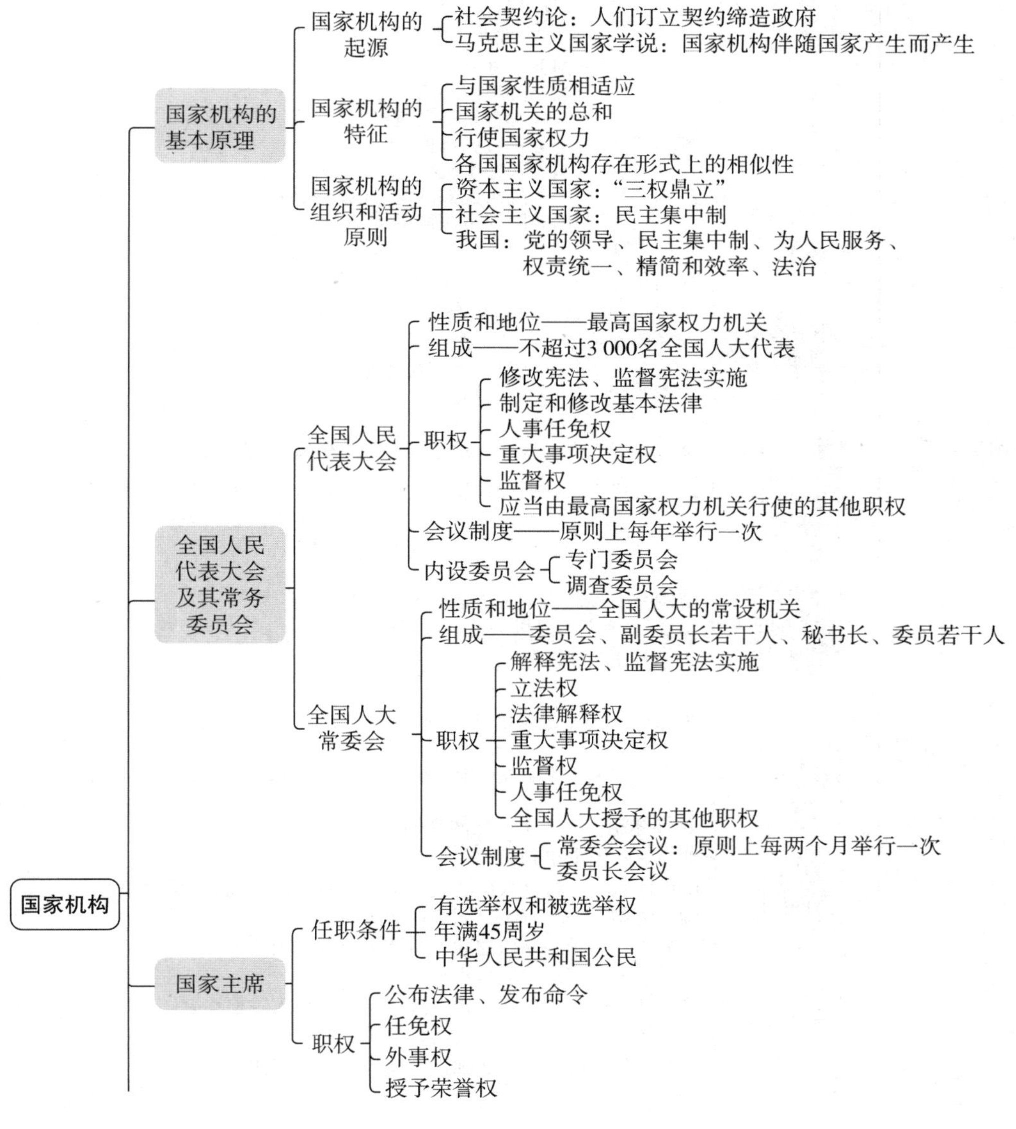

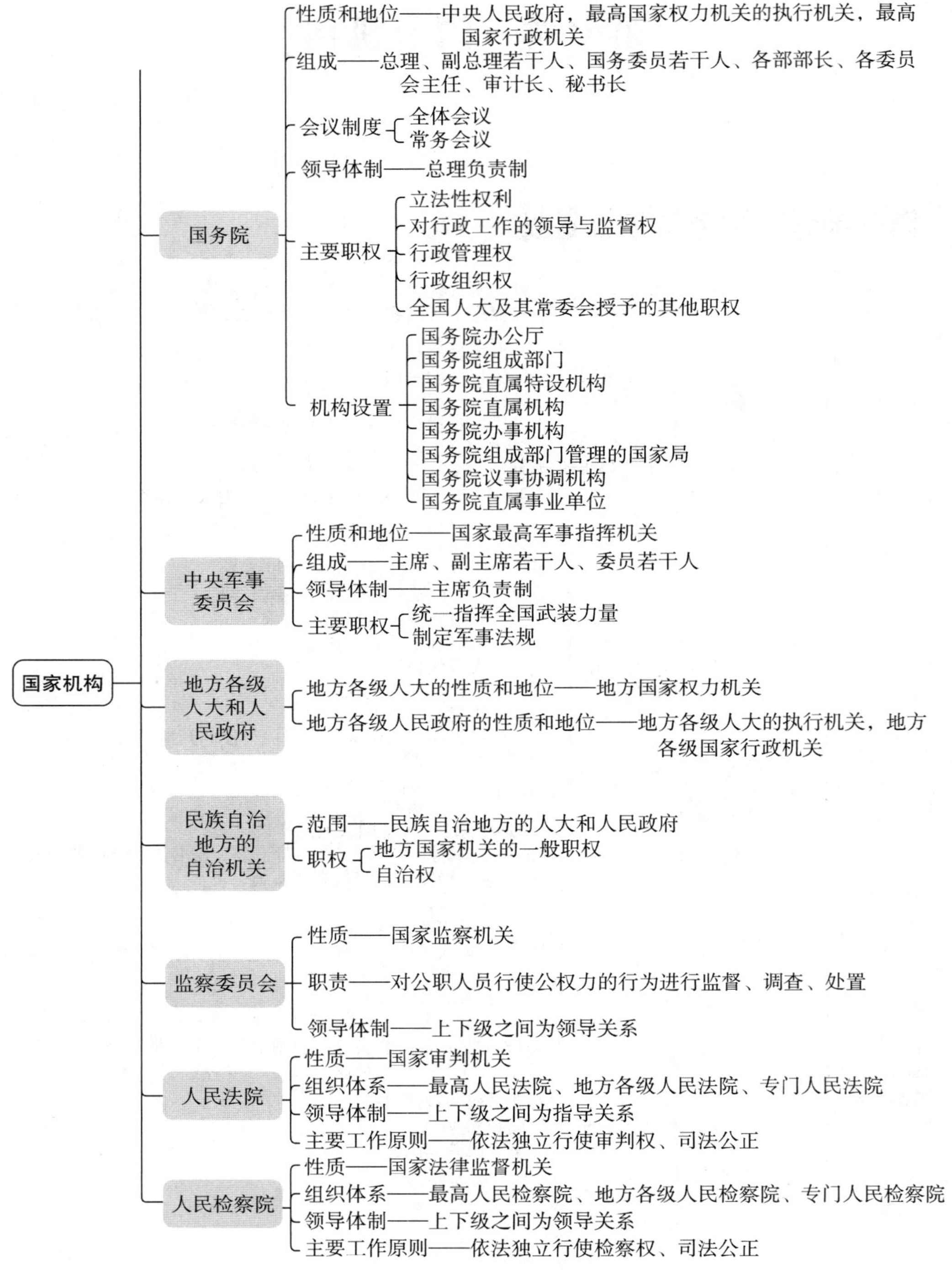
国家机构
国务院
性质和地位——中央人民政府，最高国家权力机关的执行机关，最高国家行政机关
组成——总理、副总理若干人、国务委员若干人、各部部长、各委员会主任、审计长、秘书长
会议制度
全体会议
常务会议
领导体制——总理负责制
主要职权
立法性权利
对行政工作的领导与监督权
行政管理权
行政组织权
全国人大及其常委会授予的其他职权
机构设置
国务院办公厅
国务院组成部门
国务院直属特设机构
国务院直属机构
国务院办事机构
国务院组成部门管理的国家局
国务院议事协调机构
国务院直属事业单位
中央军事委员会
性质和地位——国家最高军事指挥机关
组成——主席、副主席若干人、委员若干人
领导体制——主席负责制
主要职权
统一指挥全国武装力量
制定军事法规
地方各级人大和人民政府
地方各级人大的性质和地位——地方国家权力机关
地方各级人民政府的性质和地位——地方各级人大的执行机关，地方各级国家行政机关
民族自治地方的自治机关
范围——民族自治地方的人大和人民政府
职权
地方国家机关的一般职权
自治权
监察委员会
性质——国家监察机关
职责——对公职人员行使公权力的行为进行监督、调查、处置
领导体制——上下级之间为领导关系
人民法院
性质——国家审判机关
组织体系——最高人民法院、地方各级人民法院、专门人民法院
领导体制——上下级之间为指导关系
主要工作原则——依法独立行使审判权、司法公正
人民检察院
性质——国家法律监督机关
组织体系——最高人民检察院、地方各级人民检察院、专门人民检察院
领导体制——上下级之间为领导关系
主要工作原则——依法独立行使检察权、司法公正

第二部分 本章核心知识要点解析

第一节 国家机构的基本原理

一、宪法中的国家机构

（一）基本理论与概念

1. 国家机构是一定社会的统治者为实现国家职能而建立起来的全部国家机关的总称。

2. 国家机构是宪法最主要的内容之一，任何国家的宪法都没有例外。宪法可以没有序言、总纲，甚至可以不规定公民基本权利，但不能不规定国家机构。

3. “三权鼎立”是西方国家设置国家机构的基本宪法原则，社会主义国家则采用民主集中制原则。

（二）重点解析与前沿

1. 国家机构的起源

国家机构的起源与国家的起源相联系。而对于国家的起源问题，不同学科从不同角度作出了不同回答。政治学尤其是政治哲学，多将国家的起源问题与国家存在的根据相联系，试图寻找能够对个体进行强制的国家这一组织形式存在的正当性基础。此种研究的代表性成果为社会契约论，该理论认为人类曾经生活在自然状态下，后来选择联合起来订立契约，告别存在诸多问题的自然状态并缔造政府。不同于政治哲学的理论想象，社会学侧重于从事实上探究国家组织由何种形式的人类生活演变而来。马克思主义国家学说便是此种研究的代表，认为国家是人类社会阶级产生后，阶级矛盾不可调和的产物；国家机构伴随着国家的产生而产生，是统治阶级行使国家权力、实施政治统治的工具。

2. “三权鼎立”制

“三权鼎立”或称“三权分立”，是西方资本主义国家组织国家机构的基本原则。分权理论在古希腊时期已经产生，后在长期的历史时期里，特别是在中世纪，几乎销声匿迹。直到近代，资产阶级启蒙思想家才把分权理论发展成为一种比较完整的学说。其代表人物是洛克和孟德斯鸠。洛克将国家权力分为立法权、执行权与对外权，其中立法权高于一切，但并非毫无限制。但因对外权本质上仍属执行权的一部分，因此洛克所说的三权实际上只有两权。近代分权学说的完成者是孟德斯鸠。他将国家权力分为立法权、行政权与司法权，并在阐明权力分立的重要性之外，说明了各种权力之间的制衡关系。①

不过，在不同国家不同时代，“三权分立”制度的具体内容也有所差异。例如，在美国型“三权分立”制之下，三权的地位相对平等，而法国则采用以议会为中心的立法权优越的权力分立。此外，与产生之初相比，“三权分立”制度在现代发生了以下变化：第一，伴随着20世纪积极国家、社会国家的要求，行政活动的任务飞跃式增加，行政权肥

① 详见何华辉、许崇德：《分权学说》，人民出版社1986年版，第8-16页。

大化，行政机关作为法的执行机关，在形成与决定国家基本政策时，事实上扮演中心角色的“行政国家”现象十分突出。第二，政党作为国民与议会之间的媒介，愈益发达，在形成国家意思时，由政党事实上扮演主导角色的“政党国家”现象，也已产生。传统的议会与政府之间的关系，也在功能上转变为政府、执政党与在野党之间的对抗关系。第三，由法院负责的违宪审查制已经建立，司法权控制议会与政府活动的“司法国家”现象，也在进展之中。①

（三）延伸阅读

立法权和行政权如果集中在一个人或一个机构的手中，自由便不复存在。因为人们担心君主或议会可能会制定一些暴虐的法律并暴虐地执行。

司法权如果不与立法权和行政权分置，自由也就不复存在。司法权如果与立法权合并，公民的生命和自由就将由专断的权力处置，因为法官就是立法者。司法权如果与行政权合并，法官就将拥有压迫者的力量。

如果由同一个人，或由权贵、贵族或平民组成的同一个机构行使着三种权力，即制定法律的权力、执行国家决议的权力以及裁决罪行或个人争端的权力，那就一切都完了。

〔［法］孟德斯鸠：《论法的精神》（上卷），许明龙译，商务印书馆 2012 年版，第 186－187 页。〕

二、我国国家机构的组织和活动原则

（一）基本理论与概念

我国国家机构的组织和活动，遵循党的领导原则、民主集中制原则、为人民服务原则、权责统一原则、精简和效率原则、法治原则。

（二）重点解析与前沿

1. 议行合一

议行合一是指立法权与行政权由一个国家机关行使的权力配置制度。作为一种政治理念，它首先是由马克思在总结巴黎公社政权建设的经验时提出的。

在很长一段时间内，我国人民代表大会制度被视为一种议行合一制度，例如，董必武同志曾指出：“我们人民代表大会与人民代表会议是最便利于广大人民参加国家管理的组织，是‘议行合一’，是立法机关，同时也是工作机关。”②

就实践而言，议行合一在我国地方政权建设中有一定的体现。1954 年全国人大制定的《地方各级人民代表大会和地方各级人民委员会组织法》在地方分别设立了人民代表大会和人民委员会，但并未设立人大常委会。之所以未设立地方人大常委会，主要是因为此时地方人大并不行使立法权；同时由于其人员规模相对小，容易召集开会。但事实上，在地方人大闭会期间，作为地方行政机关的地方人民委员会代行了地方人大的部分职权，如人事任免权等。就此而言，它具有议行合一的特征。然而，这种议行合一也具

① 参见［日］芦部信喜：《宪法》（第 6 版），［日］高桥和之补订，林来梵、凌维慈、龙绚丽译，清华大学出版社 2018 年版，第 229 页。

② 董必武：《论社会主义民主和法制》，人民出版社 1979 年版，第 30 页。

有明显的弊端，即行政机关缺乏必要的监督。有鉴于此，1979 年公布的《地方各级人民代表大会和地方各级人民政府组织法》（以下简称《地方组织法》）设立了地方人大常委会，作为地方人大的常设机关。[①] 这一规定被现行宪法所延续。

在现行宪法框架下，立法权、行政权分别由国家权力机关、国家行政机关行使，国家权力配置不再具有议行合一的特征。因此，不少学者主张，不应继续倡导议行合一的理念。[②]

2. 民主集中制

现行《宪法》第 3 条第 1 款规定，“中华人民共和国的国家机构实行民主集中制的原则”。尽管该条款未正面界定“民主集中制”的含义[③]，但从该条文其他部分来看，其至少包含三个层面的内容。首先，“民主集中制”强调了作为国家权力机关的民主基础和民主责任，即各级人民代表大会“都由民主选举产生，对人民负责，受人民监督”[④]。其次，“民主集中制”奠定了国家权力横向配置的基本原则。它明确了其他国家机关与国家权力机关之间的关系，即“国家行政机关、监察机关、审判机关、检察机关都由人民代表大会产生，对它负责，受它监督”[⑤]。最后，“民主集中制”也确定了国家权力纵向配置的基本原则。它明确了如下平衡中央与地方关系的原则，即“中央和地方的国家机构职权的划分，遵循在中央的统一领导下，充分发挥地方的主动性、积极性的原则”[⑥]。

以上是宪法学上对民主集中制内涵的传统界定，但这种阐释相当模糊，并不足以为我国国家机关权力配置提供规范性指引。基于此，近来有研究基于宪法上民主集中制从“一律”到“原则”的规范变迁，结合相关制宪史材料，对我国民主集中制原则作了功能主义的阐释，以“功能适当性”充实民主集中制原则的内涵，强调将权力配置给在组织、结构、程序、人员上最具优势、最有可能作出正确决定的机关，同时要求承担某项国家权力的机关，在组织、结构、程序、人员上相应调整以适应职能。[⑦] 此种功能主义阐释补强了民主集中制原则内涵的精确性与规范性。

3. 国家机构责任制及其与民主集中制的关系

国家机构责任制是指某一特定国家机构进行决策时所遵循的程序与方式，以及因决策违法、失当而承担法律责任的方式。

我国不同的国家机关实行不同的责任制。国家权力机关实行集体负责制，即采用少数服从多数的合议制。[⑧] 行政机关实行的是首长负责制。例如，国务院实行的是总理负责制，国务院各部、各委员会实行的是部长、主任负责制。[⑨]

---

① 参见王汉斌：《王汉斌访谈录——亲历新时期社会主义民主法制建设》，中国民主法制出版社 2012 年版，第 17－20 页。

② 参见吴家麟：《“议行”不宜“合一”》，载《中国法学》1992 年第 5 期；周永坤：《议行合一原则应彻底抛弃》，载《法律科学》2006 年第 1 期。

③ 前三部宪法同样未对“民主集中制”的含义进行明确。现行宪法草案讨论过程中，曾有人提议进行具体的含义界定，但并未被采纳。参见肖蔚云：《我国现行宪法的诞生》，北京大学出版社 1986 年版，第 104 页。

④ 《宪法》第 3 条第 2 款。

⑤ 《宪法》第 3 条第 3 款。

⑥ 《宪法》第 3 条第 4 款。

⑦ 参见张翔：《我国国家权力配置原则的功能主义解释》，载《中外法学》2018 年第 2 期。

⑧ 《宪法》第 64 条第 2 款规定：“法律和其他议案由全国人民代表大会以全体代表的过半数通过。”

⑨ 《宪法》第 86 条第 2 款。

从规范内容来看，现行宪法更侧重于从国家机构外部关系角度明确“民主集中制”所包含的要素，即人民代表大会与人民的关系、国家机关间的横向关系，以及中央与地方国家机关之间的关系，因此，有学者指出，“作为国家机构的民主集中制原则只是一种组织原则，而不是活动原则”[①]。与此不同，责任制侧重于从国家机构内部明确决策程序及责任承担方式。在现行宪法文本中，民主集中制与国家机关责任制是从总体上被作为两个不同的制度加以规范的。

前三部宪法曾规定，包括全国人民代表大会在内的国家机关“一律实行民主集中制”[②]。这种表述方式，更侧重于从国家机关内部界定民主集中制，因此，也更接近于一种责任制的规范。现行宪法将上述表述改为“实行民主集中制的原则”，主要是考虑到不同国家机关之间的差异性，用“一律”过于绝对，如行政机关实行的是首长负责制。如果将首长负责制也理解成一种民主集中制的话，至少其与国家权力机关所实行的民主集中制存在明显的区别。[③] 由此可见，尽管民主集中制更侧重于从国家机关相互之间关系的角度进行界定，现行宪法中的“民主集中制”至少在规范表述上也曾考虑过国家机关内部的责任制。

《共同纲领》的规定则与上述两种制度设计不同，或者说它实际上融合了现行宪法与前三部宪法的规定。《共同纲领》第 15 条规定：“各级政权机关一律实行民主集中制。其主要原则为：人民代表大会向人民负责并报告工作。人民政府委员会向人民代表大会负责并报告工作。在人民代表大会和人民政府委员会内，实行少数服从多数的制度。各下级人民政府均由上级人民政府加委并服从上级人民政府。全国各地方人民政府均服从中央人民政府。”在此，民主集中制不仅是调整横向、纵向国家机关间关系的原则，也是国家机关内部决策的原则。

（三）延伸阅读

民主集中制和“议行合一”制有相通的地方，但并非相同的原则。二者相通的地方在于：都着眼于提高人民代表机关的权威性，使人民代表机关能统一行使国家权力。二者不同的地方在于：实行“议行合一”的原则，是让人民代表机关兼管立法和行政，人民代表机关既是权力机关、又是行政机关；实行民主集中制的原则，是由人民代表机关产生政府，政府向权力机关负责，并接受权力机关的监督。我们姑且把人民代表机关统一行使国家权力叫做“议行统一”，但不能称之为“议行合一”。

（吴家麟：《“议行”不宜“合一”》，载《中国法学》1992 年第 5 期，第 32 页。）

对权力“分立”或“混合”的形式主义理解，无法解释和规范我国国家权力的配置。不同的国家机关可以有不同组织方式和工作方式，而这种差异实际上来自其各自功能上的差异。《宪法》第 3 条规定“国家机构实行民主集中制的原则”，不能被理解为民主集中制只构成各机关相互关系的外部性原则，而不构成规范内部活动的原则。这种解读会削弱民主集中制作为我国国家机构原则的规范地位。1982 年《宪法》对于民主集中制的新发展，不仅在于发展民主，还在于“提高国家机构的工作效能”。这揭示出了 1982 年

① 马岭：《我国现行〈宪法〉中的民主集中制原则》，载《云南大学学报（法学版）》2013 年第 4 期，第 2 页。

② 1954 年《宪法》第 2 条第 2 款、1975 年《宪法》第 3 条第 2 款、1978 年《宪法》第 3 条第 2 款。

③ 参见肖蔚云：《我国现行宪法的诞生》，北京大学出版社 1986 年版，第 103－104 页。

《宪法》起草时关于国家机构组织和权力配置的重要考量因素："权力的效能"。保证国家权力行使的效能，内在包含了对国家权力行使的"正确性"要求。申言之，国家的各种决策要在国家目标指引下，尽可能科学、高效。在宪法起草的关键人物看来，国家机构的组织与权力运作的规则设计，在"民主集中制"的总原则之下，要以灵活而开放的方式来保证权力行使的正确性，不再形式化地纠结于权力的合或分，而是更加务实地思考国家功能的有效实现。

国家权力配置的功能主义进路，重视国家权力行使的正确性以及国家的权能和效率。与形式主义的分权理论不同，功能主义的进路在关注人民自由的保障同时，同样重视国家机关的创设和权力（功能）的配置。此种进路下，国家权力的分工并非只是消极性的，也不仅是为了限制、缓和乃至弱化国家权力。相反，国家权力的分工同样也是积极性的，是"建立统治"和"形成权力"的过程，要为政治共同体创造稳定有效的秩序，使国家权力得到恰当安排，让国家得以建构起来并能作出合理决策，进而实现共同体之目的。功能主义的权力配置观，指向的是国家决策的正确性（Richtigkeit）和理性化（Rationalisierung），体现的正是"国家治理能力现代化"的要求。

基于 1982 年《宪法》中的这些规范变迁，在"功能—机关"维度，笔者认为可以进一步归纳概括出两个层面的规范教义：（1）以机关结构决定职权归属。这意味着，当某国家职能要分配时，要分析哪个机关在组织、结构、程序、人员上具有优势，以将这一国家任务与权限分配给功能最适的机关（最有可能做出正确决定的机关）；（2）因应职权需要调整组织结构。这意味着，如果宪法将某个国家职能分配给某个机关，那么这个机关就应在组织、结构、程序、人员上不断演进，以符合履行此项职能的功能要求，使自己成为完成此项职权的功能最适机关。基于 1982 年《宪法》第 3 条规定的"民主集中制原则"以及其他国家机构规范，不难梳理出这样的逻辑脉络："民主集中制—正确性—功能适当"。

功能主义的国家权力配置观以国家的效能和治理能力为目标，强调将权力配置给在组织、结构、程序、人员上最具优势、最有可能做出正确决定的机关，同时要求承担某项国家权力的机关，在组织、结构、程序、人员上相应调整以适应职能。这一原理与我国宪法规定的民主集中制原则对于国家权力行使的"正确性"要求完全契合，也符合我国的实践经验。在"议行合一"淡出理论话语之后，我们缺乏关于国家机构组织原则的规范性理论，宪法规定的民主集中制原则的规范内涵也亟待补充和发展。用"功能适当性"来充实民主集中制原则的内涵，补强其精确性和规范性，有助于对未来的国家组织建设形成规范指引。

（张翔：《我国国家权力配置原则的功能主义解释》，载《中外法学》2018 年第 2 期。）

第二节　全国人民代表大会及其常务委员会

一、全国人民代表大会

（一）基本理论与概念

1. 全国人民代表大会是最高国家权力机关。最高国家权力机关，是现行宪法框架下行使国家权力的最高机关，没有其他任何国家机关行使比其更为重要的权力、拥有比其更高的权威。换言之，作为最高国家权力机关的全国人民代表大会“是代表全国人民行使国家权力的最高组织形式，是最高民意代表机关”①。

2. 全国人民代表大会代表不超过 3 000 人，由各省、自治区、直辖市、特别行政区以及军队选举产生。

3. 全国人民代表大会一般每年举行一次会议。会议“于每年第一季度举行”②，通常在每年 3 月初开幕，会期一般为两周。遇有特殊情况，全国人民代表大会常务委员会可以决定适当提前或者推迟召开会议。会议由全国人民代表大会常务委员会召集，由大会主席团主持。

4. 根据决策对象不同，全国人民代表大会明确列举的职权大致可以分为四种类型，即立法权、监督权、重大事项决定权、人事任免权。

（二）重点解析与前沿

1. “两院制”

当今各国立法机关的设置采用不同的模式，最典型的有两种，一院制和两院制。我国的人民代表大会制度可视为一种一院制。③ 在现行宪法制定过程中，曾经考虑和讨论过“两院制”方案。也有人主张将政协设置为“上院”。邓小平同志认为：“还是不要搞两院制，如果两家意见不一致，协调起来非常麻烦，运作很困难。”④ 最终，这成了一种主流意见。因此，现行宪法未采纳“两院制”方案。

需要强调的是，我国县级以上各级人民代表大会均设立常务委员会，作为其常设机构。从机关的法律地位、组成人员结构、职权、决策程序等方面来看，各级人民代表大会与其常务委员会都存在明显的差异，因此，二者属于不同的国家机关。⑤ 但是，不能因此认为，这是一种“两院制”。作为常设机关的常务委员会由人民代表大会选举产生、对人民代表大会负责并受其监督，前者对于后者具有依附性，并未突破一院制的框架。

2. 全国人民代表大会职权的类型

根据决策对象不同，全国人民代表大会明确列举的职权大致可以分为四种类型，即立法权、监督权、重大事项决定权、人事任免权，其中：立法权包括修改宪法、制定和修改基本法律；监督权主要包括监督宪法的实施、改变或者撤销全国人民代表大会常务委员会不适当的决定、审查和批准国民经济和社会发展计划执行情况的报告、审查和批准预算执行情况的报告、组织特定问题调查委员会；重大事项决定权主要包括审查和批准国民经济和社会发展计划、审查和批准国家的预算、批准省级行政区划的建制、决定特别行政区的设立及其制度、决定战争和和平的问题；人事任免权包括选举国家主席和副主席、中央军事委员会主席、国家监察委员会主任、最高人民法院院长、最高人民检察院检察长、决定国务院总理和副总理等人选、决定中央军事委员会其他组成人员，以

---

① 陈斯喜：《人民代表大会制度概论》（第 3 版），中国民主法制出版社 2023 年版，第 62 页。

② 《全国人民代表大会议事规则》第 2 条第 1 款。

③ 参见韩大元：《论全国人民代表大会之宪法地位》，载《法学评论》2013 年第 6 期。

④ 王汉斌：《邓小平同志亲自指导起草一九八二年宪法》，载《中国人大》2004 年第 16 期，第 14 页。

⑤ 参见韩大元：《论全国人民代表大会之宪法地位》，载《法学评论》2013 年第 6 期。

及罢免上述人员。

需要强调的是，尽管宪法并未明确规定全国人民代表大会有权监督国务院等国家机关的工作，但这并不表明其不能行使此种监督权。在实践中，在每年全国人民代表大会上，全体代表听取和审议国务院的政府工作报告、全国人民代表大会常务委员会工作报告、最高人民法院工作报告、最高人民检察院工作报告，并进行表决。这是最高国家权力机关行使监督权的重要方式。审议过程中，全国人大代表会对其他机关的工作报告提出修改意见。其他机关也往往会根据审议情况作出相应的修改和调整。例如，2022 年，国务院《政府工作报告》曾作出 92 处修改，以回应全国人大代表的关切。①

3. 全国人民代表大会的基本法律制定权

对于何谓“基本法律”，目前并无客观标准。2000 年制定的《立法法》也并未对此作更细致的规定，原因在于，多数意见认为，当时正处于改革开放的关键时期，许多社会关系还没有完全定型，将制定“基本法律”的事项进行一一列举存在许多实际困难。②有观点认为，从调整的内容看，基本法律所涉及的事项应当是公民基本权利和义务关系，国家经济和社会生活中某一方面的基本关系，国家政治生活各个方面的基本制度，事关国家主权和国内市场统一的重大事项，以及其他基本和重大的事项。③ 另有观点立足于实践，认为全国人民代表大会制定的法律就是基本法律。④ 此外，还有学者提出了更为严格的认定标准：第一，立法主体必须是全国人民代表大会；第二，立法依据必须是宪法；第三，调整的必须是某一领域中具有全局性、长远性、普遍性和骨干性特点的社会关系；第四，在部门法中居于基础地位；第五，在法律体系中起支架作用。⑤

4. 全国人民代表大会的剩余职权

《宪法》第 62 条除了明确列举 15 项职权，还通过兜底条款规定，全国人民代表大会行使“应当由最高国家权力机关行使的其他职权”。值得关注的是，1954 年、1975 年、1978 年宪法对全国人民代表大会剩余职权的表述与前述规定存在明显的差异。对此，前三部宪法一致规定为：“全国人民代表大会认为应当由它行使的其他职权。”现行宪法作上述调整，“是从严格的法制观点出发的”，“全国人大虽然拥有最高国家权力，是修改宪法、制定和修改法律的机关，但宪法和法律一经制定出来，在未被修改以前，全国人大自己也应当遵守，而不能想怎么做就怎么做，宪法改写了这一款是完全必要的”⑥。

实践中，面对《宪法》未明确列举的议题，全国人民代表大会曾回避援引兜底条款，而是通过将该议决事项纳入《宪法》明文列举的职权涵摄范围为决策提供明确的职权依据。例如，1992 年，国务院向全国人民代表大会提出关于兴建长江三峡工程的议案。全国人民代表大会将该议案列入议程，并经审议表决通过了《关于兴建长江三峡工程的决议》：

---

① 参见《国务院新闻办吹风会解读〈政府工作报告〉修改情况》，见 https://www.gov.cn/xinwen/2022-03/11/content_5678579.htm。

② 参见张春生：《中华人民共和国立法法释义》，法律出版社 2000 年版，第 25 页。

③ 参见张春生：《中华人民共和国立法法释义》，法律出版社 2000 年版，第 24-25 页。

④ 参见孔德王：《“基本法律”研究的现状与展望》，载《人大研究》2017 年第 11 期。

⑤ 参见李克杰：《中国“基本法律”概念的流变及其规范化》，载《甘肃政法学院学报》2014 年第 3 期。

⑥ 肖蔚云：《我国现行宪法的诞生》，北京大学出版社 1986 年版，第 151 页。

“决定批准将兴建长江三峡工程列入国民经济和社会发展十年规划”。在该决策个案中，决定重大建设项目并不属于《宪法》第 62 条所明确列举的全国人民代表大会职权。但是，“审查和批准国民经济和社会发展计划”则属于全国人民代表大会的职权。全国人民代表大会通过决议将该工程列入国民经济和社会发展计划，从而奠定了该项决策的合宪性。

近年来，全国人民代表大会开始在作出涉及特别行政区制度的相关决定中，明确援引兜底职权条款。但如何判断某项职权是“应当由最高国家权力机关行使的其他职权”，仍然标准不明。有学者认为，全国人民代表大会兜底职权条款蕴含了依次递进的三个方面内容：通过规范的识别与梳理，必要时辅以文义解释的作业，可以确认宪法法律分散式授予全国人民代表大会的“其他列举职权”；主要通过目的论解释方法，可以明确为了执行宪法法律已列举权力的全国人民代表大会的“附带职权”；重大事项决定权脉络上的“固有职权”，实质上在于确证“国家重大事项”标准，方法上主要依靠结构论搭建的法权秩序，并将全国人民代表大会行权能力、实践惯例等作为补充论证资源。全国人民代表大会兜底职权合法性的论证要遵循此先后顺位，不可轻易越级，固有职权从而成为全国人民代表大会迫不得已才行使的权力。①

5. 全国人民代表大会职权行使不活跃现象

由于会期制度等约束，全国人民代表大会的一些职权并未得到经常性的行使。这也引起了学界及决策层的高度关注。有学者指出，“在 1982 年之前，大会的最高地位体现得较为明显，在国家生活中大会起到主导性作用，重大决策、重要法律和重要的人事决定等均出自大会……在随后的三十年里，特别是近十年来，人大的内在构造实际上却逐渐发生了重大而不易为人察觉的变化，宪法文本上的全国人大……甚至在某些领域出现削弱的现象”②。为了改变这种局面，近些年来，维护全国人民代表大会及全国人民代表大会代表主体地位逐渐成为一种明显的政策导向，较为突出的一个变化就是，全国人民代表大会的立法权在近些年得到更为常态化的行使，几乎每年的会议上都审议表决一部法律草案。这样的变化，无疑有助于提升立法、决策的民主正当性和权威性，也有助于维护全国人民代表大会作为最高国家权力机关的地位。但是，也有学者认为，全国人民代表大会系列职权的常态化行使也应当考虑会期制度等现实因素的客观制约，避免使其陷入“功能过载”的窘境。③

（三）延伸阅读

西方的民主就是三权分立，多党竞选，等等。我们并不反对西方国家这样搞，但是我们中国大陆不搞多党竞选，不搞三权分立、两院制。我们实行的就是全国人民代表大会一院制，这最符合中国实际。如果政策正确、方向正确，这种体制益处很大，很有助于国家的兴旺发达，避免很多牵扯。当然，如果政策搞错了，不管你什么院制也没有用。

［邓小平：《会见香港特别行政区基本法起草委员会委员时的讲话》（1987 年 4 月 16 日），载《邓小平文选》第 3 卷，人民出版社 1993 年版，第 220 页。］

---

① 参见谭清值：《全国人大兜底职权的论证方法》，载《环球法律评论》2021 年第 5 期。

② 韩大元：《论全国人民代表大会之宪法地位》，载《法学评论》2013 年第 6 期，第 5 页。

③ 参见林彦：《全国人民代表大会：制度稳定型权力机关》，载《中外法学》2023 年第 3 期。

当然，单一结构的最高国家权力机关也显露了某些不足之处。例如，三千多名代表集中在一院工作，不便于讨论问题和发挥每一个代表的作用，按地区的人口比例产生代表，不足以突出各行业与社会各界的特殊利益；根据地区，而不是根据职业划分代表小组，不利于发挥专家和工农代表的作用；等等。

（许崇德、何华辉：《宪法与民主制度》，湖北人民出版社 1982 年版，第 106 页。）

宪法上所称的“最高国家权力机关”应当作为一个规范概念予以把握，以判断全国人民代表大会的权限。第一，最高国家权力机关的“最高”是指在公权力机关序列中的相对优越，而不是绝对无限；第二，最高国家权力机关在行使监督权时，不应损及被监督者依据宪法而享有的职权的完整性与独立性；第三，最高国家权力机关的实际“行动能力”决定了“应当由其行使的职权”是有限的。

（黄明涛：《“最高国家权力机关”的权力边界》，载《中国法学》2019 年第 1 期，第 104 页。）

二、全国人民代表大会常务委员会的性质、地位、职权

（一）基本理论与概念

1. 全国人民代表大会常务委员会是全国人民代表大会的常设机关。作为宪法所设立的国家机关，全国人民代表大会常务委员会在宪法实施期间始终存续。全国人民代表大会的换届，只会影响其常务委员会的人员组成，而不会影响到常务委员会的存废。这一点与全国人民代表大会各专门委员会存在重要区别。各专门委员会是由每一届全国人民代表大会设立的。换言之，每一届全国人民代表大会都要设立新的专门委员会，而不仅仅是调整各个专门委员会的人员组成。

2. 与原则上实行地域代表制的全国人民代表大会代表不同，全国人民代表大会常务委员会组成人员并不依据省、自治区、直辖市分配候选人名额，因此，其并不是一个基于地域代表制的国家机关。

（二）重点解析与前沿

1. 全国人大与全国人大常委会的功能定位

与前几部宪法相比，现行宪法在国家机构部分一个重要变化就是扩大全国人大常委会的职权。之所以作出上述调整，主要是基于历史和现实的考虑。就历史而言，1954 年宪法确立的由全国人大作为行使国家立法权唯一机关的体制被证明难以满足立法需求。就现实而言，在国家的中心任务转到经济发展之后，亟须依赖大量立法和其他方面的重大决策，而全国人大的人员规模、会议制度等也无法适应这一新形势。中华人民共和国成立以来，除第一届、第二届全国人大之外，历届全国人大的规模都维持在 3 000 人左右。在现行宪法制定过程中，曾有方案建议将全国人大规模控制在 1 200 人左右，但并未获得采纳。彭真同志曾对维持如此庞大规模作出如下解释：“我国国大人多，有五十多个民族，两千多个县，各阶级、各阶层、各民族、各地方、各方面、各政党在全国人大中都需要有适当数量的代表，人数少了不行。”换言之，这样的规模设定是彰显全国人大民主代表性的必要选择。由于全国人大规模庞大，故其无法通过经常性会议制定法律、开展决策。

相较而言，全国人大常委会规模小，能够经常开会，这使其更能及时、有效地回应各种决策需求。通过这一改革，全国人大内部实现了民主和效率这两种重要价值的协调与兼顾。具体而言，作为最高国家权力机关的全国人大侧重于发挥民主代议的功能，承担最为重要的决策任务；作为其常设机关的全国人大常委会则侧重于发挥有效决策的作用，及时通过立法、监督等方式回应社会关切，为公众服务。

需要强调的是，上述改革的初衷是在整体上加强全国人大的作用和权威。正如有学者指出的，“这样，全国人大常委会的权力虽然扩大了，但它还是对全国人大负责，受全国人大的领导和监督，不产生驾空人大的问题。相反，它可以使全国人大集中处理好必须由它处理的重大问题，可以更好地发挥和加强全国人大的作用，而不会降低或削弱它的作用”①。

2. “同一机关”争论

全国人大与其常委会究竟是一个机关，还是两个机关？对此在理论界和实务界都存在不同的理解。在 1982 年修宪过程中，有政协委员提出，扩大全国人大常委会的职权，是必要的，“但是不宜把全国人民代表大会与人大常委会并列为行使国家立法权的最高机关”。张友渔先生认为，“这个意见很对”②。因此，现行宪法将表述修改为：“全国人民代表大会和全国人民代表大会常务委员会行使国家立法权。”③ 但是，也有学者提出：“常务委员会是全国人大的常设机关，是全国人大的一部分。由于全国人大是最高国家权力机关，所以从这个意义上说，常务委员会也是最高国家权力机关，它是经常行使最高国家权力机关的机关……”④

《立法法》有关法律适用的规定进一步将上述分歧带入司法实践。该法规定：“同一机关制定的法律、行政法规、地方性法规、自治条例和单行条例、规章，特别规定与一般规定不一致的，适用特别规定；新的规定与旧的规定不一致的，适用新的规定。”⑤ 有法院认为，全国人大制定的法律与全国人大常委会制定的法律并不存在位阶分别，因此直接适用前述规定判定，作为特别规定的《道路交通安全法》（全国人大常委会制定）优先于作为一般规定的《行政处罚法》（全国人大制定）适用。⑥ 这一判决意见间接承认，全国人大与全国人大常委会属于同一机关。类似的争议还曾出现在《律师法》与《刑事诉讼法》之间。对此，有学者指出，在宪法关系上，全国人大与全国人大常委会并不是同一机关，当全国人大制定的基本法律与全国人大常委会制定的非基本法律的效力发生冲突时，应通过合理的立法政策，建立有利于保障基本法律效力的机制。⑦

3. 全国人民代表大会常务委员会的人员构成与任期

全国人民代表大会常务委员会由委员长、副委员长若干人、秘书长、委员若干人组

---

① 肖蔚云：《我国现行宪法的诞生》，北京大学出版社 1986 年版，第 61 页。

② 张友渔：《宪政论丛》（下册），群众出版社 1986 年版，第 127 页。

③ 《宪法》第 58 条。

④ 许崇德主编：《中国宪法》（第 4 版），中国人民大学出版社 2010 年版，第 162 页。

⑤ 《立法法》（2023 年）第 103 条。

⑥ 参见“刘某海与南宁市公安局交通警察支队处罚上诉案”，广西壮族自治区南宁市中级人民法院（2015）南市行一终字第 107 号行政判决书。

⑦ 参见韩大元：《全国人大常委会新法能否优于全国人大旧法》，载《法学》2008 年第 10 期。

成。第十四届全国人大常委会共有 175 人，包括委员长、14 名副委员长、秘书长，以及 159 名委员。全国人民代表大会常务委员会组成人员从全国人民代表大会代表中选择产生。组成人员不得担任行政机关、监察机关、审判机关和检察机关的职务。由于其他国家机关须接受全国人民代表大会常务委员会的监督，监督主体和监督对象人员构成如果发生重合，则会影响到监督功能的发挥，因此，设置禁止兼职的规则是必要的。全国人民代表大会常务委员会的任期与全国人民代表大会相同，均为 5 年。委员长、副委员长连续任职不超过两届，秘书长、委员则无此限制。

4. 全国人民代表大会常务委员会的会议形式及决策机制

全国人民代表大会常务委员会也是通过举行会议开展议事及进行决策的。会议形式包括全体会议、分组会议、联组会议三种。全体会议，是全体组成人员参与讨论和表决的会议形式。所有的表决均需要在全体会议上作出。出席人数超过全体组成人员半数始得开会，赞成票超过全体组成人员半数始得通过。这种严格的“双过半”规则，是为了确保各项决策的民主性。实践中，上述严格的表决机制也造成缺席、弃权被计入反对票中，一定程度上无法全面反映表决的客观情况。1999 年，全国人大常委会对国务院提请审议的《公路法修正案（草案）》进行表决。会议应到委员 154 人，缺席 29 人，实到 125 人。其中，77 票赞成，6 票反对，42 票弃权。[①] 尽管赞成票超过实到委员的半数，但因未超过全体委员半数（77）而未获通过。

尽管与全国人大相比，全国人大常委会规模较小，但现有的人员规模、会期制度、议事负荷等因素导致无法实现每个决策过程均采用全体会议的形式。事实是，在其议事过程中，分组会议是一种普遍采用的形式。全体委员被分成六个委员小组，并在一定时间内调整组别。这样做的目的是确保在审议过程中每个委员拥有更多的发言机会、委员之间就议题所展开的讨论也相对深入。当然，分组会议也有其自身的缺陷：由于每个小组通常在同一时间召开会议，小组与小组相互之间无法实现适时的意见交换，而需要借助会议记录得知其他小组审议情况，这将在客观上影响审议的质量。分组会议由委员长会议确定若干名召集人，轮流主持会议。

除了全体会议和分组会议，全国人大常委会还可以根据需要召开联组会议。举行联组会议，由委员长主持。委员长可以委托副委员长主持会议。根据《全国人民代表大会常务委员会议事规则》的规定，联组会议可以由各组联合召开，也可以分别由两个以上的组联合召开。需要强调的是，分组会议、联组会议只能用于审议，而不能用于表决。

5. 全国人大常委会与全国人大的职权之关系

从宏观上看，全国人大常委会与全国人大的职权具有高度同构性和相似性，且存在紧密的联系。就职权类型而言，二者的职权均包括立法权、监督权、人事任免权和重大事项决定权四种。

就同一类职权而言，全国人大常委会的职权行使对象相较于全国人大的职权行使对象，重要性有所减弱。例如，就立法权而言，全国人大常委会制定“其他法律”，而全国

① 参见任达：《一波三折的公路法修正案》，载《中国人大》2014 年第 12 期，第 55 页。

人大制定“基本法律”。

从两个机关职权间之关系的角度出发，可大致将全国人大常委会的职权划分为三种类型：相对独立型、共享型以及辅助型。相对独立型职权主要是指宪法没有明文赋予全国人大而又明确赋予全国人大常委会的权力。全国人大常委会的大多数职权都属于相对独立型，包括主持全国人大代表的选举、召集全国人大会议、解释宪法、制定和修改其他法律、解释法律等。共享型职权是指宪法同时赋予全国人大及其常委会的权力。这类权力主要是指监督宪法的实施的权力。辅助型职权主要是指那些原本属于全国人大但因会期制度等因素的约束而授予全国人大常委会在全国人大闭会期间辅助行使的权力。这些权力主要包括基本法律修改权、审查和批准国民经济和社会发展计划、国家预算在执行过程中所必须作的部分调整方案、决定国务院部分组成人员的人选、决定中央军事委员会其他组成人员的人选以及决定战争状态的宣布。相较而言，由于辅助型职权来源于全国人大，其可以对全国人大常委会行使此类职权进行更高强度的监督。①

由于全国人大常委会能更为经常地举行会议，其职权行使也更为活跃。全国人大常委会在制定法律的数量、对其他国家机关的监督频次及强度、人事任免、从事其他重大决策等各个方面都大大超过了全国人大。上述差别，尤其是两大机关在立法权行使方面的活跃程度的反差，也使一些人担心全国人大的最高国家权力机关地位缺乏充分保障。②近年来，“发挥人大在立法中的主导作用”可视为对上述关切的一种回应。具体而言，近十年来，几乎每一次全国人大会议均有审议表决法律草案的议程。③ 如前文所述，这样的调整也会引发大会“功能过载”的忧虑。总之，如何更好地兼顾民主代议与有效决策这两种功能，发挥全国人大与全国人大常委会的各自功能优势，仍是值得长期关注的议题。

（三）延伸阅读

我们国家政治体制的改革和国家机构的设置，都应当是从政治上和组织上保证全体人民掌握国家权力，真正成为国家的主人。根据这个原则，从中央来说，主要是加强全国人民代表大会。我国国大人多，全国人大代表的人数不宜太少；但是人数多了，又不便于进行经常的工作。全国人大常委会是人大的常设机关，它的组成人员也可以说是人大的常务代表，人数少，可以经常开会，进行繁重的立法工作和其他经常工作。所以适当扩大全国人大常委会的职权是加强人民代表大会制度的有效办法。

（彭真：《关于中华人民共和国宪法修改草案的报告》，载全国人大常委会法制工作委员会宪法室编：《中华人民共和国制宪修宪重要文献资料选编》，中国民主法制出版社2021年版，第107页。）

在人大的构造中，大会与其常委会形似一体，但实际不同。首先，在存在形态上，两者各自存在，而不同时间开会。在下一届人大选举产生到下届人大选出新的常委会之前，常委会与下一届人大同时存在，而产生它的人大已因下一届人大的产生而不复存在。某一届人大早于其常委会而产生，先于其常委会而结束任期。其次，从职权和两者的相

---

① 详见林彦：《再论全国人大常委会的基本法律修改权》，载《法学家》2011年第1期，第3-4页。

② 参见韩大元：《论全国人民代表大会之宪法地位》，载《法学评论》2013年第6期；林彦：《基本法律修改权失范及原因探析》，载《法学》2002年第7期。

③ 以第十四届全国人大为例，第一次会议修改了《立法法》，第二次会议修改了《国务院组织法》。

互关系看，宪法规定了常委会是大会的常设机构，但宪法分别规定两者的职权，而且常委会并不享有大会的全部职权。既然常委会要向人大负责，从逻辑上说两者是彼此独立的。再次，两者的民意基础不同。常委会委员由人大代表选举产生，而人大代表则是由选民或下级人民代表大会选举产生。

（韩大元：《论全国人民代表大会之宪法地位》，载《法学评论》2013 年第 6 期，第 4 页。）

第三节 国家主席

一、国家主席制度的建立与发展

（一）基本理论与概念

1. 国家元首为国家的最高代表。它的基本特征是，对外代表国家，居于国家机构的首脑部分，根据宪法行使元首权，享有礼仪上的特殊待遇。

2. 个人元首也叫单一元首，是由一人独任国家元首的制度。在个人元首的国家，也会设有副总统，但副总统并不是国家元首，也不是国家元首的组成部分。凡由两人以上组成的合议制的机关担任国家元首的制度，为集体元首，典型的如瑞士的联邦委员会。

3. 根据元首是否享有和行使国家权力，可将元首分为实权元首与虚权元首。虚权元首“君临而不统治”，例如君主制国家的英国国王、日本天皇，或者议会内阁制国家的总统，都不享有实际的国家权力。实权元首则为“总揽统治权”的元首，例如总统制国家的总统或者君主制国家的君主。

（二）重点解析与前沿

1. 国家元首与政府首脑

国家元首代表国家，政府首脑代表最高行政机关。在总统制国家，总统既是国家元首又是政府首脑；在议会内阁制国家，国家元首与政府首脑分离而由不同的人担任，这是国家职能进一步区分的结果。英国学者白芝浩指出，英国国王作为国家元首，乃是“富于尊严的部分”，而首相作为政府首脑，乃是“富于效率的部分”[①]。理论上一般认为，“国家元首可以不负政治责任，但政府和政府首脑在政治上则必须负责”[②]。

2. 国家元首与国家机关

国家元首既是一种职务，也是一种国家机关。国家元首是一种国家机关，意思是国家元首的活动是为了国家的目的，而不是为了个人的目的。[③] 国家元首按照宪法所从事的行为被视为国家的行为，而不被视为个人的私人行为。例如，国家元首接受外国使节，此时他就是国家的代表，他是以国家的名义而不是以私人的名义接受外国使节递交国书

① ［英］沃尔特·白芝浩：《英国宪法》，夏彦才译，商务印书馆 2005 年版，第 56 页。

② 龚祥瑞：《比较宪法和行政法》，法律出版社 1985 年版，第 189 页。

③ 参见［日］美浓部达吉：《宪法学原理》，欧宗祐、何作霖译，中国政法大学出版社 2003 年版，第 229 页。

的；此时其行为所产生的责任也由国家承担，而不是由元首以私人的身份承担。[①] 一般来说，宪法上的国家机关多由众多的人员组成，例如国会作为最高立法机关，就由数百名代表构成。不过元首作为国家机关却只由一个人构成，这正是此种国家机关的特殊之处。另外，在共和制国家除总统外还设有副总统，甚至副总统都有两名以上，但只有总统为国家元首，副总统则不是国家元首，它也不是国家元首的组成部分。[②]

3. 国家主席的宪法地位

在1954年宪法起草过程中，宪法草案原稿曾经规定“中华人民共和国主席是国家的元首”。后来经过中共中央反复研究，决定删除这个条款，理由是我国实行人民代表大会制度，国家主席根据全国人大及其常委会的决定行使部分职权，因此不宜再规定主席是国家元首。宪法起草委员会在讨论时对此大都予以认可。毛泽东在宪法起草委员会第七次会议上也认为，“主席不是国家元首”[③]。1954年9月，刘少奇在《关于中华人民共和国宪法草案的报告》中指出，“我们的国家元首职权由全国人民代表大会所选出的全国人民代表大会常务委员会和中华人民共和国主席结合起来行使，我们的国家元首是集体的国家元首”。这个表述便成为我国宪法上有关国家元首制度的经典和权威表述。2004年，全国人大在《宪法》第81条增加了主席“进行国事活动”的表述。全国人大常委会副委员长王兆国在《关于〈中华人民共和国宪法修正案（草案）〉的说明》中指出，《宪法修正案（草案）》将《宪法》第81条中“中华人民共和国主席代表中华人民共和国，接受外国使节”修改为“中华人民共和国主席代表中华人民共和国，进行国事活动，接受外国使节”，作这样的规定，主要的考虑是：当今世界，元首外交是国际交往中的一种重要形式，需要在宪法中对此留有空间。由此可见，国家主席就是国家元首。这是我国国家元首理论的重要发展。

4. 设置国家主席的必要性

从各国历史看，国家元首是一个国家重要且必要的机关。从某种意义上说，国家总是抽象的，正是因为如此，就需要设置一个代表国家、象征国家的元首去代表它。[④] 1954年宪法设置了国家主席。毛泽东在宪法起草委员会第一次会议上明确指出了设置国家主席的必要性，他说，我们中国是一个大国，叠床架屋地设个主席，目的是为着使国家更加安全。有议长，有总理，又有个主席，就更安全些，不至于三个地方同时都出毛病。[⑤] 1975年宪法不再设置国家主席，1982年宪法重新设置国家主席。重新设置国家主席，主要是基于国家功能适当分配的需要。彭真在《关于中华人民共和国宪法修改草案的报告》中指出，“建国以来的实践证明，设立国家主席对健全国家体制是必要的”。这种必要性体现在两个方面：一是国家外交方面的需要。我国是一个大国，外交来往十分频繁，设立国家主席，有利于国家与国家之间开展交往活动。例如，参与修宪者指出，“很多国家

---

① 在国际法上，接受外交使节意味着对该人所谓外交使节无异议地接受。参见［日］宫泽俊义：《日本国宪法精解》，［日］芦部信喜补订，董璠舆译，中国民主法制出版社1990年版，第120页。

② 参见许崇德：《国家元首》，人民出版社1982年版，第20页。

③ 许崇德：《中华人民共和国宪法史》，福建人民出版社2003年版，第214、227页。

④ 参见龚祥瑞：《比较宪法和行政法》，法律出版社1985年版，第185页。

⑤ 参见许崇德：《中华人民共和国宪法史》，福建人民出版社2003年版，第191页。

是有国家元首。在中国，对其他国家的元首以及元首派来的特命全权大使的接待，没有国家主席，就有一些不方便……而且外国元首来访，中国也需要相当的回访。没有国家主席在这方面也不适当”①。二是有利于国家职能的合理分配。1975 年宪法取消国家主席，使原来由国家主席承担的工作不得不转由全国人大常委会委员长或者总理承担，如全国人大常委会委员长公布法律，这些都不适当。②

（三）延伸阅读

当今各国的元首制度差别很大，元首职权有大有小，有虚有实，不一定非要实在地、集中地行使广泛的元首职权，才能称为国家元首……如果对元首的理解可更灵活一些点，即认为元首不仅是实际权力的行使者，而且也可以在形式上拥有权力，甚至即使在形式上也不是较大权力的享有者，只要宪法确认他在国家社会中是本国的最高代表者即可，那么，我们不妨认为主席是中华人民共和国的元首。何况我们所谓的国家元首职权由全国人大常委会同主席结合起来行使的说法亦不是很有说服力的，因为主席行使的职权其中一部分固然是根据全国人大常委会的决定，而另一部分则是根据全国人民代表大会的决定，至于原先主席行使的诸如统率全国武装力量这样重要的职权，现在已转移到中央军事委员会主席手里。假若我们仍固守 20 世纪 50 年代初的所谓结合行使元首权的说法，就势必会得出我们的国家元首职权由全国人大、全国人大常委会、中央军委主席和中华人民共和国主席结合起来行使的结论。这样的集体元首未免包容太大，甚至使人陷于捉摸不定的境地。由此可见，称中华人民共和国主席为国家元首并无不可。

[许崇德主编：《中国宪法》（第 4 版），中国人民大学出版社 2010 年版，第 170 - 171 页。]

关于国家主席。黄火青说，家有家长，国有国长。我们这样一个大国，不能没有国家主席。很多外国人提出我国为什么没有国家主席，怀疑我国政治不稳定，选不出主席来。没有国家主席，什么事都由总理出面，总理尽管年富力强，也受不了……程慕华说：从外事工作看，设国家主席是必要的。外国元首来访，首先问我们谁邀请，谁接待。我们说委员长是元首，他觉得你只是个议长。设国家主席代表国家，比较自然、顺当。（1982 年 3 月 12 日宪法修改委员会分组讨论）

韦国清的书面意见表示赞成设国家主席。他陈述的理由为：（1）全世界绝大多数国家都有元首，作为国家的代表。而我们 10 亿人口的大国没有，对内对外都有许多不方便之处，特别是对外等状态，人家来总统，我们就出委员长、总理，有时出副委员长、副总理。我们这样一个大国，长此下去，会使一些国家特别是第三世界国家产生误解。（2）我们建国后就设国家主席，自从毛泽东同志不当国家主席……宪法便不再设国家主席。这是在一种不正常情况下的做法。我们重新设国家主席，就表示我们的国家生活走上正轨，更加安定团结。（3）有了国家主席，就可以减轻总理一些对外事务特别是礼仪方面的负担。（1982 年 3 月 13 日宪法修改委员会分组讨论）

（许崇德：《中华人民共和国宪法史》，福建人民出版社 2003 年版，第 647 页、第 652 页。）

---

① 胡乔木：《胡乔木文集》第 2 卷，人民出版社 1993 年版，第 518 页。

② 参见许崇德主编：《中国宪法》（第 4 版），中国人民大学出版社 2010 年版，第 168 - 169 页。

二、国家主席的产生与任期

（一）基本理论与概念

1. 国家主席的任职资格：有选举权和被选举权、年满45周岁的中国公民。

2. 国家主席的产生与任期：国家主席、副主席由全国人大主席团提名，由全国人大选举产生。主席、副主席的任期同全国人大的每届任期相同。

3. 国家主席职位的代行：国家主席缺位的时候，由副主席继任主席的职位。国家副主席缺位的时候，由全国人大补选。国家主席、副主席都缺位的时候，由全国人大补选，补选前由全国人大常委会副委员长暂时代理主席职位。

（二）重点解析与前沿

1. 国家主席、副主席从属于全国人大

按照宪法和全国人大组织法的规定，国家主席、副主席由全国人大主席团提名，由全国人大选举，由全国人大罢免。从这个意义上说，国家主席、副主席的地位不高于全国人大，且从属于全国人大。毛泽东在1954年宪法起草委员会第一次会议上曾指出，我们的主席、总理，都是由全国人民代表大会产生出来的，一定要服从全国人民代表大会，不能跳出“如来佛”的手掌。他还说，“资本主义国家的总统可以解散国会，我们的主席不能解散全国人民代表大会，相反地，全国人民代表大会倒可以罢免主席”①。

2. “三位一体”

1982年宪法实施后，第六届和第七届全国人大选举产生的国家主席都并无其他兼职。1993年江泽民担任中共中央总书记、中央军委主席之后被选举为国家主席，“三位一体”的权力结构正式形成，并成为政治惯例。也有学者认此为我国的不成文宪法。② 江泽民总书记指出，“党的总书记、国家主席、军委主席三位一体这样的领导体制和领导形式，对我们这样一个大党、大国来说，不仅是必要的，而且是最妥当的办法”③。在这种权力格局下，由于《中国共产党章程》对党的中央委员会总书记、中国共产党中央军事委员会主席都没有“连续任职不得超过两届”的规定，2018年宪法修改时删除国家主席“连续任职不得超过两届”的规定，“有利于维护以习近平同志为核心的党中央权威和集中统一领导，有利于加强和完善国家领导体制”④。

（三）延伸阅读

中共中央总书记由中国共产党中央委员会选举产生，成为执政党的领导人。按照近年来的惯例，中国共产党作为执政党推举中共中央总书记经全国人大选举后担任国家主席和中央军委主席。李先念和杨尚昆担任国家主席期间，国家主席、中共中央总书记、国务院总理、中央军委主席由不同人员担任。1993年江泽民继担任中共中央总书记、中央军委主席之后被选举为国家主席，“三位一体”的权力结构正式形成，此后历经五届领

---

① 许崇德：《中华人民共和国宪法史》，福建人民出版社2003年版，第190－191页。

② 参见强世功：《中国宪法中的不成文宪法——理解中国宪法的新视角》，载《开放时代》2009年第12期，第25页。

③ 《江泽民文选》第3卷，人民出版社2006年版，第600页。

④ 王晨：《关于〈中华人民共和国宪法修正案（草案）〉的说明》，载《全国人民代表大会常务委员会公报》2018年特刊，第95页。

导人更迭渐成政治惯例。2005年江泽民卸任中央军委主席，并推荐胡锦涛担任该职务时谈到，确立“三位一体”权力结构对党和国家既属必要，也是最妥当的办法。由此，“三位一体”权力结构成为国家权力结构的新的实践形态，有学者称之为中国的不成文宪法。权力的叠加状态理顺了执政党和国家之间的关系，事实上也强化了国家权力的集中和统一，增强了个人在国家政权体系中的作用。

（孙如意：《宪法上“国事活动”的含义与监督》，载《政治与法律》2016年第10期。）

三、国家主席的职权

（一）基本理论与概念

1. 元首职权。各国国家元首的职权各不相同，例如，同为总统，议会内阁制国家的总统与总统制国家的总统所享有的职权就大不相同。宪法学理论一般将以下职权列举为国家元首的职权：公布法律权、发布命令权、召集议会权、外交权、统率武装力量权、任免权、赦免权、荣典权。①

2. 元首权。西方的分权学说一般是将国家元首视为行政机关的构成部分，元首的职权也因此被视为归属于行政权之下。② 不过也有少数学者主张国家元首并非行政机关的构成部分，它们将元首权抽取出来作为一种独立的权力类型，视其为与行政权并列的一种国家权力类型。法国学者贡斯当（Benjamin Constant）在19世纪就提出，元首权是一种“中立性、斡旋性与规制性”的权力，作为元首的国王以中立权（pouvoir neutre）的身份出现，维持立法、行政、司法三权之间的平衡。③

3. 国家主席的职权包括公布法律、发布命令权，任免权，外事权，授予荣誉权。

（二）重点解析与前沿

1. 1954年宪法下国家主席的职权

按照1954年宪法和全国人大组织法的规定，国家主席除享有公布法律权、任免权、发布命令权、外事权和荣典权之外，还享有三项实质性的权限：一是主席可以向全国人大及其常委会提出议案④；二是主席统率全国武装力量，担任国防委员会主席；三是主席在必要的时候可以召开最高国务会议，担任最高国务会议主席。最高国务会议对国家重大事务的意见，由国家主席提交全国人大及其常委会、国务院或者其他有关部门讨论并作出决定。毛泽东在宪法起草委员会第一次会议上谈到上述条款时说：这两条是说，主

① 参见许崇德：《国家元首》，江苏人民出版社2017年版，第68页以下。

② 参见王世杰、钱端升：《比较宪法》，中国政法大学出版社1997年版，第267页以下。

③ 参见［美］小查尔斯·爱德华·梅里亚姆：《卢梭以来的主权学说史》，毕洪海译，法律出版社2006年版，第63页。贡斯当论述说，“行政权、立法权和司法权是三种各领一方、但必须在整体运作中进行合作的权能。当这些权能的职责被混淆，以致相互交叉、抵触和妨碍的时候，你就需要一种能够使它们回到恰当位置上去的权力……国家元首所真正关心的不是让这三种权能的任何一种推翻其他两种，而是让它们相互支持，互相理解，协调行动”。参见田飞龙：《新君主制与中立性权力》，载《天府新论》2014年第1期，第8页。

④ 1954年中共中央提出的宪法草案初稿第41条曾规定，主席有权向全国人大及其常委会“提出建议”，但正式通过的宪法文本删除了此项规定。参见秦前红：《“五四宪法”草案初稿中国家主席制度的雏形》，《中国法学》2014年第4期，第82页。1954年《全国人民代表大会组织法》第8条规定，主席、副主席、全国人民代表大会的代表、主席团、常务委员会和各委员会、国务院，都可以向全国人民代表大会提出议案。

席也有些事做，不是专门吃饭。所谓“也有些事做”，意思就是也有些实权；“不是专门吃饭”，就是说主席的职权不全部是虚的。[①] 从这个意义上说，在1954年宪法之下，国家主席享有实实在在的权力。如果我们不拘泥于国家主席同全国人大常委会结合行使元首职权的传统说法[②]，则可以认为1954年宪法其实确立了实权元首制度。

2.1982年宪法文本上的国家主席职权

1982年宪法上的国家主席职权可以分为两类：一类是国家主席根据全国人大及其常委会行使的职权，主要有公布法律权、任免权、发布命令权、外事权和授予荣誉权。此类职权被规定于《宪法》第80条、第81条。另一类是国家主席可以单独行使的职权，主要有《宪法》第62条规定的总理提名以及第81条规定的代表中华人民共和国接受外国使节。与1954年宪法相比，1982年宪法规定：国家主席不再能向全国人大及其常委会提出议案，将军事统率权划归中央军事委员会主席，不再设置最高国务会议。因此国家主席不再拥有相关的职权。按照修宪者的说法，国家主席“是个象征性的职位”，虽然国家主席提名国务院总理，但宪法并没有规定国务院须向国家主席负责并报告工作。“总而言之，国家主席的地位崇高，权力较小，比较超脱。”[③] “国家主席摆脱一些行政工作，不承担立法、行政、军事的责任，有利于维护国家主席的国家最高象征的地位。”[④]

3. 国家主席地位的实际发展

2004年《宪法修正案（草案）》将《宪法》第81条中的“中华人民共和国主席代表中华人民共和国，接受外国使节”，修改为“中华人民共和国主席代表中华人民共和国，进行国事活动，接受外国使节”。这是基于20世纪90年代以来元首外交的实际经验而对宪法作出的新的修改。这是“宪法对主席的进一步授权，为主席开展国事活动提供法律基础和宪法保障”[⑤]。虽然“进行国事活动”的表述过于笼统，很难认为它包含了具体的授权[⑥]，但无疑它进一步使国家主席的职权“实权化”了。[⑦] 按照2023年《对外关系法》第11条的规定，中华人民共和国主席代表中华人民共和国，进行国事活动，行使宪法和法律规定的对外关系职权。可见，国家主席对整个国家政治生活的影响，不再局限于单一的国家主席身份，而是基于国家主席、党的总书记和中央军委主席三种身份和地位的综合，因此国家主席在国家生活中发挥着深远的作用和影响。[⑧]

---

① 参见许崇德：《中华人民共和国宪法史》，福建人民出版社2003年版，第326页。

② 许崇德教授即指出，虽然刘少奇对此有具体的说明，但“国际、国内都并没有把全国人大常委会当作国家元首”。“中国的国家元首在宪法的文字上虽然并没有出现，但中华人民共和国主席乃是国家元首，这应是不争的事实”。许崇德：《中华人民共和国宪法史》，福建人民出版社2003年版，第323页。

③ 肖蔚云：《我国现行宪法的诞生》，北京大学出版社1987年版，第169页。“主席的地位比以前更超脱了”。参见许崇德主编：《中国宪法》，中国人民大学出版社1989年版，第217页。“主席在行政、军事的具体事务方面，处于比较超脱的地位”。参见张友渔：《宪政论丛》（下册），群众出版社1986年版，第172页。

④ 李步云：《论我国的国家主席制度——学习新宪法的一点体会》，载《思想战线》1983年第3期，第3页。

⑤ 许崇德主编：《中国宪法》（第4版），中国人民大学出版社2010年版，第173页。

⑥ 有学者就指出，“我国国家主席开展的诸多‘国事活动’并不具有实质性权限”。参见孙如意：《宪法上“国事活动”的含义与监督》，载《政治与法律》2016年第10期，第70页。

⑦ 参见马岭：《我国国家主席制度的规范与实践》，载《法学》2014年第4期，第3页。

⑧ 参见江登琴：《规范与现实之间：自1982年宪法以来国家主席制度的发展》，载《中国宪法年刊（2011）》，法律出版社2012年版，第63页。

（三）延伸阅读

“八二宪法”在国家元首问题上经历了一个重大的转折。在八十年代采取的是分权体制，国家主席是未言明的虚位国家元首，总书记和军委主席握有实权。但……从九十年代初逐步在实践中发展出“三位一体”的国家元首制度，再次将权力集中起来，国家主席也借此成为实权国家元首。

（翟志勇：《国家主席、元首制与宪法危机》，载《中外法学》2015年第2期，第364页。）

昆士坦是这样论述的：“王权与行政权的区别经常为人们所忽视，而这种区别是非常重要的，它恐怕是一切政治的关键。国王权力之中存在着两种显然不同的权力。一种是具有实证性特权的行政权，一种是回忆和宗教传统上所支持的王权。立宪君主制是在这种政治权力的基础上，被赋予了有效的舆论力量，使国王一身享有面对三权的中立权。这样的国王，其真正利益不在于一个权力压倒另一个权力，而在于协调、了解、联系各个方面……国王在这三权之中如果打乱均衡固然没有任何利益，相反，维持均衡却能维护自己中立的居间性的权威”。昆士坦认为王权的内容即国王的权能应该是：（1）行政权的任免；（2）批准法律；（3）解散议院；（4）任免法官；（5）大赦；（6）宣战、媾和。他的主要想法是用中立化的国家元首来对抗政府首脑，这样的国家元首是不能公然而直接地进行活动的。即把被动的“国家元首”（Head of State）与主动的“政府首脑”（Chief of Government）加以区别。也就是说作为国家元首的君主首先必须承认与这样的“政府首脑”的区别，而后才能被认可。

（［日］佐藤功：《比较政治制度》，刘庆林、张光博译，法律出版社1984年版，第77页。）

第四节 国务院

一、国务院的性质和地位

（一）基本理论与概念

1. 国务院即中央人民政府。在我国的对外事务中，国务院就是中华人民共和国政府，也即我国的中央人民政府。从国内政权组织体系看，地方各级人民政府都要服从中央人民政府的领导。

2. 国务院是最高国家权力机关的执行机关。相对于最高国家权力机关，国务院是它的执行机关，它负责执行全国人大及其常委会制定的法律、通过的决议或者决定。

3. 国务院是最高国家行政机关。国务院行使行政权，统一领导国务院各部委、地方各级人民政府的工作。它在整个国家的行政机关系统中居于最高的地位。

（二）重点解析与前沿

1. 中央人民政府

在我国宪法上，“中央人民政府”的概念曾经发生过重要的变化。1949年9月中国人民政治协商会议第一次会议通过《中央人民政府组织法》，设立了中央人民政府，它是一个由中央人民政府委员会、政务院、人民革命军事委员会、最高人民法院和最高人民检察署所组成的“大政府”[①]。1954年《宪法》第47条规定，“中华人民共和国国务院，即中央人民政府……”这表明“中央人民政府”的概念内涵发生了重要变化，在1954年之后，“中央人民政府”就仅仅指国务院了。这是“中央人民政府”在外延上的重要变化。就它的内涵而言，结合《宪法》第3条中“中央和地方”的表述，《宪法》第85条中的“中央人民政府”乃是相对于地方各级人民政府的一个概念。不过，联系到我国的单一制国家结构形式，“中央人民政府”也含有对外的意味，因为国际社会中在任何国家都是由政府来处理国家的外交事务，政府可谓代表着一国的政权。毛泽东在1954年宪法起草委员会第七次会议上曾经说过，“按照外国的习惯，一个国家只有一个政府”[②]。这里也体现了中央人民政府所包含的对外意义。总之，“国务院即中央人民政府有两重意义：一是在国际社会中，国务院是代表中华人民共和国的政府；二是我国的地方人民政府体系中，国务院是中央政府”[③]。

2. 最高国家机关的执行机关

就国务院同全国人大的关系来说，国务院是最高国家权力机关的执行机关。所谓执行，是指国务院把最高国家权力机关已经通过的法律和决议付诸实施。我国最高国家权力机关可谓国家意志的表达机关，而国务院可谓国家意志的执行机关。国务院作为最高国家权力机关执行机关的定位，也体现了我国宪法上的民主集中制原则。毛泽东在1937年指出：“当人民要求的政策一经通过民意机关而交付与自己选举的政府的时候，即由政府去执行，只要执行时不违背曾经民意通过的方针，其执行必能顺利无阻。这就是集中制的意义。”[④] 国务院作为执行机关，“它不能违背最高国家权力机关的决定去处理国家事务，也不能去做最高国家权力机关所不批准的事情”[⑤]。有学说曾将此描述为“执行的意志制约性”[⑥]。不过，“国务院是最高国家权力机关的执行机关，并不意味着全国人大及其常委会是国务院的上级机关，可以对国务院作出具体的指挥命令”[⑦]。

3. 最高国家行政机关

从人民代表大会制度的原则上说，全国人大是最高国家权力机关，由全国人大产生的其他机关可谓都是它的执行机关。[⑧] 从这个意义上说，国务院作为“最高国家行政机关”的定位就十分重要了。在1954年宪法起草委员会第三次会议上，李维汉讲道：“国务院和其他机关的区别，不在‘执行’上区别，而在机关的性质上区别。”邓小平也认为“国务院的真正定义是最后一句（即最高国家行政机关——引者注）”[⑨]。从概念上说，执

---

① 许崇德：《中华人民共和国宪法史》，福建人民出版社2003年版，第99页。

② 韩大元：《1954年宪法制定过程》，法律出版社2022年版，第420页。

③ 韩大元：《1954年宪法制定过程》，法律出版社2022年版，第560页。

④ 毛泽东：《和英国记者贝特兰的谈话》，载《毛泽东选集》第2卷，人民出版社1991年版，第383页。

⑤ 许崇德主编：《中国宪法》（第4版），中国人民大学出版社2010年版，第173页。

⑥ 王旭：《作为国家机构原则的民主集中制》，载《中国社会科学》2019年第8期，第78页。

⑦ 王贵松：《国务院的宪法地位》，载《中外法学》2021年第1期，第212页。

⑧ 例如田家英在宪法起草委员会第三次会议上就说，“不仅主席是‘执行’，法院、检察署也是全国人民代表大会的执行机关”。参见许崇德：《中华人民共和国宪法史》，福建人民出版社2003年版，第198页。

⑨ 许崇德：《中华人民共和国宪法史》，福建人民出版社2003年版，第198页。

行与行政十分紧密，是国务院工作的不同侧面，但执行更强调国务院同全国人大之间的关系，而行政则突出了国务院与宪法所设置的其他中央国家机关的不同[①]，也即行政“是指国务院的工作在性质上即不同于国家立法，也不是审判或者检察，而是对国家事务进行行政管理”[②]。对于行政的含义，理论上历来意见不一：有的认为行政为国家事务中扣除立法、司法之外的其他国家作用，也称扣除说；有的认为行政是行政机关的所有活动，此即形式说；还有的认为行政是积极实现国家目的的活动；等等。[③]“国务院作为最高国家行政机关，体现在国务院领导所有行政机关，国务院有权在宪法和法律规定的权限范围内以制定行政法规、发布命令等方式决定行政系统内的事项，国务院还具有政策形成功能，不仅可以形成行政系统的政策，还可以通过积极向全国人大及其常委会提交议案和建议等方式参与国家大政方针的形成。”[④]

（三）延伸阅读

国务院作为中央人民政府，这是一个概括性的宪法地位，在国家与国务院的关系上，国务院有权对内对外代表国家。在具体的机关之间的关系上，首先是与最高国家权力机关的关系。国务院是其执行机关，负责执行全国人大及其常委会的法律和决议等，向人大负责，并受其监督。国务院即便对全国人大及其常委会的决定有意见，也只能通过建议、提案等方式进行沟通，而不得有任何实质的反制措施或拒不执行。在行政系统内部，国务院是最高国家行政机关，行使行政权，领导全国的行政机关。

（王贵松：《国务院的宪法地位》，《中外法学》2021 年第 1 期。）

二、国务院的组成和任期、领导体制、会议制度

（一）基本理论与概念

1. 国务院由总理、副总理、国务委员、各部部长、各委员会主任、审计长、秘书长组成。总理、副总理、国务委员连续任职不得超过两届。

2. 国务院实行总理负责制，各部、各委员会实行部长、主任负责制。

3. 国务院会议主要有国务院全体会议、国务院常务会议、总理办公会。

（二）重点解析与前沿

1. 国务院的组织形式和领导体制

1954 年之前的政务院实行委员会制的组织形式。政务院由总理、副总理、秘书长和政务委员组成。按照 1949 年《中央人民政府组织法》第 17 条，政务院采取集体领导的体制，“政务院的会议，须有政务委员过半数的出席始得开会，须有出席政务委员过半数的同意始得通过决议”。1954 年宪法制定后，国务院开始采取部长会议的组织形式，即国务院由总理、副总理、部长、委员会主任、秘书长组成，取消了原来的政务委员，但仍实行集体领导体制。按照 1954 年《国务院组织法》第 5 条，国务院发布的决议和命令，必须经国务院全体会议或者常务会议通过。1982 年之后，国务院的组织形式有了新

① 参见马岭：《宪法权力解读》，北京大学出版社 2013 年版，第 248 页以下。

② 许崇德主编：《中国宪法》（第 4 版），中国人民大学出版社 2010 年版，第 174 页。

③ 参见王贵松：《国务院的宪法地位》，载《中外法学》2021 年第 1 期，第 212 页。

④ 王贵松：《国务院的宪法地位》，载《中外法学》2021 年第 1 期，第 217 页。

的变化，主要是在部长会议的基础上，增设了国务委员，因此结合了委员会制的优点。此外，宪法规定国务院实行总理负责制，首次明确规定了行政首长负责制。国务院工作的最终决策权的掌握者由国务院会议转为总理，国务院常务会议和国务院全体会议在决定问题时不进行表决，而由总理在会议研究讨论的基础上，集中正确意见，作出最终决定。[①]

2. 总理负责制的主要内容

总理负责制的主要内容如下：(1) 按照 1982 年宪法的规定，国务院总理由国家主席提名，由全国人大决定，由国家主席任命。(2) 国务院各部、各委员会的设立、撤销或者合并，经总理提出，由全国人大及其常委会确定。(3) 国务院其他组成人员的人员，由总理提名，全国人大决定；在全国人大闭会期间，由全国人大常委会决定，由国家主席任命。总理在必要的时候可以请求全国人大及其常委会免除他们的职务。全国人大常委会在全国人大闭会期间，根据国务院总理的提请，可以决定撤销国务院其他个别组成人员的职务。(4) 总理领导国务院的工作，副总理、国务委员协助总理工作。国务委员受总理委托，负责某些方面的工作或者专项任务，并且可以代表国务院进行外事活动。(5) 总理召集和主持国务院全体会议和国务院常务会议，会议的主题由总理确定。(6) 国务院发布的决定、命令和行政法规，向全国人大及其常委会提出的议案、任免人员，由总理签署。

（三）延伸阅读

1982 年宪法制定后，国务院全体会议并没有如 1954 年宪法时期一样成为讨论决定国务院工作中的重大问题的核心，反而呈现出形式化、符号化的特点。从会议召开频率、议题内容等各方面来看，国务院常务会议的地位和重要性都超过了国务院全体会议。国务院全体会议或者“议而不决”（例如讨论政府工作报告、讨论国民经济和社会发展计划），或者“决而不议”（例如任免特别行政区行政长官），而国务院常务会议则真正又“议”又“决”，事实上成为中国行政系统中的最高议事和决策平台。

（贾圣真：《国务院会议制度变迁的组织法透视》，载《法治现代化研究》2020 年第 1 期，第 86 页。）

虽然我国宪法确立了行政首长负责制，并相应赋予了行政首长最终决策权，但《中国共产党党组工作条例（试行）》第 21 条规定：党组实行集体领导制度；凡属党组职责范围内的事项，应当按照少数服从多数原则，由党组成员集体讨论决定；党组书记应当带头执行民主集中制，不得凌驾于组织之上，不得独断专行；党组成员应当认真执行党组集体决定，勇于担当、敢于负责，切实履行职责。照此，行政首长如果行使最终决策权，必然会违反党组工作条例。在党政合并合署改革之后，这一问题在新机关内部会体现得更为突出。笔者认为，为了维持新机关的事务与内容合法化水平，应当对党组工作条例的这一条款进行必要调整，从而使其符合宪法和法律的规定。从本质上讲，这是宪法确立的人民代表大会制度的要求。

（陈征：《党政机关合并合署与行政活动的合法化水平》，载《法学评论》2019 年第 3 期，第 36 页。）

---

① 参见许崇德主编：《中国宪法》（第 4 版），中国人民大学出版社 2010 年版，第 177 页。

三、国务院的职权

（一）基本理论与概念

1. 立法性权力。国务院“根据宪法和法律”制定行政法规。1982 年宪法在授予全国人大常委会以立法权的同时，“为了加强社会主义法制，加强国务院的工作，规定国务院有权制定行政法规”[①]。此外，国务院有权向全国人大及其常委会提出议案。在实践中，国务院提出的议案绝大多数都是法律议案，这是国务院参与法律制定的重要方式。

2. 对行政工作的领导与监督权。国务院领导全国性的行政工作，统一领导各部、各委员会以及全国地方各级国家行政机关的工作；国务院有权改变或者撤销各部、各委员会不适当的命令、指示和规章以及地方各级国家行政机关不适当的决定和命令。

3. 行政管理权。国务院编制和执行国民经济和社会发展计划和国家预算；领导和管理经济工作和城乡建设；领导和管理教育、科学、文化、卫生、体育、计划生育、民政、公安、司法行政工作；管理对外事务，同外国缔结条约和协定；领导和管理国防建设事业、民族事务；保障少数民族的平等权利和民族自治地方的自治权利，保护华侨、归侨和侨眷的合法的权利和利益；决定省、自治区、直辖市的范围内部分地区进入紧急状态。

4. 行政组织权。国务院规定各部和各委员会的任务和职责；规定中央和省、自治区、直辖市的国家行政机关的职权的具体划分；审定行政机构的编制，依照法律规定任免、培训、考核和奖惩行政人员。

5. 全国人大及其常委会授予的其他职权。

（二）重点解析与前沿

1. 行政法规制定权

根据《宪法》第 89 条第 1 项的规定，国务院有权“根据宪法和法律”，制定行政法规。这是 1982 年宪法为国务院新规定的职权，体现了把行政管理纳入法制化轨道的修宪意图。[②] 但这也催生了在全国人大常委会与国务院之间如何划分立法权限的问题，也即哪些事项可以由国务院制定行政法规，哪些事项须留待全国人大常委会制定法律。[③] 2023 年修改后的《立法法》第 72 条第 2 款规定，行政法规可以就下列事项作出规定：（1）为执行法律的规定需要制定行政法规的事项；（2）《宪法》第 89 条规定的国务院行政管理职权的事项。第 1 项可谓执行性立法，即为了执行法律的需要，国务院可以制定行政法规。从立法实务看，我国诸多法律往往规定由国务院制定其实施细则或者实施条例，但也有例如《道路交通安全法》《土地管理法》等法律并无国务院可以制定实施条例的规定。有了《立法法》第 72 条的一般性授权，国务院制定《道路交通安全法实施条例》《土地管理法实施条例》就具有了合法性基础。[④]

---

① 肖蔚云：《我国现行宪法的诞生》，北京大学出版社 1986 年版，第 174 页。

② 参见王汉斌：《王汉斌访谈录——亲历新时期社会主义民主法制建设》，中国民主法制出版社 2012 年版，第 101 页。

③ 参见肖蔚云：《我国现行宪法的诞生》，北京大学出版社 1986 年版，第 174 页。

④ 参见谢立斌：《论国务院的职权立法权》，载《政法论坛》2018 年第 6 期，第 102 页。也有学者对此持有反对意见，认为在立法没有明确授权的情况下，国务院不能制定有关立法的实施条例。参见章剑生：《现代行政法总论》，法律出版社 2019 年版，第 190 页。

国务院根据《立法法》第72条第2款第2项的规定制定的行政法规可谓“职权性立法”。国务院是否享有职权立法权？也即国务院是否无须法律具体授权而可以直接根据《宪法》第89条制定行政法规？这是一个学界久有争议的问题。[①] 从理论上说，“《宪法》第89条规定的国务院行政管理职权的事项”甚为宽泛，在很多方面涉及全国人大及其常委会的立法事项。对此，《立法法》第12条规定，“本法第十一条规定的事项尚未制定法律的，全国人民代表大会及其常务委员会有权作出决定，授权国务院可以根据实际需要，对其中的部分事项先制定行政法规”。这里体现了较为严格的法律保留原则，即国务院应当根据立法机关的授权来制定行政法规。但由于全国人大及其常委会立法事项的范围并不清晰，而且有些本应由全国人大及其常委会作出立法授权的事项也没有严格意义上的授权决定，但实践中对此类事项又不能不予以规范，所以在实践中，“中央立法权限中的许多事项，除少数国务院绝对不能涉足外，许多事项在全国人大及其常委会未立法前，实践中都先由国务院制定行政法规，但不得同宪法相抵触，并且在效力上低于法律”[②]。这已经含有法律优先的意思了。[③]

2. 授权立法

《宪法》第89条第18项规定，国务院还行使全国人大及其常委会授予的其他职权。实践中，全国人大及其常委会曾向国务院作出过多次授权。从类型上看，此种授权立法可以分为两类：第一类是全国人大及其常委会以决定的方式对国务院作出的概括授权，理论上也称之为“法案授权”[④]。例如，1984年全国人大常委会《关于授权国务院改革工商税制和发布有关税收条例草案试行的决定》，1985年六届全国人大三次会议通过《关于授权国务院在经济体制改革和对外开放方面可以制定暂行的规定或者条例的决定》，对国务院进行“一揽子授权”，它授权国务院在必要的时候，对于有关经济体制改革和对外开放方面的问题，在同有关的法律和全国人大及其常委会的有关决定的基本原则不相抵触的前提下，可以制定暂行的规定或者条例，颁布实施，并报全国人大常委会备案。此类法案授权，在我国法律体系初创的阶段发挥了积极的作用。

第二类是全国人大及其常委会在单行法律中就具体事项对国务院的授权，理论上也称之为法条授权。[⑤] 例如2017年修改后的《公路法》第36条第1款规定，“国家采用依法征税的办法筹集公路养护资金，具体实施办法和步骤由国务院规定”；第68条规定，“收费公路的具体管理办法，由国务院依照本法制定”。2019年修改后的《车船税法》第4条规定：“对节约能源、使用新能源的车船可以减征或者免征车船税；对受严重自然灾害影响纳税困难以及有其他特殊原因确需减税、免税的，可以减征或者免征车船税。具体办法由国务院规定，并报全国人民代表大会常务委员会备案。”《道路交通安全法》第13条第2款规定：“对机动车的安全技术检验实行社会化。具体办法由国务院规定。”此

① 参见王贵松：《论法律的法规创造力》，载《中国法学》2017年第1期，第119页以下。

② 乔晓阳：《完善我国立法体制 维护国家法制统一》，载全国人大培训中心编：《九届全国人大常委会法制讲座》，中国民主法制出版社2003年版，第95页。

③ 参见杜强强：《论我国宪法上的议行复合结构》，载《法学研究》2023年第4期，第53页。

④ 章剑生：《现代行政法总论》，法律出版社2019年版，第189页。

⑤ 参见章剑生：《现代行政法总论》，法律出版社2019年版，第189页。

类作出法条授权的法律甚多，是当代授权立法的主要方式。

2000 年《立法法》第 9 条规定：本法第 8 条规定的事项尚未制定法律的，全国人民代表大会及其常务委员会有权作出决定，授权国务院可以根据实际需要，对其中的部分事项先制定行政法规，但是有关犯罪和刑罚、对公民政治权利的剥夺和限制人身自由的强制措施和处罚、司法制度等事项除外。这是《立法法》对“法案授权”的总体性规定。不过，随着我国社会主义法律体系的建成，在“有法可依”的问题基本得到解决的背景下，“法案授权”应当不再成为授权立法的主要方式。1984 年《关于授权国务院改革工商税制发布有关税收条例草案试行的决定》已经于 2009 年废除[①]，《关于授权国务院在经济体制改革和对外开放方面可以制定暂行的规定或者条例的决定》也会待全部税收条例上升为法律或被废止后，提请由全国人大废止。[②]

（三）延伸阅读

不久以前，国务院曾经提出过一个法律草案，委员长会议认为是需要的，但是立法条件还不成熟，所以没有列入全国人大常委会的会议议程。这就带来一个问题：经验不成熟的不能立法，如果没有法律又不好开展工作，怎么办？这个问题如果不很好地解决，就会妨碍经济体制改革和对外开放的顺利进行，翻来覆去考虑到两个月，委员长会议认为需要授权国务院在经济体制改革和对外开放方面可以制定暂行规定或者暂行条例。采取什么方式？最初，有过三个方案：有的同志主张不作决定，可以在会上说一下，以后这么办就行了。这种方式比较省事。有的同志主张由全国人大常委会作决定，常务会有权决定，这在法律上是没有问题的，宪法已有关于经济体制改革和对外开放方面的原则规定。还有一种意见，认为这是一件大事，最好由全国人大常委会通过一个决定草案，提请全国人大审议决定。经过反复商议，最后大家一致认为，还是最后这个方案好，比较完备，它是严格遵守宪法和法定程序的，又能够解决经济体制改革和对外开放工作的实际需要。

（彭真：《论新时期的社会主义民主与法制建设》，中央文献出版社 1989 年版，第 245 页。）

四、国务院的机构设置

（一）基本理论与概念

1. 国务院的机构

国务院行政机构主要有国务院办公厅、国务院组成部门、国务院直属机构、国务院办事机构、国务院组成部门管理的国家局。国务院办公厅协助国务院领导处理国务院日常工作。国务院组成部门包括各部、各委员会、中国人民银行和审计署，依法分别履行国务院基本的行政管理职能。国务院直属机构（如海关总署、国家金融监督管理总局）主管国务院的某项专门业务，具有独立的行政管理职能。国务院办事机构（如国务院侨

---

① 参见李适时：《关于〈全国人民代表大会常务委员会关于废止部分法律的决定（草案）〉和〈全国人民代表大会常务委员会关于修改部分法律的决定（草案）〉的说明》，载《全国人民代表大会常务委员会公报》2009 年第 6 期。

② 《税收法定是税收立法和税收法律制度的一项基本原则 人大常委会法工委负责人就〈贯彻落实税收法定原则的实施意见〉答问》，载《人民日报》2015 年 3 月 26 日，第 2 版。

务办公室[①]）协助国务院总理办理专门事项，不具有独立的行政管理职能。国务院组成部门管理的国家局（如由国家发展和改革委员会管理的国家数据局）由国务院组成部门管理，主管特定业务，行使行政管理职能。此外，国务院还设有国务院直属特设机构（例如国务院国有资产监督管理委员会）、国务院直属事业单位（如新华社）、国务院议事协调机构（如全国爱国卫生运动委员会）等。

国务院组成部门的设立、撤销或者合并由国务院机构编制管理机关提出方案，经国务院常务会议讨论通过后，由国务院总理提请全国人大决定；在全国人大闭会期间，提请全国人大常委会决定。国务院直属机构、国务院办事机构和国务院组成部门管理的国家局的设立、撤销或者合并由国务院机构编制管理机关提出方案，报国务院决定。

2. 规章制定权主体

《宪法》第 90 条第 2 款规定：各部、各委员会根据法律和国务院的行政法规、决定、命令，在本部门的权限内，发布命令、指示和规章。2000 年《立法法》第 71 条将规章制定权主体的范围扩大至中国人民银行、审计署和具有行政管理职能的直属机构。按照 2023 年修改后的《立法法》第 91 条的规定，国务院各部、各委员会、中国人民银行、审计署和具有行政管理职能的直属机构以及法律规定的机构，可以根据法律和国务院的行政法规、决定、命令，在本部门的权限范围内，制定规章。"具有行政管理职能的直属机构"，例如国家税务总局、国家市场监督管理总局等；"法律规定的机构"，例如《网络安全法》第 8 条规定的国家网信部门。国家互联网信息办公室（与中央网络安全和信息化委员会办公室一个机构两块牌子，列入中共中央直属机构序列）由此取得规章制定权。

（二）重点解析与前沿

1. 国务院组织机构的规范体系

国务院的组织由多种规范为其提供依据。（1）宪法规范。《宪法》第 86 条规定了国务院的建制和基本构成。宪法规定国务院设置各部、各委员会，但未明确将其列举出来，主要是为了维护宪法的稳定。[②]（2）法律规范。《国务院组织法》是国务院的基本组织法规，它细化了总理负责制的主要内容，规范了国务院的会议制度。1954 年《国务院组织法》第 2 条曾将国务院各部委一一列举，1982 年《国务院组织法》在制定时也有意见要求做列举，但因为国家行政管理体制和经济体制正在进行改革，所以法律没有列举。[③]（3）行政法规。国务院 1997 年制定《国务院行政机构设置和编制管理条例》，对国务院办公厅、组成部门、直属机构、办事机构、国务院组成部门管理的国家行政机构、议事协调机构等的设立、撤销或合并程序作出了明确的规定。（4）党内规范性文件。国务院工作部门的内部配置和具体工作职责等是由作为"党内规范性文件"的各级党的机构编制委员会的"三定方案"规定的。

---

① 国务院侨务办公室在中央统战部加挂牌子，由中央统战部承担相关职责。

② 毛泽东在 1954 年宪法起草委员会第一次会议上说：中央各部、各委员会列不列？我们没有列，苏联 1918 年的宪法也没有列。不列，伸缩性大。部、委员会可能经常变动，或增或减。如果列了，变动一次，就要修改宪法一次，这样，宪法就要年年修改了。参见许崇德：《中华人民共和国宪法史》，福建人民出版社 2003 年版，第 192 页。

③ 参见习仲勋：《关于四个法律草案的说明》，1982 年 12 月 6 日在第五届全国人大第五次会议上，载全国人大常委会办公厅研究室编：《中华人民共和国人民代表大会文献资料汇编》，中国民主法制出版社 1991 年版，第 174 页。

2. 党政合署办公

根据2018年党的十九届三中全会通过的《关于深化党和国家机构改革的决定》《深化党和国家机构改革方案》，我国实行和推进"职责相近的党政机关合并设立或合署办公"的制度。按照这个改革，国务院的机构设置主要分为三类：（1）由国务院领导的机构，属于国务院序列，例如外交部、教育部等。这是国务院多数部委的管理关系。（2）由中共中央某部门领导，但仍属于国务院序列的机构。例如，国家民族事务委员会归口中央统战部领导，但仍作为国务院组成部门。（3）由中共中央某部门领导，不再属于国务院序列。这主要涉及国务院办事机构和由国务院各部委管理的国家局，例如：国家公务员局并入中央组织部，中央组织部对外保留国家公务员局牌子；国家宗教事务局、国务院侨务办公室并入中央统战部，中央统战部对外保留国家宗教事务局、国务院侨务办公室牌子；等等。

（三）延伸阅读

在人事与组织合法化方面，在中央层级，全国人大根据国务院总理的提名，决定各组成部门的负责人，并有权对其罢免。这在党政合并合署改革之后必须保持不变。举例来讲：中央全面依法治国委员会办公室和司法部合署办公，虽然司法部的内设机构将根据工作需要承担中央全面依法治国委员会办公室的相关工作，接受中央全面依法治国委员会办公室的统筹协调，但司法部部长的人选仍然应由全国人大根据国务院总理的提名来决定。在地方各级，国务院、县级以上地方各级人民政府仍然有权任命它们下属各工作部门及派出机构、直属机构中的领导职务。即使新机关的党政负责人为同一人，也不得仅由党委来决定这一领导职务的人选，否则人事与组织合法化链条将会断裂，这与人民代表大会制度不符。

（陈征：《党政机关合并合署与行政活动的合法化水平》，载《法学评论》2019年第3期，第34－35页。）

第五节　中央军事委员会

一、我国军事统率机关的历史发展

（一）基本理论与概念

1.《共同纲领》确立的军事统率机关

《共同纲领》第20条规定：中华人民共和国建立统一的军队，即人民解放军和人民公安部队，受中央人民政府人民革命军事委员会统率。按照1949年《中央人民政府组织法》第5条、第23条、第24条的规定，中央人民政府委员会组织人民革命军事委员会，以为国家军事的最高统辖机关。人民革命军事委员会统一管辖并指挥全国人民解放军和其他人民武装力量。人民革命军事委员会设主席1人、副主席若干人、委员若干人。"在人民革命军事委员会存在的5年中，它的主席实际上一直由担任中央人民政府主席的同一个人担任。”[①]

2.1954年宪法确立的军事统率机关

1954年《宪法》第42条规定，中华人民共和国主席统率全国武装力量，担任国防委员会主席。1954年9月28日，中共中央政治局通过《中共中央关于成立党的军事委员会的决议》。该决议指出，必须同过去一样，在中央政治局和书记处之下成立党的军事委员会，担负整个军事工作的领导，统一领导全国的武装力量。“新的中共中央军事委员会成立后，中央人民政府人民革命委员会遂告终止。”[②]

3.1975年宪法和1978年宪法确立的军事统率机关

1975年《宪法》第15条第2款规定：中国共产党中央委员会主席统率全国武装力量。1978年《宪法》第19条第1款规定：中华人民共和国武装力量由中国共产党中央委员会主席统率。这两部宪法不再规定国家主席和国防委员会。

4.1982年宪法确立的军事统率机关

1982年《宪法》第93条第1款规定：中华人民共和国中央军事委员会领导全国武装力量。

（二）重点解析与前沿

关于中央军事委员会的地位，按照宪法的规定，中华人民共和国中央军事委员会领导全国武装力量。众所周知的是，中国人民解放军是由中国共产党所缔造的军队，“中国共产党缔造和领导的人民解放军，在中华人民共和国成立以后，就是国家的军队”[③]。按照马克思主义的国家学说，军队是国家机器的重要组成部分，如果作为国家根本法的宪法对此不作规定，显然是不适当的。[④] 1982年宪法遂规定中央军事委员会作为军队的统率机关。它的特点在于，宪法确立的中央军事委员会与党的中央军事委员会“重叠”，党的中央军事委员会主席、副主席、委员经过全国人大的选举和决定，成为国家的中央军事委员会主席、副主席和委员。这样，“既巩固了党对武装力量的领导，又体现了武装力量属于人民，军事是国家政权的重要组成部分的原则”[⑤]。

二、中央军事委员会的性质、地位、组织形式和领导体制

（一）基本理论与概念

1. 中央军事委员会领导全国武装力量，是国家最高军事指挥机关。

2. 中央军事委员会主席由全国人大主席团提名，由全国人大选举产生；中央军事委员会副主席、委员由国家主席提名，由全国人大决定；在全国人大闭会期间，由全国人大常委会决定任免。全国人大有权罢免中央军事委员会组成人员。

3. 中央军事委员会每届任期同全国人大每届任期相同。

---

① 许崇德主编：《中国宪法》（第4版），中国人民大学出版社2010年版，第138页。

② 丛文胜编：《国防法律制度——宪法视角下的国防法律制度研究》，解放军出版社2012年版，第134页。

③ 彭真：《关于中华人民共和国宪法修改草案的报告》，载全国人大常委会法制工作委员会宪法室编：《中华人民共和国制宪修宪重要文献资料选编》，中国民主法制出版社2021年版，第106页。

④ 参见肖蔚云：《我国现行宪法的诞生》，北京大学出版社1987年版，第73页。

⑤ 许崇德主编：《中国宪法》（第4版），中国人民大学出版社2010年版，第184页。

4. 中央军事委员会实行主席负责制，主席对全国人大及其常委会负责。

（二）重点解析与前沿

1. 中央军事委员会向全国人大及其常委会负责

按照宪法的规定，中央军事委员会向全国人大及其常委会负责。宪法并没有要求“报告工作”，宪法也没有规定全国人大及其常委会可以向中央军事委员会提出质询案。这主要是因为军事工作涉及国家机密，若是报告工作或质询，可能会造成泄密。当然，这并不意味着中央军事委员会的所有工作都不能向全国人大及其常委会报告。[①] 从概念上说，“报告工作”只是“负责”的方式之一，“负责”还可以有其他多种方式，这有待于实践中的继续探索。

2. 中央军事委员会的组织形式和领导体制

中央军事委员会采取的是委员会制的组织形式，所以重大问题须经过中央军事委员会的集体讨论。《宪法》第 93 条第 3 款规定，中央军事委员会实行主席负责制，因此主席在中央军事委员会中居于领导地位。这种领导地位的体现：一是中央军事委员会其他组成人员均由主席提名，由全国人大及其常委会任免；根据 2021 年修改后的《全国人民代表大会组织法》第 32 条，主席还可以提请全国人大常委会撤销中央军事委员会其他组成人员的职务。二是宪法并没有规定中央军事委员会向全国人大及其常委会负责，而是规定主席向全国人大及其常委会负责。虽然国务院也实行总理负责制，但宪法规定国务院向全国人大及其常委会负责，而没有规定总理向全国人大及其常委会负责。因此，“一般实行首长负责制的国家机关，例如国家行政机关、国家检察机关等，它们同中央军事委员会相比较，则中央军事委员会在集中的程度和个人负责的程度上要更高些”[②]。

（三）延伸阅读

大家经过研究，在“国家机构”一章增加一节，对中央军委作出规定。我们起草了条文草稿，经过彭真同志修改后报小平同志审核。据王瑞林同志说，小平同志把稿子放在办公桌上整整考虑了两天，到了第三天，他把有关同志找去了，有彭真同志和尚昆同志。小平同志的意见，就写两条：一条是中央军委领导全国武装力量，军委实行主席负责制；另一条是规定中央军委主席对全国人大及其常委会负责。宪法中这一条是小平同志亲自拟订的。

（王汉斌：《王汉斌访谈录——亲历新时期社会主义民主法制建设》，中国民主法制出版社 2012 年版，第 103 页。）

1982 年 4 月，中共中央向全军发出《关于宪法修改草案规定设立中央军事委员会的通知》，基本内容有：

通知强调宪法草案有关军队的条款，“是我国国家体制和军队领导体制的一项很重要的新的规定，是党中央深思熟虑的重大决策”……通知说，我国是工人阶级领导的、以工农联盟为基础的人民民主专政的社会主义国家，党所直接领导的人民解放军同时就是

---

① 参见王汉斌：《王汉斌访谈录——亲历新时期社会主义民主法制建设》，中国民主法制出版社 2012 年版，第 105－106 页。

② 许崇德主编：《中国宪法》（第 4 版），中国人民大学出版社 2010 年版，第 185 页。

国家的军队，这是没有任何矛盾的。因此，作为国家根本法的宪法对军队在国家体制中的地位应当有所规定……通知说，在国家的中央军委成立以后，党的中央军委仍然作为党中央的军事领导机关直接领导军队。而且党的中央军委主席将会经过全国人大选举担任国家的中央军委主席。这样，党的中央军委和国家的中央军委实际上将会是“一个机构，两块牌子”，就会更便于领导和指挥军队……设立中央军委后，是由中央军委还是军委主席统率武装力量呢？通知说，宪法修改草案规定中央军委领导全国武装力量，又规定中央军委实行主席负责制，这就是明确规定了，中央军委主席统率全国武装力量，领导全军的工作……通知最后指出，建立这样的军队领导体制，不但能够保证党对军队的领导，而且便于运用国家机器，加强军队各方面的工作，加强军队的革命化、现代化、正规化的建设，便于我军在必要时迅速转入战时领导体制，增强对任何突然事件作出迅速的有效的反应的能力，这对我们党和国家、人民的事业都是有利的。

（陈斯喜、刘松山：《宪法确立国家中央军事委员会的经过》，载《人大研究》2001年第3期。）

第六节　地方各级人民代表大会和地方各级人民政府

一、地方国家机构概述

（一）基本理论与概念

1. 地方国家机构主要是指地方各级人民代表大会和地方各级人民政府，它们是我国国家机构体系的组成部分，是离人民更近的国家机构。

2. 地方国家机构的设置依托行政区划制度。省、自治区、直辖市、自治州、县、自治县、市、市辖区、乡、民族乡、镇设立人民代表大会和人民政府。

3. 地方各级国家权力机关是整个国家权力体系的基础，它在横向上产生同级国家行政机关、监察机关、审判机关和检察机关，它在纵向上选举产生上一级人大的代表。

（二）重点解析与前沿

1. 地方制度是现代各国宪法所调整的重要内容。各国宪法通常会确立地方制度的基本原则和框架，但对于地方国家机构的具体设置及相互关系，则往往授权法律进行规定。我国宪法非常重视地方国家机构和地方制度，其关于地方国家机构的规定在世界范围内是较为详尽的，具体涵盖了地方国家机构的性质、地位、设置、构成、任期、职权、相互间关系以及其与中央国家机构的关系。学习我国的地方国家机构，必须首先认识到其在宪法上的重要地位。

2. 由于我国宪法对地方国家机构进行了全方位的规定，相关内容的规范密度较高，因此，必须系统厘清不同机构之间在宪法上的相互关系。对这种相互关系可以从横向和纵向两个方面来认识。

3. 同级地方国家机构的横向关系主要发生在地方国家权力机关与同级地方国家行政机关之间，主要体现在前者产生后者、前者决定后者执行、前者对后者进行监督等三个方面，具体而言：第一，地方各级人民政府的组成人员由本级人大选举产生或由本级人大常委会决定任命。第二，地方各级人民政府是地方各级人大的执行机关，地方各级人大负责审查、审议和决定，地方各级人民政府则负责执行本级人大的决议和决定。第三，地方各级人大听取和审查本级人民政府的工作报告，县级以上地方各级人大常委会监督本级人民政府的工作。

4. 地方国家机构与中央国家机构之间是纵向关系，主要遵循《宪法》第 3 条确定的中央和地方国家机构职权划分的原则，即：在中央的统一领导下，充分发挥地方的主动性、积极性。具体而言：第一，在地方人大与全国人大的关系上，前者受到后者的监督和指导。对于地方各级人大及其常委会在执行法律中遇到的问题，全国人大常委会可以给予适当的指导。第二，在地方各级人民政府与国务院的关系上，前者受到后者的统一领导。国务院统一领导全国地方各级国家行政机关的工作，有权改变或者撤销地方各级国家行政机关的不适当的决定和命令。第三，在地方各级人民政府及其工作部门与国务院主管部门的关系上，省、自治区、直辖市的人民政府各工作部门受本级人民政府统一领导，并且依照法律或者行政法规的规定受国务院主管部门的业务指导或者领导。

5. 地方制度和地方国家机构的范围。地方制度存在的前提是宪法关于中央与地方以及中央国家机构与地方国家机构之间的界分。传统理论往往认为央地国家机构在范畴上主要对应各级国家权力机关和各级行政机关，即各级人大（含县级以上人大常委会）和各级人民政府。有学者认为，第 3 条第 4 款的央地关系主体只包括各级人民代表大会和各级行政机关。[①] 学者将这种观点进一步与 1982 年宪法“国家机构”一章的结构相对应，认为该章共包含三部分，第一至四节为中央国家机关，第五、六节为地方国家机关，而第七节则为审判机关和检察机关。中央和地方国家机关之所以分节，除便于合理分布篇幅外，还因为第 3 条第 4 款在原则上确立了中央和地方国家机构的职权划分，这一划分需要在制度上明确范围。因此，宪法分别列举了各级国家权力机关和行政机关的事权，如第 62 条和第 67 条规定全国人大及其常委会的事权，第 89 条规定国务院的事权，二者均集中于全国性的重大公共事务，而第 99 条和第 107 条则分别规定地方各级人大和地方各级人民政府的事权。相比之下，人民法院等并不具有事权的分层性，宪法赋予其“依照法律独立行使”的职权（如审判权等）。因此，我国宪法的国家机构体系可以公式化为：国家机构＝中央国家机关＋地方国家机关＋国家的审判机关和检察机关等。[②]

近年来，有学者在更为广义的宪法释义中来拓展中央与地方的范围，认为：“从 1982 年《宪法》的结构来看，不论是中央抑或地方，其规范资源主要汇集于第三章‘国家机构’部分。从这个意义上说，除该章第四节的中央军委之外，第一节的全国人大及其常委会、第二节的中华人民共和国的主席和副主席、第三节的国务院、第七节的国家监察委员会和第八节的最高人民法院和最高人民检察院显然也应属于‘中央’的范畴。”此外，中共中央和全国政协等也属于广义的中央，相应地，与这些机构或组织相对应的

① 参见苗泳：《中央地方关系中的民主集中制研究》，法律出版社 2016 年版，第 88 页。
② 参见王建学：《地方各级人民法院宪法地位的规范分析》，载《法学研究》2015 年第 4 期。

地方机构或组织则属于地方范畴。①

(三) 延伸阅读

关于地方自治之本质为何，学者间有以下几种不同之见解：

1. 固有权说

此说认为，从历史演进的观点来看，国家是由若干原先各自独立之部落或小邦所组成，因此地方自治系先于国家而存在，地方自治权应为地方所固有，而无待国家法律承认或赋予。另外，就自然法的角度而言，地方自治团体既然是独立于国家之外的公法人，则地方自治权应与人民之基本权一样，不容国家侵犯。然而，此说将地方自治权视为先于国家而存在之固有权，无待法律之承认或赋予，虽然有利于提供地方自治最强度之保障，但在地方自治之实践仍有赖于法律具体规范的今日，固有权说恐有流于不切实际之弊病。更何况，固有权说将性质迥然不同之“地方自治权”与“基本权”二者拿来相提并论，在说理上似乎亦有问题。

2. 承认说

承认说认为，地方自治团体系主权国家之一部分，因此地方自治权乃是基于国家法律之承认授权而来。承认说将地方自治视为基于国家法律之承认授权而来，固然较符合现状，而导正了固有权说不切实际之流弊，但从另一角度来看，承认说若发展到极致，将使国家可透过法律架空或完全废除地方自治，而不利于地方自治之发展，因此本说亦为现代学者所不采。

3. 制度性保障说

制度性保障说，简言之，即是将地方自治视为宪法保障之制度，借由宪法位阶之保障，以避免立法者透过法律架空或彻底废除地方自治。国家对地方自治制度虽得以法律限制，但其限制不能于侵害地方自治制度之核心或本质内容程度，否则即为违宪。

“制度性保障”此一理论为德国魏玛宪法时期之学者卡尔·施密特所提出。在魏玛宪法时期，当时盛行之宪法学说认为，宪法中基本权利之规定，仅拘束行政机关与司法机关，对于立法机关而言则毫无拘束力。在这样的学说影响下，基本权利随时可能被立法者透过法律加以架空，因此，卡尔·施密特提出制度性保障之理论，将宪法保障之“制度”与“基本权利”的范畴中，而在当时“立法机关不受基本权利之拘束”的思潮下，其内涵会随时被立法者架空。至于这些宪法保障之“制度”究竟所指为何？依卡尔·施密特当时所言，地方自治即是制度性保障。

德国联邦宪法法院以及该国学界之通说，对于地方自治之本质即采取制度性保障说，而日本学界主张此说者，亦为数可观。

4. 人民主权说

人民主权说认为，为了保障人权，实现人民的主体性，地方自治乃不可或缺之制度，凡属人权保障上所必需的事项，不论有无法律依据，或法律如何规定，原则上地方自治团体皆得自行处理。此说以人民主体性为中心，借由人民与地方、国家之间亲疏关系的

① 参见郑毅：《论我国宪法文本中的“中央”与“地方”——基于我国〈宪法〉第3条第4款的考察》，载《政治与法律》2020年第6期。

考量，而得出“地方优越”的理念，颇值得参考。此说在日本逐渐盛行。

5. 新中央集权主义

认为现代地方自治不能从单一、个别地方自治团体的立场来看，必须由一个“跨区域”的角度来解决彼此的交通、环境、污染、能源供应等共通问题，应透过“广域行政”予以整合，借由“区域政府”或“联合共办”的集权，处理共通事项。与传统以中央为首的集权不同，故称新中央集权主义。

[董保城等：《宪法新论》(第5版)，元照出版公司2012年版，第475-478页。]

二、地方各级人民代表大会

(一) 基本理论与概念

1. 地方各级人大是地方国家权力机关，是本地方人民行使地方国家权力的机关。

2. 地方各级人大由代表组成，地方各级人大代表都经由民主选举产生。

3. 地方各级人大具有广泛的职权，这些职权是由地方国家权力本身所派生的。

4. 县级以上地方各级人大可以根据地方组织法的规定设法制委员会等专门委员会，受本级人大及其常委会领导。县级以上的地方各级人大或其常委会可以组织关于特定问题的调查委员会。

(二) 重点解析与前沿

1. 我国宪法关于地方制度的重要变革发生在1979年。1979年7月1日，全国人大同步修改了宪法和地方组织法，改变了1954年以来只在最基层政权实行选民直选的做法，将直接选举人大代表的范围扩大到县一级。自此，我国形成了地方人大代表选举的基本结构，即现行《宪法》第97条规定的，省、直辖市、设区的市的人大代表由下一级人大选举；县、不设区的市、市辖区、乡、民族乡、镇的人大代表由选民直接选举。

2. 现行《宪法》关于地方制度的条款保持了高度的稳定性，主要在三个问题上进行过局部修改。一是地方人大的任期，即：1993年将县、不设区的市、市辖区人大的任期由3年改为5年，2004年又将乡、民族乡、镇人大的任期由3年改为5年，自此，地方各级人大每届任期均统一为5年。二是在2018年修宪时，进行地方立法主体扩容和监察体制改革的配套修改。

3. 对于地方各级人大的职权，既要关注和理解《宪法》第99条至第101条的规定，也要注意到《地方组织法》中的相关条款。比如，在1995年《地方组织法》第三次修改过程中，考虑到生态环境保护的重要性，地方人大所讨论和决定的事项中增加了“生态环境保护”。在2022年第六次修改后，《地方组织法》规定地方人大及其常委会可以根据区域协调发展的需要开展协同立法。

(三) 延伸阅读

地方性法规是地方人大及其常委会根据法定权限和程序制定的规范性文件，它不仅在法律体系中占有一席之地，而且在地方治理中发挥着重要作用。地方性法规的宪法地位依附于地方的宪法地位。地方的主体地位一直都是得到《宪法》肯定的。1954年《宪法》第54条第1款、1982年《宪法》第95条第1款规定：“省、直辖市、县、市、市辖区、乡、民族乡、镇设立人民代表大会”。1954年《宪法》第55条、1982年《宪法》第

96条第1款规定，地方各级人民代表大会是地方国家权力机关。地方性法规是地方意志的一种民主表达方式。

地方性法规在新中国的历史上经历了从无到有的变化。1954年《宪法》第22条规定："全国人民代表大会是行使国家立法权的唯一机关。"其时，不仅地方人大没有立法权，连全国人大常委会都没有立法权。但1979年，为了加强地方政权建设，修改了1978年《宪法》，在县级以上增设地方人大常委会（第35条第4款）。同时，1979年《地方各级人民代表大会和地方各级人民政府组织法》（以下简称为《地方组织法》）第6、27条规定，省级人大及其常委会根据本行政区域的具体情况和实际需要，在和国家宪法、法律、政策、法令、政令不抵触的前提下，可以制定和颁布地方性法规，并报全国人大常委会和国务院备案。1982年修宪，地方性法规第一次写入宪法。1982年《宪法》第100条规定，省、直辖市的人大及其常委会"在不同宪法、法律、行政法规相抵触的前提下，可以制定地方性法规"，报全国人大常委会备案。这是"在中央的统一领导下，加强地方政权的建设"的重要举措。与1979年《地方组织法》相比，1982年宪法删除了"根据本行政区域的具体情况和实际需要"的限制。

1986年《地方组织法》修改，规定省、自治区政府所在地的市和经国务院批准的较大的市的人大及其常委会，可以制定地方性法规。2000年《立法法》将前述两种市和经济特区所在地的市合称为较大的市，一并明确其制定地方（性）法规的权限。2015年《立法法》将地方性法规制定主体扩大到设区的市，同时在立法事项上有所限定。其目的在于，"既要依法赋予所有设区的市地方立法权，以适应地方的实际需要，又要相应明确其地方立法权限和范围，避免重复立法，维护国家法制统一"。2018年《宪法》修改确认了这一做法。修改后的《宪法》第100条新增第2款，即设区的市的人大及其常委会"在不同宪法、法律、行政法规和本省、自治区的地方性法规相抵触的前提下，可以依照法律规定制定地方性法规"，报本省、自治区人大常委会批准后施行。"增加这一规定，有利于设区的市在宪法法律的范围内，制定体现本行政区域实际的地方性法规，更为有效地加强社会治理、促进经济社会发展，也有利于规范设区的市制定地方性法规的活动。"与2023年《立法法》第81条第1款限定设区的市的立法事项不同，现行《宪法》第100条第2款并无这种限定，这也为《立法法》预留了延展空间。

（王贵松：《地方性法规制定权限的界定方式》，载《法学》2024年第3期。）

三、县级以上地方各级人民代表大会常务委员会

（一）基本理论与概念

1. 县级以上的地方各级人大设立常务委员会，常务委员会是人大的常设机关，对本级人大负责并报告工作。

2. 常务委员会在地方各级人大闭会期间作为常设机关依法行使地方国家权力机关的部分职权，监督本级其他国家机关。

3. 省、自治区、直辖市、自治州、设区的市的人大常委会由本级人大在代表中选举主任、副主任若干人、秘书长、委员若干人组成。县、自治县、不设区的市、市辖区的人大常委会由本级人大在代表中选举主任、副主任若干人和委员若干人组成。

4. 常委会的组成人员不得担任国家行政机关、监察机关、审判机关和检察机关的职务；如果担任上述职务，必须向常委会辞去在常委会的职务。

（二）重点解析与前沿

1. 县级以上地方各级人大设立常委会源于1979年。1979年7月1日，五届全国人大二次会议在同一天之内先后通过了修宪决议和新的《地方组织法》，由此为在地方设立人大常委会提供了规范基础。

2. 监督是县级以上地方各级人大常委会的重要职能。为保障县级以上各级人大常委会依法行使监督职权，发展社会主义民主，推进依法治国，第十届全国人大常委会制定了专门的监督法即《各级人民代表大会常务委员会监督法》。

3. 县级以上地方各级人大常委会设立主任会议，处理常委会的重要日常工作。但是，主任会议在总体上负责日常的事务性工作，重要职权均必须由县级以上地方人大或其常委会行使。

4. 2022年《地方组织法》修改后规定，省、自治区、直辖市以及设区的市、自治州的人民代表大会常务委员会根据区域协调发展的需要，可以开展协同立法。

5. 法学领域对县级以上地方人大常委会的地位和作用研究不多，往往只关注特定方面。比如，有学者专门分析了省级人大常委会在备案审查中的要求资格，认为我国省级人大常委会具有外国地方议会所不具备的独特宪法地位和宪法监督职责，因此其法规审查要求权可承载调整央地关系、维护法制统一、保护地方少数利益、解决地方间利益冲突和监督地方行政等全部功能，并且能够推动基本权利保障。县级以上地方各级人大常委会在过去40年中对中国法治建设发挥了重要的促进作用，但局限于本地方范围内，省级人大常委会法规审查要求权则为其向国家层面拓展提供了契机。①

相比于法学，政治学对县级以上地方各级人大常委会的作用进行了客观描述。有学者认为，地方各级人大及其常委会自1979年以来在整体职能得到长足发展的同时，各项具体职能之间也呈现出了非均衡发展的状态。前期研究在对这一非均衡状态进行概括时展现出了一些差异化的观点。通过对两个省级人大常委会成立以来的工作报告的纵向梳理，结合31个省级人大常委会近三年工作报告的文本分析，可以发现：省级人大常委会的职能变迁呈现出整体增长和局部波动的态势；在内容分布上表现出了五项强职能（监督、立法、政治学习与宣示、代表、自身建设）与五项弱职能（工作联系与指导、重大事项决定、任免、信访和对外交流）的明显分化。聚类分析还发现，在同一时期内，各省级人大常委会之间在职能内容的处理上也呈现出延续性模式和波动性模式的分化态势。②

（三）延伸阅读

1979年6月，第五届全国人民代表大会第二次会议开幕。这次会议通过了《关于修正〈中华人民共和国宪法〉若干规定的决议》，还通过了地方组织法以及选举法等7个法律，从而在社会主义民主与法制的建设方面迈出了重大的一步。这次修宪是对1978年宪法的局部修改。它废弃了“革命委员会”，把它修改为“地方各级人民政府”；并规定：

---

① 参见王建学：《省级人大常委会法规审查要求权的规范建构》，载《法学评论》2017年第2期。

② 参见何俊志：《中国省级人大常委会的职能变迁：路径与模式》，载《政治学研究》2021年第1期。

“县和县以上的地方各级人民代表大会设立常务委员会”。这是具有历史性的重大变革。同时，该次全国人大通过的地方组织法还规定：县以上地方各级人大常委会有权监督本级人民政府的工作，规定：“县级以上的地方各级人民政府在本级人民代表大会闭会期间，对本级人民代表大会常务委员会负责并报告工作。”

1979 年在人大制度的发展史上可以说是一次飞跃。她摆脱了革命委员会的低谷，走上了正常发展的道路，挺进到了新的历史阶段；地方人大常委会的设立不仅从根本上改变了革命委员会那种极不适当的状态，而且使地方人大成为更有权威的人民权力机关。

第一，人大及人大常委会本身可以经常行使权力，而不必像以往那样由执行机关行使人大常设机关的权力了。

第二，地方权力机关有可能实现对“一府两院”工作的监督，改变了像以往由政府行使人大常设机关的权力时那样自己监督自己的状态。

第三，对审判、检察机关来说，接受人大和人大常委会的监督是正常的。以往由于政府行使了人大常委会的职权，因而形成了行政对审判、检察的监督。如今地方人大设立了常委会，这种行政凌驾于司法之上的状况可以因此而扭转。

（许崇德：《地方人大常委会的设立及其变迁》，载《政法论坛》2004 年第 6 期。）

四、地方各级人民政府

（一）基本理论与概念

1. 地方各级人民政府具有双重性：既是地方同级人大的执行机关，也是国务院统一领导下的地方各级国家行政机关。

2. 地方各级人民政府由行政首长、副行政首长、秘书长以及各工作部门的首长等组成，具体由地方组织法规定。

3. 地方各级人民政府实行首长负责制，以保证行政效率，同时也发扬民主，政府工作中的重大事项应当经集体讨论决定。

4. 地方各级人民政府具有广泛的行政和执行的职权，宪法和地方组织法中将县级以上地方各级人民政府的职权区别于乡级人民政府。

（二）重点解析与前沿

1. 地方各级人民政府与地方政府的区别。前者往往在宪法和行政法上指作为地方各级国家权力机关的执行机关和地方各级国家行政机关的地方各级人民政府，而后者则往往属于广义的政治学概念，是指在特定地方具有某种规范性政治权力的政权团体，在我国不仅包括地方人民政府，也包括地方人大、地方党委、地方政协等不同机构。

2. 我国地方政府的领导体制在 1979 年经历了由委员会制到首长负责制的转变。从 1954 年宪法规定的人民委员会到 20 世纪六七十年代的革命委员会，均实行集体领导。1979 年以来则改为实行首长负责制，即《宪法》第 105 条第 2 款规定的“地方各级人民政府实行省长、市长、县长、区长、乡长、镇长负责制”。首长负责制可以保障行政效率，但同时也要通过会议审议实现民主。2022 年《地方组织法》第 6 条第 3 款规定，“地方各级人民政府实行首长负责制。政府工作中的重大事项应当经集体讨论决定”。

3. 地方各级人民政府根据工作需要和优化协同高效以及精干的原则，设立必要的工作部门，各工作部门受本级人民政府的统一领导，并且依照法律或者行政法规的规定受上级人民政府主管部门的业务指导或者领导。工作部门的设立、增加、减少或者合并，按照规定程序报请批准，并报本级人大常委会备案。

4. 各级人民政府可以设立派出机关。具体而言，省、自治区的人民政府在必要的时候，经国务院批准，可以设立若干派出机关。县、自治县的人民政府在必要的时候，经省、自治区、直辖市的人民政府批准，可以设立若干区公所，作为它的派出机关。市辖区、不设区的市的人民政府，经上一级人民政府批准，可以设立若干街道办事处，作为它的派出机关。

5. 地方各级人民政府的双重性和双重领导体制。《宪法》第 110 条规定，地方政府分别对本级人大和上一级国家行政机关负责并报告工作，地方各级政府都服从国务院。如何理解该条对地方各级人民政府的双重性的界定，特别是结合政府实践来解读其双重领导体制，这是关系地方各级人民政府的性质和定位的重大问题。有学者认为，该规定是处理国家统一权威与有效治理这一重大问题的关键规则，但其内涵的模糊给理论和实践带来困惑。构造其内涵的核心目标是使自上而下的行政意志与自下而上的民主意志得到恰当平衡。地方政府双重负责是我国作为超大型国家的独特治理规则，它是一种既重视地方也强调中央的混合权力关系，旨在在维护中央权威和统一领导的前提下，充分容许地方自主。地方政府双重负责不是同等或者同时负责，其内涵具有差异性：在两种负责方面，应当区分负责的主次顺序；在两种报告工作方面，应当区分报告的性质、内容和形式；“都服从国务院”的重点在于形成以责任一体为核心的行政一体。以该条款的规范内涵为依据，应当进一步实现上下级政府事权分配的法定化，充实地方人大的主体地位，避免上级政府工作部门直接领导下级政府，并建立行政统一领导的程序机制和外部化规则。①

（三）延伸阅读

根据《宪法》第 107 条的规定，县级以上地方各级人民政府“管理本行政区域内的经济、教育、科学、文化、卫生、体育事业、城乡建设事业和财政、民政、公安、民族事务、司法行政、监察、计划生育等行政工作”。学界习惯将该内容笼统理解为“行政工作”，但这种认识过于简单。若作此理解，该条就会成为病句，因为在用顿号与“和”连接不止两项的并列短语时，正确的语法规则是“或是都用顿号，或是在最后两项中间用‘和’字”。但该条并未将“和”字置于“监察”和“计划生育”之间。基于将宪法“作为坚定信奉而不加怀疑”的法教义学立场必须避免将该条降格为病句，因此只能认为“和”字连接着两个分别含有多个顿号的超长语段，制宪者在以一种超乎常规的表达方式特别强调将县级以上地方政府的职权分为两个部分。

“和”字前的半部分应当理解为地方政府的自主事权，即作为地方人大的执行机关管理本地方之事业的兴办，其核心表述是“事业”。这一内容并不是孤立的，必须与关于地方人大等的所有宪法条款进行综合理解。首先，《宪法》第 99 条列举了地方各级人大的职权，即“依照法律规定的权限……审查和决定地方的经济建设、文化建设和公共事业

---

① 参见于文豪：《地方政府双重负责的宪法内涵》，载《中国法学》2021 年第 3 期。

建设的计划”，其中也采用“事业”的表述，且在内容上与地方政府兴办的事业重合（如经济、文化等）。可见，“事业”是地方自主事权在宪法中的本质表述。其次，地方政府对地方事业履行“管理”也即举办和执行等职权，而地方人大则履行“审查和决定”职权，因此二者在事权承担形式上存在分工。最后，地方人民根据《宪法》第 2 条第 3 款对本地“经济和文化事业”享有管理权，这构成地方人大与地方政府承办地方自主事权的民主基础。综合上述三点，同一地方范围内的事业、人民和人大与政府构成不可分割的整体。地方政府兴办和管理地方事业的自主事权并非孤立，它既需要同级人大的审议和决定，更离不开地方人民的主体作用。

“和”字后的半部分则应当理解为中央委托事权，即作为国务院的下属机关而承办其委托事项，其核心表述是“行政工作”。与前半部分不同，这类职权本质上是中央事权，只不过中央政府坐落于首都而无法分身于地方直接执行，因此不得不基于效率和可行性的考虑而委托地方政府来加以执行。此类行政工作应在全国范围内统一标准和尺度，必须严格遵循国务院的统一领导，对地方政府而言均为事务性工作，此时的地方政府更像国务院的“代理人”。根本上，这些工作涵盖在《宪法》第 89 条所规定的国务院职权范围内。既然第 89 条规定的职权属于国务院，并且地方政府是国务院的下属机关，构成国务院领导下的行政系统的组成部分，那么国务院除对这些事项进行统一管理外，当然还可以在行政组织法上委托地方政府来具体承担。值得指出的是第 89 条第 4 项的规定，国务院有权“统一领导全国地方各级国家行政机关的工作，规定中央和省、自治区、直辖市的国家行政机关的职权的具体划分”，由此，国务院可以直接规定中央行政事权在其本身和各省级人民政府之间的具体分配。

（王建学：《论地方政府事权的法理基础与宪法结构》，载《中国法学》2017 年第 4 期。）

第七节　民族自治地方的自治机关

一、民族自治地方的自治机关的概念和工作原则

（一）基本理论与概念

1. 民族自治地方自治机关是在民族自治地方设立的，行使宪法规定的地方国家机关的职权，同时依照宪法和民族区域自治法以及其他法律规定的权限行使自治权的国家政权机关。

2. 根据《宪法》和《民族区域自治法》的规定，民族自治地方的自治机关是自治区、自治州、自治县的人民代表大会和人民政府。

（二）重点解析与前沿

1. 民族自治地方自治机关的特征

民族自治地方的自治机关具有以下特征：第一，自治机关既行使宪法赋予的地方权力机关和地方行政机关的职权，又行使宪法和民族区域自治法规定的自治权。第二，自治机关仅指自治区、自治州、自治县的人民代表大会和人民政府，不包括人民法院和人

民检察院，也不包括民族自治地方的中共党委、政协机关以及民主党派机关、人民团体等。第三，自治区、自治州、自治县的人民代表大会，是实行民族区域自治制度的民族聚居地区各民族人民代表共同行使自治权的权力机构。[①]

2. 民族自治地方自治机关的工作原则和职责

根据《宪法》和《民族区域自治法》的规定，民族自治地方的自治机关遵循民主集中制原则和行政首长负责制。民族自治地方自治机关享有广泛自治权的同时承担着特定职责。我国《宪法》和《民族区域自治法》对此作出了明确规定。第一，民族自治地方自治机关的首要职责是维护党中央权威，确保党中央政令畅通，确保国家法律法规实施。[②] 第二，民族自治地方自治机关有义务促进本地方经济社会发展，民族自治地方的自治机关应领导各族人民集中力量进行社会主义现代化建设，加速民族自治地方经济、文化建设事业的发展。第三，民族自治地方自治机关要维护和发展平等、团结、互助、和谐的社会主义民族关系。《民族区域自治法》用大量篇幅规定了民族自治地方自治机关在维护和发展各民族平等、团结、互助、和谐的社会主义民族关系的职责；规定禁止对任何民族的歧视和压迫，禁止破坏民族团结和制造民族分裂的行为。《民族区域自治法》"民族自治地方内的民族关系"这一章对民族自治地方的自治机关保障本地方内各民族享有平等权利的职责作了具体规定。

（三）延伸阅读

必须坚持和完善民族区域自治制度，确保党中央政令畅通，确保国家法律法规实施，支持各民族发展经济、改善民生，实现共同发展、共同富裕。

…………

要正确把握共同性和差异性的关系，增进共同性、尊重和包容差异性是民族工作的重要原则。要正确把握中华民族共同体意识和各民族意识的关系，引导各民族始终把中华民族利益放在首位，本民族意识要服从和服务于中华民族共同体意识，同时要在实现好中华民族共同体整体利益进程中实现好各民族具体利益，大汉族主义和地方民族主义都不利于中华民族共同体建设。要正确把握中华文化和各民族文化的关系，各民族优秀传统文化都是中华文化的组成部分，中华文化是主干，各民族文化是枝叶，根深干壮才能枝繁叶茂。要正确把握物质和精神的关系，要赋予所有改革发展以彰显中华民族共同体意识的意义，以维护统一、反对分裂的意义，以改善民生、凝聚人心的意义，让中华民族共同体牢不可破。

（习近平：《以铸牢中华民族共同体意识为主线 推动新时代党的民族工作高质量发展》，《人民日报》2021 年 8 月 29 日，第 1 版。）

二、民族自治地方的自治机关的自治权

（一）基本理论与概念

民族自治地方的自治机关的自治权是指民族自治地方的自治机关根据《宪法》《民族

① 参见吴宗金：《中国民族区域自治法学》（第 3 版），法律出版社 2019 年版，第 85 页。

② 参见尤权：《做好新时代党的民族工作的科学指引——学习贯彻习近平总书记在中央民族工作会议上的重要讲话精神》，载《求是》2021 年第 21 期。

区域自治法》和其他法律规定的权限，根据实际情况自主地管理本地方、本民族内部事务的权利。

（二）重点解析与前沿

1. 民族自治地方自治权的内容

我国《宪法》和《民族区域自治法》中明确规定了民族自治地方自治机关享有自治权，自治权主要有：（1）立法权。民族自治地方的人民代表大会有权依照当地的政治、经济和文化的特点，制定自治条例和单行条例。（2）变通执行权。上级国家机关的决议、决定、命令和指标，如果不适合民族自治地方实际情况，自治机关可以结合当地的实际，报经上级国家机关批准，变通执行或停止执行。（3）依照《宪法》和《民族区域自治法》的有关法律规定，自主管理本行政区域的经济建设、财政、教育、科技、文化、卫生、环境与资源保护等各项事务。

2. 民族自治地方的法定义务

我国的民族区域自治是单一制国家结构下的地方自治，其制度设计、权力配置、运行体制、价值目标等，与联邦制下的地方自治以及德国、日本、法国等国家单一制下的自治都存在着本质不同。[①] 民族区域自治制度下的自治权是有条件的、相对的，而不是无条件的、绝对的。我国民族自治地方与中央的关系并不是以分权为基础的，民族自治地方的设立、变更要依照宪法和法律的规定进行；自治机关同时行使一般地方国家机关权力和自治权力；自治机关的权力来自中央，各级自治地方的自治机关是国家政权领导下的不同层级的地方政权，都必须服从国家统一领导；自治机关要在宪法和法律框架内依照民族自治地方特点贯彻执行国家政策和法律，并接受上级国家机关监督。[②]

3. 国家通用语言文字的宪制意义

语言文字的多维属性，决定了国家通用语言文字具有重要的宪制意义。推广普及国家通用语言文字，是关系到少数民族公民权利保障、民族地区经济社会发展、统一多民族国家之国家建设的国家之大计。[③] 国家通用语言文字的推广及相关立法的展开，是国家能力建设不断深入开展的历史过程。[④] 在国家通用语言文字推广的过程中，如何处理国家通用语言文字和各族的语言自由的问题上，王建学认为，通用语言文字是现代民族国家建构的基本要素，语言条款构成现代宪法的重要内容，国家一方面必须推行国家通用语言，从而夯实中华民族共同体建设的语言基础；另一方面也尊重各民族的语言自由，通用语言与地方语言的和谐共存要求在宪法审查中把握好审查基准。[⑤] 贯彻国家通用语言文字机制，亟须基于合宪性审查制度，以2020年全国人大常委会纠正地方立法中违背国家通用语言文字制度的事例为契机，进一步通过执法检查、专项审查、事先审查和咨询程

---

① 参见张殿军：《民族自治地方自治权的功能、限度及价值取向》，载《学术界》2013年第9期。

② 参见陆平辉：《中央与民族自治地方关系：问题结构与协调对策》，载《宁夏社会科学》2016年第6期。

③ 参见常安：《论国家通用语言文字在民族地区的推广和普及——从权利保障到国家建设》，载《西南民族大学学报（人文社会科学版）》2021年第1期。

④ 参见尤陈俊：《国家能力视角下的当代中国语言规划与语言立法——从文字改革运动到〈国家通用语言文字法〉》，载《思想战线》2021年第1期。

⑤ 参见王建学：《论中华民族共同体建设的语言基础——对现行〈宪法〉语言条款的再阐释》，载《法学论坛》2022年第6期。

序，巩固国家通用语言文字制度，促进各民族交往交流交融，铸牢中华民族共同体意识。[①]

4. 民族自治地方对全国性法律规范的变通和补充适用

目前，对我国民族自治地方制定变通、补充规范产生的权力行使路径、规范关系以及执行情况的研究，主要从两种角度展开：一是民族自治地方立法权的角度，二是《刑法》[②]、《民法典》[③] 等部门法包含的对民族自治地方特定机关制定变通或补充规定的特别授权的单行法角度。从民族自治地方立法权的效力来源来看，我国《宪法》第 116 条、《民族区域自治法》第 19 条与《立法法》第 75 条第 1 款，表述非常近似，但基于不同的规范位阶和生效时间，形成了超越简单雷同的规范结构。[④] 徐爽认为：变通立法是我国社会主义法律体系和民族区域自治制度实践的共同产物，变通立法有两个效力来源，《宪法》《民族区域自治法》《立法法》为变通立法提供了规范依据，成为变通立法的“基线”；《刑法》等法律法规具体授权民族自治地方制定变通规定。[⑤] 这两者构成变通立法的双重效力来源，交织成“复线”。随着全面依法治国战略的深化，“复线”持续整合，相关部门法在《立法法》制定后，其变通条款作出相应调整，以实现与《立法法》的衔接。从法律体系统一的发展趋势来说，变通立法的两个效力来源最终会走向统一。[⑥]

5. 地方立法权与自治立法权的关系

2015 年《立法法》的修改使 30 个自治州形成了二元立法结构[⑦]，但一般地方立法权和自治立法权的边界与选择适用标准何在成为一个重要的理论和实践问题。郑毅认为：传统理论层面“一揽子”的区分路径面临困境，应根据具体立法事项区分不同选择模式：仅属于一般地方立法权的事项由《立法法》第 72、78 条规定的三类范围及民族性因素的反向排除共同确定；仅属自治立法权的事项可结合“本民族内部事务”诠释的理论标准、《民族区域自治法》教义学分析的规范标准，以及具体变通和停止路径的形式标准综合分析；兼涉两类事项时，还应区分形式重合与实质重合的不同情况分别判定。此外，已有上位立法时的选择策略也应分情况讨论。自治州获得一般地方立法权并不意味着对自治

---

① 参见王理万：《国家通用语言文字制度的宪法逻辑——以铸牢中华民族共同体意识为视角》，载《中南民族大学学报（人文社会科学版）》2022 年第 3 期。

② 参见杨方泉：《刑法变通立法的体系解释》，载《地方立法研究》2023 年第 3 期。

③ 参见田钒平：《民法典视野下铸牢中华民族共同体意识的法理探讨》，载《西南民族大学学报（人文社会科学版）》2021 年第 2 期。

④ 参见郑毅：《论民族自治地方变通权条款的规范结构》，载《政治与法律》2017 年第 2 期。

⑤ 根据田钒平的研究，《民法通则》《婚姻法》《继承法》《收养法》赋予了民族自治地方人大对民事法律规定进行变通的权力。已经正式实施的《民法典》并没有对此项权力予以明确规定，《民法通则》等法律又因《民法典》的实施而被废止，因此，在民法典时代，民族自治地方人大能否对《民法典》的规定进行变通或者补充，尚有待全国人大常委会作出裁决。参见田钒平：《民法变通规定制定权的法源冲突及解决路径》，载《政治与法律》2021 年第 5 期。

⑥ 参见徐爽：《变通立法的“变”与“通”——基于 74 件民族自治地方变通立法文件的实证分析》，载《政法论坛》2021 年第 4 期。

⑦ 《立法法》第 72 条第 5 款规定：“自治州的人民代表大会及其常务委员会可以依照本条第二款规定行使设区的市制定地方性法规的职权……”第 82 条第 1 款规定：“省、自治区、直辖市和设区的市、自治州的人民政府，可以根据法律、行政法规和本省、自治区、直辖市的地方性法规，制定规章。”

立法权控制的强化，反而是对其内在立法权结构的优化，对民族区域自治法制影响深远。[①] 围绕自治州立法权和地方立法权的关系问题，关于“本民族内部事务”和“民族自治地方的地方事务”之间的关系问题成为学界热议的焦点之一。陈蒙认为：在统一多民族国家，少数民族管理本民族内部事务权利，是指统一的多民族国家内部的少数民族对于在民族社会发生的、能够凸显本民族成员之间文化联系和情感认同的内部事务所享有的自主管理权利，具有法律原则和法律权利的双重属性，要坚持统一和自治相结合、民族因素和区域因素相结合，通过民族区域自治的规范路径实现对本民族内部事务的管理。[②]

（三）延伸阅读

民族区域自治权在性质上是一种民族区域自治地方获得“国家”优惠和照顾的权利，它与国际社会“地方自治”意义上的“自治权”在本质上不同，正因如此，在我国现行《宪法》和《民族区域自治法》没有根本修改的前提下，探讨民族区域自治权的实施和民族区域自治制度的完善，只能在这一基础之上进行。多年来理论界存在的强调中央与民族区域自治地方“分权”的呼声不绝于耳，但在实践中却根本无法推行，正是根源于我国民族区域自治权这一独特的性质；这种状况也反过来印证了在现行《宪法》和《民族区域自治法》对民族区域自治制度定性没有根本改变的前提下，试图以国际社会“地方自治”为参照、按照中央与地方“分权”模式，来落实民族区域自治权、完善民族区域自治制度的思路是根本行不通的结论。

（沈寿文：《重新认识民族区域自治权的性质——从〈民族区域自治法〉文本角度的分析》，载《云南大学学报（法学版）》2011 年第 6 期，第 19 页。）

第八节 监察委员会

一、监察委员会的性质、产生、组成、任期与领导体制

（一）基本理论与概念

1. 监察委员会是国家的监察机关，由本级人民代表大会产生，对本级人民代表大会负责，受本级人民代表大会监督。

2. 监察委员会的任期：（1）各级监察委员会主任每届任期同本级人民代表大会每届任期相同；（2）国家监察委员会主任连续任职不得超过两届。

3. 在监察委员会系统内实行“国家监察委员会领导地方各级监察委员会、上级监察委员会领导下级监察委员会”的领导体制。

（二）重点解析与前沿

1. 监察委员会的性质

实行国家监察体制改革和设立各级监察委员会，实现了党内监督和国家监察、依规

① 参见郑毅：《〈立法法〉修改后自治州一般地方立法权与自治立法权关系研究》，载《法学评论》2018 年第 4 期。

② 参见陈蒙：《民族区域自治法序言中“少数民族管理本民族内部事务权利”的法理分析》，载《青海社会科学》2019 年第 1 期。

治党和依法治国的有机统一。国家设立各级监察委员会，通过整合行政监察、预防腐败和检察机关查处贪污贿赂、失职渎职及预防职务犯罪等工作力量，同党的各级纪律检查委员会合署办公，形成监督合力。国家设立监察委员会，不是行政监察、反贪反渎、预防腐败等职权转隶后的简单叠加，而是在党领导下的人民代表大会的政权组织形式中，依循国家权力的划分和配置原理，整合监督力量、加强对公权力监督的国家监察体制重大创新，对于实现国家监察全面覆盖、深入开展反腐败工作、推进国家治理体系和治理能力现代化，具有重要意义。①

通过监察委员会与党的纪律检查委员会合署办公，可实现党对国家监察工作的领导，故而监察委员会是实现和强化党和国家自我监督的政治机关。② 2019 年 1 月 31 日，中共中央印发的《关于加强党的政治建设的意见》明确指出："中央和地方各级人大机关、行政机关、政协机关、监察机关、审判机关、检察机关本质上都是政治机关，旗帜鲜明讲政治是应尽之责。"政治机关的定性标志着监察委员会本身所具备的政治属性，政治机关是监察委员会的第一属性、本质属性。另外，根据我国《宪法》第 123 条的规定，各级监察委员会是国家的监察机关。《监察法》第 3 条和第 4 条规定：各级监察委员会是行使国家监察职能的专责机关；监察委员会依照法律规定独立行使监察权，不受行政机关、社会团体和个人的干涉。上述规定又体现了监察委员会的法律属性。概言之，监察委员会具有政治机关和法律机关的双重属性：监察委员会是政治机关，突出的是其政治属性，强调它必须将"讲政治"放在第一位；监察委员会是法律机关，强调的是其法律属性，强调它必须严格按照宪法、法律履行监督、调查、处置职责。监察委员会的双重属性是其全面有效监督公权力、预防腐败的独特优势。此外需要注意的是，监察委员会是行使国家监察职能的专责机关。此处所谓"专责机关"，是与"专门机关"相比，不仅强调监察委员会的专业化特征、专门性职责，更加突出强调了监察委员会的责任：行使监察权不仅仅是监察委员会的职权，更是其职责和使命担当。

2. 监察机关与其他国家机关的关系

监察机关与其他国家机关的关系决定于监察机关作为国家机构的宪法地位，其可谓国家监察体制改革的重中之重。根据我国《宪法》和《监察法》的有关规定，监察机关与权力机关是"产生、负责和监督"的关系，与司法机关（审判机关、检察机关）是"互相配合，互相制约"的关系，与行政机关则为"不受干涉，且互相配合，互相制约"的关系。③

其一，监察机关与权力机关的关系：（1）权力机关的宪法地位高于监察机关。最高国家权力机关基于现实需要创设出了监察权，并根据分工负责、功能适当等原则将该权力配置给了监察机关。（2）监察机关由权力机关产生，即各级监察委员会由本级人民代表大会产生，各级监察委员会主任由本级人民代表大会选举，副主任、委员由监察委员会主任提请本级人民代表大会常务委员会任免。（3）监察机关对权力机关负责，权力机关监督监察机关。现行《宪法》和《监察法》明确规定了权力机关监督监察机关的四种

① 参见刘茂林：《中国宪法导论》（第 3 版），北京大学出版社 2022 年版，第 387 页。

② 参见闫鸣：《监察委员会是政治机关》，载《中国纪检监察报》2018 年 3 月 8 日，第 3 版。

③ 参见秦前红：《我国监察机关的宪法定位——以国家机关相互间的关系为中心》，载《中外法学》2018 年第 3 期，第 555－569 页。

具体监督方式，即罢免与免职、听取专项工作报告、执法检查、询问与质询。此外，需指出的是，监察机关对人大代表的监督并不意味着监察机关可以反过来对人民代表大会进行监督；监察机关行使监察权，不应也不宜把对人员的监察直接扩大到对机关的监察，进而违背人民代表大会制度的基本逻辑。

其二，监察机关与司法机关的关系：（1）监察机关与司法机关互相配合。如根据《监察法》第47条第1款的规定，对于监察机关移送的案件，检察机关应当依照《刑事诉讼法》的规定，对被调查人采取强制措施。（2）监察机关与司法机关互相制约。如根据《监察法》第47条第4款的规定，检察机关若认为监察机关移送的案件有《刑事诉讼法》规定的不起诉的情形，则经上一级检察机关批准，依法作出不起诉的决定。此外，在审判阶段，法院对非法证据的排除直接关系到对当事人合法权利的保障，即构成审判权对监察权制约的一种方式。（3）正确处理互相配合与互相制约的关系。当前，职务犯罪案件办理实践中存在过分偏重"互相配合"以致"互相制约"被不合理漠视的问题，这极易致使检察机关的审查起诉和审判机关的独立裁判沦为形式，并出现所谓的"监察中心主义"现象，有碍于公民基本权利的保障和国家刑事法治的建设。因此，鉴于我国国家权力配置与运行实践中监察权的实际位阶已然高于审判权和检察权，故而为避免监察权的滥用进而保障公民基本权利，无疑更应强调监察机关与司法机关之间的相互制约。①

其三，监察机关与行政机关的关系：（1）监察机关依法独立行使监察权，不受行政机关的干涉。行政机关公职人员乃是监察机关之监督对象，而监督者应独立于被监督者，故监察机关和监察权必须独立于行政机关和行政权，包括纪检监察合署办公后的机构独立、经费独立、人事独立、办案独立等，并不受行政机关和行政权的干涉。（2）监察机关与行政机关互相配合、互相制约。一方面，基于监察法授权的不完整性与非对称性，监察机关必须借助公安机关、国家安全机关、审计机关、市场监督管理机关等执法部门的协助配合，方能充分行使监察职能，履行监察职责。较诸其他执法机关，公安机关的协助配合对于监察职能的有效行使尤为重要②，如《监察法》中目前有5个条款明确规定需要公安机关协助配合监察机关，包括：第24条提请公安机关协助配合搜查的规定，第29条由公安机关协助发布通缉令的规定，第30条由公安机关执行限制出境措施的规定，第34条关于向监察机关移送案件的规定，第43条第3款提请公安机关协助配合采取留置措施的规定。而实践中需要公安机关予以协助的事项范围要远大于此。另一方面，监察机关和行政机关既要着眼于"配合"，又要放眼于"制约"，"制约"意在避免出现监察权独大的失衡格局。例如，为预防公安机关协助配合监察机关的随意化导致监察权变相扩张与权力滥用，需要公安机关在协助配合的同时对监察机关进行监督与制约。③ 正如有学者所指出："公安机关除侦查权行使外，还是刑事强制措施的执行机关，可以发挥其以执行权制约国家监察委员会的相关决定权的制约作用。监察机关要采取强制手段和技术手段进行调查，应当交由公安机关执行，或者在其指挥、监督下由公安机关执行，由此

① 参见秦前红主编：《监察法学教程》（修订版），法律出版社2023年版，第180-181页。

② 参见江国华、张硕：《监察过程中的公安协助配合机制》，载《法学研究》2019年第2期，第154-171页。

③ 参见齐小力、陆冬华：《论公安机关和监察机关互相配合、互相制约》，载《中国人民公安大学学报（社会科学版）》2018年第3期，第4-5页。

形成监察机关与公安机关的制约关系。”[①] 总之，行政机关在配合监察机关工作的过程中，应通过明确责任、严格把关来实现与监察机关的互相制约。

（三）延伸阅读

在新的起点上深化国家监察体制改革是党和国家健全法治监督体系，推进腐败治理体系与治理能力现代化的重要战略部署。在国家监察体制改革第一阶段，通过组建监察委员会、制定监察法，以及配套调整宪法、刑事诉讼法等关联性法律规范，初步形成了以监察权为中心的法治反腐体系。随着这些法律法规的相继确立与完善，监察权的运行有了坚实的法律基础，实现了规则之治意义上的监察法治。以深化国家监察体制改革为契机，2021 年 9 月 20 日，国家监察委员会颁布了《中华人民共和国监察法实施条例》，以法规范形式将改革试点以来的理论成果、实践经验与制度优势，充分转化为腐败治理效能，有效推进了监察工作的法治化与规范化。进一步深化国家监察体制改革，不仅需将法治反腐的成功经验以法律形式固定下来，还应正视和解决改革第一阶段的遗留问题。尤其是，受高压反腐政策驱动而构造的监察权，在现行国家权力体系中表现得更为强势，由此导致立法、行政、司法、监察新“四权”配置模式天然存在着结构性失衡。

现代法治经验表明，监督的本质不是分权，而是权力博弈。基于权力博弈逻辑，国家监察体制改革塑造了集高效、权威和强功能于一体的监察权，确立了监察权在与被监督的公权力博弈中的优势地位。这对于构建高阶独立的复合性监察权具有极其重要的积极意义，但由此形成的新“四权”亦天然存在着结构性失衡，导致一定程度的法治风险。进一步深化国家监察体制改革，应以监察权结构的再平衡为着力点，在价值理念上强化人权保障，以平衡前期改革偏重高效反腐的价值倾斜，在职权功能上完善监察权的再监督、有效问责与动态运行机制，以平衡监察与司法、执法的配合制约关系，从而实现从规则之治走向良法善治，促进监察法治的层次进化。

（周佑勇：《监察权结构的再平衡——进一步深化国家监察体制改革的法治逻辑》，载《东方法学》2022 年第 4 期，第 146 页。）

二、监察委员会的职权

（一）基本理论与概念

1. 监察委员会依照《监察法》和有关法律规定对公职人员行使公权力的行为进行监督、调查、处置。

2. 监察委员会依照法律规定独立行使监察权，不受行政机关、社会团体和个人的干涉。监察机关办理职务违法和职务犯罪案件，应当与审判机关、检察机关、执法部门互相配合，互相制约。

（二）重点解析与前沿

1. 监察权的权能构造

我国《监察法》第 4 条第 1 款规定了“监察委员会依照法律规定独立行使监察权”，

---

① 张建伟：《监察至上还是三察鼎立——新监察权在国家权力体系中的配置分析》，载《中国政法大学学报》2018 年第 1 期，第 175 页。

第11条进一步明确了“监察委员会依照本法和有关法律规定履行监督、调查、处置职责”。据此，监察权不是单一的权力，而是由监督权、调查权和处置权三项子权力所组成，这也分别对应着监察权的三大权能。三者并非相互孤立、零散无序，而是前后有序、环环相扣、有机统一，共同为监察效能的实现发挥作用。监察权的三项子权力的存在，其目的并不仅仅在于实现正义，更在于努力促成国家权力运行的规范秩序。

其一，监督权能。《监察法》第11条第1项明确将监督确立为国家监察机关的首要职责，监察监督权与之相适应，是国家监察机关职责范围内的一项基础性权力。所谓监察监督权，是指国家监察机关根据《监察法》及相关法律法规的规定，对所有行使公权力的公职人员开展廉政教育，对其依法履职、秉公用权、廉洁从政从业以及道德操守情况进行监督检查的权力。监察监督权的特征如下：(1) 监察监督权的行使具有常规性。注重日常监督、经常监督、及时监督等常规性监督是国家监察机关行使监察监督权的典型特征。习近平总书记强调：“要坚持惩前毖后、治病救人，运用好监督执纪‘四种形态’，抓早抓小，防微杜渐。”[①] 这指明了国家监察工作的目标不仅仅是惩治，更重要的是教育挽救。国家监察机关开展常规性监督就是要及时了解监察对象在遵守、执行宪法和法律，履职用权等过程中的具体情况，以便及时发现问题、纠正偏差，督促有关机关、单位加强对所属公职人员的廉政教育和监督管理，从根本上减少腐败行为的发生。(2) 监察监督权行使的内容具有广泛性。从《监察法》第11条第1项的规定来看，监察监督权行使的内容既包括对公职人员开展廉政教育，也包括对公职人员依法履职、秉公用权、廉洁从政从业以及道德操守情况进行监督检查；既涉及法律层面，也涉及道德层面。(3) 监察监督权行使的方式具有多样性。对公职人员的廉政教育可以通过理想信念教育、思想道德教育、党纪国法教育和反腐倡廉宣传等方式展开。监督检查的开展方式则包括收集群众反映、座谈走访、查阅资料、召集或列席会议、听取工作汇报和述责述廉等。此外需注意的是，基于监察委员会与党的纪律检查委员会合署办公，监察监督权从性质上可以区分为国家监察性质的监督和党内法规性质的监督。并且，《中国共产党党内监督条例》第5条第2款规定的“遵守党章党规，坚定理想信念，践行党的宗旨，模范遵守宪法法律情况”等8项党内监督事项，同样适用于国家监察性质的监督。只有这样，才能通过制度设计实现对所有行使公权力的公职人员的监察全覆盖，补齐国家监察的短板，体现党内监督和国家监察、依规治党和依法治国的有机统一。[②]

其二，调查权能。根据《监察法》第11条第2项的规定，监察调查权是指国家监察机关“对涉嫌贪污贿赂、滥用职权、玩忽职守、权力寻租、利益输送、徇私舞弊以及浪费国家资财等职务违法和职务犯罪进行调查”的权力。监察机关通过行使调查权，能够有效地打击腐败，增强“不敢腐”的威慑力，从而保障公权力运行的廉洁性，维护宪法和法律的尊严和权威。作为国家监察机关的一项核心权力，监察调查权具有以下特征：(1) 监察调查权的行使具有强制性。为了使监察调查工作能够有效地开展，必须给予监

---

① 习近平：《在新的起点上深化国家监察体制改革》(2018年12月13日)，载习近平：《论坚持全面依法治国》，中央文献出版社2020年版，第242页。

② 参见中央纪委国家监委法规室编：《〈中华人民共和国监察法〉释义》，中国方正出版社2018年版，第89页。

察机关行使权力的相应权能。根据《监察法》的有关规定，监察机关可以依法实施谈话、讯问、询问、查询、冻结、搜查、调取、查封、扣押、勘验检查、鉴定、留置、技术调查、通缉、限制出境等多种措施，这些措施具有一定的强制性，一旦采取将会使被调查人的人身权、财产权、隐私权等基本权利受到限制。（2）监察调查权的适用范围具有特定性。监察调查权适用于公职人员的职务违法和职务犯罪行为，主要包括贪污贿赂、滥用职权、玩忽职守、权力寻租、利益输送、徇私舞弊以及浪费国家资财等 7 类违法犯罪行为。这 7 类违法犯罪行为基本涵盖了公职人员的常见腐败行为类型。依据其违法犯罪的程度，又可将这 7 类违法犯罪行为划分为一般职务违法行为、严重职务违法行为和职务犯罪行为。《监察法实施条例》对此特别作出了细化规定，明确列出了职务违法的客观行为类型，以及特定情况下调查其他违法行为的情形，并以列举罪名的方式对国家监察机关管辖职务犯罪的范围作出明确规定，总计有 101 个罪名。（3）监察调查权的行使具有强约束性。《监察法》以严肃审慎的态度设定监察调查权限，明确要求国家监察机关开展调查工作应当严格依照法定的范围、程序和期限采取相关调查措施。每种调查措施都必须严格按照《监察法》和《监察法实施条例》的相关规定在特定条件下才能适用，否则便构成权力滥用。并且，在监察调查证据规则方面，国家监察机关在收集、固定、审查、运用证据时不仅要受到《监察法》的直接约束，同时还要符合《刑事诉讼法》的相关约束性规定，以便有效对接刑事审判关于证据的标准和要求。[①] 此外需指出的是，在纪检监察合署办公的体制下，纪检监察机关一体履行“审查党组织和党员违反党章和其他党内法规的比较重要或者复杂的案件”和“对公职人员职务违法和职务犯罪进行调查”双重职责，即实现纪检审查和监察调查的“执纪执法贯通”。纪检监察机关既执纪又执法，意味着其既要审查违纪问题又要调查职务违法犯罪问题，既要考虑党纪的因素又要兼顾国法的内容，发挥纪法双实双守的整体功用。因此，执纪执法贯通的关键在于纪检审查和监察调查二者的有序协调、相互贯通，以便党纪和国法双重治理功能的有机融合，充分彰显纪检监察合署办公的制度优势。

其三，处置权能。《监察法》第 11 条第 3 项将处置权能区分不同情形表述为监察机关有权“对违法的公职人员依法作出政务处分决定；对履行职责不力、失职失责的领导人员进行问责；对涉嫌职务犯罪的，将调查结果移送人民检察院依法审查、提起公诉；向监察对象所在单位提出监察建议”。可见，监察处置权能在内容和过程上包括审查定性和作出处置两部分。监察处置权对于国家监察机关履职发挥着关键的保障作用，其主要特征如下：（1）监察处置权的行使具有强制性、惩治性、权威性。监察机关以自身名义作出的有关监察处置的决定，无论是作出政务处分决定、进行问责，还是移送审查起诉、提出监察建议，不但会给监察对象带来被惩罚或惩戒的不利法律后果，而且有关处置决定均以国家强制力为后盾，无疑具有法律效力和权威性，因而对监察对象的惩治具有强制性，均须严格执行，即便其不服经由申诉进入复审、复核阶段，也不能停止处置决定的执行。（2）监察处置权的行使依据和手段具有多元性。监察机关行使监察处置权的依据并不仅限于《监察法》，其他法律、法规、规章中有关职务违法犯罪行为的规定均可作

① 参见秦前红主编：《监察法学教程》（修订版），法律出版社 2023 年版，第 250 页。

为监察处置的依据。从职务违法犯罪行为的严重程度及其相应的处置手段来看，《监察法》第 11 条第 3 项、第 45 条和第 46 条规定了多元化的处置手段，即监察机关根据监督、调查的结果，依法可以采取谈话提醒、批评教育、责令检查或者予以诫勉，政务处分，问责决定和问责建议，移送检察机关审查起诉或撤销案件，提出监察建议，以及没收、追缴或者责令退赔违法取得的财物等 6 类处置手段。有学者将上述处置手段划分为建议型、处分型和移送型三种基本类型。建议型处置手段具体包括监察建议、问责建议和从宽处罚建议；处分型处置手段包括政务处分和问责决定；移送型处置手段即指将监察案件移送审查起诉。① （3）监察处置权的行使具有精准性。监察机关对职务违法犯罪的公职人员进行处置必须以事实为依据、以法律为准绳，准确认定职务违法犯罪的行为性质，恰当区分不同情况予以相应处理，坚决防止出现事实和性质认定不准、政策法规适用不当、执法尺度不一、处理畸轻畸重等问题，以维护国家监察机关权威和反腐败公信力。此外需说明的是，从党和国家监督体系来看，与监察处置中的政务处分相对应的是党纪处分。在纪检监察执纪执法实践中，党纪处分和政务处分两者通常合称“党纪政务处分”。2020 年《公职人员政务处分法》在违法行为及其适用的处分规定中吸纳并参考了《中国共产党纪律处分条例》中违纪行为的具体情形与处分幅度，使政务处分适用的违法行为与党纪处分适用的违纪行为之间存在相当程度的行为竞合。② 在纪检监察合署办公的体制下，纪检监察机关应当结合具有党员身份的公职人员的违纪违法事实并综合考虑给予党纪政务处分，且需注意党纪处分与政务处分轻重程度的相应匹配，不能出现党纪重处分而政务轻处分或者党纪轻处分而政务重处分等情况。③

2. 关于监察对象的认定标准

近年来，随着《监察法》的制定与施行，监察对象如何认定的问题成为理论界关注的焦点。就立法规定而言，《监察法》对监察对象的规定既有定性式的总体划定，如第 1 条和第 3 条中的“所有行使公权力的公职人员”，也有具体的兜底性定量列举，如第 15 条规定的 6 类人员。然而，上述规定之间存在不一致，因为第 15 条所列举的监察对象包括“公职人员和有关人员”，“有关人员”显然并非“公职人员”，而且在“公职人员”中既有“行使公权力”的公职人员，也有不行使公权力的其他普通公职人员，故不宜将“行使公权力的公职人员”和所有“公职人员”混为一谈。实践中一些地方就出现了引起争议的对事业单位普通职工进行监察处分的事例。因此，在认定监察对象时必须对上述问题作出合理解释。此外，《监察法》第 22 条第 2 款还规定了“对涉嫌行贿犯罪或者共同职务犯罪的涉案人员，监察机关可以依照前款规定采取留置措施”。关于“涉案人员”是否属于监察对象的问题，有学者认为：“根据《监察法》第 22 条第 2 款的规定，涉案人员是指与监察案件存在关联的，涉嫌行贿犯罪、介绍贿赂犯罪或共同职务犯罪的公职人员或非公职人员。基于监察全覆盖的立法原旨，采行以目的解释为主，文义解释、体

---

① 参见陈辉：《监察委员会处置权的类型化分析》，载《时代法学》2022 年第 4 期，第 10 - 21 页。

② 参见秦前红、张晓瑜：《政务处分与党纪处分适用衔接的若干问题》，载《中南民族大学学报（人文社会科学版）》2021 年第 1 期，第 91 页。

③ 参见贾轶凡、王浩臣：《如何理解和把握〈政务处分法〉规定的政务处分与党纪处分的匹配适用？遵循“轻轻、重重”的匹配原则》，载《中国纪检监察》2020 年第 16 期，第 52 - 53 页。

系解释相结合的法律解释方法，涉案人员区别于《监察法》第15条所规定的监察对象，但其在事实上亦应归属于监察对象的范畴之中。"[①] 概言之，上述诸问题的解决，有赖于监察对象的认定标准。

关于监察对象的认定标准，目前学界主要提出了行为认定、身份认定、监察权属性认定和复合认定等多种逻辑进路，由此派生出诸多主张[②]，其中有四种较具代表性：（1）基于行为要素的"公权力行为说"。有学者认为"在监察对象的认定上，强调判断的标准是看是否行使公权力，而不是看是否具有公职身份，故使用'公职人员和有关人员'的表述"[③]。另有学者指出："从内涵上看，监察对象的核心要素是实际行使公权力，而非仅仅是公职人员。从外延上看，它包含行使公权力的公职人员和有关人员，对有关人员的认定要持审慎态度，在实现全覆盖的同时要区分重点监察对象和一般监察对象。国有企业管理人员、公立医院的医生和公立学校的教师、人大代表以及法官等几类特殊主体能否成为监察对象需要特殊分析。"[④]（2）基于行为和身份要素的"行为、身份折中说"。有学者主张，应从行为和资金两个维度识别监察对象，并按"人"的职务、职位和"钱"的出资、管制等要件，划分监察对象的不同类型；监察对象的动态识别标准可以总结为"没有行为不监管，凡有资金必监管"[⑤]。（3）基于监察权属性的"多要素新公权力说"。该主张认为《监察法》第15条的列举式规定并不周延，不能穷尽所有依法行使公权力履行公职的人员；国家监察全覆盖已经超越了对传统"公权力"的理解，是以公权、公职、公务、公财等实质要件为要素组合所构成的一种新型公权力；因此，具体判断一个人是否属于国家监察的对象，要综合运用"公权、公职、公务、公财"这四个要素标准来进行识别。[⑥]（4）基于多元复合的"多维体系认定说"。此种观点主张，以公权力、公共事务、公共资产和公务活动为理论支点，搭建"公权力"标准、"身份＋职位/职责"标准和"行为"标准的三维度认定标准体系，明确认定标准的适用层级和场域，因地制宜、分门别类地划定监察对象范围。[⑦] 总之，正确把握监察对象的认定标准是国家监察制度有效运行的基础。而随着社会不断发展，与公权力相关的理论和概念也会发生变化，对《监察法》相关条文的理解以及监察对象认定标准的内涵亦处在不断修正和完善之中。

3. 关于国家监察与刑事司法的衔接机制

监察机关对职务犯罪的调查权及其行使程序具有刑事司法的基本属性。[⑧] 鉴于其所适用法律为《监察法》，而职务犯罪的公诉和审判程序主要适用《刑事诉讼法》，故而国家

---

① 秦前红、薛小涵：《论〈监察法〉中的涉案人员：规范意涵、角色定位及其制度建构》，载《学术界》2022年第4期，第114页。

② 参见石泽华、彭国亮：《高校纪检监察体制改革的法治逻辑和推进路径》，载《中国法律评论》2022年第2期，第212页。

③ 蔡金荣：《"国家监察全面覆盖"的规范结构探析》，载《求实》2019年第1期，第29页。

④ 夏金莱：《论监察全覆盖下的监察对象》，载《中国政法大学学报》2021第2期，第240－249页。

⑤ 常保国、刘思涵：《〈监察法〉中监察对象范围的认定标准》，载《人民论坛·学术前沿》2019年第7期，第65－67页。

⑥ 参见谭宗泽：《论国家监察对象的识别标准》，载《政治与法律》2019年第2期，第66－77页。

⑦ 参见宗婷婷、王敬波：《国家监察对象的认定标准：核心要素、理论架构与适用场域》，载《中共中央党校（国家行政学院）学报》2019年第4期，第98－105页。

⑧ 参见江国华：《国家监察与刑事司法的衔接机制研究》，载《当代法学》2019年第2期，第25页。

监察与刑事司法的衔接在本质上是《监察法》与《刑事诉讼法》两法的衔接，并体现为国家监察工作和刑事司法工作中多主体之间的互动问题。[①] 为因应国家监察与刑事司法衔接之现实需求，中央和地方均出台了相关的规范性文件。在中央层面，自 2018 年 4 月始，中央纪委国家监委制定出台相关规范性文件：第一批文件主要明确了职务违法和职务犯罪管辖分工和协调等事项，对证据收集及审查标准提出总体要求，并建立与最高人民法院、最高人民检察院就职务犯罪指定管辖等事项沟通协调机制，用制度机制确保监察机关与司法机关的衔接顺畅高效。第二批文件则明确纪委监委机关各部门采取相关措施的审批权限、办理程序和监管办法，把法律关于证据的要求和标准贯穿于采取措施收集证据的各个环节，并体现在各类文书格式上，确保所采取的措施和收集的证据经得起法律的检验。2018 年 10 月，第十三届全国人大常委会第六次会议对《刑事诉讼法》作了修改，其中涉及反腐败和《监察法》衔接的条款有 14 处，对检察院审查起诉监察机关移送的案件、留置措施与刑事强制措施之间的衔接机制等作出规定，进一步明确了《监察法》与《刑事诉讼法》有效衔接的各项要求。在地方层面，自《监察法》颁布实施以来，地方监察机关和司法机关根据本地实践需要，探索制定了大量适用于本地的规范性文件，这些文件也各自着眼于职务犯罪案件衔接流程尝试加以规范。概言之，中央和地方两个层面出台的规范性文件，在相当程度上推动了国家监察与刑事司法衔接工作的规范化和法治化进程，但并没有完全满足实践工作的需要。从理论研究来看，自《监察法》颁布和《刑事诉讼法》修正以来，法学界对上述两法衔接问题发表了一大批论著。[②] 通过观点交流和理论争鸣，国家监察与刑事司法衔接中的多数问题已取得共识，但仍有些问题尚存争议，从而在一定程度上影响了理论共识的达成以及实务中二者衔接工作的顺利进行。[③]

目前，实践中出现的涉及管辖、证据、留置与刑事强制措施的转换、审查起诉、审判、涉案财物处置等诸多环节的衔接问题，尚需通过相关制度的进一步完善予以解决。对此，为保证国家监察与刑事司法之间的顺利衔接，有学者针对二者之间的诸种实践冲突，提出了全面系统的二者沟通衔接机制[④]：(1) 基于案件的互涉性和关联性，公、检、监三机关在办理特定案件时，势必出现管辖交叉甚或冲突。对此，有必要在遵循职能管辖原则的前提下，形成监察管辖优位、并案管辖、协作管辖机制，解决互涉案件和关联案件的管辖冲突问题。(2) 基于职能分工，监、检、法三机关在办理职务犯罪案件上所适用法律亦存不同，势必产生监察证据制度与刑事证据制度之间、监察留置措施与刑事强制措施之间的适用性冲突。为此，有必要在遵循证据法定原则的前提下，形成监察证

① 参见龙宗智：《监察与司法协调衔接的法规范分析》，载《政治与法律》2018 年第 1 期，第 4 页。

② 参见卞建林：《配合与制约：监察调查与刑事诉讼的衔接》，载《法商研究》2019 年第 1 期，第 15－22 页；徐鹤喃：《监察法与刑事诉讼法的衔接与统合》，载《人民检察》2019 年第 1 期，第 61－66 页；吴建雄、王友武：《监察与司法衔接的价值基础、核心要素与规则构建》，载《国家行政学院学报》2018 年第 4 期，第 27－34 页；徐汉明、张乐：《监察委员会职务犯罪调查与刑事诉讼衔接之探讨——兼论法律监督权的性质》，载《法学杂志》2018 年第 6 期，第 1－17 页；洪浩：《以审查起诉为枢纽：监察法与刑事诉讼法衔接的制度路径》，载《河北大学学报（哲学社会科学版）》2023 年第 1 期，第 142－151 页；等等。

③ 参见朱孝清：《刑事诉讼法与监察法衔接中的若干争议问题》，载《中国刑事法杂志》2021 年第 1 期，第 3－16 页。

④ 参见江国华：《论监察与刑事司法的沟通衔接机制》，载《东方法学》2023 年第 1 期，第 102－118 页。

据与刑事司法证据同构机制，解决监察证据在刑事司法过程中适用的冲突问题；在遵循检察机关严格依法审查原则的前提下，分别构建转换前的预备衔接机制、转换中的衔接沟通机制和互涉案件中强制措施的衔接沟通机制，解决监察留置措施与刑事强制措施之间的前后转换问题。(3) 基于程序的相对独立性，监、检、法三机关在办理职务犯罪案件的不同阶段均存在有效沟通和衔接的现实必要性和迫切性。为此，有必要在遵循分工合作、相互制约原则的前提下，引入协商机制解决移送起诉、审查起诉阶段以及涉案财物处置等方面的衔接问题；在遵循各机关依法独立行使职权原则的前提下，引入庭前会商等机制，解决职务犯罪审判阶段的衔接问题。

（三）延伸阅读

除了具有党纪调查和政纪调查的属性以外，监察委员会的调查还具有刑事调查的性质。而这种刑事调查实质上就是一种特殊的侦查权。

尽管监察体制改革的决策者再三强调监察委员会的调查权不属于侦查权，但我们认为这种定性是不准确的，并不符合我国监察机构调查活动的实际情况。从这种刑事调查的形式和后果来看，它已经具备了侦查权的基本属性。

首先，监察委员会对于公职人员涉嫌职务违法犯罪的，可以对其立案，并启动调查程序。考虑到在检察机关的职务犯罪侦查部门“转隶”监察机构之后，原有的职务犯罪侦查机构已经不复存在，而监察委员会已经全盘接手对职务犯罪案件的调查工作，因此，我们有理由认为，监察委员会的刑事调查就是对检察机关职务犯罪侦查的延续和替代。不然的话，在公职人员职务犯罪案件中，就不存在刑事诉讼法意义上的立案和侦查活动，检察机关在未经立案和侦查程序的情况下，就对职务犯罪案件提起公诉，这就严重违背了我国宪法和刑事诉讼法所确立的公诉体制。

其次，按照《监察法》的要求，监察机关在收集、固定、审查、运用证据时，应当达到刑事诉讼法所提出的证据要求和标准。以非法方法收集的证据应当依法予以排除，不得作为案件处置的依据。尽管监察委员会的调查并不需要遵守刑事诉讼法的规定，但是，这种调查却需要达到刑事诉讼法所提出的要求和标准，并适用刑事诉讼法所确立的非法证据排除规则。这显然表明，监察委员会的调查尽管名义上没有被称为“侦查”，却要按照侦查的程序要求来收集、固定、审查和运用证据；监察委员会收集证据的活动一旦违反刑事诉讼法所确立的程序规则，所获取的证据就有可能被归为“非法证据”，检察机关和法院就都可能将其予以排除，而不得作为提起公诉或者判决的依据。这样一来，监察委员会的刑事调查就具有刑事侦查的性质和效果了。

再次，监察机关通过调查所收集的证据材料，在刑事诉讼中可以作为证据使用。2012 年刑事诉讼法曾允许行政机关在行政执法中收集的实物证据作为指控犯罪的证据使用。2018 年《监察法》则向前迈进了一大步，规定监察机关依据《监察法》所收集的物证、书证、视听资料、电子数据、证人证言、被调查人供述和辩解等证据材料，都可以在刑事诉讼中使用。这就意味着，监察机关通过一场统一的调查活动，所获取的所有证据材料，包括实物证据、言词证据以及笔录证据，都可以成为检察机关指控犯罪的根据，在刑事诉讼程序中都具有证据资格。既然监察机关调查获取的证据材料，都可以成为检察机关指控犯罪的证据，那么，监察机关的调查就与公安机关的侦查不仅没有实质性的区别，反而具有相同的法律效力。

再其次，监察机关经过调查，认为被调查人涉嫌职务犯罪的，应当制作起诉意见书，连同案卷材料和证据一并移送检察机关审查起诉。这显然表明，在检查机关收到监察机关移送的起诉意见书和案卷材料之后，不需再经过专门的立案和侦查程序，即可向法院提起公诉。在这种案件中，监察机关的立案和调查就已经具有刑事立案和刑事侦查的效力了。检察机关可以监察机关调查所得的结果为依据，向法院提起公诉。

最后，检察机关经过审查认为案件尚未达到起诉条件而需要补充调查核实证据的，应当退回监察委员会补充调查，也可以自行补充侦查。名义上，尽管监察机关所要进行的是“补充调查”，而不是“补充侦查”，但这种补充调查其实与公安机关的“补充侦查”没有实质性的区别，已经具有补充侦查的性质和效果。与公安机关的补充侦查一样，监察机关的补充调查也最多不超过两次，每次以一个月为限。既然在检察机关退回补充调查之后，监察机关所作的补充调查都具有补充侦查的性质，那么，监察机关原来所作的调查当然也就具有侦查的性质。

（陈瑞华：《论监察委员会的调查权》，载《中国人民大学学报》2018 年第 4 期，第 14 页。）

第九节　人民法院和人民检察院

一、人民法院和人民检察院的性质、任务和地位

（一）基本理论与概念

1. 人民法院和人民检察院分别是国家的审判机关和国家的法律监督机关，是由国家设立并代表国家行使职权的，也是我国国家机构的重要组成部分。

2. 人民法院和人民检察院的主要任务是保证宪法、法律的准确实施和适用，这一任务具体化为人民法院和人民检察院在司法领域的各项具体职权。

3. 人民法院和人民检察院具有相对独立的宪法地位，它们都由本级人大产生，同时受本级人大及其常委会监督。

（二）重点解析与前沿

1. 司法制度的概念和构成

司法制度是国家制度的重要组成部分，也是宪法所调整的重要内容。司法制度是指宪法规定的司法机构体系及其组织、职能、相互关系和工作模式等，包括司法组织的性质、任务、体系、组织与活动原则以及工作制度等。我国的司法制度主要是以人民法院和人民检察院为中心的审判制度和检察制度，在广义上还包括监狱制度、调解制度、律师制度、公证制度、国家赔偿制度等。习近平总书记指出：“我国司法制度是党领导人民在长期实践中建立和发展起来的，总体上与我国国情和我国社会主义制度是适应的。”①

① 习近平：《以提高司法公信力为根本尺度　坚定不移深化司法体制改革》，载《人民日报》，2015 年 3 月 26 日，第 1 版。

我国的国家机构实行民主集中制的原则，具体到司法制度领域，实行审检并列式的司法构成模式，即分别设置人民法院作为审判机关和人民检察院作为法律监督机关，并列组成司法制度的主体，审判机关和法律监督机关均由国家权力机关产生并对其负责，其中，审判机关审理各类案件，而法律监督机关对法律是否得到准确实施进行监督。这种模式不仅注重法院的地位，还注重检察院的地位，将后者提高到与整个法院体系并列的位置上，其法律监督权不仅在于对刑事案件提起公诉，还在于监督人民法院的审判是否准确适用法律。

2. 审判制度与检察制度及其关系

我国司法制度的主体是审判制度和检察制度。审判制度主要以宪法和相关组织法所规定的人民法院为中心，是人民法院的组织体系、主要任务、职能职权、程序机制和工作制度等的总和，除包括人民法院的设置和职权以外，我国的基本审判制度还包括公开审判制度、辩护制度、审级制度、审判合议制度、回避制度、死刑复核制度、审判监督制度、司法协助制度等。检察制度则以宪法和相关组织法所规定的人民检察院为中心，是人民检察院的组织体系、主要任务、职能职权、程序机制和工作制度等的总和。

我国检察制度的发展史略晚于审判制度。早在革命根据地建立人民政权时，人民法院就已经建立了，而且其组织体系一直比较完整，但检察机关在民主革命时期并没有建立自身的独立体系，往往是在各级法院内部设立检察机构，而且还一直处于时设时撤的不稳定状态。自新中国成立以来，检察机关才开始成为全面担负法律监督职能的独立机构。自现行检察制度建立以来，检察机关的职能在国家监察体制改革等过程中不断有所调整。

3. 人民法院、人民检察院和公安机关的关系

《宪法》在“国家机构”章的“人民法院和人民检察院”节的最后一条明确规定：“人民法院、人民检察院和公安机关办理刑事案件，应当分工负责，互相配合，互相制约，以保证准确有效地执行法律。”该条的内容乍看起来与节标题所涵盖的范围不一致，因此其妥当性在宪法起草过程中受到一定质疑，而且此内容在刑事诉讼法中已有规定，宪法再作规定则存在重复的问题，但出于以下考虑，该内容最终写入宪法：该原则对于加强社会主义法制，保证准确有效地执行法律、维护公民的合法权益，都有重要的意义，而且它是我国司法工作中长期行之有效的一项好经验，因此应以根本法的形式加以确认。[①] 在理解《宪法》规定的“分工负责，互相配合，互相制约”原则时应当强调，该原则是一个完整的逻辑和规范体系。“分工负责”体现的是它们的宪法地位，“互相配合”体现的是工作程序上的衔接关系，“互相制约”是三机关相互关系的核心价值要求。这一原则体现了两种服从关系：在价值理念上，效率服从于公平、配合服从于制约；在工作程序上，侦查服从于起诉、起诉服从于审判。现实中的三机关关系，应当根据宪法和立宪主义的价值理念合理调整。[②]

（三）延伸阅读

在中国宪法上司法机关的宪法地位主要表现在：

---

① 参见肖蔚云：《我国现行宪法的诞生》，北京大学出版社1986年版，第81-82页。

② 参见韩大元、于文豪：《法院、检察院和公安机关的宪法关系》，载《法学研究》2011年第3期。

首先，宪法明确了人民法院和人民检察院属于宪法上的国家机关。换言之，人民法院和人民检察院是宪法，而不是由法律所设立的国家机关。因此，即便是全国人民代表大会及其常务委员会也不能通过法律等方式取消人民法院和人民检察院，也不能停止其行使职权，或者让其他机关代行其职权，使其名存实亡。

其次，宪法明确了人民法院的地位。宪法第 123 条* 规定，“中华人民共和国人民法院是国家的审判机关”。这一规定包含着以下两个方面的含义。第一，人民法院是“国家”的审判机关。它表明人民法院行使的审判权代表了国家，是以国家的名义对各类纠纷进行裁决。我国采用单一制的国家结构形式，明显有别于实行联邦制的国家。人民法院是国家的法院，而非地方的法院，人民法院行使权力代表着国家的意志，而非任何地方、团体或个人的意志。第二，人民法院是国家的“审判机关”。人民法院是专司审判职能的国家机关，这既表明了人民法院在国家权力配置中职能的专门性，是行使审判权的国家机关，而不是行使立法权的立法机关；同时也显示了人民法院行使权力的方式，它是通过审判活动，解决纠纷、保障人权、维护国家法制统一的机关，而不是通过其他方式行使权力。

再次，宪法明确了人民检察院的地位。宪法第 129 条** 规定，“中华人民共和国人民检察院是国家的法律监督机关”。这一规定同样可以作以下两个方面的解读。第一，人民检察院是“国家”的法律监督机关。人民检察院代表国家行使权力，以国家的名义对法律的实施和遵守进行监督。这就使得检察机关的监督并不是面面俱到，事事监督。它的监督应当以是否危害国家利益为标准，只有发生了危害国家利益的行为，检察机关才予以监督。第二，人民检察院是国家的“法律监督机关”。它表明检察权的本质属性就是法律监督权，人民检察院是专司法律监督职能的国家机关。人民检察院的监督是法律意义上的监督，而非所有问题的监督；它的监督是针对具体案件的监督，而不是间接、宏观与抽象的监督。

* 即现行《宪法》第 128 条。——引者注

** 即现行《宪法》第 134 条。——引者注

（韩大元：《中国司法制度的宪法构造》，载《中国人民大学学报》2009 年第 6 期，第 32 页。）

二、人民法院和人民检察院的组织体系与基本职权

（一）基本理论与概念

1. 人民法院的组织体系包括最高人民法院、地方各级人民法院和军事法院等专门人民法院，人民检察院的组织体系包括最高人民检察院、地方各级人民检察院和军事检察院等专门人民检察院。宪法授权法律来规定人民法院和人民检察院的组织。

2. 根据党中央司法改革部署、全国人大常委会的决定和《人民法院组织法》的规定，最高人民法院可以设立巡回法庭。应司法改革的需要，逐渐产生跨行政区划法院、互联网法院、跨行政区划检察院等。

3. 人民法院的审判人员由院长、副院长、审判委员会委员和审判员等人员组成，人民检察院的检察人员由检察长、副检察长、检察委员会委员和检察员等人员组成。

4. 人民法院和人民检察院的职权具有法律上的独立性，二者依照法律规定分别独立行使审判权和检察权，不受行政机关、社会团体和个人的干涉。

（二）重点解析与前沿

1. 最高人民法院设立巡回法庭

最高人民法院是最高审判机关，除设置各个专业审判庭以外，还可以根据《人民法院组织法》的规定设立巡回法庭。巡回法庭是最高人民法院的组成部分，其判决和裁定即为最高人民法院的判决和裁定。最高人民法院于2015年和2016年分两批在深圳、沈阳、南京、郑州、重庆、西安分别设立了六个巡回法庭。最高人民法院设立巡回法庭，是我国司法体制的重大改革，对于方便群众诉讼，维护法律统一适用，加强对下级法院审判工作的指导和监督，促进司法公正，具有重要意义。《人民法院组织法》修改后明确规定：最高人民法院可以设巡回法庭，审理最高人民法院依法确定的案件。巡回法庭是最高人民法院的组成部分。巡回法庭的判决和裁定即为最高人民法院的判决和裁定。

2. 人民检察院的双重领导体制

为了保证人民检察院实现宪法规定的任务，人民检察院实行双重领导体制。地方各级人民检察院接受上级人民检察院的领导并对其负责，同时又对本级人大及其常委会负责并报告工作。最高人民检察院领导地方各级人民检察院和专门人民检察院的工作，同时也对全国人大及其常委会负责。需要注意的是，1978年宪法规定上级人民检察院监督下级人民检察院的工作，但1979年《人民检察院组织法》和1982年宪法将监督关系改为领导关系，从而更好保证检察院对全国实行统一的法律监督。现行宪法还明确规定，县级以上的地方各级人民代表大会选举并且有权罢免本级监察委员会主任、本级人民法院院长和本级人民检察院检察长，但是，选出或者罢免人民检察院检察长，须报上级人民检察院检察长提请该级人民代表大会常务委员会批准。

3. 推进跨行政区域人民法院和人民检察院改革

为保证人民法院和人民检察院依法独立行使职权，人民法院和人民检察院的设置应当与行政区域分离，但我国的行政区域与司法区域一直是重合的。党的十九届四中全会提出，优化司法职权配置，推动实行审判权和执行权相分离的体制改革试点，最高人民法院设立巡回法庭，探索设立跨行政区划的人民法院和人民检察院，探索建立检察机关提起公益诉讼制度。其中，跨区域的人民法院和人民检察院是党的十九届四中全会对司法体制改革的一项重大举措。这些改革有助于推动司法管理制度与行政区划适当分离，确保司法机关依法独立公正行使职权。人民法院切实落实中央改革部署，推进设立跨行政区划法院试点工作，探索建立普通案件在行政区划法院审理、特殊案件在跨行政区划法院审理的新型诉讼格局。人民检察院在推进跨行政区划检察改革的试点工作中，以作为省级人民检察院派出机构的铁路、林区、农垦、矿区等人民检察院为重点改革试点单位，创新完善检察机关法律监督体系，优化司法资源配置，提升办理特定、跨区域案件专业化水平。

（三）延伸阅读

从现行宪法第129条第1款的规定来看，我国宪法规定的法院包括“最高人民法院”“地方各级人民法院”和“军事法院等专门人民法院”三种类型，而不是“最高人民法院”与“地方各级人民法院”两种类型。根据这一宪制规定，最高人民法院之下存在“地方各级人民法院”和“专门人民法院”两个不同的法院系统，以分别处理普通司法案件和专门司法案件。这种自1954年就已经确立的宪制安排，并不是一种无意识的行为，更不是轻率之举，其包含着更深层次的立法目的，即宪法要求国家在“地方各级人民法院”体系外，建立一种区别于“地方各级人民法院”类型的特殊法院类型和组织体系。虽然宪法并没有对这种法院的“特殊性”作出明确的规定和指示，但是从1954年的制宪记录可以看出，我国宪法之所以要建立这种特殊的法院，主要不是为了解决审判的专业性问题，而是为了审理或办理那些既不适宜由地方各级人民法院，也不适宜由最高人民法院直接审理或办理的特殊类型的跨行政区划司法案件，从而确保国家法律的统一实施和法治的统一。

（程雪阳：《跨行政区划法院改革的合宪性制度通道》，载《法律科学》2021年第4期，第133－134页。）

三、人民法院和人民检察的工作原则

（一）基本理论与概念

1. 依法独立行使职权原则。人民法院和人民检察院依照法律规定分别独立行使审判权和检察权，不受行政机关、社会团体和个人的干涉。

2. 平等适用法律原则。人民法院和人民检察院在办理案件的过程中，对于一切公民，不分民族、种族、性别、职业、社会出身、宗教信仰、教育程度、财产状况、居住期限等，在适用法律上一律平等。

3. 司法公正原则。人民法院和人民检察院在审理案件过程中，以事实为根据，以法律为准绳，坚持实体公正和程序公正相统一。

4. 司法民主原则。人民法院和人民检察院将专门工作与群众路线相结合，坚持司法为民的基本宗旨，充分保障人民参与司法的权利，使司法工作符合人民群众的公平正义观念。

5. 司法公开原则。人民法院和人民检察院在办理案件的过程中必须坚持审判公开和检务公开，除涉及国家秘密或者未成年人保护等特殊情形外，一律公开。

6. 司法责任制原则。人民法院和人民检察院实行司法责任制，法官、检察官审案判案的权力也要受到应有的监督制约。

7. 保障当事人诉权的原则。人民法院和人民检察院在办理案件的过程中，必须充分保障当事人的诉权。人民法院有义务保证被告人获得辩护。各民族公民都有用本民族语言文字进行诉讼的权利。

（二）重点解析与前沿

1. 对依法独立行使职权的理解

依法独立行使审判权是我国审判制度的重要原则，但其具体表述存在差异和变迁。1954年《宪法》第78条规定：“人民法院独立进行审判，只服从法律。”现行宪法对前述规定进行了调整。一方面，依法独立行使审判权原则有利于不断健全社会主义法制，也是建设社会主义法治国家的必要内容，因此，必须在总体上继续肯定该原则。另一方面，考虑到各级人民法院必须接受国家权力机关的领导和监督，必须接受中国共产党的领导，因此，现行宪法关于依法独立行使审判权的表述是更为合理的。其对1954年宪法的修改不仅在文字上显得更为严谨、确切，在内容上也更加明确、清楚，划清了一些界限，维护了宪法的权威。①

2. 对“依照法律”的理解

法学界和法律界对1982年《宪法》第126条（现为第131条）中的“依照法律”一词包含的内容有巨大的认知差异。对“依照法律”的认知不确定致使法院在处理法律与宪法的关系时进退失据。学者认为，《宪法》第126条中的“法律”特指普通法律，该条仅授权法院依照普通法律的规定行使审判权。法院必须遵守宪法，但谈不上“依照”宪法规定行使审判权。法院以遵从宪法最高法律效力、奉宪法为根本活动准则、维护宪法尊严和保证宪法实施等多种方式遵守宪法。不适用宪法是法院的宪法义务。法院对其所适用的规范性文件作合宪法律理解，是宪法的根本法地位在我国司法领域得到体现的最重要渠道。单凭宪法文本无法确定“法律”的范围。全国人大及其常委会立法对“法律”范围有能动的影响，但其影响幅度有确定的区间。在目前的法律体制中，“法律”实际上包含了三个层次的规范性文件。“法律”的最优范围应该是最高国家权力机关制定的规范性文件和根据宪法制定的行政法规、军事法规。法院在行使审判权的过程中要完全回避对宪法的援引是不恰当、不可能的。放任各级法院和法官任意援引宪法肯定是不行的，但一概不准许援引宪法也不利于宪法的充分实施。对宪法的遵守性援引应在充分研讨的基础上作出制度化安排，以便各级法院和法官能有所遵循。②

3. 让人民群众在每个司法案件中感受到公平正义

2020年年底，习近平总书记在中央全面依法治国工作会议上强调，“深化司法责任制综合配套改革，加强司法制约监督，健全社会公平正义法治保障制度，努力让人民群众在每一个司法案件中感受到公平正义”。人民法院和人民检察院在新时期的工作重心是进一步深化司法体制机制改革，努力建设公正高效权威的社会主义司法制度，着力增强维护社会公平正义能力，不断提升司法的公信力，进一步增强人民群众对司法工作的信任度和满意度，进一步提高司法工作的亲和力和公信力，有效回应人民群众对司法工作的新期待，努力让人民群众在每一个司法案件中都能感受到公平正义。

4. 检察公益诉讼

检察公益诉讼是指人民检察院以公益诉讼起诉人身份提起公益诉讼，依照民事诉讼法、行政诉讼法享有相应的诉讼权利，履行相应的诉讼义务，目前主要包括民事公益诉讼、行政公益诉讼、刑事附带民事公益诉讼等形式。探索建立检察机关提起公益诉讼制度，是党的十八届四中全会作出的一项重大部署，党的二十大报告进一步提出“完善公益诉讼制度”。在以习近平同志为核心的党中央领导下，检察公益诉讼制度从顶层设计到实践落地，从局部试点到全面推开、健康发展，形成了公益司法保护的“中国方案”，受

① 参见肖蔚云：《我国现行宪法的诞生》，北京大学出版社1986年版，第80页。

② 参见童之伟：《法院“依照法律”规定行使审判权释论——以我国法院与宪法之关系为重点的考察》，载《中国法学》2009年第6期。

到了广泛关注与高度认同。

（三）延伸阅读

1954 年 3 月 23 日中国共产党中央委员会提出的 1954 年宪法草案（初稿）第 71 条规定："各级人民法院独立行使职权，只服从法律。"这是 1954 年宪法有关审判独立原则的最初表述。1954 年 6 月 3 日中华人民共和国宪法起草委员会对"宪法草案"（初稿）的意见中将第 71 条调整为第 83 条，即"各级人民法院独立进行审判，可服从法律"。这里把"只服从法律"调整为"可服从法律"，不仅是语义上的变化，直接涉及审判独立原则属性的判断。"可"实际上降低了"审判独立"的意义，没有上升为宪法原则。为了解决"可服从法律"的表述可能带来的不确定性，1954 年 6 月 14 日中央人民政府委员会第 30 次会议通过的宪法草案（初稿）将第 71 条"各级人民法院独立行使职权，只服从法律"改为第 77 条，重新将"可服从"改为"只服从"，其内容是"各级人民法院独立进行审判，只服从法律"。在讨论第 71 条草案（初稿）时，曾有四种修改建议：各级人民法院依照法律，独立行使职权；地方各级人民法院，依照（或按照）法律，独立行使职权；各级人民法院根据法律独立行使职权；各级人民法院独立行使职权，只服从法律及有法律效力的条例或其他命令。在比较各种规范表述后，1954 年 9 月 21 日第一届全国人民代表大会第一次会议通过的宪法第 78 条最终采用"人民法院独立进行审判，只服从法律"的表述，删除草案中的"各级"，使之成为正式的宪法条文。

（韩大元：《论 1954 年宪法上的审判独立原则》，载《中国法学》2016 年第 5 期，第 8 页。）

第三部分　文献拓展与案例研习

第一节　拓展文献目录

何华辉，许崇德．分权学说．北京：人民出版社，1986．

蔡定剑．中国人民代表大会制度．北京：法律出版社，2003．

张翔．我国国家权力配置原则的功能主义解释．中外法学，2018（2）．

林彦．国家权力的横向配置结构．法学家，2018（5）．

王旭．作为国家机构原则的民主集中制．中国社会科学，2019（8）．

杜强强．议行合一与我国国家权力配置的原则．法学家，2019（1）．

韩大元．论全国人民代表大会之宪法地位．法学评论，2013（6）．

黄明涛．"最高国家权力机关"的权力边界．中国法学，2019（1）．

钱坤．全国人大常委会宪法地位的历史变迁与体系展开．法学研究，2022（3）．

翟志勇．国家主席、元首制与宪法危机．中外法学，2015（2）．

王贵松．国务院的宪法地位．中外法学，2021（1）．

陈斯喜，刘松山．宪法确立国家中央军事委员会的经过．人大研究，2001（3）．

王建学．论地方政府事权的法理基础与宪法结构．中国法学，2017（4）．

常安．统一多民族国家的宪制建构：新中国成立初期民族区域自治制度的奠基历程．现代法学，2012（1）．

秦前红，刘怡达．国家监察体制改革的法学关照：回顾与展望．比较法研究，2019（3）．

韩大元，于文豪．法院、检察院和公安机关的宪法关系．法学研究，2011（3）．

杨小敏．法院依照法律规定独立行使审判权条款的宪法变迁．法学家，2022（2）．

田夫．检察院性质新解．法制与社会发展，2018（6）．

第二节 本章案例研习

《慈善法》修改争议

《慈善法》由十二届全国人大四次会议于 2016 年 3 月 16 日通过，是我国慈善领域的基本法律。自施行以来，《慈善法》在保护慈善参与者权益、规范慈善活动、促进慈善事业发展、发挥慈善功能等方面发挥了重要作用。与此同时，慈善领域也出现了一些新情况、新问题。十三届全国人大一次会议以来，全国人大代表共提出 57 件关于修改《慈善法》的议案建议。全国人大常委会贯彻落实党中央关于发展慈善事业的决策部署，积极回应社会关切，把修改《慈善法》列入 2022 年度立法工作计划，明确由社会建设委员会牵头负责。2021 年 3 月，社会建设委员会启动修法工作。

在修改过程中，有的常委委员提出，《慈善法》由全国人民代表大会制定，是慈善领域的基本法，施行时间不太长。对于大会通过的法律，常委会进行修改是可以的，但须遵循宪法的有关规定。从多年来的实践看，对大会通过的法律进行修改，多数情况下以采取修正方式为宜，没有在法律通过后较短时间内由常委会进行全面修订的先例，常委会采用修订方式修改《慈善法》应当慎重。宪法和法律委员会经研究，建议采纳上述意见，不采用修订方式对现行《慈善法》作全面修改，采用修正方式对现行法的部分内容进行修改完善，在保持现行法基本制度总体稳定的前提下，总结实践经验，对较为成熟或者有基本共识的内容作出必要修改；对尚有争议、尚未形成基本共识或者较为生疏的问题，以及一些可改可不改的文字表述问题，暂不作修改。

思考：国家立法权在全国人大与全国人大常委会之间是如何配置的？

要点提示：根据《宪法》《立法法》的相关规定，全国人大制定和修改刑事、民事、国家机构的和其他的基本法律。全国人大常委会制定和修改除应当由全国人大制定的法律以外的其他法律；在全国人大闭会期间，可以对全国人大制定的法律进行部分补充和修改，但是不得同该法律的基本原则相抵触。全国人大可以授权全国人大常委会制定相关法律。

刘某诉嘉善县公路稽征所交通行政处理纠纷案

原告刘某所有的北京现代牌轿车，征费吨位为 1 吨，于 2006 年 7 月 7 日在嘉兴市公安局车辆管理所上牌登记，自 2006 年 7 月 7 日至 2007 年 4 月 17 日，拖欠公路养路费未缴。被告嘉善县公路稽征所经调查核实后，根据《浙江省公路养路费征收管理条例》第3条、第23条和《行政处罚法》第38条的规定，于2007年4月17日作出交通行政处理决定，决定刘某应补缴公路养路费2 000元、滞纳金1 433元，合计3 433元。原告刘某诉称，根据1998年1月1日施行的《公路法》和1999年10月31日修正的《公路法》第36条的规定，“国家采用依法征税的办法筹集公路养护资金，具体实施办法和步骤由国务院规定”，修改后的《公路法》全部取消了有关公路养路费和欠缴公路养路费罚则的所有条款。继续征收公路养路费也违背了《立法法》关于“对非国有财产的征收”必须由法律来规定，即除全国人大，任何机构和个人都无权作出征收私有财产的决定，开征公路养路费也包括在内。原告认为，继续向原告征收公路养路费及滞纳金实属违法，应予撤销。被告辩称，车牌号为×××的登记车主为原告刘某，该车辆所有权人应当自2006年7月7日起缴纳公路养路费。被告作出的行政处理行为符合有关法律法规的规定，应当驳回原告提出的诉讼请求。

浙江省嘉善县人民法院经审理认为：本案中原、被告双方争议的焦点是对《公路法》第36条规定的“国家采用依法征税的办法筹集公路养护资金，具体实施办法和步骤由国务院规定”应如何理解。国务院2000年10月制定的《交通和车辆税费改革实施方案》规定：“在车辆购置税燃油税出台前，各地区和有关部门要继续加强车辆购置附加费、养路费等国家规定的有关政府性基金和行政事业性收费的征管工作，确保各项收入的足额征缴。”国务院在批转该方案的通知中载明：为加快交通和车辆税费改革步伐，国务院决定于2001年1月1日开征车辆购置税取代车辆购置附加费，燃油税的出台时间将根据国际市场原油价格变动情况，由国务院另行通知。2006年12月22日，国务院发出《关于燃油税正式实施前切实加强和规范公路养路费征收管理工作的通知》，再次要求在燃油税正式实施前，各地区、各有关部门要按规定继续做好养路费的征收管理工作，保障公路建设和养护资金的需求，并明确任何单位和个人不得拒绝履行缴费义务，不得妨碍、阻挠交通部门依法进行的养路费征收稽查工作。这些改革正是依照《公路法》的授权进行的。被告嘉善县公路稽征所征收公路养路费的行为符合法律规定。法院遂判决维持被告的具体行政行为。

思考：立法机关通过单行法律作出立法授权后，国务院是否应当在合理的期限内及时完成立法机关所委托的立法事务？

要点提示：从形式合法性的角度看，法院的判决并无不当。尽管立法机关作出了立法委托，委托国务院完成进一步的立法任务，但在国务院尚未完成委托立法任务之前，自应继续适用原有的有关公路养路费征稽的制度。但是从实质合法性或者合理性的角度看，立法机关通过单行法律作出立法授权后，国务院就应当在合理的期限内及时完成立法机关所委托的立法事务。“合理的期限应该是国务院制定‘具体实施办法和步骤’所需要的调查、研究和论证的时间，一般不应超过一届人大的任期（五年）。”① 设若国务院认为暂时无法实施《公路法》所确立的“费改税”的改革，国务院也应当及时向立法机关

---

① 姜明安：《养路费征收争论所涉法律问题之我见》，载姜明安：《法治的求索与呐喊》（评论卷），中国人民大学出版社2012年版，第281页。

进行汇报，由立法机关来作出推迟的决定，方为稳妥。

异地异级调用检察官合宪性争议

2019 年 12 月 30 日，最高人民检察院颁布的《人民检察院刑事诉讼规则》第 9 条第 2 款规定：“上级人民检察院可以依法统一调用辖区的检察人员办理案件，调用的决定应当以书面形式作出。被调用的检察官可以代表办理案件的人民检察院履行出庭支持公诉等各项检察职责。”有公民对此规定提出审查建议。核心争议在于对被调用的检察人员代表调入地人民检察院履行出庭支持公诉等各项检察职责是否需要经调入地人大常委会作出相关任职决定。全国人大常委会法工委对这个问题进行了深入研究，根据宪法和有关法律的规定、原则和精神，形成《关于调用检察人员及其任免问题的有关情况和研究意见》，对被决定调用的检察人员是否须经调入地人大常委会任命的问题，区分不同情形提出具体、明确的规范意见。

据此，2023 年 9 月最高人民检察院出台《关于上级人民检察院统一调用辖区的检察人员办理案件若干问题的规定》，其中明确规定：“被调用检察人员以检察官身份代表办理案件的人民检察院履行出庭支持公诉等职责的，应当由办理案件的人民检察院检察长依法提请本级人民代表大会常务委员会按照法定程序任命为本院的检察员。案件办结或者上级人民检察院作出终止调用决定的，按照法定程序免去其前述检察员职务。人民代表大会常务委员会作出任命前，被调用检察官可以以检察官助理身份协助办理案件。”该规定还明确了可以不履行检察官任免程序的三种调用情形：上级人民检察院的检察官被调用至辖区的下级人民检察院的，上级人民检察院调用本院的分院、派出检察院的检察官至本院或者本院的其他分院、派出检察院的，依照法律规定不需要经人民代表大会常务委员会任免检察官的。

思考：为什么异地异级调用检察官办案原则上应经调入地人大常委会任命?

要点提示：各级人民检察院是我国的法律监督机关，由本级国家权力机关即人大产生，对本级人大负责。各级人民检察院的检察官由本级人大常委会任免。这些规定与我国的根本政治制度——人民代表大会制度相一致。因此，尽管上下级人民检察院之间是“领导—被领导”的关系，但上级人民检察院也不能随意调用辖区内的检察人员办案。不过，全国人大常委会法工委并未要求所有的异地异级用检均要经调入地人大常委会任命，而是设置了上级人民检察院检察官被调用至下级人民检察院等例外情形。这种处理方式既考虑了公诉力量不足的现实背景，也保证了检察机关依宪依法履职的规范要求。

××县人大常委会否决上海警方拘留人大代表请求事件

2014 年 8 月 12 日凌晨，上海市公安局松江公安分局泗泾派出所民警接指挥中心指令，前往泗泾镇横塘桥村处理一起纠纷案件，民警在处理纠纷过程中发现，事故当事人之一为福建省周宁县人大代表张某明涉嫌酒后驾车，便立即通知交警前来处理。松江交警支队民警对张某明进行酒精呼气测试，结果为 136 毫克/100 毫升。另经复旦大学上海医学院司法鉴定中心检验和鉴定，张某明的血液中乙醇浓度为125毫克/100毫升，达到了醉酒状态。

经查，警方认定张某明涉嫌危险驾驶罪，根据《刑事诉讼法》的有关规定，松江公安分局对张某明进行刑事立案。然而，根据《地方各级人民代表大会和地方各级人民政府组织法》的规定，县级以上的地方各级人民代表大会代表，非经本级人民代表大会主席团许可，在大会闭会期间，非经本级人民代表大会常务委员会许可，不受逮捕或者刑事审判。如果因为是现行犯被拘留，执行拘留的公安机关应当立即向该级人民代表大会主席团或者常务委员会报告。

8月12日下午，松江公安分局依法释放了张某明。8月14日，松江公安分局立即向周宁县人大常委会发去《关于提请批准对涉嫌危险驾驶罪的周宁县人大代表张某明采取刑事拘留强制措施的函》（以下简称《提请批准函》）。其中称，张某明现已对自己的违法行为供认不讳，并对自己血液中乙醇浓度的鉴定结果无异议。

收到《提请批准函》后，周宁县人大常委会十分重视，专题召开主任会议进行了研究，并提交常委会会议审议。2014年10月24日，周宁县第十六届人大常委会第二十五次会议听取和审议了《关于提请许可对县第十六届人大代表张某明采取刑事拘留强制措施并暂停其执行代表职务的议案》，并依法进行表决。常委会组成人员21名，实到会17名，表决结果：赞成8票，反对1票，弃权8票。因票数未过常委会组成人员的过半数，该议案未获通过。10月31日，周宁县人大常委会函复松江分局，告知了对张某明一事的处理结果。

思考：如何理解人大代表的“免捕权”？

要点提示：人大代表的“免捕权”长期受到学界关注。通常认为，为了保证代表或议员更好地履行宪法和法律职责，同时也为了保证由代表或议员组成的代表机关或代议机构能够正常地依法履行国家权力机关的职责，必须要对代表或议员的人身自由给予特殊保护。这种特殊保护的制度目的不是要赋予代表或议员超越于一般公民之上的不平等的特权，而是要保证由代表或议员组成的国家权力机关或立法机关能够有效地行使国家权力。因此，在法律制度上必须赋予代表或议员以一定的人身特权。但是，为了防止代表或议员滥用这种权利，各个国家在代表或议员人身特权制度方面都确立了比较严格的规范制度。一是司法机关限制代表或议员的人身自由必须经过代表机关或代议机构的许可，这可以视为代表机关或代议机构自身相对于司法机关的防御权。二是对于并不会实质影响到代表机关或代议机构履行宪法和法律职责的代表或议员的人身特权加以必要的限制，以防止代表或议员滥用这种人身特权来谋取特权和私利。①

有学者从合宪性解释的角度对人大代表“免捕权”进行限定。人大代表人身特别保护，是人大代表依法执行代表职务所需的保障之一。从立宪者的原意来看，它并非一项基于代表身份而享有的特权，是否适用不以是否担任人大代表为前提，而是以是否影响人大代表执行代表职务为判别标准。尽管随着执行代表职务在内涵上的扩张，人身特别

① 参见莫纪宏：《论人民代表人身特权的法律保护》，载《河南财经政法大学学报》2012年第5期。

保护的适用范围也相应地发生了改变，但是，宪法和法律从未将保护的范围扩大到与代表职务无关的活动上，放弃以职务保障的需要为前提条件。为此，应当对《全国人民代表大会和地方各级人民代表大会代表法》的相关内容进行合宪性解释。根据限制人身自由措施对人大代表执行职务的影响程度，适用不同的人身特别保护程序。[①]

① 参见屠振宇：《人大代表人身特别保护的合宪性解释》，载《理论月刊》2015年第9期。

第八章　“一国两制”与特别行政区制度

第一部分　本章知识点速览

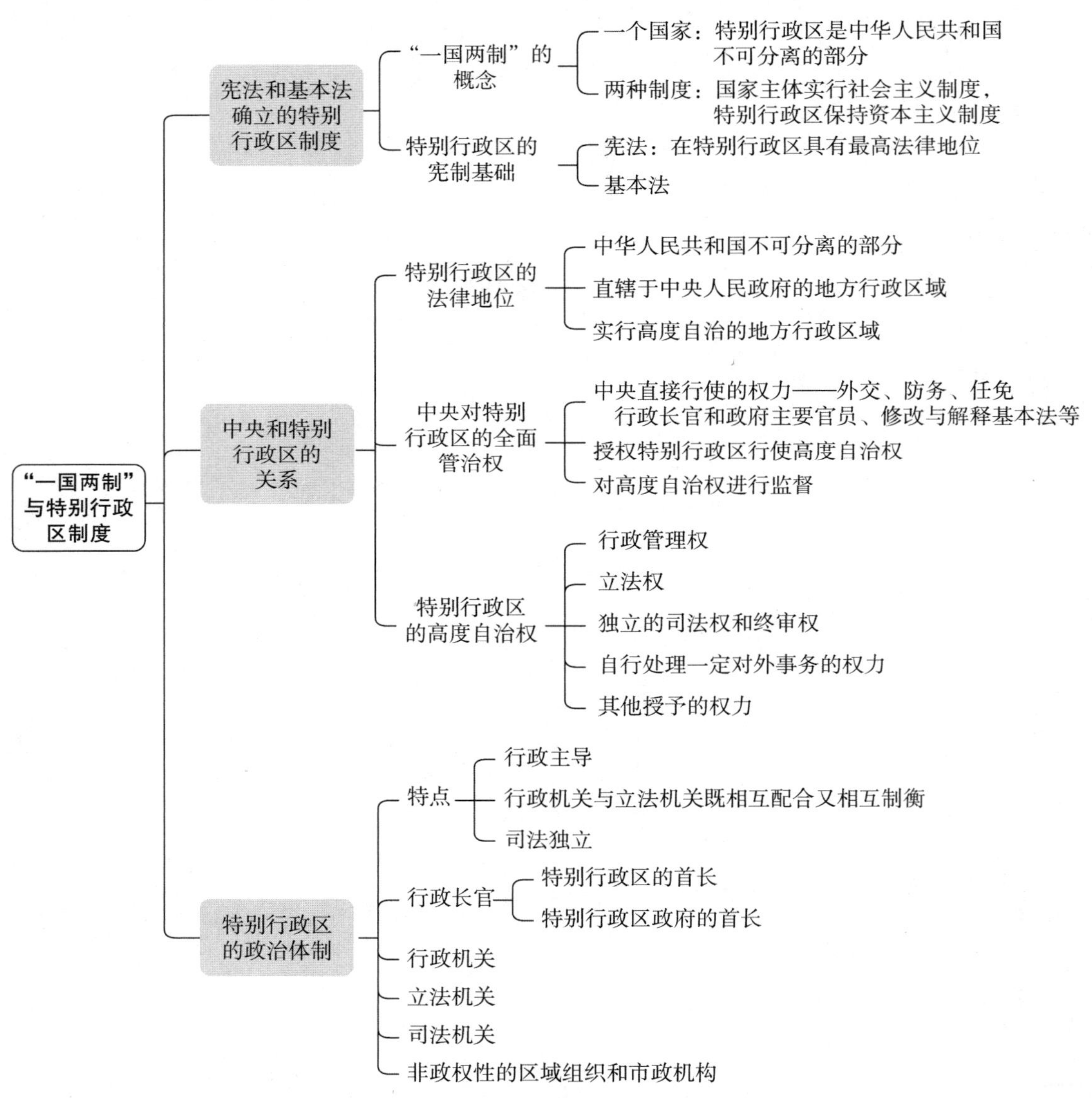

第二部分 本章核心知识要点解析

第一节 宪法和基本法确立的特别行政区制度

一、“一国两制”与特别行政区制度

（一）基本理论与概念

1. “一国两制”是“一个国家，两种制度”的简称，是指在一个统一的国家，国家的主体部分实行社会主义制度；在这个前提下，允许特定地区保持原有的资本主义制度和生活方式长期不变。

2. 特别行政区是指国家根据“一国两制”方针和宪法、特别行政区基本法设立并直辖于中央人民政府的地方行政区域。

3. 特别行政区制度是指国家根据宪法和基本法对特别行政区采取的特殊管理制度。

4. 特别行政区制度的基本内容包括：第一，维护国家统一、主权和领土完整。第二，实行“一国两制”。第三，实行高度自治。第四，保持原有的资本主义制度和生活方式 50 年不变。第五，实行当地人治理，“港人治港”“澳人治澳”必须以爱国者为主体。

（二）重点解析与前沿

1. “一国”与“两制”的关系[①]

“一国两制”是一个完整的概念。“一国”是指在中华人民共和国内，特别行政区是国家不可分离的部分，是直辖于中央人民政府的地方行政区域。中华人民共和国是单一制国家，中央政府对包括特别行政区在内的所有地方行政区域拥有全面管治权。特别行政区的高度自治权不是固有的，其唯一来源是中央授权。特别行政区享有的高度自治权不是完全自治，也不是分权，而是中央授予的地方事务管理权。高度自治权的限度在于中央授予多少权力，特别行政区就享有多少权力，不存在“剩余权力”。同时，宪法明确规定国家的根本制度是社会主义制度，并规定了国家的基本制度、领导核心和指导思想等制度和原则。坚持一国原则，最根本的是要维护国家主权、安全和发展利益，尊重国家实行的根本制度以及其他制度和原则。

“两制”是指在“一国”之内，国家主体实行社会主义制度，香港等某些区域实行资本主义制度。“一国”是实行“两制”的前提和基础，“两制”从属和派生于“一国”，并统一于“一国”之内。“一国”之内的“两制”并非等量齐观，国家的主体必须实行社会主义制度，这是不会改变的。在这个前提下，从实际出发，充分照顾到香港等某些区域的历史和现实情况，允许其保持资本主义制度长期不变。因此，国家主体坚持社会主义制度，是香港、澳门实行资本主义制度、保持繁荣稳定的前提和保障。香港、澳门继续保持原有的资本主义制度，依照基本法实行“港人治港”、“澳人治澳”、高度自治，必须在坚持“一国”原则的前提下，充分尊重国家主体实行的社会主义制度，特别是尊重国

① 参见中华人民共和国国务院新闻办公室：《“一国两制”在香港特别行政区的实践》白皮书，2014 年 6 月。

家实行的政治体制以及其他制度和原则。内地在坚持社会主义制度的同时，要尊重和包容香港、澳门实行的资本主义制度，还可以借鉴香港、澳门在经济发展和社会管理等方面的成功经验。在"一国"之内，"两种制度"只有相互尊重，相互借鉴，才能和谐并存，共同发展。

2. "一国两制"的要义①

"一国两制"科学构想包含以下要义。

第一，一个中国。世界上只有一个中国，香港、澳门、台湾地区都是中国不可分离的一部分，中国的主权和领土完整不容分割，在国际社会上代表中国的唯一合法政府是中华人民共和国政府。这是国家和平统一制度安排的前提和基础。

第二，两制并存。在一个中国的前提下，国家的主体实行社会主义制度，香港、澳门地区保持原有的社会制度和生活方式不变，两种不同的社会制度在一个统一的国家里，长期并存。

第三，高度自治。香港、澳门回归后，设立直辖于中央人民政府的特别行政区，享有高度自治权，其中包括行政管理权、立法权、独立的司法权和终审权。

第四，和平统一。通过和平谈判的方式实现国家统一，这既是对香港、澳门和台湾地区历史与现状的尊重，也是维护国家稳定发展大局，加快国家现代化建设，维护港澳和台湾地区繁荣稳定的需要。对于台湾问题，我们尽最大努力争取和平统一，但不承诺放弃使用武力。这不是针对台湾同胞，而是针对国内外各种分裂势力。

不断推进"一国两制"事业，符合和平与发展的时代潮流，符合国家核心利益和香港、澳门、台湾地区根本利益。诚如邓小平所说："我们采取'一个国家，两种制度'的办法解决香港问题……完全是从实际出发的，是充分照顾到香港的历史和现实情况的。"② 因此，"一国两制"并非权宜之计，而是一项长远的战略抉择，是一项基本国策。

（三）延伸阅读

宪法和基本法赋予中央政府建立和发展香港特别行政区民主制度的宪制权力和责任。宪法第三十一条规定："国家在必要时得设立特别行政区。在特别行政区内实行的制度按照具体情况由全国人民代表大会以法律规定。"1985 年 4 月 10 日，全国人民代表大会决定成立香港特别行政区基本法起草委员会。7 月 1 日，由 59 名内地和香港各界代表性人士组成的基本法起草委员会正式成立并开始工作。在香港社会各界人士的共同参与下，该委员会历时四年零八个月完成了基本法的起草工作。1990 年 4 月 4 日，第七届全国人民代表大会第三次会议通过基本法，以国家基本法律的形式将中央政府对香港的基本方针政策制度化、法律化，为香港特别行政区民主制度的建立和发展提供了宪制性法律依据，也明确了中央政府主导和决定香港特别行政区民主发展的宪制责任。

宪法和基本法共同构成香港特别行政区的宪制基础，赋予中央对香港特别行政区的

① 参见全国干部培训教材编审指导委员会：《坚持"一国两制"推进祖国统一》，人民出版社、党建读物出版社 2019 年版，第 25 - 26 页。

② 《邓小平文选》第 3 卷，人民出版社 1993 年版，第 60 页。

全面管治权，既包括中央直接行使的权力，也包括授权香港特别行政区依法实行高度自治以及对特别行政区高度自治的监督权。中央直接行使的权力包括设立特别行政区、决定特别行政区实行的制度、组建特别行政区政权机构、管理与特别行政区有关的外交事务、管理特别行政区的防务、任命行政长官和主要官员、对特别行政区立法的备案审查、修改和解释基本法等方面的宪制权力。其中就包括决定香港特别行政区实行什么样民主制度的权力。

——（中华人民共和国国务院新闻办公室：《“一国两制”下香港的民主发展》。）

要正确把握爱国和爱港的关系。爱国是爱港的根本前提，爱港是爱国的心路起点，二者不可偏颇。当前，一是要正确理解什么是爱国，要意识到不只有投资建设国家、襄助内地时艰才是爱国，拥护宪法、基本法，维护香港国家安全、把“一国两制”方针落到实处也是爱国。二是要警惕将爱港与爱国割裂的谬论。长期以来，反中乱港势力为煽动香港人民，打出“光复香港”等旗号，声称要“让香港成为香港人的香港”，故意将爱港和爱国对立起来，已荼毒甚广。国家是香港繁荣稳定的根基，爱国和爱港是内在统一的，要从爱国高度认识到维护国家主权、安全、发展利益，拥护中央政府全面管治权、依法监督权及各项涉港方针决定，就是在爱港、在维护香港的切身利益。

…………

爱国者掌握治权天经地义、举世通行，西方国家更将之确立为压倒一切的根本“政治正确”。邓小平同志在提出“一国两制”之初就明确指出，“港人治港有个界线和标准，就是必须由以爱国者为主体的港人来治理香港”。“爱国者治港”原则既是国际惯例的本土适用，也是爱国主义的贯彻落实。

在新形势下弘扬本土爱国主义、维护香港长治久安、确保“一国两制”行稳致远，必须坚决贯彻落实“爱国者治港”原则，把香港管治权牢牢掌握在爱国者手中，断绝反中乱港势力及境外势力通过体制内夺取香港治权的一切路径。

在贯彻落实“爱国者治港”原则过程中，需要处理好四大问题。

第一，“爱国者治港”不是黑箱政治，衡量爱国的标准是客观的、清晰的。无论是建制派、中间派还是反对派、本土派，只要真心尊重民族、拥护回归祖国，不损害香港繁荣稳定，就可根据法定程序参与管治；只有那些依法核实确有恨国、害国行径者才不能担任管治职务。

第二，“爱国者治港”不会导致香港“内地化”，“一国两制”下香港民主发展的正道必须由中央来主导……其民主发展必须符合香港实际情况，坚定走既发展民主、又保障安全，促进良政善治、民众福祉的多元优质民主之路。

第三，“爱国者治港”不是“清一色”，而是具有“五光十色”般的广泛代表性、政治包容性、均衡参与性和公平竞争性，既体现香港民主的多样性、多元性、多维性，又体现爱国主义的凝聚力、向心力、号召力，各阶层、各界别、各方面的意志都在管治架构中得到全面反映和充分代表。

第四，“爱国者治港”反对政治投机，绝不容许“忽然爱国”、左右逢源、多头下注，肆意进行毫无底线的投机钻营，治理香港的爱国者决不能是政治投机主义者，更不能是个人利益至上者。展望未来，港府和各界爱国爱港力量要不断健全选拔、培养德才兼备爱国者的长效机制，循序渐进推动“双普选”，理直气壮将“爱国者治港”贯彻到底。

[乔晓阳、韩大元、朱国斌：《问道香港：“一国两制”理论与香港伟大实践》(上)，三联书店（香港）有限公司2022年版，第254-258页。]

二、宪法和基本法共同构成特别行政区的宪制基础

（一）基本理论与概念

1. 宪法和基本法共同构成特别行政区的宪制基础。第一，宪法是国家的根本法，是全国各族人民共同意志的体现，是特别行政区制度的法律渊源。宪法在特别行政区具有最高法律地位，是我国在特别行政区实行“一国两制”“港人治港”“澳人治澳”、高度自治的根本法律依据。第二，基本法是根据宪法制定的基本法律，是“一国两制”方针的法律化、制度化，是我国在特别行政区实行“一国两制”“港人治港”“澳人治澳”、高度自治的具体法律保障。《香港基本法》第11条和《澳门特别行政区基本法》（以下简称《澳门基本法》）第11条都规定：根据《宪法》第31条，特别行政区的制度和政策，包括社会、经济制度，有关保障居民的基本权利和自由的制度，行政管理、立法和司法方面的制度，以及有关政策，均以基本法的规定为依据；特别行政区的任何法律（《澳门基本法》的表述还包括法令、行政法规和其他规范性文件），都不得同基本法相抵触。

2. 中央对香港、澳门特别行政区行使全面管治权。中央对香港、澳门特别行政区的全面管治权，是指中央基于单一制国家结构形式对港澳恢复行使主权而产生的对特别行政区进行管辖和治理的权力。全面管治权是对中央权力在整体上的一种总体概括和抽象表达，其本身并不是一项具体职权。

（二）重点解析与前沿

1. 关于宪法与特别行政区基本法的关系

习近平指出：“回归完成了香港宪制秩序的巨大转变，中华人民共和国宪法和香港特别行政区基本法共同构成香港特别行政区的宪制基础。宪法是国家根本大法，是全国各族人民共同意志的体现，是特别行政区制度的法律渊源。基本法是根据宪法制定的基本法律，规定了在香港特别行政区实行的制度和政策，是‘一国两制’方针的法律化、制度化，为‘一国两制’在香港特别行政区的实践提供了法律保障。”这一论述对于我们正确理解特别行政区的宪制基础具有重要指导意义。①

学界亦对宪法与特别行政区基本法的关系展开了深入的研究，现将主要观点梳理如下。

观点一：宪法是国家主权最集中、最权威的法律体现和表达，是国家的根本大法，是国家所有法律的渊源。香港和澳门两部特别行政区基本法根据国家宪法而制定，宪法是母法，基本法是子法。先有宪法，后有基本法，再有特别行政区。基本法是根据宪法规定的“一国两制”精神和港澳实际情况对国家宪制的发展完善，是中国宪制特殊的组成部分。回归以后的港澳，基本法有规定的，按照基本法办事；基本法没有规定的，适

① 参见全国干部培训教材编审指导委员会：《坚持“一国两制”推进祖国统一》，人民出版社、党建读物出版社2019年版，第75页。

用宪法。[①]

观点二：《宪法》第31条是正确理解基本法与宪法关系的关键。该条属于对国家结构形式的特别规定，是专为实行“一国两制”提供宪法依据而设计的带有授权性质的一项特别规定。但是，谈宪法与基本法的关系，不能单讲第31条，应该认识到整部宪法是基本法的立法依据。宪法与基本法的关系是母法与子法的关系，但不是一般的母法与子法的关系，基本法在我国法律体系中具有特殊地位。宪法和基本法的这种关系，决定了宪法和基本法一起构成了特别行政区的宪制法律基础。基本法是符合宪法的，基本法的每一条都在宪法的框架内做过仔细推敲，都是有宪法依据的。要把“一国两制”和基本法进一步实施好、贯彻好，最重要的是在特别行政区牢固树立宪法观念和意识。唯有如此，才能建立适应“一国两制”长期实施的社会意识形态，才能全面准确地理解“一国两制”和基本法，才能不断巩固和发展爱国爱港、爱国爱澳的社会基础。[②]

观点三：基本法的立法宗旨与中国宪法蕴含的国家理性具有内在一致性。通过动态平衡、世界大平衡的视角来审视基本法关于中央地方关系的非对称宪制安排，有助于充分认识基本法的宪法正当性。港澳基本法是港澳地区的根本法和高级法，蕴含了不可分离、繁荣稳定、资本主义、港（澳）人治港（澳）、基本权利和自由、新宪制法治等六大根本法。但基本法作为地区根本法和高级法的地位不是绝对的；宪法在港澳理所当然地具有完全效力，表现为整体适用但部分规范悬置。在基本法的实施中，基本法的自足性学说或可作为一个假定性存在，但不能因此而排除完善基本法实施机制和实施技术的必要性。[③]

观点四：宪法与基本法的关系既是重大的理论问题，也是重大的实践问题，但关于此问题仍然存在“上位法与下位法关系说”“一般法与特别法关系说”等不同观点，迄今未达成共识。“上位法与下位法关系说”，难以解释作为下位法的基本法规范约束具有最高法律效力的部分宪法规范在特别行政区的实施；“一般法与特别法关系说”会导致所有宪法规范都不在特别行政区实行。宪法与基本法的关系可认定为主体法与附属法的关系，即基本法规范也属于宪法规范，是主权者就特别行政区作出的特别规定，但基本法不是特别行政区的“宪法”或“小宪法”，必须附属于宪法而存在。[④]

2. 关于中央对港澳特别行政区行使全面管治权的内涵

“中央全面管治权”一词出自2014年6月国务院发布的《“一国两制”在香港特别行政区的实践》白皮书，其内涵为：（1）中央对特别行政区的全面管治权是在特别行政区制度下行使的，特别行政区制度是我国对香港和澳门行使全面管治权的制度载体。（2）中央的全面管治权，包括中央直接行使的权力和授权特别行政区的高度自治权。根据我国宪法的规定，与省、直辖市、民族自治地方等地方相比，中央授予特别行政区的权力内容最广、程度最高，所以称为“高度自治”。（3）中央的全面管治权，还包括中央对高度自治权进行监督的权力。授权是指权力行使的转移，而非权力本身的转移。授权者对授出的

① 参见王振民：《论宪法与港澳基本法的关系》，载《河南财经政法大学学报》2019年第6期，第1页。

② 参见乔晓阳：《论宪法与基本法的关系》，载《中外法学》2020年第1期，第5页。

③ 参见陈端洪：《论港澳基本法的宪法性质》，载《中外法学》2020年第1期，第41页。

④ 参见朱世海：《宪法与基本法关系新论：主体法与附属法》，载《浙江社会科学》2018年第4期，第36页。

权力还有进行监督的权力和责任。中央有权对高度自治权的运作进行监督，例如《香港基本法》《澳门基本法》规定行政长官须向中央人民政府负责，立法会的法律须报全国人大常委会备案，全国人大常委会有权发回使其立即失效，等等。

（三）延伸阅读

中央对特别行政区的全面管治权与特别行政区高度自治权在本质上是统一的。中央的全面管治权是授权特别行政区实行高度自治的前提和基础，特别行政区高度自治权是中央对特别行政区行使全面管治权的体现。它们之间是源与流、本与末的关系。正因为中央对特别行政区有全面管治权，全国人民代表大会才能制定基本法，规定在特别行政区实行的制度和政策，授予特别行政区高度自治权。高度自治权不是完全自治，也不是分权，而是中央授予的地方事务管理权。中央授予多少权力，特别行政区就享有多少权力，不存在所谓“特别行政区的剩余权力”。中央有权对特别行政区高度自治权行使情况进行监督，有权对违反“一国两制”和基本法的行为予以纠正。因此，在“一国两制”实践中，必须始终维护中央对特别行政区的全面管治权。否定中央对特别行政区的管治权，特别行政区高度自治就成了无源之水、无本之木。在任何时候，都不能将中央的全面管治权与特别行政区的高度自治权对立起来；在任何情况下，特别行政区行使高度自治权都不得损害国家的主权和中央的全面管治权，更不能以特别行政区的高度自治权对抗中央的全面管治权。

维护中央对特别行政区的全面管治权和保障特别行政区的高度自治权，必须将中央依法行使权力和特别行政区履行主体责任有机结合起来。中央和特别行政区共同负有维护中央全面管治权的责任；同时，基本法将十分广泛的管治权力授予了特别行政区，尤其是对特别行政区高度自治范围内的事务，中央不直接行使有关权力。授权意味着责任，特别行政区必须承担起主体责任，行使好中央授予的高度自治权。中央也要依法尊重和保障特别行政区的高度自治，依法履行监督特别行政区高度自治权行使的责任。

（全国干部培训教材编审指导委员会：《坚持“一国两制”推进祖国统一》，人民出版社、党建读物出版社 2019 年版，第 76 - 77 页。）

我国宪法如何适用于特别行政区是宪法与基本法关系的核心问题。学界对于宪法整体上适用于特别行政区并无理论分歧，分歧在于宪法具体条款如何适用。近三十年的讨论总体上延续三条进路展开：“部分适用、部分不适用”、“通过基本法适用”和“双重适用”。三条进路具有时段性，因应政治形势交替“领先”。回归之前，“部分适用、部分不适用”是主要意见；回归后“一国两制”平稳运行，“通过基本法适用”则占据上风，并且出现了将基本法提升到宪法特别法地位的“理论自信”；近年来……通过宪法具体条款适用，加强国家整合、防止出现地方离心成为学界的追求……又出现了重新回归“部分适用”进路的趋势，以及建构新的“双重适用”进路。

第一条进路：部分适用、部分不适用

香港基本法起草委员会委员肖蔚云先生和王叔文先生，在原则上形成了基本共识：宪法在整体上适用于香港，但部分条款不适用。肖蔚云先生认为：“宪法关于四项基本原则、社会主义制度、地方国家权力机关和行政机关、国家审判机关和检察机关的内容，不适用于香港特别行政区，而有关国家主权、国防、外交、最高国家权力机关和最高国家行政机关、国旗、国徽、首都等的规定，则应当适用。”王叔文先生也对此提出了进一步判定的原则：（1）宪法在特别行政区的适用需要遵循“一国两制”的基本方针；（2）凡是宪法关于维护国家主权、统一和领土完整的规定，必须适用于特别行政区；（3）在“两种制度”方面，宪法关于社会主义制度和政策的条文，不适用于香港特别行政区。两位先生对于宪法具体条款是否适用的判断标准简单来说就是“一国两制”，属于“一国”范畴的条款则应当适用，属于“两制”范畴的条款则不应当适用。

第二条进路：通过基本法适用

丁焕春教授并不同意两位宪法学权威提出的“整体适用、部分不适用”的观点，他认为：其一，部分适用、部分不适用将宪法的完整性割裂开来，不利于法制的统一性；其二，部分适用意味着香港这个资本主义行政区并非不能适用社会主义宪法，只是不能全部适用；香港特别行政区与内地其他行政区的差别只是宪法适用范围大小的不同，这不符合“一国两制”方针，因为“一国两制”指的是社会制度性质的不同，并不是适用法律范围的不同。因此，他提出，宪法当然对香港特区有效力，宪法的效力是通过香港基本法来实现的。另一位宪法学权威许崇德先生也不同意“整体适用、部分不适用”的观点，他认为，如果把完整的宪法硬分为二，也是难以办到的。宪法具体条款如何适用这个问题，香港基本法第11条已经给出了答案。该条明确规定，香港特别行政区的制度和政策均以基本法为依据，之所以以基本法为依据则是根据我国《宪法》第31条的规定。基本法在宪法允许的情况下，对宪法作了许多变通的规定。因此，实施基本法也就是实施宪法，即实施变通了的宪法。宪法是透过基本法在香港实施的。

第三条进路：双重适用

回归后延续此条进路的有关学者在基本法属性方面着力，提出“基本法是宪法特别法”的观点，以期进一步证明宪法通过基本法适用于特区的正当性。王振民教授是较早提出这个观点的学者，虽然他承认宪法条款部分适用于特区，但他更认为，我国宪法在特别行政区发挥作用的主要方法和形式是通过它的特别法，即特别行政区基本法。特别行政区基本法是根据宪法制定的，它实际上是中国的宪法性特别法，是中国宪法内涵的扩大和延伸。

李琦教授更是专篇论述了基本法作为宪法特别法的属性，他认为，从基本法的内容、功能、名称、修改权上分析，基本法不是宪法的下位法；基本法与宪法内容结构上有对应关系，但是具体内容上有差异，差异的根源在于基本法乃是针对特定事项与特定空间而制定，而这恰恰是其符合作为宪法特别法标准的体现。此观点中的特定事项是指特别行政区的设立和制度设计，在此事项上，作为一般法的宪法并不适合，尤其体现在基本权利的主体和政治体制设计两个方面，只能针对性地另作安排，这便是基本法的任务；特定空间是指，基本法效力只及于两个特别行政区。基本法如果获得宪法特别法的地位，将会有优先效力，宪法通过其特别法——基本法适用于特别行政区便是理所当然的事情。

（曹旭东：《宪法在香港特别行政区的适用：理论回顾与实践反思》，载《政治与法律》2018年第1期，第79－89页。）

第二节　中央和特别行政区的关系

一、特别行政区的法律地位

（一）基本理论与概念

1. 特别行政区的法律地位

根据《宪法》《香港基本法》《澳门基本法》的有关规定，香港、澳门特别行政区的法律地位包括以下几个方面：（1）特别行政区是中华人民共和国不可分离的部分；（2）特别行政区是直辖于中央人民政府的地方行政区域；（3）特别行政区是实行高度自治的地方行政区域。

2. 单一制下的特别行政区

中央与特别行政区是单一制下中央与地方的关系，是授权与被授权的关系。特别行政区享有的高度自治权，不是固有的，而是来源于中央的授权。依照授权的一般原理，授权者有权监督被授权者，被授权者只能在授权范围内，按照授权目的行使权力。

（二）重点解析与前沿

关于中央与特别行政区的关系①：中央和港澳特别行政区之间的关系是单一制下的中央和地方关系，而不是联邦制下的联邦和成员的关系。

我国是单一制国家。国家的最高权力，也就是主权，属于全体人民，由最高国家权力机关及其执行机关——中央人民政府代表国家行使。港澳特别行政区是最高国家权力机关通过颁布基本法建立起来的。它享有的权力是国家授予的，不是它本身固有的。港澳特别行政区同我国一般地方行政区域、民族自治地方既有共性，又有特性。

港澳特别行政区和一般地方行政区域、民族自治地方一样，都是中华人民共和国不可分离的部分，都是处于国家的完全主权之下、受中央人民政府管辖的地方区域。但是港澳特别行政区又有其不同于一般地方行政区域、民族自治地方的特点，港澳特别行政区是实行"一国两制"、享有高度自治权的地方区域，高度自治在性质上是一种地方自治，只是其自治的程度不仅超越我国各省、直辖市和自治区，还在许多方面超越了联邦制下各联邦成员，但高度自治既不是"完全自治"，也不是"最大限度的自治"。港澳特别行政区享有的高度自治权是中央通过基本法授予的，不存在特别行政区享有联邦制下"剩余权力"的问题。

（三）延伸阅读

在基本法的理论中，学界对基本法规定的中央与特别行政区的关系、特别行政区高度自治权，以及相关的宪法与基本法关系等问题给予了广泛关注，积累了不少研究成果。但对《宪法》第 31 条中的"特别行政区"一词的语义和规范含义则缺乏必要的关注。"特别行政区"一词写入 1982 年《宪法》第 31 条有着特殊的修宪背景，其规范内涵的分析要遵循历史解释的立场，将"特别行政区"概念作为分析基本法体系的基础范畴。《香

① 参见陈弘毅、韩大元、杨晓楠主编：《宪法、香港基本法与香港国安法十讲》，中华书局（香港）有限公司 2022 年版，第 110－111 页。

港基本法》是《宪法》第 31 条的具体化，由于其不同条文中出现的“特别行政区”在解释方法上各有特点，需要根据不同章节和条款加以类型化分析，并根据社会变迁不断丰富和完善“特别行政区”一词的内涵。

在《香港基本法》文本中，“特别行政区”一词主要集中在第二章“中央和香港特别行政区的关系”、第四章“政治体制”以及第七章“对外事务”等。在不同的条文中出现的“特别行政区”在解释方法上各有特点，要根据不同章节和条款，进行类型化的分析，要根据社会变迁不断丰富和完善“特别行政区”的内涵。2020 年 6 月 30 日，第十三届全国人大常委会第二十次会议通过了《中华人民共和国香港特别行政区维护国家安全法》，进一步落实了基本法有关特别行政区维护国家安全的法律制度，完善了“一国两制”的制度体系。

总之，《宪法》第 31 条中的“特别行政区”是具有鲜明宪法属性的概念。作为宪法的具体化，基本法既体现国家统一和主权，同时明确了香港特别行政区是中华人民共和国不可分离的部分，是中央人民政府直辖的地方行政区域，同时也是一个实行与内地不同的制度和政策、享有高度自治的特别行政区。这是我们准确理解特别行政区制度的基础与出发点。我们要根据“一国两制”实践，不断丰富“特别行政区”的内涵，完善特别行政区制度，坚持“一国两制”的初心，使充满中国人民智慧的“一国两制”事业继续保持其强大的生命力。

[陈弘毅、韩大元、杨晓楠主编：《宪法、香港基本法与香港国安法十讲》，中华书局（香港）有限公司 2022 年版，第 110－111 页。]

2014 年 6 月 10 日，国务院新闻办公室发表《“一国两制”在香港特别行政区的实践》白皮书，指出：“中央拥有对香港特别行政区的全面管治权，既包括中央直接行使的权力，也包括授权香港特别行政区依法实行高度自治。对于香港特别行政区的高度自治权，中央具有监督权力。”这是首次提出全面管治权的概念，也是对当时香港形势的一种回应。

为落实全面管治权，近年中央政府采取一系列措施，令香港由乱及治，走上由治及兴之路。

一是出台香港国安法，维护国家安全。香港国安法的制定实施，筑牢了特别行政区维护国家安全的法律制度屏障，有力打击了“港独”激进势力的嚣张气焰，对香港迅速止暴制乱、恢复正常社会秩序、实现由乱到治的历史性转折发挥了关键作用，是“一国两制”事业发展的重要里程碑。

二是明确香港特别行政区公职人员参选、任职和就职宣誓等规矩。早在 2016 年 11 月 7 日，针对第六届立法会议员就职宣誓时发生严重侮辱国家和民族的情况，全国人大常委会作出《关于〈中华人民共和国香港特别行政区基本法〉第一百零四条的解释》，明确拥护中华人民共和国香港特别行政区基本法、效忠中华人民共和国香港特别行政区是参选或者出任香港特别行政区有关公职的法定要求和条件。2020 年 11 月 11 日，全国人大常委会通过《关于香港特别行政区立法会议员资格问题的决定》，明确立法会议员因宣扬或者支持“港独”主张、拒绝承认国家对香港拥有并行使主权、寻求外国或者境外势力干预香港特别行政区事务，或者具有其他危害国家安全等行为，不符合拥护中华人民共和国香港特别行政区基本法、效忠中华人民共和国香港特别行政区的法定要求和条件，一经依法认定，实时丧失立法会议员资格。

三是完善香港选举制度。2021 年 3 月 11 日，第十三届全国人民代表大会第四次会议通过《全国人民代表大会关于完善香港特别行政区选举制度的决定》，明确完善选举制度应当遵循的基本原则和核心要素，授权全国人大常委会修改香港基本法附件一和附件二。3 月 30 日，第十三届全国人大常委会第二十七次会议全票通过新的基本法附件一《香港特别行政区行政长官的产生办法》和附件二《香港特别行政区立法会的产生办法和表决程序》，3 月 31 日起施行。新的选举制度重构了选举委员会，扩大了立法会议席，设立候选人资格审查委员会，对参加选举委员会选举、行政长官选举和立法会选举的候选人进行资格审查，确保“爱国者治港”原则的全面落实，坚决把“反中乱港”势力排除在香港特别行政区政权机关之外。从 2021 年 9 月、2021 年 12 月到 2022 年 5 月，香港先后进行选举委员会选举、第七届立法会选举和行政长官选举。三场选举的顺利完成，标志着新选制落地生根，香港……进入由治及兴的关键期。

[乔晓阳、韩大元、朱国斌：《问道香港：“一国两制”理论与香港伟大实践》（上），三联书店（香港）有限公司 2022 年版，第 67－69 页。]

二、中央对特别行政区直接行使的权力

（一）基本理论与概念

根据《宪法》《香港基本法》《澳门基本法》等法律的规定，中央对港澳特别行政区直接行使如下权力（见表 8－1）。

表 8－1　中央对特别行政区直接行使的权力

权力	依据
中央负责管理与特别行政区有关的外交事务	《香港基本法》第 13 条、《澳门基本法》第 13 条
中央负责管理特别行政区的防务	《香港基本法》第 14 条、《澳门基本法》第 14 条、《中华人民共和国香港驻军法》《中华人民共和国澳门驻军法》
中央任命行政长官和政府主要官员	《香港基本法》第 15 条、第 45 条、第 48 条第 5 项；《澳门基本法》第 15 条、第 45 条、第 50 条第 6 项
中央审查和发回特别行政区制定的法律	《香港基本法》第 17 条、《澳门基本法》第 17 条
中央对列入附件三的在特别行政区实施的全国性法律作出增减	《香港基本法》第 18 条、《澳门基本法》第 18 条
中央对行政长官产生办法和立法会产生办法行使决定权	《香港基本法》第 45 条、第 68 条第 3 款；《澳门基本法》第 47 条、第 68 条第 3 款
中央决定特别行政区进入非常状态	《香港基本法》第 18 条、《澳门基本法》第 18 条
中央解释基本法（解释权属于全国人大常委会）	《宪法》第 67 条、《香港基本法》第 158 条、《澳门基本法》第 143 条

续表

权力	依据
中央修改基本法（修改权属于全国人大）	《宪法》第62条、《香港基本法》第159条；《澳门基本法》第144条
中央从国家层面建立健全香港特别行政区维护国家安全的法律制度和执行机制	《全国人民代表大会关于建立健全香港特别行政区维护国家安全的法律制度和执行机制的决定》《中华人民共和国香港特别行政区维护国家安全法》
中央规范香港特别行政区立法会议员资格	《全国人民代表大会常务委员会关于香港特别行政区立法会议员资格问题的决定》
中央对特别行政区直接行使的其他权力	决定特别行政区全国人大代表的选举事宜： 《香港基本法》第21条、《澳门基本法》第21条 批准各省、自治区、直辖市的人进入特别行政区，确定进入特别行政区定居的人数： 《香港基本法》第22条、《澳门基本法》第22条 决定某些国际协议是否适用于特别行政区： 《香港基本法》第153条、《澳门基本法》第138条 批准外国在特别行政区设立领事机构： 《香港基本法》第157条、《澳门基本法》第141条 特别许可外国军用船只和外国国家航空器进入特别行政区： 《香港基本法》第126条、《澳门基本法》第116条 批准中央各部分、各省、自治区和直辖市在特别行政区设立机构： 《香港基本法》第22条、《澳门基本法》第22条 澳门特别行政区代理行政长官须经中央人民政府批准： 《澳门基本法》第55条 备案：立法会制定的法律须报全国人大常委会备案；特别行政区的财政预算、决算须报中央人民政府备案；香港终审法院法官和高等法院首席法官的任命或免职，澳门终审法院院长和法官的任命或免职，须报全国人大常委会备案；特别行政区在外国设立官方或半官方的经济和贸易机构，须报中央人民政府备案；附件二的修改，最后要报全国人大常委会备案

注：中央对特别行政区的权力主要包括但不限于上述内容，不仅包括基本法明确规定的权力，也包括中央应当享有同时也不属于特别行政区自治范围事务的管治权。基本法没有明确授予特别行政区的权力属于中央，特别行政区没有“剩余权力”。

（二）重点解析与前沿

1. 中央对香港特别行政区政治制度发展的决定权①

坚持中央主导，依法循序渐进。香港特别行政区实行什么样的民主制度，事关国家主权安全，事关中央和特别行政区的关系，事关香港的长治久安和长期繁荣稳定，中央对此拥有主导权和决定权。只有坚持中央主导，香港民主才能健康发展。中央依法行使宪制权力，由全国人大及其常委会对香港特别行政区选举制度作出修改完善，合宪合法、合情合理。这是香港特别行政区民主发展的正道。任何民主的发展都要循序渐进，不可能一蹴而就。“循序渐进”的“进”不应只追求民主“量”的增加，更应强调民主“质”的提升。香港特别行政区民主的发展必须在中央主导下依法有序推进，建设优质民主。

① 参见中华人民共和国国务院新闻办公室：《“一国两制”下香港的民主发展》白皮书，2021年12月。

组建香港特别行政区第一届政府和临时立法会。根据1990年4月4日全国人大的相关决定，全国人大香港特别行政区筹备委员会于1996年10月5日通过《香港特别行政区第一任行政长官人选的产生办法》，11月2日组建香港特别行政区第一届政府推选委员会。推选委员会由400名香港永久性居民组成，来自不同阶层、界别和方面，具有广泛代表性。1996年12月11日，推选委员会全部委员出席香港特别行政区第一任行政长官的选举，投下自己神圣的选票，选出了香港特别行政区第一任行政长官人选，并于12月16日获得中央人民政府任命。这是香港历史上第一次由港人自己选举产生本地首长，也是第一次由本地中国公民担任这一重要职务。

按照基本法原附件一和附件二的规定，香港特别行政区于2002年选举产生了第二任行政长官，在1998年、2000年、2004年分别选举产生了第一届、第二届、第三届立法会，民主成分不断增加，基本法规定的香港回归后前十年的选举安排得到全面落实，香港特别行政区民主得以成功实践。

2004年4月6日，全国人大常委会通过《关于〈中华人民共和国香港特别行政区基本法〉附件一第七条和附件二第三条的解释》（“4·6解释”），明确2007年以后如需对香港特别行政区行政长官和立法会产生办法进行修改应遵循的法定程序，为香港回归十年后上述两个产生办法进一步扩大民主成分，直至实现“双普选”提供了操作性程序。中央政府按照这一程序为推动香港特别行政区民主向前发展作出三次重大努力。

尽管一再遇到干扰和阻挠，中央政府支持香港特别行政区民主发展的立场从未动摇，努力从未停止。香港特别行政区成立至2017年，依法举行了四次行政长官选举和六次立法会选举，行政长官和立法会产生办法的民主成分持续增加。香港全体永久性居民依法享有的选举权和被选举权得到充分保障，永久性居民中的中国公民不仅参与香港特别行政区的治理，还依法参与国家事务的管理。

2021年3月11日，第十三届全国人民代表大会第四次会议通过《全国人民代表大会关于完善香港特别行政区选举制度的决定》，明确完善选举制度应当遵循的基本原则和核心要素，授权全国人大常委会修改香港基本法附件一和附件二。3月30日，第十三届全国人大常委会第二十七次会议全票通过新的基本法附件一《香港特别行政区行政长官的产生办法》和附件二《香港特别行政区立法会的产生办法和表决程序》，3月31日起实施。原基本法附件一和附件二及其修正案不再施行。

香港特别行政区随即以本地立法方式落实全国人大及其常委会的上述决定和对基本法附件一和附件二的修订。特别行政区政府提出了涵盖8项主体法例和24项附属法例的有关本地法律修订法案。2021年5月27日，香港特别行政区立法会通过《2021年完善选举制度（综合修订）条例》，标志着完善香港特别行政区选举制度的工作顺利完成。

2. 基本法解释权①

以香港基本法为例：《香港基本法》第158条规定了一种二元性解释制度，由全国人

① 参见杨晓楠：《中央与地方关系视角下的香港基本法解释》，载《浙江社会科学》2020年第10期，第44-54页；陈弘毅、韩大元、杨晓楠主编：《宪法、香港基本法与香港国安法十讲》，中华书局（香港）有限公司2022年版，第172-192页。

大常委会与特别行政区法院共享基本法解释权。从权力属性上看，基本法对全国人大常委会的授权是无限制的、概况性的，而对特别行政区法院的授权是有限的，服从于全国人大常委会的解释权；从解释方法上看，特别行政区法院在案件审理中逐渐发展出稳定完善的方法论，全国人大常委会在法律解释制度的基础上，发展出新的解释方法论；从具体机制上看，香港基本法设计了一种特别行政区法院提请全国人大常委会解释的互动机制，全国人大常委会也在实践中探索出多种主动解释机制。过去二十多年里，解释主体坚持“一国”原则，尊重“两制”差异，在特别行政区维护基本法的权威方面起到积极作用。

《香港基本法》第 158 条第 1 款明确规定，基本法的解释权属于全国人大常委会。从这一规定中可以看出：首先，香港基本法的解释主体是全国人大常委会，而不是全国人大或其他的中央机构。其次，全国人大常委会是行使香港基本法解释权的中央机关，其基本法解释权是一项中央管治权力。再次，全国人大常委会的基本法解释权是概况性的、一般性的、不受限制的中央权力。此外，香港基本法解释权既与其在内地的职权相关联，又应有所区分。最后，香港基本法解释权是全国人大常委会拥有的职权之一，也是与香港基本法其他条款相联系的中央权力的一部分。

相比较于全国人大常委会的解释权而言，特别行政区法院作为被授权者，其权力受到的限制是非常明显的。首先，香港基本法对特别行政区法院的授权解释并不是概况性的，而且采取分类授权的方式。第一，《香港基本法》第 158 条第 2 款授权特别行政区法院在审理案件时对自治范围内的条款“自行”解释。第二，《香港基本法》第 158 条第 3 款规定，特别行政区法院对基本法的其他条款也可以解释。其次，香港特别行政区法院的基本法解释权由全国人大常委会授予，同时，授权的方式是通过香港基本法进行授权，无须全国人大常委会制定其他的规范性文件或者具体的授权决定。再次，香港特别行政区法院被授权“在审理案件时”解释基本法，也就是说这种解释权并非一种抽象性解释权，而是一种具体的解释权，附随于案件争议或案件审理的必要。最后，香港特别行政区法院认为基本法解释权是司法权行使的必然产物，基本法效力的优先性使法院在解释时行使审查权。

根据《香港基本法》第 158 条第 3 款的规定，香港特别行政区法院在审理案件时对《香港基本法》“自治范围”以外的其他条款也可以解释，但如需要对《香港基本法》关于中央政府管理的事务或中央和香港特别行政区关系的条款进行解释，而该条款的解释又影响到案件的判决，在对该案件作出不可上诉的终局判决前，应由香港特别行政区终审法院请全国人大常委会对有关条款作出解释。如全国人大常委会作出解释，特别行政区法院在引用该条款时，应以全国人大常委会的解释为准，但在此以前作出的判决不受影响。

这里有几点要注意。

一是香港特别行政区法院解释基本法必须是“在审理案件时”。在不审理案件的时候，香港特别行政区法院无权解释基本法。

二是综合第 2 款和第 3 款的理解，香港特别行政区法院对基本法的所有条款都有权解释，但第 3 款规定的需要提请人大常委会释法的情况除外。

三是香港法院对基本法的解释权不是无限制的。这种限制体现在满足法定的条件和事由时，终审法院应提请全国人大常委会解释，如果全国人大常委会作出解释，香港法院应当遵守全国人大常委会解释，但在此前作出的判决不受影响。这里法定的事由和条件体现在环环相扣的四个方面。

首先，香港法院在审理案件时需要进行解释的是基本法关于中央政府管理的事务或中央和香港特别行政区关系的条款，如果不是这类条款，就不需要提请全国人大常委会解释。

其次，该条款的解释又影响到案件的判决。这意味着如果解释不影响案件的判决，也不必提请全国人大常委会进行解释。

再次，如果需要提请全国人大常委会解释，该请求必须在法院对于案件作出终局裁决以前向全国人大常委会提出，因为在非终局判决之前的阶段，案件当事人可以提起上诉，如原审法院对基本法的这类条款解释错误，上诉法院还可以纠正，但终局判决作出后就不能上诉了。如果终局判决错误的话，就会影响到中央政府行使的权力或中央与特别行政区的关系，损害中央的利益。由于香港法院享有终审权，终审法院对基本法的条款作出的解释，将随判决的生效产生终局的效力，成为具有约束力的判例法。为了避免香港特别行政区法院在对涉及中央的权力和中央与特别行政区关系的条款的解释同全国人大常委会的解释不一致，必须规定终审法院在作出终局判决前提请全国人大常委会释法。

最后，一旦全国人大常委会作出解释，香港特别行政区法院在引用该条款时，必须以全国人大常委会的解释为准，以维护全国人大常委会对基本法最终和最高的解释权。但此前香港法院已经作出的判决不受影响，也就是说，全国人大常委会释法不影响香港法院在此解释之前作出的判决，也就是对案件的裁决不受影响。这也是为了保持法院判决的稳定性和权威性，避免变更判决引起更多的复杂问题。

3. 全国人大常委会对特别行政区立法的备案审查权①

根据《香港基本法》第 17 条和《澳门基本法》第 17 条，全国人大常委会享有对特别行政区立法机关提交备案的所有立法进行审查以确定其是否符合基本法特定条款并依法作出相应处理的权力。全国人大常委会对特别行政区立法的备案审查权不应该被认为是合宪性审查权，而应该是一种合法性审查权，这里的“法”特指特别行政区基本法中有关中央管理的事务或中央和特别行政区关系的条款，也可以被称为“违反基本法审查权”。但“违反基本法审查权”为全国人大常委会和特别行政区法院所共享，故全国人大常委会对特别行政区立法的备案审查权可被称为“全国人大常委会的违反基本法审查权”，亦可简称为“全国人大常委会的基本法审查权”。

全国人大常委会的基本法审查权最直接的依据是基本法“特别行政区立法备案、审查”条款，根本依据是“特别行政区立法与基本法不抵触”条款。除此之外，解释权条款也为全国人大常委会的基本法审查权提供了解释权依据，这些条款共同构成了全国人大常委会的基本法审查权的基本法上的依据。作为审查基准，基本法中“中央管理的事务”“中央与特别行政区的关系”等表述过于宽泛和模糊，基本法亦未给出明确定义，因此很难对基本法关于中央管理的事务或中央与特别行政区的关系的条款作出明确的划分。

① 参见胡锦光、刘海林：《论全国人大常委会对特区立法的备案审查权》，载《中共中央党校（国家行政学院）学报》2019 年第 3 期，第 65－79 页；胡锦光：《论香港基本法审查权及其界限》，载《武汉大学学报（哲学社会科学版）》2017 年第 6 期，第 60－70 页。

全国人大常委会的基本法审查权存在审查基准、审查方式、审查范围、审查程序以及备案审查的效力等五个方面的界限。概括来说，审查基准是基本法关于中央管理的事务及中央与特别行政区关系的条款；在审查方式上，不审理具体案件而只进行抽象的原则审查，不接受公民申请审查而只主动依职权审查；审查范围为特别行政区立法机关制定的所有法律；在审查程序上，作出特别行政区立法不符合基本法的判断前须征询基本法委员会的意见；备案审查的效力是，备案不影响效力；可将有关法律发回，但不作修改。除另有规定外，发回的法律立即失效，无溯及力。

4. 建立健全香港特别行政区维护国家安全的法律制度和执行机制①

维护国家安全是国家的头等大事，中央政府对与香港特别行政区有关的国家安全事务负有根本责任，香港特别行政区负有维护国家安全的宪制责任。2020 年 5 月 28 日，第十三届全国人民代表大会第三次会议通过《关于建立健全香港特别行政区维护国家安全的法律制度和执行机制的决定》，对建立健全香港特别行政区维护国家安全的法律制度和执行机制提出原则要求，授权全国人大常委会就此制定相关法律，切实防范、制止和惩治与香港特别行政区有关的严重危害国家安全的行为和活动。6 月 30 日，全国人大常委会通过《中华人民共和国香港特别行政区维护国家安全法》(以下简称《香港国安法》)，并决定将该法列入基本法附件三，由香港特别行政区政府同日刊宪公布实施。该法对与香港特别行政区有关的分裂国家、颠覆国家政权、组织实施恐怖活动和勾结外国或者境外势力危害国家安全等犯罪及其处罚作出了规定，建立健全了国家和特别行政区两个层面维护国家安全的执行机制，并从国家安全的角度进一步明确了参选或者就任香港特别行政区有关公职的资格和条件。《香港国安法》的制定实施，筑牢了特别行政区维护国家安全的法律制度屏障，有力打击了“港独”激进势力的嚣张气焰，对于香港迅速止暴制乱、恢复正常社会秩序、实现由乱到治的历史性转折发挥了关键作用，是“一国两制”事业发展的里程碑。

此次立法先由全国人大通过决定，再由全国人大常委会根据授权制定法律。这是立法模式的新的创新，是中央以法治化手段解决香港乱局的一个创举。不同于此前全国人大或者全国人大常委会单一机关行使法律赋予它的立法权，而是全国人大行使决定权，由全国人大常委会跟进立法。这是香港乱局紧迫形势下，迅速止暴制乱、恢复香港繁荣稳定与寻求法治化解决香港国家安全受威胁现况所必然采取的立法方式，是“一国两制”方针又一次创造性的实践。

（三）延伸阅读

中央对特别行政区拥有全面管治权是中央与特别行政区关系的显著特征，这种管治权的“全面性”是丰富具体的，体现在多个层面。在管治权效力上，中央对特别行政区的管治在特定时间、空间和对象范围内具有普遍性；在管治权内容上，中央对特别行政区拥有十分广泛的管治权力，难以尽数和完全列举；在管治权行使方式上，中央有权决定如何具体行使权力，既可直接对特别行政区行使权力，也可授权特别行政区高度自治；

---

① 参见中华人民共和国国务院新闻办公室：《“一国两制”下香港的民主发展》白皮书，2021 年 12 月；乔晓阳、韩大元、朱国斌：《问道香港：“一国两制”理论与香港伟大实践》(上)，三联书店（香港）有限公司 2022 年版，第 91－124 页。

在管治权行使形式上，中央在宪法法律范围内，可根据需要自主选择行使管治权力的法治路径；由于中央对特别行政区的管治承担最终及根本的责任，因而也必然拥有与其责任相匹配的强力监督和纠正的能力。

“中央对特别行政区全面管治权”概念已经在各类政治法律场域中被广泛使用。它是从主权的覆盖性、完整性以及主权与治权的不可分割性角度所作的形象概括，既是一个宏观抽象的法理概念，也是中央对特别行政区所有具体管治权力的集合表述，是具有实质内容的“实权”。正确认识“中央对特别行政区全面管治权”，要在特定的叙事背景、实践基础和逻辑框架中展开，置入时空场景中历史地、发展地、辩证地看待，不能脱离具体法律规范和特定法律关系来谈论这一权力，不能陷入纯粹概念化和虚无主义。同时，作为特别行政区高度自治权的源头，中央全面管治权并不排斥或否定高度自治权，因为授予高度自治权以及监督高度自治权本身就是行使中央全面管治权的方式，其本质是有机统一的。

（杜磊：《论中央对特别行政区全面管治权的“全面性”特征》，载《港澳研究》2022年第2期，第3－16页。）

《宪法》第67条第4项赋予全国人大常委会解释法律的权力，《立法法》专节规定全国人大常委会法律解释权的行使前提、程序和效力等问题，并且明确全国人大常委会的法律解释同被解释的法律具有同等效力。全国人大常委会解释港澳基本法及《香港国安法》等涉港澳特区法律，也是行使宪法赋予的法定解释权的一种形式。

就法律解释的规范依据而言，在港澳特区适用的法律解释主要包括两种形式：一是关于港澳基本法的解释，两部基本法专门规定了全国人大常委会解释基本法的权力，也规定了“一国两制”下中央与港澳特区法院在基本法解释方面的互动机制，这种解释机制明确区别于内地的法律解释机制。二是关于基本法附件三中列入的全国性法律的解释。这又包括以在港澳特区实施为主的全国性法律和其他一般的全国性法律。前一种如《香港驻军法》《澳门驻军法》《香港国安法》，这三部法律均规定，“本法的解释权属于全国人民代表大会常务委员会”，未规定与基本法类似的中央与特区互动解释机制，但明确了法定解释权由全国人大常委会享有。这种全国性法律的解释机制与港澳基本法解释机制不同，全国人大常委会法工委负责人也强调，两者机制“不宜简单等同”，不能将特区法院提请解释基本法的机制参考适用。这与内地法律体系的其他立法不同，一般法律不会在《立法法》之外专门对全国人大常委会法律解释权加以规定。此外，对于在全国范围内广泛实施、列入基本法附件三的其他全国性法律，可能存在在内地直接依据《立法法》作出解释，然后再在特区刊宪实施的情况，如之前对《国籍法》作出的解释。总之，全国人大常委会作出涉及在港澳特区适用的法律解释存在不同情形，《宪法》《基本法》及相关的全国性法律本身都可能构成法律解释效力的规范依据。

（韩大元、杨晓楠：《论〈香港国安法〉的原意解释》，载《港澳研究》2023年第1期，第3－13页。）

三、特别行政区的高度自治权

（一）基本理论与概念

1. 根据《香港基本法》和《澳门基本法》的规定，全国人大授权特别行政区依照基本法的规定实行高度自治，享有行政管理权、立法权、独立的司法权和终审权。

2.《香港基本法》和《澳门基本法》第19条规定，香港、澳门特别行政区享有独立的司法权和终审权。在通常情况下，单一制国家的地方行政区域不能享有终审权。香港、澳门特别行政区享有终审权，是特别行政区享有高度自治权的一个重要内容和重要特征。特别行政区法院对国防、外交等国家行为无管辖权。

（二）重点解析与前沿

1. 特别行政区高度自治权的具体内容

根据《香港基本法》《澳门基本法》的规定，特别行政区高度自治权的内容包括以下几个方面（见表8-2）。

表8-2 特别行政区高度自治权的内容

权力	依据
行政管理权	《香港基本法》第16条、《澳门基本法》第16条
立法权	《香港基本法》第17条、《澳门基本法》第17条
独立的司法权和终审权	《香港基本法》第19条、《澳门基本法》第19条
根据中央人民政府的授权自行处理对外事务的权力	《香港基本法》第13条第3款、《澳门基本法》第13条第3款
其他授予的权力	《香港基本法》第20条、《澳门基本法》第20条

2. 特别行政区的法律体系

《香港基本法》和《澳门基本法》第8条分别规定，香港原有法律，即普通法、衡平法、条例、附属立法和习惯法，除同《香港基本法》相抵触或经香港特别行政区的立法机关作出修改者外，予以保留；澳门原有的法律、法令、行政法规和其他规范性文件，除同《澳门基本法》相抵触或经澳门的立法机关或其他有关机关依照法定程序作出修改者外，予以保留。

内地法律除列于基本法附件三者外，不在特别行政区实施。凡列于附件三的法律，由特别行政区在当地公布或立法实施。全国人大常委会在征询其所属的香港、澳门基本法委员会和香港、澳门特别行政区政府的意见后，可对列于附件三的法律作出增减。列于附件三的法律，限于有关国防、外交和其他不属于特别行政区自治范围的法律。目前列于香港、澳门基本法附件三的法律有：(1)《关于中华人民共和国国都、纪年、国歌、国旗的决议》；(2)《关于中华人民共和国国庆日的决议》；(3)《国籍法》；(4)《外交特权与豁免条例》；(5)《领事特权与豁免条例》；(6)《国旗法》；(7)《国徽法》；(8)《领海及毗连区法》；(9)《专属经济区和大陆架法》；(10)《香港特别行政区驻军法》和《澳门特别行政区驻军法》；(11)《外国中央银行财产司法强制措施豁免法》；(12)《国歌法》；(13)《香港国安法》。另外，《香港基本法》附件三还有一部《中华人民共和国政府关于领海的声明》。

（三）延伸阅读

根据《基本法》，香港特别行政区的政权机关（包括行政长官、行政机关、立法机关和司法机关）的自治范围（即其有权管理的事务）相当广泛，比一般联邦制国家里的州所享有的自治范围还要大得多。以下我们举例帮助理解特别行政区有权管理的自治事务的广泛性：

（1）绝大部分“全国性法律”（即全国人大及其常委会制定的法律）都不在香港实施，基本上保留香港原有的普通法制度和原有立法机关制定的成文法。适用于香港特别行政区的全国性法律仅限于那些列在《基本法》附件三中的法律，目前共有 14 部，包括《国籍法》《国旗法》《国徽法》《国歌法》《领海及毗连区法》《驻军法》《外交特权与豁免条例》等，也包括《香港特别行政区维护国家安全法》。

（2）在香港法院提起诉讼的案件全都在香港的法院系统内处理；香港终审法院是香港特别行政区最高层级的上诉法院，香港的案件不能上诉到内地的法院或者机构，当然更不能像在回归前那样上诉到英国法院。根据《基本法》第 158 条，香港终审法院在某些情况下必须就《基本法》的有关规定的解释问题，提请全国人大常委会解释，但是，全国人大常委会作出的解释不能推翻此前香港法院已作出的判决。例如，终审法院已经判决的案件的当事人根据该判决所获得的权益，不会受到全国人大常委会日后所作解释的影响。

（3）香港居民无须向中央政府交税，他们向特别行政区政府交的税也完全用于特别行政区，即：“香港特别行政区政府的财政收入全部用于自身需要，不上缴中央人民政府”（《基本法》第 106 条）。

（4）香港特别行政区可以继续发行港币。

（5）香港特别行政区对进出特别行政区的人士自行实行出入境管制。

（6）香港特别行政区是有别于中国其他地方的“单独的关税地区”。

（7）香港特别行政区可以“中国香港”的名义“参加不以国家为单位参加的国际组织和国际会议”（比如世界贸易组织），并在若干领域以“中国香港”的名义，“单独地同世界各国、各地区及有关国际组织保持和发展关系，签订和履行有关协议”。《基本法》第 7 章授权香港特别行政区政府处理部分“对外事务”，尽管一般而言涉及香港的“外交事务”属于中央政府的事权。

大致来说，香港特别行政区根据《基本法》享有的自治权比香港在英国殖民统治时期更为广泛。事实上，香港在殖民时期享有的自治大部分是不成文的实践和宪法性惯例的产物，《基本法》则以明文方式在许多领域赋予和保障了香港特别行政区的高度自治权。

根据主权原则和中国的单一制国家的性质，中央政府对香港特别行政区享有“全面管治权”，但全国人大授权香港特别行政区依照基本法的规定“实行高度自治”，“香港特别行政区是中华人民共和国的一个享有高度自治权的地方行政区域”。同时，香港特别行政区“直辖于中央人民政府”，其行政长官在香港通过选举产生后由中央任命，须“对中央人民政府和香港特别行政区负责”。学者指出，中央的“全面管治权”和特区的“高度自治权”同时存在并行不悖，是“有机的结合”。

［陈弘毅、张增平、陈文敏、李雪菁：《香港法概论》（第 3 版），三联书店（香港）有限公司 2022 年版，第 137－139 页。］

第三节 特别行政区的政治体制

一、特别行政区的政治体制的性质和特点

（一）基本理论与概念

1. 特别行政区政治体制是一种地方政治体制，它在根本上不同于国家政治体制。

2. 特别行政区实行以行政为主导的政治体制，行政机关与立法机关之间相互配合又相互制衡，司法独立。

（二）重点解析与前沿

特别行政区的政治体制的特点具体体现为：

第一，从香港和澳门的法律地位和实际情况出发，实行以行政为主导的政治体制，行政机关与立法机关之间既相互配合又相互制衡，司法独立。行政主导，是指在特别行政区政治架构中，行政长官除了作为特别行政区政府的首长，履行政府首长的职能、领导特别行政区政府外，作为特别行政区首长，还超然于行政、立法、司法三个机关之上，处于特别行政区政治体制和权力运行的主导位置。基本法明确规定，行政长官既是特别行政区的首长，也是特别行政区政府的首长，不仅要对特别行政区负责，还要对中央人民政府负责。行政主导的政治体制是我国对香港、澳门恢复行使主权的必然要求，有利于维护国家主权和国家安全；有利于保持香港、澳门的社会稳定，提高施政效率。行政机关和立法机关之间的关系是既互相制衡又互相配合。一方面，根据基本法的规定，香港特别行政区立法会具有立法、审批财政预算、批准税收、听取施政报告、质询政府、弹劾行政长官等权力；根据《香港基本法》第 64 条，行政机关对立法会负责。由此可见，二者有相互制衡的作用。但与西方国家的立法机关相比，香港特别行政区立法会的权力又相对有所限制，以保证“行政主导”能够顺利实施。另一方面，基本法对香港特别行政区的制度设计又促进行政机关和立法机关的相互配合，主要体现于立法机关经审议后通过行政机关提出的法律草案、财政预算案和其他拨款建议。司法独立是基本法所规定的重大宪制原则。在香港的政治体制中，不但行政机关的工作受到立法会的监察，而且法院也可在司法覆核的案件中对行政机关和立法机关发挥监察作用。除此以外，法院也可在司法覆核案件中审查立法机关的立法是否有违基本法。①

第二，“港人治港”“澳人治澳”。香港、澳门基本法赋予特别行政区永久性居民选举权和被选举权，并且明确规定特别行政区的行政机关和立法机关由永久性居民组成。基本法还规定，特别行政区居民中的中国公民依法参加全国性事务的管理，可以选出特别行政区的全国人大代表，参加最高国家权力机关的工作。

---

① 参见陈弘毅、张增平、陈文敏、李雪菁：《香港法概论》（第 3 版），三联书店（香港）有限公司 2022 年版，第 147 - 149 页。

（三）延伸阅读

在论及香港特别行政区政治体制的时候，行政主导似乎是一种共识性的特征描述，然而回顾历史却会发现，问题并非如此简单，行政主导并非自始而生。政治体制对于一个国家或者地区而言是最重要的制度安排。政治体制也是基本法起草委员会讨论时间最长、争论最激烈的部分之一。基本法最终的选择是什么？根据官方资料记载：当时有人主张“三权分立、行政主导”，有人主张“三权分立、立法主导”，但政治体制专题小组达成的共识是：“司法独立，行政机关和立法机关既相互制衡、又相互配合的原则。”1990年，基本法起草委员会主任委员姬鹏飞在向全国人大所做的《关于〈中华人民共和国香港特别行政区基本法（草案）〉及有关文件的说明》中指出，基本法规定体现了“行政和立法之间相互制衡、相互配合的关系”。作为解读基本法的官方权威文件，这里并没有提到“行政主导”。学界权威在其早期关于基本法著述中也一直重申“行政与立法相互制衡、相互配合”的原则。

既然行政主导并非自始而生，那么，行政主导何时出现，何时成为主流话语？根据笔者查阅的资料，肖蔚云教授1993年的时候曾经指出，“行政机关对立法机关负责”，这里的负责当然不是以立法为主导，而是大体保持现在的一定的以行政为主导的作用。最早明确用行政主导描述香港特区政治体制的是1997年5月份出版的王叔文教授主编的《香港特别行政区基本法导论》，该书指出，香港特别行政区的政治体制，从基本法的有关规定来看，也是一种“行政主导”。但是这种行政主导与“港督凌驾于行政局和立法局之上的港督制是不同的”。“在特别行政区的行政机关和立法机关的关系上，仍然存在着相互制衡和相互配合的关系。”同年，许崇德教授撰文指出，香港特区实行“行政长官负责制”。1998年，肖蔚云教授撰文更是以《论以行政为主导的香港特别行政区政治体制》为题，直截了当地指出，香港特别行政区的政治体制是“一种新的以行政为主导的政治体制，也就是行政长官制”。

三位教授都是基本法起草委员会委员，他们的意见一定程度上也反映了官方的观点。根据目前搜集到的资料，官方较早使用行政主导制概括香港特区政治体制的特征是在2004年。2004年4月2日，关于《全国人民代表大会常务委员会关于〈中华人民共和国香港特别行政区基本法〉附件一第七条和附件二第三条的解释（草案）》的说明中指出，“香港特别行政区实行行政主导”。2004年4月26日，《全国人民代表大会常务委员会关于香港特别行政区2007年行政长官和2008年立法会产生办法有关问题的决定》中指出，“有关香港特别行政区行政长官和立法会产生办法的任何改变，都应遵循与香港社会、经济、政治的发展相协调，有利于社会各阶层、各界别、各方面的均衡参与，有利于行政主导体制的有效运行，有利于保持香港的长期繁荣稳定等原则”。该决定具有法律效力，这是第一次也是唯一一次在法律文件中明确出现“行政主导制”，可以看作是对该问题的定论。

（曹旭东：《论香港特别行政区行政主导制》，载《政治与法律》2014年第1期。）

二、特别行政区的政治体制的具体内容

（一）基本理论与概念

香港、澳门特别行政区的政治体制组成如下（见表8-3）。

表 8-3 特别行政区政治体制

		香港特别行政区	澳门特别行政区
行政长官	任职资格	香港特别行政区行政长官由年满 40 周岁，在香港通常居住连续满 20 年并在外国无居留权的香港特别行政区永久性居民中的中国公民担任	澳门特别行政区行政长官由年满 40 周岁，通常居住连续满 20 年的澳门特别行政区永久性居民中的中国公民担任。澳门特别行政区行政长官在任职期内不得具有外国居留权
	产生办法	见《香港基本法》第 45 条、2021 年 3 月 30 日第十三届全国人大常委会第二十七次会议修订后的《香港基本法》附件一《香港特别行政区行政长官的产生办法》	见《澳门基本法》第 47 条、《澳门基本法》附件一《澳门特别行政区行政长官的产生办法》
	职权范围	见《香港基本法》第 48 条	见《澳门基本法》第 50 条
行政机关	基本架构	香港特别行政区设财务司、财政司、律政司和各局、处、署	澳门特别行政区政府设司、局、厅、处
	政府官员的任职资格	香港特别行政区的主要官员由在香港通常居住连续满 15 年并在外国无居留权的香港特别行政区永久性居民中的中国公民担任	澳门特别行政区政府的主要官员由在澳门通常居住连续满 15 年的澳门特别行政区永久性居民中的中国公民担任
	政府的职权范围	见《香港基本法》第 62 条	见《澳门基本法》第 64 条
立法机关	立法会的选举	见《香港基本法》第 68 条、2021 年 3 月 30 日第十三届全国人大常委会第二十七次会议修订后的《香港基本法》附件二《香港特别行政区立法会的产生办法和表决程序》	见《澳门基本法》第 68 条、《澳门基本法》附件二《澳门特别行政区立法会的产生办法》
	立法会主席的任职资格	香港特别行政区立法会主席由年满 40 周岁，在香港通常居住连续满 20 年并在外国无居留权的香港特别行政区永久性居民中的中国公民担任，由立法会议员互选产生	澳门特别行政区立法会设立主席、副主席各 1 人，由在澳门通常居住连续满 15 年的澳门特别行政区永久性居民中的中国公民担任，由立法会议员互选产生
	立法会的职权范围	见《香港基本法》第 73 条	见《澳门基本法》第 71 条
司法机关	法院体系	香港特别行政区设立终审法院、高等法院、区域法院、裁判署法庭和其他专门法庭。高等法院设上诉法庭和原讼法庭	澳门特别行政区设立初级法院、中级法院和终审法院。澳门特别行政区初级法院可根据需要设立若干专门法庭。 澳门特别行政区设立行政法院，管辖行政诉讼和税务诉讼。不服行政法院裁决者，可向中级法院上诉。 澳门特别行政区还设有检察院

续表

		香港特别行政区	澳门特别行政区
司法机关	法官的选任与任职资格	香港特别行政区法院的法官，根据当地法官和法律界及其他方面知名人士组成的独立委员会推荐，由行政长官任命。香港特别行政区终审法院和高等法院的首席法官，应由在外国无居留权的香港特别行政区永久性居民中的中国公民担任。终审法院的法官和高等法院的首席法官的任命或免职，还须由行政长官征得立法会同意，并报全国人大常委会备案	澳门特别行政区各级法院的法官，根据当地法官、律师和知名人士组成的独立委员会的推荐，由行政长官任命。澳门特别行政区各级法院的院长由行政长官从法官中选任，终审法院院长由澳门特别行政区永久性居民中的中国公民担任。澳门特别行政区终审法院法官和院长的任命或免职，须报全国人大常委会备案。澳门特别行政区终审权属于澳门特别行政区终审法院
	司法机关享有的职权	独立的司法权和终审权； 见《香港基本法》第 80 条、第 85 条	独立的司法权和终审权； 见《澳门基本法》第 82 条、第 83 条
非政权性组织	组织名称及基本功能	香港特别行政区可设立非政权性的区域组织，接受香港特别行政区政府就有关地区管理和其他事务的咨询，或负责提供文化、康乐和环境卫生等服务。香港目前设有 18 个区议会	澳门特别行政区可设立非政权性的市政机构，受政府委托为居民提供文化、康乐和环境卫生等方面的服务，并就上述有关事务向澳门特别行政区政府提供咨询意见。 市政机构的职权和组成由法律规定。 2018 年 7 月 30 日，澳门特别行政区立法会通过第 9/2018 号法律——《设立市政署》，规定成立非政权性的市政机构——市政署

（二）重点解析与前沿

1. 行政长官的性质与职权

行政长官是特别行政区的“双首长”：一方面，行政长官作为特别行政区首长，代表香港特别行政区，行政长官向中央人民政府和香港特别行政区负责；另一方面，特别行政区政府是特别行政区的行政机关，行政长官是特别行政区政府的首长，行政机关在行政长官的领导下履行法定职能。这种“双首长”制度的设计一方面与英殖时期的总督制相区别，在制度上解决总督与布政司在行政管理方面可能出现的分歧；另一方面，沿袭总督制在行政主导方面的优势，使行政机关在特别行政区政治体制中保持管治上的主导地位。

特别行政区行政长官拥有广泛的职权，主要包括：（1）领导特别行政区政府。（2）负责执行基本法和依照基本法适用于特别行政区的其他法律。（3）签署立法会通过的法案，公布法律；签署立法会通过的财政预算案，将财政预算、决算报中央人民政府备案。（4）决定政府政策和发布行政命令。（5）提名并报请中央人民政府任命主要官员并可建议中央人民政府免除上述官员职务。（6）任免行政会议成员或行政会委员。（7）依照法定程序任免各级法院法官和公职人员。（8）依照法定程序任免公职人员。（9）执行中央人民政府就基本法规定的有关事务发出的指令。（10）代表特别行政区政府处理中央授权的对外事务和其他事务。（11）批准向立法会提出有关财政收入或支出的动议。（12）根据安全或重大公共利益的考虑，决定政府官员或其他负责政府公务的人员是否向立法会或其属下的委员会作证和提供证据。（13）赦免或减轻刑事罪犯的刑罚。（14）处理请愿、申诉事项。

除此之外，《澳门基本法》还规定澳门特别行政区行政长官可以行使如下职权：（1）制定行政法规并颁布执行；（2）委任部分立法会议员；（3）依照法定程序任免检察官；（4）依照法定程序提名并报请中央人民政府任命检察长，建议中央人民政府免除检察长的职务；（5）依法颁授澳门特别行政区奖章和荣誉称号。

2. 特别行政区立法会的组成与职责

特别行政区立法会是特别行政区立法机关，除第一届外，每届任期四年。香港特别行政区第七届立法会根据全国人大 2021 年 3 月《关于完善香港特别行政区选举制度的决定》，以及全国人大常委会同月通过修订的《香港基本法》附件一和附件二，由 90 名议员组成，40 名经选举管理委员会选举产生，30 位经功能界别选举产生，20 名经分区直选产生。澳门特别行政区第七届立法会议员数目为 33 人，其中直接选举 14 人，间接选举 12 人，行政长官委任 7 人。

根据《香港基本法》第 73 条的规定，香港特别行政区立法会的职权包括：（1）根据基本法规定并依照法定程序制定、修改和废除法律。（2）根据政府的提案，审核、通过财政预算。（3）批准税收和公共开支。（4）听取行政长官的施政报告并进行辩论。（5）对政府的工作提出质询。（6）就任何有关公共利益问题进行辩论。（7）同意终审法院法官和高等法院首席法官的任免。（8）接受香港居民申诉并作出处理。（9）如立法会全体议员的 1/4 联合动议，指控行政长官有严重违法或渎职行为而不辞职，经立法会通过进行调查，立法会可委托终审法院首席法官负责组成独立的调查委员会，并担任主席。调查委员会负责进行调查，并向立法会提出报告。如该调查委员会认为有足够证据构成上述指控，立法会以全体议员 2/3 多数通过，可提出弹劾案，报请中央人民政府决定。（10）在行使上述各项职权时，如有需要，可传召有关人士出席作证和提供证据。

根据《澳门基本法》第 71 条的规定，澳门特别行政区立法会的职权包括：（1）依照本法规定和法定程序制定、修改、暂停实施和废除法律。（2）审核、通过政府提出的财政预算案；审议政府提出的预算执行情况报告。（3）根据政府提案决定税收，批准由政府承担的债务。（4）听取行政长官的施政报告并进行辩论。（5）就公共利益问题进行辩论。（6）接受澳门居民申诉并作出处理。（7）如立法会全体议员 1/3 联合提议，指控行政长官有严重违法或渎职行为而不辞职，经立法会通过决议，可委托终审法院院长负责组成独立的调查委员会进行调查。调查委员会如认为有足够证据构成上述指控，立法会以全体议员 2/3 多数通过，可提出弹劾案，报请中央人民政府决定。（8）在行使上述各项职权时，如有需要，可传召和要求有关人士作证和提供证据。

3. 特别行政区司法体系的主要内容

（1）香港特别行政区的司法体系。

香港特别行政区实行普通法制度，法院在普通法制度中扮演重要角色。全国人大授权香港特别行政区依照基本法的规定实行高度自治，享有行政管理权、立法权、独立的司法权和终审权。《香港基本法》第 80 条规定，香港特别行政区各级法院是香港特别行政区的司法机关，行使香港特别行政区的审判权。第 85 条规定：“香港特别行政区法院独立进行审判，不受任何干涉，司法人员履行审判职责的行为不受法律追究”。

第一，回归前，香港本地司法机构中最高级别的法院是“香港最高法院”，香港案件的终审权由英国枢密院司法委员会享有。回归后，基本法保障特别行政区享有独立的司法权和终审权。1997 年 7 月 1 日，根据《香港终审法院条例》设立香港终审法院，行使香港特别行政区案件的终审权，终审法院可以邀请其他普通法地区的法官审理案件。香港特别行政区终审法院由首席法官、三位常任法官、不超过 30 位非常任法官和其他普通法适用地区法官、司法常务官组成。终审法院法官均须由行政长官根据司法人员推荐委员会的推荐委任，委任或者免职还须征得立法会同意，并报全国人大常委会备案。

第二，特别行政区高等法院由上诉法庭及原讼法庭组成。原讼法庭由高等法院首席法官、法官（包括以原诉庭法官身份庭审的上诉庭法官）和暂委法官组成；上诉法庭则由高等法院首席法官、上诉庭法官和应终审法院首席法官之请的原诉庭法官组成。原讼法庭审理香港一审案件和上诉案件，在民事和刑事方面的管辖权均不受到限制。上诉法庭是处理上诉案件的最重要的法庭，上诉案件可能来自原讼法庭、区域法庭、土地审裁处及由有关条例指定的审裁处和法定团体。

第三，区域法院也是主要处理一审案件的基层法院，法官包括区域法院首席法官、家事法庭法官、行政长官委任的区域法院法官和终审法院首席法官委任的暂委法官。和高等法院相比，区域法院的刑事及民事司法管辖权都有一定的限制。此外，香港特别行政区还有 7 间裁判法院，是处理刑事案件的最初级法院，也是刑事诉讼开始的法院。裁判法院的司法人员一般称为裁判官，而不是法官。裁判法院的刑事司法审辖权非常广泛，大部分刑事案件都由裁判官单独审理。

第四，除终审法院、高等法院、区域法院、裁判法院之外，香港特别行政区还设立专门法庭或审裁处，包括死因裁判法庭、土地审裁处、劳资审裁处、小额钱债审裁处和淫亵物品审裁处，按照法律规定就指定范围内的纠纷行使不同的司法权。

（2）澳门特别行政区的司法体系。

澳门作为一个具有大陆法传统的司法地区，只遵循成文法规范，不适用判例制度，这点与香港存在显著区别。

在回归前，澳门的司法组织属于葡萄牙司法机构的一部分。澳门法院的审判，其上诉和终审均由设立于葡萄牙的中级法院或最高法院管辖；澳门法院司法官员的任免和调升属于葡萄牙的有关委员会的职权；澳门的司法制度，包括司法组织的设置、职能、活动原则和程序等，都直接由葡萄牙法律所规范。

回归后，全国人大授权澳门特别行政区依照基本法的规定实行高度自治，享有行政管理权、立法权、独立的司法权和终审权。《澳门基本法》第 82 条规定：“澳门特别行政区法院行使审判权。”第 83 条规定：“澳门特别行政区法院独立进行审判，只服从法律，不受任何干涉。”据此，澳门成为独立的司法管辖区，澳门形成了独立、完整的司法制度体系。澳门司法机关有权依据基本法及特别行政区法律，独立行使司法权。

从特别行政区法院的审级和管辖权来看，《澳门基本法》第 84 条规定，澳门特别行政区设立初级法院、中级法院和终审法院。终审权属于澳门特别行政区终审法院。澳门特别行政区法院的组织、职权和运作由法律规定。《澳门司法组织纲要法》第 10 条规定：

澳门设有第一审法院、中级法院及终审法院。第一审法院包括初级法院和行政法院。澳门特别行政区终审法院是澳门司法机构中的最高机关，行使基本法赋予澳门特别行政区的终审权。终审法院现时有三名法官，包括由行政长官任命的终审法院院长，其在所有法院司法官中享有居先地位，是澳门特别行政区法院的代表，除担任法官及院长的职务外，还须确保终审法院的正常运作以及领导终审法院院长办公室。终审法院在审理案件时以评议会及听证的方式运作。

（三）延伸阅读

纵观世界各国，无论是联邦制或是单一制，鲜有将终审权授予其地方单位享有的。基本法将终审权这一主权性质的权力授予两个特区享有，可以说打破了这一宪制惯例，成为中国当代国家结构形式发展的一个独特现象，给传统的单一制和联邦制的宪法理论和实践带来冲击，因为“单一制与联邦制的区别，从根本上说只有一条，那就是看主权权力是由全国性政府独占还是由其与区域性政府分享；由全国性政府独占主权权力的是单一制，由全国性政府与区域性政府分享主权权力的是联邦制”①。这就提出了一个严肃的问题，即作为单一制下的一个地方自治单位，港澳特区所享有的终审权和主权国家所拥有的终审权虽然有着不少相似之处，却究竟不可同日而语，那么作为一个享有高度自治权的地方自治单位的终审权，究竟应当具有哪些特性呢？

首先，港澳特区享有的终审权具有一般司法权的特性，如它是一种判断权，是一种被动的权力，是一种中立性的权力，是一项独立的“司法”权力。其次，港澳特区享有的终审权具有终审权的终极性特点，即特区案件的最终审判权由特区行使，所有案件的最终的不可再上诉的审判由特区终审法院进行，而不由中央的最高人民法院进行。再次，港澳特区享有的终审权来源于主权者的授予，在来源或本源意义上具有“国家”主权性质，也即在性质上具有“国家”主权属性。

细究特区终审权与国家意义上的终审权具有何种差异，可以从以下几个方面来分析：第一，特区终审权不是特区固有的权力，而是主权者所赋予的，是特区范围之外的外界赋予的，具有授权性和从属性。第二，特区享有的终审权在空间效力范围上具有地方性，而不具有主权国家意义上的终审权的国家普遍性。第三，特区享有的终审权在对人和对事的效力上具有明显的受限性，这也明显小于作为主权国家层面的终审权对人和对事的效力范围。第四，特区终审权在行使过程中也受到法律适用依据或法律适用程序的限制。第五，特区终审权在实际运行中还受到主权者宪政体制的相关制约。第六，最后，特区终审权的行使还存在着特定条件和特定期限的制约。

终审权是一项主权性质的权力，中央授权香港、澳门两个特区享有终审权，充分体现了“港人治港”“澳人治澳”和高度自治的方针。港澳特区所享有的终审权和作为主权国家拥有的终审权虽然有着不少相似之处，但仍存在不可忽视的差异。正确行使好特区的终审权，必须充分认识到决定终审权顺利运行的各种宪制因素。

（邹平学、潘亚鹏：《港澳特区终审权的宪法学思考》，载《江苏行政学院学报》2010年第1期，第119－125页。）

---

① 童之伟：《国家结构形式论》，武汉大学出版社1997年版，第146页。

第三部分 文献拓展与案例研习

第一节 拓展文献目录

中华人民共和国国务院新闻办公室. “一国两制”在香港特别行政区的实践. 北京：人民出版社，2014.

中华人民共和国国务院新闻办公室. “一国两制”下香港的民主发展. 北京：人民出版社，2021.

全国干部培训教材编审指导委员会. 坚持“一国两制”推进祖国统一. 北京：人民出版社、党建读物出版社，2019.

陈弘毅，韩大元，杨晓楠. 宪法、香港基本法与香港国安法十讲. 香港：中华书局（香港）有限公司，2022.

陈弘毅，张增平，陈文敏，李雪菁. 香港法概论. 3版. 香港：三联书店（香港）有限公司，2022.

韩大元，朱国斌. 问道香港：“一国两制”理论与香港伟大实践：上. 香港：三联书店（香港）有限公司，2022.

第二节 本章案例研习

吴某玲等诉香港入境事务处处长案

吴某玲、吴某丹是姊妹，她们是在内地出生的中国籍人士，分别于1987年及1989年出生，当时她们的父亲已是在香港通常居住连续7年以上的中国公民。两名申请人于1997年7月1日没有通过入境管制站而进入香港。徐某能是在内地出生的中国籍人士，在1978年出生时，他父亲已是在香港通常居住连续7年以上的中国公民。申请人于1997年7月1日没有通过入境管制站而进入香港。

张某华是内地出生的中国籍人士，在1989年出生时，她父亲已是在香港通常居住连续7年以上的中国公民。她不是父母婚生的，其母亲在她出生后的第二天便不幸去世。1994年12月，张某华持双程证来港，有效期届满后一直逾期居留。

他们均主张，因为其父母是香港永久性居民，根据《香港基本法》第24条第2款第3项拥有居留权。但入境事务处处长拒绝了他们的主张。他们认为入境事务处处长援引的相关条例因为违反《香港基本法》而无效，于是申请司法复核。原讼法院和上诉法院除了裁定非婚生子女和婚生子女享有同样权利外，驳回了申请人的全部诉求。四位申请人一路上诉至香港终审法院。

本案涉及对《香港基本法》第22条第4款与第24条第2款第3项的理解。《香港基本法》第 22 条第 4 款规定，“中国其他地区的人进入香港特别行政区须办理批准手续，其中进入香港特别行政区定居的人数由中央人民政府主管部门征求香港特别行政区政府的意见后确定。”第 24 条第 2 款规定，“香港特别行政区永久性居民为：（一）在香港特别行政区成立以前或以后在香港出生的中国公民；（二）在香港特别行政区成立以前或以后在香港通常居住连续七年以上的中国公民；（三）第（一）、（二）两项所列居民在香港以外所生的中国籍子女；（四）在香港特别行政区成立以前或以后持有效旅行证件进入香港、在香港通常居住连续七年以上并以香港为永久居住地的非中国籍的人；（五）在香港特别行政区成立以前或以后第（四）项所列居民在香港所生的未满二十一周岁的子女；（六）第（一）至（五）项所列居民以外在香港特别行政区成立以前只在香港有居留权的人。”

根据《香港基本法》第 158 条的规定，基本法的解释权属于全国人大常委会。全国人大常委会授权香港特别行政区法院在审理案件时对基本法关于香港特别行政区自治范围内的条款自行解释。香港特别行政区法院在审理案件时对基本法的其他条款也可解释。但如香港特别行政区法院在审理案件时需要对基本法关于中央人民政府管理的事务或中央和香港特别行政区关系的条款进行解释，而该条款的解释又影响到案件的判决，在对该案件作出不可上诉的终局判决前，应由香港特别行政区终审法院提请全国人大常委会对有关条款作出解释。如全国人大常委会作出解释，香港特别行政区法院在引用该条款时，应以全国人大常委会的解释为准。但在此以前作出的判决不受影响。在本案中，香港终审法院并未提请全国人大常委会进行解释，而是对《香港基本法》第 22 条与第 24 条自行作出解释，并最终裁定吴某玲等胜诉。

思考：香港终审法院是否应提请全国人大常委会解释《香港基本法》第 22 条第 4 款与第 24 条第 2 款第 3 项?

要点提示：本案中香港终审法院认为，当满足以下两个条件时，其应提请全国人大常委会解释：(1) 当有关的《香港基本法》条款关乎中央人民政府管理的事务，或关乎中央和特别行政区的关系，即为“范围之外的条款”(类别条件)。(2) 当香港终审法院在审理案件时，有需要解释这些条款（即“范围之外的条款”），而这些条款的解释将会影响案件的判决（有需要条件)，且只有香港终审法院有权决定某条款是否符合上述两个条件。香港终审法院认为，《香港基本法》授权其解释自治范围内的条款，而作出解释时，自然应考虑其背景，这自然包括《香港基本法》的其他条款。结果是，香港终审法院在解释自治范围内的条款时，可以将中央与特别行政区关系条款作为背景纳入考量，并实质上对中央与特别行政区关系条款进行解释。这种理解显然扩大了香港终审法院的解释权。1999 年 6 月第九届全国人大常委会第十次会议审议了国务院《关于提请解释〈中华人民共和国香港特别行政区基本法〉第二十二条第四款和第二十四条第二款第（三）项的议案》，对吴某玲案所涉及的基本法条款作出了与香港终审法院的理解不同的解释。

刚果（金）案

“刚果（金）案”缘起于 20 世纪 80 年代，一家南斯拉夫公司与刚果民主共和国（以下简称“刚果”）就一起水电建设工程的信管协议发生纠纷，经国际仲裁，南斯拉夫公司胜诉，但刚果没有履行还款裁决。2004 年，该南斯拉夫公司将这笔债权转让给美国一家基金公司。2008 年 5 月，这家美国基金公司以刚果、中国中铁公司等为被告，向香港特别行政区高等法院原讼法庭提起诉讼，要求执行国际仲裁裁决。刚果则主张其享有国家豁免权（state immunity），指香港法院对其无司法管辖权。

案件涉及中央人民政府的外交政策和外国政府在中国境内的司法诉讼中享有的国家豁免权的范围。香港在回归前一直采取普通法下国家豁免权的"有限豁免"原则，即外国政府在商业交易上不享有国家豁免权。而当时内地则奉行国家豁免权的"绝对豁免"原则，即外国政府的行为，无论是否商业交易，均享有国家豁免权。香港在回归后如果实行与中央立场不一致的国家豁免原则，将不符合中国的外交政策。

2011 年 6 月 8 日，香港终审法院作出临时判决，裁定香港特别行政区应遵循中央政府决定采取的国家豁免规则，因此刚果在本案的诉讼中享有国家豁免权，香港法院对刚果无司法管辖权。鉴于该临时判决涉及对《香港基本法》关于中央政府管理的事务以及中央和香港特别行政区关系条款的解释，终审法院认为有责任按照《香港基本法》第 158 条第 3 款的规定，在作出终局判决前请全国人大常委会解释相关条款，并在全国人大常委会作出解释后依据该解释作出最终判决。2011 年 8 月 26 日，全国人大常委会通过了对《香港基本法》第 13 条第 1 款和第 19 条的解释。

这是第四次全国人大释法。解释内容包括：一是国家豁免属国家的外交事务范畴，中央政府有权决定国家豁免规则或政策，在中国领域内统一实施。中央政府有权决定在香港特别行政区适用的国家豁免规则或政策。二是香港特别行政区须遵循国家统一的国家豁免规则或政策，特别行政区法院有责任适用或实施中央政府根据《香港基本法》第 13 条第 1 款所决定采取的国家豁免规则或政策，不得偏离这种规则或政策，也不得采取与此不同的规则或政策。三是中央政府决定国家豁免规则或政策的行为属《香港基本法》第 19 条第 3 款第一句中所说的"国防、外交等国家行为"，香港特别行政区法院对此行为无管辖权。四是香港原有法律中不符合国家豁免规则或政策的规定不再有效，以确保关于这方面的普通法符合中央政府所决定的国家豁免规则或政策。①

思考：《香港基本法》对于特别行政区外交事务是如何规定的？

要点提示：外交是国家享有和行使主权的重要体现。中央人民政府负责管理与香港特别行政区有关的外交事务。中华人民共和国外交部在香港设立机构处理外交事务。中央人民政府授权香港特别行政区依照基本法自行处理有关的对外事务。香港特别行政区法院对国防、外交等国家行为无管辖权。香港特别行政区法院在审理案件中遇有涉及国防、外交等国家行为的事实问题，应取得行政长官就该等问题发出的证明文件，上述文件对法院有约束力。行政长官在发出证明文件前，须取得中央人民政府的证明书。香港特别行政区政府的代表，可作为中华人民共和国政府代表团的成员，参加由中央人民政府进行的同香港特别行政区直接有关的外交谈判。

---

① 参见陈弘毅、韩大元、杨晓楠主编：《宪法、香港基本法与香港国安法十讲》，中华书局（香港）有限公司 2022 年版，第 188－189 页。

第九章　宪法实施和监督

第一部分　本章知识点速览

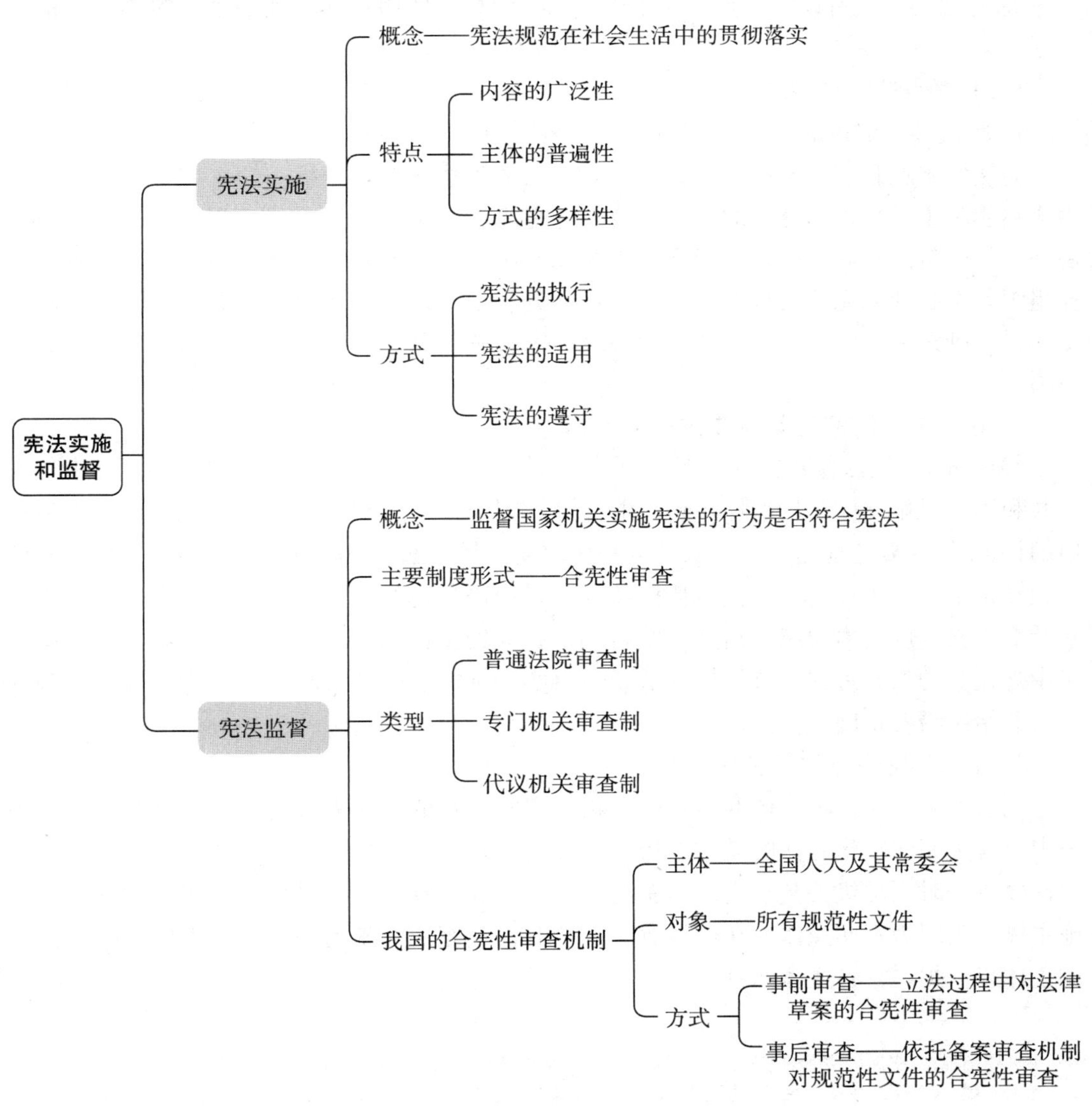

第二部分　本章核心知识要点解析

第一节　宪法实施

一、宪法实施概述

（一）基本理论与概念

1. 宪法实施一般是指宪法规范在社会实际生活中的贯彻落实。

2. 宪法实施具有以下特点：实施内容的广泛性、实施主体的普遍性、实施方式的多样性。

（二）重点解析与前沿

1. 宪法实施的内涵

宪法实施在我国有两种内涵：一种是广义的宪法实施，是指一切主体将宪法规定的内容在实际生活中贯彻落实的行为，最典型的就是现行《宪法》“序言”第十三自然段最后一句——全国各族人民、一切国家机关和武装力量、各政党和各社会团体、各企业事业组织，都必须以宪法为根本的活动准则，并且负有维护宪法尊严、保证宪法实施的职责。另一种是狭义的宪法实施，仅指各级国家机关及其工作人员遵守宪法和执行宪法的行为。①

2. 党的领导是宪法实施的根本政治保证

2018 年，《宪法修正案（草案）》在《宪法》第 1 条第 2 款“社会主义制度是中华人民共和国的根本制度”后增加一句，内容为：“中国共产党领导是中国特色社会主义最本质的特征。”主要考虑是：中国共产党是执政党，是国家的最高政治领导力量。中国共产党领导是中国特色社会主义最本质的特征，是中国特色社会主义制度的最大优势。宪法从社会主义制度的本质属性角度对坚持和加强党的全面领导进行规定，有利于在全体人民中强化党的领导意识，有效把党的领导落实到国家工作全过程和各方面，确保党和国家事业始终沿着正确方向前进。②

3. 宪法实施主体的普遍性

宪法实施作为一项具体的事业，有赖于实实在在的主体去推进。在制宪和行宪的历史中，有关宪法实施主体的规定经历了较大变迁，最终发展成现行宪法中的模样。1982 年修改宪法时立法机关基于宪法实施的客观环境和主观需要，设计了主次有别的宪法实施主体，表现为不同主体皆在概括意义上负有保证宪法实施的职责，但主要由公法性质的主体来承担，且各主体的具体职责有所不同。③

---

① 参见翟国强：《中国语境下的“宪法实施”：一项概念史的考察》，载《中国法学》2016 年第 2 期。

② 参见王晨：《关于〈中华人民共和国宪法修正案（草案）〉的说明——2018 年 3 月 5 日在第十三届全国人民代表大会第一次会议上》，载《中华人民共和国全国人民代表大会常务委员会公报》2018 年第 1 期，第 94 页。

③ 参见刘怡达：《谁是宪法实施主体？——以宪法文本为中心的分析》，载《东南法学》2021 年第 2 期，第 103 页。

根据《宪法》"序言"、第5条、第53条、第99条等的规定，在我国，国家权力机关依据宪法制定法律及其他规范性文件，行政机关依据宪法行使行政权，监察机关依据宪法行使监察权，司法机关依据宪法行使审判权和检察权，其他社会主体依据宪法行使权利和履行义务。一切国家机关、政党、社会组织和公民都是宪法实施的主体，都必须以宪法为根本的活动准则，其中，国家权力机关承担着更为明确的宪法实施职责，具体来说，全国人大及其常委会"监督宪法的实施"，全国人大代表"协助宪法的实施"，以及地方各级人大"保证宪法的遵守和执行"。除此之外，在宪法实施的关键环节和重点领域，中国共产党的作用也是必不可少的。

（三）延伸阅读

"宪法实施"是一个具有中国特色的宪法学基本范畴。从概念的源流与演变来看，民国时期的宪法学说和苏联国家法学说是两个重要的理论渊源。回顾近代以来的宪法学说史，"宪法实施"概念整体上体现了一种变法思维，即通过实施宪法来建立新的法律和政治秩序。受此观念影响，宪法实施也是一个具有高度政治性的概念，宪法实施更多的是依靠政治化的方式。即，通过政治动员提高民众的宪法观念，进而实施宪法。这种"宪法实施"概念不仅可以追溯到民国时期的宪法理论，同时与社会主义新宪法秩序的建构也有暗合之处。

（翟国强：《中国语境下的"宪法实施"：一项概念史的考察》，载《中国法学》2016年第2期，第105页。）

现行宪法自1982年颁行以来，为推进宪法的贯彻落实，实践中已探索形成了多元的宪法实施路径，具体包括通过完备的法律实施宪法、通过法律实施推动宪法实施、通过备案审查制度保障宪法实施、通过健全法律制度实施宪法、通过宪法解释实施宪法、通过法院裁判说理实施宪法以及通过创制性制度安排实施宪法在内的七种方式，它们共同构成了具有中国特色的宪法实施体系。40年来，现行宪法之所以逐步获得全面有效实施，主要原因在于以下三个方面，即党的领导是宪法实施的最根本保障，坚持依宪治国、依宪执政是推进宪法实施的不竭动力，宪法宣传教育的大力开展构成了宪法实施的重要基础。未来我国宪法实施的水平还须进一步提高，应当树立以人民为中心的宪法实施主体观，将合宪性审查作为宪法监督工作的主轴加以推进，强调宪法阐释在宪法实施中的重要作用以及注重通过科学有效、系统完备的制度体系加强宪法实施。

（范进学、马冲冲：《1982年宪法实施40年：实践经验与发展逻辑》，载《苏州大学学报（哲学社会科学版）》2022年第6期。）

二、宪法实施的功能和基本方式

（一）基本理论与概念

1. 宪法实施的功能在于，通过实施宪法，将宪法的理念、基本原则、精神及规范内涵付诸实践，实行宪法所确立的根本制度、基本制度和基本国策，发挥宪法保障基本人权、规范国家权力和推进依法治国等作用。

2. 宪法实施的方式主要有宪法的执行、宪法的适用、宪法的遵守。

3. 健全保证宪法全面实施的体制机制最早由党的十九届四中全会提出。

（二）重点解析与前沿

1. 宪法的直接实施

宪法的直接实施是指有权主体直接依据宪法规定作出有关决定。宪法中有一些规定具有直接实施、直接适用的性质。首先，宪法中有一些规定属于有关国家机构的行为和活动规范，可直接适用，不需要通过其他途径和方式。其次，对于实践中遇到的宪法法律没有明确规定的新情况新问题，必要时，由有权机关根据宪法精神作出创制性安排。[①] 例如，《宪法》第 67 条第 18 项规定，全国人大常委会有权决定特赦。2004 年修宪后，根据《宪法》第 80 条，国家主席根据全国人大常委会的决定发布特赦令。2019 年 6 月 29 日，第十三届全国人大常委会第十一次会议通过《全国人民代表大会常务委员会关于在中华人民共和国成立七十周年之际对部分服刑罪犯予以特赦的决定》，对依据 2019 年 1 月 1 日前人民法院作出的生效判决正在服刑的九类罪犯实行特赦。同日，国家主席习近平发布特赦令。这便是宪法的直接实施方式。

2. 通过立法实施宪法

一些宪法规定可以被直接适用，但更多的宪法规定需要通过立法的方式予以具体化。宪法是国家法律法规和各种制度的总依据。完善以宪法为核心的中国特色社会主义法律体系，加快形成完备的法律规范体系，是宪法实施的内在要求，也是保证宪法全面实施的基本途径。[②] 为明确法律制定依据，推进宪法实施，通常在法律的立法目的条款中明示“根据宪法，制定本法”。截至 2024 年 2 月，在现行有效的 300 件法律中，有 109 件明确以宪法为制定根据。[③] 立法机关不仅要依据宪法形成完整的法律体系，而且要让每一部立法体现宪法精神。在法律中写入“本法依据宪法制定”，不仅是立法者依宪立法的自我确证和事实陈述，而且是立法权法定原则的规范要求。[④] 依宪立法既是坚持依宪治国、健全宪法全面实施的体制机制的基础环节与主要内容，也是完善以宪法为核心的中国特色社会主义法律体系的必然要求，还是启动合宪性审查的前置工作。近年来，立法活动越是活跃高频，就越是需要检视是否真正做到了依宪立法。“根据宪法，制定本法”既是依宪立法的应有之义，也是保障科学立法的最核心内容，更是保障法律体系质量的最关键环节。[⑤]

3. “国家宪法日”与宪法宣誓制度

2014 年 11 月 1 日，第十二届全国人大常委会第十一次会议通过决定，将每年的 12 月 4 日即现行宪法颁行之日确定为“国家宪法日”，并将“国家宪法日”所在的一周确定为“宪法宣传周”，举行各种纪念宪法公布施行及学习宣传宪法知识的活动，以增强民众的宪法观念和宪法意识。

---

① 参见沈春耀：《健全保证宪法全面实施的体制机制》，载《中国人大》2019 年第 22 期，第 13 - 14 页。

② 参见沈春耀：《健全保证宪法全面实施的体制机制》，载《中国人大》2019 年第 22 期，第 13 页。

③ 参见全国人大常委会法制工作委员会宪法室：《2023 年全国人大及其常委会加强和创新宪法实施情况报告》，载中国人大网，见 http://www.npc.gov.cn/c2/c30834/202402/t20240223_434718.html，最后访问日期：2024 年 4 月 6 日。

④ 参见叶海波：《“根据宪法，制定本法”的规范内涵》，载《法学家》2013 年第 5 期，第 20 页。

⑤ 参见张震：《“根据宪法，制定本法”的规范蕴涵与立法表达》，载《政治与法律》2022 年第 3 期，第 118 页。

国家工作人员的宪法意识对宪法实施至关重要。党的十八届四中全会决定要求建立国家工作人员宪法宣誓制度，第十二届全国人大常委会第十五次会议于 2015 年 7 月 1 日作出了《关于实行宪法宣誓制度的决定》，以立法方式具体规定了国家工作人员进行宪法宣誓的范围、宪法宣誓的要求和程序及誓词。2018 年 2 月 24 日，第十二届全国人大常委会第三十三次会议通过了修订后的《关于实行宪法宣誓制度的决定》。

2018 年《宪法修正案》在《宪法》第 27 条增加一款，作为第 3 款："国家工作人员就职时应当依照法律规定公开进行宪法宣誓。"主要考虑是：全国人大常委会已于 2015 年 7 月 1 日通过了关于实行宪法宣誓制度的决定，不久前全国人大常委会又作了修订，将宪法宣誓制度在宪法中确认下来，有利于促使国家工作人员树立宪法意识、恪守宪法原则、弘扬宪法精神、履行宪法使命，也有利于彰显宪法权威，激励和教育国家工作人员忠于宪法、遵守宪法、维护宪法，加强宪法实施。①

4. 健全保证宪法全面实施的体制机制

中国共产党十九届四中全会通过的《中共中央关于坚持和完善中国特色社会主义制度　推进国家治理体系和治理能力现代化若干重大问题的决定》首次提出"健全保证宪法全面实施的体制机制"，这是在新时代对于全面贯彻实施宪法提出的新的更高要求。

宪法全面实施是在推进国家治理体系和治理能力现代化的大背景下提出的，二者之间具有密切联系。宪法的全面实施是坚持和完善中国特色社会主义制度、推进国家治理体系和治理能力现代化的应有之义；坚持和完善中国特色社会主义制度、推进国家治理体系和治理能力现代化与宪法全面实施之间是"一体两面"的辩证关系；国家制度、国家治理体系的坚持和完善，就是在全面实施宪法，我国宪法是国家制度和国家治理体系的根本法依据，只有通过宪法全面实施，我国国家制度和国家治理体系的优势才能转化为治理效能；宪法全面实施应以整个国家制度和国家治理体系为制度背景。宪法实施在内容、领域、空间、主体上的"全面性"同时体现着国家制度和国家治理体系的全局性。应当建构体制机制，以实现二者的整合与统一。

"宪法全面实施"理念突出全面性，既是对以往宪法实施经验的总结，也为未来推动宪法实施工作提供了指引。宪法实施的"全面性"意味着：在实施内容上，不仅应关注规定监督宪法实施具体制度的《宪法》第三章"国家机构"，以及体现宪法实施重要价值目标的第二章"公民的基本权利和义务"，更要突出强调：支撑中国特色社会主义制度的根本制度、基本制度、重要制度的精神实质和主要原则，集中体现和确立在《宪法》的"序言"和"总纲"中。在实施领域上，不能仅将宪法看作"政治宪法"，需认识到宪法作为根本法与全局法在实施上具有全领域性。在实施空间上，除继续推进宪法在内地的实施之外，还应重点关注其如何在特别行政区发挥效力，以及在"构建人类命运共同体"的宪法要求下，如何从参与全球治理的视角推进宪法的全面实施。在实施主体上，我国《宪法》"序言"第十三自然段规定，"全国各族人民、一切国家机关和武装力量、各政党和各社会团体、各企业事业组织，都必须以宪法为根本的活动准则，并且负有维护宪法

① 参见王晨：《关于〈中华人民共和国宪法修正案（草案）〉的说明——2018 年 3 月 5 日在第十三届全国人民代表大会第一次会议上》，载《中华人民共和国全国人民代表大会常务委员会公报》2018 年第 1 期，第 92－93 页。

尊严、保证宪法实施的职责”，以宪法序言的高度对宪法实施主体的全面性作出规定。因此，不能仅仅盯着全国人大常委会，还应当看到所有国家机关都有维护宪法、保障宪法实施的职责，更应该看到全体公民都有遵守宪法以及维护宪法秩序的义务。

5. 宪法解释程序机制

2022 年 12 月，习近平总书记在署名文章《谱写新时代中国宪法实践新篇章——纪念现行宪法公布施行 40 周年》中指出，要“坚持宪法实施、宪法解释、宪法监督系统推进”[①]。宪法实施、宪法监督与宪法解释三者相互关联，共同构成依宪治国的基本内涵。其中宪法在社会现实中切实得到贯彻落实是依宪治国的最终目标，这一目标的实现则需要有效的宪法监督制度予以保障，然而无论是宪法实施还是宪法监督，都不可避免地涉及对宪法规范含义的理解，因而需要健全的宪法解释程序机制。早在 2014 年，十八届四中全会便提出“健全宪法解释程序机制”。2018 年，全国人大常委会“法律委员会”更名为“宪法和法律委员会”并被赋予开展宪法解释的工作职责。2019 年，十九届四中全会进一步提出“落实宪法解释程序机制”。

不过，相关工作目前仍未获得实质性推进，可见的进展仅止于全国人大宪法和法律委员会、全国人大常委会法工委在不同场合以不同形式对宪法条文内涵的说明。2019 年，在《外商投资法》通过后，全国人大常委会法工委宪法室在中国人大网及《中国人大》期刊上发表《对外开放与我国宪法》《我国外商投资立法与宪法第十八条规定含义的与时俱进》两篇文章，对《宪法》第 18 条的内涵作了十分详细的说明。2021 年，全国人大宪法和法律委员会在关于《人口与计划生育法（修正草案）》的审议报告中对《宪法》第 25 条的内涵进行了说明。由于缺少全国人大常委会的最终决定，上述对宪法规定内涵的说明很难被视为正式的宪法解释，更多只是一种解释性研究意见。宪法解释程序机制的缺失，已成为制约合宪性审查工作高质量推进的主要因素。

（三）延伸阅读

在新时代坚持和发展中国特色社会主义的进程中，我们党总结运用历史经验，全面贯彻实施宪法，勇于推进宪法理论和宪法实践创新，积累了许多新鲜经验，深化了对我国宪法制度建设的规律性认识。

一是必须坚持中国共产党领导。我国宪法确认了中国共产党的领导地位，这是我国宪法最显著的特征，也是我国宪法得到全面贯彻实施的根本保证。只有中国共产党才能坚持立党为公、执政为民，充分发扬民主，领导人民制定出体现人民意志的宪法，领导人民实施宪法，确保我国宪法发展的正确政治方向。

二是必须坚持人民当家作主。党领导人民制定和实施宪法，最根本的目的是维护人民利益、反映人民意愿、保障人民权益、增进人民福祉。只有坚持党的领导、人民当家作主、依法治国有机统一，发展全过程人民民主，把以人民为中心的发展思想贯穿立法、执法、司法、守法各个环节，加快完善体现权利公平、机会公平、规则公平的法律制度，保障公民人身权、财产权、人格权和基本政治权利不受侵犯，保障公民经济、文化、社

① 习近平：《谱写新时代中国宪法实践新篇章——纪念现行宪法公布施行 40 周年》，载《人民日报》2022 年 12 月 20 日，第 1 版。

会等各方面权利得到落实，才能确保法律面前人人平等。

三是必须坚持依宪治国、依宪执政。我国宪法是我们党长期执政的根本法律依据。只有坚持依宪治国、依宪执政，把党总揽全局、协调各方同人大、政府、政协、监察机关、审判机关、检察机关依法依章程履行职能、开展工作统一起来，把党领导人民制定和实施宪法法律同党坚持在宪法法律范围内活动统一起来，才能保证党领导人民依法有效治理国家。

四是必须坚持宪法的国家根本法地位。宪法集中体现了党和人民的统一意志和共同愿望，是国家意志的最高表现形式，具有根本性、全局性、稳定性、长期性。宪法规定的是国家的重大制度和重大事项，在国家和社会生活中具有总括性、原则性、纲领性、方向性。宪法是国家一切法律法规的总依据、总源头，具有最高的法律地位、法律权威、法律效力。只有坚持宪法的国家根本法地位，坚决维护和贯彻宪法规定、原则、精神，才能保证国家统一、法制统一、政令统一。

五是必须坚持宪法实施与监督制度化法规化。宪法的生命在于实施，宪法的权威也在于实施。必须用科学有效、系统完备的制度法规体系保证宪法实施，形成完备的法律规范体系、高效的法治实施体系、严密的法治监督体系、有力的法治保障体系，形成完善的党内法规体系，加强宪法监督，确保在法治轨道上推进国家治理体系和治理能力现代化、建设社会主义现代化国家。

六是必须坚持维护宪法权威和尊严。维护宪法权威，就是维护党和人民共同意志的权威；捍卫宪法尊严，就是捍卫党和人民共同意志的尊严；保证宪法实施，就是保证人民根本利益的实现。全国各族人民、一切国家机关和武装力量、各政党和各社会团体、各企事业组织，都必须以宪法为根本活动准则，并且负有维护宪法尊严、保证宪法实施的职责。任何组织和个人都不得有超越宪法法律的特权，一切违反宪法法律的行为都必须予以追究。

七是必须坚持与时俱进完善和发展宪法。宪法作为上层建筑，必须适应经济基础的变化，体现党和人民事业的历史进步，随着党领导人民建设中国特色社会主义实践的发展而不断完善发展。只有紧跟时代要求和人民意愿，遵循法治规律，在保持宪法连续性、稳定性、权威性的前提下，推动宪法不断适应新形势、吸纳新经验、确认新成果、作出新规范，才能永葆宪法生机活力。

（习近平：《谱写新时代中国宪法实践新篇章——纪念现行宪法公布施行40周年》，载《人民日报》2022年12月20日，第1版。）

根据我国宪法制度安排，总结实践经验，我国宪法实施的特点是多渠道、多方式、多主体，是一个动态的、持续的、全面的发展进程，不断走向并达到更高水平。

一是通过建立健全法律法规和制度体系，推动和保障宪法实施。宪法是国家法律法规和各种制度的总依据，完善以宪法为核心的中国特色社会主义法律体系，加快形成完备的法律规范体系，是宪法实施的内在要求，也是保证宪法全面实施的基本途径。

二是通过发展国家各项事业、推进国家各方面工作，保证宪法规定的大政方针和基本政策得到有效实施和落实，保证在国家各项事业和各方面工作中遵循宪法原则、贯彻宪法要求、体现宪法精神。

三是宪法有关规定的直接适用。宪法中有一些规定具有直接适用的性质，属于有关国家机构的行为和活动规范，不需要通过其他途径和方式。如我国宪法规定了特赦制度，我国于 2015 年、2019 年先后两次对部分服刑罪犯实施特赦。

四是宪法有关规定，必要时需要考虑兼容性和调适性，由有权机关作出合宪性判断和决定，以实现宪法的稳定性和适应性的统一。例如，1990 年 4 月，第七届全国人大第三次会议通过香港特别行政区基本法，同时作出一个关于香港基本法的决定，其中明确："香港特别行政区基本法是根据《中华人民共和国宪法》按照香港的具体情况制定的，是符合宪法的。"

五是对于宪法法律没有明确规定、实践中遇到的新情况新问题，必要时，由有权机关根据宪法精神作出创制性安排。例如，2016 年 9 月，第十二届全国人大常委会第二十三次会议根据宪法精神和有关法律原则，采取创制性办法，及时妥善处理有关省拉票贿选案给地方人大工作带来的新问题。

（沈春耀：《健全保证宪法全面实施的体制机制》，载《中国人大》2019 年第 22 期。）

第二节　宪法监督制度

一、宪法监督概述

（一）基本理论与概念

1. 宪法监督是指由特定国家机关按照法律程序监督其他国家机关实施宪法的行为是否符合宪法的制度。这一制度又称"违宪审查""司法审查""宪法诉讼""宪法审查"等。

2. 宪法监督的对象是国家机关、政党及其他组织实施宪法过程中的行为，目的是防止和纠正违宪行为。

3. 美国是世界上最早对法律进行宪法监督的国家。美国宪法明确规定，宪法是在效力上高于法律及其他法律文件的根本法或者高级法，但并未明确是由哪一个国家机关保障宪法的地位和权威。一般认为，1803 年"马伯里诉麦迪逊案"创立了美国的普通法院审查制。

4. 20 世纪初，奥地利法学家汉斯·凯尔森提出了设立专门的宪法法院负责解决宪法争议案件的设想，并主持起草了 1920 年的奥地利宪法，设立了世界上最早的宪法法院。

（二）重点解析与前沿

1. 美国"马伯里诉麦迪逊案"

该案起因是美国第二任总统约翰·亚当斯在其任期（1797 年—1801 年）的最后一天（1801 年 3 月 3 日）午夜，突击任命了 42 位治安法官，但因疏忽和忙乱有 17 份委任令在国务卿约翰·马歇尔（同时兼任首席大法官）卸任之前没能及时发送出去。继任的总统托马斯·杰斐逊让国务卿詹姆斯·麦迪逊将这 17 份委任状统统扣发。威廉·马伯里即是被亚当斯总统提名、参议院批准任命为治安法官而没有得到委任状的 17 人之一。马伯里等 3 人在久等委任状不到并得知是被麦迪逊扣发之后，向美国联邦最高法院提起诉讼。

时任联邦最高法院首席大法官的约翰·马歇尔在该案判决中指出：首先，宪法是"高级法"，具有最高的法律效力，高于国会制定的任何法律。法官在就职时宣誓忠于宪法，法院当然不能执行国会通过的任何不符合宪法的法律。其次，国会和总统当然也有权解释宪法，但法院享有解释宪法的最高权威。当国会通过一项法律，或者总统签署一项法律并予以执行或作出一项行政命令时，法院会根据它对宪法的解释来说明该项法律是否符合宪法。宪法是法律，法官的职责就是解释法律。马歇尔大法官在判决中最后宣布：违反宪法的法律不是法律，法官有审查的职责。

"马伯里诉麦迪逊案"实质上解决的是美国联邦最高法院与国会和总统之间的权限划分问题，即谁有权对国会通过、总统签署的制定法进行合宪性审查的问题。这一判例确立了联邦法院的宪法监督权。也有学者认为，"马伯里诉麦迪逊案"虽然成了司法审查制度的开端，但"案件的处理有许多地方都违背了司法常规"，也牺牲了马伯里的个人权利。[①]

2. 合法性审查与合宪性审查的关联

"合宪性审查与合法性审查是两个既相互联系又相互区别的制度。穷尽合法性审查、再进行合宪性审查，是所有建立合宪性审查机制国家的通例。在我国，两者的主要区别是：在审查主体上，合宪性审查采用集中型，而合法性审查采用分散型；在审查基准上，合宪性审查为现行宪法及宪法解释，而合法性审查为除宪法以外的法的各种表现形式及上级的规范性文件；在审查对象上，合宪性审查为一切可能直接违反宪法的规范性文件，而合法性审查为一切可能违法的规范性文件；在审查程序上，目前合宪性审查只在协助审查机构和启动主体上与全国人大常委会的合法性审查存在差异，在审查过程及处理上则基本相同，因合法性审查机制较多，其审查程序也各不相同。"[②]

3. 法律的字面违宪和适用违宪

违宪有着不同的类型，可区分为法律的字面违宪和适用违宪。前者是指法律在普遍的情形下与宪法相冲突，后者是指法律在适用于个案时不能达到合宪的结果。违宪的这种类型区分对我国宪法而言具有重要的实践意义。对于法律的适用违宪，由法院进行合宪性解释是较为适宜的补救方法，但它不适于法律的字面违宪，这也是法院操作合宪性解释的一个理论界限；法律的字面违宪因牵涉面较广，即便可以适用合宪性解释方法处理，也不宜由法院来操作，而宜交由合宪性审查机关处理。[③]

（三）延伸阅读

"宪法监督"是与"宪法实施"紧密关联的一项概念。"宪法监督"这一用语在中国源生于 1954 年宪法第 27 条有关全国人大行使监督宪法实施职权的规定。1982 年宪法继承并发展了 1954 年宪法中的表述。从纵向的历史发展轴线角度分析，"宪法监督"的概念及其内涵的嬗变大致经历了四个历史时段：第一阶段是 1954 年宪法颁布实施到 1982 年现行宪法正式颁布之前。该阶段"宪法监督"仅停留于宪法文本，内涵模糊，制度化生成路径阻塞。第二阶段是 1982 年宪法颁布实施后至 2001 年齐玉苓案前。学界多依托域外主要国家制度的介绍和移植改造，在诸多域外用语引进后，以"审查"代"监督"的现象日益普遍。第三阶段为 2001 年至 2017 年中共十九大。2008 年相关司法解释被废

---

① 参见朱苏力：《制度是如何形成的？——关于马歇尔诉麦迪逊案的故事》，载《比较法研究》1998 年第 1 期，第 68－74 页。

② 胡锦光：《论我国合宪性审查与合法性审查的区别》，载《备案审查研究》2021 年第 1 期，第 20 页。

③ 参见杜强强：《法律违宪的类型区分与合宪性解释的功能分配》，载《法学家》2021 年第 1 期，第 68 页。

止后，“宪法司法化”与“司法审查”的概念在国内被广泛否定。由于“违宪审查”概念承载着民众对违反宪法的规范进行及时处理、以保障公民权利的愿望，且形式上与中国根本政治制度不冲突，逐渐成为同“宪法监督”并列使用的用语。第四阶段是2017年中共十九大召开至今。中共十九大报告中采用了“合宪性审查”的表达，2018年随着宪法修改，全国人大常委会出台的《关于全国人民代表大会宪法和法律委员会职责问题的决定》中，同样阐明宪法和法律委员会承担协助推进“合宪性审查”的职能。正式文件的明确，使这一早已出现的概念成为主流用语。

（刘志刚、万千慧：《论宪法实施与宪法监督的内在逻辑》，载《哈尔滨工业大学学报（社会科学版）》2020年第6期。）

二、宪法监督制度的类型

（一）基本理论与概念

1. 依照宪法监督机关、审查方式及审查程序的不同，可分为普通法院审查制、专门机关审查制和代议机关审查制三种类型。

2. 普通法院审查制是指普通法院在审理具体案件过程中附带地对作为案件审理依据的法律的合宪性进行审查，即通过司法程序审查、裁决立法和行政机关是否违宪，因而也称“司法审查”或“违宪审查”。

3. 专门机关审查制是指在国家机构中设立专门的保障宪法实施的机关，以特定的程序和方式审查法律文件是否符合宪法。这一模式可分为两种类型，即以德、奥为代表的宪法法院模式和以法国为代表的宪法委员会模式。在专门机关审查制下，宪法监督是由宪法特设的专门机关进行的，全国只有一个专门的机关行使宪法监督权，所以该审查制又被称为集中型审查制。

（二）重点解析与前沿

1. 司法审查的根据

在实行司法审查制的国家，由普通法院行使合宪性审查权，主要是基于：其一，对立法机关不抱绝对信任的政治理念。其二，在多数决原则下保护少数的政治理念。其三，“三权鼎立”与制衡原则下法院制约其他国家机关的需要。其四，“司法权优越”的政治理念。在英美法系国家，根据传统，法官有法律的解释权，在产生作为国家根本法的宪法以后，法官又获得了宪法解释权。其五，司法机关的特性。司法机关的活动规则决定了当两个效力不等的法律文件之间内容相抵触时，适用效力高的法律文件；当两个效力相等的法律文件内容相抵触时，适用与效力更高的法律文件内容相符的法律文件。依此类推，适用与作为最高效力和最高规则的宪法相符的法律文件，属当然之事。在此过程中，司法机关适用宪法去审查判断法律文件的有效性，实际上属于必经程序。其六，自由放任主义原则。在这一原理支配下，所谓人权即为个人的自由，而保护人权又主要是通过事后的、被动的、消极的司法途径。法院通过审理具体案件保护当事人为宪法所承认的权利，便成为法院的职责。①

---

① 参见胡锦光、韩大元：《中国宪法》（第4版），法律出版社2018年版，第137页。

2. “反多数难题”

尽管司法审查具有上述根据，但在美国，其依然面对许多质疑。司法审查意味着，由九名大法官组成的联邦最高法院可以审查国会制定的法律，宣告违宪的法律无效。然而，国会是由人民选举出来的民意代表机关，而联邦最高法院的大法官既非经由选举而产生，也无有效方式要求其承担政治责任，在这种情况下，司法审查是否与民主原则相悖？美国学者比克尔将这一问题称为“反多数难题”，即“当最高法院宣布立法机构通过的一部法案或选举产生的总统的某一行动违宪的时候，它妨碍了真实的、此时此地的人民所选出的代表们的意志，它行使了控制权，但却不是为了占据优势的多数的利益，而是与之唱对台戏……这也正是人们指责司法审查不民主的原因所在”①。由于此种质疑的存在，尽管联邦最高法院在特定时期或针对特定案件的判决常被指责过于激进，但事实上联邦最高法院整体上仍对审查，尤其是作出违宪认定较为谨慎，并且存在一系列回避宪法判断的准则，其中特别重要的两项规则是：即使宪法问题在诉讼记录上已被恰当地提起，但只要有能够处理案件的其他理由存在，法院便不能对宪法问题作出判断，以及在议会制定的法律之效力成为争讼问题的情况下，即使就该法律的合宪性已有重大疑义被提出，法院也必须以此为基本原则，即首先确认可以回避宪法问题那样的法律解释是否可能成立。②

3. 最高代表机关审查制的实践现状

实行最高代表机关审查制（代议机关审查制）的国家，在宪法中除规定代表机关有监督宪法实施的权力外，一般对宪法监督的方式和程序没有作出具体规定，多数国家也没有制定具体的有关合宪性审查的法律。可以推论，代表机关行使合宪性审查权是按照其议事程序进行的。代表机关在该国内所有国家机关中居于最高的地位，虽然宪法没有规定对违宪的法律或者其他规范性法律文件可以适用何种措施，但受其地位影响，应当说其可以采取任何措施，包括撤销或者改变违宪的法律或者其他规范性文件。

在其他合宪性审查体制下，合宪性审查的对象主要是立法机关制定的法律。而在最高代表机关审查制下，合宪性审查的对象主要不是最高国家权力机关自身所制定的法律而是法律以下的规范性文件。

在实行这类机制的国家，最高国家权力机关或者立法机关的地位高于其他国家机关。从理论上说，合宪性审查的力度大于实行其他机制的国家，但是在实践中，由于其缺乏日常专门审查机构及具体的操作程序，加之立法机关任务繁重且又多为自我监督，合宪性审查的实效性不太理想。③

（三）延伸阅读

法国事后宪法审查机制由 2008 年 7 月 23 日《关于第五共和国机构现代化的第 2008－724 号宪法性法律》新设，其原始术语是“合宪性先决问题”（la question prioritaire de

① ［美］亚历山大 · M.比克尔：《最小危险部门——政治法庭上的最高法院》（第 2 版），姚中秋译，北京大学出版社 2007 年版，第 17 页。

② 参见［日］芦部信喜：《宪法》（第 6 版），［日］高桥和之补订，林来梵、凌维慈、龙绚丽译，清华大学出版社 2018 年版，第 300 页。

③ 参见胡锦光、韩大元：《中国宪法》（第 4 版），法律出版社 2018 年版，第 136 页。

constitutionnalité)，可以简称为 QPC 机制。之所以称为“合宪性先决机制”，是因为其设立的基本意旨，即法律在普通诉讼中能够作为裁判依据予以适用的逻辑前提是它必须符合宪法，据此，合宪性构成普通法律争诉的先决问题。若在普通诉讼程序中发现法律之规定侵害宪法所保障的权利与自由，则可经最高行政法院（Conseil d'État）或最高司法法院（Cour de Cassation）（以下将两个最高级别法院统称为“最高法院”）向宪法委员会移送宪法审查申请，由宪法委员会在确定期限内裁决。普通诉讼在先决问题移送和处理期间暂时中止，待合宪性问题确定之后，再回到普通诉讼恢复普通法律问题的审理。

（王建学：《法国事后宪法审查机制的十年：总结与启示》，载《财经法学》2019 年第 6 期，第 121－122 页。）

第三节　我国的宪法监督制度

一、我国宪法监督制度的形成

（一）基本理论与概念

我国的根本政治制度是实行民主集中制的人民代表大会制度，同时我国实行单一制的国家结构形式。据此，我国采用了最高国家权力机关监督宪法实施的体制。

（二）重点解析与前沿

中华人民共和国成立后制定的第一部宪法即 1954 年《宪法》第 27 条第 3 项规定，全国人民代表大会有权监督宪法的实施；第 31 条第 6 项、第 7 项规定，全国人民代表大会常务委员会有权撤销国务院的同宪法、法律、法令相抵触的决议和命令，改变或者撤销省、自治区、直辖市国家权力机关的不适当的决议。这些宪法条文对我国宪法监督制度作了原则性的规定，同时明确了立法机关作为我国宪法监督主体。

1975 年宪法基于当时的历史情况，对宪法监督制度未作任何规定。在这一特殊的历史时期，国家的法治建设被中断，大量的违宪违法行为得不到及时纠正和处理，我国的宪法监督制度建设也陷于倒退之中。这告诉我们，没有宪法监督的保障，就没有宪法的实施，也就没有国家法治建设的顺利推进。①

1978 年宪法恢复了 1954 年宪法的规定，于第 22 条第 3 项规定全国人民代表大会监督宪法和法律的实施；第 25 条第 5 项规定，全国人民代表大会常务委员会有权改变或者撤销省、自治区、直辖市国家权力机关的不适当的决议。这些宪法条文表明，1978 年我国已经恢复了宪法监督的制度。

我国现行宪法沿袭 1954 年宪法和 1978 年宪法的规定，仍然采用最高代表机关监督宪法实施的体制。现行宪法在原有规定的基础上，总结我国的实践经验，借鉴其他国家的有益做法，进一步发展了我国的合宪性审查制度，形成了现行的富有特色的最高国家权力机关审查制。

① 参见邱家胜：《新中国成立以来我国宪法监督制度的发展历程及理性思考》，载《中共乐山市委党校学报（新论）》2019 年第 5 期，第 26 页。

2012 年 12 月 4 日，习近平总书记指出："全面贯彻实施宪法，是建设社会主义法治国家的首要任务和基础性工作……全国人大及其常委会和国家有关监督机关要担负起宪法和法律监督职责，加强对宪法和法律实施情况的监督检查，健全监督机制和程序，坚决纠正违宪违法行为。"[①]

2014 年 10 月，党的十八届四中全会决定明确了全面推动依法治国的重大任务，即完善以宪法为核心的中国特色社会主义法律体系，加强宪法实施；深入推进依法行政，加快建设法治政府；保证公正司法，提高司法公信力；增强全民法治观念，推进法治社会建设；加强法治工作队伍建设；加强和改进党对全面推进依法治国的领导。坚持依法治国首先要坚持依宪治国，坚持依法执政首先要坚持依宪执政。健全宪法实施和监督制度，完善全国人大及其常委会宪法监督制度，健全宪法解释程序机制。

2022 年 10 月，党的二十大报告进一步指出，要"加强宪法实施和监督，健全保证宪法全面实施的制度体系，更好发挥宪法在治国理政中的重要作用，维护宪法权威"，要"完善和加强备案审查制度"[②]。"备案审查制度是合宪性审查工作的重要基础"[③]；"汇总连接宪法实施、宪法监督、宪法解释、合宪性审查，被安置于各项工作的结构枢纽位置"[④]。新时代备案审查更是完善宪法监督制度的重要着力点。为推动宪法实施和监督，应当推进备案审查制度的体系化构建，健全保证宪法全面实施的制度体系。[⑤]

2023 年，全国人大修改《立法法》，增加规定：在法律案起草和审议过程中，法律草案的说明应当包括涉及合宪性问题的相关意见；对法律案中涉及的合宪性问题，宪法和法律委员会应当在修改情况的汇报或者审议结果报告中予以说明；并完善了备案审查相关规定，以基本法律的形式确立了我国的合宪性审查制度。

尽管新《立法法》对备案审查相关规定进行了完善，但仍相对原则，需要进一步细化、补充以增强其可操作性。全国人大常委会委员长会议制定的《法规、司法解释备案审查工作办法》虽较为具体，但只是全国人大的内部规定。为了切实贯彻党的二十大关于"完善和加强备案审查制度"的重要精神，2023 年 12 月 29 日，第十四届全国人大常委会第七次会议通过《关于完善和加强备案审查制度的决定》（以下简称《决定》）。《决定》以《立法法》《各级人民代表大会常务委员会监督法》所确立的基本制度为前提，以全国人大常委会委员长会议此前制定的《法规、司法解释备案审查工作办法》的主要内容为基础，对备案审查的指导思想与原则、审查方式与内容、具体纠正程序作出系统规定。《决定》作为立法性决定，被称为"小备案审查法"，为推动备案审查工作高质量发展提供了更高位阶、更明确的法律依据。

（三）延伸阅读

以（党的）十九大报告为分界点，我们可以发现官方在术语使用上的明显变化。在相

---

① 习近平：《在首都各界纪念现行宪法公布施行 30 周年大会上的讲话》，载《人民日报》2012 年 12 月 5 日，第 2 版。

② 习近平：《高举中国特色社会主义伟大旗帜 为全面建设社会主义现代化国家而团结奋斗》，载《人民日报》2022 年 10 月 26 日，第 1 版。

③ 韩大元：《关于推进合宪性审查工作的几点思考》，载《法律科学（西北政法大学学报）》2018 年第 2 期，第 59－66 页。

④ 郑磊、赵计义：《2019 年备案审查年度报告评述》，载《中国法律评论》2020 年第 2 期，第 182 页。

⑤ 参见郑磊：《备案审查与法治体系的复调变迁》，载《中国政法大学学报》2022 年第 6 期，第 87 页。

关文件中，除了继续使用“宪法监督”外，开始使用“合宪性审查”，并有意识地回避了此前学界更常使用的“违宪审查”。这一术语选择，在笔者看来，或许有三方面的意涵：第一，在既有的“监督宪法的实施”“宪法监督”之外，“合宪性审查”这一新术语的使用，表达了通过制度创新实质性推进宪法监督的政治决心。第二，表明中国的合宪性审查与西方的违宪审查话语体系的区分，强调中国制度的独特性。“要坚持理论自主”，“研究和阐释我国合宪性审查制度与西方违宪审查制度的本质区别”。尽管“合宪性审查”抑或“违宪审查”实际上都是对“constitutional review”的移译，但不使用“违宪审查”是一种立场和方向的宣示，也就是“增强坚持走我们自己的合宪性审查发展道路的自觉性和坚定性”。这与1982年宪法最终未接受移植其他国家的宪法监督模式有着脉络关联。“违宪审查”与西方的“三权分立”“司法独立”制度有着必然联系，具有反民主的性质；而“合宪性审查”是在坚持人民代表大会制度的基础上强调人民民主的体现。第三，减少争议、增进共识，并表达审查的“柔性”。在有些人的观念里，“违宪可是天大的事儿”，宪法监督的议题从而就有着很高的政治敏感度。较之“违宪审查”，“合宪性审查”的语词冲击性较小。同时，这一术语也表明相关的审查工作是柔性的、协商式的，而非激烈的、对抗式的，这里的“合宪性”甚至表达了比西方违宪审查制度中的体现机关尊重的“合宪性推定”更为克制的内涵。

（张翔：《“合宪性审查时代”的宪法学：基础与前瞻》，载《环球法律评论》2019年第2期，第8-9页。）

二、我国的合宪性审查机制

（一）基本理论与概念

1. 全国人大及其常委会监督宪法的实施，是具有独立宪法地位的合宪性审查主体。全国人大常委会作为全国人大的常设机关，是日常性的合宪性审查机关。作为全国人大专门委员会的宪法和法律委员会及作为全国人大常委会工作机构的法制工作委员会协助全国人大和全国人大常委会进行合宪性审查工作。

2. 合宪性审查的对象是所有的规范性文件。

3. 我国的合宪性审查机制由事前审查机制与事后审查机制组成。

（二）重点解析与前沿

1. 全国人大宪法和法律委员会的设立及其职能

党的十八大以来，党中央从全面依法治国的战略高度，提出完善宪法监督体制机制的目标与理念。特别是党的十九大提出“推进合宪性审查工作，维护宪法权威”，有关宪法监督机构的专门化问题再次成为学界关注的重大课题。由全国人大设立专门的宪法委员会，协助全国人大及其常委会监督宪法的实施，并负责研究审议违宪争议、拟定争议处理决定。[①] 在推动合宪性审查工作的过程中，率先设立宪法委员会是当时制度条件下有效实现宪法监督制度的稳健方案。[②] 宪法委员会作为专门委员会，主要承担合宪性审查工

① 参见韩大元：《健全宪法解释程序机制的三个基本问题》，载韩大元主编：《中国宪法年刊（2014年卷）》，法律出版社2015年版，第113页。

② 参见韩大元：《关于推进合宪性审查工作的几点思考》，载《法律科学》2018年第2期，第63页。

作，接受全国人大和全国人大常委会交予的任务，协助全国人大及其常委会做好监督宪法实施的具体工作。

2018年2月28日，党的十九届三中全会审议通过的《深化党和国家机构改革方案》提出，将全国人大"法律委员会"更名为全国人大"宪法和法律委员会"。2018年3月11日，第十三届全国人大第一次会议通过了《宪法修正案》，正式将全国人大"法律委员会"更名为"宪法和法律委员会"。"沈春耀表示，在十三届全国人大一次会议审议宪法修正案草案过程中，很多代表都觉得这个举措非常有意义，它贯彻体现了党的十九大精神，即加强宪法实施和监督，推进合宪性审查，维护宪法权威，也有利于完善全国人大专门委员会的设置。"① 这次《宪法修正案》有关全国人大专门委员会的规定，把法律委员会修改为宪法和法律委员会，在全国人大专门委员会这个层面上首次出现"宪法"，是加强全国人大在宪法方面的工作的一个重要举措。

全国人大常委会于2018年6月专门就宪法和法律委员会的职责问题作出决定：其在继续承担统一审议法律草案等工作的基础上，增加推动宪法实施、开展宪法解释、推进合宪性审查、加强宪法监督、配合宪法宣传等工作职责。由此，全国人大宪法和法律委员会作为全国人大的专门委员会，是协助全国人大和全国人大常委会进行合宪性审查的主要机构。②

"宪法和法律委员会的设立有助于加强宪法实施与监督，有助于建立立法与宪法监督职能综合协调、整体推进的新机制，提高合宪性审查的实效性，有效解决宪法争议和违宪问题。同时，通过合宪性审查机制，发挥公民以及其他社会组织提起违宪违法审查建议的积极性，强化法律规范体系的内在统一性，建立合法性与合宪性审查的互动机制，为完善中国特色的宪法监督制度积累经验。"③

2. 全国人大宪法和法律委员会与全国人大常委会法制工作委员会的区别

机构性质不同。根据《全国人民代表大会组织法》的规定，全国人大设立宪法和法律委员会，受全国人大领导；在全国人大闭会期间，受全国人大常委会领导。也就是说，宪法和法律委员会是全国人大的常设工作机构。而"法制工作委员会则是全国人大常委会的一个内设办事机构"④，"是全国人大常委会的立法工作机构"⑤。宪法和法律委员是由宪法所确立的全国人大的专门委员会。

法律地位不同。宪法和法律委员会是由宪法所确立的全国人大机关，受全国人大领导，在全国人大闭会期间则受全国人大常委会领导，具有相对独立的地位与职权配置；而法制工作委员会则是辅助全国人大常委会开展立法等相关工作的办事机构。

承担的职责不同。宪法和法律委员会的职责是在全国人大及其常委会的领导下，向

① 张洋：《宪法修改，推动宪法与时俱进完善发展》，载《人民日报》2018年3月12日，第3版。

② 参见2018年6月22日《全国人民代表大会常务委员会关于全国人民代表大会宪法和法律委员会职责问题的决定》。

③ 韩大元：《从法律委员会到宪法和法律委员会：体制与功能的转型》，载《华东政法大学学报》2018年第4期，第10页。

④ 《人大制度发展史（第一百零五期）》，载深圳人大网，见 http://www.szrd.gov.cn/dsxxjy/dszl/content/post_716524.html。

⑤ 全国人大常委会法制工作委员会简介，载中国人大网，见 http://www.npc.gov.cn/npc/fgw001/202009/37a38fef089e499bb63b9d58ceda9ba4.shtml。

全国人大提出法律案，并对法律案进行统一审议等；而法制工作委员会不是提议案的主体，也不具有对议案审议的职权，其主要职责是协助全国人大常委会做好立法有关方面的具体工作。

组织形式和组成人员不同。宪法和法律委员会采用委员制，由主任委员、副主任委员和委员组成。宪法和法律委员会的成员由全国人大代表组成；法制工作委员会的组成形式不是委员制，而是由全国人大常委会任命产生的。其组成人员有的是人大代表，有些不是人大代表，但是他们都是全国人大常委会机关的行政工作人员，他们是专职的而不是兼职的。[①]

3. 事前合宪性审查（对法律草案的合宪性审查）

对涉宪法问题的立法草案进行事前审查是确保法律品质的重要手段，在法律生效前就化解了争议。这是事前审查模式的制度优势。因为是在立法过程中进行的合宪性审查，故它也被称为事前的立法审查模式。

在我国，全国人大宪法和法律委员会统一进行法律草案审议，也包括对“立法性决定”草案进行审议。这是其基本职责，也是立法程序的重要过程。在审议法案的过程中，宪法和法律委员会需要针对法案进行合宪性审查，但这种审查程序需要与立法程序做一定区分。这表明，审议法案本身构成我国合宪性审查程序的启动条件。这也是最主要、最广泛的合宪性审查动因。

对法律草案的合宪性审查在我国立法实践中长期存在，且随着近年来对宪法实施与监督的强调，这种实践越来越普遍与明显。不过这一机制一直没有明确的法律依据。2023年全国人大修改《立法法》，将对法律草案合宪性问题的说明规定为有关机关的法律义务。这对于推动立法过程中合宪性审查的普遍化与规范化具有重要意义。对法律草案审议过程中的合宪性审查，已形成一整套工作流程：一是法制工作委员会在讨论法律草案时，听取宪法室对草案的合宪性研究意见；二是宪法和法律委员会召开会议统一审议法律草案时，一并听取关于法律草案合宪性涉宪性问题研究意见的报告，并根据不同情况在法律案的说明、修改情况的汇报、审议结果的报告、修改意见的报告以及参阅资料等文件中予以说明；三是在全国人大会议和常委会会议审议法律案时，根据需要和工作情况，将部分合宪性审查意见作为参阅文件或资料印发会议，为代表和委员审议法律案提供参考。[②]

4. 事后合宪性审查（备案审查中的合宪性审查）

在规范性文件生效后，对其进行合宪性审查，被称为“事后审查”，是我国合宪性审查机制的重要组成部分。事后的合宪性审查主要依托备案审查制度。《立法法》《关于完善和加强备案审查制度的决定》系统规定了我国的备案审查制度。

---

① 参见《人大制度发展史（第一百零五期）》，载深圳人大网，见 http://www.szrd.gov.cn/dsxxjy/dszl/content/post_716524.html。

② 参见全国人大常委会法制工作委员会宪法室：《2023年全国人大及其常委会加强和创新宪法实施情况报告》，载中国人大网，见 http://www.npc.gov.cn/c2/c30834/202402/t20240223_434718.html，最后访问日期：2024年4月6日。

(1) 备案审查的特点。

备案审查是中国特色的宪法监督制度，不同于其他监督形式，主要有以下特点：1) 备案审查是抽象审查。备案审查本质上是对规范性文件制定权的监督，监督对象是规范性文件，不是具体的行政行为、司法行为。2) 备案审查是事后监督。备案审查的对象是完成法定制定程序并已经生效的规范性文件。对正在起草或者审议过程中的文件草案进行事前或事中监督，一般不适用备案审查。3) 备案审查的主体是依法享有立法权的国家权力机关和国家行政机关。备案审查是解决法律规范冲突的机制，以立法解释权为基础。根据我国统一分层次的立法体制，立法解释权由有立法权的国家权力机关和国家行政机关行使，因此，由上位法制定机关对下位规范性文件进行备案审查。备案审查体现了国家权力机关对国家行政机关、监察机关、审判机关、检察机关的监督，也体现了中央对地方、上级对下级的监督。备案审查对象范围依备案审查主体监督范围而确定。4) 备案审查采用政治性、法律性、适当性相统一的审查标准。备案审查不是单纯的法律审查，而是合宪性审查、政治性审查、合法性审查、适当性审查等相结合的一种宪法监督模式。5) 备案审查产生终止规范性文件实际效力的后果。有权机关通过备案审查对同上位法相抵触或者不适当的规范性文件予以纠正。制定机关自行纠正的，通常处理方式是修改或者废止该规范性文件，或者宣告该规范性文件不再适用。

(2) 备案审查的方式。

目前已形成依职权审查、依申请审查、移送审查、专项审查与联合审查五种审查方式。依职权审查，又称主动审查，是指审查主体依据法律、法规规定的职权对规范性文件主动进行审查，并对规范性文件的规定是否符合上位法进行研究、判断并区分不同情形加以处理的行为。依职权审查程序由审查主体自行启动，无须依据国家机关、组织及公民申请，是审查主体在没有审查要求或者审查建议的情况下自行启动的审查程序。这是依职权审查即主动审查与依申请审查即受动审查的主要区别。

依申请审查，又称受动审查，通常称被动审查，即依据申请对规范性文件进行的审查。申请有两种类型：一种是法定国家机关提出审查要求，另一种是有关国家机关、社会团体、企业事业组织、公民提出审查建议。依申请审查的前提，是审查要求主体提起或者审查建议人提起，没有提起，就没有审查，侧重于“不告不理”。

移送审查，即依据移送进行的审查。其他备案审查工作机构在工作中发现规范性文件可能存在违反上位法规定的问题，将其移送给有审查权的机关进行审查，有权机关据此开展的审查就是移送审查。移送审查，是随着备案审查工作不断深入而出现的一个新概念，建立在国家机关之间相互协作或监督与被监督的关系基础之上，是一种新的审查方式。

专项审查是指为了贯彻党中央决策部署或者落实全国人大常委会工作安排，对事关重大改革和政策调整、上位法重要修改、事关公众切身利益以及引发社会广泛关注的某一领域的规范性文件进行的专门、集中审查。在备案审查工作过程中，发现可能存在某种共性问题时，也可以对相关的规范性文件进行专项审查。

联合审查是指全国人大常委会工作机构发现法规、规章、司法解释等规范性文件存在涉及其他机关备案审查工作职责范围的共性问题的，可以与其他备案审查工作机构开展联合调研或者联合审查，共同研究提出审查意见和建议。

（3）备案审查的标准。

规范性文件的审查标准，就是在对规范性文件进行审查的过程中，用以衡量、评价规范性文件是否应予撤销或者纠正的一系列准则和尺度。结合宪法法律规定和多年来各级人大常委会开展备案审查工作的有关实践做法，可将规范性文件的审查标准划分为合宪性、政治性、合法性、适当性四个方面。

合宪性标准，是指对法规、司法解释等规范性文件是否符合宪法规定、宪法原则和宪法精神进行审查时适用的标准。对不符合宪法规定、宪法原则和宪法精神的规范性文件，应当予以撤销、纠正。

政治性标准，是指对法规、司法解释等规范性文件是否与党中央的重大方针政策、决策部署以及国家重大改革方向保持一致进行审查时适用的标准。

合法性标准，是指对法规、司法解释等规范性文件是否与上位法“相抵触”进行审查时适用的标准。宪法是一切规范性文件的上位法，因此广义的合法性标准应当包含合宪性标准。由于前文已对合宪性标准做过论述，这里所说的合法性标准仅指对下位法是否与宪法以外的其他上位法相抵触进行审查时所适用的标准。

适当性标准又称合理性标准，是指对法规、司法解释等规范性文件是否符合一般社会公众对民主、自由、公平、正义、平等、秩序等法的价值的认知，是否符合实际、合乎理性、宽严适度，能够为一般社会公众所接受和理解进行审查时适用的标准。

（4）备案审查后的纠正程序。

对于审查后如何纠正，目前确立了“专门委员会、法工委与制定机关沟通—专门委员会、法工委提出书面审查意见—全国人大常委会作出纠正和撤销决定”的处理程序，确保审查发现的问题得到真正解决。当制定机关未按照书面审查意见作出修改或废止时，全国人大常委会如何处理?《关于完善和加强备案审查制度的决定》作出了具体安排，规定全国人大专门委员会、全国人大常委会工作机构可以依法提出下列议案、建议，由全国人大常委会委员长会议决定提请常委会会议审议决定：1）确认有关法规、司法解释与宪法、法律相抵触或者违背宪法、法律的原则和精神，要求制定机关限期修改或者废止；2）要求制定机关自行修改完善有关法规、司法解释，或者要求制定机关进行清理；3）依法予以撤销；4）依法作出法律解释。

（三）延伸阅读

长期以来，我国针对规范性文件的审查存在三种模式，即合宪性审查、合法性审查、适当性审查。从审查实践来看，三者界限的模糊已经严重影响了合宪性审查功能的发挥，因此有必要对三者的区别进行厘清。合宪性审查、合法性审查、适当性审查最主要的不同体现在审查内容上。一方面，合宪性审查的本质是对下位的初级规则是否违反作为初级规则效力基础的次级规则进行审查，合法性审查的本质则是审查下位的初级规则是否抵触上位的初级规则；另一方面，合宪性审查是审查下位法是否违反宪法中规定的“什么是有效的立法”的标准，包括形式标准和实质标准，而合法性审查则主要审查下位法是否符合上位法的立法目的。同时，与合宪性审查和合法性审查都针对下位法是否超越上位法设定的框架不同，适当性审查是在上位法的框架内针对下位法的立法裁量是否适当进行审查，过度禁止、不足禁止和恣意禁止分别构成了立法裁量权行使的上限、下限和边限。合宪性审查、合法性审查、适当性审查三者虽然存在不同，但也具有联系。在实际操作中，应当遵循“先合法性审查、再合宪性审查、最后适当性审查”的阶层性审查次序。

（王锴：《合宪性、合法性、适当性审查的区别与联系》，载《中国法学》2019 年第 1 期，第 5 页。）

第三部分　文献拓展与案例研习

第一节　拓展文献目录

习近平．谱写新时代中国宪法实践新篇章：纪念现行宪法公布施行 40 周年．人民日报，2022－12－20（1）．

武增．辉煌四十年：现行宪法发展与实施报告．北京：法律出版社，2023．

全国人大常委会法制工作委员会法规备案审查室．法规、司法解释备案审查工作办法导读．北京：中国民主法制出版社，2020．

全国人大常委会法制工作委员会法规备案审查室．规范性文件备案审查理论与实务．北京：中国民主法制出版社，2020．

全国人大常委会法制工作委员会法规备案审查室．规范性文件备案审查案例选编．北京：中国民主法制出版社，2020．

翟国强．中国语境下的“宪法实施”：一项概念史的考察．中国法学，2016（2）．

韩大元．关于推进合宪性审查工作的几点思考．法律科学，2018（2）．

张翔．“合宪性审查时代”的宪法学：基础与前瞻．环球法律评论，2019（2）．

胡锦光．论我国合宪性审查机制中不同主体的职能定位．法学家，2020（5）．

邢斌文．论法律草案审议过程中的合宪性控制．清华法学，2017（1）．

王锴．合宪性、合法性、适当性审查的区别与联系．中国法学，2019（1）．

郑磊．备案审查程序三大板块初探．中国法律评论，2020（1）．

第二节　本章案例研习

“开放三孩”政策的合宪性争议

现行《人口与计划生育法》于 2002 年施行，2015 年实施“全面两孩”政策时进行了修改。《人口与计划生育法》自施行以来，对于落实计划生育基本国策，促进人口与经济、社会、资源、环境协调发展，起到了重要作用。为适应我国人口与经济社会发展的新形势，党的十九届五中全会提出，要优化生育政策，增强生育政策包容性，促进人口长期均衡发展。2021 年 5 月，中央政治局会议审议了《关于优化生育政策促进人口长期均衡发展的决定》，明确实施一对夫妻可以生育三个子女政策及配套支持措施。

因应此种新形势，2021 年对《人口与计划生育法》的修改再次启动，明确写入一对夫妻可以生育三个子女政策。不过，在修法过程中，有意见指出，“开放三孩”与我国《宪法》中的计划生育条款相冲突。对此，全国人大宪法和法律委员会在关于《人口与计划生育法（修正草案）》审议结果的报告中作了专门回应：“还有一个问题需要专门说明。我国宪法对‘计划生育’作出了相关规定。有意见提出，人口与计划生育法是根据宪法制定的，修改人口与计划生育法，涉及对宪法有关规定的理解和把握，需要研究合宪性问题，以利于顺利推进相关工作。宪法和法律委员会、法制工作委员会经研究认为，我国宪法有关计划生育的规定，特别是第二十五条关于‘国家推行计划生育，使人口的增长同经济和社会发展计划相适应’的规定，体现了问题导向与目标导向相统一、指向性与方向性相统一，具有相当的包容性和适应性，可以涵盖不同时期实行的生育政策、相关工作及配套措施。修改人口与计划生育法，落实优化生育政策、促进人口长期均衡发展的决策部署，是与时俱进理解和把握宪法规定和精神的具体体现，也是与时俱进通过立法推动和保证宪法实施的生动实践，符合宪法规定和精神。”

思考：本案使用的是什么合宪性审查方式？全国人大宪法和法律委员会对《宪法》第 25 条内涵的说明使用了什么解释方法？

要点提示：我国的合宪性审查机制包括事前审查机制与事后审查机制。本案中对《人口与计划生育法（修正草案）》的审查为事前审查，即全国人大及其常委会在制定或修改法律的过程中，对法律草案的合宪性进行审查。事前审查的对象主要为法律草案，原因在于我国的合宪性审查权归属于全国人大及其常委会而非其他任何机关，因此由全国人大及其常委会在立法过程中对自己制定的规范性文件进行合宪性审查便顺理成章。而对其他机关制定的其他规范性文件的合宪性控制则主要依靠事后审查机制。宪法解释方法主要有四种：文义解释、体系解释、历史解释与目的解释。本案中全国人大宪法和法律委员会对《宪法》第 25 条内涵的说明使用的是文义解释方法。

收容教育制度的废除

2018 年 3 月，全国政协十三届一次会议期间，有全国政协委员提出关于对收容教育制度进行合宪性审查的提案（全国政协十三届一次会议提案第 3891 号）。该提案提出：《全国人民代表大会常务委员会关于严禁卖淫嫖娼的决定》第 4 条的规定和对国务院的立法授权，不符合《宪法》第 5 条第 1 款“中华人民共和国实行依法治国，建设社会主义法治国家”和第 33 条第 3 款“国家尊重和保障人权”，也不符合《立法法》第 8 条、第 9 条的规定；国务院制定的《卖淫嫖娼人员收容教育办法》中有关限制人身自由的内容，超越了《立法法》规定的立法权限。建议对收容教育制度进行合宪性审查。

综合调研情况和各有关方面意见，全国人大常委会法制工作委员会法规备案审查室研究认为：收容教育制度的主要法律依据是 1991 年通过的《全国人民代表大会常务委员会关于严禁卖淫嫖娼的决定》（以下简称《决定》），其中规定：“对卖淫、嫖娼的，可以由公安机关会同有关部门强制集中进行法律、道德教育和生产劳动，使之改掉恶习。期限为六个月至二年。具体办法由国务院规定。”制定《决定》主要是为了补充修改当时的《刑法》和《治安管理处罚条例》的有关规定，坚决取缔卖淫嫖娼违法活动，及时遏制不良社会风气蔓延。其制定程序和内容均符合宪法规定。1993 年国务院依据《决定》制定了《卖淫嫖娼人员收容教育办法》(以下简称《办法》)。总的来看，收容教育制度实行多年来，在维护社会治安秩序、净化社会风气、教育挽救卖淫嫖娼人员、遏制性病蔓延等方面发挥了积极作用。

近年来，随着经济社会发展和情况的变化，特别是随着我国民主法治建设的推进和人权司法保障制度的不断完善，收容教育制度存在的问题也日益显现，不断有各方面提出废除收容教育制度的意见，理由主要是：根据 2000 年制定的《立法法》的规定，限制人身自由的强制措施和处罚属于全国人大常委会专属立法权，只能由法律规定，不能授权国务院制定行政法规，《决定》中关于授权国务院制定具体办法的规定与《立法法》的规定不一致；《治安管理处罚法》对卖淫嫖娼行为规定了行政拘留并处罚款的行政处罚，对卖淫嫖娼人员再进行强制收容教育，容易引起这是对同一违法行为进行重复、加重处罚的质疑；收容教育制度涉及对公民人身自由的限制且期限较长，卖淫嫖娼行为的调查、取证、处理、执行等环节都由公安机关进行，缺乏有效监督制约等。

2018 年 12 月，在第十三届全国人大常委会第七次会议上，法制工作委员会主任沈春耀所作的关于 2018 年备案审查工作情况的报告中，针对收容教育制度明确提出：制定《决定》主要是为了补充修改当时的《刑法》和《治安管理处罚条例》的有关规定，制定程序和内容均符合宪法规定。随着我国经济社会的快速发展和民主法治建设的深入推进，特别是 2013 年废止劳动教养制度后，情况发生了很大变化。近年来，收容教育措施的运用逐年减少，收容教育人数明显下降，有些地方已经停止执行。通过调研论证，各有关方面对废止收容教育制度已经形成共识，启动废止工作的时机已经成熟。为了深入贯彻全面依法治国精神，建议有关方面适时提出相关议案，废止收容教育制度。

2019 年 11 月，国务院向全国人大常委会提出《关于废止收容教育制度的议案》。12 月，根据国务院提出的议案，第十三届全国人大常委会第十五次会议审议通过《关于废止有关收容教育法律规定和制度的决定》，明确废止《关于严禁卖淫嫖娼的决定》第 4 条第 2 款、第 4 款，以及据此实行的收容教育制度。

2020 年 3 月，国务院公布《国务院关于修改和废止部分行政法规的决定》(国务院令第 726 号)，明确废止了《卖淫嫖娼人员收容教育办法》。

思考：为什么该案被称为“只字不提宪法的合宪性审查案例”?

要点提示：废止收容教育法律规定和制度这一事例，是经全国人大宪法和法律委员会审议后废止全国人大常委会《决定》条款的第一案，也是 2018 年、2019 年备审年报连续两度提及的事例。尽管该审查建议是以合宪性审查建议的方式提出的，但是在年报介绍的废止理由中并没有出现宪法依据与宪法字眼，甚至在 2018 年年报中出现了“制定程序和内容均符合宪法规定”的评价，而是将建议废止理由落脚在“近年来，收容教育措施的运用逐年减少，收容教育人数明显下降，有些地方已经停止执行”。2019 年年报沿用这一思路，将之列为“推动对不适应现实情况的规定作出废止或调整”部分的事例，合宪性审查基准隐匿在“不适应现实情况”的审查基准逻辑中。然而，收容教育制度涉及对公民人身较长时间的限制，与《宪法》第 37 条人身自由条款具有直接关联，因此该案被称为“只字不提宪法的合宪性审查案例”。可见，在合宪性审查工作的起步阶段，审查机关的态度相对谨慎。不过，如今审查机关对合宪性审查的态度已经发生实质性转变。从 2017 年报告“不涉及合宪性审查工作”，到 2018 年、2019 年报告“出现涉宪性案例但回避提及宪法”，再到 2020 年报告“专门介绍合宪性审查工作并援引宪法具体规定”，最后到 2023 年报告“将宪法原则和精神作为审查依据”，可以看出，审查机关对合宪性审查的态度越来越积极。

图书在版编目（CIP）数据

宪法学核心知识点精解 / 张翔主编．-- 北京：中国人民大学出版社，2024.7. --（法学核心课程系列辅助教材）. -- ISBN 978-7-300-33052-5

Ⅰ. D921.01

中国国家版本馆 CIP 数据核字第 2024VS9825 号

法学核心课程系列辅助教材

宪法学核心知识点精解

主编　张　翔

Xianfaxue Hexin Zhishidian Jingjie

出版发行　中国人民大学出版社

社　　址　北京中关村大街 31 号　　**邮政编码**　100080

电　　话　010－62511242（总编室）　010－62511770（质管部）

010－82501766（邮购部）　010－62514148（门市部）

010－62515195（发行公司）　010－62515275（盗版举报）

网　　址　http://www.crup.com.cn

经　　销　新华书店

印　　刷　天津中印联印务有限公司

开　　本　787 mm×1092 mm　1/16　　**版　　次**　2024 年 7 月第 1 版

印　　张　22.25 插页 1　　**印　　次**　2024 年 9 月第 2 次印刷

字　　数　507 000　　**定　　价**　59.00 元

《　　　　　　》※任课教师调查问卷

为了能更好地为您提供优秀的教材及良好的服务，也为了进一步提高我社法学教材出版的质量，希望您能协助我们完成本次小问卷，完成后您可以在我社网站中选择与您教学相关的1本教材作为今后的备选教材，我们会及时为您邮寄送达！如果您不方便邮寄，也可以申请加入我社的**法学教师QQ群：436438859（申请时请注明法学教师）**，然后下载本问卷填写，并发往我们指定的邮箱（cruplaw@163.com）。

邮寄地址：北京市海淀区中关村大街59号文化大厦中国人民大学出版社1202室收

邮　　编：100872

再次感谢您在百忙中抽出时间为我们填写这份调查问卷，您的举手之劳，将使我们获益匪浅！

基本信息及联系方式：※

姓名：________ 性别：________ 课程：________

任教学校：________ 院系（所）：________

邮寄地址：________ 邮编：________

电话（办公）：________ 手机：________ 电子邮件：________

调查问卷：※

1. 您认为图书的哪类特性对您选用教材最有影响力？（　　）（可多选，按重要性排序）

   A. 各级规划教材、获奖教材　　B. 知名作者教材

   C. 完善的配套资源　　D. 自编教材

   E. 行政命令

2. 在教材配套资源中，您最需要哪些？（　　）（可多选，按重要性排序）

   A. 电子教案　　B. 教学案例

   C. 教学视频　　D. 配套习题、模拟试卷

3. 您对于本书的评价如何？（　　）

   A. 该书目前仍符合教学要求，表现不错将继续采用

   B. 该书的配套资源需要改进，才会继续使用

   C. 该书需要在内容或实例更新再版后才能满足我的教学，才会继续使用

   D. 该书与同类教材差距很大，不准备继续采用了

4. 从您的教学出发，谈谈对本书的改进建议：________

____

____

选题征集：如果您有好的选题或出版需求，欢迎您联系我们：

联系人：黄　强　联系电话：010-62515955

索取样书：书名：________

书号：________

备注：※为必填项。